Les droits de l'homme dans le Mercosur

(Marché commun du Sud)

Logiques Juridiques

Fondée par Gérard Marcou
Dirigée par Jean-Paul Céré

Le droit n'est pas seulement un savoir, il est d'abord un ensemble de rapports et pratiques que l'on rencontre dans presque toutes les formes de sociétés. C'est pourquoi il a toujours donné lieu à la fois à une littérature de juristes professionnels, produisant le savoir juridique, et à une littérature sur le droit, produite par des philosophes, des sociologues ou des économistes notamment.

Parce que le domaine du droit s'étend sans cesse et rend de plus en plus souvent nécessaire le recours au savoir juridique spécialisé, même dans des matières où il n'avait jadis qu'une importance secondaire, les ouvrages juridiques à caractère professionnel ou pédagogique dominent l'édition, et ils tendent à réduire la recherche en droit à sa seule dimension positive. À l'inverse de cette tendance, la collection « Logiques juridiques » des éditions L'Harmattan est ouverte à toutes les approches du droit. Tout en publiant aussi des ouvrages à vocation professionnelle ou pédagogique, elle se fixe avant tout pour but de contribuer à la publication et à la diffusion des recherches en droit, ainsi qu'au dialogue scientifique sur le droit. Comme son nom l'indique, elle se veut plurielle.

Dernières parutions

Eric GILARDEAU, *Cicéron, père de la codification du droit civil*, 2017.
Daphne AKOUMIANAKI, *Les rapports entre l'ordre juridique constitutionnel et les ordres juridiques européens. Analyse à partir du droit constitutionnel grec*, 2016.
Boris BARRAUD, *La Recherche juridique. Sciences et pensées du droit*, 2016.
Bolleri PYM, *Le statut juridique des établissements de microfinance (EMF) en zone CEMAC, L'encadrement de la « petite finance » du secteur informel vers le secteur formel*, 2016.
Aurore GRANERO, *Les personnes publiques spéciales,* 2016.
Khaled MEJRI, *Le droit international humanitaire dans la jurisprudence internationale*, 2016.
Tiphaine THAUVIN, *Les services sociaux dans le droit de l'Union européenne*, 2016.

Tenile Mascolo Gil

Les droits de l'homme dans le Mercosur

(Marché commun du Sud)

Préface de
Frédérique BERROD et Vlad CONSTANTINESCO

L'Harmattan

Du même auteur :

MASCOLO, Tenile, « Citoyenneté et migration en France », *in* CUELLAR, Ricardo Sodi *et. al.* (coord.), *La Constitución de 1917: pasado, presente y fututo del constitucionalismo en México*, Tomo V, Escuela Libre de Derecho, Universidad Anáhuac, Editorial Porrúa (à sortir).

MASCOLO, Tenile, « O olhar de uma sociedade democrática sobre seu passado autoritário no Sistema interamericano de proteção de Direitos Humanos », *Themis –Revista da Escola de Magistrados do Ceará,* v. 15, n° 1, 5 septembre 2017, p. 171-195.

MASCOLO, Tenile, « ¿Francia, "país de acogida" o de rechazo? El derecho de los refugiados en Francia con un enfoque especial a los derechos sociales », *in* LEON BASTOS, Carolina; WONG MERAZ, Alejandro (coord.), *Derechos Humanos: Realidades y Desafíos*, VLex, Mexico, 3 juillet 2017, p. 277-302.

MASCOLO, Tenile, « Políticas públicas em matéria de migração e asilo na União Europeia com enfoque especial ao fluxo migratório sírio », *in* PEREIRA, Claudio (coord.), *Políticas Públicas de Segurança e Direitos Humanos*, Claris, São Paulo, 25 mai 2017, p. 319-350.

MASCOLO, Tenile, « Os direitos sociais na França: um enfoque especial aos requerentes de asilo », *Revista Juridica do Cesuca,* vol. 3, n. 5, juillet 2015.

MASCOLO, Tenile, « A América latina, uma justaposição de dois sistemas de proteção de direitos humanos ? », *Revista de la Secretaria del Tribunal Permanente de Revisión*, Mercosur, ano 3, n. 6, août 2015, p. 140-160.

MASCOLO, Tenile, « O Mercosul e o sistema interamericano de proteção de direitos humanos: uma sinergia é possivel? », *in* SOARES, Mario Lucio Quintão; SOUZA, Mércia Cardoso de (coord.), *A interface dos direitos humanos com o direito internacional*", Tome I, Forum, Belo Horizonte, 2015, p. 317-334.

MASCOLO, Tenile, « O Direito dos Refugiados na França: "France, pays d'accueil? », Revista da Faculdade de Direito, volume especial comemorativo ao lançamento da Cátedra Sérgio Viera de Mello, janvier 2014.

MASCOLO GIL, Tenile, « Cour Interaméricaine des Droits de l'Homme - Chronique de jurisprudence », n° 29, 30, 31, 32, 33, 34, 35, 36, 37, 38, 39 et 40, Revue *« L'Europe des Libertés »,* coordonnée par le Prof. Florence Benoît Rohmer, PUS - Presses Universitaires de Strasbourg, 2009 à 2013.

5-7, rue de l'École-Polytechnique ; 75005 Paris

http://www.editions-harmattan.fr

ISBN : 978-2-343-10907-7

EAN : 9782343109077

À la mémoire de Walewska et d'Ester.

Remerciements

Mes remerciements s'adressent tout d'abord à mes directeurs de thèse. À Monsieur le Professeur Vlad Constantinesco, qui m'a fait confiance depuis le début et a accepté de m'accompagner durant cet exercice d'apprentissage qu'est la thèse. À Madame la Professeure Frédérique Berrod, qui a consenti à en assurer la direction, alors même que cette aventure avait déjà été initiée, et m'a prodigué d'importants et judicieux conseils. À Madame le Professeur Flavia PIOVESAN, codirectrice brésilienne, pour la liberté qu'elle m'a accordée et pour ses suggestions qui ont éclairé ma réflexion.

Je tiens à remercier des membres, actuels et anciens, des organismes du Mercosur qui ont levé mes doutes et m'ont permis de bénéficier d'informations plus précises pour cette étude. Il s'agit, notamment, de Victor ABRAMOVICH, de Valeria NOVAK et de Laura TOKER, de l'Institut de politiques publiques en droits de l'homme ; de Alejandro PEROTTI, du Secrétariat du Mercosur ; de Oscar CASAL, de l'ancienne Commission parlementaire conjointe ; de Natasha SUÑE et Raphael VASCONCELOS, du Tribunal permanent de révision ; de Roberto GOIDANICH et Rui PEREIRA, de la Délégation brésilienne auprès du Mercosur ; de Gonzalo RODRIGUEZ GINGENA, du cabinet du Haut représentant général du Mercosur. Et également du Professeur Allan BREWER-CARIAS, du Professeur Andrés MALAMUD ; de Mariana PEÑA ; de Flor de Maria MEZA, de Lilian CELIBETTI et de Ligia CARDIERI, de la Plateforme interaméricaine de droits de l'homme, démocratie et développement, et de Maragarida NAVARETTI, de l'Observatoire de politiques publiques en droits de l'homme du Mercosur.

Je souhaite également remercier le Collège doctoral européen, qui m'a accueilli en tant que résidente et membre de la promotion Jane Goodall, et le Max Planck Institute for Comparative Public Law and International Law, et tout particulièrement Mariela MORALES et Armin VON BOGDANDY. Ces deux organismes m'ont permis de conclure dans d'excellentes conditions mes travaux de recherche.

Je tiens à exprimer mes plus sincères remerciements à Matthieu BIRKER, Usanee AIMSIRANUN et Edgar CORZO pour leurs remarques et suggestions.

J'adresse toute ma gratitude à Pierre STAEDEL qui a manifesté courage, patience et constante bonne humeur dans son travail minutieux de relecture. Entre l'hébreu et le grec, nous avons pu nous en sortir.

Je tiens à remercier très chaleureusement mes amis, ma famille et mes nouvelles familles de cœur adoptées tout au long de cette entreprise, pour leur compréhension, soutien et encouragement. Enfin, je remercie de tout cœur ma mère Denise et ma sœur Louise pour leur confiance et amour.

Préface

Cet ouvrage vient consacrer le travail de recherche doctorale mené par Tenile Mascolo Gil au sein de l'ED 101 de l'université de Strasbourg, dans le cadre du Centre des études internationales et européennes (CEIE EA 7307, FR Unistra/CNRS 3241). La publication permet d'en diffuser les résultats au-delà du cercle de la communauté des chercheurs universitaires. L'auteure a travaillé sous la codirection des Professeurs Vlad Constantinesco et Valérie Michel puis de la professeure Frédérique Berrod. La thèse est consacrée à une étude systématique, à partir des sources doctrinales et jurisprudentielles, de la place des droits de l'Homme dans le Mercosur à la lumière de l'expérience européenne et de ses enjeux au regard du système interaméricain de protection des droits de l'Homme.

Tout l'intérêt de cette recherche est de comprendre les évolutions du Mercosur, conçu comme un marché commun, vers une intégration politique, pleinement respectueuse des droits de l'homme. L'analyse est menée au sein du Mercosur et dans le contexte des expériences sud-américaines d'intégration. Mais elle est aussi, et surtout, menée en parallèle avec l'expérience de l'intégration du continent européen, au travers du Conseil de l'Europe et de l'Union européenne. Cette recherche s'inscrit donc dans une analyse d'un système au carrefour des influences des intégrations régionales, au niveau international et surtout européen. Elle participe de l'étude du rayonnement du modèle communautaire et de la difficulté systémique d'exporter ce modèle dans un autre contexte historique, politique et sociologique. Cette approche méthodologique assure à ce travail une pertinence particulière et moissonne tous les avantages de la méthode comparative.

La thèse de Tenile Mascolo Gil vient montrer combien l'intégration européenne peut constituer un modèle de référence pour d'autres systèmes d'intégration régionale. Il en est ainsi du Mercosur, intégration économique née en 1991, dont le but est de réaliser la stabilisation démocratique de pays sortis de régimes autoritaires par la création d'un marché commun. Le libre-échange fabrique la paix et sert de catalyseur à la démocratie. C'est du moins cette même croyance qui anime, à des années de distance, Union européenne et Mercosur.

Les deux ensembles d'intégration économique ont été confrontés, logiquement d'ailleurs, mais de façon différente, à l'exigence de la protection des droits de l'homme. Le Mercosur se trouve au carrefour des influences des différentes intégrations régionales de protection de ces droits, important ces normes voisines, que sont la Convention interaméricaine des droits de l'homme ou les concepts européens, dans son ordre juridique et les diffusant au sein des États parties. Les droits de l'homme profitent en quelque sorte de la porosité des frontières impliquée par l'intégration des marchés.

Ce mouvement est bien connu dans l'Union européenne : d'abord captifs de chaque système des États membres, les droits de l'homme ont été protégés par la Convention européenne des droits de l'homme et imprègnent les droits nationaux, notamment par la jurisprudence de la Cour de Strasbourg. Ils se diffusent en eux par touches successives. Cette armature pouvait faire croire que l'Union, alors Communauté économique européenne, pouvait se contenter d'une intégration "purement" économique. Mais concevoir une politique agricole commune, première politique commune à être développée, met en regard, inexorablement, le risque de mettre en cause le droit de propriété. Il a fallu alors que l'Union protège ce droit fondamental pour rendre l'intégration acceptable. Ce fut ensuite un long dialogue avec la Cour constitutionnelle allemande qui permit d'asseoir la protection des droits de l'Homme en tant que principes généraux du droit de l'Union. La plupart sont aujourd'hui devenus des principes écrits dans la Charte des droits fondamentaux de l'Union, dans une longue relation d'influences croisées avec la CEDH. Jusqu'à faire croire à la nécessité, puis de consacrer l'obligation juridique pour l'Union, d'adhérer à la CEDH. La protection des droits de l'homme apparaît ainsi comme une sorte d'évidence démocratique qui se nourrit de l'impératif de cohérence normative entre les systèmes de protection régionale. La Cour de justice de l'UE est venue mettre un terme à cette tendance avec l'avis 2/13 du 18 décembre 2014 : l'adhésion constitue une atteinte trop importante à la spécificité du droit de l'UE ; difficile à la lecture de l'avis de trouver une parade juridique pour rendre possible l'adhésion tant recherchée. Le déséquilibre induit par le fait que les États de l'UE peuvent, contrairement à elle, voir mettre en cause la conventionalité de leurs actes semble finalement moins perturbant que la réduction de la spécificité, qu'induit selon la Cour de Luxembourg un contrôle externe aux mains des juges de la Cour de Strasbourg.

L'évolution de la protection des droits de l'homme dans le Mercosur ne suit pas exactement le même chemin. Elle montre pourtant que se pose là-bas comme en Europe, la question du cadre de protection : "*faut-il compter sur la Cour interaméricaine des droits de l'homme ou développer un système de protection propre au Mercosur ?"* se demande l'auteure dans son introduction. La logique inter gouvernementale du Mercosur rend pourtant difficile une protection par une Cour régionale ; le droit du Mercosur ne vit pas de cette exigence existentielle d'autonomie que protège jalousement le droit de l'Union. Le droit du Mercosur montre que des concepts juridiques de protection des droits de l'homme sont utilisés, presque à l'insu des États. Les organes du Mercosur vont inscrire, à partir de 2004, les droits de l'homme dans leurs actions politiques. C'est pourquoi la première partie de la thèse est consacrée à *« L'inscription des droits de l'homme dans le Mercosur »*.

Comme pour tout système vivant, l'incorporation de normes et de concepts juridiques venus d'ailleurs provoque une répulsion, puis une adaptation des systèmes nationaux qui préexistent. Répulsion parce que cette influence normative ne peut que raidir les souverainetés étatiques. Le défi de l'exécution des arrêts de la Cour interaméricaine des droits de l'homme ressemble sur ce point à celui que connaissent les arrêts de la Cour EDH. La nature inter gouvernementale du Mercosur ne permet pas, sur ce point non plus, de garantir le degré d'efficacité souvent attribué au droit de l'UE. Cela ne veut pas dire pour autant que la souveraineté n'est plus une question dans l'Union européenne. Bien au contraire : les peuples n'ont jamais autant revendiqué le retour à la souveraineté nationale, si l'on en croit les manifestes collaboratifs des "nuits debout" ou les programmes politiques des mouvements populistes de droite ou de gauche. Le Brexit a vaincu par cette exigence de l'"*I want my country back*". La *summa divisio* entre la méthode communautaire et la méthode gouvernementale, la thèse le démontre bien, est largement remise en cause par la pratique des intégrations régionales. Le Mercosur, malgré sa nature inter gouvernementale, peut dépasser l'intégration purement économique pour incorporer dans ses politiques la protection des droits de l'homme, tout comme l'a fait l'Union. On retrouve cette idée sous la plume de Tenile Mascolo Gil quand elle écrit que : "*Les droits de l'homme apparaissent en effet dans le Mercosur comme un prérequis de l'intégration. On pourrait dire qu'ils sont aujourd'hui une condition politique pour appartenir à l'espace normatif du Mercosur*".

Si l'intégration butte souvent sur l'irréductible souveraineté des États qu'elle associe, elle induit pourtant toujours une adaptation des droits nationaux. Les droits des États se réforment, se déforment sous l'influence du droit du Mercosur. D'abord parce que les États ont un commun intérêt à faire fonctionner cet ensemble plus vaste que constitue le Mercosur, y compris pour que les droits de l'homme bénéficient d'une protection effective. Adaptation aussi parce que la libre circulation entre les États du Mercosur fait muter la souveraineté qui ne peut plus être conçue comme un splendide isolement. L'intégration du Mercosur se trouve sur ce point dans une situation somme toute peu différente de celle de l'Union européenne confrontée au Brexit. Sans que les États décident de sortir du Mercosur, le Venezuela n'est déjà plus partie à la Convention inter américaine des droits de l'homme, ce qui montre que le retrait d'une intégration régionale doit être une éventualité à prendre en compte pour évaluer la pertinence et l'effectivité de la protection régionale des droits de l'homme. C'est tout le sens de la deuxième partie de cette thèse, qui montre comment le système du Mercosur passe "*de la promotion à la protection des droits de l'homme*". Se pose alors, dans un nouveau parallèle de part et d'autre de l'Atlantique, la question centrale de l'effectivité de la protection ainsi aménagée tant sur le plan institutionnel que matériel.

Les enjeux de l'effectivité d'une protection régionale des droits de l'homme se trouvent ainsi mis au centre de l'étude, ce qui en fait toute la richesse et tout l'intérêt. Les enjeux de l'effectivité d'une protection régionale des droits de l'homme se trouvent ainsi mis au centre de l'étude, ce qui en fait toute la richesse et tout l'intérêt. Ainsi, à partir de cette étude sur le *Mercosur* – avec en miroir, toute l'expérience de l'Union européenne - Mme Tenile Mascolo Gil a-t-elle pu vérifier la puissance des intégrations économiques régionales dont le développement même a, assez rapidement, rencontré la nécessité d'inclure dans leurs dispositifs jurisprudentiels et normatifs une protection de plus en plus effective des droits fondamentaux. Ce n'est pas le moindre mérite de ce travail que de montrer que l'intégration économique, contrairement à ce qui est parfois avancé, ne se traduit pas par une réduction des droits des citoyens, mais plutôt par le perfectionnement de leur garantie.

Frédérique Berrod

P

Professeure à l'université de Strasbourg

Vlad Constantinesco

P

Professeur émérite de l'université de Strasbourg

Abréviations

I. Institutions et organismes

ALADI	Association latino-américaine d'intégration
ALALC	Association latino-américaine de libre commerce
ALENA	Accord de libre-échange nord-américain
BID	Banque interaméricaine de développement
CAN	Communauté andine des Nations
CARICOM	Communauté des Caraïbes
CARIFTA	Association de libre-échange des Caraïbes
CCM	Commission de commerce du Mercosur
CMC	Conseil du marché commun
CE	Communautés européennes
CEE	Communauté économique européenne
CECA	Communauté européenne du charbon et de l'acier
CEPAL	Commission économique pour

	l'Amérique latine et les Caraïbes
CMPED	Centre Mercosur de promotion de l'État de droit
CMC	Conseil du marché commun
Commission IDH	Commission interaméricaine des droits de l'homme
Cour EDH	Cour européenne des droits de l'homme
Cour IDH	Cour interaméricaine des droits de l'homme
CEPAL	Commission économique pour l'Amérique latine
CIJ	Cour internationale de justice
CJCE	Cour de justice des Communautés européennes[1]
CJUE	Cour de justice de l'Union européenne
CMPED	Centre Mercosur de promotion de l'État de droit
CP	Commission permanente
CPCM	Commission parlementaire conjointe du Mercosur
CRPM	Commission des représentants

[1] À partir du 1er décembre 2009, date de l'entrée en vigueur du traité de Lisbonne, l'Union européenne s'est dotée d'une personnalité juridique et a repris les compétences auparavant conférées à la Communauté européenne. La

Cour de justice des Communautés européennes (CJCE) est donc devenue Cour de justice de l'Union européenne (CJUE). Dans cette étude, l'acronyme CJCE sera tout de même utilisé, lorsque la jurisprudence antérieure de celle-ci est citée.

	permanents du Mercosur
CSJN	Corte Suprema de Justicia de la Nación
FCCP	Forum de consultation et concertation politique
FCES	Forum consultatif économique et social
FOCEM	Fonds pour la convergence structurelle du Mercosur
GMC	Groupe du marché commun
GT	Groupe de travail
HRGM	Haut représentant général du Mercosur
IIDH	Instituto Interamericano de Derechos Humanos
ISM	Institut social du Mercosur
IPPDH	Institut de politiques publiques en droits de l'homme du Mercosur
MCCA	Marché Commun Centre Américain
MERCOSUR	Marché commun du Sud (en espagnol)
MERCOSUD	Marché commun du Sud (en français)
MERCOSUL	Marché commun du Sud (en portugais)
ODM	Observatoire pour la démocratie du Mercosur
ONU	Organisation des Nations unies
ODM	Observatoire de la démocratie du Mercosur

OEA	Organisation des États américains
OIT	Organisation internationale du travail
OMC	Organisation mondiale du commerce
OSCE	Organization for Security and Co-operation in Europe
Parlasur	Parlement du Mercosur
PNUD	Programme des Nations unies pour le développement
RAADH	Réunion des Hautes autorités des droits de l'homme et des Chancelleries du Mercosur et des États associés
SELA	Système économique latino-américain et des Caraïbes
SGT	Sous-groupe de travail du Mercosur
SICA	Système d'intégration centraméricain
SM	Secrétariat du Mercosur
STF	Supremo Tribunal Federal
TAHM	Tribunal arbitral ad hoc du Mercosur
TJCAN	Tribunal de justice de la Communauté andine
TPI	Tribunal de première instance[2]

[2] À partir du 1er décembre 2009, date de l'entrée en vigueur du traité de Lisbonne, le « Tribunal de première instance (TPI) » est devenu uniquement « Tribunal ». Dans cette étude, l'acronyme TPI sera tout de même utilisé, lorsque la jurisprudence antérieure de celui-ci est citée.

TPR	Tribunal permanent de révision du Mercosur
UE	Union européenne
UNASUR	Union des nations sud-américaines

II. Recueils, Revues et Éditeurs

AFDI	Annuaire français de droit international
AJDA	L'actualité juridique. Droit administratif
BILA	Boletim de integração latinoamericana
BOM	Boletín oficial del Mercosur
CDE	Cahiers de droit européen
CEFIR	Centro de Formación para la Integración Regional
CMLR	Common Market Law Review
EJIL	European Journal of International Law
ELJ	European Law Journal
EdL	L'Europe des Libertés
EPL	European Public Law
ICLQ	International and Comparative Law Quaterly
ILDIS	Instituto Latinoamericano de Investigaciones Sociales

IRRC	International Review of the Red Cross
JCP	Juris-Classeur
JO	Journal officiel
JOCE	Journal officiel des Communautés européennes
JOUE	Journal officiel de l'Union européenne
LGDJ	Librairie générale de droit et de jurisprudence
Litec	Librairies techniques
NQHR	Netherlands Quarterly of Human Rights
PA	Petites affiches
PUAM	Presses Universitaires d'Aix-Marseille
PUF	Presses universitaires de France
PUS	Presses universitaires de Strasbourg
RBDC	Revista brasileira de direito constitucional
RCADI	Recueil des cours de l'Académie de droit international de La Haye
RDCI	Revista de Direito Constitucional e Internacional
RDUE	Revue du droit de l'Union européenne
RDIM	Revista de derecho internacional y del Mercosur
RDM	Revista de derecho del Mercosur

RDP	Revue de droit public
Rec.	Recueil
REDE	Revista española de derecho europeo
RFDC	Revue française de droit constitutionnel
RGDIP	Revue générale de droit international public
RIDC	Revue internationale de droit comparé
RJA	Revista jurisprudência argentina
RMC	Revue du marché commun
RMCUE	Revue du marché commun et de l'Union européenne
RMUE	Revue du marché unique européen
RT	Revista dos Tribunais
RTDE	Revue trimestrielle de droit européen
RTDH	Revue trimestrielle de droits de l'homme
RTNU	Recueil des traités des Nations Unies
RUE	Revue de l'Union européenne

Sommaire

Introduction

1. « Si à ses débuts l'intégration européenne a été critiquée en raison d'une certaine instrumentalisation de l'individu au profit d'objectifs d'ordre général, au fur et à mesure de ses développements et approfondissements elle a connu d'importantes mutations. De l'époque fonctionnaliste, qui favorisait des finalités supranationales presque exclusivement en matière économique, l'intégration s'est élargie pour intégrer le niveau politique et a, pour ce faire, changé de méthode en faveur d'instruments empruntés au constitutionnalisme, qui mettent au centre de leurs préoccupations les droits fondamentaux des individus »[3]. Cette métamorphose du droit de l'Union, qui place les droits de l'homme au cœur des préoccupations d'un espace d'intégration, est-elle unique au monde ? À regarder l'évolution de certains groupes d'intégration économique de dimension régionale, la question se pose du rayonnement du modèle « communautaire ». C'est le cas du Mercosur, qui affirme que le respect des droits représente une condition essentielle à l'existence et à l'évolution du processus d'intégration[4].

2. Le Marché commun du Sud, couramment appelé « Mercosur », est un groupe d'intégration économique régionale. C'est le Traité d'Asunción, de 1991[5], qui a réuni le Brésil, l'Argentine, l'Uruguay et le Paraguay autour du projet d'établissement d'un marché commun. Ce groupe s'insère dans un long et persévérant processus d'intégration auquel se prêtent la plupart des pays latino-américains depuis plus de deux siècles.

3. Les premiers mouvements pour l'intégration latino-américaine ont eu lieu au tout début du 19e siècle, parallèlement aux processus d'indépendance des pays de la région[6]. Ces processus ont été encouragés par Simon

---

[3] Tanasescu (Elena-Simina), « Rôle des droits fondamentaux dans la constitutionnalisation de l'ordre juridique de l'Union européenne », *in La Cour de justice et la construction de l'Europe : Analyses et perspectives de soixante ans de jurisprudence*, Springer, 2013, p. 227.

[4] Protocole d'Asunción, du 20 juin 2005, entré en vigueur le 30 avril 2010, Art. 1er : « L'existence des institutions démocratiques et le respect des droits de l'homme et des libertés fondamentales sont des conditions essentielles à l'existence et à l'évolution du processus d'intégration entre les Parties. »

[5] Traité d'Asunción du 26 mars 1991, entré en vigueur le 29 novembre 1991.

[6] Le chercheur MALAMUD et le professeur SCHMITTER soutiennent que l'intégration latino-américaine une longue histoire, sur le plan de la rhétorique politique conventionnelle, mais un pauvre bilan en matière de réalisations concrètes. Malamud (Andres) et Schmitter (Philippe C.), « La experiencia de integración europea y el potencial de integración del Mercosur », *Desarrollo Económico,* 2006, n° 181, Buenos Aires, p. 15.

BOLIVAR[7] qui identifiait le rapprochement des peuples comme étant la seule garantie d'indépendance face aux puissances européennes. Cependant, ce n'est qu'après la Seconde Guerre mondiale que l'intégration latino-américaine s'est convertie en une possibilité réelle pour stimuler le développement économique et garantir la sécurité de la région. Cette étape est liée à divers facteurs favorables.

Sur le plan international, il faut rappeler que les États Unis ont détourné, à ce moment de l'histoire, leur attention du sud de leur continent. Ils ont privilégié les relations avec la « vieille Europe », en particulier en dirigeant les flux de capitaux nécessaires à la reconstruction européenne, dans les années 1950. Ils ont aussi décidé d'ouvrir de nouveaux fronts de conflits, à l'exemple de la Guerre de la Corée. Un autre facteur de stimulation de l'intégration sud-américaine a été l'effervescence intellectuelle interaméricaine à l'endroit des mouvements d'intégration défendus par Jean MONNET et Robert SCHUMAN, qui accompagnait une tendance mondiale en faveur de l'approfondissement de l'interdépendance des États.

On pouvait pourtant penser que l'Amérique du Sud était précurseur en matière d'intégration. Dès 1941, l'un des premiers pas pour l'intégration latino-américaine se voit en effet consacré : le Traité de Libre Commerce entre l'Argentine et le Brésil[8] est signé dans le but d'établir une union douanière. Cet accord n'a cependant pas prospéré, à cause des divergences diplomatiques et politiques entre les deux États relativement à la Seconde Guerre mondiale. D'autres essais ont été entrepris tels le « Pacte ABC[9] » (entre l'Argentine, le Brésil et le Chili de 1950 à 1953) et l'Opération Panaméricaine[10] (entre l'Argentine et le Brésil, de 1958 à 1959).

Malgré leurs échecs, ces rapprochements ont été indispensables pour la création, en 1984, de la Commission économique pour l'Amérique

---

[7] Sur le processus historique de l'intégration en Amérique latine, voir Colomer Viadel (Antonio), Soberanía e integración en Iberoamérica : una perspectiva histórica y jurídica, *Cuadernos de la Catedra Fadrique Furio Ceriol*, 1994, n° 7, p. 93 à 104. Et aussi Sberro (Stephan), « L'intégration régionale en Amérique latine : le mythe de Sysiphe », *Pouvoirs*, 2001/3, n° 98, p. 49 à 61.

[8] Le traité de libre-échange a été signé entre l'Argentine et le Brésil le 21 novembre 1941. Le professeur LERMAN ALPENSTEIN soutient que les deux pays se sont approchés, car, à partir des années 1930 ils commencent des processus d'industrialisation en substitution aux importations. Lerman Alperstein (Aida), « El regionalismo abierto: Mercosur », *Política y Cultura*, 1997, primavera, n° 008, Universidad Autónoma Metropolitana, México, p. 355.

[9] Le Pacte ABC a duré de 1950 à 1953.

[10] L'Opération panaméricaine a été débutée le 9 août 1958.

latine[11](CEPAL). Cette Commission, appartenant aux Nations unies, envisageait le développement de l'Amérique latine à travers les changements dans son organisation économique et elle fut l'instigatrice des premières études sur l'intégration latino-américaine[12]. Elle est ainsi devenue l'organe « de défense et d'enthousiasme en faveur de la création d'un marché commun latino-américain »[13], et elle a été, d'ailleurs, l'auteur intellectuelle et celle qui a mené les discussions qui ont abouti au Traité de Montevideo de 1980[14].

Les premiers travaux et efforts visant au développement du commerce intra régional remontent aux années 1950, et plus spécifiquement en 1959 quand, avec la collaboration de la CEPAL a été élaboré le premier projet de zone de libre-échange, avec l'appui de la Bolivie, du Paraguay et du Pérou[15]. Ensuite, et encore dans le sillage de la pensée de la CEPAL, de nombreux groupes ayant pour but l'intégration entre des États latino-américains sont créés sur tout le continent[16] : l'Association latino-américaine de libre commerce[17] (ALALC), remplacée par l'actuelle Association Latino-américaine d'intégration[18] (ALADI) ; l'Accord de libre-échange des Caraïbes[19] (CARIFTA), auquel s'est substituée la Communauté des Caraïbes[20] (CARICOM) ; le Marché Commun Centre Américain[21] (MCCA), le Groupe

[11] La Commission économique pour l'Amérique latine a été établie par la résolution 106(VI) du Conseil économique et social de l'ONU, le 25 février 1948. Dans la résolution 1984/67, du 27 juillet 1984, le Conseil économique et social de l'ONU a décidé de l'appeler Commission économique pour l'Amérique latine et les Caraïbes.

[12] Arnaud (André-Jean), « Présentation », *Droit et société : revue internationale de théorie du droit et de sociologie juridique*, n°59, LGDJ, 2005, p. 12.

[13] Sur la création d'un marché commun latino-américain, voir Prebisch (Raul) *et al.*, « Perspectivas para la Creación del Mercado Comun Latinoamericano », *in* Instituto para la Integración de América Latina, La Integración Latinoamericana : situación y perspectivas, BID, Buenos Aires, 1965, p. 189 à 217.

[14] Traité de Montevideo du 12 août 1980.

[15] Arnaud (André-Jean), *op. cit.*, p. 12.

[16] Sur le processus d'intégration régionale dans les Amériques, voir García de la Rosa (Ricardo), *Régionalisme économique et Zone de Libre-échange des Amériques (ZLÉA)*, thèse de doctorat soutenue à l'Université Jean Moulin Lyon 3, le 15 février 2003, p. 155 et s.

[17] L'Association latino-américaine de libre commerce a été constituée par le Traité de Montevideo de 18 février 1960. Sur ce groupe, voir Instituto interamericano de estudios jurídicos internacionales, *Problemática jurídica e institucional de la integración de América Latina – ensayo de sistematización*, Edición provisional, Washington, 1967, p. 523 à 584.

[18] L'Association latino-américaine d'intégration a été constituée par le Traité de Montevideo de 12 août 1980.

[19] L'Accord de libre-échange des Caraïbes a été signé le 1er mai 1968 à Georgetown.

[20] La Communauté des Caraïbes a été constituée par le Traité de Chaguaramas, le 4 juillet 1973.

[21] Le Marché Commun Centre Américain a été constitué par le Traité de Managua, du 13 décembre 1960. Sur ce groupe, voir Instituto interamericano de estudios jurídicos internacionales, *op. cit.*, p. 431 à 522.

Andin[22], remplacé par la Communauté andine des Nations[23] (CAN) ; le Système d'intégration centre-américain[24] (SICA) ; le Système économique latino-américain et des Caraïbes[25] (SELA) ; le Marché Commun du Sud (Mercosur), et enfin, le plus récent, l'Union des nations sud-américaines[26] (UNASUR)[27].

4. Le Mercosur s'insère donc dans ce processus qui prend matériellement plus de force à la fin des années 1980 du fait de la motivation de l'Argentine et du Brésil, qui sortaient tous deux de régimes dictatoriaux et redécouvraient la démocratie. Trois instruments lui ont préparé le terrain[28] : la Déclaration d'Iguaçu de 1985[29] ; l'Acte d'intégration entre l'Argentine et le Brésil de 1986[30], et le Traité d'intégration, de coopération et de développement entre l'Argentine et le Brésil de 1988[31]. L'amitié argentino-brésilienne, à l'image du couple franco-allemand[32], fut le grand moteur de la création du Mercosur qui est parvenue à se réaliser en 1991[33]. C'est le Traité

---

[22] Le Groupe Andin a été constitué par l'Accord de Cartagena, du 26 mai 1969.

[23] La Communauté Andine des Nations a été constituée par le Protocole de Trujillo, du 10 mars 1996.

[24] Le Système d'intégration centre-américain a été constitué par le Protocole de Tegucigalpa, du 13 décembre 1991.

[25] Le Système économique latino-américain et des Caraïbes a été constitué par la Convention constitutive de Panama, du 17 octobre 1975.

[26] L'Union des Nations sud-américaines a été constituée, le 23 mai 2008, à Brasilia. Sur ce groupe, voir Gambina (Julio), « UNASUR: ¿un proyecto para la emancipación? » et Rey (Sebastian), « UNASUR: pasado, presente y futuro », *Revista Derecho Público*, 2012, Año I - n° 1, Ministerio de Justicia y Derechos Humanos de la Nación, p. 121 à 156.

[27] Pour une notion chronologique du processus de l'intégration latino-américaine, voir Pironet (Olivier), « L'intégration régionale, un long processus », Manière de voir, Amérique latine rebelle, *Le Monde Diplomatique,* 2007, n° 90, décembre 2006-janvier 2007.

[28] Sur les instruments adoptés préalablement au traité d'Asunción, voir Malamud (Andres), « Theories of Regional Integration and the Origins of Mercosur », *in* Toscano Franca Filho (Marcilio) *et al.* (coord.), *The law of Mercosur*, Oxford, Hart, 2010, p. 24.

[29] Déclaration d'Iguaçu du 30 novembre 1985. Cette déclaration a été, pour le professeur ACCIOLY, l'embryon du Mercosur. Acciolly Pinto de Almeida (Elizabeth), « O Mercosul, a União Européia e outros modelos de integração », *Revista de estudos europeus*, 2007, ano I, n° I, Associação interuniversitaria de estudos europeus, Instituto europeu da Faculdade de Direitos de Lisboa, p. 172.

[30] L'Acte de Buenos Aires, du 29 juillet 1986, est connu aussi comme l'Acte de l'Amitié ou l'Acte de l'Intégration Argentine-Brésilienne.

[31] Traité d'intégration, de coopération et de développement entre l'Argentine et le Brésil, du 29 novembre 1988 et en vigueur depuis le 23 août 1989.

[32] Pour le professeur JACQUE, le couple franco-allemand créé avec le Traité de l'Élysée le 22 janvier 1963, sera fréquemment le moteur de la construction européenne. Jacqué (Jean-Paul), *Droit institutionnel de l'Union européenne*, 7e éd., Paris, Dalloz, 2012, p. 6.

[33] Cependant, différemment des Communautés européennes qui naissent pour éviter des conflits par le biais d'une intégration économique, le Mercosur s'insère dans une nouvelle tendance de l'intégration économique régionale, où « la menace belliqueuse cède la place à la menace économique ». Acciolly Pinto de Almeida (Elizabeth), *op. cit.*, p. 171.

d'Asunción, de 1991[34], qui a réuni le Brésil, l'Argentine, l'Uruguay et le Paraguay dans le but d'établir un marché commun. Cela a marqué le début d'une union de quatre pays qui, en dépit de leurs différences historiques, linguistiques et culturelles[35], partagent un passé récent passablement commun[36].

Plus de vingt-cinq ans après sa naissance, le Mercosur n'a toujours pas atteint le modèle d'intégration envisagé à son origine, à savoir la création et le fonctionnement d'un marché commun. Selon les spécialistes de l'intégration économique[37], il existe cinq niveaux d'intégration : la zone de libre-échange dans laquelle les droits de douane sont éliminés entre les pays membres ; l'union douanière où les États membres décident d'adopter des tarifs communs par rapport aux pays tiers et la recette douanière est distribuée entre les États membres ; le marché commun où toutes les barrières commerciales et douanières sont supprimées et où existe la libre circulation des produits, personnes, capitaux et services ; l'union économique qui consiste à adopter une monnaie et une politique monétaire uniques et, enfin, l'intégration économique complète dans laquelle les politiques sociales et fiscales sont unifiées et une autorité supranationale est adoptée.

Bien que perçu comme le cas d'intégration économique régionale le plus abouti dans le sous-continent américain[38], pour beaucoup de spécialistes le Mercosur demeure une union douanière qui plus est imparfaite[39]. En effet, il n'existe pas encore d'uniformité dans les tarifs extérieurs communs[40]. En 2010 un programme de consolidation de l'union douanière a même été adopté. Lors du Sommet des présidents du Mercosur à Foz do Iguaçu, les

---

[34] Traité d'Asunción du 26 mars 1991, entré en vigueur le 29 novembre 1991. Voir chronologie du Mercosur en annexe (Annexe 1).

[35] Pour une compréhension de la diversité linguistique, ethnique et historique entre les pays du Mercosur, voir Mukhametdinov (Mikhail), « Mercosur and the European Union », *Cooperation and conflict*, 2007, 42, 2, p. 207 à 228.

[36] Un passé commun pour les quatre pays fondateurs qui ont vécu des dictatures militaires et, par conséquent, partagent actuellement les valeurs de protection des droits de l'homme et du respect de la démocratie.

[37] Balassa (Bela), The Theory of Economic Integration, London, Homewood, 1961, 324 p.

[38] Malamud (Andres) et Schmitter (Philippe C.), *op. cit.*, 2006, p. 15.

[39] Valverde Chaves (Jeannette), « El Mercosur: ¿área de libre comercio o unión aduanera? », *in* Tremolada Alvarez (Eric), (dir.), *Repensando la integración y las integraciones*, Bogotá, Universidad Externado de Colombia, 2013, p. 230.

[40] Salomoni (Jean-Louis), *op. cit.*, p. 359. Corti Varela (Justo), « Evolución de la libre circulación de personas en el Mercosur y su impacto en las políticas migratorias nacionales », *in* Goizueta Vértiz (Juana), *et al.* (dir.), *La libre circulación de personas en los sistemas de integración económica*, Navarra, Cizur Menor, Aranzadi, 2012, p. 143.

chefs de gouvernement mercosuriens ont décidé que ce modèle d'intégration devrait être établi à l'horizon 2019[41].

5. Aujourd'hui, le Mercosur est donc un regroupement de cinq États membres, à savoir les quatre pays fondateurs, originairement du Cône sud, l'Argentine, le Brésil, le Paraguay et l'Uruguay, et le Venezuela, qui constitue le cinquième État membre, depuis juillet 2012[42]. La Bolivie a entamé le processus d'adhésion comme État membre le 7 décembre 2012[43]. Le Mercosur comprend aussi cinq États dits associés, lesquels peuvent participer aux activités du groupe, mais ne disposent ni de voix ni de droit de vote[44] (le Chili[45], la Bolivie, le Pérou[46], l'Équateur, et la Colombie[47]). En outre, la Guyane et le Suriname ont entamé leur procédure d'adhésion au groupe en 2013 en tant qu'États associés[48]. Avec la future adhésion de la Bolivie, le Mercosur s'évalue à une population de 295 millions d'habitants (soit 70% de la population de l'Amérique du Sud), un PIB de 3,3 trillions $ (83% du PIB sud-américain), un territoire de 15 millions de km^2 (72% de la

---

41 Décision du CMC n° 56/10, adoptée à Foz do Iguaçu le 16 décembre 2010.

42 Le Venezuela est devenu État associé au Mercosur le 16 décembre 2004 et État membre le 31 juillet 2012. Sur l'adhésion du Venezuela au groupe, en tant que pays dont l'agenda se montre plutôt « anti-néolibéral et prosocial », voir Asa Phillips (Noah), « Mercosur: Venezuela's New Vehicle for Resistance to American Political and Economic Hegemony », *Hastings international and Comparative Law Review*, vol. 38, n° 1, 2015, p. 169 à 196.
Depuis le 5 décembre 2016, la situation du Venezuela en tant qu'État membre est incertaine. Pour n'avoir pas respecté ses obligations établies dans le Protocole d'adhésion, le Venezuela risque de se voir suspendu, voire exclu du groupe.

43 La Bolivie est devenue État associé au Mercosur le 17 décembre 1996 et a entamé le processus d'adhésion comme État membre le 7 décembre 2012, avec la signature de son protocole d'adhésion qui a eu lieu à Brasilia - Décision n° 68/12 du CMC du 6 décembre 2012. Le 17 juillet 2015, par décision n° 13/15, le CMC a approuvé le protocole d'adhésion. Pour le moment, il dépend de la validation du parlement brésilien. On craint que cette validation ne mette longtemps à se concrétiser puisque l'actuel gouvernement brésilien au pouvoir depuis le 31 août 2016, après le procès en destitution contre l'ancienne Présidente Dilma Roussef, et ce jusqu'au 31 décembre 2018, ne se trouverait pas en accord avec les tendances économiques du gouvernement bolivien.

44 Décision du CMC n° 14/96, adoptée à Fortaleza le 17 décembre 1996, et Décision du CMC n° 18/04, adoptée à Puerto Iguazú le 7 juillet 2004.

45 Le Chili est devenu État associé au Mercosur le 25 juin 1996. Le chercheur Cyprien BASSAMAGNE MOUGNOK explique la décision du Chili de devenir un pays associé et non membre fondateur ni à part entière. Bassamagne Mougnok (Cyprien), « Structures intersubjectives et design des engagements internationaux », *Études internationales*, vol. 46, n° 1, 2015, p. 49 à 71.

46 Le Pérou est devenu État associé au Mercosur le 15 décembre 2003.

47 La Colombie et l'Équateur sont devenus États associés au Mercosur le 16 décembre 2004.

48 Communiqué conjoint des présidents des États membres du Mercosur, XLV Session ordinaire du Conseil du marché commun, du 12 juillet 2013, à Montevideo. Par la décision n° 20/15 le Suriname signe avec le Mercosur l'accord-cadre d'association, le 17 juillet 2015 à Brasilia.

superficie de l'Amérique du Sud)[49]. En outre, il est le plus grand exportateur de sucre et producteur de soja et de viande bovine du monde. Enfin, le Mercosur détient la plus grande réserve mondiale de pétrole[50] et c'est le quatrième producteur mondial de pétrole brut[51].

Tous ces chiffres indiquent que le Mercosur devient une véritable puissance économique, toutefois sur le plan humain, politique et social ce groupe semble toujours demeurer en déficit. Selon l'Indice de développement humain, le Brésil et le Paraguay occupent respectivement les 86e et 112e places sur 188 pays[52]. Par rapport au respect de la démocratie, le Paraguay se place à la 71e position, le Venezuela à la 100e sur 167 selon l'Indice démocratique[53]. En ce qui concerne le niveau de corruption dans le secteur public, la plupart des États membres du Mercosur occupent des positions très proches des pays les plus corrompus : l'Argentine se situe à la 107e place, le Paraguay à la 130e et le Venezuela à la 158e sur un total de 176 pays[54]. Enfin, le Brésil, le Paraguay et le Venezuela sont ceux qui respectent le moins la liberté de la presse, tenant les 104e, 111e et 139e positions sur 180 pays[55]. Cela démontre clairement que la croissance économique ne constitue pas un facteur qui bénéficie toujours directement aux individus.

6. On pourrait en déduire que les États ont la capacité d'opter pour une intégration purement économique, affranchie en quelque sorte de toute référence à la dimension humaine de l'intégration. L'expérience du Mercosur se montre révélatrice, au contraire, de la perméabilité de ces deux aspects de l'intégration. Dès le Programme de travail 2004-2006, le Mercosur fait en effet le choix de la protection des droits de l'homme, en prévoyant même de travailler sur une Charte des droits de l'homme[56].

---

[49] Celade — Division de población de la CEPAL. Revisión 2015.

[50] Secretaria de Comunicação Social da Presidência da Republica, Brasil, Informações à Imprensa, Cupula de Chefes de Estado do Mercosul e Estados Associados, Brasilia, 7 de dezembro de 2012.

[51] Página brasileira do Mercosul, Saiba mais sobre o Mercosul. Disponible sur:

http://www.mercosul.gov.br/saiba-mais-sobre-o-mercosul, consulté le 24 octobre 2016.

[52] Programme des Nations Unies pour le développement, *Rapport sur le développement humain 2015*.

[53] The Economist Intelligence Unit Limited, *Democracy index 2014: Democracy and its discontents*, 2015, p. 3 à 8.

[54] Transparency International, *Corruption perceptions : Index 2015*, Berlin, 2016.

[55] Reporters sans frontières, *Classement mondial de la liberté de la presse 2016*, Paris, 2016.

[56] Programme de travail du Mercosur 2004-2006, § 2.7 : « *(...) promover la evaluación y discusión sobre la conveniencia de adoptar una Carta de Derechos Humanos del Mercosur* » — promouvoir l'évaluation et la discussion sur l'opportunité d'adopter une Charte des droits de l'homme du Mercosur (traduction libre).

L'évolution du Mercosur enseigne donc que l'intégration économique ne peut se concevoir sans une promotion de la dignité de la personne humaine. En ce sens, et comme l'exprime le professeur POWELL, « le commerce et les droits de l'homme sont indissociables parce que les règles du commerce réveillent la capacité des gouvernements pour promouvoir un développement durable, atténuer l'écart grandissant entre les riches et les pauvres, pour garantir les droits fondamentaux des travailleurs, pour décourager la traite des femmes et des travailleurs agricoles, pour préserver les identités culturelles autochtones et même soutenir la gouvernance démocratique »[57]. Cette vision très optimiste des intégrations régionales économiques peut se voir confirmée par l'évolution même de l'Union européenne.

7. « Nous ne coalisons pas des États, nous unissons des hommes », disait Jean MONNET[58], l'un des Pères Fondateurs de l'Union européenne. Placer l'homme au centre des intérêts d'un groupe d'intégration économique[59] était, dès 1950 et la déclaration de SCHUMAN, un phénomène, sinon naturel, du moins stratégique, pour dépasser les égoïsmes étatiques et parfaire l'intégration supranationale. Il fallait en effet concevoir le droit communautaire en tant que droit d'intégration autonome, pour éviter qu'il ne pâtisse des faiblesses traditionnellement attribuées au droit international. Pourtant, dans le champ de la réalité d'un contexte d'intégration économique, il semble que le fait de placer l'homme dans une position centrale reste un processus profondément révolutionnaire. L'arrêt *Van Gend en Loos*, en établissant le principe de l'effet direct des normes originaires, fait ainsi de l'individu un sujet du droit de l'Union, allié des institutions communautaires pour contraindre les États à respecter leurs engagements dans la création d'un marché commun puis intérieur[60]. Les individus sont donc titulaires de droits de nature supranationale, que le juge national a l'obligation de protéger. De là à développer des droits de l'homme, il n'y a qu'un pas que franchira allègement le juge de l'Union.

[57]Powell (Stephan Joseph), « Managing the rule of law in the Americas », *The University of Miami Inter-American law review*, Coral Gables, School of Law, 2011, vol 42, n° 2, p. 198.

[58] Extrait du discours de Jean MONNET, lors d'une conférence à Washington, le 30 avril 1952.

[59] Le professeur BAZAN soutient que le processus d'intégration doit cibler les êtres humains comme des fins et non comme des moyens. Bazán (Victor), « Desafíos del Mercosur: Dimensión constitucional del proceso integrativo. La protección de los derechos humanos en el espacio integrado »,*in*Ciuro Caldani (Miguel Angel) (dir.), *Integración Unión europea y Mercosur*, Mendoza, Ediciones Jurídicos Cuyo, 2001, p. 244.

[60] CJCE, Arrêt du 5 février 1963, *NV Algemene Transport — en Expeditie Onderneming van Gend en Loosc. Administration fiscale Néerlandaise*, n° C-26/62, Rec. p. I — 00161.

Le traité de Rome ne comportait en effet aucune disposition relative aux droits fondamentaux[61]. Il a fallu que l'ancienne Cour de justice des Communautés européennes conçoive cette protection, pour légitimer le processus d'intégration économique. Dans l'affaire *Stauder*, la Cour doit vérifier que la décision de la Commission des Communautés européennes qui lie la cession de beurre à prix réduit aux bénéficiaires de certains régimes d'assistance sociale à la divulgation du nom du bénéficiaire aux vendeurs soit compatible avec les principes généraux du droit communautaire. La Cour affirme que les droits fondamentaux forment partie intégrante des principes généraux du droit — du respect duquel elle-même se porte garante[62].

C'est donc au travers de ces principes généraux du droit de l'Union que les droits de l'homme deviennent un paramètre de la légalité des actes de l'Union et de ceux des États dans le champ d'application du droit de l'Union. La récente affaire *Fransson* illustre cette conception très large des obligations des États au regard des droits aujourd'hui consacrés par la Charte des droits fondamentaux de l'Union[63]. La pratique juridictionnelle puis les traités vont faire de la Convention européenne des droits de l'homme (CEDH) une source privilégiée de ces principes généraux du droit de l'Union, qui se nourrissent aussi des traditions constitutionnelles communes des États membres. Les droits de l'homme font ainsi partie du substrat nourricier du droit de l'Union. La question de la constitutionnalisation de ce droit va reposer la question d'une constitutionnalisation des droits fondamentaux de l'Union, à travers l'élaboration d'un catalogue des droits protégés par le droit primaire de l'Union ou par une adhésion de celle-ci à la CEDH et à son mécanisme juridictionnel de protection. Le Traité de Lisbonne[64] fera finalement ce double choix : l'article 6 du Traité sur l'Union

---

[61] Le professeur MICHEL rappelle que « dans leur version originelle, les traités constitutifs des Communautés européennes ne contenaient aucune disposition relative aux libertés et droits fondamentaux pris en tant que tels. Michel (Valérie), « Les libertés et droits fondamentaux dans l'Union européenne », *in* Cabrillac (Rémy) *et al.* (dir.), *Libertés et droits fondamentaux*, Paris, Dalloz, 18e éd., 2012, p. 60.

[62] CJCE, Arrêt du 12 novembre 1969, Erich Stauder c. Ville d'Ulm – Sozialamt, n° C-29/69, Rec. p. I — *00419,* p. 442 : « La protection garantie par les droits fondamentaux est en ce qui concerne le droit communautaire, assurée par diverses dispositions du traité tels les articles 7 et 40, paragraphe 3, droit écrit qui est complété à son tour, par le droit communautaire non écrit tiré des principes généraux du droit des États membres. »

[63] CJUE, Arrêt du 26 février 2013, *Åklagaren c. Åkerberg Fransson*[GC], n° C-617/10, non encore publié. § 21 : « Les droits fondamentaux garantis par la Charte devant, par conséquent, être respectés lorsqu'une réglementation nationale entre dans le champ d'application du droit de l'Union, il ne saurait exister de cas de figure qui relèvent ainsi du droit de l'Union sans que lesdits droits fondamentaux trouvent à s'appliquer. L'applicabilité du droit de l'Union implique celle des droits fondamentaux garantis par la Charte ».

[64] Traité de Lisbonne, du 13 décembre 2007, entré en vigueur le 1er décembre 2009.

européenne (ci-après « *TUE* ») consacre, au même rang que le traité, la valeur juridique de la Charte des droits fondamentaux de l'Union et l'obligation pour l'Union d'adhérer à la CEDH[65].

8. Il y aurait donc bien une sorte de vertueuse fatalité à consacrer la protection des droits de l'homme dans des processus d'intégration régionale de type économique. Ce phénomène serait finalement lié à un processus d'« humanisation[66] » qui s'appuie sur les idées de démocratie et de droits de l'homme, binôme indissociable et non discutable dans les sociétés contemporaines. Même si l'on retrouve des traits de ce phénomène dans les racines du Mercosur – dans la mesure où ses États fondateurs du Mercosur ont souffert des dictatures il y a moins de cinquante ans, et privilégient, de ce fait aujourd'hui, ce binôme[67] - les manifestations explicites de cette humanisation restent une histoire assez récente au sein de ce groupe d'intégration économique. Il importe d'en comprendre les sources et les enjeux, en tenant compte des interactions normatives au sein des espaces normatifs sud-américains et à la lumière de l'expérience européenne. Les États parties à un groupe régional d'intégration jouent un rôle déterminant pour assumer la protection des droits de l'homme dans cet espace interétatique, voire supranational. Il ne faut pas négliger le fait que cette promotion des droits de l'homme se traduit, mécaniquement, par des transferts de compétences normatives de l'échelon national à l'échelon régional[68]. Les États peuvent donc être la source de ces évolutions, mais

---

[65] *Traité sur l'Union européenne, art. 6.1* : « L'Union reconnaît les droits, les libertés et les principes énoncés dans la Charte des droits fondamentaux de l'Union européenne du 7 décembre 2000, telle qu'adaptée le 12 décembre 2007 à Strasbourg, laquelle a la même valeur juridique que les traités. » ; art. 6.2 : « L'Union adhère à la Convention européenne de sauvegarde des droits de l'Homme et des libertés fondamentales. »

[66] Le professeur POWELL affirme que « le commerce et les droits de l'homme sont indissociables parce que les règles du commerce réveillent la capacité des gouvernements pour promouvoir un développement durable, atténuer l'écart grandissant entre les riches et les pauvres, pour garantir les droits fondamentaux des travailleurs, pour décourager la traite des femmes et des travailleurs agricoles, pour préserver les identités culturelles autochtones et même soutenir la gouvernance démocratique ». Powell (Stephan Joseph), op. cit., p. 198.

[67] Plus particulièrement, dans les États membres du Mercosur, la démocratie a retrouvé sa place entre les années 1980 et 1990 et le droit international des droits de l'homme y est apparu, comme le précise le professeur BURGORGUE-LARSEN, « comme l'incarnation juridique des valeurs démocratiques basées sur le respect irréductible de la dignité de la personne humaine ». Burgorgue-Larsen (Laurence), « Les standards : normes imposées ou consenties? », *in* Fatin-Rouge Stefanini(Marthe), et Scoffoni (Guy) (dir.), *Existe-t-il une exception française en matière de droits fondamentaux?*, Aix-en-Provence, PUAM, Cahiers de l'Institut Louis Favoreu, 2013, p. 19.

[68] Voir les travaux du professeur Constantinesco (Vlad),« Le fédéralisme : d'un anti-étatisme à un a-étatisme ? », L'Europe en Formation 2010/1, n° 355, p. 41 à 62 ; « Les compétences et le principe de subsidiarité », RTDE, 2005, n° 41, p. 305 ; « Le principe de subsidiarité : un

aussi de considérables facteurs de blocage, pour éviter que leurs politiques publiques qui comprennent la dimension de la protection des droits de l'homme ne soient, en partie ou totalité, décidées par les institutions d'intégration économique[69]. Le processus s'avère dès lors moins mécanique qu'il n'y paraît. La protection des droits de l'homme dans les espaces d'intégration régionale n'est donc, à y regarder de près, pas une évidence. Le développement du Mercosur en donne une illustration flagrante : si les droits de l'homme se voient progressivement pris en compte dans l'intégration économique, leur protection est une question autonome encore politiquement sensible et continue aujourd'hui encore à poser la question de l'effectivité de la protection.

9. Identifier *la place des droits de l'homme dans le Mercosur* : tel est le but prioritaire que s'assigne cette étude[70]. Il n'est pas question ici d'entrer dans la discussion de la doctrine constitutionnelle française sur l'usage de certaines expressions telles que *droits fondamentaux*, *libertés publiques*, *droits publics subjectifs*, car les expressions *droits de l'homme* et *droits fondamentaux* seront utilisées dans cette recherche de façon indistincte[71].

Jusqu'à présent, très peu d'études ont été réalisées en France sur ce groupe d'intégration économique. Certaines possèdent un caractère très

---

passage obligé vers l'Union européenne », in *L'Europe et le droit, Mélanges Boulouis*, 1991, Dalloz, p. 35 à 45.

[69] Voir la démonstration du professeur DE SCHUTTER pour la protection des droits sociaux dans l'Union européenne. De Schutter (Olivier), « Le statut de la Charte sociale européenne dans le droit de l'Union européenne », *in Mélanges Jacqué, Chemins d'Europe*, Dalloz, 2010, p. 217 à 261.

[70] Cette étude est basée sur une thèse réalisée sous la direction de Madame la Professeur Frédérique BERROD et Monsieur le Professeur Vlad CONSTATINESCO, de l'Université de Strasbourg et, sous la codirection de Madame la Professeure Flavia PIOVESAN, de la Pontificia Universidade Catolica de São Paulo. Soutenue le 11 octobre 2013 devant un jury composé de Mesdames les Professeures Laurence BURGORGUE-LARSEN et Valérie MICHEL, rapporteurs, et de Monsieur le Professeur Sébastien TOUZE, président du jury, en vue de l'obtention d'un diplôme de Doctorat en Droit public. Il convient de rassurer le lecteur : en effet la thèse à l'origine de cette étude a été mise à jour tout au long de ces dernières années, en tenant en compte les derniers événements et changements survenus dans les pays membres et associés du Mercosur et dans le groupe lui-même. A l'origine, la thèse s'intitule : La place des droits de l'homme dans le Mercosur à la lumière de l'expérience européenne : les enjeux au regard du système interaméricain de protection des droits de l'homme.

[71] Pour les différentes nomenclatures, voir Ponthoreau (Marie-Claire), *Droit(s) constitutionnel(s) comparé(s)*, Paris, Economica, 2010, p. 355. Burgorgue-Larsen (Laurence), « Le concept de liberté publique et de droit fondamental », *in* Auby (Jean-Bernard), *L'influence du droit européen sur les catégories du droit public*, Paris, Dalloz, 2010, p. 389 à 407.

général[72], d'autres proposent une analyse comparative avec l'Union européenne[73] et, enfin, quelques-unes s'intéressent à des thématiques plus spécifiques[74]. Mais aucune étude, en France ou dans d'autres pays[75], ne s'était concentrée jusqu'à présent sur la question des droits de l'homme au sein du Mercosur. Cela tient probablement au fait que ce processus d'humanisation, dans lequel l'homme vient à occuper une place centrale dans le groupe et qui assiste à l'émergence toute récente des idées de promotion et de protection de ces droits, est inséré dans un contexte nouveau au sein du Mercosur avec l'inauguration du Programme de travail 2004-2006.

10. En outre, cette recherche portant sur la place des droits de l'homme dans le Mercosur propose une étude sous un angle comparatiste avec le droit de l'Union européenne. L'apport de cette recherche réside, donc, dans l'explication du système du Mercosur, un terrain encore non exploité, à la lumière de l'expérience européenne. Non que l'Union européenne se présente comme un modèle indépassable pour la réalité de ce groupe d'intégration économique sud-américain, mais parce qu'elle permet de théoriser ce qui se passe au Mercosur. Grâce à ce détour conceptuel, l'on peut mesurer les apports du droit de l'Union européenne au droit du Mercosur, dans sa dimension de protection des droits de l'homme. Ce détour

---

[72] À l'exemple de celle de M. MEDEIROS, *La genèse du Mercosud : dynamisme interne, influence de l'UE et insertion internationale*, Paris, L'Harmattan, 2000, 500 p. ; Almeida (Paulo Roberto), *Le Mercosud : un marché commun pour l'Amérique du Sud*, Paris, Montréal, L'Harmattan, 2000, 158 p. ;Briceño Ruiz (José), *Acteurs et modèles d'intégration : le cas du Mercosur*, Thèse de doctorat soutenue à l'Université Paul Cézanne, Aix-en-Provence, Bouches-du-Rhône ; Marseille, en 2010, 879 p., et Kasmi (Jamel), *La nature juridique du Mercosur : contribution à la théorie de l'intégration à travers l'étude d'une organisation d'intégration non communautaire*, Thèse de doctorat soutenue le 23 juin 2012, Université de Rennes I.

[73] Comme Ventura (Deisy), *Les asymétries entre le Mercosur et l'Union européenne*, Paris, L'Harmattan, 2003, 501 p., et Caldeira (Kassia), *Le Mercosud en quête d'avenir : une intégration à la lumière de l'expérience européenne ? Les acteurs du processus de construction du Mercosur. 1985-2001,* Thèse de doctorat soutenue à l'École des hautes études en sciences sociales, le 7 octobre 2003.

[74] Ainsi de celle de Paulo Pereira (Ana Cristina), *Le cadre juridique des relations commerciales internationales des États membres du Mercosur*, Thèse de doctorat soutenue à l'Université Panthéon-Sorbonne, Paris, en 1996, 535 p. ;Susani (Nadine), *Le règlement des différends dans le Mercosur : un système de droit international pour une organisation d'intégration*, Paris, L'Harmattan, 2008,III-321 p. ; Otto (Samira), *Une union monétaire du Mercosur? : observations prospectives à partir du modèle européen*, Thèse de doctorat soutenue à l'Université Panthéon-Sorbonne, Paris, en 2006, 553 p., et Wojcikiewicz Almeida (Paula),. *La difficile incorporation et mise en œuvre des normes du Mercosur : aspects généraux et exemple du Brésil*, Paris, LGDJ, 2013, 480 p.

[75] Aucune étude « longue » récente n'est trouvée non plus dans d'autres pays. La seule connue a été publiée au Brésil et date de 2008 ce qui la rendrait déjà obsolète par rapport aux événements de ces dernières années. Il s'agit de Carvalho Ramos (André), *Direitos Humanos na Integração Econômica*, Rio de Janeiro, Renovar, 2008, 414 p.

ne se révèle pourtant pas toujours pertinent et le droit du Mercosur peut apparaître, sur le plan institutionnel et normatif, comme un droit profondément original. Ce constat empêche de considérer le droit de l'Union comme un modèle ou plus exactement comme le modèle d'un droit de l'intégration. Le droit du Mercosur dans sa dimension « humaine » est la résultante d'un substrat économique, social, culturel et politique, propre à ses États membres et, plus largement, spécifique à l'expérience des intégrations régionales en Amérique du Sud, telles la CAN, qui a adopté une Charte andine des droits de l'homme[76],et la CARICOM, avec sa Charte de la Société Civile[77]. Il ne faut pas pour autant négliger les influences du modèle de l'Union européenne qui met en évidence des problématiques communes à tous les types d'intégrations régionales et propose des solutions qui peuvent être envisagées dans le contexte du Mercosur, à l'exemple d'une instance juridictionnelle de nature non arbitrale, comme l'est la Cour de justice de l'Union européenne, ou un organisme visant la promotion des droits de l'homme, comme l'Agence de droits fondamentaux de l'Union dont l'Institut des politiques publiques en droits de l'homme du Mercosur semble s'être inspiré.

Se pose dès lors la question de la pertinence du choix de ce droit comme référence de l'analyse comparative menée dans cette recherche.

Choisir l'Union européenne dans cet exercice de comparaison et d'emprunt d'expérience et non pas l'un des autres nombreux modèles tels l'ASEAN *(*Association des nations de l'Asie du Sud-Est[78]*)*, l'Union africaine [79]ou la Communauté andine des Nations s'explique par le fait que l'Union européenne représente l'un des modèles dont l'évolution historique est la plus longue, et donc l'un des plus expérimentés, et demeure le plus abouti au monde. En outre, les rapports entre le Mercosur et l'Union européenne se sont tissés depuis 1992, quand ils ont signé un premier accord-cadre

---

[76] Charte Andine pour la promotion et protection des Droits de l'homme, signée à Guayaquil, le 26 juillet 2002 sans caractère contraignant.

[77] La Charte de la Société Civile a été adoptée à l'occasion de la Conférence des Chefs de gouvernements de la Communauté des Caraïbes à la Rencontre spéciale à Port of Spain, Trinidad and Tobago, en octobre 1992. Elle n'a été signée que le 19 février 1997, lors de la Conférence des Chefs de gouvernements de la Communauté des Caraïbes à la Huitième Rencontre Intersessionnelle.

[78] L'Association des nations de l'Asie du Sud-Est a été fondée 8 août 1967 par la Déclaration de Bangkok.

[79] L'Union africaine a été créée en 2002, à Durban en Afrique du Sud, en application de la Déclaration de Syrte du 9 septembre 1999. Elle a remplacé l'Organisation de l'unité africaine, créée le 25 mai 1963.

interrégional de coopération[80]. Depuis, certaines actions du Mercosur viennent témoigner de l'influence exercée par l'Union, à l'exemple de l'adoption de la Déclaration de Las Leñas[81] dans laquelle les présidents des États membres du Mercosur affirment que l'existence effective des institutions démocratiques constitue une condition indispensable à l'existence et le développement du Mercosur, l'une des clauses énoncées dans l'accord-cadre. Plus tard, suite à la crise démocratique du Paraguay de 1996, l'Union européenne a suggéré au Mercosur de se positionner et le Protocole d'Ushuaia sur l'engagement démocratique, instrument juridique de nature contraignante, a été adopté[82]. Les rapports entre les deux groupes d'intégration se poursuivent et d'autres accords ont été adoptés depuis, à savoir un deuxième accord-cadre interrégional de coopération de 1995[83] ; le programme régional 2007-2013, visant à soutenir plusieurs projets dans le Mercosur[84] et un accord visant à étendre les relations des deux groupes à de nouveaux domaines, de 2008[85]. Des discussions envisageant un accord de libre-échange sont en cours depuis 1990, toutefois à pas extrêmement lents[86]. Si l'Argentine gauchiste des KIRCHNER manifestait son désaccord, l'arrivée au pouvoir de MACRI en 2015 a propulsé un nouvel élan aux discussions. Cependant, le Venezuela de MADURO ne se montrait pas disposé à accepter une telle ouverture vers l'Europe. Par contre, le changement sur la scène politique brésilienne en 2016 a permis de renforcer les discussions. L'actuel président brésilien TEMER semble jouer dans le même camp que l'Argentin MACRI. Tous deux ont su presser le Mercosur pour qu'il revoie la position

---

[80] Accord-cadre interrégional de coopération entre la Communauté européenne et ses États membres, d'une part, et le Marché commun du Sud et ses États parties, d'autre part, signé le 29 mai 1992.

[81] Déclaration Présidentielle de Las Leñas, du 26 et 27 juin 1992.

[82] Protocole d'Ushuaia sur l'engagement démocratique au Mercosur, la République de Bolivie et la République du Chili, signé à Ushuaia le 24 juillet 1998, et entré en vigueur le 17 janvier 2002.

[83] Accord-cadre interrégional de coopération entre la Communauté européenne et ses États membres, d'une part, et le Marché commun du Sud et ses États parties, d'autre part signé à Madrid le 15 décembre 1995.

[84] Programme régional 2007-2013, visant à soutenir des projets pour le renforcement institutionnel du Mercosur, le soutien à la préparation de la mise en œuvre du futur accord d'association et la participation renforcée de la société civile au processus d'intégration du Mercosur, du 2 août 2007. C'est grâce à cet accord par exemple que l'UE a versé 50 millions d'euros au Mercosur pour soutenir des projets portant sur trois axes prioritaires : le renforcement institutionnel du Mercosur, le soutien à la préparation de la mise en œuvre du futur accord d'association et la participation renforcée de la société civile au processus d'intégration du Mercosur.

[85] Accord visant à étendre les relations à trois nouveaux domaines: la science et les technologies, les infrastructures et les énergies renouvelables, du 17 mai 2008.

[86] Le Cercle de Belém, « L'Europe doit s'ouvrir au Mercosur », La Tribune, 17 mars 2016.

du Venezuela dans le groupe, lui lançant des avertissements[87] et lui annonçant sa suspension[88] fin 2016. En tout état de cause, aucune relation du type du Mercosur avec un autre groupe d'intégration économique n'a cours dans le monde.

Il existe non seulement une interaction entre l'Union européenne et le Mercosur sur le plan économique, mais également sur le plan des droits de l'homme. Dans ce sens, l'Europe peut aussi apporter son expérience au Mercosur. Car, les droits de l'homme dans le continent européen sont protégés par deux systèmes juridiques différents, celui de l'Union européenne et celui du Conseil de l'Europe. Deux systèmes qui sont en voie de se rencontrer sur des questions relatives à la protection des droits de l'homme. La Convention européenne des droits de l'homme, qui lie tous les États du continent européen, liera bientôt également l'Union européenne, qui persiste dans son projet d'adhésion à cette convention[89].

11. Pour ce qui concerne le Mercosur et le système interaméricain de protection des droits de l'homme, une évolution semblable pourrait être envisagée, pas nécessairement avec les mêmes conclusions d'ailleurs. Dans la mesure où quasiment tous les États membres du Mercosur sont parties à la Convention américaine relative aux droits de l'homme[90], ils relèvent de la compétence de la Cour interaméricaine des droits de l'homme. Il importe donc de placer l'étude de la protection des droits de l'homme dans l'espace du Mercosur sur le plan de ses interactions avec le système de protection interaméricain des droits de l'homme, pareillement au système juridique de protection des droits de l'homme de l'Union qui est nourri par celui de la CEDH dans le contexte européen.

12. En raison de cette nécessité de mettre en rapport ces systèmes juridiques dans l'espace sud-américain et avec les systèmes juridiques européens, le respect de l'analyse comparative s'est imposé au titre de la

---

[87] Déclaration présidentielle du 13 septembre 2016 (*Declaración conjunta relativa al funcionamiento del Mercosur y al Protocolo de adhésion de la Republica Bolivariana de Venezuela al Mercosur*).

[88] Lettre des présidents de l'Argentine, du Brésil et du Paraguay du 5 décembre 2016.

[89] Le projet d'accord d'adhésion de l'Union européenne à la CEDH a été finalisé le 5 avril 2013 par le Comité directeur pour les droits de l'Homme, à Strasbourg. Cependant, il est toujours en discussion. Le 18 décembre 2014, la CJUE a rendu son avis (2/13) où elle ne semble pas se montrer très favorable à cette adhésion.

[90] Le Venezuela a dénoncé la Convention américaine relative aux droits de l'homme en septembre 2012 et n'est plus sous sa compétence depuis septembre 2013. Cependant, comme il fait toujours partie de l'Organisation des États américains, il est toujours soumis à la Charte de l'OEA et donc à la compétence de la Commission interaméricaine des droits de l'homme.

méthodologie de cette étude. Il sera donc comparé ce qui est comparable, car, selon Léontin-Jean CONSTANTINESCO, « la méthode comparative consiste dans l'ensemble des démarches et des procédés s'enchaînant selon une suite rationnelle, destinés à amener l'esprit juridique à constater et à saisir, par un processus ordonné, méthodique et progressif, de confrontation et de comparaison, les ressemblances, les différences et leurs causes, c'est-à-dire finalement à dégager les rapports existant entre les structures et les fonctions des termes à comparer appartenant à des ordres juridiques différents »[91]. Précisément parce que l'observation de ces deux organisations nous montre qu'elles sont insérées dans des contextes en tous points distincts[92], comme on le constatera au cours de cette étude, l'Union européenne ne peut servir simplement de « modèle » au Mercosur. Il a de ce fait fallu s'attacher aux évolutions du droit du Mercosur à la lumière de celles du droit de l'Union européenne, autrement dit tenter de projeter l'expérience de l'Union européenne dans le système du Mercosur, tout en soulignant les éléments de continuité et de rupture, pour déterminer ce qui pourrait être analysé à la lumière de l'expérience de l'Union et, à l'inverse, ce qui relevait d'un développement profondément original du Mercosur.

13. Plusieurs questions peuvent être posées suite à l'observation du tableau actuel du droit du Mercosur. Si les droits de l'homme ont acquis, progressivement, une place dans le Mercosur, au sein de son ordre juridique, reste à savoir s'il existe, à proprement parler un système juridique de droits de l'homme propre au Mercosur. L'étude de cette question ne peut faire l'économie d'une réflexion sur la relation établie entre le Mercosur et le système interaméricain de protection des droits de l'homme. Ces questions peuvent trouver des réponses dans l'expérience de l'Union européenne, y compris dans ses relations avec le Conseil de l'Europe.

En effet, nous l'avons dit, à l'exception du Venezuela, tous les États membres du Mercosur sont parties à la Convention américaine relative aux droits de l'homme. Relevant donc de la compétence de la Cour interaméricaine des droits de l'homme, ces États font ainsi partie d'un double système de protection des droits de l'homme : celui de l'Organisation

---

[91] Constantinesco (Léontin-Jean), *Traité de droit comparé. La Méthode comparative*, tome II, Paris, LGDJ, 1974, p. 24.

[92] D'ailleurs, le Professeur Ken MASUJIMA indique quatre caractéristiques qui différencient nettement le Mercosur de l'Union européenne : les quatre pays fondateurs sont tous des pays en développement et possèdent des ressources de transfert limitées ; les inégalités internes dans chaque pays se montrent très importantes ; le cas de la cohésion interrégionale a joué un rôle secondaire dans le discours régional ; des pays comme le Brésil ont fait preuve d'une forte résistance à une centralisation des autorités du groupe. Masujima (Ken), « Is the "EU Model" relevant to other regions? » *in Kobe University law review*, n° 47, 2013, p. 10.

des États américains et celui du Mercosur. Ce qui pourrait provoquer des divergences d'interprétation des droits de l'homme entre les deux systèmes, ou même de convergences, déclenchant de la sorte dans le Mercosur un besoin de repenser son rôle par rapport à la promotion et la protection des droits de l'homme. Ces droits font bien figure de « charnières » du pluralisme juridique, comme le soutiennent les professeurs DUBOUT et TOUZE : ils sont « non seulement un moyen de connexion entre les espaces normatifs en ce qu'ils permettent le rattachement des systèmes et ordres juridiques, mais aussi un moyen de régulation des flux normatifs en ce qu'ils conditionnent le degré d'ouverture d'un système ou ordre juridique »[93].

Cette étude porte finalement sur ce point essentiel de savoir à qui revient la compétence d'apprécier des questions de violations relatives aux droits de l'homme au sein du Mercosur : à un contrôle interne par les organes composant le système de résolution des différends du Mercosur ou à un contrôle externalisé, par les organes du système interaméricain de protection des droits de l'homme ? Ces choix pourraient supposer une rupture de l'un des deux systèmes par rapport à l'autre, ou, à l'inverse, l'approfondissement de leur dialogue en vue d'une collaboration plus étroite ou, alors, une future adhésion du Mercosur au système de protection de la Convention américaine.

14. Pareillement à la plupart des recherches juridiques, celle-ci s'appuie sur une méthodologie basée presque exclusivement sur la recherche bibliographique, qui a été menée en partie en France et auprès des bibliothèques européennes et latino-américaines compte tenu de la quantité assez limitée d'ouvrages sur le sujet dans l'Hexagone. Pour compléter les données bibliographiques, des entretiens avec des personnes liées aux institutions du Mercosur ont été réalisés[94] ainsi que des échanges de courriels avec d'actuels et anciens collaborateurs auprès du Tribunal permanent de révision, du Parlement du Mercosur, du Secrétariat du Mercosur, du Haut représentant général du Mercosur, de la Commission des représentants permanents du Mercosur, etc. Ces échanges de courriels ont surtout été utiles pour combler les lacunes d'informations qui subsistent dans les sites Internet institutionnels et de leurs services d'information (comme celui du Secrétariat du Mercosur).

---

[93] Dubout (Édouard) et Touzé (Sébastien), « La fonction des droits fondamentaux dans les rapports entre ordres et systèmes juridiques », in Dubout (Édouard) et Touzé (Sébastien) (dir.), *Les droits fondamentaux : charnières entre ordres et systèmes juridiques*, Paris, Pedone, 2010, p. 16.

[94] Voir entretien avec Monsieur Victor Abramovich (Annexe 6).

À cette difficulté d'accès aux informations générales sur le Mercosur, s'ajoute celle de la recherche de documents tels que les comptes-rendus des réunions des groupes spécialisés comme la Réunion des hautes autorités compétentes en droits de l'homme et chancelleries du Mercosur et des États associés. En outre, pour quelqu'un qui ne maîtrise pas les langues portugaise ou espagnole (langues officielles du Mercosur), il devient quasiment impossible de connaître les instruments normatifs de droit originaire, à savoir les traités constitutifs et protocoles. Des traductions en langue anglaise et française ont été déposées aux Nations unies. Il s'agit notamment de certains instruments comme le Traité d'Asunción, le Protocole de Brasília, le Protocole d'Ouro Preto, le Protocole d'Ushuaia, le Protocole d'Olivos et le Protocole portant sur la création du Parlement du Mercosur. Pour d'autres textes importants pour le cadre de cette étude, il n'existe pas de version en langue française et une traduction libre par l'auteur est également proposée en annexe, à l'exemple du Protocole d'Asunción, du Plan d'action pour le Statut de la citoyenneté du Mercosur et du Protocole de Montevideo[95].

Ces problèmes de traduction ont par ailleurs conduit à privilégier certaines expressions du texte. Tout d'abord, le terme « Mercosur », comme le lecteur s'en est probablement déjà rendu compte, se voit utilisé de manière récurrente tout au long de cette étude en lieu et place de « Marché commun du Sud », traduction de la nomenclature officielle du groupe : *Mercado Comun del Sur*, en espagnol, ou *Mercado Comum do Sul*, en portugais. Ensuite, malgré l'utilisation dans les ouvrages édités en espagnol et en portugais de l'expression « organes », dans cette étude le choix s'est porté sur l'emploi du binôme « institution/organisme » pour désigner les acteurs institutionnels avec pouvoir décisionnel ainsi que ceux qui n'en détiennent pas. L'expression « *bloque* ou *bloco* » fréquemment usitée dans la littérature hispanophone et lusophone se veut évitée dans cette étude pour ne pas amener le lecteur à une confusion avec les blocs des pays de l'Est européen. En règle générale l'usage du mot « groupe » se voit par conséquent préféré.

15. Pour répondre à la question de la place des droits de l'homme dans le droit du Mercosur, on pouvait envisager une approche sous-tendue par la chronologie, avant et après 2004. Il est en effet démontré que le Programme de travail 2004-2006 marque un tournant au sein du Mercosur et permet, tant sur le plan matériel qu'institutionnel, d'envisager, sinon une protection complète, du moins une véritable promotion des droits de l'homme. Il demeure pourtant des déficiences notables dans ce système, à l'exemple du

---

[95] Voir Annexe 5.

degré de normativité des normes du Mercosur, encore largement soumis au bon vouloir des États membres. Considérer une approche purement chronologique des évolutions du droit mercosurien conduisait en fait à de nombreux développements prospectifs, ainsi de la proposition d'une charte des droits de l'homme et d'une cour de justice pour le Mercosur. Si ces éléments ne sont pas oubliés dans l'étude, le plan choisi répond à une autre logique.

Pour évaluer la place des droits de l'homme dans le système juridique du Mercosur, l'on se doit en premier lieu de résoudre l'apparent paradoxe de l'humanisation d'une intégration à visée purement économique. Le rôle des États membres du Mercosur est à cet égard le fondement de la matérialisation de cette dimension humaine de l'intégration économique. Ils sont les acteurs d'une imprégnation des normes originaires du Mercosur par la logique des droits de l'homme. Cette imprégnation ne peut se concevoir que si les systèmes juridiques nationaux protègent eux aussi les droits de l'homme. La question se révèle tout particulièrement pertinente dans les États membres du Mercosur, qui sont récemment sortis de régimes autoritaires, et qui doivent faire la preuve de leur stabilisation démocratique.

La diffusion normative de la protection des droits de l'homme est aussi le résultat d'une réception du droit international des droits de l'homme dans les États du Mercosur. Plus les États membres agissent en conformité avec le droit international des droits de l'homme, plus ils accepteront, par nécessité tout du moins, de rendre le droit du Mercosur réceptif aux problématiques de protection des droits de l'homme. Le droit international des droits de l'homme peut être considéré comme une opportunité pour nourrir l'intégration économique de la protection des droits de l'homme et associer le développement économique au bien-être de l'individu. Il s'agit également d'une contrainte qu'il ne faut pas sous-estimer, en ce que cette réception et la modification des droits internes pour les rendre conformes aux droits de l'homme risquent de se heurter à la souveraineté des États, en leur imposant des choix politiques. Ces difficultés expliquent d'ailleurs celles du système interaméricain de protection des droits de l'homme, à l'exemple de la difficulté de mettre en œuvre l'exécution de ses arrêts. À cet égard, elles légitiment une réflexion sur la pertinence du cadre de la protection : faut-il compter sur la Cour interaméricaine des droits de l'homme ou développer un système de protection propre au Mercosur ?

Le problème consiste alors à savoir si le droit du Mercosur est un ordre juridique qui peut, théoriquement du moins, accueillir la protection de ces droits d'un nouveau type ou si ces derniers ont vocation à n'être effectivement protégés qu'au niveau de chacun des États membres. En d'autres mots, le droit du Mercosur est-il un ordre juridique autonome de celui de ses États ? À cette question, la comparaison avec le droit de l'Union apporte des réponses, mais le caractère particulier du Mercosur est également patent. Si l'autonomie de l'ordre juridique de l'Union est le résultat des principes structurels du droit que sont la primauté et l'effet direct, il faut constater la prédominance de la logique intergouvernementale dans le Mercosur, qui rend ce droit plus proche du droit international que d'un droit de l'intégration. Il demeure que la protection des droits de l'homme peut être envisagée au niveau du Mercosur, parce qu'il comprend des organes qui vont inscrire les droits de l'homme dans les actions du Mercosur, à l'insu des États membres ou du moins de manière peu visible. C'est à ces considérations qu'est consacrée la première partie de l'étude, intitulée « L'inscription des droits de l'homme dans le Mercosur ».

La deuxième partie peut alors être développée autour de l'idée de la faisabilité juridique d'une protection des droits de l'homme par le Mercosur. Cette idée s'impose finalement avec une relative facilité si l'on considère que les États membres du Mercosur ont besoin d'exprimer que la protection des droits de l'homme leur est primordiale après avoir connu tous types de dictatures et des « années sombres » marquées par l'instabilité institutionnelle. Le Mercosur est même apparu comme une solution efficace pour sortir de la crise économique et sociale des années 2000 et de la politique actuelle.

Les États vont donc accepter des évolutions, qui vont renforcer l'efficacité des institutions et conforter la dimension politique de l'intégration. Les droits de l'homme vont donc presque naturellement faire partie de la « corbeille » dite du Mercosur social énoncée dans le Programme de travail 2004-2006[96]. La dimension de la promotion des droits de l'homme va donc pouvoir pénétrer les normes édictées par le Mercosur et créer de nouveaux droits subjectifs, au profit des citoyens du Mercosur. Cette évolution est consolidée par la création de nouveaux organes, spécifiquement chargés de la promotion des droits de l'homme. Le Mercosur se trouve prêt à subir sa mutation politique et à passer d'une simple intégration économique à une intégration économique et sociale, voire authentiquement politique.

L'expérience de l'Union européenne sert ici à expliciter cette appropriation des droits de l'homme par le droit du Mercosur et ses

[96]Programme de travail du Mercosur 2004-2006, § 2.

institutions, même si elle est réalisée par des moyens et sur la base d'un contexte éminemment propre aux États du Mercosur. On peut observer ce mouvement dans le contexte d'une intégration qui reste d'essence intergouvernementale, et qui ne possède pas les caractéristiques d'un droit « communautaire ». Les droits de l'homme apparaissent en effet dans le Mercosur comme un prérequis de l'intégration. On pourrait dire qu'ils sont aujourd'hui une condition politique pour appartenir à l'espace normatif du Mercosur.

Cependant l'adhésion du Venezuela comme État membre du Mercosur met en question l'effectivité de ces prérequis et conditions. Il n'y a pas d'unanimité dans la communauté internationale en ce qui concerne le respect de la démocratie et des droits de l'homme par ce pays. De surcroît la décision du gouvernement de Caracas de dénoncer la Convention américaine relative aux droits de l'homme de septembre 2012, a eu pour conséquence la fin de la compétence contentieuse de la Cour interaméricaine sur le Venezuela depuis septembre 2013. Il faudrait éviter que le respect des droits de l'homme ne se réduise à un vœu pieux.

Pour l'éviter, il importe de développer une protection effective des droits de l'homme dans le Mercosur. C'est ce passage de la promotion à la protection des droits de l'homme qui est vérifié dans la seconde partie de l'étude, en démontrant que le changement du caractère purement économique vers une orientation plus politique du Mercosur a permis l'établissement d'une architecture institutionnelle et normative au bénéfice des droits de l'homme, dont l'effectivité constitue aujourd'hui une question véritablement centrale. Elle sert de clé de compréhension des enjeux du système interaméricain de protection des droits de l'homme.

Première partie : L'inscription des droits de l'homme dans l'action du Mercosur

Seconde partie : De la promotion à la protection des droits de l'homme dans le Mercosur

Note de l'auteur sur les notes de bas de page :

L'auteur attire l'attention du lecteur sur la façon dont il a décidé de réaliser l'inscription de la bibliographie en notes de bas de page :

1 — Lorsqu'il s'agit d'une première référence à l'ouvrage, l'intégralité de la source est reproduite. Par exemple :

Jacqué (Jean-Paul), *Droit institutionnel de l'Union européenne*, 7e éd., Paris, Dalloz, 2012, p. 450.

2 — Lorsqu'il s'agit d'une deuxième référence, le nom de l'auteur suivi des expressions *op. cit.* ou *ibid.* est mentionné. Par exemple :

Jacqué (Jean-Paul), *op. cit.*, p. 450.

3 — Si l'auteur a publié plusieurs ouvrages en à différentes époques, le nom de l'auteur et l'année de la publication de l'ouvrage ou de l'article, suivi des expressions *op. cit.* ou *ibid.,* sont mentionnés. Par exemple :

Burgorgue-Larsen (Laurence), 2004, *op. cit.*, p. 580.

4 — Si l'auteur a publié plusieurs ouvrages la même année, le nom de l'auteur, le début du nom de l'ouvrage ou de l'article et l'année de la publication suivis des expressions *op. cit.* ou *ibid.,* sont mentionnés. Par exemple:

Burgorgue-Larsen (Laurence), « El Papel de la Corte Interamericana », 2009, *op. cit.*, p. 140.

Première partie : L'inscription des droits de l'homme dans l'action du Mercosur

16. La rencontre de deux mondes, apparemment opposés, celui des droits de l'homme et celui de l'intégration économique régionale, a fait l'objet de développements conséquents dans le sud de l'Amérique latine au cours de ces dernières années. Elle ne s'est cependant pas produite immédiatement, le contexte se montrant, dans un premier temps, plutôt défavorable. Cette rencontre n'a été finalement rendue possible que grâce à un changement de posture des États latino-américains par rapport aux droits de l'homme.

Il s'agit ici de quatre États, l'Argentine, le Brésil, l'Uruguay et le Paraguay, membres fondateurs du Mercosur liés par le Traité d'Asunción de 1991[97], et le Venezuela qui les a rejoints en 2012[98]. Ces pays partagent en commun un passé et un projet futur, tous deux se rejoignant autant sur la coopération que sur les droits de l'homme. Une coopération lourde de signification politique dans le passé, pendant les dictatures militaires de la seconde moitié du 20e siècle, caractérisée en substance par la violation des droits de l'homme, par le biais d'échange d'informations, persécutions politiques, pratique des tortures, exécutions extrajudiciaires et disparitions forcées. Cette coopération emprunte une autre voie et permet de développer le projet futur, après le renouveau de la démocratie dans chacun de ces pays, de la construction d'un marché commun où, à côté d'un intérêt économique,

[97] Le traité constitutif du Mercosur est le *Tratado para la constitucion de un mercado comun entre las Republicas Argentina, Federativa del Brasil, del Paraguay y Oriental del Uruguay*, du 26 mars 1991, entré en vigueur le 29 novembre 1991, adopté à Asunción, Paraguay. Nous utiliserons désormais la traduction en français de l'instrument : Traité d'Asunción. Traité d'Asunción, disponible en langue française sur Nations Unies, *Recueil des Traités, vol.* 2140, 2001, I-37341, New York, 2003, p. 339.

[98] *Protocolo de adesión de la República Bolivariana de Venezuela al Mercosur*, du 4 juillet 2006, entré en vigueur le 31 juillet 2012, adopté à Caracas, Venezuela. Nous utiliserons désormais la traduction en français de l'instrument : Protocole d'adhésion du Venezuela.

des pistes s'ouvrent pour le développement de nouvelles valeurs telles la promotion des droits de l'homme, de la démocratie et de l'État de droit[99].

Cette rencontre n'a été rendue possible qu'avec l'avènement de la démocratie dans ces États. Moment où des idées d'attachement au droit international et au droit de l'intégration ont fleuri. C'est le phénomène du « *völkrrechtsfreundlich* » et du « *integrationsfreundlich* », énoncé par le professeur MORALES ANTONIAZZI, qui a peu à peu imprégné les constitutions nationales[100] dans les années 1980 et 1990.

Si aujourd'hui il est possible de parler de l'inscription des droits de l'homme dans le Mercosur, c'est parce qu'au moment de la signature du Traité d'Asunción, les États membres avaient mis en place un socle national solide de respect des droits de l'homme sur lequel ils pouvaient s'appuyer (Titre I). Cependant cette inscription a été graduelle et s'est concrétisée tout au long des dix premières années d'existence du Mercosur, car celui-ci, en tant qu'organisation, a développé une base juridique et institutionnelle prometteuse pour promouvoir les droits de l'homme (Titre II).

---

[99] Piovesan (Flavia) et Morales Antoniazzi (Mariela), « O silêncio cúmplice dos governos do Mercosul », *O Globo*, article paru le 2 mai 2013.

[100] Morales Antoniazzi (Mariela), « La doble estabilidad abierta: interamericanizacion y mercosurizacion de las Constituciones suramericanas », *in* Von Bogdandy (Armin) (coord.), *Estudos avançados de direitos humanos*, Rio de Janeiro, Elsevier, 2013, p. 180.

Titre I : L'État du droit des droits de l'homme dans les États membres du Mercosur

17. Parler des droits de l'homme en Amérique latine, et plus précisément dans les États membres du Mercosur, requiert d'avoir la conscience du contexte historique et politique de la seconde moitié du 20e siècle. Durant quarante ans, ces pays ont vécu, chacun en leur temps, des dictatures militaires suivies de transitions démocratiques ; un vrai bouleversement des droits de l'homme, qui passent de leur violation sans limites jusqu'à une préoccupation naissante quant à leur protection.

« L'ère des dictatures », comme l'appelle le professeur PIOVESAN[101], caractérise une partie de l'histoire du Brésil entre 1964 et 1985 ; de l'Uruguay entre 1973 et 1985 ; de l'Argentine entre 1976 et 1983, et enfin, du Paraguay qui a vécu la plus longue dictature militaire entre 1954 et 1989. Le Venezuela a connu entre 1948 et 1958 des coups d'État constants, mais, à la différence des quatre pays fondateurs du Mercosur, à partir des années 1960, des régimes démocratiques y étaient plutôt présents[102].

18. Au cours des années 1980 et 1990, lors de la chute des dictatures militaires, ces États vivent des transitions démocratiques où le respect des droits de l'homme et de l'État de droit va confluer en vue d'établir une démocratie durable[103].

---

[101] L'histoire des droits de l'homme en Amérique latine, selon le professeur PIOVESAN, peut être divisée en deux étapes (qui se chevauchent parfois): l'ère des dictatures et l'ère de transition démocratique. Piovesan (Flavia), « Inter-American System for Human Rights Protection: Impact, Challenges and Perspectives », *EdL*, 2010, n° 33, Strasbourg, PUS, p. 12.

[102] Le chercheur ANDREANI soutient que le Venezuela était un « îlot démocratique et prospère dans un océan d'autoritarisme » entre les années 1960 à 1980. Andréani (Fabrice), « Du nomadisme idéologique à l'allégeance partisane : les mondes franco-vénézuéliens de la réélection de Hugo Chávez (2012) », *Critique internationale,* 2/2013, n° 59, p. 119. Nous analyserons la situation actuelle du Venezuela au cours de cette recherche.

[103]Le professeur PIOVESAN soutient qu'il faut renforcer l'idée que le respect des droits de l'homme soit une condition essentielle pour le développement d'une démocratie durable et pour l'établissement de l'État de droit. Piovesan (Flavia),« Fuerza integradora y catalizadora del sistema interamericano de protección de los derechos humanos », *in* Von Bogdandy

Il ne s'agit pas là d'un hasard si les quatre pays sud-américains se sont trouvés réunis autour d'un objectif commun et en 1991 ont décidé de créer le Mercosur, par la signature du Traité d'Asunción. Certes, ce groupe d'intégration avait une ambition initialement économique, mais pour pouvoir atteindre son aboutissement il fallait également que ses membres partagent les mêmes valeurs.

Les droits de l'homme figurent au premier plan de ces valeurs qui rassemblent les États membres du Mercosur. Et c'est grâce au cadre national de chaque pays membre du Mercosur (Chapitre I) et également au cadre international qui influence leur ordre juridique (Chapitre II) que les droits de l'homme ont pu d'abord être pensés puis effectivement protégés par l'ensemble des États membres du Mercosur.

(Armin)*et al.* (coord.), *La justicia constitucional y su internacionalización*, Vol. 2. México, Heidelberg, Univ. Nacional Autonoma de Mexico, 2010, p. 448.

Chapitre I : Le cadre national de la protection des droits de l'homme

19. Les constitutions contemporaines, comme le soutient le professeur BARROSO, jouent deux rôles majeurs : celui de condenser les valeurs politiques fondamentales de la société, le consensus minimal concernant leurs institutions et les droits fondamentaux qui y sont consacrés ; et celui de discipliner le processus politique démocratique, tout en permettant le gouvernement de la majorité, la participation de la minorité et l'alternance au pouvoir[104]. Les droits de l'homme vont donc en principe de pair avec la démocratie, tout du moins dans les sociétés contemporaines occidentales. Ce qui n'autorise pas pour autant d'entendre ces deux éléments en tant que synonymes.

Malgré la difficulté d'une conceptualisation unanime par la doctrine, nous préférerons une définition davantage généraliste des droits de l'homme, cette étude n'ayant pas pour objet une analyse théorique de ces termes depuis si longtemps débattus. D'après Gérard CORNU, les droits de l'homme sont l'ensemble des prérogatives et facultés inhérentes à l'être humain dont le respect est imposé à l'État par le droit public, notamment le droit constitutionnel[105]. Selon ce même professeur, la démocratie désigne le régime politique dans lequel le pouvoir suprême est attribué au peuple qui l'exerce lui-même, ou par l'intermédiaire des représentants qu'il élit[106]. Dans l'ouvrage dirigé par le professeur SALMON, l'explication se voit complétée par cette phrase « régime démocratique caractérisé, indépendamment de sa structure, par le respect qu'il garantit à la personne humaine »[107].

Ces deux éléments se rencontrent également dans les constitutions des États membres du Mercosur. Malgré le fait que cette tradition juridique soit

---

[104] Barroso (Luis Roberto), *O controle de constitucionalidade de direito brasileiro*, São Paulo, Saraiva, 2012, p. 377.

[105] Cornu (Gérard), Association Henri Capitan, *Vocabulaire juridique*, Paris, PUF, 9e éd., 2011, p. 373.

[106] *Ibid.*, p. 322.

[107] Salmon (Jean) (dir.), *Dictionnaire de droit international public*, Bruxelles, Bruylant/AUF, 2001, p. 319.

récente par comparaison avec les pays européens, ces cinq pays jouissent aujourd'hui de socles juridiques suffisamment solides pour pouvoir développer, dans leur ordre juridique interne, la protection des droits de l'homme au profit de leurs populations. Vérifier la place octroyée aux droits de l'homme dans leurs systèmes constitutionnels (Section I) et l'influence du rétablissement de la démocratie dans la plupart de ces pays victimes de dictatures militaires (Section II) permet de comprendre l'étendue de la promotion et de la protection des droits de l'homme par chacun des États mercosuriens et d'examiner si ces États sont préparés pour participer à un groupe d'intégration économique régionale qui garantit la primauté du respect des droits de l'homme et de la démocratie.

Section I : Les droits de l'homme au sein des systèmes constitutionnels

20. Les constitutions, étant les instruments juridiques fondateurs du système juridique d'un État, elles sont les gardiennes de ses valeurs supérieures. Ainsi, elles consolident les droits les plus fondamentaux d'un État, ceux de sa population, enfin, de ses individus. Les droits de l'homme occupent par conséquent une place en lien avec leur importance dans ces instruments majeurs (§1). Dans la mesure où leur simple énonciation ne suffit pas à faire qu'ils soient effectivement protégés, des garanties leur sont conférées pour que ces droits particulièrement importants ne soient pas mis en cause (§2).

§1 La place des droits de l'homme dans les constitutions nationales

21. Les cinq pays membres du Mercosur[108]accordent une place privilégiée aux droits de l'homme dans leurs constitutions. D'un côté, en tant que principe fondamental de l'État, dans une mention expresse ou tacite dans leurs préambules (A) et de l'autre, en leur accordant des titres ou des chapitres pour écrire un véritable catalogue de droits (B).

A. Les droits de l'homme dans les préambules

[108] Sur le développement des textes constitutionnels des États membres du Mercosur, voir Lopresti (Roberto Pedro), *Constituciones del Mercosur*, 2e éd., Buenos Aires, La Ley, 2007.

22. La place qu'occupe l'Homme dans les nouvelles constitutions des États membres du Mercosur est le résultat du nouveau modèle de gouvernement adopté après la fin des dictatures militaires latino-américaines. Ce modèle, adopté à partir des années 1980, se matérialise dans les constitutions nationales par la mise en exergue des nouvelles valeurs protégées, telles la démocratie, l'État de droit et les droits de l'homme[109]. Des expressions faisant référence à ces valeurs sont énoncées dans ces jeunes constitutions et à des emplacements très consciemment choisis.

Ainsi, la première référence aux droits de l'homme dans ces jeunes constitutions n'est pas effectuée de manière aléatoire. Elle est placée dans les toutes premières lignes des textes constitutionnels : dans leurs préambules. Et si le préambule d'une constitution était, pour Monsieur Gérard CORNU, une déclaration de principes, les droits de l'homme, figurant dans quatre sur cinq des préambules des constitutions des États membres du Mercosur, sont effectivement des principes fondateurs de ces constitutions. En outre, identifier les droits de l'homme en tant que principe dans ces constitutions, c'est comprendre l'esprit même dans lequel ces textes majeurs ont été rédigés[110] : ces préambules témoignent de l'importance que revêt l'Homme dans ces nouvelles démocraties latino-américaines.

C'est dans ces « vitrines » que les constitutions argentine, brésilienne, paraguayenne et vénézuélienne énumèrent leurs principes majeurs, tandis que la constitution uruguayenne, ne disposant pas de préambule, affiche l'esprit dans lequel elle a été écrite dans ses tout premiers articles. Il est vrai qu'aucune de ces constitutions n'emploie expressément l'expression « droits de l'homme » pour caractériser leurs principes fondateurs. La raison en revient précisément au contexte historique de l'époque de leur adoption. Que ce soit sous l'influence de l'esprit indépendantiste du 19e siècle ou en

---

[109] Le professeur QUIROGA LAVIE propose également certaines caractéristiques communes aux préambules des constitutions latino-américaines telles la représentation du peuple et la consécration des objectifs comme la constitution de l'unité nationale, la consolidation de la paix, la promotion du bien-être général, l'institution de l'État démocratique, l'assurance de la liberté, etc. Quiroga Lavié (Humberto), *Derecho Constitucional Latinoamericano*, Instituto de Investigaciones Jurídicas, México, Universidad Nacional Autónoma de México, 1991, Serie B: Estudios Comparativos, d) Derecho Latinoamericano, n° 28, p. 9 à 13.

[110] Le professeur PONTHOREAU rappelle que les mentions appelées à figurer dans l'introduction des constitutions sont destinées soit à expliquer la genèse du texte et/ou à en livrer la philosophie générale soit à inscrire la constitution dans le temps. Pour cette raison, le professeur affirme que « le préambule est la vitrine de la constitution ». Ponthoreau (Marie-Claire), *Droit(s) constitutionnel(s) comparé(s)*, Paris, Economica, 2010, p. 269.

raison de l'excès de précaution des années postérieures aux dictatures, les États se méfient des droits de l'homme. Cependant les constitutions latino-américaines ont su utiliser d'autres formulations.

Le préambule de la Constitution argentine est une illustration de l'influence du contexte historique durant lequel elle a été adoptée. Rédigé en 1853 (et révisée en 1994), son préambule[111] est directement influencé par le préambule de la Constitution des États-Unis de 1787[112]. Les principes, que l'on retrouve dans le texte américain et qui ont conduit la Constitution argentine, sont énoncés de façon très générale: le *bien-être général* et la *liberté*, comme on peut le constater dans la première phrase de la Constitution.

> *Nous, les représentants du peuple de l'Argentine, au Congrès général assemblé par la volonté et l'élection des provinces qui le composent, en conformité avec les accords existants, afin de former une union nationale, de garantir la justice, d'assurer la paix intérieure, de pourvoir à la défense commune, de promouvoir le bien-être général et d'assurer les bienfaits de la liberté, pour nous, nos descendants et pour tous les hommes dans le monde qui souhaitent habiter sur le sol argentin: invoquant la protection de Dieu, source de toute raison et la justice: nous décrétons, et établissons cette Constitution pour la Nation Argentine.*

---

[111] Constitution de la Nation Argentine du 1er mai 1853 avec la dernière révision du 22 août 1994 : « *Nos los representantes del pueblo de la Nación Argentina, reunidos en Congreso General Constituyente por voluntad y elección de las provincias que la componen, en cumplimiento de pactos preexistentes, con el objeto de constituir la unión nacional, afianzar la justicia, consolidar la paz interior, proveer a la defensa común, promover el bienestar general, y asegurar los beneficios de la libertad, para nosotros, para nuestra posteridad, y para todos los hombres del mundo que quieran habitar en el suelo argentino: invocando la protección de Dios, fuente de toda razón y justicia: ordenamos, decretamos y establecemos esta Constitución, para la Nación Argentina.* » (Traduction libre et mise en relief par l'auteur).

[112] Constitution des États-Unis, adoptée le 17 septembre 1787 à Philadelphie, et en vigueur depuis le 4 mars 1789, préambule : « Nous, le peuple des États-Unis, afin de former une union plus parfaite, d'établir la justice, d'assurer la tranquillité intérieure, de pouvoir a la défense commune, de développer le bien-être général et d'assurer nous-mêmes et notre postérité les bienfaits de la liberté, ordonnons et établissons la présente Constitution pour les États-Unis d'Amérique». Traduction selon Library of Congress, USA. Disponible sur :
http://www.loc.gov/law/help/guide/federal/usconst.php, consulté le 18 juin 2013.

La Constitution brésilienne, datée de 1988, s'insère déjà dans un contexte d'ouverture démocratique et les droits de l'homme y sont énoncés de manière générale, mais plus explicite que dans la Constitution argentine. Ainsi, le législateur brésilien a affirmé que le but de l'État démocratique était d'assurer l'exercice des droits sociaux et individuels, la sécurité, le bien-être, le développement, l'égalité et la justice comme valeurs suprêmes :

> *Nous, représentants du peuple brésilien, réunis à l'Assemblée nationale constituante pour instituer un État démocratique, destiné à assurer l'exercice des droits sociaux et individuels, la liberté, la sécurité, le bien-être, le développement, l'égalité et la justice comme valeurs suprêmes d'une société fraternelle, pluraliste et sans préjugés fondée sur l'harmonie sociale et engagée, dans l'ordre domestique et international, dans le règlement pacifique des différends, promulguons, sous la protection de Dieu, la présente Constitution de la République fédérative du Brésil*[113].

Le préambule de la Constitution paraguayenne de 1992 offre encore un exemple d'une nouvelle constitution de caractère démocratique. Elle a remplacé la précédente, manifestement dictatoriale de 1967, et a apporté des dispositions sur les droits de l'homme déjà dans le nouveau préambule, inexistant jusque-là. Ainsi, ses rédacteurs accordent à la dignité humaine une place centrale qui a pour objectif d'assurer la liberté, l'égalité et la justice :

> *Le peuple paraguayen à travers leurs représentants légitimes réunis à l'Assemblée constituante nationale, invoquant Dieu, en reconnaissant la dignité humaine en vue de garantir la liberté, l'égalité et la justice, réaffirmant les principes de la démocratie républicaine, représentative, participative et pluraliste, confirmant*

---

[113] Constitution de la République Fédérative du Brésil du 5 octobre 1988 : « *Nós, representantes do povo brasileiro, reunidos em Assembléia Nacional Constituinte para instituir um Estado Democrático, destinado a assegurar o exercício dos direitos sociais e individuais, a liberdade, a segurança, o bem-estar, o desenvolvimento, a igualdade e a justiça como valores supremos de uma sociedade fraterna, pluralista e sem preconceitos, fundada na harmonia social e comprometida, na ordem interna e internacional, com a solução pacífica das controvérsias, promulgamos, sob a proteção de Deus, a seguinte Constituição da Republica Federativa do Brasil.* » (Traduction libre et mise en relief par l'auteur).

la souveraineté et l'indépendance, et intégrés dans la communauté internationale, sanctionne et promulgue la Constitution[114].

Enfin, la dernière et la plus récente des constitutions d'un pays mercosurien à désigner les droits de l'homme comme principe dans son préambule a trait à la Constitution vénézuélienne de 1999 (révisée en 2009). Il importe ici de rappeler que le Venezuela n'a pas vécu de régimes dictatoriaux et donc, ni le préambule de l'ancienne constitution de 1961, ni celui de l'actuelle de 1999 ne contiennent d'éléments qui dénotent un changement de régime politique. Au contraire, les deux préambules témoignent de la présence d'un régime démocratique dans le pays[115] faisant référence à l'éducation, à la justice sociale, à l'égalité et à l'universalisme et l'indivisibilité des droits de l'homme. En outre, le préambule de la nouvelle charte de 1999 énonce le droit à un environnement sain et équilibré, de la manière suivante :

Le peuple du Venezuela, dans l'exercice de ses pouvoirs créatifs et en invoquant la protection de Dieu, exemple historique de notre Libérateur Simon Bolivar et l'héroïsme et le sacrifice de nos ancêtres autochtones et les pionniers et les fondateurs d'une patrie libre et souveraine; avec l'objectif ultime de refonder la République pour établir une société démocratique, participative et protagoniste, multiethnique et multiculturelle, la justice dans un État, fédéral et décentralisé, qui incarne les valeurs de liberté, d'indépendance, de paix, de solidarité, de bien commun, de l'intégrité territoriale, de la courtoisie et de la primauté du droit pour les générations présentes et futures; garantir le droit à la vie, au travail, à la culture, à l'éducation, à la justice sociale et à l'égalité, sans discrimination ou de subordination; promouvoir la coopération pacifique entre les nations et promouvoir et consolider l'intégration latino-américaine en conformité avec le principe de non-intervention et d'autodétermination, la garantie

[114]Constitution de la République du Paraguay du 20 juin 1992 : « *El pueblo paraguayo, por medio de sus legítimos representantes reunidos en Convención Nacional Constituyente, invocando a Dios, reconociendo la dignidad humana con el fin de asegurar la libertad, la igualdad y la justicia, reafirmando los principios de la democracia republicana, representativa, participativa y pluralista, ratificando la soberanía e independencia nacionales, e integrado a la comunidad internacional,* SANCIONA Y PROMULGA *esta Constitución* ». (Traduction libre et mise en relief par l'auteur).

[115] Même si le caractère démocratique de l'actuelle ligne de gouvernement est mis en question, l'amendement adopté par referendum en 2009, qui a permis des élections continues et à l'infini, semble aller au-delà des limites de la démocratie.

universelle et indivisible des droits de l'homme, la démocratisation de la société internationale, le désarmement nucléaire, l'équilibre écologique et environnemental des biens juridiques comme patrimoine commun et inébranlable de l'humanité[116].

23. La Constitution de l'Uruguay, seule parmi les constitutions mercosuriennes à ne pas posséder de préambule, présente ses principes majeurs tout du long de ses premiers articles[117] :

> *Article 1er —La République orientale de l'Uruguay est l'association politique de tous les habitants inclus dans son territoire.*
>
> *Article 2 —Elle est et sera toujours libre et indépendante de toute puissance étrangère.*
>
> *Article 3 —Elle ne sera jamais le patrimoine des personnes ou d'une famille.*
>
> *Article 5 — Tous les cultes religieux sont libres en Uruguay (...)*[118].

---

[116]Constitution de la République bolivarienne du Venezuela du 30 décembre 1999 dont le dernier amendement date du 15 février 2009 : « *El pueblo de Venezuela, en ejercicio de sus poderes creadores e invocando la protección de Dios, el ejemplo histórico de nuestro Libertador Simón Bolívar y el heroísmo y sacrificio de nuestros antepasados aborígenes y de los precursores y forjadores de una patria libre y soberana; con el fin supremo de refundar la República para establecer una sociedad democrática, participativa y protagónica, multiétnica y pluricultural en un Estado de justicia, federal y descentralizado, que consolide los valores de la libertad, la independencia, la paz, la solidaridad, el bien común, la integridad territorial, la convivencia y el imperio de la ley para esta y las futuras generaciones; asegure el derecho a la vida, al trabajo, a la cultura, a la educación, a la justicia social y a la igualdad sin discriminación ni subordinación alguna; promueva la cooperación pacífica entre las naciones e impulse y consolide la integración latinoamericana de acuerdo con el principio de no intervención y autodeterminación de los pueblos, la garantía universal e indivisible de los derechos humanos, la democratización de la sociedad internacional, el desarme nuclear, el equilibrio ecológico y los bienes jurídicos ambientales como patrimonio común e irrenunciable de la humanidad.* » (Traduction libre et mise en relief par l'auteur).

[117] Selon le professeur PONTHOREAU, un certain nombre de constitutions nationales européennes ne possèdent pas de préambule, comme l'Autriche, la Belgique, le Danemark, la Finlande, l'Italie, le Luxembourg, les Pays-Bas et la Suède. Elle affirme que dans ce cas-là les premières dispositions de la constitution expriment les principes auxquels est attachée une importance première. Ponthoreau (Marie-Claire), *op. cit.*, p. 269.

[118]Constitution de la République orientale de l'Uruguay de 1967 et avec la dernière révision du 31 octobre 2004 : « *Artículo 1° : La República Oriental del Uruguay es la asociación política de todos los habitantes comprendidos dentro de su territorio; Artículo 2°: Ella es y será para siempre libre e independiente de todo poder extranjero; Artículo 3°: Jamás será el patrimonio de personas ni de familia alguna; Artículo 5°: Todos los cultos religiosos son libres en el Uruguay (...)*». (Traduction libre et mise en relief par l'auteur).

À l'évidence, à part l'article 5 qui postule la liberté religieuse, les premières dispositions de la Constitution uruguayenne n'énoncent pas explicitement les droits de l'homme comme des principes prédominants. Cependant, si les habitants du pays, selon l'article 1er, font partie de cette association politique qui compose l'Uruguay, ils incarnent la figure de l'État lui-même et devront ainsi jouir du droit à la liberté.

La Constitution uruguayenne préfère énoncer les droits de l'homme à partir de son article 7, à une place qui ne s'éloignerait pas des premiers articles et pourrait être encore considérée comme une place importante pour l'expression de ses principes directeurs de l'ordre juridique uruguayen.

Placer les droits de l'homme dans des titres ou des chapitres spécifiques n'est pas propre seulement de la Constitution uruguayenne. Cela constitue en fait un deuxième moyen de proclamer l'attachement des États aux droits de l'homme dans toutes les constitutions nationales des pays mercosuriens.

B. Les droits de l'homme en tant que catalogue de droits protégés

24. Dans les années 1970, le chercheur polonais WYRWA relevait déjà que toutes les constitutions sur le continent américain consacraient de longs chapitres aux garanties individuelles, mais que « nulle part ailleurs elles ne sont, probablement, autant violées que précisément dans ces pays »[119]. Aujourd'hui, quarante ans après la sortie de son ouvrage, la liste des droits de l'homme s'est allongée. Certes, les violations se poursuivent, mais nous constatons en même temps que la protection et la promotion de ces droits font encore souvent partie des lacunes des systèmes juridiques des pays de la région.

Pour manifester leurs engagements en faveur des droits de l'homme, les États sud-américains faisant partie du Mercosur, ont créé au sein de leurs constitutions des catalogues portants sur ces droits. Ceux-ci sont intégrés à des chapitres sous différents titres.

---

[119] Wyrwa (Tadeusz), *Les Républiques andines : Bolivie, Chili, Colombie, Équateur, Pérou, Venezuela*, Paris, LGDJ, 1972, p. 561.

25. Ainsi, la Constitution argentine a placé son répertoire des droits de l'homme dans le chapitre « Déclarations, droits et garanties ». L'Uruguay et le Paraguay ont opté pour la formule « Droits, obligations et garanties », tandis que les législateurs brésiliens et vénézuéliens ont préféré spécifier cette nomenclature. Les Brésiliens ont choisi « Droits et garanties fondamentaux » et les Vénézuéliens « Droits de l'homme, garanties et obligations ».

La Constitution argentine de 1853, dont la révision la plus récente date de 1994[120], compte ainsi 29 articles spécifiquement consacrés à la protection des droits de l'homme[121], parmi lesquels se trouvent le droit au travail, à la libre circulation, à la propriété, à la liberté de presse, d'association et de religion, les droits sociaux, l'interdiction de l'esclavage et de la traite d'êtres humains, le droit à l'égalité, à la protection de la propriété, et l'interdiction de la violation du domicile, l'interdiction de la peine de mort pour des questions politiques et des traitements inhumains ou dégradants[122]. Ces droits étaient, pour la plupart, déjà prévus dans le texte original de 1853[123] dans lequel il a été ajouté de nombreux droits importants. En premier fut ajouté un nouveau chapitre augmentant le catalogue des droits fondamentaux protégés [124]: le droit de résistance à l'oppression contre des gouvernements *autoritaires*[125] ; le suffrage universel, égal et secret ; l'égalité entre hommes et femmes pour accéder à la fonction publique et à des fonctions au sein des partis politiques[126] ; les droits des partis politiques[127] ; le droit à l'initiative

---

[120] La République Argentine a connu trois constitutions en 1819, 1826 et 1853. La dernière, toujours d'actualité, a subi plusieurs révisions les années 1860, 1866, 1898, 1956 et 1994. Sur l'histoire et les caractéristiques des constitutions argentines, voir Manzi (Adrian), « La jurisprudencia de derechos humanos en la Argentina », *Nómadas: Revista Crítica de Ciencias Sociales y Jurídicas*, n° spécial: América Latina, 2012.

[121] Constitution de la Nation Argentine : http://www.argentina.gov.ar/argentina/portal/documentos/constitucion_nacional.pdf, consulté le 15 mars 2011.

[122] Constitution argentine, art. 14 à 18.

[123] À la révision de 1956, s'y sont ajoutés les droits sociaux.

[124] L'inclusion des droits de l'homme de troisième et quatrième générations dans la réforme constitutionnelle argentine de 1994, selon le chercheur GONGORA MERA, est liée au Pacte d'Olivos de 1993 (pacte entre le parti péroniste au pouvoir, mené par le président Carlos Menen, et le parti d'opposition, Radical, mené par Raul Alfonsin. Gongora Mera (Manuel Eduardo), *Inter-American Judicial Constitutionalism: On the Constitutional Rank of Human Rights Treaties in Latin America through National and Inter-American Adjudication*, Berlin, Humboldt-Univ., Diss, 2010, San José de Costa Rica, Inter-American Institute of Human Rights, 2011, p. 71.

[125] Constitution argentine, art. 36.Le texte utilise l'expression *de facto*.

[126] Constitution argentine, art. 37.

populaire[128] ; le droit à l'environnement[129] ; et enfin, les droits des consommateurs[130]. Deuxièmement, les attributions du Congrès national ont été élargies avec l'introduction de droits assez novateurs : les droits des peuples indigènes[131], la création d'emplois, la formation des travailleurs et le principe de la justice sociale[132], et l'égalité d'opportunités pour les enfants, les femmes, les personnes âgées et les handicapés[133].

26. La constitution uruguayenne de 1967, révisée en 2004[134], a choisi la même expression que celle du Paraguay *« Droits, obligations et garanties »,* mais elle y adjoint une section spécifique pour le droit à la nationalité et les droits politiques, appelée *« De la citoyenneté et du suffrage ».* En ce qui concerne la première section, une série de soixante-cinq dispositions présente les droits individuels, les libertés publiques, les droits économiques, sociaux et culturels, ainsi que des principes de légalité et de procès équitable[135]. Il est important de souligner que l'énonciation des droits, obligations et garanties de la Constitution uruguayenne n'a rien de limitatif, ce qui est affirmé à son article 72 : l'énumération de droits, obligations et garanties n'en exclut pas d'autres qui sont inhérents à la personne humaine ou sont issus de la forme républicaine de gouvernement[136].

27. La nouvelle Constitution paraguayenne de 1992[137] dédie tout le titre II de la première partie aux « *Droits, obligations et garanties* ». Ce titre est

---

[127] Constitution argentine, art. 38.

[128] Constitution argentine, art. 39.

[129] Constitution argentine, art. 41.

[130] Constitution argentine, art. 42.

[131] Constitution argentine, art. 75 § 17.

[132] Constitution argentine, art. 75 §19.

[133] Constitution argentine, art. 75 § 23.

[134] La République orientale de l'Uruguay a connu six constitutions en 1830, 1918, 1934, 1942, 1952 et 1967 (révisée en 1989, 1994, 1996 et 2004).

Constitution de la République : http://www.parlamento.gub.uy/constituciones/const004.htm, consulté le 18 juin 2013.

[135] Constitution uruguayenne, art. 7 à 71.

[136]Constitution uruguayenne, art. 72: « *La enumeración de derechos, deberes y garantías hecha por la Constitución, no excluye los otros que son inherentes a la personalidad humana o se derivan de la forma republicana de gobierno.* » (Traduction libre).

[137] La République du Paraguay a connu 11 constitutions en 1811, 1813, 1814, 1816, 1841, 1842, 1844, 1870, 1940, 1967 (révisée en 1976) et 1992.

Constitution de la République du Paraguay : http://www.tsje.gov.py/constituciones.php, consulté le 18 juin 2013.

organisé en 12 chapitres dont 131 articles portent sur le droit à la vie[138] et à l'environnement (nouveau droit protégé)[139], à la liberté[140], à l'égalité[141], droits de la famille[142], des peuples indigènes (en tant que nouvelle prévision constitutionnelle)[143], droit à la santé[144], à l'éducation et à la culture[145], les droits sociaux[146], économiques et la réforme agraire[147], et politiques[148].

Selon le professeur SILVEIRO SALGUEIRO, cette nouvelle charte constitutionnelle a créé un catalogue de droits plus large que la constitution de 1967, mais les nouveaux droits n'étaient pas nécessairement plus convaincants substantiellement. Par exemple, pour l'auteur, l'accès à la culture reste toujours difficile pour les secteurs plus défavorisés de la population ; l'environnement se trouve dans un processus de nette détérioration, les droits en matière sexuelle et de reproduction demeurent toujours une exigence des groupes de femmes, et enfin, les agriculteurs continuent à réclamer une réforme agraire[149].

28. La Charte constitutionnelle brésilienne de 1988[150] consacre les droits de l'homme comme l'un des principes fondamentaux dans ses relations

---

[138] Constitution paraguayenne, art. 4 à 6.

[139] Constitution paraguayenne, art. 7 à 8.

[140] Constitution paraguayenne, art. 9 à 45. Le droit à la liberté a reçu une configuration plus protectrice que sa prévision précédente à la Constitution de 1967. Pour la première fois, l'interdiction de l'esclavage (art. 10) y trouve place et en ce qui concerne la liberté religieuse, l'expression « *religion officielle* » est supprimée (art. 24). Ainsi, l'État ne reconnaît à la religion catholique qu'une importance historique et culturelle (art. 82).

[141] Constitution paraguayenne, art. 46 à 48.

[142] Constitution paraguayenne, art. 49 à 61.

[143] Constitution paraguayenne, art. 62 à 67.

[144] Constitution paraguayenne, art. 68 à 72. C'est grâce à cette nouvelle constitution que le droit à la santé devient un *droit fondamental*, telle la rédaction de l'art. 68.

[145] Constitution paraguayenne, art. 73 à 85.

[146] Constitution paraguayenne, art. 86 à 100.

[147] Constitution paraguayenne, art. 107 à 116.

[148] Constitution paraguayenne, art. 117 à 126.

[149] Silvero Salgueiro (Jorge), « La evolución político-constitucional de Paraguay 1976 – 2005 », *in* Nogueira Alcala (Humberto) (coord.), *La evolución político-constitucional de América del Sur 1976-2005*, Santiago, Librotecnica, 2009, p. 458.

[150] La République Fédérative du Brésil a connu sept constitutions en 1824, 1891, 1934, 1937, 1946, 1967 et 1988.

Constitution de la République Fédérative du Brésil :

http://www.planalto.gov.br/ccivil_03/Constituicao/Constituicao.htm, consulté le 18 juin 2013.

internationales[151]. Les droits sont organisés de façon très claire et simple au deuxième titre nommé « *Droits et garanties fondamentaux* », où 12 articles sont agencés en cinq chapitres portant sur les droits et obligations individuels et collectifs[152], les droits sociaux[153], le droit à la nationalité[154], les droits politiques[155], et les droits des partis politiques[156]. De surcroît, les dispositions de l'article 5 sont prises en tant que « *clausulas petreas* », c'est-à-dire qu'elles ne peuvent être modifiées par les amendements - procédure semblable aux *entrenched clauses* du droit américain[157].

29. La Charte constitutionnelle du Venezuela de 1999, révisée en 2009[158], a introduit de subtiles, mais significatives nouveautés. Tout d'abord, elle a rebaptisé l'intitulé du troisième titre de la constitution de 1961 « Obligations, droits et garanties » qui devient désormais « Droits de l'homme, garanties et obligations ». C'est dans ce troisième titre que se trouvent les dix chapitres-clés qui nous intéressent : le droit à la nationalité et à la citoyenneté[159], les droits civils[160], les droits politiques[161], les droits sociaux et des familles[162], les droits culturels et à l'éducation[163], les droits économiques[164], les droits des peuples indigènes[165] et le droit à l'environnement[166].

---

[151] Constitution brésilienne, art. 4 § 2. Le professeur PIOVESAN rappelle que cette constitution fut la première des chartes fondamentales brésiliennes à consacrer un éventail de principes ayant pour but de guider le Brésil sur la scène internationale. Dans les mots du professeur brésilien, « la Charte de 1988 est innovatrice puisqu'elle met en relief une orientation internationaliste jamais vue dans l'histoire constitutionnelle brésilienne ». Piovesan (Flavia), *Direitos Humanos e o Direito Constitucional Internacional*, *op. cit.*, 2012, p. 39.

[152] Constitution brésilienne, art. 5.

[153] Constitution brésilienne, art. 6 à 11.

[154] Constitution brésilienne, art. 12 et 13.

[155] Constitution brésilienne, art. 14 à 16.

[156] Constitution brésilienne, art. 17.

[157] Constitution brésilienne, art. 60, alinéa 4.IV de la Constitution de la République Fédérative du Brésil.

[158] La République bolivarienne du Venezuela a connu une vingtaine de constitutions au cours des deux derniers siècles.

Constitution de la République bolivarienne du Venezuela : http://www.tsj.gov.ve/legislacion/enmienda2009.pdf, consulté le 18 juin 2013.

[159] Constitution vénézuélienne, art. 32 à 42.

[160] Constitution vénézuélienne, art. 43 à 61.

[161] Constitution vénézuélienne, art. 62 à 74.

[162] Constitution vénézuélienne, art. 75 à 97.

[163] Constitution vénézuélienne, art. 98 à 111.

[164] Constitution vénézuélienne, art. 112 à 118.

[165] Constitution vénézuélienne, art. 119 à 126. Les peuples indigènes sont le groupe qui a visiblement vu ses droits s'accroître avec la révision constitutionnelle de 2009. Ils possèdent

30. En observant les droits de l'homme qui sont énoncés dans les constitutions nationales de chaque État membre du Mercosur, l'on constate que, parmi ceux-ci, trois droits ne font, à l'évidence, pas l'objet de dispositions dans toutes les constitutions. Il s'agit spécifiquement du droit à la vie, à l'asile et des libertés de conscience et de la personne. En raison de cette non-uniformisation de leur présence, ils retiennent tout particulièrement l'attention.

Le droit à la vie est prévu dans presque tous les textes fondamentaux. La particularité de ce droit est qu'il ne protège pas toujours l'avortement et n'emporte pas systématiquement l'interdiction de la peine de mort. Le cas de l'avortement explique la raison pour laquelle le droit à la vie ne figure pas dans le texte argentin. En effet, le constituant argentin a préféré ne pas aborder le sujet, fût-ce indirectement, pour ne pas créer de conflit avec la question de l'interruption volontaire de la grossesse. Cependant, malgré cette volonté d'éviter toute discussion, la thématique fait déjà l'objet d'une législation dans le Code pénal argentin[167], où l'avortement pratiqué par la mère ou par une personne qui l'aide est pénalisé. Dans les quatre autres systèmes, l'avortement est également condamné par le Code pénal (sauf en cas de situations exceptionnelles telles que les viols et la mise en danger de la mère). La Constitution uruguayenne, par exemple, se montre beaucoup plus clémente, tout en considérant avec plus de tolérance les causes de l'avortement et l'avancée de la grossesse[168]. Le deuxième cas concerne les dérogations au droit à la vie pour autoriser la peine de mort. Dans les cinq constitutions, nous trouvons des dispositions sur son abolition. Il y a

---

même une organisation judiciaire propre comme le propose l'art 260 de la Constitution: les autorités légitimes des peuples indigènes pourront appliquer à son habitat des instances juridiques sur la base de leurs traditions ancestrales et qui n'affectent que leurs intégrants, selon leurs normes et procédures, aussi longtemps qu'elles ne sont pas contraires à cette Constitution, à la loi et à l'ordre public. La loi déterminera la façon de coordonner cette juridiction spéciale avec le système judiciaire national (traduction libre). « *Las autoridades legítimas de los pueblos indígenas podrán aplicar en su hábitat instancias de justicia con base en sus tradiciones ancestrales y que sólo afecten a sus integrantes, según sus propias normas y procedimientos, siempre que no sean contrarios a esta Constitución, a la ley y al orden público. La ley determinará la forma de coordinación de esta jurisdicción especial con el sistema judicial nacional* ». Le professeur ALVAREZ rappelle que la colonisation a supprimé les ordres juridiques des communautés indigènes qui, dans certains pays, ont pourtant partiellement survécu dans une véritable clandestinité. Alvarez (A), « Les évolutions de la justice en Amérique latine », *L'Astrée*, 2002/1, n° 17, p. 68.

[166] Constitution vénézuélienne, art. 127 à 129.

[167] Code pénal argentin, art. 85 et s.

[168] Pinard (Gustavo), *Los Derechos Humanos en las Constituciones del Mercosur*, 2e éd., Buenos Aires, Ciudad Argentina, 1998, p. 193.

cependant, une exception : la Constitution brésilienne qui accepte toujours la peine capitale dans le cas de « guerre déclarée »[169].

Le droit d'asile est une autre thématique commune dans les pays de la région qui sont, ou ont été, à la fois, des pays d'accueil et des pays d'émigration, grâce à des flux de déplacements internes importants. Ce droit est prévu dans les constitutions brésilienne, paraguayenne et vénézuélienne[170]. Cependant, le droit d'asile n'est pas énoncé dans les textes constitutionnels argentin et uruguayen. Ce qui ne génère pas nécessairement un manque de protection, car ce droit étant énoncé dans la Convention américaine relative aux droits de l'homme, à laquelle sont parties l'Argentine et l'Uruguay, les deux États doivent le respecter, comme s'ils faisaient partie de leur ordre constitutionnel. En outre, les deux pays ont développé une riche législation infraconstitutionnelle en la matière. En Argentine, nous pouvons prendre comme exemple la Loi de reconnaissance et de protection du réfugié[171] et en Uruguay le statut du réfugié[172].

Pour ce qui concerne la liberté de conscience, à l'exception des constitutions brésilienne et vénézuélienne, cette liberté n'est prévue, dans les autres textes constitutionnels, que par le biais d'autres libertés. En Argentine, il s'agit de la liberté de professer et d'exercer le culte[173], au Paraguay on reconnaît la liberté religieuse, de culte et idéologique[174], et la Constitution uruguayenne affirme que tous les cultes religieux sont libres[175].

La protection de la liberté individuelle renvoie, en particulier, à l'esclavage considéré durant de longs siècles comme une pratique normale des sociétés latino-américaines, qui exploitaient soit les indigènes, soit les Africains. Cette pratique a été abolie dans les cinq pays, mais à des moments et par le biais de différentes législations. Une violation aussi flagrante de la liberté de la personne mériterait d'être interdite dans les textes de nature constitutionnelle, mais on constate que ce n'est pas le cas partout. Certes, en

[169] Constitution brésilienne, art. 5, XLVII.

[170] Constitution brésilienne, art. 4, X ; Constitution paraguayenne, art. 43 et Constitution vénézuélienne, art. 69.

[171] Loi n° 26.165 du 8 novembre 2006.

[172] Loi n° 18.076 du 14 novembre 2006.

[173] Constitution argentine art. 14 et 20. Néanmoins, l'État démontre clairement sa préférence pour la religion catholique, selon l'art. 2 de la Constitution, le gouvernement soutient le culte catholique apostolique romain.

[174] Constitution paraguayenne, art. 24.

[175] Constitution uruguayenne, art. 5.

Argentine l'abolition est énoncée depuis la constitution de 1853[176]. Au Paraguay, le décret du 2 octobre 1869 a établi l'abolition de l'esclavage et la constitution nationale apporte également une disposition sur l'abolition[177]. Et au Venezuela, le décret du 24 mars 1854 qui portait sur l'abolition de l'esclavage et dont l'interdiction a été réaffirmée dans la constitution[178]. Cependant, l'Uruguay et le Brésil ont donné à la prohibition de l'esclavage une place infra constitutionnelle : l'interdiction de l'esclavage a fait en Uruguay l'objet de la loi n° 242, du 12 décembre 1842, et au Brésil par la Loi Aurea du 13 mai 1888. Les textes constitutionnels de ces deux pays peuvent être cependant interprétés comme visant à trouver des normes interdisant l'esclavage. Pour l'Uruguay, nous pouvons déduire l'interdiction de l'esclavage de l'interprétation de son article 7 qui affirme que « tous les habitants de la République ont le droit d'être protégés dans la jouissance de leur liberté ». Et pour le cas brésilien, nous pourrions inférer l'abolition de l'esclavage de l'interdiction de la torture et du traitement inhumain ou dégradant[179].

31. Le juge argentin FIGUEROA, assure que, en ce qui concerne les préceptes constitutionnels et législatifs, les pays qui composent le Mercosur possèdent assez de droits et de garanties positifs pour la mise en œuvre effective du respect des droits de l'homme que l'on peut considérer comme indispensables et suffisants pour notre époque, mais « nous ne pouvons pas ignorer qu'avec les politiques d'ajustement mises en œuvre, chaque jour il existe de plus en plus d'habitants qui survivent au-dessous des niveaux de dignité de tout être humain »[180].

La possibilité d'utiliser des outils nationaux de protection des droits de l'homme, selon le professeur BREWER-CARIAS, dépend de la consolidation effective du régime démocratique. Dans le même temps, il n'y a pas de démocratie en l'absence de garanties effectives des droits de l'homme[181]. Ces deux éléments vont donc nécessairement de pair.

---

[176] Constitution argentine de 1853, art. 15.

[177] Constitution paraguayenne, art. 10.

[178] Constitution vénézuélienne, art. 54.

[179] Constitution brésilienne, art. 5, III.

[180] Figueroa (Ana Maria), « Los Derechos Humanos en el Mercosur », Ciuro Caldani (Miguel Angel) (coord), *La Filosofia del Derecho en el Mercosur: Homenaje a Werner Goldschmidt y Carlos Cossio*, Buenos Aires, Ciudad Argentina, 1997, p. 386.

[181]Brewer-Carías (Allan), *Mecanismos Nacionales de Protección de los Derechos Humanos (Garantías judiciales de los derechos humanos en el derecho constitucional comparado latinoamericano)*, San José de Costa Rica, Instituto Interamericano de Derechos Humanos, 2005, p. 286.

§2 La garantie des droits constitutionnellement protégés

32. Selon QUIROGA-LAVIE, le fonctionnement équilibré du système politique et constitutionnel de l'État ne peut pas exister s'il n'y a pas de contrôle. Pour le constitutionnaliste, l'art de la bonne organisation s'appuie sur l'établissement d'un système de contrôle multiple et varié, interne et externe à l'organisation[182]. Cette approche est complétée par celle de son collègue vénézuélien BREWER-CARIAS qui affirme qu'il n'existe pas de démocratie là où il n'y a pas de garanties effectives des droits de l'homme[183]. Aujourd'hui, tous les États membres du Mercosur comptent des législations qui portent sur des garanties judiciaires (A) et sur des systèmes de contrôle de constitutionnalité des lois (B).

A. Les garanties judiciaires

33. L'individu qui constate que l'un de ses droits constitutionnels a été violé, par une action ou une omission de l'autorité publique ou même d'un autre individu, peut faire appel au recours judiciaire. Cet outil va lui permettre d'assurer la jouissance effective des droits fondamentaux énoncés dans la constitution de son État. Parmi les États membres du Mercosur, tous disposent de telles garanties judiciaires dans leurs constitutions, de façon d'ailleurs souvent très innovante par rapport aux droits constitutionnels des pays européens.

En Amérique latine, depuis le 19e siècle, s'est développé un ensemble de garanties judiciaires destinées à la protection des droits constitutionnels. En faisant un survol rapide des garanties judiciaires prévues dans les textes constitutionnels des cinq pays membres du Mercosur, nous observons une certaine homogénéité de ce type de dispositions.

Cette homogénéité est surtout présente dans les pays hispanophones, grâce à une tradition juridique commune. Ainsi, en Argentine, la constitution

---

[182] Quiroga Lavié (Humberto), *op. cit.*, p. 13.

[183] Brewer-Carias (Allan), *op. cit.*, p. 286.

prévoit le recours d'*Amparo*, d'*habeas corpus* et d'*habeas data*[184]. En Uruguay, le seul recours expressément prévu par la constitution concerne l'*habeas corpus*[185]. Il a fallu attendre 1988 pour que le recours d'*Amparo* soit réglementé[186]. Au Paraguay, la constitution comporte des dispositifs concernant les actions d'*Amparo,* d'*habeas corpus* et d'*habeas data*[187]. Au Venezuela, les actions d'*Amparo*, d'*habeas corpus* et d'*habeas data* sont prévues dans la constitution[188].

Différemment, au Brésil, un éventail beaucoup plus large de garanties judiciaires est prévu dans sa constitution : l'*habeas corpus,* l'h*abeas data,* l'Action populaire[189], le *Mandado de Segurança* (« *mandat de sécurité* »[190]), l'Action civile publique[191] (présentée par le ministère Public pour la protection, parmi d'autres, des intérêts diffus), le *Mandado de Injunção*[192] (alors que l'inexistence de la norme rend impraticable l'exercice des droits et libertés constitutionnels et les prérogatives de la nationalité, de la souveraineté et la citoyenneté), et l'*Arguição de descumprimento de preceito fundamental*[193], qui vise le cas d'inachèvement de la part d'un fonctionnaire d'une disposition.

34. En amont des garanties connues par les systèmes constitutionnels européens, comme l'*habeas corpus* et l'*habeas data* (des mécanismes de protection de la liberté de la personne et de ses données), l'action d'*Amparo*

---

[184] Constitution argentine, art. 43.

[185] Constitution uruguayenne, art. 17.

[186] Loi n° 16.011, du 19 décembre 1988.

[187] Constitution paraguayenne, art. 134, 133 et 135.

[188] Constitution vénézuélienne, art. 27 et 281 al. 3.

[189] Constitution brésilienne, art. 5, LXXIII.

[190] Traduction proposée par E. LEMOALLE dans son commentaire sur l'ouvrage Lopes Meirelles (Hely), Wald (Arnoldo) et Ferreira Mendes (Gilmar),*Mandado de Segurança e Ações Constitutcionais*, 32e éd., São Paulo, Malheiros, 2009. Lemoalle explique que c'est par le biais du mandado de segurança qu'un requérant peut obtenir une décision judiciaire (*mandado*) annulant, ordonnant ou interdisant l'exécution d'un acte d'une autorité publique ou d'une de ses émanations, donnant ainsi une sécurité (*segurança*) aux administrés. Lemoalle (Édouard), Bibliographie *in Revue internationale de droit comparé*, 2010, n°1, Société de Législation Comparée, p. 177.

[191] Constitution brésilienne, art. 129, III.

[192] Constitution brésilienne, art. 5e, LXXI.

[193] Constitution brésilienne, art. 102, III, § 1er.

(recours en protection) démontre l'avant-gardisme latino-américain[194] et a visiblement prospéré dans presque tous les pays du sous-continent.

Ce célèbre recours d'*Amparo* a été adopté par les constitutions sud-américaines comme étant une garantie constitutionnelle, ayant pour but la protection de tous les droits et libertés constitutionnels. Du surcroît, il peut revêtir des appellations diverses[195] à l'exemple de la tutelle[196], de la protection constitutionnelle[197] et même du *mandado de segurança* brésilien[198]. Tel est aussi le cas du recours de protection des systèmes constitutionnels allemand, espagnol et autrichien. Cependant le *Verfassungsbeschwerde* allemand[199], le *Recurso de Amparo* espagnol[200] et le *Bescheidbeschwerde* autrichien[201] sont de la compétence d'un seul tribunal,

---

[194]Le professeur BURGORGUE-LARSEN rappelle que le recours d'Amparo a été inventé au 19e siècle au Mexique. Burgorgue-Larsen (Laurence), *op. cit.*, 2013, p. 19. Le chercheur WYRWA soutient que les principes sur lesquels l'action d'Amparo a été fondée dérivent de la philosophie française du 17e siècle et du rôle de la Cour suprême des États-Unis présenté par Tocqueville. Wyrwa (Tadeusz), *op. cit.*, 1972, p. 561. Le chercheur RAMOS QUEIROZ explique la naissance de l'Amparo dans le droit mexicain. Ramos Queiroz, « La Reforma Constitucional en Matéria de Amparo, un paso más en su evolución histórica », *in* Cervantes Bravo (Irina), et Wong Meraz (Victor Alejandro) (coord.), *Temas de Control de Constitucionalid y Convencionalidad en México*, Porrúa, México, 2013, p. 144 à 146.

[195] D'ailleurs, le professeur BURGORGUE-LARSEN et le docteur ÚBEDA DE TORRES affirment « même une succincte incursion dans le panorama constitutionnel latino-américain démontre l'incroyable richesse juridique des mécanismes de protection qui dénommés sommairement amparo, recouvrent en réalité une kyrielle pour le moins hétérogène de types de garanties qui ne s'agencent pas ne varient de manière identique ». Burgorgue-Larsen (Laurence) et Úbeda de Torres (Amaya), *Les grandes décisions de la Cour interaméricaine des droits de l'homme*, Bruxelles, Bruylant, 2008, p. 719. Une version plus récente de cet ouvrage a été publiée en anglais : Burgorgue-Larsen (Laurence) et Úbeda de Torres (Amaya), *The Inter-American Court of Human Rights: case law and commentary*, Oxford New York Auckland, Oxford university press, 2011, p. LIX à 886.

[196] Constitution Politique de Colombie de 1991, art. 86.

[197] Constitution Politique de la République de Chili de 1980, art. 20 et Constitution de l'Équateur de 2008, art. 88.

[198] Constitution de la République Fédérative du Brésil de 1988, art. 5 al. LXIX.

[199] Pour plus d'information sur le recours contre la violation de certains droits en droit allemand, voir Dittmann (Armin), « Le recours constitutionnel en droit allemand », Dossier : L'accès des personnes à la justice constitutionnelle, *in Cahiers du Conseil constitutionnel*, mai 2001, n° 10, p. 72.

[200]Pour plus d'information sur le recours contre la violation de certains droits en droit espagnol, voir Ruiz Miguel (Carlos), « L'amparo constitutionnel en Espagne : droit et politique », Dossier : L'accès des personnes à la justice constitutionnelle, *Cahiers du Conseil constitutionnel*, mai 2001, n° 10, p. 90.

[201] Pour plus d'information sur le recours contre la violation de certains droits en droit allemand, voir Kucsko-Stadlmayer (Gabriele), « Les recours individuels devant la Cour constitutionnelle en droit constitutionnel autrichien Dossier : L'accès des personnes à la justice constitutionnelle, *Cahiers du Conseil constitutionnel*, mai 2001, n° 10, p. 82.

tandis que pour les systèmes sud-américains le recours de protection peut être présenté devant plusieurs tribunaux.

La Constitution vénézuélienne lui accorde, cependant, un rôle différent. Aux dires du professeur BREWER-CARIAS, la Constitution du Venezuela octroie à l'*Amparo* le statut de droit fondamental et aussi de garantie constitutionnelle. Ainsi, la constitution oblige « tous les tribunaux à protéger les habitants de la République dans la jouissance des droits et garanties consacrés à la constitution »[202].

L'action ou l'omission portant atteinte aux droits constitutionnels des autorités publiques ou des particuliers constitue le facteur déclenchant de la mise en œuvre de ces recours judiciaires.

Le premier cas, c'est-à-dire les recours face à l'action ou à la carence des autorités publiques, représente une sorte de règle générale, car ils sont énoncés dans les cinq constitutions mercosuriennes. Cependant, ce qui n'est pas uniforme c'est le type d'acte étatique contre lequel sera portée l'action. Au Venezuela, tous les actes étatiques sont soumis au recours d'*amparo* y compris l'*Amparo* contre les lois[203]. Il n'en va pas de même en Argentine, où cet « *Amparo* contre la loi » est exercé par le contrôle diffus de constitutionnalité. Au Brésil, le *Mandado de segurança* ne peut pas non plus être présenté contre des lois. La Loi d'action d'Amparo uruguayenne se montre claire lorsqu'elle dit que l'*Amparo* ne s'exercera pas « contre des lois et des décrets des gouvernements départementaux qui ont la force de loi dans leurs juridictions »[204]. Une autre facette desdites actions tient au fait qu'elles peuvent être portées contre des arrêtés et d'autres actes judiciaires, comme cela se produit au Venezuela[205] et au Brésil par l'intermédiaire du *Mandado de segurança*[206]. En Argentine[207], en Uruguay[208] et au Paraguay[209] les actes judiciaires sont en revanche exclus du champ d'application des recours d'*Amparo*.

---

[202] Brewer-Carías (Allan), *op. cit.*, 2005, p. 103 à 107. Voir aussi Brewer-Carías (Allan), *Constitutional protection of human rights in Latin America*. Cambridge, Cambridge Univ. Press, 2009. Et également H. FIX-ZAMUDIO, *Derecho de amparo*, México, Porrúa, 2011.

[203] Loi organique de Amparo, art. 5 et 3.

[204] Loi n° 16.011, art. 1, c.

[205] Loi organique d'Amparo, art. 4.

[206] Exceptionnellement, quand il n'y a pas d'autres actions spécifiques.

[207] Loi n° 16.986, art. 2, b.

[208] Loi n° 16.011, art. 2, a.

[209] Constitution paraguayenne, art. 134.

Le second cas concerne les recours de protection contre des actes ou omissions qui peuvent être portés contre des actes imputables à des particuliers. En règle générale, le système argentin les admet depuis l'affaire *Samuel Kot*, du 5 septembre 1958[210]. Dans cette affaire la Cour suprême de la Nation Argentine a affirmé que rien dans le texte ou dans l'esprit de la constitution ne permettait d'affirmer que la protection des droits constitutionnels se voulait circonscrite aux violations imputables au seul État puisque l'important ne réside pas dans l'origine de l'atteinte aux droits constitutionnels – les auteurs auxquels la violation de la constitution se voit reprochée –, mais dans les droits violés[211]. Même si la Loi d'action d'*Amparo* ne prévoit toujours pas le recours contre les actes des particuliers, la Cour suprême et les autres tribunaux, fondés sur la jurisprudence citée et par les articles 321 al. 2 et 498 du Code de procédure civile et commerciale, confèrent la possibilité de présenter le recours d'*Amparo* contre des actes et des omissions de particuliers, au prix d'une interprétation particulièrement constructive. Dans le même sens, les systèmes uruguayen[212], vénézuélien[213] et paraguayen[214] prévoient, expressément cette fois, la possibilité de présenter le recours d'*Amparo* dans les cas d'actes ou d'omissions commis par des particuliers. Par contre, la Constitution brésilienne ne prévoit cette procédure que contre des actes ou omissions imputables à l'autorité publique ou à la personne morale dans l'exercice ses attributions des pouvoirs publics[215].

35. Les recours peuvent en principe être portés devant tout juge de première instance (Argentine[216], Uruguay[217], Paraguay[218] et Venezuela). Les cas vénézuélien et brésilien sont exceptionnels.

---

[210] CSJN, Samuel Kot S.R.L., du 5 septembre 1958.

[211] Brewer-Carías (Allan), *op. cit.*, 2005, p. 166.

[212] Loi n° 16.011, art. 1.

[213] Loi organique d'Amparo, art. 2.

[214] Constitution paraguayenne, art. 134.

[215] Constitution brésilienne, art. 5, LXIX.

[216] En Argentine l'action peut être portée devant tout juge de première instance dont la juridiction est le lieu où l'acte s'est produit ou a eu des effets (loi n° 16.986 sur l'action d'*Amparo* de 1966).

[217] En Uruguay l'action d'A*mparo* est également confiée aux juges de première instance de la matière correspondante à l'acte, fait ou omission et du lieu où se sont produits leurs effets (loi n° 16.011 de 1988).

[218] Au Paraguay le recours peut être présenté à n'importe quel juge de première instance de la circonscription judiciaire concernée (Constitution paraguayenne, art. 134 et 135).

Au Venezuela, il revient à la Salle constitutionnelle du Tribunal suprême de justice[219] de décider relativement à cette action si le fait, l'acte ou l'omission provient du Président de la République, des ministres, du Conseil national électoral, du Procureur général de la République, du *Contrôleur* général[220] ou du Défenseur des droits.

Au Brésil, chaque recours de protection sera porté devant une instance différente. L'*habeas corpus* est confié aux tribunaux de première instance pénale, mais peut aussi être présenté devant une cour d'appel ou la Cour suprême ; cela dépend de la cour qui s'est vue confier l'affaire dès son origine. Le *Mandado de segurança* individuel ou collectif (pour protéger certains droits non assurés par l'*habeas corpus* ou l'*habeas data)* peut être porté devant tout tribunal selon sa compétence. Le tribunal compétent pour apprécier le *mandado de injunção* est déterminé en fonction du degré hiérarchique de l'autorité responsable de l'omission normative (allant des tribunaux supérieurs de justice à la Cour suprême). Enfin, l'*habeas data* est présenté devant n'importe quel tribunal, selon sa compétence, y compris la Cour suprême.

L'existence de garanties judiciaires dans toutes les constitutions des États mercosuriens représente un indice significatif du niveau de protection accordée aux droits de l'homme de leurs citoyens. Cependant, l'octroi de ces remèdes constitutionnels aux individus ne suffit pas si les législations internes de chaque État ne s'avèrent pas effectivement conformes à leurs constitutions.

B. Le contrôle de constitutionnalité

[219]Au Venezuela l'action est autonome, puisqu'elle n'exige pas l'épuisement des voies judiciaires. Les tribunaux compétents à reconnaître les recours sont ceux de première instance. Exceptionnellement, il revient à la Salle constitutionnelle du Tribunal suprême de justice de reconnaître cette action si le fait, l'acte ou l'omission provient du Président de la République, des ministres, du Conseil national électoral, du Procureur général de la République, du *Contrôleur* général ou du Défenseur des droits. Le chercheur WYRWA explique que la « Controladoria » dans les pays andins a généralement remplacé la Cour des comptes tout en continuant, sous une autre forme, à remplir ses tâches. Wyrwa (Tadeusz), *op. cit.*, p. 575.

[220] Le chercheur WYRWA explique que la « Controladoria » dans les pays andins a généralement remplacé la Cour de Comptes tout en continuant, sous une autre forme, à remplir ses tâches. *Ibid.*

36. Dans des pays à la démocratisation encore récente, à l'exemple de la plupart des États membres du Mercosur, le renforcement institutionnel comme le soutient le professeur BARROSO est toujours en cours et fait face à une tradition d'hégémonie du pouvoir exécutif ainsi qu'à une fragilité persistante du système représentatif[221]. Le principe de la séparation des pouvoirs est ainsi parfois restreint au plan théorique dans les États mercosuriens, car la forte influence du régime présidentialiste explique encore l'étouffement des pouvoirs législatif et judiciaire.

Il n'en demeure pas moins que la constitution, dans l'acception du constitutionnalisme moderne, se présente pour le chercheur WONG MERAZ[222] comme un instrument de plus en plus perfectionné du contrôle du pouvoir et par conséquent de garantie de la séparation et de l'indépendance des pouvoirs qui composent l'État[223].

Dans ce sens, la juridiction constitutionnelle assume un rôle majeur. Lorsque sont en jeu les droits fondamentaux ou les procédures démocratiques, les juges et les tribunaux doivent être à même de remettre en question les choix opérés par les législateurs. Ainsi, pour qu'un État soit tenu pour garant de la démocratie et des droits de l'homme, il ne lui suffit pas de postuler l'existence de garanties judiciaires dans sa constitution, mais il faut encore que la législation soit conforme à sa constitution[224].

---

[221] Barroso (Luis Roberto), *op. cit.*, p. 377.

[222] Wong Meraz (Victor Alejandro), « Los derechos fundamentales y humanos como límite a la reforma constitucional desde una perspectiva democrática y humanista », *in* Cervantes Bravo (Irina) et Wong Meraz (Victor Alejandro) (coord.), *op. Cit.*, p. 251.

[223] Selon le professeur BREWER-CARÍAS « *La separacion e independencia de los poderes del Estado es el que apunta a identificar un verdadero regimen democratico. Ese elemento no es otro que el orden institucional que tiene que existir en toda democracia para controlar y limitar el poder del Estado. Por ello precisamente, una autocracia se caracteriza, al contrario, por la ausencia de mecanismos institucionales destinados a controlar dicho poder y porque el poder del Estado no esté efectivamente separado y distribuido de manera que el poder pueda frenar el poder». (*La séparation et l'indépendance des pouvoirs de l'État sont le signe un vrai régime démocratique. Cet élément ne correspond qu'à l'ordre institutionnel qui doit exister dans toute démocratie pour contrôler et limiter le pouvoir de l'État. Mais précisément, une autocratie se caractérise, à l'inverse, par l'absence de mécanismes institutionnels destinés à contrôler ledit pouvoir et parce que le pouvoir de l'État n'est pas effectivement séparé et distribué de manière à que le pouvoir puisse freiner le pouvoir (Traduction libre). Brewer-Carías (Allan), *op. cit.*, 2005, p. 298.

[224] L'ancien juge à la Cour IDH, M GROSSMAN, considère que la démocratie va au-delà des élections libres. Pour lui, la démocratie inclut, parmi d'autres importants éléments, des institutions judiciaires indépendantes et un Congrès représentatif qui exerce vraiment ses fonctions de surveillance dans un contexte de séparation de pouvoirs. Grossman (Claudio),

L'importance du contrôle de constitutionnalité des lois constitue donc une condition consubstantielle de la démocratie.

Les pays latino-américains, comme l'explique le professeur BREWER-CARIAS, suivent le principe de la suprématie constitutionnelle sous l'influence du système constitutionnel nord-américain qui les a régis dès le début de leur indépendance. Il en résulte que tout acte contraire à la constitution est illégal[225].

37. Plus précisément, pour ce qui concerne les États membres du Mercosur, un pas en avant a encore été franchi en faveur de la garantie des droits de l'homme et de la démocratie grâce à leurs systèmes de contrôle de constitutionnalité. Ces cinq constitutions nationales proposent toutes des mécanismes de contrôle juridictionnel pour assurer la constitutionnalité des normes, avec toutefois des modalités différentes. Nous proposons de passer rapidement en revue les contrôles de constitutionnalité employés dans les systèmes constitutionnels de ces cinq pays, selon le critère des organes judiciaires qui effectuent le contrôle.

La constitution argentine a opté pour un système diffus de contrôle de constitutionnalité. Dans ce genre de contrôle, inspiré du droit américain, tout juge peut réaliser la vérification de la constitutionnalité de la norme en question. Dans le cas argentin, outre les juges de première instance, la Cour suprême de Justice (à défaut d'avoir une Cour constitutionnelle[226]) a également la possibilité d'apprécier les requêtes d'inconstitutionnalité en seconde instance.

Le contrôle concentré existe dans les systèmes constitutionnels uruguayens et paraguayens. Ce contrôle, inspiré du droit autrichien, n'est réalisé que par le seul organe supérieur, ce qui signifie que cette fonction est concentrée « dans les mains » d'un tribunal constitutionnel. En Uruguay, c'est la Cour suprême de Justice qui a compétence pour apprécier les questions d'inconstitutionnalité[227], tandis qu'au Paraguay, il revient à la

---

« Comment about the article of S. J. Powell, Managing the rule of law in the Americas », *The University of Miami Inter-American law review*, Coral Gables, School of Law, vol. 42, n° 2, 2011, p. 263.

[225] Brewer-Carías (Allan),*Études de droit public comparé*, Bruxelles, Bruylant, 2001, p. 426.

[226] Constitution argentine, art. 116.

[227] Constitution uruguayenne, art. 257.

Chambre constitutionnelle de la Cour suprême de Justice de juger de l'inconstitutionnalité des dispositions contraires au texte fondamental[228].

Enfin, le contrôle mixte de constitutionnalité est choisi par les constitutions brésilienne et vénézuélienne. Ce contrôle propose précisément de réunir les contrôles diffus et concentré de constitutionnalité. L'idée est que pour des requêtes ordinaires, le contrôle revient à tout juge, mais que pour des requêtes dont la thématique se révèle plus particulière, par exemple celles réservées à certaines institutions, tel le Président, le Procureur général, etc. le contrôle est réalisé par le seul tribunal constitutionnel.

Quant au Brésil, pour ce qui a trait au contrôle diffus, la question d'inconstitutionnalité peut être présentée auprès de tout juge tandis que, selon le principe du contrôle concentré, les requêtes qui doivent être examinées par le Tribunal suprême fédéral (Cour constitutionnelle, ci-après *STF*) concernent celles qui ont pour objet la loi ou tout acte normatif fédéral ou régional et qui sont présentées par le Président de la République, la présidence du Sénat, la présidence de l'Assemblée législative, la présidence de l'Assemblée législative du District fédéral, les gouverneurs des régions ou du District fédéral, le Procureur de la République, le Barreau fédéral, les partis politiques représentés au Congrès et les confédérations syndicales[229].

Au Venezuela, la constitution prévoit le contrôle diffus, exercé par tout Tribunal de la République et le contrôle concentré pratiqué par la Chambre constitutionnelle de la Cour suprême de Justice. Ce dernier contrôle les lois et autres actes de rang législatif, dont font partie les actes de gouvernement, et doit être proposé par tout ressortissant vénézuélien devant la seule Chambre constitutionnelle de la Cour suprême de Justice[230].

Comme le remarque le professeur BREWER-CARIAS, les systèmes de contrôle de constitutionnalité qui se sont développés en Amérique latine depuis cent-quarante ans se sont orientés progressivement vers des systèmes de contrôle mixte, au sein desquels coexistent les systèmes diffus et concentré[231].

---

[228] Constitution paraguayenne, art. 260.

[229] Constitution brésilienne, art. 125, 102, I, b et 103.

[230] Constitution vénézuélienne, art. 334, al. 1 et 3

[231] Brewer-Carías (Allan), « El control concentrado de la constitucionalidad de las leyes (Estudio de derecho comparado) », *Cuadernos de la Catedra Fundacional Allan R. Brewer-*

38. Il paraît difficile d'affirmer que ce type de contrôle est meilleur ou pire que l'autre pour ce qui concerne le contrôle effectif de constitutionnalité et, par conséquent, une protection effective des droits de l'homme. Il semble, cependant que l'appréciation faite par les membres d'un tribunal constitutionnel aurait une légitimité plus grande en raison de deux éléments. Le premier est que les juges d'une cour constitutionnelle possèdent une plus grande expérience et connaissance du contentieux constitutionnel que ceux des cours de première instance, pour lesquels ce dernier ne constitue pas le quotidien. Le second élément concerne la possibilité de développer une compréhension plus uniforme avec le contrôle concentré qu'avec un contrôle dispersé dans toutes les instances. Cela garantit une certaine sécurité juridique dans le système. En outre, la décision sur la constitutionnalité des normes rendue par un tribunal constitutionnel est normalement pourvue d'effet *erga omnes*, permettant de la sorte de faire jouir de ces effets toute personne sujette à la constitution.

Selon le professeur BREWER-CARIAS, sans le contrôle institutionnel de l'État il n'y a pas et ne peut y avoir de démocratie puisque de cet élément, dépendent tous les autres éléments essentiels à la démocratie. Des élections libres et justes ne sont possibles que si le pouvoir est contrôlé ; le respect effectif de la constitution et l'État de droit n'existent que si le pouvoir est contrôlé ; le pluralisme de partis n'a cours que si le pouvoir est contrôlé ; l'on ne peut avoir de garantie du respect des droits de l'homme et la possibilité effective d'adoption de mécanismes nationaux de protection que si le pouvoir est contrôlé, et l'on ne peut concevoir de participation politique que si le pouvoir est contrôlé[232]. La démocratie suppose le contrôle effectif du pouvoir et la protection effective des droits de l'homme. On observe ces interconnexions dans le développement contemporain de l'assise démocratique des États du Mercosur.

Carias de Derecho Público – Universidad Católica del Tachira, N° 2, Caracas, Jurídica Venezolana, 1994, p. 24.

[232]Brewer-Carías (Allan), *op. cit.*, 2005, p. 299.

Section II : Le renouveau de la démocratie, nouveau socle pour les droits de l'homme

39. Les années 1980 et 1990 ont été porteuses de nouveaux souffles pour les pays latino-américains. La démocratie retrouvée (§1) a permis le retour de la protection des droits de l'homme. Comme le soutient le professeur PIOVESAN, il n'y a pas de droits de l'homme sans démocratie ni démocratie sans droits de l'homme, car le régime politique le plus compatible avec la protection des droits de l'homme est le régime démocratique. Et ceci parce que seul l'exercice effectif des droits politiques permet d'impliquer l'autonomisation des populations les plus vulnérables, en augmentant leur capacité de pression politique, d'articulation et de mobilisation[233].

Cette période « d'après-transition » amène à interroger la capacité de survie et de développement de la démocratie elle-même[234]. Ainsi, le renouveau de la démocratie constituerait le chaînon manquant pour la naissance de nouvelles voies de protection et de promotion des droits de l'homme (§2)[235].

---

[233] Piovesan (Flavia), *Direitos Humanos e Justiça Internacional*, 3e éd., São Paulo, Saraiva, 2012, p. 44 et 45.

[234] Dans un rapport rédigé par l'OEA et le PNUD, l'on parle de la *postransición,* la période qui suit les transitions démocratiques dans les pays latino-américains. OEA-PNUD, *Nuestra democracia*, Mexico, FCE, PNUD, OEA, 2010, p. 57 à 58.

[235] La démocratie joue un rôle important dans le rapport contextuel des processus d'intégration régionale, selon le professeur RIBEIRO HOFFMANN, à deux niveaux : la démocratie au niveau domestique des États membres et la démocratie au niveau des institutions régionales. Ribeiro-Hoffmann (Andrea), « Democracia e integración regional: el caso del Mercosur », *in* Von Bogdandy (Armin) (coord.), *¿Integración suramericana a través del derecho?*, Madrid, Centro de Estudios Políticos y Constitucionales; Heidelberg, Max-Planck-Institut für Ausländisches Öffentliches Recht und Völkerrecht, 2009, p. 339. La démocratie à l'échelon du Mercosur sera étudiée dans le Chapitre I, titre I de la seconde partie.

§1 La démocratie retrouvée

40. Au cours des années 1980, les États membres fondateurs du Mercosur ont retrouvé leur régime démocratique après de longues périodes de régimes dictatoriaux militaires[236]. Leurs constitutions renouvelées témoignent de l'esprit du constituant par rapport au choix du modèle démocratique de gouvernement pour leurs États (A) et à l'établissement de nouvelles institutions, spécifiquement garantes de ce nouveau modèle (B).

A. Les caractéristiques des nouvelles démocraties

41. Même si la référence à la démocratie se montre présente dans les constitutions des États membres du Mercosur depuis le 19e siècle, les nouvelles démocraties sud-américaines voient leur rétablissement après la dictature militaire années 1980 à 1990. Ainsi, de nouvelles constitutions sont adoptées dans la plupart des États du Mercosur et, outre qu'elles permettent la participation de la population à de nouveaux modèles de gouvernements (2), elles réaffirment l'importance de la démocratie (1).

1. La place déterminante de la démocratie dans les constitutions nationales

42. Le chercheur WYRWA, dans son ouvrage daté des années 1970, écrivait qu' « en Amérique latine, plus qu'ailleurs, toutes les dictatures, aussi tyranniques qu'elles soient, ont recours aux symboles de la démocratie »[237]. L'auteur ne pouvait pressentir le tragique de la situation qu'auraient à affronter dans les années à venir l'Argentine, le Chili et

---

[236] Le Venezuela a retrouvé la démocratie à la fin des années 1950. Le professeur LAVAUD explique que le Venezuela n'a pas connu les régimes martiaux répressifs caractéristiques des années 1960 – 1970 et il attire l'attention sur le fait de prendre la précaution de toujours tenter de périodiser l'histoire des pays en Amérique latine. Lavaud (Jean-Pierre), « Populismes et démocratie », *in* Rivière d'Arc (Hélène) (dir.), *L'Amérique du Sud aux XIXe et XXe siècles – héritages et territoires*, Paris, Armand Colin, 1993, p. 37.

[237] Wyrwa (Tadeusz), *op. cit.*, p. 343.

l'Uruguay. Selon le chercheur polonais, les dictateurs se sont toujours considérés comme des présidents constitutionnels populairement élus.

43. Quasiment dans l'ensemble des cinq constitutions des pays membres du Mercosur, le législateur s'est montré très clair sur le choix d'un modèle démocratique de forme de gouvernement. Ainsi, au Brésil, au Paraguay, en Uruguay et au Venezuela le terme *démocratie* ou *démocratique* trouve expressément place dans les textes constitutionnels. Le texte argentin, lui, s'en différencie ; en effet le législateur a préféré passer sous silence ce genre d'expressions.

En Uruguay[238], depuis la Charte suprême de 1918, le constituant a souhaité la démocratie en tant que forme de gouvernement[239]. Par la suite, dans le texte constitutionnel actuel, la référence à la démocratie a été réitérée dans le chapitre concernant le suffrage, et plus spécifiquement la partie consacrée à l'organisation interne des partis politiques : « L'État veillera à assurer aux partis politiques la plus grande liberté. Malgré cela, les partis devront (...) exercer effectivement la démocratie interne dans l'élection de leurs autorités[240] ». Une référence non au régime démocratique, mais à la démocratie à l'intérieur des partis.

Pour ce qui a trait au Brésil, dans le préambule de la constitution de 1891, pour marquer le nouveau régime, le constituant a adopté une expression faisant référence à la démocratie. Il s'est agi tout d'abord du « régime libre et démocratique », en 1891, puis du « régime démocratique » de 1934 et 1946 et de l'« État démocratique » en 1988. Dans les constitutions de 1937 et 1967, les références au terme *démocratie* ont disparu, car elles touchaient des constitutions représentatives des régimes dictatoriaux[241]. Hormis cette

---

[238] Pour plus d'informations sur la transition constitutionnelle en Uruguay voir Gros Espiell (Hector), « El Uruguay en la actual evolucion constitucional democratica en Iberoamérica », *Memoria del III Congreso Iberoamericano de Derecho Constitucional*, t. I, Instituto de Investigaciones Jurídicas, Universidad Nacional Autónoma de México, Serie G. Estudios Doctrinales, n° 103, 1987.

[239] Constitution uruguayenne, art. 82.

[240] Constitution uruguayenne, art. 77, al. 11, a: « *El Estado velará por asegurar a los partidos políticos la más amplia libertad. Sin perjuicio de ello, los partidos deberán (...) ejercer efectivamente la democracia interna en la elección de sus autoridades* » (traduction libre).

[241] Sur les différentes constitutions que le Brésil a adoptées dans le 19e siècle, voir Chacon de Albuquerque (Roberto), « Democracia representativa y economica de mercado en el Mercosur », *Revista de derecho público*, Caracas, Editorial Jurídica Venezolana, n° 118, 2009, p. 9 et 10.

référence dans le préambule, le constituant de 1988 l'a également utilisée à l'article 1er, l'introduisant en tant que fondement de l'*État démocratique de droit*[242]. Le texte constitutionnel la reprend à de multiples reprises[243].

Au Paraguay, depuis sa charte constitutionnelle de 1870, le constituant a opté pour la forme démocratique de gouvernement. Son article 1er énonçait que « le Paraguay est et sera toujours libre et indépendant, qu'il constitue une République une et indivisible et adopte la forme démocratique et représentative de gouvernement »[244]. La nouvelle constitution de 1992 comporte désormais les adjectifs « participative et pluraliste » qui sont associés à l'expression *démocratie* aussi bien qu'à tout son nouveau préambule[245]ou son premier article sur la forme d'État et de gouvernement. Les formules *régime démocratique* ou *forme démocratiques* seront utilisées encore à plusieurs reprises dans le texte[246].

Dès l'origine, dans l'une des premières constitutions du Venezuela, en 1857, la démocratie apparaît en tant que forme de gouvernement. Mais ce n'est qu'un siècle plus tard qu'elle a trouvé sa place dans le préambule du texte constitutionnel de 1961 : « Le Congrès de la République du Venezuela (...) avec le propos de (...) soutenir l'ordre démocratique en tant que le seul et l'irrévocable moyen d'assurer les droits et la dignité des citoyens (...). » Dans la constitution actuelle, celle de 1999, la *démocratie* est toujours présente dans le préambule « Le peuple du Venezuela (...) avec le but

[242] Constitution brésilienne, art. 1: « *A República Federativa do Brasil, formada pela união indissolúvel dos Estados e Municípios e do Distrito Federal, constitui-se em Estado Democrático de Direito e tem como fundamentos a soberania, a cidadania, a dignidade da pesssoa humana, os valores sociais do trabalho e da livre iniciativa e o pluralismo politico* » (La République fédérative du Brésil, formé par l'union indissoluble des États et des municipalités et du District fédéral, se constitue en un état démocratique et est fondée sur la souveraineté, la citoyenneté, la dignité de la personne humaine, les valeurs sociales du travail et de la libre entreprise et le pluralisme politique – notre traduction).

[243] Constitution brésilienne, art. 5, XLIV; art. 17; art. 23, I; art. 34, VII, a; art. 90, II; art. 91; art. 91, §1, IV; art. 127; etc.

[244]Constitution paraguayenne, art. 1: « *El Paraguay es y será siempre libre e independiente; se constituye en república una e indivisible y adopta para su gobierno la forma democrática y representativa*» (traduction libre)

[245]Constitution paraguayenne, Préambule: « *El pueblo paraguayo, por medio de sus legítimos representantes reunidos en Convención Nacional Constituyente, invocando a Dios, reconociendo la dignidad humana con el fin de asegurar la libertad, la igualdad y la justicia, reafirmando los principios de la democracia republicana, representativa, participativa y pluralista* (...) » (Le peuple paraguayen à travers leurs représentants légitimes réunis à l'Assemblée constituante nationale, invoquant Dieu, en reconnaissant la dignité humaine en vue de garantir la liberté, l'égalité et la justice, réaffirmant les principes de la démocratie républicaine, représentative, participative et pluraliste - traduction libre).

[246] Constitution paraguayenne, art. 31, art. 73, art. 96, art. 118, art. 125 et art. 189.

suprême de refonder la République pour établir une société démocratique, participative, multiethnique et pluriculturelle (…). » En deuxième lieu, la démocratie prend place également dans le premier titre, consacré aux principes fondamentaux et qui affirme que le Venezuela constitue un « État démocratique et social de droit et de justice » tout en situant la démocratie au rang des valeurs supérieures de l'ordre juridique. En troisième lieu, l'exercice de la démocratie est tenu pour l'un des objectifs essentiels de l'État. En outre, le constituant n'a pas hésité à faire de la démocratie la marque du gouvernement de la République Bolivarienne du Venezuela[247]. Enfin, il y a des références au système démocratique de gouvernement à plusieurs reprises dans le texte constitutionnel.

44. À l'inverse, la Constitution argentine ne fait pas de référence expresse au régime démocratique de gouvernement. Ce n'est que par le biais d'une interprétation globalisante de la constitution que nous pouvons conclure au caractère nécessairement démocratique du régime argentin. La première référence à la démocratie date de 1957, lors de la quatrième révision subie par la constitution de 1853. Cette révision, proposée *de facto* par le gouvernement, a introduit l'article 14 bis (sur les droits sociaux), où l'expression « démocratique » accompagne le droit à la protection des lois qui assurent l'organisation syndicale aux travailleurs. Nous ne retrouverons ensuite l'expression « démocratie » que lors de la révision de 1994. En premier lieu, elle apparaît au nouveau chapitre intitulé « *Nouveaux droits et garanties* » accompagnant de nouveaux principes et droits tels le principe de l'empire de la démocratie[248] et le caractère démocratique des partis politiques. En deuxième lieu, elle se présente dans le chapitre sur les attributions du Congrès, plus spécifiquement, sur sa compétence à approuver des traités d'intégration qui respectent « l'ordre démocratique et les droits de l'homme »[249].

Cependant l'option du régime démocratique et du respect des droits de l'homme par les États mercosuriens ne ressort pas seulement des énoncés des textes constitutionnels des États mercosuriens. Les droits fondamentaux, principalement les droits politiques, ne sont respectés que si la participation des citoyens dans la vie démocratique de l'État s'avère réellement effective.

---

[247] Constitution vénézuélienne, art. 2, 3 et 6.

[248] Constitution argentine, art. 36.

[249] Constitution argentine, art. 75 § 24.

2. La participation populaire au modèle démocratique

45. Par rapport au souci du professeur BREWER-CARIAS qui se préoccupait du déroulement des élections dans un système démocratique, nous pouvons nous estimer rassurés par ce qui se passe, au moins théoriquement, au sein de ces cinq États membres du Mercosur. Toutes ces démocraties permettent à leurs concitoyens de s'exprimer dans la société, en tant que citoyens, grâce à leurs droits politiques, leur donnant la possibilité d'être des électeurs par le biais du suffrage actif et des élus par le truchement du suffrage passif.

Les cinq constitutions mercosuriennes citent le suffrage et le définissent a minima comme universel et secret. En Argentine, on parle de « suffrage universel, égalitaire, secret et obligatoire »[250], au Brésil le « suffrage est universel et par le vote direct et secret avec la même valeur pour tous »[251], au Paraguay le « vote est universel, libre, direct, égalitaire et secret »[252]. En Uruguay le « vote est secret et obligatoire »[253] et au Venezuela les « votations sont libres, universelles, directes et secrètes »[254].

Premièrement, dans la mesure où le suffrage désigne le droit d'élire (suffrage actif[255]), dans la plupart des ordres juridiques des pays membres du Mercosur il existe des conditions liées à l'âge et à la situation civile et pénale des électeurs. Ainsi, dans tous les ordres juridiques, le vote est obligatoire pour tous les nationaux[256] - hommes et femmes - de plus de 18 ans et moins

---

[250] Constitution argentine, art. 37.

[251] Constitution brésilienne, art. 14.

[252] Constitution paraguayenne, art. 118.

[253] Constitution uruguayenne, art. 77, 2e.

[254] Constitution vénézuélienne, art. 63.

[255] Expression utilisée par la législation paraguayenne.

[256] En général, les étrangers ayant habité sur le territoire du pays après une dizaine d'années environ ont droit de participer au suffrage. Cette situation est identique dans presque tous les pays du Mercosur, excepté au Brésil, où les étrangers n'ont pas le droit au vote (art. 14, §2 de la Constitution Fédérale). En Argentine, les étrangers ayant obtenu la naturalisation sont aussi des électeurs (art. 1 du Code électoral national). Au Paraguay, les étrangers avec résidence définitive peuvent voter aux élections municipales (art. 120 de la Constitution et art. 2 de la Loi n° 834). En Uruguay, il suffit pour un étranger d'avoir une bonne conduite, une famille constituée sur le territoire uruguayen, une propriété ou un capital ou un métier lié à la science, l'art ou l'industrie et une résidence habituelle dans le pays depuis un minimum de 15 ans pour pouvoir exercer le droit de vote (selon art. 78 de la Loi électorale et des partis politiques de 1998). Au Venezuela, les étrangers ayant qualité de résidant depuis plus de dix ans, peuvent

de 70 ans[257]. L'exercice du droit au suffrage est refusé aux malades mentaux, ainsi qu'aux personnes privées de liberté à la suite d'une condamnation judiciaire[258]. Enfin, le vote est facultatif pour les personnes âgées de plus de soixante-dix ans, les personnes gravement malades et celles qui se trouvent en déplacement[259].

46. La plupart des ordres juridiques des pays membres du Mercosur s'appuient sur des dispositions notifiant des outils caractéristiques de la démocratie semi-directe ou indirecte. Il s'agit par exemple, des référendums[260] et des initiatives populaires[261] qui sont prévus dans les dispositions des ordres juridiques de tous pays du Mercosur. Mais aussi des plébiscites[262]qui n'existent que dans les ordres juridiques brésilien et uruguayen.

En Argentine, c'est la constitution qui réglemente le référendum (appelé « Consultation populaire »[263]) et l'initiative populaire[264]. Dans la Constitution brésilienne, l'initiative populaire, le référendum et le plébiscite participent des outils par lesquels la souveraineté populaire est exercée[265]. Au Paraguay, le référendum et l'initiative populaire se trouvent dans des

---

exercer leur droit de vote aux élections, régionales, municipales et paroissiales (art. 29 al. 3 et art. 41 de la Loi de procédure électorale et art. 61 de la constitution).

257 Au Brésil et en Argentine, le vote est obligatoire jusqu'à l'âge de soixante-dix ans. Cependant, au Paraguay, son caractère obligatoire est fixé à 75 ans.

258 Les habilitations en Argentine sont prévues à l'art. 3 du Code électoral national ; au Paraguay elles sont prévues à l'art. 91 de la Loi n° 834, en Uruguay, à l'art. 80 de la constitution, au Brésil, à l'art. 15 de la constitution et à l'art. 5 du Code électoral brésilien et au Venezuela les dispositions sur l'habilitation sont dressées à l'art. 64 de la constitution et à l'art. 41 du Code de procédure électorale.

259 Loi n° 19.945 (Code électoral argentin), art. 12 ; loi n° 834 paraguayenne, art. 94 ; Constitution brésilienne, art. 14, §1, al. II, et Code électoral brésilien, art. 6.

260 Selon Gérard CORNU, le référendum signifie une « votation qui soumet une loi à l'approbation de l'ensemble du corps électoral ». Cornu (Gérard), *op. cit.*, p. 866.

261 Selon Gérard CORNU, l'initiative populaire c'est la « possibilité que le Droit constitutionnel de certains pays ouvre à un certain nombre d'électeurs de proposer le principe d'une loi ou d'un texte de loi, qui sera soumis au parlement ou à un référendum ». *Ibid.*, p. 545.

262 Beaucoup d'auteurs prennent le *plébiscite* pour synonyme de *référendum* (Cornu (Gérard), *op cit.*, p. 761). Cependant, ce qui les différencie c'est le moment de la soumission à l'appréciation des citoyens. Le référendum a lieu quand le projet de loi est déjà prêt tandis que le plébiscite a lieu antérieurement.

263 Constitution argentine, art. 40 et loi n° 25.432 du 23 mai 2001.

264 Constitution argentine, art. 39 et loi n° 24.747 du 27 novembre 1996.

265 Constitution brésilienne, art. 14.

dispositions constitutionnelles[266] et infra constitutionnelles - telles que la loi n° 834, qui établit le Code électoral paraguayen[267]. En Uruguay, la constitution comporte des dispositions sur l'initiative populaire, le référendum[268] et le plébiscite[269]. Enfin, au Venezuela, l'initiative populaire et le référendum sont prévus constitutionnellement[270]. D'ailleurs, il s'agit du seul pays parmi les cinq États parties du Mercosur, où l'expression « référendum démocratique » figure dans le préambule du texte constitutionnel. En outre, le référendum relève aussi de dispositions dans la loi organique sur le suffrage et la participation politique[271].

47. Pour ce qui concerne le droit d'être élu, nous pouvons vérifier également que les cinq pays membres du Mercosur possèdent des législations très détaillées relatives au suffrage passif.

Quant à la périodicité des élections dans ces cinq pays, les membres des pouvoirs exécutif et législatif sont choisis par le peuple lors d'élections périodiques. Prenons l'exemple des présidentielles en Argentine[272] et au Brésil[273], qui ont lieu tous les quatre ans, au Paraguay[274] et en Uruguay[275] le mandat passe à cinq ans et au Venezuela à sept ans[276]. En ce qui concerne la possibilité de réélection, en Argentine[277] et au Brésil[278], un deuxième mandat demeure possible, en Uruguay[279] les candidats doivent attendre une période

---

[266] Constitution paraguayenne, art. 121 à 123.

[267] Code électoral paraguayen, art. 259 et 266.

[268] Constitution uruguayenne, art. 82.

[269] Constitution uruguayenne, art. 322.

[270] Constitution vénézuélienne, art. 70.

[271] Loi organique du suffrage et participation politique, du 16 juillet 2000, at. 181.

[272] Constitution argentine, art. 90. Cette dernière révision de la charte constitutionnelle « a essayé de changer profondément le système de gouvernement puisque son noyau dur fut la question de la réélection présidentielle » a affirmé le professeur SAGÜES. En fait, cette réforme a fait passer le mandat présidentiel de six à quatre ans et limité la réélection à une seule fois. Mesure importante pour un pays qui se remettait à peine des années difficiles passées sous des gouvernements autoritaires. Sagües (Néstor Pedro), « Evolucion institucional argentina: sistema de gobierno, poder judicial, derechos fundamentales (1975-2005) », Nogueira Alcalá (Humberto) (coord.), *La evolución político-constitucional de América del Sur 1976-2005*, Santiago, Librotecnica, 2009, p. 30.

[273] Constitution brésilienne, art. 82.

[274] Constitution paraguayenne, art. 229.

[275] Constitution uruguayenne, art. 152.

[276] Constitution vénézuélienne, art. 230.

[277] Constitution argentine, art. 90.

[278] Constitution brésilienne, art. 14 § 5e.

[279] Constitution uruguayenne, art. 152.

de cinq ans pour se représenter aux élections, au Paraguay[280] la réélection est interdite tandis qu'au Venezuela elle est illimitée[281].

48. Dans les années 1970, l'une des critiques faites au système électoral des pays latino-américains portait sur son manque de « régularité et de sincérité »[282]. En outre, les élections possédaient « presque toujours le caractère d'une manifestation simplement plébiscitaire fortement influencée par des pressions étrangères au pays »[283].

Cette situation se voit désormais sur le point de changer. Aujourd'hui, il existe un régime de pluralité des partis pour l'ensemble des États membres du Mercosur, ce dont témoignent les constitutions. La Constitution argentine affirme que « les partis politiques sont des institutions fondamentales du système démocratique (…) leurs créations et l'exercice de leurs activités sont libres, dans la limite du respect de la constitution »[284]. Le texte constitutionnel brésilien soutient que « la création des partis politiques, leur fusion, leur incorporation et leur extinction sont libres ; il est par ailleurs nécessaire et de façon constante de tout mettre en œuvre pour défendre la souveraineté nationale, le régime démocratique, le pluripartisme, les droits fondamentaux »[285]. Le Paraguay a opté pour la formulation suivante « tous les citoyens ont le droit de s'associer librement - en partis et, ou en mouvements politiques pour le concours, par des méthodes démocratiques - à l'élection des autorités »[286]. Le texte uruguayen notifie que « l'État veillera à assurer aux partis politiques la plus large liberté »[287]. Enfin, le législateur vénézuélien a choisi d'ignorer le terme *parti politique* dans l'ensemble du texte constitutionnel, en y substituant des expressions telles qu'*associations pour des buts politiques* et *organisations visant des buts politiques ;* il en va ainsi de la formule: « tous les citoyens ont le droit de s'associer en visant des buts politiques, en utilisant des méthodes démocratiques d'organisation, de fonctionnement et de direction[288] ».

---

280 Constitution paraguayenne, art. 229.

281 Constitution vénézuélienne, art. 230. La révision de 2009 proposée par Hugo CHAVEZ a modifié cet article, faisant passer le mandat de six à sept ans avec la possibilité de réélections illimitées.

282 Wyrwa (Tadeusz), *op. cit.*, p. 497.

283 *Ibid.*

284 Constitution argentine, art. 38.

285 Constitution brésilienne, art. 17.

286 Constitution paraguayenne, art. 125.

287 Constitution uruguayenne, art. 77, 11.

288 Constitution vénézuélienne, art. 67.

La redécouverte de la démocratie par la plupart des États membres du Mercosur se trouve confirmée non seulement par la possibilité de donner voix aux citoyens, mais aussi par de nouvelles constitutions qui offrent des bases solides pour accueillir des institutions démocratiques.

B. Les institutions démocratiques consolidées

49. Le Secrétaire MARKERT de la Commission de Venise - Commission européenne pour la démocratie par le droit - expliquait lors d'une conférence publique en 2011[289] que dès sa création en 1990, la Commission avait pour mission de vérifier si les constitutions des États devaient être considérées comme conformes aux standards du patrimoine constitutionnel européen. Ainsi, il leur fallait observer trois principes de base : la démocratie, les droits de l'homme et la prééminence du droit. Ces derniers peuvent nous servir à évaluer les standards constitutionnels des cinq pays mercosuriens. Ainsi, ces pays doivent avoir, non seulement des institutions démocratiques, mais encore un système de gouvernement (1) et un système électoral bien organisé, reposant sur une législation électorale et des commissions de contrôle (2).

1. Les systèmes de gouvernement garantissant la démocratie

50. Peut-être en raison de leur tradition juridique ibéro-américaine ou de l'influence nord-américaine de l'époque indépendantiste, les pays membres du Mercosur ont tous adopté des formes et des systèmes de gouvernement quasiment identiques[290].

Tout d'abord, ils ont tous choisi la forme républicaine de gouvernement : la République Argentine, la République Fédérative du Brésil, la République

[289] Conférence réalisée le 10 mars 2011 au Collège Doctoral Européen, Strasbourg. La Commission de Venise fut créée par 18 pays membres du Conseil de l'Europe. Depuis 2002, des pays non membres du Conseil de l'Europe peuvent devenir membres de la Commission. C'est le cas du Brésil (pays membre), de l'Argentine et de l'Uruguay (pays observateurs).

[290] Le juriste PINARD dessine un tableau comparatif des systèmes démocratiques de gouvernement très complet : Pinard (Gustavo), *op. cit.*, p. 149 à 151.

du Paraguay, la République orientale de l'Uruguay et la République Bolivarienne du Venezuela[291]. La mention explicite de la forme de gouvernement des cinq pays mercosuriens représente, pour le juriste PINARD, le reflet de la *vocation libertaire* du peuple latino-américain[292]. Ainsi, la Constitution argentine affirme la forme républicaine, de son gouvernement ; la Brésilienne énonce sa forme démocratique de droit ; le Paraguay a opté pour une forme sociale de gouvernement ; l'Uruguay désigne l'association politique démocratique républicaine en tant que forme de gouvernement, et enfin, le Venezuela s'affirme comme un État démocratique et social de droit et de justice[293].

51. Ensuite, pour ce qui a trait aux systèmes de gouvernement, le parlementarisme ne correspond en rien au système privilégié par les États latino-américains. En effet, les États membres du Mercosur ont tous établi un régime présidentiel de gouvernement[294].

Pour ce qui concerne l'organisation des États, il n'existe pas d'uniformité. L'Argentine, le Brésil et le Venezuela se différencient de leurs voisins, puisque ces deux pays ont opté pour le fédéralisme en matière d'organisation de l'État[295]. Par contre les constitutions du Paraguay et l'Uruguay, font très clairement le choix d'une organisation unitaire.[296].

Enfin, pour ce qui relève du pouvoir législatif, un seul pays n'a pas de système bicaméral : le Venezuela, qui compte avec une Assemblée nationale tandis que ses voisins ont un congrès composé de deux chambres, l'une des députés, l'une autre des sénateurs[297].

---

[291] Constitution argentine, art. 1 ; Constitution brésilienne, art. 1 ; Constitution paraguayenne, art. 1 ; Constitution uruguayenne, art. 1, et Constitution vénézuélienne art. 1.

[292] Pinard (Gustavo), *op. cit.*, p. 131.

[293] Constitution argentine, art. 1 ; Constitution brésilienne, art. 1 ; Constitution paraguayenne, art. 1 ; Constitution uruguayenne, art. 1 et 82, et Constitution vénézuélienne art. 2.

[294] Constitution argentine, art. 87 ; Constitution brésilienne, art. 76 ; Constitution paraguayenne, art. 226 ; Constitution uruguayenne, art. 149, et Constitution vénézuélienne art. 225.

[295] Constitution argentine, art. 1 ; Constitution brésilienne, art. 1, et Constitution vénézuélienne art. 4.

[296] Constitution paraguayenne, art. 1.

[297] Constitution argentine, art. 44 ; Constitution brésilienne, art. 44 ; Constitution paraguayenne, art. 182 ; Constitution uruguayenne, art. 83, et Constitution vénézuélienne art. 186.

52. Le chercheur WYRWA a fait une observation sur l'organisation politique des pays andins dans les années 1970 qui conviendrait particulièrement à l'analyse des pays mercosuriens. Leurs organisations politiques seraient bien fondées sur la séparation des pouvoirs, mais dans la plupart des cas, cette séparation des pouvoirs ne représenterait qu'un « mythe législatif », car le Parlement a joué généralement un rôle secondaire par rapport à l'exécutif, qui exerçait une influence décisive sur tous les pouvoirs publics. Cette situation tiendrait à l'inobservation de la séparation des pouvoirs qui résulte du « divorce entre la constitution formelle et la constitution réelle »[298]. Quarante ans après, ce couple serait peut-être en voie de réconciliation, même si l'on observe toujours une trop forte présence du pouvoir exécutif sur les autres pouvoirs dans les pays du Mercosur.

Le présidentialisme constitue d'ailleurs ce qui distingue le Mercosur de l'Union européenne, dont la plupart des États membres sont régis par le régime parlementaire[299]. Cet état de fait explique le penchant vers le caractère intergouvernemental du premier et celui plus naturellement supranational du second.

Ce choix pour le régime présidentiel a été déjà mis en question pour examiner la faisabilité de l'intention du Mercosur de dépasser une union douanière et constituer un marché commun. Les professeurs CARTA WINTER et BIACCHI GOMES s'interrogent notamment sur la manière de caractériser les rapports de pouvoir au sein du Mercosur, car jusque-là l'on se trouve face à un système tout compte fait hautement personnalisé, avec une grande concentration de pouvoirs[300], typique des groupes d'intégration économique régionale composés des États de tradition présidentialiste.

---

[298] Wyrwa (Tadeusz), *op. cit.*, p. 500.

[299] Chypre et la France sont les seules républiques non parlementaires. Elles ont un régime semi-présidentiel. Disponible sur : http://www.touteleurope.eu/fr/actions/citoyennete-justice/les-droits-du-citoyen-europeen/presentation/comparatifs-regimes-politiques-et-systemes-parlementaires-en-europe.html,consulté le 18 juin 2013.

[300] Carta Winter (Luis Alexandre) et Biacchi Gomes (Eduarado), « Democracia, o presidencialismo e o parlamento do Mercosul », *in* Von Bogdandy (Armin) (ed .), *Direitos humanos, democracia, e integração jurídica*, Rio de Janeiro, Lumen Juris, 2011, p. 367.

2. La justice électorale nécessaire pour les élections libres et indépendantes

53. À côté des systèmes et des formes de gouvernements qui ont permis d'asseoir de nouvelles institutions démocratiques apparues suite au renouveau démocratique de la fin du 20e siècle, les États membres du Mercosur qui ont subi des dictatures militaires ont vu également leurs institutions liées à la justice électorale se développer, aux fins d'assurer la liberté des élections et leur indépendance à l'égard des organes publics et des différents groupes politiques ou oligarchiques. Cela s'expliquerait par l'apparition de différentes institutions qui contrôlent le processus électoral, y compris des tribunaux électoraux[301], depuis la première moitié du 20e siècle[302], et par l'adoption d'une législation électorale claire, assurant le principe de l'État de droit et la pluralité des partis et des organisations politiques.

54. La première législation électorale est la Paraguayenne. En fait, les premiers textes faisant référence à la matière datent de la période comprise entre le 16e et le 19e siècle. Après l'indépendance du pays, l'on assiste à un développement florissant. Ainsi, la véritable première législation électorale paraguayenne concerne la Loi électorale de 1844. L'ordre juridique paraguayen s'est encore enrichi au cours de ces deux derniers siècles (passant par la période constitutionnelle, la dictature militaire et le gouvernement démocratique), d'une trentaine de textes infraconstitutionnels[303] y compris sept Codes électoraux, depuis les années 1990[304]. À l'heure actuelle, le Code électoral (approuvé par la loi n° 834, du

---

[301] Wyrwa (Tadeusz), *op. cit.*, p. 498.

[302] À titre d'exemple, en Argentine, les premiers secrétariats électoraux furent créés en 1911. Au Brésil, en 1916, le président de la République Wenceslau BRAS, inquiet du bon déroulement des élections a promulgué la loi n° 3.139 qui a attribué à la compétence du pouvoir judiciaire la préparation de l'enregistrement électoral. En Uruguay, le Registre civique national date de 1924. Au Venezuela, le Conseil suprême électoral fut créé en 1936. Au Paraguay, l'Enregistrement civique permanent voit le jour en 1918.

[303] Pour plus d'informations, voir http://www.tsje.gov.py/legislaciones-electorales.php, consulté le 18 juin 2013.

[304] Le professeur SILVERO SALGUEIRO explique que le gouvernement du Général Andrés RODRIGUEZ fut un important moment de transition. Entre 1989 et 1993, il est revenu sur les principes de respect des libertés publiques, du droit d'association, de manifester, de réunion, sur la liberté de presse et le retour des exilés au pays. C'est à ce moment qu'ont été créés un nouveau système électoral avec la sanction d'un code électoral (Loi n° 1/90) et aussi la justice électorale. Silvero Salgueiro (Jorge), « La evolución político-constitucional de Paraguay 1976 – 2005 », *in* Nogueira Alcala (Humberto), *op. cit.*, p. 443.

17 avril 1996[305]) et le décret n° 3972 sur la classification des groupes de municipalités de la République, du 19 février 2010, sont en vigueur.

Par le biais du décret n° 15.926 de 1946, l'Assemblée électorale centrale a été établie. Elle se charge de la gestion de tout processus électoral, de l'organisation et de la classification du Registre civique national, de la gestion de l'Archive électorale et de la situation électorale des étrangers. À la fin du régime dictatorial, un important développement dans le système électoral s'est produit. Grâce à la constitution de 1992, la justice électorale a été établie, en tant que partie du pouvoir judiciaire, avec pour finalité de convoquer, juger, organiser, conduire et surveiller les actes et les questions dérivés des élections générales, départementales et municipales[306]. La justice électorale comprend aujourd'hui les tribunaux et le Tribunal supérieur de la justice électorale.

55. C'est aussi au 19e siècle que le Brésil a adopté sa première loi électorale sur les élections à l'Assemblée constituante et législative[307]. Le texte législatif électoral suivant est apparu en 1881 avec pour noyau dur l'abolition des élections indirectes[308]. Enfin, le Brésil a adopté son premier Code électoral en 1932, dont la plus grande innovation réside dans la création de la justice électorale, l'introduction du vote secret, la reconnaissance du vote des femmes et la représentation proportionnelle. Plusieurs changements dans la législation électorale ont vu le jour grâce aux modifications apportées au système politique et surtout démocratique. À ce jour, l'ordre juridique brésilien est fondé sur le code électoral introduit par la loi n° 4.737 du 15 juillet 1965, qui a été complété par la loi n° 9.504, du 30 septembre 1997[309], dite « Loi des élections ».

La justice électorale brésilienne, instaurée en 1932, est aujourd'hui l'un des organes du pouvoir judiciaire[310] et est composée de juges électoraux, de secrétariats électoraux, de tribunaux régionaux électoraux et d'un Tribunal supérieur électoral[311]. Parmi ses compétences, elle a la responsabilité de

---

305 Dont la dernière révision date de l'époque du décret n° 1825, du 8 novembre 2001.

306 Constitution paraguayenne, art. 273.

307 Loi électorale sur les élections à l'Assemblée constituante et législative, du 3 janvier 1822.

308 La Loi *Saraiva*, Loi n° 3.029/81.

309 Modifiée pour la dernière fois par la loi n° 12.350, de 2010.

310 Constitution brésilienne, art. 92 al. V.

311 Code électoral brésilien, art. 12.

contrôler toutes les activités électorales : l'enregistrement, l'organisation, la comptabilisation des votes, la reconnaissance et la proclamation des élus.

56. Le législateur uruguayen a développé sa législation électorale à partir de 1924, lors de la création de la Cour électorale[312]. L'actuelle Loi sur les élections date du 16 janvier 1925, il s'agit de la loi n° 7.812, modifiée pour la dernière fois par la loi n° 18.472 du 3 avril 2009. Dans l'ordre juridique, figurent toujours des lois sur le financement des partis politiques par l'État[313], sur la publicité électorale[314], sur les élections internes des partis politiques[315], sur la publicité électorale dans les médias[316], sur la portée de la réélection des suppléants[317] et sur les quotas de représentation de genre ou de sexe[318].

La Cour électorale uruguayenne existait depuis 1924, mais n'a acquis rang constitutionnel qu'en 1934. Selon le texte constitutionnel, la justice électorale est tenue pour un système indépendant et fait partie de la fonction juridictionnelle[319]. Cette Cour est l'autorité suprême en matière électorale, avec des compétences de surveillance de direction, de correction, de consultation et des compétences de contrôle budgétaire[320].

57. La législation électorale vénézuélienne n'a vu le jour qu'en 1936 avec la création du Conseil suprême électoral. À présent, la législation électorale vénézuélienne infraconstitutionnelle comprend la Loi des partis politiques, réunions publiques et manifestations, de 1964, la Loi organique sur le suffrage et la participation politique, datant de 1997, la Loi organique sur le pouvoir électoral, de 2002, la Loi organique sur les procédures électorales, de 2009, la Loi organique sur le registre civil, de 2011, pour ne citer que les principales.

---

[312]Loi du Registro Cívico Nacional n° 7.690, du 9 janvier 1924.

[313] Loi n° 17.157/99.

[314] Loi n° 17.045/98.

[315] Loi n° 17.063/98.

[316] Loi n° 17.818/04.

[317] Loi n° 17.797/04.

[318] Loi n° 18.476/09.

[319] Pour plus d'information sur le système électoral en Uruguay, voir C.A. URRUTY NAVATTA, « El régimen electoral uruguayo », *Revista de derecho electoral*, Tribunal Supremo de Elecciones Costa Rica, n° 4, 2007.

[320] Constitution uruguayenne, art. 322.

Le Conseil suprême électoral à l'époque de sa création était une cour d'appel qui surveillait les procédures électorales. En 1997, la Loi organique sur le suffrage et la participation politique a été révisée et a remplacé le Conseil suprême électoral par le Conseil national électoral qui a gagné en autonomie et en indépendance et est devenu la plus haute autorité en la matière. En 1999, la nouvelle constitution a modifié l'organisation de l'État. Désormais, quatre pouvoirs coexistent, dont le pouvoir électoral, présenté comme un nouveau support du pouvoir public national[321].

58. Enfin, l'ordre juridique électoral infraconstitutionnel argentin actuel semble être le plus récent parmi ceux des pays voisins. Il a ses origines remontent à l'année 1962, lorsque le forum électoral représentait une branche indépendante de la fonction judiciaire, appelée Chambre nationale électorale. Au fil du temps, la justice nationale électorale s'est beaucoup développée. Le Code électoral fut promulgué par le décret n° 2135 du 18 août 1983[322] et suivi de la Loi organique sur les partis politiques – loi n° 23.298 du 25 octobre 1985 - ainsi que de la loi n° 25.600 sur le financement des partis politiques, du 12 juin 2002.

À l'heure actuelle, la justice électorale argentine est toujours composée de la Chambre nationale électorale – qui exerce les mêmes fonctions qu'un tribunal d'appel – et de 24 tribunaux de première instance. La justice électorale assume les fonctions juridictionnelles, de contrôle et d'administration du processus électoral et de contrôle d'enregistrement du corps électoral[323].

59. La démocratie ne se réduit pas, pour le professeur BREWER-CARIAS, à une simple élection populaire de gouvernants qui doit toujours s'effectuer par le biais d'élections périodiques, libres et basées sur le suffrage universel et secret, en tant qu'expression de la souveraineté populaire. Il s'agit d'un régime dans lequel les droits de l'homme sont respectés, où l'on accède au gouvernement et l'exerce selon les principes de l'État de droit, au sein duquel il existe une pluralité de partis et d'organisations politiques et où la séparation et l'indépendance des pouvoirs sont assurées[324].

---

[321] Constitution vénézuélienne, art. 292.

[322] Dont la dernière révision date du 14 décembre 2009, par le biais de la loi n° 26.571.

[323] Selon Loi n° 19.108 sur l'Organisation de la justice nationale électorale.

[324] Brewer-Carías (Allan), *op. cit.*, 2005, p. 286.

Enfin, de grands débats ont lieu concernant la signification véritable de la démocratie. Il y a lieu pour une part de comprendre la démocratie au travers d'un prisme social, et ce particulièrement quand il s'agit des pays en développement. Le juge FIGUEROA rappelle que les transformations des États doivent se transformer dans le sens d'une démocratie politique qui repose sur une démocratie sociale, cela afin d'éviter le phénomène des *décitoyennités*[325]. Ce phénomène s'avère bien réel dans certaines régions où la population n'est prise en compte qu'aux élections, alors que le reste du temps elle souffre du manque d'eau potable, d'accès aux services sociaux ou à l'éducation, de sorte que dans la réalité l'on aboutit à son exclusion du système social et politique[326].

D'autre part, il convient de réfléchir à la question de savoir si les systèmes de gouvernements et les institutions des pays du Mercosur sont vraiment des garants de la démocratie, et par conséquent, des droits de l'homme. Les évènements survenus dans certains pays, tels le Paraguay et le Venezuela à partir de la fin des années 1990, remettent en cause ce réel respect et, par conséquent, la position prise par le Mercosur pour défendre ses principes pro démocratiques et pro droits de l'homme[327].

§2 De nouvelles voies de protection et de promotion des droits de l'homme

60. Au fil du temps de nouvelles formes de protection et de promotion des droits de l'homme sont apparues dans le monde occidental. La Déclaration universelle des droits de l'homme inaugurait une période de respect envers ces droits, tandis que les États les incorporaient en tant que principes ou outils de référence. Ainsi, la société civile se trouvait renforcée en les revendiquant en tant que droits subjectifs, présidant à la naissance d'institutions liées aux gouvernements (A) et d'institutions hybrides (B) pour la protection et la promotion des droits de l'homme dans les États membres du Mercosur.

---

[325] *« Desciudadanizaciones »* expression utilisée par le professeur.

[326] Figueroa (Ana Maria), *op. cit.*, p. 394.

[327] Voir §2, section I, chapitre I, titre I de la seconde partie.

A. Les institutions gouvernementales de promotion des droits de l'homme

61. Il n'y a rien d'étonnant à ce que des institutions qui visent à assurer le respect des droits de l'homme aient tellement tardé à trouver place au sein des gouvernements de la plupart des pays membres du Mercosur. Il a fallu attendre deux décennies après la fin des dictatures militaires pour que de simples secrétariats ou même des ministères voient le jour. Le professeur PIOVESAN explique ce processus par le résultat d'un tournant dans la perception des États quant à leur préoccupation en faveur des droits de l'homme. Si pendant les régimes dictatoriaux militaires les droits de l'homme étaient brandis contre les États, après le retour à la démocratie, ils se voient incorporés à l'agenda des États de sorte que se produit une institutionnalisation inattendue des droits de l'homme[328].

En Uruguay, depuis 2012 c'est le Secrétariat des droits de l'homme, organe du pouvoir exécutif, qui a compétence en matière de droits de l'homme, se substituant à peine depuis 2005 à la Direction nationale des droits de l'homme, un organisme lié au ministère de l'Éducation et de la Culture. Ce nouveau secrétariat est chargé d'un côté de promouvoir la connaissance et l'exercice des droits de l'homme, par le biais de la formation des fonctionnaires ; de son introduction dans les politiques publiques ; de l'information sur les possibilités de dénonciation des violations, et du renforcement de l'articulation de différents acteurs nationaux. D'un autre côté, le secrétariat doit contribuer au travail d'harmonisation de la législation nationale avec la législation internationale et à la coopération de l'État uruguayen avec les organismes internationaux de promotion et protection des droits de l'homme[329].

En Argentine, c'est le Secrétariat des droits de l'homme, incorporé au ministère de la Justice, de la sécurité et des droits de l'homme, qui coordonne les actions liées à la promotion et à la protection des droits de l'homme. Cette coordination se fait par le biais des sous-secrétariats de

[328] Piovesan (Flavia), « Direitos humanos e diálogo jurisdicional no contexto latino-americano », *in* Von Bogdandy (Armin), (ed.), *Estudos avançados de direitos humanos,* Rio de Janeiro, Elsevier, 2013, p. 405.

[329] *Secretaria de derechos humanos* établie par la loi n° 19.149, du 24 octobre 2013, articles 67 à 69. Disponible sur : http://derechoshumanos.gub.uy/es/, consulté le 25 janvier 2016.

promotion et de protection des droits de l'homme[330], de directions nationales (des affaires juridiques en matière de droits de l'homme, de la prise en compte des groupes en situation de vulnérabilité, de développement normatif des droits de l'homme, de formation en droits de l'homme) et d'un département de coordination technique.

La Direction générale des droits de l'homme du Paraguay du ministère de la Justice et du Travail[331] a été créée par la Résolution n° 759/2000. Tout d'abord intitulée Unité des droits de l'homme, qui se voulait un organisme administratif et technique de la Cour Suprême de Justice, elle a œuvré dans le suivi et la diffusion de l'information, les recherches des droits de l'homme. En 2002, en application du Plan stratégique 2002/2005, ses fonctions furent élargies à l'assistance technique, l'articulation des actions politiques et la formation de fonctionnaires. Depuis 2006, elle a reçu sa nouvelle dénomination et a reconsidéré ses axes thématiques prioritaires travaillant désormais sur l'enfance et adolescence, les indigènes, les questions de genre et les affaires internationales. Elle agit à présent comme assistant technique pour les opérateurs du droit en ce qui concerne les droits de l'homme et de ce fait devient compétente pour la recherche et le suivi des requêtes contre l'État paraguayen auprès du système interaméricain de protection.

Au Brésil, le Secrétariat des droits de l'homme de la Présidence de la République[332] a été créé en 1977 et depuis 2003 possède le statut de ministère. Parmi ses principales attributions, il doit proposer des politiques et des lignes directrices qui orientent la promotion des droits de l'homme ; articuler des partenariats avec les pouvoirs législatif et judiciaire, les régions et municipalités, la société civile et les organisations internationales pour la promotion et la protection des droits de l'homme ; et également recevoir les requêtes des groupes dits vulnérables concernant les violations de ces droits . Ce ministère est organisé en neuf sous-secrétariats, dont ceux de la gestion de la politique des droits de l'homme, de la promotion et défense des droits de l'homme, de la promotion des droits des enfants et des adolescents, de la promotion des droits de la personne handicapée, de la défense des droits de la personne humaine, de la lutte contre la discrimination (des droits de la

---

[330] *Secretaria de derechos humanos de Argentina.* Disponible sur: http://www.jus.gob.ar/derechoshumanos, consulté le 25 janvier 2016.

[331] *Dirección general de derechos humanos de Paraguay.* Disponible sur : http://www.derechoshumanos.gov.py, consulté le 25 janvier 2016.

[332] Secretaria de direitos humanos da Presidência da Republica do Brasil. Disponible sur : http://www.sdh.gov.br/, consulté le 25 janvier 2016.

personne handicapée, des droits des enfants et des adolescents, des droits des personnes âgées) et de la promotion du droit à l'alimentation.

Si les gouvernements ont tant tardé à intégrer, dans leur système administratif et politique, des institutions assurant la diffusion des droits de l'homme, il n'en a pas été de même avec la société civile. Celle-ci a largement contribué à l'apparition d'institutions hybrides de protection des droits de l'homme.

B. Les institutions hybrides de protection des droits de l'homme

62. Grâce à la forte mobilisation de la société civile depuis les périodes où les régimes militaires gouvernaient la plupart des pays mercosuriens, des organisations spécifiques pour la protection et la promotion des droits de l'homme ont vu le jour. D'ailleurs, c'est en grande partie grâce à l'action de ces organisations que les dictatures se sont affaiblies et que la démocratie a retrouvé sa place sur la scène latino-américaine. Au fil des années, ces organisations ont été à la fois adoptées et adaptées par les gouvernements. C'est la raison pour laquelle nous nous permettons de les désigner sous le terme d'« institutions hybrides », car dans certains pays, elles ne gardent des liens qu'avec la seule société civile alors que dans d'autres, elles sont accueillies par les institutions publiques. Il s'agit principalement du défenseur des droits (1) et des commissions de la vérité (2).

1. Le défenseur des droits

63. Signe du développement de la légitimité des régimes démocratiques, des mécanismes de renforcement des moyens de protection des droits fondamentaux sont créés. L'on assiste dès les années 1960[333] à la naissance de l'institution du défenseur du peuple ou défenseur des droits de

[333] La Constitution du Venezuela de 1961 inaugurait cette institution. Cependant, comme elle était dépendante du ministère public, la mission de veiller au suivi et au respect des droits et libertés publiques ne fut pas menée à bien. Le professeur GONZALES VOLIO nous rappelle cependant qu'une figure semblable à l'Ombudsman pourrait se rencontrer même sous l'Empire inca, en tant que « Protecteur des Indiens ». Gonzales Volio (Lorena), « The Institution of the Ombudsman. The Latin American Experience », *Revista Instituto Interamericano de Derechos Humanos*, n° 49, enero-junio 2009, p. 222.

l'homme[334] en Amérique latine[335]. Elle est certes inspirée de l'ombudsman scandinave, mais s'en différencie dans la mesure où en premier lieu, elle a une autonomie fonctionnelle et est donc indépendante - même si elle se trouve liée au Parlement - et, en deuxième lieu, elle est compétente pour traiter des requêtes de protection aux droits (des actions de protection et d'inconstitutionnalité[336]).

Le professeur BREWER-CARIAS évoque les différentes catégories de défenseur des droits. Il peut désigner en premier lieu un commissaire du Parlement (c'est le cas en Argentine, au Paraguay et au Guatemala). Il peut également s'agir d'un défenseur des droits faisant partie du Ministère public (il en va ainsi en Colombie et au Salvador) ou encore d'un défenseur des droits indépendant de tout organe du pouvoir public (comme au Brésil, en Équateur, au Mexique, en Bolivie, au Pérou et au Nicaragua). Enfin, la quatrième catégorie concerne le défenseur des droits qui fait partie des pouvoirs publics (tel qu'au Venezuela)[337].

En Argentine et au Paraguay, les Défenseurs des droits sont des organes parlementaires constitués en commissions. Cependant, ils sont autonomes et leurs compétences sont diverses. La Constitution argentine attribue au *Defensor del Pueblo* la protection des droits auprès de l'Administration, c'est-à-dire « devant des faits, actes ou omissions de l'Administration et le contrôle des fonctions administratives publiques »[338]. Par contre, au Paraguay, le *Defensor del Pueblo* est responsable de la défense générale des

[334] La Commission de Venise rappelle que les noms utilisés pour faire référence à l'Ombudsman sont extrêmement variés. Ainsi, en Espagne, nous avons le *Defensor del Pueblo*; en France, le *Médiateur de la République*; en Italie, le *Difensore Civico*; au Royaume-Uni, le *Parliamentary Commissioner*; au Québec, le *Protecteur des Citoyens*; et au Portugal, le *Provedor de Justiça*. Commission de Venise, *Drafts Vademecum on the Ombudsman Institution*, 20 mars 2010. Disponible sur : http://www.venice.coe.int/site/main/texts/CDL_2010_OMBUD_e.pdf, consulté le 15 mars 2011.

[335] Le Commissaire pour les droits de l'homme du Honduras VALLADARES affirme que la première apparition fut dans la Constitution du Guatemala de 1984. Valladares Lanza (Leo), « La Experiencia Iberoamericana », *Seminario Internacional El Defensor Ciudadano que Queremos*, Santiago de Chile, Ministerio Secretaria General de la Presidencia, 2001, p. 23.
Dans les années 1980, plusieurs réunions interaméricaines ont eu lieu pour débattre de l'institution de l'Ombudsman en Amérique latine. Voir Maiorano (Jorge Luis), *El Ombudsman defensor del pueblo y de las instituciones republicanas*, Buenos Aires, Ediciones Macchi, 1987, p. 149.

[336] Brewer-Carías (Allan), *op. cit.*, 2005, p. 273.

[337] *Ibid.*

[338] Constitution argentine, art. 86.

droits, soit « la défense des droits de l'homme, la canalisation des requêtes populaires et la déclaration des intérêts communautaires »[339].

Au Venezuela, le choix du législateur a été innovant. Le système constitutionnel comptant cinq pouvoirs publics nationaux (législatif, exécutif, judiciaire, citoyen et électoral), le *Defensor del Pueblo* a été institué par la constitution de 1999 en tant qu'organe du Pouvoir citoyen à côté du Ministère public et de la *Controladoria* générale de la République[340]. Le *Defensor del Pueblo* est chargé de « la promotion, la défense et la veille des droits et garanties établis par cette constitution et par les traités internationaux sur les droits de l'homme, outre les intérêts légitimes, collectifs ou diffus des citoyens et citoyennes »[341].

Enfin, nous avons l'exemple uruguayen avec un législateur constitutionnel qui n'a fait aucune référence à l'institution du défenseur des droits dans le texte fondamental. Cependant, au cours de ces dernières années, le gouvernement a réussi à créer des institutions possédant des compétences identiques.

Ainsi, depuis 2003 le peuple uruguayen peut compter sur un organe dans le département de Montevideo pour défendre les droits de l'homme. En fait, l'assemblée départementale a légiféré sur la question avec le décret n° 30.592, du 18 décembre 2003, instituant le « *Defensor del Vecino* »[342]. Bien que la désignation du défenseur relève de la compétence de l'Assemblée départementale[343], il s'agit d'un organe indépendant du pouvoir public[344]. Il a entre autres pour tâche d'écouter, de mener des enquêtes et trouver des solutions aux requêtes présentées par les habitants de Montevideo au sujet du gouvernement départemental[345]. L'article 14 du décret dresse une liste exhaustive de ses attributions, et notamment à l'alinéa 3 celle de « répondre aux requêtes sur les droits de l'homme des citoyens du département, spécialement ceux qui sont liés à la protection de l'environnement, du

339 Constitution paraguayenne, art. 276.

340 Constitution vénézuélienne, art. 273.

341 Constitution vénézuélienne, art. 280. Pour plus d'informations, voir Ley Orgánica de la Defensoría del Pueblo, du 5 août 2004.

342 Défenseur du voisin (notre traduction).

343 Décret n° 30.592, art. 3.

344 Décret n° 30.592, art. 1.

345 *Defensor del Vecino*. Disponible sur: http://www.defensordelvecino.gub.uy/editorial.html, consulté le 18 juin 2013.

consommateur, et intervenir dans toute dénonciation sur les situations de discrimination ».

Une nouvelle institution avec une compétence nationale a été créée le 24 décembre 2008 par la loi n° 18.446[346]. Il s'agit de l'Institution nationale des droits de l'homme et défenseur du peuple[347]. Liée au pouvoir législatif, elle possède cependant toute autonomie pour émettre des recommandations concernant la défense, la promotion et la protection des droits de l'homme, selon les dispositions de la Constitution uruguayenne et des traités de droit international. Elle est composée de membres de la société civile dont sont exclus ceux qui ont occupé des postes politiques à l'issue des élections.

64. Au Brésil, l'institution d'un Défenseur des droits ne semble pas aussi manifeste que dans les pays voisins. Son existence elle-même pose question. Certains auteurs affirment qu'elle n'existe pas[348], d'autres parlent de l'existence d'une série d'institutions qui s'apparentent à l'ombudsman[349]. Le fonctionnaire de l'Institut interaméricain des droits de l'homme GONZALEZ VOLIO rappelle que le Brésil n'a pas encore adopté de loi en la matière[350].

Le professeur MAIORANO[351]soutient que l'exemple brésilien se révèle quelque peu paradoxal. Si les initiatives qui ont motivé la création d'un organe parlementaire avec les fonctions d'ombudsman traditionnel n'ont pas dépassé l'état de projet[352], les concrétisations au Brésil démontrent une nette tendance vers l'institutionnalisation d'organes de contrôle de l'administration dépendant du pouvoir exécutif[353].

---

[346] Loi n° 18.446, du 24 décembre 2009 (modifiée par la Loi n° 18.806 du 14 septembre 2011). Disponible sur :

http://www.observatoriomercosur.org.uy/UserFiles/File/Proyecto_Institucion_Nacional_DDHH.pdf, consulté le 18 juin 2013.

[347]*Institución Nacional de Derechos Humanos y Defensoría del Pueblo* (INDDHH), disponible sur http://inddhh.gub.uy/funciones/, consulté le 14 mars 2016.

[348] Gonzales Volio (Lorena), *op. cit.*, p. 161.

[349]Valladares Lanza (Leo), *op. cit.*, 2001.

[350] Gonzales Volio (Lorena), *op. cit.*, p. 229.

[351] J. MAIORANO, *op. cit.*, p. 158.

[352] Par exemple le Décret n° 50.533 de 1961 (dérogé avant même d'entrer en vigueur) sur l'institutionnalisation de bureaux du pouvoir fédéral aux régions pour présenter des réclamations de la population locale auprès des organes fédéraux. Ou alors le projet de création d'un « Contrôleur général du Peuple », d'un « Contrôleur Populaire », d'un « *Ouvidor* général ».

[353] Par exemple le Conseil National de Défense du Consommateur (crée par le Décret n° 91.469 du 24 juillet 1985), l'*Ouvidoria* de Sécurité sociale (crée par le Décret n° 92.700 du 21

Notre préférence se porte sur une deuxième analyse théorique qui parle de l'existence au Brésil de plusieurs institutions qui assument le rôle de Défenseur de droits à l'exemple du Contrôleur général de l'Union qui sur son site Internet se présente comme étant un Ombudsman[354] ou de l' « *Ouvidoria* national des droits de l'homme », département du Secrétariat des droits de l'homme de la Présidence de la République, qui « doit être attentive aux critiques, réclamations et suggestions des citoyens »[355].

À côté des Défenseurs des droits, en tant qu'« institutions hybrides » des commissions de la vérité ont aussi trouvé leur place dans ces nouvelles démocraties.

2. Les commissions de la vérité

65. Au fil du temps, la communauté internationale a créé deux types d'institutions pour résoudre des violations des droits de l'homme : les cours internationales des droits de l'homme (telles la Cour européenne et la Cour interaméricaine) et les cours internationales. Néanmoins, durant les dernières décennies quelques institutions hybrides ont émergé, connues usuellement sous le nom de « commissions de vérité ».

---

mai 1986), la Commission de Défense des Droits des Citoyens (crée par le Décret n°93.714 du 15 décembre 1986)

[354] « The Ombudsman's Office, linked to the Office of the Comptroller General of Brazil (CGU), is responsible for receiving, examining and forwarding complaints, praise and suggestions referring to procedures and actions of Federal Executive agents, units and entities. The National Ombudsman's Office is also in charge of the technical coordination of the segment of Ombudsman's Offices of the Federal Executive Branch, as well as the organization and interpretation of the complaints, praise and suggestions received, and produces quantified surveys on the level of satisfaction of users of public services provided in the scope of the Federal Executive Branch » (Le Bureau de l'Ombudsman, lié au Bureau du contrôleur général du Brésil (UGT), est chargé de recevoir, d'examiner et de transmettre des plaintes, des requêtes et des suggestions concernant les procédures et les actions des agents exécutifs fédéraux, des unités et entités. Le Bureau de l'Ombudsman national est également en charge de la coordination technique du segment des bureaux de l'Ombudsman de la branche exécutive fédérale, ainsi que l'organisation et l'interprétation des plaintes et des suggestions reçues, et des études sur le niveau de satisfaction des usagers des services publics fournis dans le cadre du pouvoir exécutif fédéral – traduction libre). *Controladoria-geral da União.* Disponible sur: http://www.cgu.gov.br/english/default.asp, consulté le 18 juin 2013.

[355] *Ouvidoria nacional de direits humanos.*
Disponible sur: http://www.direitoshumanos.gov.br/ogc, consulté le 18 juin 2013.

Les Commissions de vérité ne sont pas des organes ni judiciaires ni quasi judiciaires ; elles développent plutôt des fonctions d'investigation sur de graves violations des droits de l'homme commises dans un pays pendant une période spécifique, généralement durant un conflit armé ou sous un régime répressif particulier, y étant inclus le génocide, les disparitions forcées, les exécutions extrajudiciaires, les tortures, les viols, les conditions de détention dans les camps et les massacres[356]. En outre elle donne des informations sur les situations antérieures, elles peuvent adopter des recommandations pour promouvoir la réconciliation nationale et proposer des méthodes de compensation aux victimes.

66. Ces commissions sont très répandues surtout en particulier en Amérique latine. À cause des dictatures militaires et de leurs lois d'autoamnisties[357], de nombreuses informations restent encore méconnues et nécessitent un travail de mémoire et un traitement politique spécifique.

Les dictatures militaires en Amérique latine n'ont aujourd'hui plus cours et dans 11 pays au moins (Argentine, Brésil, Chili, Le Salvador, Guatemala, Haïti, Honduras, Nicaragua, Pérou, Suriname et Uruguay), chaque nouveau chef d'État démocratique a décrété une loi d'amnistie pour les violations graves des droits de l'homme ou a accepté les lois d'autoamnisties qui ont été décrétées par des membres des juntes militaires sortantes.

67. En Argentine, la pression croissante du secteur des forces armées concernées par les poursuites judiciaires à l'encontre de certains de leurs membres a conduit le président Alfonsin à adopter progressivement des mesures pour limiter l'action de la justice.

Le 29 décembre 1986, la loi n° 23.492 dite de « *Point Final* » (portant dérogation à la loi d'autoamnistie - loi n° 34.040, du 22 décembre 1983) a été adoptée. Elle mettait un terme à l'action publique engagée contre toutes les personnes suspectes d'avoir participé à des actes délictuels pendant la

---

356 Les cours internationales pénales peuvent agir de façon beaucoup plus restreinte, mais elles jouent un rôle extrêmement important. Leur fonction est d'établir la responsabilité pénale et d'imposer une punition à l'individu coupable.

357 « Si les États doivent poursuivre les auteurs de ces infractions, il leur est donc interdit d'adopter des lois d'amnistie pour ces actes. Cependant, s'il existe un devoir moindre de rendre des comptes pour des actes à caractère non pénal, leurs auteurs pourraient être cités à comparaître devant des instances civiles, comme une commission de vérité, ou être soumis à une lustration ou à d'autres mécanismes, sans que l'État viole une obligation juridique internationale particulière. » Olson (Laura M.), « Réveiller le dragon qui dort ? Questions de justice transitionnelle : répression pénale ou amnistie ? », *IRRC*, 2006, vol. 88, p. 280.

répression des subversions[358] — entre mars 1976 et septembre 1983. Avec l'adoption de cette loi, le président Alfonsin avait cru pouvoir rassurer les forces armées et de sécurité contre le « danger » des décisions de justice.

Le 4 juin 1987, le Parlement a approuvé la loi n° 23.521, du 9 juin 1987, dite « Loi d'ordres supérieurs » ou « Loi d'obédience », qui a maintenu les actions introduites contre les membres des forces armées ou de sécurité qui avaient exercé un commandement effectif tout en disposant de leur pouvoir de décision dans l'élaboration de règles et d'ordres en vue de la répression et de la subversion. Les autres membres bénéficiaient d'une clause d'exemption de responsabilité : ils n'obéissaient qu'aux ordres de leurs supérieurs. Avec l'application de cette loi, le nombre des militaires qui allaient devoir faire face à la justice s'est considérablement restreint. Toutefois, certains crimes (soustraction de mineurs, substitution d'état civil et appropriation d'immeubles à des fins d'extorsion) se trouvaient exceptés de la « Loi d'obédience ».

Le 8 juillet 1989, Carlos MENEM a été élu nouveau Président des Argentins. Le 6 octobre 1989, il a édicté plusieurs décrets, dont le n° 1002, par lequel il a accordé une amnistie à tous ceux qui étaient poursuivis en qualité de prévenus pour les crimes *prima facie* commis pendant la répression de la subversion. Le cercle venait de se fermer, rendant impossible la poursuite des actions judiciaires.

Toutes ces mesures législatives ont fait l'objet de réclamations internationales, notamment auprès de la Commission interaméricaine des droits de l'homme. Celle-ci a adopté le rapport 28/92[359], en 1992, déclarant que les lois n° 23.492 et n° 23.521 ainsi que le décret 1002 de 1989 violaient la Déclaration américaine des droits et devoirs de l'homme, ainsi que la Convention américaine relative aux droits de l'homme.

Ce n'est qu'en 2005 que la Cour Suprême Argentine a invalidé les deux lois d'amnisties. Le jugement a indiqué emphatiquement que la portée du pouvoir de la législature pour concéder des amnisties générales en application de la constitution nationale a été fortement limitée par

---

358 « Subversion » était le terme employé par les dictatures militaires pour faire référence à toute sorte de manifestations contre le régime. Ceux ciblés comme « subversifs » étaient normalement accusés d'appartenir à des guérillas et d'être des communistes.

359 Commission interaméricaine des droits de l'homme, *Rapport annuel 1992 – 1993*, Rapport 28/92, du 12 mars 1993, Argentine, Affaires 10.147, 10.262, 10.309, 10.311, OEA/Ser. L/V/II.83, Doc. 14.

l'obligation de garantir les droits prévus à la Convention américaine relative aux droits de l'homme et le Protocole international relatif aux droits civils et politiques. De ce fait, on a rendu les amnisties « inconstitutionnelles, nulles et vides »[360]. Ce qui signifie que les amnisties ne pouvaient plus représenter aucun obstacle légal pour l'investigation et la poursuite, sur le plan juridique, d'importantes violations des droits de l'homme. Par conséquent, l'État d'Argentine ne peut pas utiliser le principe de la non-rétroactivité de la loi pénale pour échapper à son devoir d'investigation et de poursuite des violations flagrantes des droits de l'homme.

68. Au Brésil, la loi n° 6.683 (autrement dit « La loi de l'oubli »), date du 28 août 1979, dans un moment d'ouverture politique du pays, une « ouverture lente et graduelle »vers la démocratie. La loi portait sur la période du 2 septembre 1961 au 15 août 1979 et, selon l'article premier[361], concédait l'amnistie à tous ceux qui avaient commis des crimes politiques ou électoraux, lesquels ont vu leurs droits politiques suspendus. Ainsi, les membres du régime au Brésil n'ont pas été jugés ou condamnés pour des violations des droits de l'homme commises pendant la dictature, contrairement à ce qui s'est passé en Argentine, au Chili ou en Uruguay.

L'initiative du gouvernement de reconnaître la responsabilité de l'État relative à certaines violations des droits de l'homme perpétrées sous le régime autoritaire a été suivie de plusieurs réformes destinées au renforcement de la protection de ces droits. Le gouvernement a ainsi adopté le 13 mai 1996 un Programme national des droits de l'homme[362] (en accord avec les recommandations de la Déclaration et du Programme d'action de Vienne), qui prévoit la possibilité de transférer la compétence de la justice militaire à la justice de droit commun pour les jugements des « policiers militaires » ayant commis des crimes volontaires contre la vie des civils.

---

[360] Cour suprême de justice de la nación, Recurso de Hecho, Simón, Julio Héctor y otros s/ privación ilegítima de la libertad, etc. Causa N ° 17.768 C., S. 1767. XXXVIII, du 14 juin 2005, § 34.

[361] Loi n° 6.683 - du 28 août 1979, article 1er: « *É concedida anistia a todos quantos, no período compreendido entre 02 de setembro de 1961 e 15 de agosto de 1979, cometeram crimes políticos ou conexo com estes, crimes eleitorais, aos que tiveram seus direitos políticos suspensos e aos servidores da Administração Direta e Indireta, de fundações vinculadas ao poder público, aos Servidores dos Poderes Legislativo e Judiciário, aos Militares e aos dirigentes e representantes sindicais, punidos com fundamento em Atos Institucionais e Complementares* » (L'amnistie est concédée à tous ceux qui ont commis des crimes politiques, ou connexes, des infractions à la loi électorale, les individus qui ont vu leurs droits politiques suspendus ; les fonctionnaires les militaires et les dirigeants syndicaux punis en application des Actes Institutionnels et Complémentaires — traduction libre).

[362] Programme National des Droits de l'Homme, adopté sous la loi n° 9.299, du 23 septembre 1996.

De plus, le Brésil a reconnu la compétence contentieuse de la Cour interaméricaine en 1998 (Decreto Legislativo 89/98), six ans après son adhésion à la Convention américaine, en 1992.

La loi n° 6.683, du 28 août 1979, est revenue sur la scène juridique brésilienne en août 2008 lorsque le Conseil Fédéral de l'Ordre des Avocats du Brésil a présenté un recours à la Cour Suprême (*Arguição de Descumprimento de Preceito Fundamental*153-6)[363], pour déclarer que la Loi d'Amnistie ne protégeait pas des crimes pratiqués par des agents de la dictature (la torture, les disparitions forcées et les assassinats). Le recours a été rejeté par la Cour Suprême. Cependant, la discussion sur les Lois d'amnisties s'est poursuivie au sein du système interaméricain de protection des droits de l'homme. Le 24 novembre 2010, la Cour interaméricaine a condamné le Brésil dans l'affaire *Gomes Lund et autres* (*Guerrilha do Araguaia*)[364], tout en se penchant sur la question de la légalité des Lois d'amnistie[365]. L'affaire concerne la disparition forcée de 68 personnes, au nombre desquels des opposants au régime (la *Guerrilha do Araguaia,* mouvement de résistance au régime militaire) et des paysans de la région de l'Araguaia au nord du Brésil. L'État brésilien a été condamné par la Cour IDH pour violation du droit à la liberté de pensée et d'expression, en matière de droit de recherche et de recueil des informations ainsi que de droit de connaître la vérité sur les faits.

69. En Uruguay, au mois de décembre de 1986, face à la pression toujours plus forte des forces militaires, le président Sanguinetti a envoyé au Parlement un projet de loi, finalement approuvé le 22 décembre 1986 (loi n° 15848), sur la caducité de la prétention de l'État à punir de plausibles coupables. Plutôt un statut de limitations qu'une loi d'amnistie, on appelle cet acte législatif « Loi de la Caducité ». Cette loi mettait un terme à la capacité de l'État à punir les officiels de l'armée ou des forces policières pour des crimes commis avant le 1er mars 1985. Ce faisant, la loi instaurait l'ouverture d'une voie envisageant une prévision d'amnistie complète de

---

[363] *Arguição de Descumprimento de Preceito Fundamental* 153-6. Disponible sur:

http://www.stf.jus.br/portal/peticaoInicial/verPeticaoInicial.asp?base=ADPF&s1=153&processo=153, consulté le 18 juin 2013.

[364] Cour IDH, Gomes Lund et autres (Guerrilha do Araguaia) c. Brésil (exceptions préliminaires, fond, réparations frais et dépens), 24 novembre 2010, Série C, n° 219. Voir T. MASCOLO GIL, *EdL*, 2011, n° 34, PUS, p. 88.

[365] Voir §2, section II, chapitre II, titre I de la première partie.

tous les membres des forces armées et de sécurité engagés dans des violations des droits de l'homme durant la période de 1962 - 1985.

Les familles des victimes de disparitions forcées, les victimes d'actes de torture, leurs proches et les avocats des droits de l'homme se sont réunis dans une alliance qui a entrepris son travail contre la loi de caducité en février de 1987, dans l'espoir de la déclarer inconstitutionnelle. La Cour Suprême a donné un avis contraire le 2 mai 1988. La population alors a réussi à réunir 634.702 signatures pour un référendum qui a eu lieu le 16 avril 1989, 80% de la population y a pris part dont 57,5% ont approuvé la loi.

La société uruguayenne s'est ainsi exprimée pour une réconciliation sans justice. Toutefois, la loi prévoyait des enquêtes en vue de déterminer le sort des victimes. Cette disposition est restée sans suite jusqu'à l'arrivée au pouvoir, le 1er mars 2005, du Président Tabaré Vasquez du *Frente Amplio*. En 1992, la Commission interaméricaine des droits de l'homme avait, dans son rapport 29/92[366], déclaré que la Loi de caducité violait la Déclaration américaine des droits et devoirs de l'homme, ainsi que la Convention américaine relative aux droits de l'homme (violation des articles 8§1 et 25). Grâce à l'organisation de la société civile[367] et la condamnation de l'Uruguay devant la Cour interaméricaine des droits de l'homme[368], le Sénat a annulé la « Loi de la Caducité »[369] en 2011.

70. Le Paraguay n'a pas adopté de loi d'amnistie ou d'autoamnistie. Au contraire, le constituant lors de la dernière constitution de 1992 a préféré l'imprescriptibilité des crimes contre les droits de l'homme[370]. Le Comité

---

366 Commission interaméricaine des droits de l'homme, *Rapport annuel 1992 – 1993*, *op. cit.*, §VII.

367 Surtout la *Coordinadora Nacional por la Nulidad de la Ley de Caducidad* (Coordination nationale pour l'annulation de la loi de Caducité – notre traduction), qui regroupe des dizaines d'organisations sociales et de défense des droits de l'homme.

368 Cour IDH, Gelman c. Uruguay (fonds et réparations), 24 février 2011, Série C n° 221.

369 Loi de la Caducité, annulée le 12 avril 2011.

370 Constitution du Paraguay, art. 5: « *Nadie será sometido a torturas ni a penas o tratos crueles, inhumanos o degradantes. El genocidio y la tortura, así como la desaparición forzosa de personas, el secuestro y el homicidio por razones políticas son imprescriptibles* » (La torture et autres délits : personne ne sera soumis à la torture ni à des peines ou des traitements cruels, inhumains ou dégradants. Le génocide et la torture, ainsi comme la disparition forcée des personnes, le séquestre et l'homicide par des raisons politiques sont imprescriptibles – traduction libre).

pour les droits de l'homme des Nations unies[371] et la Commission interaméricaine des droits de l'homme[372] sont allés jusqu'à féliciter l'État paraguayen pour ces choix. Cependant, la Commission a affirmé qu'en raison de l'inefficience du pouvoir judiciaire, sur une trentaine d'affaires contre les principaux responsables des délits de tortures et d'assassinats, seule une décision a été mise en délibéré[373].

71. Les commissions de vérité ont aussi joué, par diverses voies, un rôle essentiel dans la protection des droits de l'homme sur le continent[374]. Elles sont généralement instaurées dans deux contextes spécifiques. Soit dans les

---

[371] Comité pour les droits de l'homme des Nations unies, Compte Rendu de la 1.396^{e} session, du 10 avril 1995 (CCPR/C/79/Add.48 CCPR/C/79/Add.48) : « Le Comité se félicite de la déclaration faite par la délégation selon laquelle le gouvernement ne promulguera pas de loi d'amnistie, et que, au contraire, des mesures concrètes ont déjà ou sont prises pour rendre les coupables responsables de violations des droits de l'homme sous l'ancien régime dictatorial ».

[372] Commission IDH, *Tercer Informe sobre la Situacion de los Derechos Humanos en Paraguay*, du 9 mars 2001 (OEA/Ser./L/VII.110, doc. 52, § 7): « *Paraguay, a diferencia de otros países del hemisferio en donde también se produjeron violaciones masivas de derechos humanos, no dictó leyes de amnistía. Más bien, el Estado paraguayo dictó leyes "que demuestran una voluntad de investigar y sancionar a los responsables por las graves violaciones a los derechos humanos cometidas durante la dictadura strossnista (1954-1989), y de indemnizar a las víctimas o a sus familiares". Así, el Estado paraguayo estableció la imprescriptibilidad de los delitos contra los derechos humanos, al introducir, en el artículo 5 de la Constitución de 1992, una disposición en los siguientes términos: "el genocidio y la tortura, así como la desaparición forzosa de personas, el secuestro y el homicidio por razones políticas son imprescriptibles". Paraguay dictó asimismo la Ley N° 838/96, conforme a la cual reconoció el 'sistema dictatorial imperante en el país entre los años 1954 a 1989", y estableció la obligación del Estado de indemnizar a quienes "hubiesen sufrido violación de sus derechos humanos, a la vida, la integridad personal o la libertad por parte de funcionarios, empleados o agentes del Estado'. En dicha Ley se estableció que los reclamos de indemnización deben presentarse al Defensor del Pueblo* ». (Le Paraguay, à la différence d'autres pays de l'hémisphère dans lesquels il y avait aussi des violations massives des droits, n'a pas légiféré sur les lois d'amnistie. L'État paraguayen a plutôt adopté des lois 'qui démontrent une volonté d'enquêter et de punir les responsables de graves violations des droits humains commises pendant la dictature de Stroessner (1954-1989),et indemniser les victimes ou leurs familles'. Ainsi, l'État paraguayen a établi l'applicabilité de violations des droits humains en introduisant, dans l'article 5 de la Constitution de 1992, une provision dans les termes suivants: 'génocide et de torture et de disparition forcée de personnes, l'enlèvement et assassiner pour des raisons politiques sont imprescriptibles'. Le Paraguay a également publié la loi n ° 838/96, en vertu de laquelle le système a reconnu le 'système dictatorial dans le pays entre les années 1954 à 1989', et a établi l'obligation de l'État à indemniser ceux qui 'ont subi des violations des droits humains, la vie, l'intégrité corporelle ou sa liberté par des agents, employés ou agents de l'État'. La loi prévoyait que les demandes d'indemnisation doivent être soumises à l'Ombudsman – traduction libre).

[373] Commission IDH, *Tercer Informe sobre la Situacion de los Derechos Humanos en Paraguay*, *op. cit.*, § 28 : celle où la Cour Suprême de justice confirme l'arrêt sur l'assassinat de Mario Schaerer Prono.

[374] Pour des informations plus approfondies, voir *Truth Commissions: a Comparative Assessment*, étude publiée par Human Rights Program - Harvard Law School, 1997.

États où s'est produit un changement de régime politique, autrement dit qu'ils sont passés d'un pouvoir autoritaire ou militaire à une démocratie, à l'exemple du Salvador, de l'Argentine, du Chili, de la Grèce, de la République tchèque, de la Pologne, de la Bulgarie. Soit dans des États qui ont subi des conflits civils ou ethniques, comme en Yougoslavie et au Guatemala[375].

En Argentine, en 1983, a été créée la CONADEP — Commission nationale sur les disparitions forcées des personnes. Il s'agit d'une commission de la vérité composée uniquement de nationaux[376], destinée à enquêter sur le sort des victimes de disparitions forcées et d'autres violations des droits de l'homme perpétrées durant la dictature militaire de 1976 à 1983.

En Uruguay, la « *Comisión para la Paz* » a été créée le 9 août 2000 et a assuré ses fonctions jusqu'au 30 août 2002. Il s'agissait également d'une commission de la vérité composée de membres nationaux. Elle avait pour mission d'achever « *un devoir éthique de l'État* » en se chargeant d'une tâche considérée comme « *indispensable pour préserver la mémoire historique* » du pays et pour « *consolider la pacification nationale et sceller définitivement la paix entre les Uruguayens* ».

---

375 Parlevliet (Michelle), « Considering Truth. Dealing with a Legacy of Gross Human Rights Violations », *NQHR*, 1998, v. 16, n° 2, p. 141.

376 Les commissions de vérité nationales trouvent leur plus significative illustration dans la Commission vérité et réconciliation sud-africaine - chargée de préparer un dossier sur les graves violations des droits humains, à savoir *«l'homicide, l'enlèvement, la torture ou les mauvais traitements graves infligés à tout individu»* au cours des *«conflits du passé»*, d'émettre des recommandations, notamment sur les réparations à accorder aux victimes, et d'octroyer des amnisties, sous certaines conditions (acte commis par un membre ou un supporter des parties en cause dans le conflit, acte associé au conflit politique passé). Les enquêtes de la Commission ont couvert la période comprise entre les événements de mars 1960, c'est-à-dire le mois du massacre de 59 personnes noires à Sharpville par les forces de l'ordre, et décembre 1993, date de l'établissement du gouvernement provisoire. Pour plus d'informations sur la Commission de la Vérité sud-africaine, voir *Truth Commissions: a Comparative Assessment*, *op. cit.*, p. 47 et s. Laura OLSON nous signale que les buts de la commission de vérité argentine diffèrent de la Sud-Africaine. Celle d'Argentine avait pour principale priorité de révéler des vérités sur le passé et surtout de faire la lumière sur le sort des milliers de disparus. En comparaison, la Commission vérité et réconciliation sud-africaine, dans les années 1990, se montrait beaucoup plus ambitieuse. Plus que toutes les autres commissions de vérité qui l'ont précédée, elle recherchait la réconciliation pour qu'elle serve de socle à l'édification de la nation ; cependant, la réconciliation n'était pas clairement définie dans les documents initiaux du gouvernement établissant la commission, et ses définitions se sont multipliées et modifiées tout au long de la vie de la Commission. Olson (Laura M.), *op. cit.*, p. 277.

Au Paraguay, la *Comisión de Verdad y Justicia* a été établie en vertu de la loi n° 2225/03 du 16 octobre 2003. Elle était chargée d'enquêter sur les faits qui constituaient ou auraient pu constituer des violations des droits de l'homme commises par des agents de l'État ou d'organes paraétatiques entre mai 1954 et octobre 2003 et de formuler des recommandations sur l'adoption de mesures destinées à empêcher la réitération de ces actes[377]. Le rapport final de la Commission intitulé *Anivé Haguä Oiko* (« Plus jamais ça ») fut remis aux représentants des trois pouvoirs de l'État en 2008[378] et début 2009 une suite favorable fut donnée à ce rapport ; par le biais de la Résolution n° 179/09, le Défenseur du Peuple a créé la Direction générale de vérité, justice et réparation[379]. Ce nouvel organe s'occupe de la conservation de la documentation et de la diffusion du rapport *Anivé Haguä Oiko* ainsi que de l'application de ses recommandations.

La Commission nationale de la vérité du Brésil est la plus récente des commissions des États mercosuriens. Malgré la forte demande de la société civile depuis plusieurs années, elle n'a été créée qu'en 2011 sous la pression de la Cour IDH, qui a condamné l'État brésilien dans l'affaire *Gomes Lund et autres* en 2010. En fait, depuis 1995 des législations, visant la reconnaissance de la responsabilité de l'État dans la disparition de centaines de personnes pendant le régime militaire s'enchaînaient les unes après les autres, mais la création d'une véritable commission de vérité et justice chargée de faire la lumière sur les meurtres, disparitions et tortures était toujours repoussée[380]. En raison de l'affaire *Gomes Lund et autres c. Brésil* (Affaire *Guerrilha do Araguaia*) du 24 novembre 2010[381], la Cour

---

[377] Loi n° 2225/03, du 16 octobre 2003, art. 1er. Disponible sur : http://www.usip.org/files/file/resources/collections/commissions/Paraguay-Charter.pdf, consulté le 18 juin 2013.

[378] Pour plus d'information, voir le Rapport du Conseil des droits de l'homme sur le Paraguay — Nations unies, du 15 novembre 2010, p. 7.

[379] *Dirección general verdad, justicia y reparación.*

Disponible sur: http://www.verdadyjusticia-dp.gov.py/index.html, consulté le 8 août 2011.

[380] La loi n° 9140, du 4 décembre 1995, tout d'abord reconnaissait la responsabilité de l'État dans la disparition de personnes pendant le régime militaire ayant lieu entre le 2 septembre 1961 et le 15 août 1979 et, en deuxième lieu, prévoyait la création d'une Commission spéciale sur les morts et disparus politiques (instituée par le décret du 18 décembre 1995). Ensuite, la loi n° 10.536, du 14 août 2002, élargissait la période de compréhension de la loi précédente jusqu'au 5 octobre 1988. Deux ans plus tard, la loi n° 10.875, du 1er juin 2004, a élargi les critères de reconnaissance des morts et également le délai de présentation des requêtes (jusqu'au 29 septembre 2004) et a relié la Commission spéciale au Secrétariat des droits de l'homme de la Présidence de la République. Si nous ne pouvons ignorer les démarches du législateur brésilien, nous sommes cependant amenés à constater qu'il lui a manqué d'un peu de courage jusqu'à présent.

[381] Cour IDH, Gomes Lund et autres (Guerrilha do Araguaia) c. Brésil (exceptions préliminaires, fond, réparations, frais et dépens), 24 novembre 2010, Serie C, n° 219.

interaméricaine s'est exprimée sur l'établissement d'une commission de la vérité au Brésil. La Haute juridiction a affirmé qu'il s'agissait « d'un mécanisme important, parmi d'autres existants, pour accomplir l'obligation de l'État de garantir le droit de connaître la vérité sur ce qui s'est passé » et qu'une telle commission « [pouvait] contribuer à la construction et à la préservation de la mémoire historique, à l'éclaircissement des faits et à la détermination des responsabilités institutionnelles, sociales et politiques à certaines périodes historiques d'une société »[382]. Le gouvernement, dans l'objectif de mener à bien l'exécution de l'arrêt, a travaillé pour l'établissement d'une telle commission et la loi n° 12.528 a été adoptée le 18 novembre 2011[383]. La Commission nationale de la vérité brésilienne a pris ses fonctions le 16 mai 2012 et a pour mission d'enquêter sur les violations aux droits de l'homme qui ont eu cours entre septembre 1946 et octobre 1988« afin de rendre effectif le droit à la mémoire et à la vérité historique et promouvoir la réconciliation nationale »[384].

***

Grâce au développement du droit international des droits de l'homme, comme l'illustre l'exemple précédent, le cadre national de protection et de promotion des tels droits dans les pays du Mercosur bénéficie d'une nette amélioration.

---

[382] Cour IDH, affaire Gomes Lund et autres (Guerrilha do Araguaia) c. Brésil (exceptions préliminaires, fond, réparations, frais et dépens), § 297.

[383] Le même jour, la loi n° 12.527 portant sur l'ouverture des archives secrètes a été approuvée. Ces deux lois ont représenté un grand progrès pour ce qui concerne le rapport du Brésil avec son passé autoritaire. Cependant, il semble que l'État ait fait un pas un avant et un autre en arrière, car la loi n° 12.527 oblige l'ouverture des archives, mais dans un délai de 25 ans, pouvant se prolonger jusqu'à encore 25 ans. Par conséquent, l'accès à ces informations au Brésil peut ne se réaliser qu'en 2062.

[384] Loi n° 12.528, du 18 novembre 2011, art. 1er : « *É criada, no âmbito da Casa Civil da Presidência da República, a Comissão Nacional da Verdade, com a finalidade de examinar e esclarecer as graves violações de direitos humanos praticadas no período fixado no art. 8o do Ato das Disposições Constitucionais Transitórias a fim de efetivar o direito à memória e à verdade histórica e promover a reconciliação nacional* ». Art. 8 de l'ADCT de la Constitution brésilienne de 1988: « *É concedida anistia aos que, no período de 18 de setembro de 1946 até a data da promulgação da Constituição foram atingidos, em decorrência de motivação exclusivamente política, por atos de exceção, institucionais ou complementares (...)* » (traduction libre).

Conclusion du Chapitre I

72. Il ressort de ce chapitre que les constitutions « modernes »[385] des États membres du Mercosur accordent une place importante aux droits de l'homme ainsi qu'à la démocratie. Certes, les cinq États possèdent un ordre juridique interne plutôt prometteur pour la garantie des droits de l'homme. Plutôt *prometteur*, car beaucoup reste encore à développer et instituer pour affirmer l'effectivité de la protection des droits de l'homme.

Certains droits ne bénéficient pas en effet de protection dans les constitutions des États membres du Mercosur. Le droit à la vie, par exemple, demeure l'un des plus polémiques. La Constitution argentine passe sous silence la question de l'avortement et la Constitution brésilienne autorise toujours la peine de mort en temps de guerre. En outre, le droit d'asile ne bénéficie pas de protection dans les constitutions argentine et uruguayenne. Et enfin, la liberté de la personne, plus précisément l'interdiction de l'esclavage, ne fait partie d'aucune des constitutions des pays mercosuriens.

73. Le respect du régime démocratique se trouve bel et bien énoncé dans les cinq constitutions. Mais que signifie réellement ce régime ? S'agit uniquement du fait que le pouvoir est exercé par le peuple ou ses représentants ou est-il possible d'aller plus loin ? La périodicité des élections pourrait représenter l'un des éléments caractéristiques communs, mais sous cet angle, la Constitution vénézuélienne ferait figure de contre-exemple avec l'autorisation de réélections illimitées. Que dire de l'emprisonnement des opposants politiques par le gouvernement de MADURO ? Et de la destitution d'un président démocratiquement élu au Paraguay qui ne semble pas respecter le principe de l'État de droit[386]. Le régime démocratique reste vraisemblablement un point sensible dans toute l'Amérique latine, y compris les États du Mercosur. Bien que tous se disent ouverts et soumis aux valeurs démocratiques, il apparaît que le peuple ne se montre pas de manière identique convaincu des mérites du système démocratique. Si, dans la plupart des pays mercosuriens, plus de 70% de la population donne sa préférence à la démocratie sur toute autre forme de gouvernement, au

[385] Expression utilisée par le professeur Burgorgue-Larsen. Burgorgue-Larsen (Laurence), *op. cit.*, 2013, p. 19.

[386] Entre le 21 et le 22 juin 2012 la Chambre de députés et le Sénat paraguayen ont voté pour la destitution du président LUGO.

Paraguay le taux descend à 45% et au Brésil, pire encore, à 39%[387]. Il manque une vraie sensibilisation de la population aux valeurs fondamentales protégées par l'État.

74. Cela passe par le développement d'une culture politique qui participe du sentiment de confiance de la population envers l'État. Et là réside un autre problème de ces pays. Leurs systèmes de gouvernement présidentialistes finissent par octroyer trop de pouvoir à l'exécutif, qui étouffe les pouvoirs législatif et judiciaire, tout en remettant en cause le principe de la séparation des pouvoirs, et par conséquent, leur indépendance.

75. Cependant, malgré ces défaillances, les cinq sociétés démocratiques mercosuriennes s'engagent sur le chemin de la stabilisation. Leurs systèmes constitutionnels ont des mécanismes très intéressants, et originaux - tel le recours d'*Amparo* - pour garantir la protection des droits de l'homme et la constitutionnalité des lois. Il y a de plus en plus d'organismes nationaux qui s'occupent de la promotion et de la protection des droits de l'homme, ainsi des secrétariats, des départements et même des ministères. Le même constat vaut pour les institutions intermédiaires entre les institutions gouvernementales et celles de la société civile. Des défenseurs des droits de l'homme existent dans presque tous les États mercosuriens (au Brésil son rôle n'est pas encore bien défini) et les commissions de la vérité qui enquêtent sur les violations commises pendant les dictatures militaires sont maintenant présentes dans tous les pays du Mercosur (le Brésil a finalement établi la sienne en 2012).

Ce qui démontre le changement de perception et de conception qui s'est opéré après le renouveau de la démocratie dans ces pays entre les années 1980 et 1990 : si, auparavant, les droits de l'homme servaient d'outil contre les États, ce sont maintenant les États qui les utilisent pour concevoir leurs politiques nationales. Ce changement représente un tribut non négligeable au droit régional et universel des droits de l'homme.

[387]Corporación Latinobarómetro, *Informe 2013*, Santiago de Chile, 1er novembre 2013, p. 14 et 15. Disponible sur: www.latinobarometro.org, consulté le 22 janvier 2017.

Chapitre II : Le cadre universel et régional de la protection des droits de l'homme

76. Selon les professeurs BUERGENTHAL et SHELTON, jusqu'en 1945 les individus se trouvaient totalement à la merci de l'État auquel ils appartenaient. Ainsi, les personnes qui avaient souffert de mauvais traitements n'étaient pas autorisées à revendiquer directement leurs droits sur la base des conventions internationales devant des juridictions internationales. Ces professeurs considèrent que l'issue de la fin de la Seconde Guerre mondiale a permis à deux événements de bouleverser la situation des individus au regard du droit international : le premier concerne la punition des crimes de guerre à Nuremberg et à Tokyo et le deuxième, le désir de prévenir la récurrence de tels crimes[388]. À compter de ce moment, les individus se sont vus dotés de la personnalité juridique internationale - ils sont devenus des sujets de droits et d'obligations régis par le droit international - et de la capacité internationale — ils bénéficient d'un accès individuel à la justice internationale[389].

Il s'agit, pour le professeur PIOVESAN, de « l'humanisation du droit international » où l'être humain est au cœur du dispositif international[390], ce dont témoigne la Déclaration américaine des droits et devoirs de l'homme : « les droits essentiels de l'homme *n'ont pas* leur origine dans le fait que celui-ci est ressortissant d'un État déterminé, *mais reposent avant tout sur les attributs de la personne humaine*[391] ».

77. Suite à l'émergence de la volonté de lutter contre l'impunité et de prévenir la répétition des crimes de la Seconde Guerre mondiale, un double

[388]Buergenthal (Thomas) et Shelton (Dinah), *Protecting Human Rights in the Americas: Cases and Materials,* International Institute of Human Rights, Kehl, Strasbourg, Arlington, Engel, 4e ed., 1995, p. 6 et s.

[389] Cançado Trindade (Antônio Augusto), *International law for humankind: towards a new jus gentium,* Amersfoort, Martinus Nijhoff Publishers, 2010, p. 213. Voir aussi Cançado Trindade (Antônio Augusto), « Os individuos como sujeito de direito internacional », *Revista do Instituto Brasileiro de Direitos Humanos*, 2012, v. 12, n° 12, Fortaleza, p. 23 à 41.

[390]Piovesan (Flavia), *Direitos Humanos e Justiça Internacional, op. cit.*, 2012, p. 37.

[391] Déclaration américaine des droits et devoirs de l'homme, 2e considérant (notre mise en relief).

mouvement de protection des droits des individus s'est produit. D'une part l'internationalisation de ces droits, par le biais du développement de nouveaux instruments et mécanismes pour la protection des droits de l'homme[392] (Section I) et, d'autre part l'internalisation du droit international des droits de l'homme (Section II).

Comme le lecteur peut le constater, nous utilisons dans ce chapitre deux concepts : l'*internationalisation* des droits de l'homme et l'*internalisation* du droit international des droits de l'homme. Nous nous permettons l'emploi du premier une acception peu usuelle et de faire du second un nouveau concept.

L'*internationalisation* des droits de l'homme s'entend pour une partie de la doctrine comme le moment où les constitutions nationales réceptionnent les instruments de droit international de droits de l'homme. Il s'agit du phénomène que le professeur BURGORGUE-LARSEN appelle « internationalisation des constitutions nationales »[393]. Nous penchons davantage pour l'autre partie de la doctrine, dont l'un des piliers est le professeur PIOVESAN, qui soutient que l'internationalisation correspond au mouvement qui a surgi dans l'après-guerre, à partir de la Déclaration universelle des droits de l'homme de 1948 et qui a permis la formation d'un véritable système international de protection des droits de l'homme[394].

Par *internalisation,* nous pensions au moment où les ordres juridiques nationaux internalisent ces nouveaux instruments internationaux de protection de droits de l'homme. Il s'agit du phénomène d'incorporation décrit par le professeur PIOVESAN[395].

---

[392] Buergenthal (Thomas) et Shelton (Dinah), *op. cit.*, p. 6.

[393] Burgorgue-Larsen (Laurence), *op. cit.*, 2013, p. 15 à 30.

[394] Piovesan (Flavia), *Direitos humanos e justiça internacional*, *op. cit.*, 2012, p. 38. Piovesan (Flavia), *Temas de direitos humanos*, 5e éd., São Paulo, Saraiva, 2012, p. 72 à 76.

[395]Piovesan (Flavia), *Temas (...), op. cit.*, 2012, p. 52.

Section I : L'internationalisation des droits de l'homme

78. Le fait que la discipline du droit international accueille une nouvelle composante – le droit international des droits de l'homme – résulte du développement d'une protection internationale des individus à la fois florissante et prometteuse (§1) et à l'aboutissement des systèmes internationaux de protection des droits de l'homme (§2).

§1 Une protection internationale des droits de l'homme prometteuse

79. Plus d'un demi-siècle s'est écoulé et il s'avère maintenant plus facile de réaliser l'importance de l'évolution de cette protection internationale avec l'apparition de nouvelles organisations (A) et en particulier avec la place conquise par les droits de l'homme au sein de ces nouvelles institutions (B).

A. L'apparition des organisations internationales de protection des droits de l'homme

80. La moitié du 20e siècle a été marquée par la création de nouvelles organisations internationales pour des raisons qui ne sont hélas pas les meilleures, à savoir le besoin de maintenir la paix et de protéger les individus contre des violations commises par les États. De façon concomitante, des organisations à l'échelle universelle (1) et régionale ont été créées (2).

1. L'Organisation des Nations Unies et son souci de protection des individus

81. Au lendemain de la Seconde Guerre mondiale, l'Organisation des Nations Unies (ci-après l'*ONU* ou *Nations unies*) a vu le jour le 26 juin 1945 à San Francisco. Sa Charte, destinée avant tout au maintien de la paix et de la sécurité internationale a été adoptée par 51 États. Il s'agit d'un texte qui, dès son préambule, affirme son souci de prendre en compte les individus : la vie humaine, la dignité et la valeur de la personne humaine, l'égalité entre hommes et femmes et aussi les droits fondamentaux de l'homme sont proclamés dans le préambule de la Charte[396]. Ainsi, bien que les Nations Unies ne soient pas conçues spécifiquement pour la protection des droits de l'homme, ceux-ci en constituent l'un de ses piliers majeurs.

Trois ans plus tard, la Déclaration universelle des droits de l'homme [397]a été adoptée. Bien qu'elle n'ait pas de valeur contraignante, il s'agit d'un instrument inédit (à l'intérieur du système onusien) qui a représenté le grand espoir de l'époque en vue de l'approfondissement de la protection universelle des droits de l'homme[398].

Parallèlement, d'autres organisations s'alarmaient de la situation des droits de l'homme. La guerre qui prenait fin laissait quand même de conséquences importantes sur les droits de l'homme.

---

[396] Charte des Nations unies, du 26 juin 1945, préambule : « Nous, peuples des Nations Unies, résolus à préserver les générations futures du fléau de la guerre qui deux fois en l'espace d'une vie humaine a infligé à l'humanité d'indicibles souffrances ; à proclamer à nouveau notre foi dans les droits fondamentaux de l'homme, dans la dignité et la valeur de la personne humaine, dans l'égalité de droits des hommes et des femmes, ainsi que des nations, grandes et petites (…) ».

[397] Déclaration universelle des droits de l'homme, adoptée le 10 décembre 1948 par l'Assemblée générale des Nations Unies à Paris.

[398] L'ancien juge européen CABRAL BARRETO affirme que « grâce à cette déclaration, les droits de l'homme ont évolué et ont reçu une double projection universelle : tout d'abord, leur universalité permet à toute personne de les invoquer contre n'importe quel État et, deuxièmement, le respect des principes et règles relatifs aux droits fondamentaux de la personne humaine est devenu une obligation de chaque État devant les autres États ». Cabral Barreto (Ireneu), « Os sistemas Interamericano e Europeu de proteção dos direitos Humanos », *Anuario Brasileiro de Direito Internacional*, 2008, vol. 1, p. 110.

2. En Europe et en Amérique : des organisations régionales poursuivant des objectifs politiques comparables

82. Des organisations ayant pour objectif la protection des droits de l'homme sont présentes sur le vieux et le nouveau continent. Leurs rapports avec les droits de l'homme consistent soit dans l'insertion de ces droits dans leurs ordres du jour, soit dans la détermination de la protection de tels droits comme l'un de leurs piliers pour les organisations nouvellement nées. C'est le cas, respectivement, des systèmes interaméricain et européen de protection des droits de l'homme, représentés à l'heure actuelle par l'Organisation des États américains[399] (ci-après *OEA*) et le Conseil de l'Europe[400]. S'ils ont développé tous les deux une prise de conscience des droits de l'homme dans les années 1940, leur évolution diffère nettement.

83. L'OEA a connu deux phases. La première concerne le début du 19e siècle avec un objectif plutôt économique. C'est Simon Bolivar qui en 1826 suggère une Confédération des États latino-américains au Congrès du Panamá. Bien que le traité signé lors de ce congrès (Traité de l'Union Perpétuelle, Ligue et Confédération) ne soit jamais entré en vigueur par absence de ratifications, il s'agit du premier texte latino-américain à traiter du sujet des droits de l'homme[401]. Le Congrès du Panamá a également tenu un rôle important parce qu'il a représenté un précédent et une base pour des réunions ultérieures qui ont débouché sur l'adoption de textes majeurs relatifs à la protection des droits de l'homme. Ainsi, en 1889-1890 eut lieu la

---

[399] L'OEA a été fondée en 1948 lors de la signature à Bogotá (Colombie) de la Charte de l'OEA qui entre en vigueur en décembre 1951.

[400] Le Conseil de l'Europe a été créé le 5 mai 1949 par le Traité de Londres.

[401] Dans les articles 23 et 27 de ce traité apparaissent les premiers signes de questionnements concernant les droits de l'homme par les États américains. Ils reconnaissent le principe de l'égalité juridique des nationaux d'un pays et des étrangers et également l'engagement des États parties à une coopération par l'abolition de l'esclavage.

première Conférence internationale des États américains[402], lors de laquelle l'Union internationale des Républiques américaines a été établie[403].

La deuxième phase se déroule durant la première moitié du 20e siècle, période où l'Union internationale des Républiques américaines est en action. Neuf conférences portant sur des thématiques commerciales, sur la défense et sur la coopération mutuelle se sont tenues[404] lors desquelles l'Union internationale des républiques américaines a vu sa dénomination modifiée à mesure que ses attributions ont été élargies. Par la suite, elle s'est passée de l'appellation de Bureau commercial des républiques américaines (entre 1890 et 1902) à celle de Bureau international des républiques américaines (entre 1902 et 1910), puis à celle d'Union Panaméricaine (entre 1910 et 1948)[405].

Lors de la Neuvième Conférence internationale des États américains en 1948 à Bogotá, les États décidèrent de créer l'OEA. À cette occasion, sa Charte constitutive fut adoptée[406] et l'Union Panaméricaine devint le Secrétariat général de l'OEA, tel qu'on le connaît à ce jour. Par la suite, en 1970, les conférences internationales américaines ont également changé de configuration : elles ont été remplacées par l'Assemblée générale de l'OEA[407].

---

[402] La première Conférence internationale des États américains a eu lieu entre le 2 octobre 1889 et le 19 avril 1890 à l'invitation du gouvernement des États-Unis. Elle a été tenue « dans le but de débattre et de recommander l'adoption par leurs gouvernements respectifs d'un plan d'arbitrage appelé à régler les différends et conflits qui pourraient se présenter entre eux à l'avenir, et pour examiner les questions portant sur l'amélioration de leurs relations commerciales et les moyens de communication directe entre ces pays, ainsi que pour encourager ces relations commerciales de façon qu'elles produisent des bénéfices pour tous et créent de plus vastes marchés pour les produits de chacun de ces pays ».

Disponible sur : http://www.oas.org/pt/sobre/nossa_historia.asp, consulté le 18 juin 2013.

[403] L'Union internationale des Républiques américaines a été établie par les 18 pays présents à la conférence « dans le but de recueillir et de distribuer rapidement des informations commerciales ». Elle siégeait à Washington.

[404] Les Conférences internationales des États américains de 1889-1890 (Washington), de 1901-1902 (Mexico), de 1906 (Rio de Janeiro), de 1910 (Buenos Aires), de 1923 (Santiago), de 1928 (Havane), de 1933 (Montevideo), de 1938 (Lima) et de 1948 (Bogot*á*).

[405] L'Union Panaméricaine a été créée par la résolution de la IV Conférence interaméricaine de 1910 de Buenos Aires. Pour plus d'information sur les conférences interaméricaines, voir Tobar-Zaldumbide (Manuel), « Facteurs d'unité et Facteurs de division », *in* Centre universitaire des hautes études européennes, *L'Europe et l'Amérique latine*, Strasbourg, 1965, p. 17.

[406] La Charte de l'OEA a été adoptée en 1948 à Bogota et a été modifiée au moyen de Protocoles d'amendements à quatre reprises : Buenos Aires, 1967; Cartagena de Indias, 1985; Washington, 1992, et Managua, 1993.

[407] Selon description historique de l'organisation disponible au site Internet de l'OEA.

Pendant ces deux premières étapes de la construction du système interaméricain, les États ne se montraient pas seulement préoccupés de l'aspect économique, mais également très attentifs aux droits des étrangers, à la paix et aux droits des femmes, établissant ainsi plusieurs traités y relatifs[408].

La Seconde Guerre mondiale marquant un tournant du 20e siècle, les États du continent américain ne sont pas restés inactifs concernant la protection des individus. Des conférences panaméricaines portant sur des thématiques spécifiques telles la guerre, la paix et la sécurité ont eu lieu[409]. En outre, d'importants textes ont été adoptés concernant principalement le droit du travail (des enfants et des femmes), les persécutions, les crimes de guerre et l'accès à l'information[410].

84. En Europe, à la fin de la Seconde Guerre mondiale diverses craintes alourdissaient l'ambiance politique et économique : des inquiétudes par rapport à la fragilité des êtres humains face à la « déraison des gouvernements »[411] et des tensions dues à la faiblesse économique de certains pays touchés par la guerre. La solution adoptée par les *Pères Fondateurs* pour reconstruire l'Europe tout en assurant le maintien de la paix a emprunté deux voies : l'une politique et l'autre économique[412]. C'est ainsi que naquirent ces deux institutions connues aujourd'hui : le Conseil de l'Europe et l'Union européenne. À ce stade de la recherche, le Conseil de l'Europe focalise notre centre d'intérêt.

---

[408] Traité pour l'extradition des criminels et pour la protection contre l'anarchie (1902); Convention relative aux droits des étrangers (1902) ; Convention établissant le statut de citoyens naturalisés qui ont établi résidence dans leurs pays d'origine (1906) ; Convention sur l'asile (1928) ; Convention sur le Droit international privé (1928) ; Convention sur le Statut d'étranger (1928) ; Convention sur l'asile politique (1928) ; Convention sur la nationalité (1933) ; Convention sur la nationalité de la femme (1933), et Convention sur l'extradition (1933).

[409] La Conférence interaméricaine pour la Maintenance de la Paix (Buenos Aires, 1936), la Conférence interaméricaine sur les problèmes de la Guerre et de la Paix (Mexico, 1945).

[410] L' « Humanisation de la guerre » (1936), Persécution pour les motifs raciaux ou religieux (1938), Crimes de guerre (1942), Accès libre à l'information (1942) et le Traité interaméricain sur l'assistance réciproque (« Pacte de Rio », 1947).

[411] Le professeur WACHSMANN explique qu'à l'issue de la Seconde Guerre mondiale, l'Europe en ruines cherche à échapper au cauchemar totalitaire — au nazisme vaincu, mais aussi au stalinisme qui venait d'étendre son emprise à l'est du continent. Wachsmann (Patrick), *Les droits de l'homme*, 5e éd., Paris, Dalloz, 2008, p. 26.

[412] Ou, comme soutient le professeur BURGORGUE-LARSEN, les deux Europe : une des droits de l'homme, l'autre du marché. Burgorgue-Larsen (Laurence), *op. cit.*, 2010, p. 391.

Le Conseil de l'Europe a vu le jour avec l'adoption de son Statut à Londres le 5 mai 1949. Il tire ses origines du Congrès de l'Europe. Ce Congrès a été convoqué par le Mouvement européen, organisation privée composée de militants de l'unité européenne [413]dont le président était Sir Winston CHURCHILL. Ce mouvement s'est réuni à La Haye entre le 7 et le 10 mai 1948[414] et a abouti à la rédaction du premier projet de l'organisation.

Parmi les motivations qui ont présidé à sa création, deux axes se dégagent. La volonté d'organiser politiquement l'association des États démocratiques d'Europe occidentale, qui deviendrait « l'incarnation et le gardien »[415] des valeurs et principes fondamentaux comme la démocratie pluraliste, l'État de droit et les droits de l'homme[416]. La volonté de défendre et de promouvoir la liberté et la démocratie qui imprègne l'ensemble du Statut du Conseil de l'Europe. Selon son préambule, les États signataires sont « inébranlablement attachés aux valeurs spirituelles et morales qui sont le patrimoine commun de leurs peuples et qui sont à l'origine des principes de liberté individuelle, de liberté politique et de prééminence du droit, sur lesquels se fonde toute démocratie véritable »[417]. L'article 3 du Statut précise que « tout membre du Conseil de l'Europe reconnaît le principe de la prééminence du droit et le principe en vertu duquel toute personne placée sous sa juridiction doit jouir des droits de l'homme et des libertés fondamentales »[418].

Il est également possible d'observer quelques questionnements concernant la protection des droits de l'homme dans le cadre des organisations internationales nouvellement nées.

---

[413] Cohen-Jonathan (Gérard), *La Convention européenne des Droits de l'Homme*, Paris, Economica, 1989, p. 10.

[414] Gros Espiell (Hector), « La Convention américaine et la Convention européenne des droits de l'Homme : analyse comparative », *RCADI*, VI, 1989, vol. 218, p. 216.

[415]Wachsmann (Patrick), *op. cit.*, 2008, p. 27.

[416] Leuprecht (Peter), « Innovations in the European System of Human Rights Protection: Is enlargement compatible with reinforcement ? » in Symposium, International Human Rights at Fifty. Transnational Law and Contemporary Problems. *Journal of the University of Iowa College of Law*. Volume 8, Number 2, p. 313.

[417] Statut du Conseil de l'Europe, préambule.

[418] Les motivations qui ont présidé à la création du Conseil de l'Europe renvoient à celles mêmes qui ont conduit à la création du système européen des droits de l'homme : éviter les atrocités et prévenir la guerre entre les pays voisins, partager des valeurs et faire face au communisme.

B. La place occupée par les droits de l'homme dans les organisations régionales

85. Issues de nombreux mouvements en faveur des droits de l'homme, il ne paraît pas étonnant que les organisations régionales créées ou réformées après la guerre aient ajouté les droits de l'homme à leurs programmes[419]. Toutes ont été inspirées par les dispositions de la Charte des Nations Unies et par la Déclaration universelle des droits de l'homme (ci-après *DUDH*). Cependant, cette volonté d'inclure les droits de l'homme dans leurs programmes découle de leur frustration devant les efforts des Nations Unies pour conclure une « vraie » convention internationale des droits de l'homme. En effet, les Pactes internationaux relatifs aux droits civils et politiques et relatifs aux droits économiques, sociaux et culturels[420] ont nécessité presque deux décennies pour être finalisés et adoptés. Durant cette période, il apparaissait clairement que les instruments contraignants de niveau universel ne seraient pas assez puissants et que les procédures juridictionnelles pour renforcer les droits de l'homme resteraient aux niveaux régionaux. En termes de résultat, les systèmes régionaux ont mis l'accent sur la création de procédures de redressements établissant un mécanisme de contrôle pour surveiller la mise en œuvre et le renforcement de la garantie des droits[421]. Pour ce faire, l'OEA a dû attendre la fin les dictatures présentes dans presque tous les pays du continent pour parvenir à faire de la place à la promotion et à la protection des droits de l'homme (1) et le Conseil de l'Europe a dû affronter la période postérieure à la Seconde Guerre mondiale, tout en se basant sur des valeurs communes propres aux États membres (2).

---

419 L'ancien président de la Commission IDH CAROZZA affirme même que la difficulté rencontrée par les droits de l'homme sur le continent américain a débuté avec les tentatives de Bartolomé de Las Casas (missionnaire espagnol du 16e siècle) pour abolir le système d'esclavage des indigènes ainsi que le système de l'*encomienda*. Les contributions de la région latino-américaine concernant les droits de l'homme ne cessent pas en 1948, mais se poursuivent. Carozza (Paolo G.), « From Conquest to Constitutions: Retrieving a Latin American Tradition on the idea of Human Rights », *Human Rights Quarterly*, vol. 25, n° 2, 2003, p. 289.

420 Pactes internationaux relatifs aux Droits civils et politiques et relatifs aux Droits économiques, sociaux et culturels du 16 décembre 1966, en vigueur depuis 3 janvier 1976 et 23 mars 1976.

421 Shelton (Dinah), *Regional protection of human rights*, Oxford University press, 2008, p. 16.

1. L'Organisation des États américains et l'affranchissement des dictatures par la promotion et la protection des droits de l'homme

86. À la Neuvième Conférence internationale des États américains en 1948, les États ont décidé, outre l'adoption de la Charte de l'OEA[422], d'avoir une approche plus complète des droits de l'homme[423]. Ainsi, la Charte de l'OEA a prévu une place privilégiée pour les droits de l'homme dans son préambule[424] en tant que principe fondateur de l'organisation[425].

Cependant, certains auteurs critiquent la Charte de l'OEA, lui reprochant de ne contenir que très peu de dispositions sur les droits de l'homme. Ceux-ci seraient écrits en termes très généraux, et ne contiendraient pas de définition concernant les droits fondamentaux de l'homme ou de la personne humaine[426]. Cependant, comme le soutient l'ancien juge GARCIA RAMIREZ, la Charte avait pour objectif d'énoncer les droits de l'homme à titre de principes sur lesquels l'OEA est fondée, « source explicite d'engagements politiques et juridiques »[427].

87. En outre, deux importants instruments interaméricains de protection des droits fondamentaux ont été adoptés ; il s'agit de la Déclaration

---

[422] Charte de l'Organisation des États américains, adoptée à Bogotá le 30 avril 1948, révisée par le Protocole de Buenos Aires du 27 février 1967.

[423] Buergenthal (Thomas) et Shelton (Dinah), *op. cit.*, p. 39.

Selon DUNSHEE DE ABRANCHES, c'est aussi à cette Conférence que pour la première fois la Commission juridique interaméricaine a proposé, sur la base d'un projet de résolution soumis par la Délégation brésilienne, la création d'une Cour interaméricaine pour protéger les droits de l'homme. Le projet est bien accueilli et débouche sur la Résolution XXXI. Dunshee de Abranches (Carlos Alberto), *Proteção Internacional dos Direitos Humanos*, Freitas Bastos, Rio de Janeiro, São Paulo, 1964, p. 84.

[424] Charte de l'OEA, préambule: « les États représentés à la IX Conférence internationale américaine (…) sûrs du fait que le véritable sens de la solidarité américaine et du bon voisinage ne peut se concevoir qu'en consolidant dans ce continent et dans le cadre des institutions démocratiques, un régime de liberté individuelle et de justice sociale basé sur le respect des droits fondamentaux de l'homme ».

[425] Charte de l'OEA, art. 3, l: « Les États américains réaffirment les principes suivants (…) les États américains proclament les droits fondamentaux de la personne humaine sans aucune distinction de race, de nationalité, de religion ou de sexe ».

[426] Buergenthal (Thomas) et Shelton (Dinah), *op. cit.*, p. 39.

[427] Garcia Ramirez (Sergio), « Panorama de la jurisdicción Interamericana sobre Derechos Humanos », *in* Von Bogdandy (Armin) *et al.* (coord.), *La justicia constitucional y su internacionalización*, Vol. 2. Mexico, Heidelberg, Univ. Nacional Autonoma de Mexico, 2010, p. 338.

américaine des droits et devoirs de l'homme (ci-après DADDH)[428] et la Charte internationale américaine des garanties sociales[429].

Toutefois la Charte internationale américaine des garanties sociales n'a pas connu une véritable réussite[430]. Le professeur HENNEBEL soutient que lorsque cette Charte a été adoptée, elle a constitué une avancée considérable en termes de droits des travailleurs. Elle présentait les droits minimaux dont devaient bénéficier les travailleurs du continent. Néanmoins, étant donné le peu de soutien des États, elle n'est jamais entrée en vigueur et, à l'heure actuelle, elle n'a qu'une valeur déclaratoire limitée.

88. La DADDH, à l'inverse, même si elle a essuyé de très fortes critiques au départ, a connu un autre sort.

En fait, le projet de rédaction d'un texte plus efficace concernant la protection des droits de l'homme existait depuis la Conférence interaméricaine sur les problèmes de la guerre et de la paix, qui a eu lieu à Chapultepec, Mexico en 1945[431]. Comme l'affirme le professeur FAUNDEZ LEDESMA, la DADDH constitue un complément indispensable de la Charte de l'OEA, car cette dernière ne spécifie pas quels sont les droits de la personne humaine[432]. En 1948, les pays interaméricains attendaient la rédaction d'un texte de valeur contraignante. Or, il ne s'agissait que l'adoption d'une déclaration des droits, par ailleurs il semble que les rédacteurs n'aient pas été à l'aise avec cette simple décision d'autant plus que, d'après la partie initiale de la déclaration, l'OEA essayait de justifier la non-adoption d'une convention[433], en affirmant que la déclaration représenterait« le système initial de protection considéré par les États

---

[428] Déclaration américaine des droits et devoirs de l'homme, adoptée à Bogotá le 30 avril 1948. Selon la Cour interaméricaine des droits de l'homme, c'est à partir de l'adoption de la DADDH qui naît formellement le système interaméricain des droits de l'homme. Corte Interamericana de Derechos Humanos, *Documentos básicos en materia de derechos humanos en el Sistema Interamericano*. Corte Interamericana de Derechos Humanos, San José, C.R., 2012, p. 4.

[429] Charte internationale américaine des garanties sociales, adoptée à Bogot*á* le 30 avril 1948.

[430] Hennebel (Ludovic), *La Convention américaine des droits de l'homme – Mécanismes de protection et étendue des droits et libertés*, Bruxelles, Bruylant, 2007, p. 22.

[431] *Ibid.*, p. 19. L'ancien juge GARCIA RAMIREZ soutient qu'à l'occasion de cette conférence, on a souhaité que les droits de l'homme figurent dans une déclaration adaptée sous forme de convention par les États. Garcia Ramirez (Sergio), *op. cit.*, 2010, p. 336.

[432] Fáundez Ledesma (Héctor), *El sistema interamericano de protección de los derechos humanos: aspectos institucionales y procesales*, 3e éd., San José, Instituto Interamericano de Derechos Humanos, 2004, réimprimé en 2009, p. 32.

[433] Dunshee de Abranches (Carlos Alberto), *op. cit.*, p. 86.

américains comme étant approprié aux conditions juridiques et sociales actuelles » et en reconnaissant que « [les États devraient] renforcer toujours davantage [les droits essentiels de l'homme] dans le domaine international, à mesure que les circonstances seront plus propices »[434]. En tout état de cause, la DADDH doit être saluée, car c'est le premier texte de promotion des droits de l'homme adopté, même avant la DUDH[435].

Quelles raisons ont empêché les États américains d'assurer une protection internationale effective des droits de l'homme en 1948? La réponse est simple, connue de tous et malheureusement triste : l'ancien membre de la Commission interaméricaine Carlos Alberto DUNSHEE DE ABRANCHES a écrit en 1964 que l'instabilité politique de quelques républiques latino-américaines avait conduit fréquemment à des gouvernements dictatoriaux qui suspendent les garanties et privent les individus de certains droits et libertés fondamentaux[436].

Enfin, même si, pour beaucoup, le sentiment de déception prévalait à la fin de cette Conférence, la DADDH constitue un précédent dans l'histoire de la protection internationale des droits de l'homme puisqu'elle a été conclue sept mois avant la DUDH et deux ans et demi avant la Convention européenne des droits de l'homme (ci-après *CEDH*)[437]. La Déclaration américaine qualifie les droits qu'elle consacre d'attributs de la personne humaine et énonce en outre les devoirs de l'homme, considérés comme le corollaire indispensable des droits : « l'accomplissement du devoir de chacun est une exigence du droit de tous[438] ».

---

[434] Déclaration américaine des droits et devoirs de l'homme, Considérant n° 4.

[435] L'ancien Président de la Commission IDH CAROZZA parle d'activisme des Latino-Américains dans le cadre de la rédaction de la DADDH ayant influé sur la DUDH. Carozza (Paolo G.), *op. cit.*, p. 282.

[436] Dunshee de Abranches (Carlos Alberto), *op. cit.*, p. 86.

[437] Convention européenne des droits de l'homme du 4 novembre 1950, en vigueur depuis le 3 septembre 1953.

Une réponse à la remarque de la doctrine latino-américaine sur la Charte de l'OEA pourrait correspondre à l'adoption au même moment de la Déclaration américaine des droits et devoirs de l'homme, tout en exemptant la Charte de toucher plus profondément à la question des droits de l'homme.

[438] Préambule de la Déclaration américaine des droits et devoirs de l'homme. Pour plus d'informations sur les apports de la DADDH, voir Salvioli (Fabian Omar), « El aporte de la Declaración Americana de 1948, para la protección internacional de los derechos humanos », *in* Corte Interamericana de Derechos Humanos, *Memoria del Seminario El sistema interamericano de protección de los derechos humanos en el umbral del siglo XXI,* Vol. I.2e éd., San José, C.R., Corte Interamericana de Derechos Humanos, 2003, p. 679 à 696.

89. La Cinquième Réunion de Consultation des ministres des Affaires étrangères, qui s'est tenue à Santiago du Chili, du 12 au 18 août 1959, a consacré de grands débats à l'avancement de la protection des droits de l'homme au sein de l'OEA[439]. Face à la situation de la République Dominicaine et de Cuba, la décision de la création de la Commission interaméricaine des droits de l'homme a été prise[440]. Cette dernière a entamé ses activités en 1960. Et, compte tenu des progrès faits en matière de droits de l'homme depuis la Déclaration américaine et considérant les mécanismes de protection mis en place au sein des Nations Unies et du Conseil de l'Europe, il a été jugé souhaitable d'adopter une convention américaine des droits de l'homme et de créer une cour interaméricaine de protection des droits de l'homme[441]. Ayant pour source directe les projets du Conseil interaméricain de jurisconsultes de 1959, les projets du Chili et de l'Uruguay de 1965, ainsi que le projet rédigé par la Commission interaméricaine des droits de l'homme (ci-après *Commission IDH*) de 1968[442], la Convention américaine relative aux droits de l'homme (ci-après *CADH*) a été signée en 1969 et est entrée en vigueur en 1978[443] et la Cour interaméricaine des droits de l'homme (ci-après *Cour IDH*) est entrée en fonction en 1979 à San José au Costa Rica[444].

La CADH est considérée comme la « pierre angulaire du système interaméricain de protection des droits de l'homme »[445]. Le premier

---

[439] Le professeur HENNEBEL rappelle que le contexte mondial et régional avait changé. Dans le vieux continent, il y eut des avancées étaient faits : une convention sur les droits de l'homme avait pris forme et le Conseil de l'Europe avait vu le jour. Sur le continent américain, à l'inverse, des menaces à la démocratie et aux droits de l'homme se faisaient de plus en plus visibles : le régime dictatorial du Général Trujillo dans la République Dominicaine perpétrait des violations massives des droits de l'homme et l'accession au pouvoir de Fidel Castro à Cuba inquiétait l'OEA. Hennebel (Ludovic), *op. cit.*, p. 18.

[440] OEA, Résolution VIII « Droits de l'homme », Partie II de l'Acte final de la 5e Réunion de Consultation des ministres des Affaires étrangères, p. 11. Disponible sur : http://www.oas.org/consejo/sp/rc/Actas/Acta%205.pdf, consulté le 24 mai 2011.

[441] OEA, Résolution VIII « Droits de l'homme », Partie I, op. cit.

[442] Gros Espiell (Hector), *op. cit.*, 1989, p. 223.

[443] Convention américaine relative aux droits de l'homme adoptée à San José, Costa Rica, le 22 novembre 1969 à la Conférence spécialisée interaméricaine sur les droits de l'homme et entrée en vigueur le 18 juillet 1978. La Convention a mis neuf ans pour entrer en vigueur. Cela s'explique, car elle avait besoin de 11 ratifications, nombre assez conséquent pour un continent sur lequel la plupart des pays ne vivaient pas sous un régime démocratique.

[444] Sur l'installation de la Cour IDH, voir les discours prononcés à l'occasion de sa première réunion ordinaire entre le 3 et le 14 septembre 1979, à San José : Corte Interamericana de Derechos Humanos, *La Corte Interamericana de derechos humanos, un cuarto de siglo: 1979-2004*, Corte Interamericana de DerechosHumanos, San José, C.R., Corte Interamericana de Derechos Humanos, 2005, p. 415 à 482.

[445]Hennebel (Ludovic), *op. cit.*, p. 36.

paragraphe de son préambule contient, à lui seul, toute la portée idéologique du système interaméricain qui voit dans la démocratie le seul système politique permettant de mettre en œuvre les droits de l'homme[446] : il y est ainsi énoncé que la Convention a pour objet de « consolider sur ce continent, dans le cadre des institutions démocratiques, un régime de liberté individuelle et de justice sociale, fondé sur le respect des droits fondamentaux de l'homme »[447].

La CADH est organisée structurellement en deux parties. La première est substantielle, puisqu'elle a un catalogue de droits presque identique à celui de la DADH. La deuxième est institutionnelle, car elle contient des précisions pour l'établissement d'une commission et d'une cour[448].

2. Le Conseil de l'Europe et le dépassement de Seconde Guerre mondiale par la création de valeurs communes

90. Le préambule du Statut du Conseil de l'Europe va dans le même le sens que celui de la Charte de l'OEA : il rappelle son souci des droits et libertés fondamentaux[449]. Cependant, à la différence de l'organisation américaine, l'Europe a préféré se doter tout d'abord d'une convention et d'une cour des droits de l'homme. La simple proclamation de principes par la DUDH ne pouvait ici être tenue pour suffisante[450]. La décision de principe quant à l'adoption d'un instrument juridiquement contraignant et la rédaction du premier projet d'une cour eurent lieu au Congrès de l'Europe de 1948 à La Haye[451].

---

[446] *Ibid.*

[447] CADH, préambule.

[448] L'ancien Président de la Commission interaméricaine FARER considère que la CADH a « deux facettes ». Farer (Tom), « The Rise of the Inter-American Human Rights Regime: No Longer a Unicorn, Not Yet an Ox »,*in* Harris (David J.) et Livingstone (Stephen) (ed.), *The inter-American system of human rights*, Oxford, Clarendon Press ; New York, Oxford University Press, 1998, p. 41.

[449] Statut du Conseil de l'Europe, art. 1er, b : « Ce but sera poursuivi au moyen des organes du Conseil, par l'examen des questions d'intérêt commun, par la conclusion d'accords et par l'adoption d'une action commune dans les domaines économique, social, culturel, scientifique, juridique et administratif, ainsi que par la sauvegarde et le développement des droits de l'homme et des libertés fondamentales ».

[450] Wachsmann (Patrick), *op. cit.*, 2008, p. 27.

[451] Robertson (Arthur Henry), *Travaux préparatoires*, vol. 1, The Hague, Martinus Nijhoff, 1975, p. 296.

91. Le lien établi entre le respect des droits de l'homme et les régimes démocratiques affirmés par le préambule du Statut de Londres a été renforcé par la Convention de sauvegarde des droits de l'homme et de garanties fondamentales, plus connue sous le nom de Convention européenne des droits de l'homme. Sa préparation a été entamée peu après l'adoption de la Déclaration universelle du 10 décembre 1948. Le préambule de cette Convention établit un lien historique avec la Déclaration universelle, non seulement en s'y référant à plusieurs reprises, mais surtout en déclarant que les gouvernements signataires sont « résolus, en tant que gouvernements d'États européens animés d'un même esprit et possédant un patrimoine commun d'idéal et de traditions politiques, de respect de la liberté et de prééminence du droit, à prendre les premières mesures propres à assurer la garantie collective de certains des droits énoncés dans la Déclaration universelle »[452]. Cette Convention devait « être le dénominateur commun des démocraties occidentales »[453]. Elle a été signée à Rome le 4 novembre 1950 et est entrée en vigueur le 3 septembre 1953.

La CEDH a été le premier traité multilatéral conclu dans le cadre du Conseil de l'Europe[454], parce que les moyens pour atteindre le but du Conseil, à savoir la paix entre les États parties, représentent la sauvegarde et le développement des droits de l'homme. Le préambule même de la CEDH souligne l'attachement des États européens à « un patrimoine commun d'idéal et de traditions politiques, de respect de la liberté et de prééminence du droit » et réaffirme que le maintien des libertés fondamentales repose essentiellement, d'une part « sur un régime politique véritablement démocratique » et, d'autre part, sur « une conception commune et un commun respect des droits de l'homme »[455].

En ce qui concerne le contrôle international du respect des engagements étatiques, la Convention européenne a innové en mettant en place un

---

452 Buergenthal (Thomas) et Kiss (Alexandre), *La protection internationale des droits de l'homme: Pré cis*, Engel, 1991, p. 57.

453 Cohen-Jonathan (Gérard), *op. cit.*, p. 10.

454 Jean-François FLAUSS observait que « la Convention européenne est à l'évidence un produit de l'Histoire. Prioritairement, elle a été adoptée pour éloigner le spectre des atrocités de la Seconde Guerre mondiale et prévenir leur réitération. Plus conjoncturellement, elle a été élaborée pour répondre et faire face à la menace de propagation des régimes d'obédience marxiste et soviétique en Europe occidentale ». Flauss (Jean-François), « L'histoire dans la jurisprudence de la Cour européenne des droits de l'homme », *RTDH*, Némésis/Bruylant, 2006, 65, p. 5.

455 CEDH, préambule.

ensemble institutionnel comprenant une Commission européenne des droits de l'homme (ci-après *Commission EDH*)[456] et une Cour européenne des droits de l'homme (ci-après *Cour EDH*), toutes les deux établies à Strasbourg.

92. Ainsi, la grande contribution de la CEDH ne réside pas dans le fait de reconnaître que les individus jouissent nécessairement d'un ensemble de droits fondamentaux dont ils ne peuvent être privés et que l'État et le droit international doivent les garantir et les protéger. Car, partant de ce principe, les droits dépourvus de toute possibilité de recours n'auraient que peu de valeur. Mais les auteurs de la CEDH ont institué, pour la première fois sur le plan international, un véritable mécanisme de garantie internationale des droits et libertés fondamentaux de l'homme[457].

Ainsi, les systèmes interaméricain et européen sont nés à peu près à la même époque. Ils s'influencent l'un l'autre et sont garants d'une étroite relation analogique dans leurs fondements (démocratie et droits de l'homme), leurs principes et leur évolution, avis partagé par l'ancien juge de la Cour interaméricaine Héctor GROS ESPIELL[458].

93. Cependant, les réalités des États membres du Conseil de l'Europe conditionnent une différence d'application de la CEDH et de la CADH. Pour enrichir l'analyse de ces distinctions, l'ancien juge portugais de la Cour européenne CABRAL BARRETO affirme que ces différences sont de nature procédurale[459], parce que, structurellement, il y a une convergence claire, même au niveau de l'interprétation des textes par les deux cours[460].

Selon Héctor GROS ESPIELL, toutes ces distinctions pourraient être expliquées par les différences existant au sein même des sociétés américaines et européennes. En Europe, les réalités politiques (démocratiques et stables), économiques (développées) et sociales (évoluées

---

[456] Le Protocole additionnel n° 11, entré en vigueur en 1er novembre 1998, incorporé au corps de la Convention, a institué une Cour unique qui a remplacé la Commission et l'ancienne Cour.

[457] Conseil de l'Europe, *La Convention européenne des droits de l'homme*, Strasbourg, 1968, p. 10.

[458] Gros Espiell (Hector), « La Cour interaméricaine et la Cour européenne des droits de l'homme », *in Liber Amicorum Marc-André Eissen*, Bruxelles, Bruylant, 1995, p. 234.

[459] La structure des organes, la notion de victime, la nature juridique des mesures provisoires, la surveillance de l'exécution des arrêts et d'avis juridiques.

[460] Cabral Barreto (Ireneu), *op. cit.*, p. 130.

et sans extrême pauvreté)[461] s'opposent aux réalités politiques instables, avec de graves problèmes de sous-développement économique et avec une situation sociale, dans beaucoup de cas, caractérisée par la misère, par l'exploitation et par l'injustice dans la plupart des pays du continent américain[462]. De surcroît, cette différence s'accroît par le fait qu'existent dans l'OEA trois groupes différents de pays membres : les États-Unis (pays développé, avec un pouvoir économique déterminant, un niveau social élevé et une stabilité institutionnelle provenant d'une continuité constitutionnelle ininterrompue depuis 1787) ; les pays latino-américains (de langue espagnole et portugaise, avec différents degrés de développement, qui connaissent de graves problèmes économiques, une situation sociale critique et une instabilité politique); les pays des Caraïbes (de langue anglaise ou néerlandaise, hormis Cuba, de langue espagnole, qui connaissent des problèmes politiques, économiques et sociaux, et sont sous-développés)[463]. Enfin, tandis que le système européen a été régulé pendant les quarante ans d'histoire des démocraties (dans la plupart des États) par des juridictions indépendantes et des gouvernements qui observaient la légalité, l'histoire de beaucoup de gouvernements américains depuis les années 1960 a été radicalement différente du fait des dictatures militaires, de la violente répression de l'opposition politique, du terrorisme et d'un pouvoir judiciaire phagocyté par ces régimes[464]. Outre son contexte historique, la région latino-américaine possède des spécificités, comme le rappelle le professeur PIOVESAN. Il s'agit d'une région marquée par un degré très élevé d'exclusion et d'inégalité sociale, où les démocraties se trouvent en phase de consolidation. En outre, les réminiscences les régimes dictatoriaux ont laissé des traces : une culture de violence et d'impunité, l'État de droit est encore peu respecté et une tradition précaire de respect des droits de l'homme caractérise les systèmes politico-juridiques de ces États[465].

94. Les atteintes aux droits de l'homme d'un continent à l'autre ont subi des évolutions différentes au fil du temps. Durant sa première décennie de travail, « l'époque pionnière » comme l'appelle le professeur BURGORGUE-

---

461 L'analyse des différences énoncée par Héctor Gros Espiell nous semble assez simpliste. Cela pourrait être vrai si la situation en Europe à cette époque avait été politiquement, économiquement et socialement parfaite.

462 Gros Espiell (Hector), *op. cit.*, 1989, p. 201.

463 *Ibid*, p. 205.

464 Harris (David J.), « Regional Protection of Human Rights: The Inter-American Achievement », *in* Harris (David J.) et Livingstone (Stephen), *op. cit.*, p. 2.

465 Piovesan (Flavia), « Proteção dos direitos humanos », *in* Von Bogdandy (Armin)(ed.), *Direitos humanos, democracia e integração jurídica*, Rio de Janeiro, Lumen Juris, 2011, p.633.

LARSEN[466], la Cour interaméricaine a surtout jugé des violations qui se sont produites sous les régimes dictatoriaux. Il s'agissait d'atteintes massives et systématiques aux droits à la vie et à l'intégrité physique, à la suite des détentions arbitraires, tortures, exécutions extrajudiciaires, disparitions forcées[467], etc. Par contre durant les premières décennies, les sujets à l'ordre du jour de la Cour EDH se voyaient davantage liés à la vie quotidienne des démocraties européennes occidentales, tels les droits liés à l'intégrité de la personne, le droit à la vie privée et familiale, la liberté d'expression, etc.

Depuis le début des années 2000[468], les régimes et dictatures militaires n'existent plus en Amérique latine[469] et, les atteintes massives et systématiques aux droits de l'homme font place à des questions plus complexes, touchant les aspects constitutionnels des sociétés démocratiques, par exemple la protection des communautés indigènes[470], des enfants, des immigrants, la validité des lois d'amnistie, la liberté d'expression, le droit à un procès équitable, la non-discrimination, etc.[471] La jurisprudence de la

---

[466] Burgorgue-Larsen (Laurence), « Les nouvelles tendances dans la jurisprudence de la Cour interaméricaine des droits de l'homme », *Cursos de Derecho Internacional y Relaciones y Internacionales de Vitoria-Gasteiz* 2008, Universidad del Pais Vasco, Bilbao, 2009, p. 152.

[467] Sur les disparitions forcées, voir Gonzalez (Felipe), « Nunca Mas: An Analysis of International Instruments on 'Disappearances' », *Human Rights Quarterly*, vol. 19, n. 2, 1997, p. 365.

[468] Le chercheur GONGORA MERA affirme que ce changement découle de l'adoption des régimes démocratiques sur le continent américain et du nouveau Règlement de la Commission interaméricaine. Gongora Mera (Manuel Eduardo), *op. cit.*, p. 25.

[469] Sauf à Cuba.

[470] Voir la jurisprudence de la Cour IDH sur les communautés indigènes à : Dhommeaux (Jean), « Les communautés autochtones et tribales dans la jurisprudence de la Cour interaméricaine de droits de l'homme » et Rinaldi (Karine), « Le droit des populations autochtones et tribales à la propriété dans le système interaméricain de protection des droits de l'homme », *in* Hennebel (Ludovic) et Tigroudja (Hélène) (dir.), *Le particularisme interaméricain des droits de l'homme : en honneur du 40e anniversaire de la Convention américaine des droits de l'homme*, Pedone, Paris, 2009, p. 183 à 250. Et également, mais sous un prisme comparatif des trois systèmes régionaux de protection : M. BIRKER, *La défense contentieuse des intérêts collectifs devant les commissions et cours régionales des droits de l'homme*, Thèse de doctorat soutenue à l'Université de Strasbourg, le 23 juin 2012.

[471] Le professeur BURGORGUE-LARSEN soutient qu'« aujourd'hui on assiste à une montée en puissance d'affaires que l'on pourrait qualifier de 'classiques' au sens où elles sont l'apanage de n'importe quelle 'société démocratique'. Aux côtés de ce mouvement de fond qui démontre que les sociétés latino-américaines sont confrontées à des questionnements 'universels', subsiste un contentieux représentatif des problèmes structurels irrémédiablement liés à certaines spécificités du continent américain ». Le professeur fait référence à la liberté d'expression et au droit au juge, pour les affaires classiques, et, pour les affaires « latino-américaines », à la protection des groupes vulnérables (comme les communautés indigènes) et de personnes vulnérables (comme les femmes et les enfants). Burgorgue-Larsen (Laurence), « Les nouvelles tendances (…) », *op. cit.*, 2009, p. 152 à 165. Sur l'évolution de la jurisprudence de la Cout IDH selon la situation politique des États latino-américains, voir

Cour EDH a également évolué. À titre d'exemple, des violations relatives au droit de vote des détenus, aux conditions de détention et à la liberté d'expression sont souvent commises par des États démocratiquement stables, tandis que pour les sociétés qui ont retrouvé plus récemment la démocratie, la Cour EDH règle assez souvent des questions relatives au droit à la propriété ou à un procès équitable[472].

Cette protection internationale florissante n'aurait pourtant pas réussi sans des systèmes de protection bien établis.

§2 L'architecture institutionnelle des systèmes européen et interaméricain de protection des droits de l'homme

95. C'est grâce aux systèmes de protection de droits de l'homme, développés au sein de ces nouvelles organisations, que les peuples européens et interaméricains peuvent supposer que leurs droits sont protégés et respectés. En effet, des normes internationales (contraignantes ou pas) organisent et décrivent ces droits (A) et des organes juridictionnels ou quasi juridictionnels en assurent la protection (B).

A. La dualité des sources des systèmes régionaux de protection

96. Selon la classification proposée par le Statut de la Cour internationale de justice[473], font partie des sources de droit international les conventions à caractère général, les conventions à caractère spécifique et des sources non

encore Pasqualucci (Jo M.), « The Inter-Americain Human Rights System », *German Yearbook of International Law*, vol. 52, 2009, p. 203.

[472] L'ancien président de la Commission IDH Carozza rappelle la fragilité des démocraties et l'exclusion sociale de certains nouveaux États membres du Conseil de l'Europe. Carozza (Paolo G.), *Exposé du président de la Commission interaméricaine des droits de l'homme au séminaire « Cinquante ans de la Cour européenne des droits de l'homme vus par les autres cours internationales »*, organisé le 30 janvier 2009 à l'occasion de l'ouverture officielle de l'année judiciaire de la Cour, Dialogue entre juges, 2009, Strasbourg.

[473] Statut de la Cour Internationale de justice, art. 38.

conventionnelles[474]. Suivant le même raisonnement, les systèmes régionaux de protection de droits de l'homme ont développé un répertoire important d'instruments juridiques diversifiés, à des époques différentes (1). Malgré cette apparente diversité, les systèmes de protection régionaux puisent à des sources communes et c'est pourquoi la période d'après-guerre a vu naître de multiples traités internationaux qui finissent par influer les uns sur les autres (2).

1. Les sources des systèmes régionaux de protection

97. Le système européen de protection, représenté par le Conseil de l'Europe, a pour source conventionnelle à caractère général la Convention européenne des droits de l'homme[475], le Statut du Conseil de l'Europe, la Charte sociale européenne[476] et leurs protocoles additionnels. Il y a par ailleurs de nombreuses conventions à caractère spécifique[477]. Enfin, le Règlement de la Cour européenne des droits de l'homme[478] est une source interne non conventionnelle du système européen de protection des droits de l'homme.

98. De l'autre côté de l'Atlantique, le système interaméricain a pour source conventionnelle à caractère général la Convention américaine relative aux droits de l'homme[479] et ses protocoles additionnels (y compris le

[474] La coutume internationale, les principes généraux de droit, les décisions judiciaires et la doctrine des publicistes les plus qualifiés des différentes nations.

[475] Quarante-sept pays européens font partie du Conseil de l'Europe et tous ont ratifié la CEDH même si la moitié des États l'ont soumise à des réserves.

[476] Charte sociale européenne adoptée à Turin, le 18 octobre 1961, entrée en vigueur le 26 février 1965 et révisée à Strasbourg le 3 mai 1996.

[477] Par exemple : Convention européenne pour la prévention de la torture et des peines ou traitements inhumains ou dégradants ; Convention-cadre pour la protection des minorités nationales/Charte européenne des langues régionales ou minoritaires ; Convention européenne sur l'exercice des droits des enfants ; Convention européenne sur les droits de l'homme et la biomédecine ; Convention sur la lutte contre la traite des êtres humains, et Convention sur la protection des enfants contre l'exploitation et les abus sexuels (liste non exhaustive).

[478] Règlement de la Cour européenne des droits de l'homme, du 1er novembre 1998, dernier amendement du 1er juillet 2013, est entré en vigueur le 1er janvier 2014.

[479] Convention américaine relative aux droits de l'homme de novembre 1969, en vigueur depuis juillet 1978.

Protocole traitant des droits économiques, sociaux et culturels[480]). Par ailleurs, de nombreuses conventions sur des thématiques spécifiques enrichissent le système[481]. Enfin, comme source interne non conventionnelle, il y existe les règlements et les statuts de la Commission[482] et de la Cour[483] interaméricaines des droits de l'homme et la Déclaration américaine des droits et devoirs de l'homme en tant que *soft law*. Ce système requiert un peu plus d'attention dans l'analyse de ses sources.

En fait, le système interaméricain intègre deux sous-systèmes : le premier pour les États membres de l'OEA qui font partie de la CADH et ses protocoles, le second pour les États membres qui n'en font pas encore partie[484]. Ainsi, le premier système a pour nom « le groupe de la Convention » puisqu'il est soumis à la CADH[485] et le second « le groupe de la Charte » puisqu'il n'est soumis qu'à la Charte de l'OEA et de ce fait,

---

[480] Protocole additionnel à la CADH traitant des droits économiques, sociaux et culturels (Protocole de San Salvador), adopté à San Salvador, El Salvador le 17 novembre 1988, entré en vigueur le 16 novembre 1999.

[481] Convention interaméricaine pour la prévention et la répression de la torture ; Convention interaméricaine sur la prévention de la violence contre la femme – « Convention Belém do Pará » —, Convention interaméricaine sur la disparition forcée de personnes ; Convention interaméricaine pour l'élimination de toutes les formes de discrimination contre les personnes handicapées ; Convention interaméricaine contre le racisme, la discrimination basée sur la race et les formes connexes d'intolérance, et Convention interaméricaine contre toutes les formes de discrimination et d'intolérance (toutes les deux adoptées lors de la XLIII Assemblée générale de l'OEA, du 5 juin 2013).

[482] Statut de la Commission IDH, adopté à La Paz, le 31 octobre 1979 et Règlement de la Cour IDH adopté entre le 28 août et le 13 novembre 2009, dernière modification du 2 septembre 2011.

[483] Statut de la Cour IDH, adopté à La Paz, en octobre 1979 et Règlement de la Cour IDH adopté entre le 16 et 28 novembre 2009.

[484] Parmi tous les États indépendants du continent américain, actuellement 36 pays sont membres de l'OEA. Seul un État se trouve encore dans une situation un peu « délicate » : Cuba, ancien membre de l'OEA. Cuba a été exclue de l'organisation en 1962 et avec l'apparent changement du gouvernement en 2009, un processus de dialogue a été entamé dans l'objectif de sa réintégration à l'OEA (Résolution n° 2438 de 2009 de l'Assemblé Générale de l'OEA.). Pour plus d'informations sur le conflit entre Cuba et le système interaméricain voir la Thèse de doctorat de Peña (Félix), *Las sanciones en el sistema interamericano. La expulsión de un estado miembro de la Organización de los Estados Americanos*, soutenue à l'Universidad de Madrid, 1966. Disponible sur:

http://www.felixpena.com.ar/index.php?contenido=tesis&tesis=tesis-madrid/madrid&parte=indice), consulté le 19 mai 2011.

[485] Parmi les 36 États membres de l'OEA, 26 pays ont ratifié la CADH. Certains pays n'ont jamais signé le texte, notamment certains pays des Caraïbes (Antigua-et-Barbuda, Bahamas, Belize, Saint-Kitts-et-Nevis, Sainte-Lucie, Saint-Vincent-et-Grenadines) et de l'Amérique du Nord (Canada).

automatiquement, à la DADDH[486]. Ainsi, le fait que 11 États américains membres de l'OEA n'aient pas ratifié la CADH ne signifie pas qu'ils soient à l'écart du système régional américain de promotion et de protection des droits de l'homme[487].

99. À la différence du système des Nations Unies et de celui de l'OEA, la CEDH n'a pas été précédée par une déclaration comparable à la Déclaration universelle ou la Déclaration américaine.

D'ailleurs, l'existence d'une Déclaration de droits dans le système interaméricain et son inexistence dans le système européen constitue une caractéristique intéressante. Dès la prise de décision de protéger les droits de l'homme au sein de l'OEA, il n'existait qu'une liste de droits déclarés, mais sans aucune protection effective. À l'inverse, en Europe, dès le premier instrument, ces droits étaient en principe obligatoirement protégés[488]. Cependant, il faut rappeler que cette protection obligatoire n'existait que d'un point de vue conventionnel. En fait, il faut considérer que le droit de recours individuel a été ratifié très tardivement par certains États parties, à l'exemple de la France qui n'a ratifié la CEDH qu'en 1974 et n'a accepté la compétence juridictionnelle de la Cour EDH pour des recours individuels qu'en 1981.

---

[486] Ce sujet a été débattu durant des décennies au sein du système interaméricain. La polémique a été résolue par le biais de l'Avis consultatif n° 10 du 14 juillet 1989, « Interprétation de la Déclaration américaine des droits et devoirs de l'homme », sollicité par le gouvernement colombien, § 45 : « *Para los Estados Miembros de la Organización, la Declaración es el texto que determina cuáles son los derechos Humanos a que se refiere la Carta. De otra parte, los artículos 1.2.b) y 20 del Estatuto de la Comisión definen, igualmente, la competencia de la misma respecto de los derechos Humanos enunciados en la Declaración. Es decir, para estos Estados la Declaración Americana constituye, en lo pertinente y en relación con la Carta de la Organización, una fuente de obligaciones internacionales* »; § 46: «*Para los Estados Partes en la Convención la fuente concreta de sus obligaciones, en lo que respecta a la protección de los derechos Humanos es, en principio, la propia Convención. Sin embargo hay que tener en cuenta que a la luz del artículo 29.d), no obstante que el instrumento principal que rige para los Estados Partes en la Convención es esta misma, no por ello se liberan de las obligaciones que derivan para ellos de la Declaración por el hecho de ser miembros de la OEA* ».

[487] Gros Espiell (Hector), *op. cit.*, 1989, p. 186.

[488] Héctor GROS ESPIELL expliquait qu'il n'y avait pas eu de période de transition entre une déclaration ou une proclamation d'une valeur juridique déclaratoire et un traité multilatéral engendrant des droits et des obligations *stricto sensu* pour les États parties provoquant la « progression subséquente » de la protection internationale des droits de l'homme. Cette caractéristique du système européen s'explique par l'adoption préalable de la DUDH de 1948, au commencement en Europe, après 1949, du processus de la rédaction d'un instrument conventionnel régional en la matière. Gros Espiell (Hector), *op. cit.*, 1989, p. 218.

L'adoption de la CADH a modifié de façon certaine la nature juridique du système interaméricain, raison pour laquelle s'est produit sur le continent américain un phénomène où les droits de l'homme sont passés d'un statut déclaratoire à une protection conventionnelle.

2. Les influences des systèmes régionaux de protection entre eux

100. L'influence des sources du système universel sur celles des systèmes régionaux se révèle tout à fait compréhensible, d'autant plus que ces deux systèmes attendaient des Nations unies, après la rédaction de la DUDH[489], qu'une convention universelle soit mise en place — tout en incitant à l'ouverture d'une voie pour une protection des droits de l'homme obligatoire. Une telle convention n'a jamais vu le jour, cependant ce projet s'est transformé avec l'adoption des Pactes internationaux de 1966. De leur côté, les organisations régionales ont décidé quant à eux d'adopter des textes contraignants[490].

Cette influence du système universel sur les systèmes régionaux est évidente, en témoigne en premier lieu, l'évocation de la DUDH dans les deux conventions régionales[491]. Par ailleurs, les Pactes internationaux relatifs aux droits civils et politiques et aux droits économiques, sociaux et culturels ont servi d'appui à la CADH. La doctrine[492] se montre également unanime quant à cette influence des Pactes internationaux sur la CADH ; elle rappelle que les rédacteurs des travaux préparatoires de la CADH avaient dûment pris en considération le contenu des deux Pactes internationaux, et principalement, celui relatif aux Droits civils et politiques. L'objectif

---

[489] Déclaration universelle des droits de l'homme adoptée quelques mois plus tard, en décembre 1948.

[490] À l'instar des États européens, les États de l'OEA étaient bien décidés à rédiger une Convention régionale sans attendre l'adoption d'une « Convention universelle ». La principale raison invoquée en faveur de l'instauration d'un système régional était la volonté de mettre en place des mécanismes de protection adéquats conformément à Buergenthal (Thomas) et Shelton (Dinah), *Protecting Human Rights in the Americas: Cases and Materials,* International Institute of Human Rights, Kehl, Strasbourg, Arlington, Engel, 1995, p. 37.

[491] Au troisième item du préambule de la CADH et au premier considérant de la CEDH.

[492] Les professeurs BUERGENTHAL et SHELTON rappellent que, mise à part la CEDH, adoptée avant les Pactes des Nations Unies, les rédacteurs d'instruments régionaux sont nécessairement influencés par les Pactes. Buergenthal (Thomas) et Shelton (Dinah), *op. cit.*, p. 37.

consistait à assurer la compatibilité de la CADH avec les instruments universels[493].

101. Mais la CADH s'inspire également du modèle européen. Premièrement, cette inspiration commune s'explique pour une raison temporelle : la CEDH et ses cinq protocoles avaient déjà été adoptés à l'époque[494]. Deuxièmement, l'œuvre prétorienne de la Commission et de la Cour EDH était déjà développée au moment de la rédaction de la CADH. À ceci s'ajoute enfin une raison humaine, identifiée par Héctor GROS ESPIELL : la participation de grandes autorités en matière de droits de l'homme européens à la Conférence de San José en qualité de « conseillers spéciaux » à l'exemple de René CASSIN et de Gorgio BALLADORE PALLIERI (anciens juges à la Cour EDH) ainsi que d'Arthur H. ROBERTSON (ancien expert du Conseil de l'Europe)[495].

Cependant, cette influence n'est pas une voie à sens unique. La CADH a aussi influencé les protocoles additionnels de la CEDH, élaborés dès après 1969. L'ancien juge de la Cour IDH Héctor GROS ESPIELL rappelle qu'elle a avant tout influé sur les protocoles n° 6 (concernant l'abolition de la peine de mort) et n° 7 (qui reconnaît certains droits et libertés tels des garanties procédurales en cas d'expulsion d'étrangers, le droit à un double degré de juridiction en matière pénale, le droit d'indemnisation en cas d'erreur judiciaire, le droit à ne pas être jugé ou puni deux fois et l'égalité entre époux).

Ces influences réciproques ne sont dues qu'aux inspirations idéologiques des deux Conventions. Me BICUDO partage cet avis et soutient que les droits fondamentaux de l'homme, malgré le fait d'appartenir à un État donné, reposent sur les attributs de la personne humaine et que le régime de liberté individuelle et de justice sociale ne peut être établi que dans le contexte des institutions démocratiques[496].

---

493 OEA, *Comparative Study of the United Nations Convenants on Civil and Political Rights and on Economic, Social and Cultural Rights and the Draft Inter-American Conventions on Human Rights*, OEA/Ser.L/V/II/19, Doc. 18, 24 juin 1968.

494 Les professeurs BUERGENTHAL et SHELTON partagent cet avis tout en disant que la CADH s'apparente grandement à la CEDH, surtout en ce qui concerne la structure institutionnelle, mais la CADH a été calquée plus fortement sur la DADDH et le Pacte international des droits civils et politiques. Buergenthal (Thomas) et Shelton (Dinah), *op. cit.*, p. 42.

495 Gros Espiell (Hector), *op. cit.*, 1989, p. 224.

496 Bicudo (Hélio), *Defesa dos direitos Humanos: sistemas regionais*, Instituto de Estudos Avançados da Universidade de São Paulo, Scielo Brasil, 2003, vol. 17 n° 47.

Il existe par conséquent un rayonnement croisé entre les modèles régionaux de protection des droits de l'homme.

Une dernière source de droit qui compose ces deux systèmes régionaux de protection de droits de l'homme concerne la jurisprudence. Ainsi, comme il a déjà été évoqué à de multiples reprises, il existe au sein de ces systèmes des organes quasi juridictionnels et juridictionnels, comme la Commission et la Cour IDH, l'ancienne Commission EDH et la Cour EDH. C'est grâce à leur travail que cette source est développée.

B. La dualité institutionnelle des systèmes régionaux de protection

102. Les systèmes européen et interaméricain de droits de l'homme ont commencé à dessiner leurs mécanismes juridictionnels dans les années 1950. En Europe, tout au début de cette décennie, la CEDH a postulé l'établissement d'institutions pour « assurer le respect des engagements résultant pour les Hautes Parties contractantes de la présente Convention [EDH] »[497], tout en annonçant la création de la Commission et de la Cour EDH. Aux Amériques, à la fin de la décennie, lors de la Cinquième Réunion de Consultation des ministres des Affaires étrangères de 1959[498], la Commission IDH a été créée et un projet de convention sur les droits de l'homme qui instaurerait une Cour Interaméricaine de Protection des Droits de l'Homme[499] a été élaboré.

À la base, les deux systèmes présentaient, outre une dualité de sources étudiée dans la section précédente, une dualité institutionnelle : les deux possédaient un organe quasi juridictionnel, une commission, et un organe juridictionnel, une cour. Ce parallélisme a cependant changé en 1998, suite à l'adoption du Protocole n° 11 à la CEDH sur la restructuration du mécanisme de contrôle, qui s'est traduite par la fusion de la Commission et

[497] CEDH (texte original de 1950), art. 19.

[498] Le professeur FAUNDEZ LEDESMA rappelle que cette réunion a dû être convoquée en raison de l'effervescence politique sur le continent américain, spécialement aux Caraïbes et dans la République Dominicaine. Fáundez Ledesma (Héctor), *op. cit.*, p. 34.

[499] OEA, Résolution VIII « Droits de l'homme » de l'Acte final de la 5e Réunion de Consultation des ministres des Affaires étrangères, op cit.

de la Cour européennes de droits de l'homme en une seule et unique Cour européenne.

En comparant les institutions interaméricaines et européennes, il serait possible d'affirmer que le système interaméricain s'est inspiré de l'Européen. D'ailleurs, l'ancien Président de la Commission interaméricaine FARER considère que les architectes du système interaméricain se sont inspirés très directement des institutions européennes[500], même si aujourd'hui d'étonnantes différences entre elles sont observables. Avant d'aborder certaines des dissemblances entre les deux cours qui restent des institutions toujours comparables (2), il apparaît intéressant de tracer un parallèle entre l'actuelle Commission IDH et l'ancienne Commission EDH (1).

1. La pérennisation de l'organe quasi juridictionnel interaméricain

103. La Commission IDH, créée en 1959 a tenu sa première réunion en 1960[501]. Bien que la création de la Commission ait déjà été annoncée par la Charte de l'OEA[502], elle se voit l'objet d'une critique: elle ne tiendrait pas ses pouvoirs d'un traité, mais d'une résolution d'un organe politique (la Réunion de Consultation des ministres des Affaires étrangères). La commission travaillait donc sur une base juridique très souple puisqu'elle possédait un caractère plutôt politique, comme l'a noté le professeur BURGORGUE-LARSEN, « ses membres étaient plutôt des activistes que des juristes »[503]. Un fait qui reflète les réticences de l'époque de la part des États membres de l'OEA, à se soumettre à des obligations légales par rapport aux droits de l'homme[504]. Cette situation a été, dans une certaine mesure, réglée lors de l'entrée en vigueur, en 1970, du Protocole de Buenos Aires qui a révisé la Charte de l'OEA. Ce Protocole a conféré à la Commission la légitimité constitutionnelle qui lui manquait, en la transformant en l'une des

---

[500] Farer (Tom), *op. cit.*, p. 34

[501] Commission IDH, première réunion tenue du 3 au 28 octobre 1960 à Washington.

[502] Charte de l'OEA, art. 53.

[503] Le professeur BURGORGUE-LARSEN, lors de son exposé à l'occasion de la 43e session d'été sur les droits de l'homme, IIDH, Strasbourg, juillet 2012.

[504] L'expert CERNA affirme même que les pouvoirs de la Commission pourraient avoir été facilement abolis par les États membres et qu'il est étonnant que cela n'ait pas eu lieu à cause des sensibilités politiques liées aux conduites des enquêtes in loco. Cerna (Christina), « The Inter-American Commission on Human Rights: its Organization and Examination of Petitions and Communications » *in* Harris (David J.) et Livingstone (Stephen) (ed.), *op. cit.*, p. 66.

principales institutions de l'OEA à travers lesquelles « l'organisation poursuit la réalisation de ses buts »[505].

104. De l'autre côté de l'Océan Atlantique, l'ancienne Commission EDH, disparue à ce jour, a été créée par la CEDH en 1950[506]. C'était une institution quasi juridictionnelle, indépendante et impartiale[507]. Elle est née d'un compromis intelligent : au début, un certain nombre d'États européens se montraient contrariés, car ils refusaient d'être contrôlés par un tribunal. Ils pensaient d'une part que ce contrôle portait atteinte à la souveraineté nationale, en particulier du fait de se voir imposer une décision contraignante prise par un organe extérieur. D'autre part, ils estimaient que « la publicité liée à une action pouvait embarrasser les gouvernements »[508].

Les États membres du Conseil de l'Europe n'étaient pas unanimes pour la création d'un tribunal européen et la création de la simple Commission EDH s'est avérée une solution intéressante en ce sens qu'elle n'aurait d'autres tâches que d'établir les faits, d'essayer de parvenir à un règlement amiable et de dresser un rapport. Ce rapport serait ensuite traité par le Comité des ministres du Conseil de l'Europe, organe purement intergouvernemental, qui chercherait une solution politique avec l'État concerné, lors d'une réunion strictement privée. Selon, Henry SCHERMERS, ancien membre de la Commission EDH, la décision de créer une commission et non une cour relevait par conséquent plutôt d'ordre politique[509].

105. Les précisions nécessaires relatives à l'ancienne Commission EDH ayant été apportées, il est désormais possible de présenter la

[505] Charte de l'OEA, art. 53. Selon Héctor GROS ESPIELL, la compétence de la Commission posait des problèmes, car étant instituée par une simple résolution, elle ne pouvait pas se doter de l'attribution de promouvoir le respect des droits de l'homme au sens large, parce que, dans un tel cas, on lui conférait une compétence correspondant à celle des organes de tutelle et de protection des droits de l'homme, devant être créés par la convention que la résolution VIII demandait d'élaborer. Gros Espiell (Hector), « Le système interaméricain comme régime régional de protection internationale des droits de l'homme », *RCADI*, 1975, 2, vol. 145, p. 23.

[506] La Commission EDH fut créée par la CEDH du 4 novembre 1950. Ses membres furent élus par le Comité des ministres du Conseil de l'Europe le 18 mai 1954 et entamèrent ses activités le 12 juillet 1954 à Strasbourg. Conseil de l'Europe, « Installation de la Commission européenne des Droits de l'homme », *in Nouvelles du Conseil de l'Europe*, août 1954, n° 8, 4e année.

[507] CEDH, art. 19, 23, 27 à 31, 33 et 36; Règlement intérieur de la Commission EDH, art. 27 § 1.

[508] Schermers (Henry), « La procédure devant la Commission européenne des droits de l'homme », *RUDH*, v. 4, n° 10-11, 1992, p. 392.

[509] *Ibid.*

Commission IDH — en précisant toutefois qu'un parallèle avec l'ancienne Commission EDH sera toujours effectué. Tout d'abord, la Commission IDH était « chargée de promouvoir le respect des droits de l'homme »[510] et ce rôle a été fort critiqué. D'une part, ce mandat de promotion des droits de l'homme demeurait assez vague et, d'autre part, il ne représentait pas une solution satisfaisante pour le système interaméricain qui s'attendait plutôt à une compétence de protection. Le professeur VASAK ajoute que seule l'adoption d'une Convention interaméricaine des droits de l'homme pourrait résoudre cette attente[511]. Le Protocole de Buenos Aires a essayé de clarifier les fonctions de la Commission. À côté de la promotion des droits de l'homme, une seconde fonction a été confiée à la Commission : servir d'organe consultatif à l'OEA[512], tout en laissant en suspens la détermination de ses structures, de ses compétences et de son fonctionnement à une future convention interaméricaine sur les droits de l'homme.

Dans les premières années d'activité, entre 1959 et 1968, la Commission n'avait qu'un rôle de promotion des droits de l'homme. Elle n'opérait pas encore l'examen des requêtes individuelles, mais se livrait à des investigations sur la situation générale des droits de l'homme dans les États de l'OEA. Ces enquêtes et les rapports des pays – présentés à l'Assemblée générale de l'OEA – devinrent la plus significative activité de la Commission lors de ses premières années.

Son rôle s'est modifié avec l'entrée en vigueur de la CADH en 1978. Ce texte a intégré au système interaméricain, la Cour IDH et, enfin de manière formelle, la Commission IDH. À compter de cette date, la Commission IDH avait pour rôle, outre de promotion, la protection des droits de l'homme. Elle était réglementée par son Statut[513], un Règlement[514] et la Convention[515] elle-même. Dès ce moment, le système interaméricain comportait un caractère dual.

---

510 Partie II de la Résolution VIII « Droits de l'homme » de l'Acte final de la 5e Réunion de Consultation des ministres des Affaires étrangères, op cit.

511 Vasak (Karel), *La protection des Droits de l'Homme sur le continent américain : la Commission interaméricaine des droits de l'homme*, Paris, LGDJ, 1968, p. 35.

512 Charte de l'OEA, art. 106.

513 Approuvé par la Résolution N° 447 (IX-O/79) adoptée par l'Assemblée générale de l'OEA à sa neuvième session ordinaire tenue à La Paz, Bolivie le 31 octobre 1979.

514 Adoptée par l'Assemblée générale de l'OEA à sa 137e période ordinaire de sessions, tenue du 28 octobre au 13 novembre 2009 et révisée le 2 septembre 2011.

515 CADH, art. 34 à 51.

Actuellement, la Commission est composée de sept membres, élus par l'Assemblée générale de l'OEA, selon une liste de candidats proposée par les gouvernements des États membres[516]. Leur mandat est de quatre ans avec la possibilité d'une réélection[517]. La Commission compte un Secrétariat exécutif[518], un Président et deux Vice-présidents[519]. Elle siège à Washington[520] et convoque, au minimum, deux sessions ordinaires dans l'année avec la possibilité de tenir des sessions extraordinaires dans les États membres[521]. La Commission EDH, lors de son institution par la CEDH, comptait un nombre de membres égal aux États parties à la CEDH. Ces membres, rééligibles, étaient élus par le Comité de ministres du Conseil de l'Europe, d'après une liste dressée par le Bureau de l'Assemblée consultative, pour un mandat de six ans. L'ancienne Commission était organisée en commission plénière, en chambre ou en comité de trois membres. Elle avait également un Secrétariat, un Président, deux Vice-présidents (qui étaient les présidents des chambres). Elle se réunissait 16 semaines dans l'année, soit huit fois l'an.

Les fonctions de la Commission IDH sont beaucoup plus larges que celles de son ancienne homologue européenne[522]. La Commission IDH exerce une fonction de sensibilisation aux droits de l'homme auprès des peuples des Amériques ; elle peut demander des renseignements et faire des recommandations aux gouvernements sur l'adoption de mesures en faveur des droits de l'homme ; elle peut fournir aussi des avis aux États, s'ils la sollicitent ; elle prépare des études et rapports (et elle soumet un rapport annuel à l'Assemblée générale de l'OEA)[523]; elle peut effectuer des visites *in loco*[524], et même solliciter des mesures conservatoires en « cas graves et urgents pour empêcher des dommages irréparables »[525].

---

[516] CADH, art. 34 et 36 ; Statut de la Commission IDH, art. 2 et 3 ; Règlement de la Commission IDH, art. 1§3.

[517] CADH, art. 37 ; Statut de la Commission IDH, art. 6 ; Règlement de la Commission IDH, art. 2.

[518] Statut de la Commission IDH, art 21 ; Règlement de la Commission IDH, art. 11.

[519] Statut de la Commission IDH, art. 14 ; Règlement de la Commission IDH, art. 6.

[520] Statut de la Commission IDH, art. 16.

[521] Règlement de la Commission IDH, art. 14.

[522] La Commission EDH avait pour fonctions l'examen de la recevabilité de la requête (art. 26 et 27 de la CEDH), l'examen de la requête recevable (art. 28 de la CEDH) ce qui pourrait aboutir à un règlement amiable (art. 28. b) de la CEDH) ou la rédaction et adoption d'un rapport se prononçant sur la violation présumée des droits et libertés prévues à la CEDH (art. 31§1 de la CEDH).

[523] CADH, art. 41 ; Statut de la Commission IDH, art. 18.

[524] Statut de la Commission IDH, art. 9 ; Règlement de la Commission IDH, art. 53 à 57.

[525] Règlement de la Commission IDH, art. 25.

La Commission IDH est compétente pour recevoir des requêtes relatives à une violation des droits de l'homme prévus à la CADH ou à la DADDH[526]. Ces pétitions peuvent être soumises par toute personne, groupe de personnes ou entité non gouvernementale[527]. Les conditions de recevabilité de la Commission IDH ressemblent pratiquement à celles de l'ancienne Commission EDH et l'actuelle Cour EDH. Parmi elles[528], l'on retrouve l'épuisement des voies de recours internes ; le délai de présentation des pétitions ; le fait que l'objet de la pétition ou communication ne soit pas en cours d'examen devant une autre instance internationale, et, il va de soi, l'irrecevabilité des requêtes mal fondées[529].

Après la réception de la requête, la Commission IDH suit une procédure bien précise[530]. Si la requête remplit les conditions de recevabilité, l'institution demande des informations au gouvernement de l'État concerné, et pourra entamer une enquête avec des observations *in loco*. Au cas où la violation est vérifiée, la Commission IDH propose un règlement amiable[531]. Si la situation ne trouve pas de solution dans le délai fixé par la Commission, elle peut présenter l'affaire à la Cour IDH qui, au titre de ses compétences judiciaires, se saisira du contentieux[532].

106. Par contre, l'ancienne Commission EDH, avait pour tâche principale l'« activité de sélection »[533], autrement dit qu'elle devait étudier la recevabilité des requêtes, établir les faits et s'efforcer de parvenir à un

---

[526] Statut de la Commission IDH, art. 1er du. Cela démontre encore une fois la dualité du système interaméricain. Outre sa dualité institutionnelle, il y a une dualité instrumentale : on utilise la CADH pour les pays qui y sont partie et la DADH pour ceux que n'y sont pas. Harris (David J.) et Livingstone (Stephen) (ed.), *The inter-American system of human rights*, Oxford, Clarendon Press; New York, Oxford University Press, 1998, p. 69.

[527] CADH, art. 44 ; CEDH art. 34.

[528] CADH, art. 46 ; Règlement de la Commission IDH, art. 28 à 33 ; CEDH, art. 35.

[529] CADH, art. 47 ; Règlement de la Commission IDH, art. 34.

[530] CADH, art. 48. Cependant, la doctrine émet des critiques sur sa méthode de travail sont. Le chercheur GONGORA MERA soutient que la Commission IDH est une instance où les différents acteurs (fonctionnaires, réseaux de plaidoyer) débâtent sur des affaires selon leurs intérêts politiques. L'issue de ce débat détermine la jurisprudence de la Cour IDH, car la Commission donne priorité à certaines affaires, définit les objectifs du litige et établit comment utiliser une affaire spécifique pour promouvoir des réformes structurelles dans la région. Gongora Mera (Manuel Eduardo), *op. cit.*, p. 20.

[531] CADH, art. 49 ; Statut de la Commission IDH, art. 23; Règlement de la Commission IDH, art. 40.

[532] Règlement de la Commission IDH, art. 45.

[533] Schermers (Henry), *op. cit.*, p. 392.

règlement amiable. En cas d'échec, elle rédigeait un rapport au Comité de ministres, qui pouvait l'envoyer à la Cour EDH, ou alors la Commission pouvait décider elle-même de saisir la Cour EDH. Comme l'expliquait Henry SCHERMERS, « en général, les affaires concernant l'interprétation de la Convention [étaient] transmises à la Cour et celles qui [présentaient] un caractère de routine [étaient] laissées au Comité des ministres »[534].

Enfin, à l'inverse de ce qui s'est passé au Conseil de l'Europe, en Amérique, l'OEA ne semble pas envisager de modifier le système bi organique (Commission et Cour), bien que le système interaméricain soit aussi victime de son succès, car il se voit de plus en plus sollicité par des requérants. Il y a vingt ans Héctor GROS ESPIELL se déclarait déjà du même avis lorsqu'il disait qu'une meilleure coordination entre les deux organes était envisagée, cependant, aucune tentative n'a été entreprise pour les fusionner ou pour éliminer la Commission[535]. Ce rapprochement se révèle même explicite dans le Règlement de la Commission IDH, quand il cite les relations de la Commission avec la Cour IDH[536]. Cette Haute juridiction, ainsi que la Cour européenne, seront à présent examinées.

2. Différences et similitudes des organes juridictionnels

107. Les Cours européenne et interaméricaine des droits de l'homme ont commencé leurs activités à peu près à la même époque. Toutes les deux ont été instituées par le biais des leurs conventions régionales des droits de l'homme. Cependant, si dans le projet de reconstruction européenne des années d'après-guerre, une cour des droits de l'homme était déjà prévue, dans les Amériques la discussion sur l'existence d'un organe judiciaire compétent pour apprécier des affaires relatives aux droits de l'homme se trouvait à l'ordre du jour depuis plus longtemps. Ainsi, lors des Conférences internationales des États américains de Mexico (1901-1902) et de Rio de Janeiro (1906) le principe de la protection internationale des droits de l'homme avait déjà été accepté[537]. La Cour de justice d'Amérique centrale

---

[534] *Ibid.*, p. 394.

[535] Gros Espiell (Hector), *op. cit.*, 1995, p. 236.

[536] Règlement de la Commission IDH, art. 71 à 76.

[537] Carlos Alberto DUNSHEE DE ABRANCHES affirmait que les États ne pouvaient donc plus revenir sur leurs décisions ; ils seraient obligés d'accepter la Cour interaméricaine puisque la protection internationale sans un organe juridictionnel totalement inefficace. Dunshee de Abranches (Carlos Alberto), *op. cit.*, p. 86.

existait déjà quant à elle depuis 1907 et avait pour compétence de juger les cas de déni de justice entre le gouvernement et l'individu d'un autre État, quand le déni avait un caractère international ou concernait des violations alléguées d'un traité ou convention[538].

108. Bien que les négociations concernant la création de la cour interaméricaine des droits de l'homme aient débuté bien avant celles de la Cour européenne, la Cour EDH a été la première à voir effectivement le jour.

En effet, celle-ci est entrée en activité en février 1959 et a rendu son premier arrêt le 14 novembre 1960[539] (*Lawless c. Irlande*)[540] alors que la cour interaméricaine n'a tenu sa première session que presque vingt ans plus tard, en juin 1979[541], et n'a rendu son premier arrêt que le 26 juin 1987[542] (*Velásquez Rodríguez c. Honduras*)[543]. Cette lenteur ne serait qu'apparente pour le juge GARCIA RAMIREZ, il rappelle que « Zamora n'a pas été prise en une heure » et rappelle que le système interaméricain, la prise de Zamora dure jusqu'à aujourd'hui, soit quasiment plus de soixante ans après la première session de la Cour[544].

---

538 Shelton (Dinah), *op. cit.*, p. 16.

539 Le 21 janvier 1959 eut lieu la première élection des membres de la Cour par l'Assemblée Consultative du Conseil de l'Europe ; entre le 23 et le 28 février 1959 eut lieu la première session de la Cour ; le 18 septembre 1959, la Cour adopta son Règlement, et le 14 novembre 1960 la Cour rendit son premier arrêt.

540 CEDH, Lawless c. Irlande n° 1, 14 novembre 1960, n° 332/5.

541 Le 22 mai 1979, l'Assemblée générale de l'OEA a élu les premiers juges de la Cour IDH ; sa première session eut lieu les 29 et 30 juin 1979 à Washington ; en octobre 1979 le Statut de la Cour fut approuvé par l'Assemblée générale de l'OEA et en août 1980 la Cour approuva son règlement qui fut ensuite révisé le 25 novembre 2003.

542 Le fait d'avoir sa première session en 1979 et de ne rendre sa première affaire qu'en 1987 (exceptions préliminaires) semble relever d'une lenteur démesurée. Cependant, cette période de huit ans s'explique d'une part, par la participation du Honduras dans le système interaméricain de droits de l'homme. L'État a signé la CADH en 1969, mais ne l'a ratifiée qu'en 1977 et n'a accepté la compétence de la Cour qu'en 1981. D'autre part, cela s'explique par la durée de l'appréciation de la première dénonciation par la Commission IDH. Elle l'a reçue en 1981 et n'a envoyé la requête à la Cour qu'en 1986.

543 CIDH, Velásquez Rodríguez c. Honduras (exceptions préliminaires), 26 juin 1987, 26 juin 1987 ; (fond) du 29 juillet 1988, Serie C No. 4.

544 Garcia Ramirez (Sergio), « Panorama de la jusrisdiccion Interamericana sobre Derechos Humanos », *in* Saiz Arnaiz (Alejandro) (coord.), *Las implicaciones constitucionales de los procesos de integración en América Latina,* Oñate, Instituto Vasco de Administración Pública, 2011, p. 285.

109. Même si le chapitre VIII de la CADH, consacré à la Cour, semble s'inspirer directement du modèle européen[545], de nombreuses différences distinguent les deux organes juridictionnels régionaux, tant à l'époque de leur entrée en fonction qu'à l'heure actuelle. Ces distinctions sont visibles surtout par rapport à leur composition, leurs formations, leurs compétences et les procédures qui les gouvernent.

La première dissemblance existant entre la Cour EDH et la Cour IDH tient au fait que ces dernières sont composées d'un nombre inégal de juges. La Cour européenne a un nombre de juges proportionnel à celui des parties contractantes à la Cour EDH, tandis que la Cour interaméricaine a un nombre fixe de juges, établi à sept[546]. Le mandat, à Strasbourg, est de neuf ans[547] et de six ans à San José[548]. Les juges européens ne sont pas rééligibles, à l'inverse des juges interaméricains, dont le mandat est renouvelable une fois[549]. En outre, à la Cour IDH, il n'y a pas d'exigences par rapport à l'âge des juges, tandis qu'à la Cour EDH, les juges doivent être âgés de moins de 65 ans[550]. Les juges sont choisis par l'Assemblée parlementaire du Conseil de l'Europe et par l'Assemblée générale de l'OEA à partir d'une liste de trois juges proposée par les États membres, au titre de chaque État partie aux conventions[551]. Pour ce qui concerne l'organisation des cours, toutes les deux sont présidées par l'un des juges et elles comptent également un vice-

---

[545] Comme l'affirme le professeur HENNEBEL, « la Cour IDH est bien souvent considérée comme une institution atypique, à part, que l'on observe de loin sans être certain de la comprendre. Ses travaux sont méconnus des Européens (qui s'intéresse peu à un système interaméricain qui apparaît décentré par rapport à son intérêt prédominant, le droit européen des droits de l'homme), mais aussi des Nord-Américains (la doctrine nord-américaine s'est heurtée pendant longtemps à un problème de langue) et restent encore imparfaitement maîtrisés par la doctrine latino-américaine (elle n'a pas toujours eu les moyens de procéder à des analyses systématiques du fonctionnement et des travaux des institutions interaméricaines) ». Hennebel (Ludovic), « La Cour interaméricaine des droits de l'homme : entre particularisme et universalisme », *in* Hennebel (Ludovic) et Tigroudja (Hélène) (dir.), *Le particularisme interaméricain des droits de l'homme : en honneur du 40e anniversaire de la Convention américaine des droits de l'homme*, Paris, Pedone, 2009, p. 78.

[546] CEDH, art. 23 § 1 ; CADH, art 54 ; Statut de la Cour IDH, art. 5.

[547] CEDH, art. 23. Avant l'entrée en vigueur du Protocole n° 14 à la CEDH, le mandat des juges européens était de six ans renouvelables une fois.

[548] Art. 52 de la CADH et art. 4 du Statut de la Cour IDH.

[549] CEDH, art. 23, art. 54 de la CADH et art. 5 du Statut de la Cour IDH.

[550] Changement qui sera introduit par le Protocole n° 15 à la CEDH, dont le dernier projet a été adopté le 6 mai 2013 par le Comité de ministres. Art. 2 § 1 : Dans l'article 21 de la Convention, un nouveau paragraphe 2 y est adjoint et se lit comme suit « Les candidats doivent être âgés de moins de 65 ans à la date à laquelle la liste de trois candidats est attendue par l'Assemblée parlementaire en vertu de l'article 22 ».

[551] CEDH, art. 22; CADH, art. 53; Statut de la Cour IDH art. 5.

président (dans le cas de la Cour interaméricaine) ou deux (pour la juridiction européenne)[552]. En outre, ces deux cours ont un greffe[553].

La deuxième différence concerne la permanence des cours. La Cour de Strasbourg est une cour permanente alors que celle de San José ne fonctionne que lors de sessions ordinaires et parfois extraordinaires[554]. C'est aussi pour cette raison que la Cour IDH ne produit qu'un nombre plus limité d'arrêts.

La troisième différence a trait à la légitimation active, à savoir les conditions de saisine des cours. La Cour EDH est compétente pour traiter des requêtes présentées par toute personne physique, toute organisation non gouvernementale ou tout groupe de particuliers ou par un État (dans le cas d'affaires interétatiques)[555], tandis que la Cour IDH ne peut être saisie que par la Commission IDH ou un État[556]. L'individu n'accède donc pas directement au prétoire de la Cour interaméricaine ; il doit se diriger tout d'abord vers la Commission interaméricaine[557]. Il s'agit d'un « accès indirect à la Cour IDH », où l'individu n'a donc pas la maîtrise de la saisine[558]. Cette différence est majeure, car le droit de saisine individuelle participe de l'efficacité du système européen de protection des droits de l'homme.

La quatrième différence touche à la compétence des Cours. Contrairement à l'actuelle Cour EDH, la compétence de la Cour IDH reste soumise à l'acceptation des États membres[559]. C'est la « compétence facultative de la CIDH »[560]. Il importe de rappeler que, dans les premières années de vie de la Cour EDH, sa compétence n'était pas obligatoire.

---

[552] CEDH, art. 25 ; Règlement de la Cour EDH, art. 8 à 11; Statut de la Cour IDH, art. 12 ; Règlement de la Cour IDH, art. 3 à 6.

[553] CEDH, art. 24; Règlement de la Cour EDH, art. 15 à 18 ; CADH, art. 58; Statut de la Cour IDH, art. 14 ; Règlement de la Cour IDH, art. 7 à 10.

[554] CEDH, art. 19 ; Statut de la Cour IDH, art. 22; Règlement de la Cour IDH, art. 11 à 13.

[555] CEDH, art. 33 et 34 ; Règlement de la Cour EDH, art. 51 et 52.

[556] CADH, art. 61 ; Statut de la Cour IDH, art. 2.

[557] CADH, art. 44 ; Règlement de la Commission IDH, art. 23.

[558] Burgorgue-Larsen (Laurence), « Vers la création d'une culture commune en matière de droits fondamentaux en Amérique latine – De la force du juge… », in Lamblin-Gourdin (Anne-Sophie) et Mondielli (Eric) (dir.), Un Droit pour *les hommes libres : Études en honneur du professeur Alain Fenet*, Paris, Litec, Lexisnexis, 2008, p. 14.

[559] La République dominicaine, les États-Unis, Grenade et la Jamaïque n'ont pas encore accepté la compétence de la Cour IDH.

[560] CADH, art. 62, § 1.

Lorsque la CEDH est entrée en vigueur, seuls deux États membres sur dix avaient expressément accepté sa compétence[561]. Dans ce cas, si la Commission voulait transmettre une requête à la Cour, mais que l'État défendeur n'acceptait pas sa juridiction, la Commission était obligée de s'adresser au Comité des ministres, organe politique du Conseil de l'Europe composé des représentants des États membres. Cependant, dans ce cas, l'État en question était à la fois juge et partie accusée dans l'affaire. Cette situation a changé après l'entrée en vigueur du Protocole n° 11 à la CEDH, qui a établi la juridiction obligatoire de la Cour EDH pour les États parties à la Convention.

La formation des deux cours, dans l'exercice de leur compétence contentieuse, configure la cinquième différence entre elles. Pour toute délibération la Cour interaméricaine est composée de ses sept juges en formation complète[562], au contraire de la juridiction européenne, qui peut siéger dans différentes formations[563], en fonction du moment de l'analyse de l'affaire[564].

Ainsi, la Cour EDH peut statuer en formation de juge unique, d'un comité de trois juges, d'une chambre de sept juges et dans la « formation solennelle »[565] de la Grande Chambre de 17 juges. Le juge unique n'examine que la recevabilité des saisines[566]. Le comité de trois juges rend des arrêts sur le fond ; toutefois ces juges n'examinent que les affaires « faisant objet d'une jurisprudence bien établie de la Cour »[567]. La chambre des sept rend des arrêts sur le fond et se prononce sur la recevabilité et le fond des affaires interétatiques[568]. Enfin, la Grande Chambre détient plusieurs compétences[569].

---

[561] Schermers (Henry), *op. cit.*, p. 392.

[562] Le quorum minimum requis est de cinq juges (art. 56 de la CADH, art. 23 du Statut de la Cour IDH et art. 14 du Règlement de la Cour IDH).

[563] CEDH, art. 26 ; Règlement de la Cour EDH, art. 24.

[564] Il s'avère important de mettre en relief que jusqu'en 1998 les deux cours avaient des compositions qui se ressemblaient davantage. Lors du Protocole n° 11 (du 11 mai 1994, entré en vigueur le 1er novembre 1998), qui a emmené à la disparition de la Commission EDH, la Cour EDH a dû réaménager l'organisation de ses juges pour accomplir ses nouvelles compétences. Ensuite, le Protocole n° 14 (du 13 mai 2004, entré en vigueur le 1er juin 2010) a introduit la figure du juge unique et a modifié les compétences des comités de trois juges.

[565] Tigroudja (Hélène) et Panoussis (Iannis K.), *La Cour interaméricaine des droits de l'homme : Analyse de la jurisprudence consultative et contentieuse*, Coll. Droit et Justice, n° 41, Bruxelles, Bruylant, 2003, p. 8.

[566] CEDH, art. 27; Règlement de la Cour EDH, art. 52 a).

[567] CEDH, art. 28 ; Règlement de la Cour EDH, art. 53.

[568] CEDH, art. 29 ; Règlement de la Cour EDH, art. 54.

Elle peut être saisie soit à la suite d'un renvoi, soit lorsqu'il y a un dessaisissement. Dans le premier cas, lorsqu'un arrêt de chambre est rendu, les parties peuvent demander le renvoi de l'affaire devant la Grande Chambre. La demande n'est acceptée que dans des cas exceptionnels et après la décision du collège de la Grande Chambre[570]. Dans le deuxième cas, la Grande Chambre est saisie par la voie d'un dessaisissement d'une chambre, si l'affaire soulève une question grave relative à l'interprétation de la Convention ou s'il y a un risque de contradiction avec un arrêt rendu antérieurement par la Cour.

La sixième différence concerne la mise en place d'un critère assez nébuleux de la compétence contentieuse de la Cour EDH. Dans l'espoir de désengorger la Cour européenne et de lui permettre de se concentrer en priorité sur les affaires justifiant un examen au fond, le Protocole n° 14 à la CEDH a introduit un nouveau critère de recevabilité des requêtes : la caractérisation d'un préjudice important[571]. Cela signifie que la Cour peut déclarer irrecevable toute requête individuelle, lorsqu'elle estime que le requérant n'a subi aucun préjudice important[572]. Il s'agit d'un critère qui rend encore plus malaisé l'accès de l'individu à la Haute juridiction européenne ; ce même critère est absent dans le système interaméricain.

La dernière différence entre les deux systèmes juridictionnels porte sur le contrôle de l'exécution des arrêts. Dans le système européen, le Comité des ministres est responsable de cette phase de la procédure[573], tandis que dans le

---

[569] Pour approfondir le sujet sur la grande chambre de la Cour EDH, voir Wildhaber (Luzius), « La grande chambre de la Cour européenne des droits de l'homme », *in* Titiun (Patrick) (coord.), *La conscience des droits : mélanges en honneur de Jean-Paul Costa*, Paris, Dalloz, 2011, p. 687 à 702.

[570] Le collège de la Grande Chambre est un organe composé de cinq juges qui examinent les demandes de renvoi des parties après un arrêt de chambre.

[571] Protocole n° 14 à la CEDH, art. 35§ 3b).

[572] Le nouveau critère repose sur l'idée que la violation d'un droit, quelle que soit sa réalité d'un point de vue purement juridique, doit atteindre un niveau minimum de gravité pour justifier son examen par une juridiction internationale. La formulation du critère tient compte du préjudice déjà subi par le requérant au niveau national. Parmi les facteurs pouvant être pris en considération figure, mais non exclusivement, l'impact financier pour le requérant. Cependant, la Cour se montre en même temps consciente du fait que l'enjeu patrimonial ne constitue pas le seul élément à prendre en compte pour déterminer si le requérant a subi un préjudice important. En effet, une violation de la Convention peut avoir trait à des questions de principe majeures et par conséquent causer un préjudice considérable sans pour autant porter atteinte à un intérêt patrimonial. Le sentiment subjectif du requérant concernant les effets de la violation alléguée doit pouvoir être justifié par des motifs objectifs. Conseil de l'Europe/Cour européenne des droits de l'homme, *Guide pratique sur la recevabilité*, 2011, p. 76-77.

[573] CEDH, art. 46 § 2.

système interaméricain, il n'y a pas de troisième organe qui s'en charge. Il relève de la compétence des juges de la Cour IDH eux-mêmes de contrôler l'exécution des arrêts[574], en s'appuyant sur des rapports communiqués par l'État[575]. En cas d'inexécution de l'arrêt par l'État, la Cour peut en informer l'Assemblée générale de l'OEA[576] à travers un rapport. Ce rapport peut être enrichi par des observations présentées par les victimes, par leurs représentants, par la Commission IDH[577] et, depuis le nouveau règlement de la Cour de 2009, également par un *amicus curiae*[578].

110. Ces deux Hautes juridictions ne présentent pas uniquement des disparités. En effet les Cours européenne et interaméricaine des droits de l'homme partagent également des similitudes relatives à leurs compétences et leurs pouvoirs vis-à-vis des États parties et de leurs arrêts.

La première similitude concerne la compétence consultative des deux cours[579]. Dans le cas du système européen, le Comité des ministres (et, dans le futur, peut-être toutes les plus hautes juridictions d'une Haute Partie contractante[580]) peut demander des avis consultatifs à la Cour EDH[581]. Pour la juridiction interaméricaine, tout État membre de l'OEA, la

---

[574] Règlement de la Cour IDH, art. 69.

[575] Le professeur BURGORGUE-LARSEN précise que l'état de lieux du contrôle d'exécution des arrêts par la Cour IDH oscille entre le classicisme et l'originalité. Elle peut tout d'abord interpréter, mais également, le cas échéant, réviser ses arrêts. Burgorgue-Larsen (Laurence), *op. cit.*, 2008, p. 20.

[576] CADH, art. 65 ; Statut de la Cour IDH, art. 30.

[577] Règlement de la Cour IDH, art. 24.

[578] Règlement de la Cour IDH, art. 44.

Le professeur BURGORGUE-LARSEN propose une très intéressante analyse sur le rôle des *amis de la Cour* dans le système interaméricain et européen de droits de l'homme. mme. L'amici *curiae*, selon elle, représente une mosaïque d'experts en tout genre (organisations non gouvernementales, centres de recherche et universitaires, des Ombudsman et plus récemment le Commissaire aux droits de l'homme, pour ce qui concerne la Cour EDH), qui ont pour fonction de présenter des interventions afin d'aider tout type de juridiction à rendre justice en connaissance de cause. Burgorgue-Larsen (Laurence), « Les interventions *éclairées* devant la Cour européenne des droits de l'homme ou le rôle stratégique des *amici curiae* », *in* Titiun (Patrick) (coord.), *La conscience des droits : mélanges en honneur de Jean-Paul Costa*, Paris, Dalloz, 2011, p. 67 à 81.

[579] CEDH, art. 32 ; CADH, art. 62§3; Statut de la Cour IDH, art. 2.

[580] Est actuellement en discussion l'adoption du Protocole n° 16 à la CEDH qui élargit la légitimité personnelle aux plus hautes juridictions d'une Haute Partie contractante pour demander des avis consultatifs à la Cour. Le dernier projet a été adopté par la Commission des questions juridiques et de droits de l'homme le 27 mai 2013.

[581] Plus précisément, à la Grande Chambre, art. 30 et 31 de la CEDH et art. 71 à 73 du Règlement de la Cour EDH.

Commission IDH ou tout autre organe de l'OEA peuvent s'adresser à la Cour IDH en vue d'obtenir des avis consultatifs[582]. Si la ressemblance caractérise cette compétence, sa différence se manifeste dans la mise en œuvre[583]. En comparaison avec le système européen, « la pratique consultative de la Cour IDH paraît extrêmement soutenue »[584]. Tout d'abord parce que la Cour IDH a une compétence *ratione materiae* plus large : elle est compétente pour donner un avis, non seulement sur la CADH, mais également sur tout autre traité concernant la protection des droits de l'homme dans les États interaméricains. Alors que la Cour EDH ne peut se prononcer que sur des questions juridiques relatives à la CEDH et ses protocoles, sans toucher à des questions relatives au contenu ou à l'étendue des droits et libertés prévus au Titre I de la CEDH, ce qui retire toute force aux avis du système européen. Ensuite, car la production consultative de la Cour IDH s'avère beaucoup plus importante que celle de la Cour EDH. La Haute juridiction interaméricaine a déjà prononcé une vingtaine d'avis consultatifs depuis 1982, alors que la Cour européenne n'en a rendu que deux depuis 2008.

Les Cours présentent également des similitudes par rapport à leurs pouvoirs vis-à-vis des États parties. Le premier pouvoir réside dans leur droit d'ordonner des mesures provisoires. De telles mesures sont indiquées « dans les cas d'extrême gravité, requérant la plus grande célérité dans l'action et lorsqu'il s'avère nécessaire d'éviter des dommages irréparables à des personnes »[585]. Toujours présent dans le système interaméricain (aussi bien pour la Commission que pour la Cour IDH), il a connu des difficultés pour être introduit dans le système européen. Pour le professeur BURGORGUE-LARSEN, cette faculté octroie manifestement à la Cour interaméricaine un rôle qui dépasse de loin la seule sphère juridique pour arbitrer au sein des États des questions éminemment sensibles du point de vue politique[586]. Pour ce qui concerne la CEDH au moment où elle a été élaborée, les États participants estimaient que les mesures provisoires constituaient une atteinte

---

582 CEDH, art. 47 à 49 ; Règlement de la Cour EDH, art. 82 à 90 ; CADH, art. 64 ; Règlement de la Cour IDH, art. 70 à 75.

583 Pour l'enseignant RUNAVOT, la fonction consultative de la Cour IDH est louée pour son originalité, elle a surtout été le catalyseur des potentialités du droit interaméricain des droits de l'homme. Runavot (Marie-Clotilde), « La fonction consultative de la Cour interaméricaine des droits de l'homme : splendeurs et misères de l'avis du juge interaméricain », *in* Hennebel (Ludovic) et Tigroudja (Hélène) (dir.), *op. cit.*, p. 124.

584 Tigroudja (Hélène) et Panoussis (Iannis K.), *op. cit.*, p. 21.

585 CADH, art. 63§2.

586 Burgorgue-Larsen (Laurence), *op. cit.*, 2008, p. 17. Sur les mesures provisoires dans le système interaméricain, voir aussi : Burbano Herrera (Clara), *Medidas provisionales en situaciones de vida o muerte*, Mexico, Porrua, 2012.

trop importante à leur souveraineté nationale. Henry SCHERMERS soutenait que cela expliquait pourquoi ni la Commission ni la Cour n'avaient reçu le pouvoir de prendre de telles mesures[587]. Cependant, la Commission a pu prévoir ces dispositions dans son Règlement intérieur[588], même si à l'époque cela a provoqué un grand émoi, y compris la manifestation de la Cour EDH sur la non-obligation juridique de l'État intéressé de respecter la disposition du Règlement intérieur de la Commission EDH dans l'affaire *Cruz Varas et autres c. Suède*[589]. Ensuite, lors de l'élaboration du Protocole n° 11 à la CEDH, les États ont de nouveau refusé l'insertion d'une disposition sur les mesures provisoires[590]. Cependant, l'indication de telles mesures a été développée dans la jurisprudence en 2005[591] et elles font partie, à compter de cette date, du Règlement actuel de la Cour EDH[592].

Le deuxième pouvoir concerne leur droit de déterminer des réparations. Lorsque les Cours reconnaissent la violation d'un droit ou d'une liberté protégés par les Conventions respectives[593], elles prescrivent une réparation « des conséquences de la mesure ou de la situation auxquelles ont donné lieu la violation de ces droits et le paiement d'une juste indemnité à la partie lésée » [594]ou pour reprendre l'expression européenne, « une satisfaction équitable »[595]. La notion de réparation des violations dans le système interaméricain se révèle très intéressante. Ce pouvoir ne se limite pas seulement à enjoindre à l'État le versement d'une somme d'argent à la victime, mais tente de trouver des solutions afin que la victime demeure satisfaite de la conclusion donnée à l'affaire, afin également que toute la communauté prenne connaissance de cette solution et du fait que l'État modifie sa gestion de certains sujets, ainsi

[587] Schermers (Henry), *op. cit.*, p. 394.

[588] Règlement intérieur de la Commission EDH, art. 36.

[589] Cour EDH, Cruz Varas et autres c. Suède, n° 15576/89, 20 mars 1991.

[590]RIOU (Nicolas), « Confirmation du caractère obligatoire des mesures provisoires en vertu de l'article 34 CEDH », *EdL*, 2005, n° 17, p. 15.

[591] Cour EDH, Mamatkoulov et Askarov c. Turquie [GC], n°s 46827/99 et 46951/99, 4 février 2005.

[592] Art. 39 du Règlement de la Cour EDH.

[593] Pour approfondir les différences entre les deux systèmes en matière de réparations, voir Lambert Abdelgawad (Elisabeth) et Martin-Chenut (Katia) (éd.), *Réparer les violations graves et massives des droits de l'homme : la Cour interaméricaine, pionnière et modèle ?*, Collection de l'UMR de droit comparé de Paris, vol. 20, Paris, Société de législation comparée, 2010. Spécifiquement sur le système européen, voir Touzé (Sébastien), « Les limites de l'indemnisation devant la Cour européenne des droits de l'homme : le constat de violation comme satisfaction équitable suffisante », *in* Flauss (Jean-François) et Lambert Abdelgawad (Elisabeth) (éd.), *La pratique d'indemnisation par la Cour européenne des Droits de l'Homme*, Bruxelles, Bruylant, 2011, p. 127 à 153.

[594] CADH, art. 63§1 ; Règlement de la Cour IDH, art. 27.

[595] CEDH, art. 41.

de la modification de sa législation ou de la sensibilisation des fonctionnaires aux droits de l'homme.

De fait comme l'expliquent le professeur BURGORGUE-LARSEN et le docteur ÚBEDA DE TORRES, le système interaméricain s'avère exceptionnel, à la fois original et classique, progressiste et novateur[596]. Ceci parce que, tout d'abord, le système permet d'ordonner des réparations, qui visent non seulement la victime, mais aussi la collectivité à laquelle elle appartient. Ensuite, en plus d'ordonner la réparation d'un dommage classiquement conçu, il prévoit aussi un dommage dit « projet de vie » relié au concept de réalisation personnelle, par exemple, des projets personnels et professionnels[597]. Enfin, le système interaméricain ordonne des réparations spécifiques, telle l'indemnisation « pour compenser la perte subie »[598] ou une la réparation pour la reconstruction de la victime et ses proches, de la société et du droit interne[599].

111. Compte tenu de ces observations et de la comparaison faite entre ces deux systèmes, leur évolution historique, la mise en œuvre des procédures, la conception des organes et de leurs sources juridiques, le système interaméricain semble se trouver sur un même pied d'égalité avec le système européen, voire parfois plus protecteur. En outre, s'il existe réciproquement une influence d'un système à l'autre, elle ne se produit pas entre les seules sources normatives. Un « dialogue des juridictions »[600] permanent et intense permet l'approfondissement de la protection des droits de l'homme des individus des deux continents. Leurs jurisprudences sont donc les témoins d'un double rayonnement des systèmes et, pour le professeur BURGORGUE-LARSEN, de la mise en place d'un « universalisme revisité »[601].

[596] Cette innovation réside dans le fait que la Haute juridiction cherche à ce que « la victime ou ses proches puissent se reconstruire et reprendre tant bien que mal le cours de leurs vies fracassées ». Burgorgue-Larsen (Laurence), *op. cit.*, 2008, p. 19.

[597] Cour IDH, Loayza Tamayo c. Pérou (réparations), 27 novembre 1998, Série C, n° 42, § 144 à 154.

[598] Cour IDH, Velásquez Rodríguez c. Honduras (interprétation de l'arrêt, frais et dépens), 17 juin 1990, Série C, n° 9, § 27.

[599] Burgorgue-Larsen (Laurence) et Úbeda de Torres (Amaya), *op. cit.*, 2008, p. 251 et s.

[600] Expression employée par Popovic (Dragojilub), « Aspects créatifs de l'œuvre de la Cour européenne des droits de l'homme », *in* Titiun (Patrick) (coord.), *La conscience des droits : mélanges en honneur de Jean-Paul Costa*, Paris, Dalloz, 2011, p. 516.

[601] Idée défendue par le professeur BURGORGUE-LARSEN, lors de son exposé à l'occasion de la 43e session d'été sur les droits de l'homme, IIDH, Strasbourg, juillet 2012.

112. Malgré ces grands progrès, le système de San José et de Washington n'atteint pas encore la perfection aussi il peut faire l'objet des critiques d'ordre objectif et procédural peuvent lui être adressées en vue de son amélioration.

Les critiques d'ordre objectif portent sur le nombre de juges et la non-permanence du siège. En premier lieu, le nombre de juges à la Cour ne représente pas l'ensemble des États parties à la Convention, ce qui conduit à un manque de représentativité de l'ensemble de systèmes juridiques. En deuxième lieu, le fait que la Cour ne soit pas un organe permanent rend l'appréciation des affaires très lente.

Ensuite, il existe des critiques d'ordre procédural. En premier lieu, la compétence contentieuse de la Cour n'est pas obligatoire pour les États qui ne l'ont pas acceptée, ce qui produit une insécurité juridique pour les justiciables, beaucoup plus de travail et de responsabilité à la Commission (qui est un organe obligatoire à tous les États ayant ratifié la Charte de l'OEA) et une hétérogénéité dans l'ensemble des États membres de l'OEA. En deuxième lieu, il n'y a pas de système de « renvoi » à la Cour IDH comme il en existe au profit de la Cour EDH ; l'absence de possibilité d'un appel représenterait probablement une injustice pour les parties. En troisième lieu, faute d'être liées à un organe politique (l'OEA), la Cour et la Commission ne peuvent sanctionner un État qui manque à son obligation de respecter des mesures provisoires (problème que le système européen vit d'ailleurs également). En quatrième lieu, du fait de l'absence d'un organe spécifique pour la supervision de l'exécution des arrêts, la Cour IDH se voit chargée de la double tâche de juger et de surveiller. Enfin, il y a un manque de transparence dans la méthode utilisée par la Commission pour apprécier les requêtes et transmettre les litiges à la Cour, ce qui pourrait laisser croire qu'elle utilise des critères purement politiques.

Les droits de l'homme des individus étant alors protégés par le droit international, il fallait que leurs États reçoivent ces instruments et mécanismes en droit interne, pour en assurer une protection complète. Un deuxième mouvement apparaît ainsi, celui de l'internalisation du droit international des droits de l'homme dans les ordres juridiques nationaux.

Section II : L'internalisation du droit international des droits de l'homme

113. La nouvelle réalité du contexte international par rapport aux droits de l'homme a provoqué des changements dans l'évolution interne et dans l'ordre constitutionnel des États. Un nouveau constitutionnalisme a été développé, puisqu'il n'était plus question que le droit international et le droit constitutionnel continuent d'être abordés de façon séparée, comme le soutient le juge CANÇADO TRINDADE[602]. Ce nouveau constitutionnalisme se traduit par l'internalisation du droit international des droits de l'homme.

114. Plus particulièrement, dans les États membres du Mercosur, la démocratie a retrouvé sa place entre les années 1980 et 1990 et le droit international des droits de l'homme y est apparu, comme le précise le professeur BURGORGUE-LARSEN, « comme l'incarnation juridique des valeurs démocratiques basées sur le respect irréductible de la dignité de la personne humaine »[603]. Le professeur MORALES ANTONIAZZI considère qu'avec l'arrivée de la démocratie, des idées d'attachement au droit international ont émergé, c'est ce qu'elle appelle le « *völkrrechtsfreundlich* »[604]. Ainsi, l'adoption des constitutions « modernes »[605] par les États membres du Mercosur a été accompagnée de la conscience du besoin de placer les normes du droit international des droits de l'homme dans ces nouvelles constitutions (§1). En outre, l'ordre juridique interne des États mercosuriens se voit enrichi par la réception des instruments et de la jurisprudence internationaux (§2).

---

602 Le juge CANÇADO TRINDADE soutient cette l'idée de procédure en « transformation ». Cançado Trindade (Antônio Augusto), *A Incorporação de Normas Internacionais de Proteção dos Direitos Humanos no Direito Brasileiro*, 2e éd., San José, Instituto Interamericano de Direitos Humanos, 1996, p. 207.

603 Burgorgue-Larsen (Laurence), *op. cit.*, 2013, p. 19.

604 Morales Antoniazzi (Mariela), *op. cit.*, 2013, p. 180.

605 Expression utilisée par le professeur BURGORGUE-LARSEN. Burgorgue-Larsen (Laurence), « Les standards: normes imposées ou consenties? », *in* Fatin-Rouge Stefanini(Marthe), et Scoffoni (Guy) (dir.), op. cit., p. 19.

§1 La place du droit international des droits de l'homme dans les droits internes

115. Une première marque du nouveau constitutionnalisme se traduit par la place que le droit international des droits de l'homme y a conquise[606]. En témoignent les nombreux textes de droit international qui ont été contractés par les États (B), mais aussi les solutions adoptées par ces États pour éviter les conflits des lois, c'est-à-dire, la définition de la hiérarchie des instruments internationaux des droits de l'homme dans l'ordre juridique interne (A).

A. La place des traités relatifs aux droits de l'homme dans la hiérarchie des normes définie par les États

116. La place accordée aux traités internationaux des droits de l'homme dans l'ordre juridique interne d'un État dépend de son système constitutionnel. Cette valeur hiérarchique est liée à la valeur donnée aux instruments internationaux auxquels les États adhèrent[607]. Pour se situer, il convient tout d'abord d'identifier la théorie moniste ou dualiste adoptée par le système constitutionnel (1). Cette question clarifiée, il importe de comprendre la structure de l'ordre juridique de l'État. Il devient dès lors possible de vérifier la façon dont les traités internationaux des droits de l'homme sont accueillis dans le droit interne des États composant le Mercosur (2).

---

[606] Cette définition est donnée par le professeur Burgorgue-Larsen au phénomène de l'internationalisation des constitutions nationales. Burgorgue-Larsen (Laurence) *op. cit.*, 2013, p. 18.

[607] Comme le remarque le professeur PIOVESAN, la systématique concernant l'exercice du pouvoir de conclure des traités dépend de chaque État, raison pour laquelle les exigences constitutionnelles relatives à la procédure de formation des traités présentent des variations significatives. Piovesan (Flavia), *Direitos Humanos e o Direito Constitucional Internacional*, *op. cit.*, 2012, p. 46.

A. Théorie moniste ou dualiste : une hétérogénéité de préférences

117. Les États membres du Mercosur sont partagés entre les théories moniste et dualiste. Selon la première théorie, les normes de droit interne et de droit international font partie d'un seul système juridique. À l'inverse, la théorie dualiste affirme qu'il existe deux systèmes juridiques, complètement séparés et indépendants. L'un avec les normes de droit interne (qui gèrent les relations entre les États et les individus), et l'autre avec celles de droit international (qui gèrent les relations entre les États)[608].

Dans la pratique, dans les États de tradition dualiste, pour qu'une norme internationale ait une valeur interne, il est nécessaire qu'une « communication entre les deux ordres juridiques »[609] se produise. Ainsi la norme internationale sera reçue par l'ordre juridique interne par le biais des procédures propres à chaque système, à l'aide d'une « norme de réception »[610]. Après sa ratification, elle sera transformée en loi ou règlement national[611]. Parmi les États membres du Mercosur, le Brésil et le Venezuela adhèrent à cette théorie pour ce qui concerne les traités internationaux en général.

À l'inverse, il existe des systèmes juridiques de tradition moniste, où l'accueil de la norme internationale au sein de l'ordre juridique se fait automatiquement lors de la ratification du traité international et parfois à la seule condition d'obtenir une loi d'approbation. La réception de la norme internationale est soumise à trois étapes : la signature du traité international par le pouvoir exécutif, la vérification de sa conformité avec le droit interne et l'approbation par le pouvoir législatif et la ratification par le pouvoir exécutif. Aucun autre acte n'intervient dans l'incorporation de la norme au

---

[608] Maraniello (Patricio Alejandro), « La incorporación de Brasil a la Convención de Viena. ¿ Fortalecimiento del Mercosur ? », Direito Publico e Integração – Revista Juridica, Poder Judiciario, Justiça Federal, Seção Judiciaria de Sergipe, n. 3, 2010/1, p. 2.

[609] Quoc Dinh (Nguyen), Dailler (Patrick), Forteau (Mathias) et Pellet (Alain), *Droit international public : formation du droit, sujets, relations diplomatiques et consulaires, responsabilité, règlement des différends, maintien de la paix, espaces internationaux, relations économiques, environnement*, 8e éd., Paris, LGDJ, 2009, p. 106.

[610] Constantinesco (Vlad) et Pierré-Caps (Stéphane), *Droit constitutionnel*, 5e éd., Paris, PUF, 2011, p. 243.

[611] Le juge CANÇADO TRINDADE soutient cette l'idée de procédure en « transformation ». Cançado Trindade (Antônio Augusto), *op. cit.*, 1996, p. 229.

droit interne après la ratification. L'Argentine, le Paraguay et l'Uruguay ont opté pour cette théorie[612].

118. Les dispositifs constitutionnels de ces quatre pays ne sont pas tous aussi précis. Heureusement, grâce aux développements jurisprudentiels des cours supérieures certains ordres juridiques se présentent aujourd'hui de façon plus distincte alors que d'autres sont toujours soumis à des interprétations diverses de la doctrine.

La Constitution argentine de 1853, par exemple, conférait une vision complètement dualiste à son ordre juridique[613]. Elle a été révisée en 1994 et grâce au développement jurisprudentiel de la Cour suprême[614] de nouveaux dispositifs prévoient une procédure de réception des instruments internationaux[615]. À compter de cette date, l'ordre juridique argentin adopte la théorie moniste[616].

La constitution paraguayenne établit également clairement que la théorie moniste est adoptée. Outre les articles qui prévoient la procédure de

---

612 Pour plus d'information sur le développement des théories monistes ou dualistes en Argentine, au Brésil, au Paraguay et en Uruguay voir Perotti (Alejandro Daniel), *Habilitación constitucional para la integración comunitaria, Estudios sobre los Estados del Mercosur,* vol. I et II, Curitiba, Jurua, 2010.

613 Gongora Mera (Manuel Eduardo), *op. cit.*, p. 69.

614 CSJN, Ekmekdjian, Miguel A. c. Sofovich, Gerardo et autres, du 7 juillet 1992, La Ley, 1992-C, 543 - DJ, 1992-2-296. L'affaire détermine que les traités de droit international ont pour la première fois une hiérarchie supérieure aux lois. Pour plus d'informations sur l'affaire, voir Manzi (Adrian), « La jurisprudencia de derechos humanos en la Argentina », *Nómadas: Revista Crítica de Ciencias Sociales y Jurídicas*, n° spécial: América Latina, 2012.

615 González Napolitano (Silvina), « Las relaciones entre el derecho internacional y el derecho interno a partir de la reforma constitucional de 1994 », *Revista Prudentia Iuris*, abril 1995, n° 37, p. 131 à 144.

Version mise à jour sur le site: http://dipubaderecho.wordpress.com/relaciones-entre-el-derecho-interno-y-el-derecho-internacional/#_ftnref1, consulté le 21 décembre 2012.

Sur la révision de la Constitution argentine de 1994, voir: Pizzolo (Calogero), « Los mecanismos de protección en el sistema interamericano de derechos humanos y el derecho interno de los países miembros », *in* Méndez Silva (Ricardo) (coord.), *Derecho internacional de los derechos humanos* - Memoria del VII Congreso Iberoamericano de Derecho Constitucional, Instituto de investigaciones jurídicas, Mexico, 2002, p. 514 à 515.

616 Constitution argentine: Art. 75 § 22: « *Corresponde al Congreso (...) Aprobar o desechar tratados concluidos con las demás naciones y con las organizaciones internacionales (...)* » (Appartient au Congrès (...) approuver ou rejeter des traités conclus avec d'autres nations et avec des organisations internationales (...) – traduction libre).

réception de la norme internationale[617], il existe deux autres dispositions qui signalent cette préférence : celle qui affirme que les traités, conventions et accords internationaux approuvés et ratifiés *intègrent* le droit positif national et celle qui énonce que le Paraguay *accepte* le droit international[618]. La jurisprudence de la Cour suprême de justice suit ce raisonnement[619].

L'option de l'ordre juridique uruguayen fait, quant à elle, l'objet de discussions constantes. Malgré la clarté des dispositions normatives de la constitution, la doctrine et la jurisprudence ne sont pas unanimes pour diverses raisons.

La réception d'un instrument international est réalisée en trois étapes : la signature de l'instrument par le président, l'approbation par le pouvoir législatif et la ratification par le président[620]. La norme n'a pas besoin d'être

---

[617] Constitution paraguayenne, art. 141: « *Los tratados internacionales validamente celebrados, aprobados por ley del Congreso, y cuyos instrumentos de ratificación fueran canjeados o depositados, forman parte del ordenamiento legal interno con la jerarquía que determina el artículo 137* » (Les traités internationaux valablement conclus et approuvés par un acte du Congrès, et dont les instruments de ratification ont été échangés ou déposés, font partie du droit interne, avec la hiérarchie déterminée par l'article 137 – traduction libre).

[618] Constitution paraguayenne, art. 137 et 143: « *La ley suprema de la República es la Constituición. Esta, los tratados, convenios y acuerdos internacionales aprobados y ratificados, las leyes dictadas por el Congreso y otras disposiciones jurídicas de inferior jerarquía, sancionadas en consecuencia, integran el derecho positivo nacional en el orden de prelación enunciado* »; « *La República del Paraguay, en sus relaciones internacionales, acepta el derecho internacional* ». (La loi suprême de la République est la Constitution. Elle, les traités, conventions et accords internationaux approuvés et ratifiés, les lois votées par le Congrès et d'autres actes juridiques de rang inférieur intègrent le droit positif national dans l'ordre de priorité énoncé ; La République du Paraguay, dans ses relations internationales, accepte le droit international – traduction libre).

[619] Corte Suprema de la Justicia, Acordo y Sentencia n. 5/2001 (Schaerer), du 9 février 2001: « dans le droit paraguayen, le traité une fois ratifié dispose de validité et applicabilité incontestables » (traduction libre).

[620] Constitution uruguayenne, art. 85. 7 et 168. 20: « *A la Asamblea General compete (...) decretar la guerra y aprobar o reprobar por mayoría absoluta de votos del total de componentes de cada Cámara, los tratados de paz, alianza, comercio y las convenciones o contratos de cualquier naturaleza que celebre el Poder Ejecutivo con potencias extranjeras* »; « *Al Presidente de la República, actuando con el Ministro o Ministros respectivos, o con el Consejo de Ministros, corresponde (...) concluir y suscribir tratados, necesitando para ratificarlos la aprobación del Poder Legislativo* ». (L'Assemblée générale est compétente (...) pour déclarer la guerre et approuver ou rejeter, par vote majoritaire de la quantité totale des membres de chaque Chambre, les traités de paix, d'alliance, de commerce et les conventions ou les contrats de toute nature qui le pouvoir exécutif célèbre avec des puissances étrangères ; Le Président de la République, agissant avec le ministre ou les ministres, ou le Conseil des ministres est compétent (...) pour conclure et signer des traités, ayant besoin pour les ratifier l'approbation de l'Assemblée législative – traduction libre).

transformée pour intégrer l'ordre juridique national[621], ce qui caractérise *per se* l'adoption de la théorie moniste.

Cependant, la jurisprudence a maintes fois hésité entre les deux théories[622]. Aujourd'hui, comme le souligne le professeur PEROTTI, la tendance du pouvoir judiciaire s'oriente vers la reconnaissance de l'école moniste[623]. Ce va-et-vient des tribunaux explique la raison pour laquelle la doctrine a hésité à qualifier la nature du système juridique[624], même s'il existe un courant majoritaire en faveur de la théorie moniste, pour décrire le système paraguayen[625].

119. Enfin, l'ordre juridique brésilien est l'un des plus controversés. Selon le texte constitutionnel, il semble que la réception de la norme internationale dépende d'une « décision définitive du Congrès »[626]. Cela démontrerait le besoin d'une transformation de l'instrument international en droit interne et attesterait donc de l'adoption de la théorie dualiste.

Dans la pratique, après la signature de l'instrument international, le Congrès donne son approbation par le biais d'un décret législatif et après la ratification il n'appartient pas au pouvoir législatif d'édicter une norme de droit interne, mais au président de la République de promulguer un décret présidentiel. Cela ne change pas en soi l'adoption de la théorie dualiste, car

---

[621] Selon le professeur PEROTTI, une fois que l'instrument concerné est ratifié et déposé, quand il entre en vigueur au niveau international, il acquiert la qualité de législation existante dans l'ordre interne applicable en Uruguay sans exiger l'accomplissement de formalités supplémentaires. Perotti (Alejandro Daniel), *op. cit.*, 2010, vol. II, p. 334.

[622] Plusieurs exemples sont proposés par le professeur PEROTTI. *Ibid.*, p. 336 et s.

[623] *Ibid*, p. 346.

[624] S'agissant de la doctrine minoritaire qui tient pour une théorie dualiste conformément à Biacchi Gomes (Eduarado), « Uniao Européia e Mercosul: supranacionalidade versus intergovernamenalidade », *Revista Ambio Juridico*, n° octobre/2007, n° 46, Ano X; Jiménez de Aréchaga (Justino), *La Constitucion Nacional (I)*, Montevideo, Organizacion Taquigrafica Edina, 1946, p. 40-41.

[625] Perotti (Alejandro Daniel), *op. cit.*, 2010, vol. II, p. 346.

[626] Constitution brésilienne, art. 49.I et 84.VII : « *É da competência exclusiva do Congresso Nacional resolver definitivamente sobre tratados, acordos ou atos internacionais que acarretem encargos ou compromissos gravosos ao patrimônio nacional* » ; « *Compete privativamente ao Presidente da República (...) celebrar tratados, convenções e atos internacionais, sujeitos a referendo do Congresso Nacional* ». (Il est de compétence exclusive du Congrès national: résoudre définitivement sur les traités, accords ou actes internationaux qui entraînent des charges ou des engagements onéreux au patrimoine national » ; « Il revient au Président de la République (…) conclure des traités, des conventions et actes internationaux soumis à des référendums du Congrès national » – traduction libre).

la norme internationale se veut toujours assujettie à une transformation pour intégrer le droit interne. Une partie de la doctrine adhère à ce raisonnement[627]. Par contre, une autre s'y oppose, car comme il ne s'agit pas d'un acte normatif issu du pouvoir législatif, une transformation n'a pas lieu aussi l'ordre juridique brésilien suit-il la théorie moniste[628].

Il a fallu que le Tribunal suprême fédéral se prononce et cela fut en faveur de l'adoption de la théorie dualiste. Selon la cour constitutionnelle, «l'exécution des traités internationaux et leurs incorporations à l'ordre juridique interne découlent d'un acte subjectivement complexe, résultant de l'association de deux volontés homogènes : celle du Congrès national, qui résout définitivement par le biais d'un décret législatif sur les traités, accords ou actes internationaux, et celle du Président de la République qui outre son pouvoir de conclure ces actes de droit international, dispose de la compétence pour les promulguer par le biais de décrets »[629]. Selon ce raisonnement, certains auteurs soutiennent que le Tribunal suprême fédéral a adopté une orientation « dualiste modérée »[630].

Enfin, pour enrichir cette complexité de l'ordre juridique brésilien, la constitution prévoit l'application immédiate des traités internationaux de droits de l'homme[631], ce qui définit en principe la théorie moniste. Certains auteurs parlent d'un « monisme internationaliste dialogique », car il existerait un dialogue entre les sources de droit international et de droit interne[632]. Ainsi, l'ordre juridique brésilien admettrait deux théories : la

---

[627] Ribeiro Bastos (Celso) et Gandra Martins (Ives), *Comentarios à Constituição do Brasil: promulgada em 5 de outubro de 1988*, v. 1., São Paulo, Saraiva, 1988-1989, p. 450. Biacchi Gomes (Eduardo), « Uniao Européia e Mercosul: supranacionalidade versus intergovernamentalidade », *op. cit.*, 2007.

[628] Selon le professeur OLIVEIRA MAZZUOLI, la doctrine qui se penche à la théorie moniste au Brésil est composée de: H. VALLADÃO, H. ACCIOLY, C. ALBUQUERQUE MELLO, etc. Oliveira Mazzuoli (Valério), *Curso de Direito Internacional Público*, 5e éd., Rio de Janeiro, RT, 2011, p. 82.

[629] ADI 1480 DF, du 4 septembre 1997, Rapporteur ministre Celso de Melo. « *O exame da vigente Constituição Federal permite constatar que a execução dos tratados internacionais e a sua incorporação à ordem jurídica interna decorrem, no sistema adotado pelo Brasil, de um ato subjetivamente complexo, resultante da conjugação de duas vontades homogêneas: a do Congresso Nacional, que resolve, definitivamente, mediante decreto legislativo, sobre tratados, acordos ou atos internacionais (CF, art. 49, I) e a do Presidente da República, que, além de poder celebrar esses atos de direito internacional (CF, art. 84, VIII), também dispõe - enquanto Chefe de Estado que é - da competência para promulgá-los mediante decreto* ».

[630] Oliveira Mazzuoli (Valério), *op. cit.*, p. 79.

[631] Constitution brésilienne, art. 5§ 1° « *As normas definidoras dos direitos e garantias fundamentais têm aplicação imediata* » (Les normes qui définissent des droits et des garanties fondamentaux ont application directe – traduction libre).

[632] Oliveira Mazzuoli (Valério), *op. cit.*, p. 90.

dualiste pour les traités internationaux en général, et la moniste pour les instruments concernant les droits de l'homme. Pour cette raison, une partie de la doctrine caractérise l'ordre juridique brésilien de système mixte[633].

Comme le soutient le professeur DE OLIVEIRA MAZZUOLI, le monisme internationaliste, avec primauté de la norme internationale, correspondrait à la position la plus juste et conforme aux nouvelles exigences du droit international : « il permet le règlement des différends internationaux et favorise l'évolution des nations vers la concrétisation d'une communauté internationale[634] ».

120. La Constitution vénézuélienne n'est pas non plus explicite sur son choix entre moniste et dualiste. Il faut interpréter l'article 154 pour arriver à la conclusion qu'avant la ratification du traité international par le président, une loi doit l'approuver[635].

121. En tout état de cause, malgré les échanges sur les théories monistes et dualistes[636], la capacité procédurale de l'individu (par le biais de la requête individuelle) et le principe selon lequel la primauté doit être attribuée à la norme la plus favorable à la victime sont reconnus par les organes internationaux. Qu'il s'agisse d'une norme de droit interne ou de droit international[637], l'individu demeurera toujours au centre de la protection.

---

[633] Piovesan (Flavia), *Direitos Humanos e o Direito Constitucional Internacional*, *op. cit.*, 2012, p. 91.

[634] Oliveira Mazzuoli (Valério), *op. cit.*, p. 88.

[635] Constitution vénézuélienne, art. 154: « *Los tratados celebrados por la República deben ser aprobados por la Asamblea Nacional antes de su ratificación por el Presidente o Presidenta de la República* » (traduction libre).

[636] Le juge CANÇADO TRINDADE soutient que ces échanges deviennent obsolètes et sans résultat pratique tout du moins pour ce qui concerne l'efficacité des traités internationaux relatifs aux droits de l'homme. Cançado Trindade (Antônio Augusto), *op. cit.*, 1996, p. 230. Les professeurs DUBOUT et TOUZE se montrent partisans d'une troisième voie, pour tenter de « dépasser cet éternel 'pont aux ânes' » du débat opposant dualisme et monisme, qui serait celui d'un pluralisme juridique. Dubout (Édouard) et Touzé (Sébastien), *op.cit.*, p. 14.

[637] Manuel Eduardo GONGORA MERA affirme que « tout en appliquant le principe *pro-homine*, l'interprète doit donner la préférence à la norme qui offre la plus large et la plus étendue protection aux droits de l'homme, quelle que soit la source (internationale/interaméricaine ou nationale) et son niveau dans l'ordre normatif ». Gongora Mera (Manuel Eduardo), *op. cit.*, p. 58.

Ce principe est prévu au sein de plusieurs instruments internationaux de protection des droits de l'homme[638], à l'instar de la CADH elle-même, qui indique qu'aucune de ses dispositions ne peut être interprétée dans le sens de la restriction de la jouissance et de l'exercice de tout droit ou de toute liberté reconnus par la législation d'un État partie ou existant dans une convention à laquelle cet État est partie[639].

La Cour IDH a pu également se prononcer sur ce principe dans un Avis consultatif[640] et dans l'affaire *Tribunal Constitucional c. Pérou*[641]. Elle se dit partisane de l'application de la norme la plus favorable à la victime, si pour une même situation, sont applicables la CADH et un autre traité international.

Le principe de la norme la plus favorable à la victime contribuerait à la réduction des conflits entre les instruments légaux dans leur dimension verticale (les traités internationaux et le droit interne) et dans leur dimension horizontale (entre deux ou plusieurs traités internationaux).

Dans tous les cas de figure, il se révèle intéressant de savoir comment est construit l'ordre juridique et quelle est la place des normes internationales des droits de l'homme dans chaque pays membre du Mercosur.

B. L'accueil par le droit interne des traités internationaux relatifs aux droits de l'homme

122. Résultat de l'ouverture démocratique des pays du continent interaméricain, mais aussi du déroulement des processus de révision constitutionnelle, de l'apparition des instruments régionaux de protection des droits de l'homme et de la ratification des deux conventions de Vienne sur le

---

638 L'art. 5§2 du Pacte des droits civils et politiques, l'art. 4§1 du Protocole de San Salvador, l'art. 23 de la *Convention* sur *l'élimination* de toutes les formes de *discrimination* l'égard des *femmes* et l'art. 41 de la Convention relative aux droits de l'enfant.

639 CADH, art. 29, b.

640 Cour IDH, L'Association obligatoire de journalistes (articles 13 et 29 de la Convention américaine relative aux droits de l'homme), 13 novembre 1985, Avis consultatif OC-5/85, Série A, n° 5.

641 Cour IDH, Tribunal Constitucional c. Pérou (compétence), 24 septembre 1999, Série C, n°. 55, § 37 à 40.

droit des traités[642], les cinq pays membres du Mercosur ont défini, ces dernières années, la place qu'occupent les traités internationaux des droits de l'homme dans l'ordre juridique interne.

123. À l'exception de l'Uruguay, dans tous les pays membres du Mercosur la place des traités internationaux des droits de l'homme dans l'ordre juridique interne a été définie dans la constitution de chaque pays membre. L'Argentine[643], le Brésil[644], le Paraguay et le Venezuela leur ont attribué une valeur égale à celle de leur constitution respective, tandis que l'Uruguay leur a donné valeur législative — au même titre que tout autre instrument international[645].

---

642 Convention de Vienne sur le droit des traités, du 23 mai 1969, en vigueur depuis le 27 janvier 1980, signée par l'Argentine le 5 décembre 1972 et ratifiée le 27 janvier 1980 ; signée par le Brésil le jour même et ratifiée le 25 septembre 2009 ; signée par le Paraguay le 3 février 1972 et ratifiée la même date et signée par l'Uruguay lors de sa rédaction et ratifiée le 5 mars 1982. Convention de Vienne sur le droit des traités entre États et organisations internationales ou entre organisations internationales, faite le 21 mars 1986 et non encore en vigueur, signée par l'Argentine le 30 janvier 1982 et ratifiée le 17 août 1990 ; signée par le Brésil le 21 mars 1986 pas encore ratifiée ; pas signée par le Paraguay et signée et ratifiée par l'Uruguay le 10 mars 1999.

643 Sur la place des normes internationales de droits de l'homme dans l'ordre juridique argentin voir Damsky (Isaac Augusto), « La internacionalización del ordenamiento jurídico argentino », *Diritto pubblico comparato ed europeo*, 2010, III, p. 924-943. Landa Arroyo (César), « La aplicación de los tratados internacionales en el derecho interno y la Corte Interamericana de Derechos Humanos », *in* Méndez Silva (Ricardo) (coord.), *Derecho internacional de los derechos humanos* - Memoria del VII Congreso Iberoamericano de Derecho Constitucional, Instituto de investigaciones jurídicas, Mexico, 2002, p. 324 à 331.

644 Sur la place des normes internationales de droits de l'homme dans l'ordre juridique brésilien voir Piovesan (Flavia), *Temas (...), op. cit.*, 2012, p. 52 à 64.

645 La Constitution uruguayenne date de 1967 et sa dernière révision de 2004. Malgré cela, elle n'a jamais clairement précisé la hiérarchie des traités internationaux dans son ordre juridique. Si, d'un côté l'article 239 sur le contrôle constitutionnel donne au juge national le soin de résoudre cette lacune juridique, de l'autre la doctrine fait référence à deux autres articles pour justifier d'une probable hiérarchie légale des traités des droits de l'homme : l'article 6 (sur les traités internationaux) et l'article 72 (sur la non-exclusion d'autres droits, devoirs et garanties de la Constitution qui sont inhérents à la personne humaine). Ainsi, la doctrine se montre encline à affirmer que les instruments internationaux relatifs au droit international des droits de l'homme ont une hiérarchie équivalente à la loi interne. Cet avis de la doctrine serait supporté par la jurisprudence de la Haute juridiction uruguayenne. Dans l'arrêt n° 400 de 1985, la Cour Suprême de Justice s'est déclarée opposée à la prééminence des normes internationales. Pour plus d'informations sur le constitutionnalisme uruguayen avant la révision voir Gros Espiell (Hector), « Los derechos Humanos en la Constitución uruguaya y su protección », *Revista Latino-americana de Estudios Constitucionales*, n° 2, juillet/décembre 2003, São Paulo, Del Rey, 2003. Et aussi : Villamarín (José Javier), « Las Constituciones en el Mercosur. Notas a propósito de una mayor judicialización en el ámbito regional », *Lecciones y Ensayos*, v. 79, Facultad de Derecho de la Universidad de Buenos Aires, Buenos Aires, 2004.

L'Uruguay se différencie donc de ses voisins en ce qui concerne la hiérarchie des traités internationaux des droits de l'homme. Cependant cette simplicité et clarté dans les constitutions des autres pays n'est qu'apparente.

En Argentine et au Brésil, par exemple, les constituants ont mis très longtemps à définir la hiérarchie des traités internationaux relatifs aux droits de l'homme. La Constitution argentine de 1853 ne comprenait aucune disposition sur la hiérarchie des instruments internationaux des droits de l'homme. Il a fallu attendre sa septième révision, en 1994, pour préciser ce point[646]. Au Brésil, la même situation avait cours[647]. Le silence de la constitution de 1988 a été brisé avec l'amendement constitutionnel n° 45 de 2004[648].

---

[646] Hormis le fait que la révision constitutionnelle argentine de 1994, dans son art. 75 § 22, ait reconnu aux traités internationaux une hiérarchie supérieure à celle des lois ordinaires, elle a déterminé la hiérarchie constitutionnelle autour d'une liste de traités de droits de l'homme (la Déclaration américaine des droits et devoirs de l'homme; la Déclaration universelle des droits de l'homme; la Convention américaine relative aux droits de l'homme; le Pacte international relatif aux droits économiques, sociaux et culturels, le Pacte international relatif aux droits civils et politiques et son Protocole facultatif, la Convention pour la prévention et la répression du crime de génocide, la Convention internationale sur l'élimination de toutes les formes de discrimination raciale, la Convention sur l'élimination de toutes les formes de discrimination à l'égard des femmes; Convention contre la torture et autres peines ou traitements cruels, inhumains ou dégradants, la Convention relative aux droits de l'enfant). À première vue cette énumération semble être *numerus clausus*, mais le constituant a été attentif et, tout de suite après, a établi cette possibilité à d'autres instruments internationaux aussi relatifs aux droits de l'homme, et dans les mêmes conditions d'approbation par le Congrès que les premiers (deux tiers des membres de chaque chambre). Depuis, deux autres instruments se sont ajoutés à la liste de traités internationaux des droits de l'homme avec hiérarchie constitutionnelle : la *Convention interaméricaine* sur les *disparitions* forcées de personnes et la Convention sur l'imprescriptibilité des crimes de guerre et des crimes contre l'humanité.

L'inclusion de la primauté des traités internationaux des droits de l'homme sur les instruments nationaux dans la réforme constitutionnelle argentine de 1994, selon le professeur GONGORA MERA, résulte du Pacte d'Olivos de 1993 (pacte entre le parti péroniste de situation, mené par le Président MENEM, et le parti d'opposition, Radical, mené par Raul ALFONSIN. Gongora Mera (Manuel Eduardo), *op. cit.*, p. 71.

[647] Sa Constitution post-dictatoriale, datée de 1988 n'était pas claire (l'article 5 §2 annonçait une interprétation, mais demeurait dubitative), et la Cour Suprême hésitait à établir une jurisprudence qui irait dans le sens de l'attribution d'une hiérarchie supralégale, mais de valeur infraconstitutionnelle, à ces instruments depuis 1977. Pour plus d'informations sur ce sujet voir Piovesan (Flavia), « Sistema Interamericano de Proteção de Direitos Humanos : Impacto, Desafios e Perspectivas à Luz da Experiência Latino-Americana », *in* Von Bogdandy (Armin) *et al.* (dir.), *Direitos Humanos, Democracia e Integração Juridica na América do Sul*, Rio de Janeiro, Lumen Juris, 2010, p. 340 et Piovesan (Flavia), *Direitos Humanos e o Direito Constitucional Internacional*, *op. cit*., 2012.

[648] L'Amendement constitutionnel n° 45 du 30 décembre 2004 a doté d'un nouveau paragraphe 3 l'article 5 de la Constitution, et la hiérarchie constitutionnelle fut enfin établie. En fait, les traités et conventions internationales portant sur les droits de l'homme qui sont

Dans les constitutions paraguayennes et vénézuéliennes, le sujet manque de clarté. Au Paraguay, la norme constitutionnelle n'établit qu'implicitement que les traités de protection des droits de l'homme possèdent un niveau similaire à la constitution[649]. Au Venezuela, la constitution propose un rang constitutionnel, voire supra-constitutionnel, aux traités internationaux des droits de l'homme[650].

Cette dualité dans la Constitution vénézuélienne s'explique par le principe *pro homine* qui octroie la primauté à la norme la plus favorable à l'individu. Si, à première vue, la Charte fondamentale du Venezuela semble être confuse, elle fait preuve d'une grande originalité parmi les constitutions des pays voisins membres du Mercosur. Elle est la seule à exprimer de façon aussi claire un principe tellement important pour le Droit international des droits de l'homme[651].

124. Il est désormais possible de comprendre la figure géométrique de l'ordre juridique[652] de chaque pays membre du Mercosur. Tout d'abord,

---

approuvés dans les deux chambres du Congrès national, lors de deux tours, par 3/5 des votes de ses membres respectifs, sont désormais équivalents aux amendements constitutionnels.

[649] C'est par l'interprétation de la constitution qu'il se peut déduire que les instruments internationaux de protection des droits de l'homme possèdent une hiérarchie constitutionnelle, car sa réception est soumise au même cadre rigide qu'une révision constitutionnelle. Ceci grâce à trois articles qui énoncent l'ordre juridique paraguayen (art. 137), la hiérarchie des traités internationaux (art. 141) et la réception des traités internationaux des droits de l'homme (art. 142). Pour plus d'information sur le constitutionnalisme paraguayen voir Villagra de Biederman (Soledad), « El Paraguay frente al sistema internacional de los derechos humanos: análisis sobre la implementación de tratados y mecanismos de protección de los derechos humanos en Paraguay », in González Feldmann (Cynthia) (comp.), *El Paraguay frente al sistema internacional de los derechos humanos*, Berlin, Konrad-Adenauer-Stiftung, 2004, p. 141-157.

[650] À l'article 23, la charte majeure octroie la hiérarchie constitutionnelle aux traités, pactes et conventions relatives aux droits de l'homme et ces derniers prévalent sur l'ordre interne dans la mesure où ils contiennent des normes plus favorables à celles établies par la constitution.

[651] Pour plus d'informations sur le constitutionnalisme vénézuélien voir Henderson (Humberto), « Los tratados internacionales de derechos Humanos en el orden interno: la importancia del principio *pro homine* », *Revista IIDH*, n° 39, Instituto Interamericano de Derechos Humanos, San José de Costa Rica, 2004, et Ayala (Carlos), *La jerarquía constitucional de los tratados relativos a derechos Humanos y sus consecuencias*, Santiago de Querétaro, Corao Editorial FUNDAp, 2003.

[652] Nous préférons utiliser l'expression « figure géométrique » à celle de la « pyramide » inspirée par Kelsen. Selon lui, « l'ordre juridique n'est pas un système de normes juridiques placées toutes au même rang, mais un édifice à plusieurs étages superposés, une pyramide ou hiérarchie formée (pour ainsi dire) d'un certain nombre d'étages ou couches de normes juridiques ». Kelsen (Hans), *Théorie Pure du Droit*, trad. française de la 2e éd. de la « Reine Rechtslehre » par Charles Eisenmann, Paris, Bruylant, LGDJ, 1999, p. 224. Actuellement,

quasi tous les ordres juridiques possèdent trois niveaux (à l'exception de l'Argentine qui en compte cinq). Ainsi, au sommet de chaque figure géométrique et au même niveau que la constitution (à l'exception de l'Uruguay) se trouvent des traités internationaux des droits de l'homme. L'Argentine et le Paraguay placent leurs instruments internationaux à un rang supra-législatif[653]. Par contre, l'Uruguay, le Venezuela et le Brésil mettent les traités de droit international au rang législatif. Au niveau inférieur à la loi, prennent place pour l'ensemble des pays les actes normatifs, les règlements, les résolutions, etc. L'Argentine, étant un État fédéral, la constitution classe les actes normatifs issus du gouvernement provincial au cinquième et dernier rang.

La reconnaissance par les États membres du Mercosur d'une hiérarchie spécifique aux traités de protection des droits de l'homme a une connotation pratique très significative, car ils peuvent servir de paramètre en vue d'un contrôle des actes du Mercosur qui mettent en péril les droits qui y sont consacrés.

La capacité technique des pays membres du Mercosur de recevoir les instruments internationaux de protection de droits de l'homme est désormais comprise. Il convient donc maintenant d'examiner les textes ratifiés par ces États.

B. L'adhésion des États à des instruments internationaux de protection des droits de l'homme

125. La section précédente, concernant les sources des systèmes régionaux de protection de droits de l'homme, a été l'occasion de

plusieurs auteurs soutiennent l'existence d'autres figures géométriques, comme le trapèze qui met à côté de la constitution nationale, des traités de droit international de droits de l'homme. Le professeur PIOVESAN soutient qu'avant, l'idée d'une pyramide juridique avec la constitution dans le sommet était un réflexe du State approach. Actuellement, le trapèze, résultat de l'après-démocratisation, reflète une human rights approach. Piovesan (Flavia), *op. cit.*, 2013, p. 390. Pizzolo (Calogero), *op. cit.*, p. 514. Bidart Campos (German), « La Interpretación de los Derechos Humanos en la Jurisdicción internacional y en la Jurisdicción Interna », *in* Navia (Rafael Nieto) (ed.), *La Corte y el Sistema Interamericanos de Derechos Humanos*, San José, Corte Interamericana de Derechos Humanos, 1994, p. 49.

[653] Les traités internationaux des droits de l'homme font ainsi partie d'un bloc de constitutionnalité.

reconsidérer certains instruments du système interaméricain. Il importe désormais de vérifier à quels textes ces pays membres du Mercosur sont parties, dans le cadre non seulement du système régional, mais également onusien[654].

Le processus de ratification des instruments internationaux des droits de l'homme par les États latino-américains membres du Mercosur reflète nettement les périodes politiques, démocratiques ou non, que ces pays ont vécues entre le 19e et le 20e siècle. La réception de ces textes internationaux par la plupart des États latino-américains s'est déroulée en trois étapes en fonction de la présence ou de l'absence de régimes démocratiques : celle de la création des instances de protection internationale (telle que les Nations Unies et l'OEA), celle où il y a eu une pause dans les ratifications des traités et, enfin, celle où les États ont repris en main leur engagement avec la protection des individus auprès de la communauté internationale. Ces étapes peuvent être comparées à la division de l'ère moderne de l'Amérique latine proposée par le politologue DABENE. La première étape correspondrait aux « années de populisme » (1930-1950), la deuxième aux « années sombres » (1968-1979) et la troisième à la « démocratie de marché » (à partir de 1979)[655]. En tout état de cause, en ce qui concerne la signature et la ratification des traités internationaux de droits de l'homme, le 19e siècle a vécu un très grand (1) et c'est grâce à la reconstruction de la démocratie que les États se sont liés à ces instruments internationaux (2).

1. La difficile adhésion aux instruments internationaux durant un siècle de bouleversements

126. Pendant la période dite « les années de populisme », les États du continent américain ont témoigné - certains en étant aussi des acteurs - du processus de création de la protection internationale des droits de l'homme. Comme cela a été vu au début de cette section, dans la sphère internationale,

---

654 Voir tableau des conventions internationales et interaméricaines en annexe (Annexes 3 et 4).

655 Le politologue DABENE divise « l'ère moderne » de l'Amérique latine en trois périodes : les années de prospérité (de 1914 à 1930), les temps du populisme (de 1930 à 1950) et les années sombres (1968 à 1979). Il propose encore la période appelée la démocratie de marché qui est caractérisée par les transformations politiques et économiques des années 1980 et 1990, et enfin la période de transition au 21e siècle caractérisée par les « incertitudes de l'heure actuelle ». Dabène (Olivier), *L'Amérique latine à l'époque contemporaine*, 7e éd., Paris, Armand Colin, 2011, p. 5.

les Nations Unies ont vu le jour en 1945, et dans la sphère régionale, l'Organisation des États américains a été créée en 1948[656]. Avec l'apparition de ces institutions, certains instruments ont été rédigés en vue de la protection des droits de l'homme. Dans cette première étape, les premiers textes apparus n'avaient pas de force contraignante, il s'agissait de la Déclaration universelle des droits de l'homme et de la Déclaration américaine des droits et devoirs de l'homme, toutes les deux datant de 1948. Tout de suite après, quatre instruments contraignants ont été rédigés, dont la plupart ratifiés par les États mercosuriens pendant les années 1950. Il s'agit de la Convention pour la prévention et la répression du crime de génocide[657], de la Convention pour la répression de la traite des êtres humains et de l'exploitation de la prostitution d'autrui[658], de la Convention américaine sur la concession des droits civils à la femme[659] et de la Convention américaine sur la concession des droits politiques à la femme[660]. Parmi les États du Mercosur, le Paraguay et le Venezuela retiennent l'attention, car ils ne ratifieront certaines conventions que très longtemps après leurs voisins.

Il s'agit d'une question historico-politique. Le Paraguay et le Venezuela – ainsi que nous l'avons déjà expliqué dans la section précédente[661] – vivaient pendant les années 1950 sous des dictatures militaires. Le Paraguay a subi la plus longue dictature militaire parmi les pays membres du Mercosur. Il a été sous les ordres du Général STROESSNER entre 1954 et 1989. Quant au Venezuela, entre 1948 et 1958 les coups d'État se succédaient les uns après les autres. Il semble donc compréhensible qu'un certain nombre de conventions signées à cette époque n'aient été ratifiées qu'après la fin du régime dans les années 1990[662].

---

[656] L'Argentine, le Brésil, le Paraguay, l'Uruguay et le Venezuela ont composé le groupe des 50 pays signataires de la Charte des Nations Unies et ont signé également la Charte de l'OEA le jour de son adoption.

[657] Convention pour la prévention et la répression du crime de génocide, adoptée le 9 décembre 1948 et entrée en vigueur le 12 janvier 1951.

[658] Convention pour la répression de la traite des êtres humains et de l'exploitation de la prostitution d'autrui, adoptée le 21 mars 1950 et entrée en vigueur le 25 juillet 1951

[659] Convention américaine sur la concession des droits civils à la femme, adoptée le 2 mai 1948, n'est jamais entrée en vigueur.

[660] Convention américaine sur la concession des droits politiques à la femme, adoptée le 2 mai 1948 et entrée en vigueur le 29 décembre 1954.

[661] Voir supra section II, chapitre I, titre I de la première partie.

[662] Depuis la fin du régime dictatorial de Stroessner, le nouveau gouvernement paraguayen a procédé à de nombreux changements en vue du renouveau démocratique. Bien que les années 1990 aient été troublées en raison de tentatives de coups d'État, des scandales de corruptions et des états d'urgence, des instruments internationaux de droits de l'homme ont commencé à être ratifiés.

127. La seconde étape correspond aux « années sombres ». C'est le cas de la période des dictatures militaires vécues par la plupart des pays du Mercosur[663]. L'absence de démocratie et de respect envers les droits de l'homme et les libertés individuelles ont fait de cette époque une période d'immobilisme et de retrait au regard de l'évolution du droit international des droits de l'homme qui se mettait en place par ailleurs. De fait, l'ONU a adopté en 1966 la Convention internationale sur l'élimination de toutes les formes de discrimination raciale[664], le Pacte international relatif aux droits économiques, sociaux et culturels[665], mais aussi celui relatif aux droits civils et politiques[666] et son Protocole facultatif[667].

Presque tous ces instruments ont été ratifiés par les États du Mercosur après leurs renouveaux démocratiques, au cours des années 1980 et 1990. À l'exception du Brésil qui n'a ratifié le Protocole facultatif au Pacte international relatif aux droits civils et politiques qu'en 2009.

Le dernier instrument issu de l'ONU pendant ces « années sombres » a été la Convention sur l'imprescriptibilité des crimes de guerre et des crimes contre l'humanité[668]. En ce qui concerne cette convention, bien évidemment, aucun de ces pays ne l'a signée ni ratifiée immédiatement après son adoption. Les seuls pays du Mercosur à la ratifier ont été l'Argentine, le Paraguay et l'Uruguay au cours des années 2000 tandis que le Brésil et le Venezuela n'ont toujours pas procédé à sa signature.

Enfin, pour ce qui est de l'OEA, elle ne met en place des instruments contraignants de protection des droits de l'homme qu'en 1969, avec

[663] Excepté le Venezuela, tous ces pays vivent à cette époque sous des régimes dictatoriaux. Le Paraguay comme cité dans le texte ; le Brésil sous le régime militaire entre 1964 et 1985; l'Uruguay entre 1973 et 1985, et l'Argentine entre 1976 et 1983.

[664] Convention internationale sur l'élimination de toutes les formes de discrimination raciale, adoptée le 7 mars 1966 et entrée en vigueur le 4 janvier 1969.

[665] Pacte international relatif aux droits économiques, sociaux et culturels, adopté le 16 décembre 1966 et entré en vigueur le 3 janvier 1976.

[666] Pacte international relatif aux droits civils et politiques, adopté le 16 décembre 1966 et entré en vigueur le 23 mars 1976.

[667] Protocole facultatif au pacte international relatif aux droits civils et politiques, adopté 16 décembre 1966 et entré en vigueur le 23 mars 1976.

[668] Convention sur l'imprescriptibilité des crimes de guerre et des crimes contre l'humanité, adoptée le 26 novembre 1968et entrée en vigueur le 11 novembre 1970.

l'adoption de la Convention américaine relative aux droits de l'homme[669]. Très audacieuse, certes, car le Brésil et le Paraguay se trouvaient déjà sous des dictatures militaires. Les autres s'y retrouveront peu de temps après, l'Uruguay en 1973 et l'Argentine en 1976. À cause des régimes dictatoriaux dans lesquels étaient plongés ces pays, il a fallu attendre neuf ans pour l'entrée en vigueur de la CADH (c'est-à-dire lorsque le onzième État l'a ratifiée[670]).Cependant ces 11 ratifications ne devaient rien au hasard. Il est vrai qu'en 1978 nombre de pays envisageaient déjà la fin de ces « années sombres », mais, pour une partie de la doctrine, ce mouvement a trouvé place grâce à volonté des États-Unis.

128. D'après le politologue DABENE[671], après la Conférence pour la sécurité et la coopération de 1973 à 1975, le gouvernement des États-Unis, sous la présidence de Jimmy CARTER, a manifesté un intérêt particulier pour les droits de l'homme. La Déclaration rédigée par cette Conférence soulignait que les États participants se montraient disposés à respecter certains principes, parmi eux les « droits de l'homme et des libertés fondamentales y compris la liberté de pensée, de conscience, de religion ou de conviction »[672].

Le professeur RIADO rappelle que l'accession de Jimmy CARTER en 1977 a provoqué un grand malaise au sein de l'OEA. Jimmy CARTER a imposé à l'organisation que l'aide de la Banque interaméricaine de développement soit soumise au respect des droits de l'homme. Aussi de nombreux pays rompent-ils les relations diplomatiques entre eux, en particulier avec l'Uruguay et le Chili. Dans le même temps, les États-Unis ont signé la CADH cette année-là, elle n'a cependant jamais été ratifiée[673].

L'historien VAYSSIERE rappelle d'autres raisons pour lesquelles, entre 1979 et 1980,13 pays ont abandonné les dictatures : « l'érosion de la légitimité des régimes militaires, la protestation des couches moyennes, l'engagement des chrétiens de gauche, le retour sur scène des acteurs extérieurs traditionnels (Europe et États-Unis) et encore le phénomène de

---

[669] Convention américaine relative aux droits de l'homme, adoptée le 22 novembre 1969 et entrée en vigueur le 18 juillet 1978.

[670] CADH, art. 74§2.

[671] Dabène (Olivier), *op. cit.*, p. 170.

[672] Déclaration sur les principes régissant les relations mutuelles des États participants, principe VII.

[673] Riado (Pierre), *L'Amérique latine de 1870 à nos jours*, Collection un siècle d'Histoire, Paris, Masson, 1979, p. 218.

diffusion et de contagion qu'a représenté le renversement des dictatures portugaise (1974) et espagnole (1975) véritable « effet de démonstration politique[674] ». La période de démocratisation des États d'Amérique du Sud consacre une plus grande ouverture de ces pays en faveur des instruments internationaux de protection des droits de l'homme.

2. La reconstruction de la démocratie comme catalyseur de l'adhésion des États aux instruments internationaux

129. Le continent sud-américain a enfin accédé à la démocratie, lors d'un processus assez long et non moins douloureux[675] qui a débuté en 1979. Au début de cette période, les dictatures sont tombées et de nouveaux gouvernements sont arrivés à la tête des États, parfois démocratiquement (comme en 1983 avec l'élection de Raul ALFONSIN en Argentine et en 1985 avec l'élection de Julio Maria SANGUINETTI en Uruguay), parfois de façon non démocratique (l'élection indirecte de José SARNEY en 1985 au Brésil et le coup d'État par le Général Andrés RODRIGUEZ en 1989 au Paraguay). C'était l'occasion d'accomplir les tâches entamées dans les années antérieures aux dictatures, tout en ratifiant concrètement des textes internationaux signés auparavant ou même en procédant à la signature de nouveaux instruments.

Ainsi, les cinq pays membres du Mercosur sont actuellement presque tous sous l'influence des instruments onusiens et interaméricains de protection de droits de l'homme.

130. Depuis les années 1980, les Nations Unies ont développé un riche catalogue d'instruments. Cependant, certaines conventions n'ont toujours pas été ratifiées, voire signées[676], situation qui concerne avant tout le Brésil et le Venezuela.

---

[674] Vayssière (Pierre), *L'Amérique latine – de 1890 à nos jours*, 3e édition, Paris, Hachette, 2006, p. 213.

[675] À partir de cette époque, les pays de l'Amérique latine souffrent de plus en plus de problèmes sociaux dus à un changement de modèle économique, l'ouverture des marchés.

[676] C'est le cas de la Convention internationale contre l'apartheid dans les sports, du 10 décembre 1985 et en vigueur depuis le 3 avril 1988, que seuls l'Uruguay et le Venezuela ont accueillie.

Pour ce qui a trait, par exemple, à la Convention internationale sur la protection des droits de tous les travailleurs migrants et des membres de leur famille[677], elle n'a pas encore été ratifiée par le Venezuela et le Brésil n'a même pas procédé à sa signature.

Le Venezuela a également une dette avec le système onusien pour ce qui touche à la Convention internationale pour la protection de toutes les personnes contre les disparitions forcées[678].

131. En outre, le système interaméricain s'est également doté d'un éventail de textes contraignants qui donnent aux populations un accès à d'autres droits spécifiques. Son texte le plus important concernait la Convention américaine relative aux droits de l'homme en vigueur depuis le 18 juillet 1979, mais que la plupart des pays du Mercosur n'avaient pas encore ratifiée. Suite à, cet élan d'ouverture démocratique, l'Argentine[679] et l'Uruguay l'ont ratifiée dans les années 1980 et le Brésil en 1992[680].

Ce même élan démocratique, surtout sur le continent américain, a vraisemblablement permis de faire des années 1980 et 1990 des années florissantes pour le système interaméricain. Douze nouveaux instruments ont vu le jour depuis qu'ils ont reçu un accueil plus au moins favorable de la part des États membres du Mercosur.

132. *Plus au moins,* parce que la résistance de la part du Brésil et du Venezuela, dont témoigne la mise en place des instruments onusiens, se montre toujours active dans l'organisation régionale. Le Brésil n'a toujours pas ratifié la Convention interaméricaine sur la disparition forcée de personnes [681]ni le Venezuela le Protocole additionnel à la Convention américaine relative aux droits de l'homme traitant des droits économiques,

---

[677] Convention internationale sur la protection des droits de tous les travailleurs migrants et des membres de leur famille, adoptée le 18 décembre 1990 et entrée en vigueur le 1er juillet 2003.

[678] Convention internationale pour la protection de toutes les personnes contre les disparitions forcées, adoptée le 20 décembre 2006 et entrée en vigueur le 23 décembre 2010.

[679] Sur l'incorporation des conventions interaméricaines dans l'ordre juridique argentin, voir Damsky (Isaac Augusto), op. cit., p. 924 à 943.

[680] Le Paraguay a étrangement ratifié la CADH en 1982, quand le pays vivait encore sous le régime dictatorial.

[681] Convention interaméricaine sur la disparition forcée de personnes, adoptée le 9 juin 1994 et entrée en vigueur le 28 mars 1996.

sociaux et culturels[682], dit « Protocole de San Salvador ». En outre, le système interaméricain a accueilli trois nouvelles conventions durant cette dernière décennie : la Convention interaméricaine contre le racisme, la discrimination raciale, la xénophobie et l'intolérance, la Convention interaméricaine contre toutes les formes de discrimination et d'intolérance, datant toutes deux du 5 juin 2013 et la Convention interaméricaine relative aux droits de l'homme des personnes âgées, du 15 juin 2013. Elles ont déjà été signées par l'Argentine, le Brésil et l'Uruguay, mais une nouvelle fois, le Paraguay et le Venezuela restent en retrait.

Ce décalage présenté par le Brésil peut s'expliquer par le fait que le pays ne s'est ouvert progressivement au sujet des droits de l'homme qu'après la démocratisation, et en particulier après la constitution de 1988[683].

Quant à la résistance du Venezuela à adhérer à des instruments internationaux de protection des droits de l'homme apparus depuis la fin des années 1990, elle peut s'expliquer par l'arrivée au pouvoir d'Hugo CHAVEZ en 1999. Ainsi, depuis cette date toutes les conventions – interaméricaines et onusiennes – adoptées n'ont toujours pas été ratifiées par l'État[684]. Par ailleurs, le Venezuela a dénoncé la Convention américaine relative aux droits de l'homme en septembre 2012. Cette procédure a exclu le Venezuela de la compétence de la Cour IDH en septembre 2013[685], mais non de la Commission IDH, car le Venezuela sera toujours membre de l'OEA. Il l'est donc « à moitié » sous les auspices du système interaméricain de protection des droits de l'homme. Ce tableau que donne l'État vénézuélien ne semble

[682] Convention américaine relative aux droits de l'homme traitant des droits économiques, sociaux et culturels, adoptée le 17 novembre 1988 et entrée en vigueur le 16 novembre 1999.

[683] Le professeur PIOVESAN soutient que les innovations introduites par la Charte de 1988 ont été fondamentales pour la ratification des importants instruments de protection de droits de l'homme. Outre les innovations constitutionnelles, il faut ajouter la nécessité pour l'État brésilien de réorganiser son agenda international, de façon plus cohérente avec les transformations internes qui découlent du processus de démocratisation. Cet effort de l'État brésilien renforce l'objectif de donner dans le contexte international l'image d'un pays respectueux et garant des droits de l'homme. Piovesan (Flavia),« Direito Internacional dos Direitos Humanos e o Direito Brasileiro: Hierarquia dos tratados de direitos humanos à luz da Constituição Brasileira », *in* Amaral Jr (Alberto). et Lyra Jubilut (Liliana) (org.), *O STF e o Direito Internacional dos Direitos Humanos*, São Paulo, Quartier Latin, 2009, p. 133.

[684] À l'exception de la Convention interaméricaine pour l'élimination de toutes les formes de discrimination contre les personnes handicapées, adoptée par l'OEA le 7 juin 1999, entrée en vigueur le 14 septembre 2001. Elle a été signée par le Venezuela en 1999 et ratifiée en 2006.

[685] Voir Commission IDH, Communiqué de presse, du 12 septembre 2012 « *CIDH lamenta decisión de Venezuela de denunciar Convención Americana sobre Derechos Humanos* ». Disponible sur :
http://www.oas.org/es/cidh/prensa/comunicados/2012/117.asp, consulté le 18 juin 2013.

pas être le plus propice à une protection optimale des droits de l'homme de sa population. Cependant, étrangement, il n'en a pas été question lors de l'entrée en vigueur du protocole d'adhésion du Venezuela au Mercosur[686], mais cette situation n'a pas échappé aux nouveaux gouvernements argentin et brésilien en 2016. D'orientation politique différente de l'actuel président vénézuélien, le successeur de CHAVEZ, Nicolas MADURO, les présidents de l'Argentine, du Brésil et du Paraguay, Mauricio MACRI, Michel TEMER et Horacio CARTES ont remis en cause la protection du Venezuela par rapport à certains droits humains bafoués dans ce pays, par exemple ceux des opposants politiques détenus.

L'ordre juridique national peut accueillir les textes internationaux des droits de l'homme par d'autres biais. Cela peut se faire par l'énonciation des conventions internationales de droits de l'homme dans les lois internes, d'une part, et l'adaptation de la législation nationale à la jurisprudence internationale, d'autre part.

§2 La réception conventionnelle et jurisprudentielle par les droits internes

133. Les droits nationaux sont techniquement capables d'internaliser des normes internationales de droits de l'homme, aussi un enrichissement du *corpus* juridique, grâce à l'incorporation des conventions internationales (A) ainsi qu'à l'effet des décisions de droit international se voit-il constaté (B).

A. L'incorporation des conventions dans l'ordre juridique interne

134. Le changement des ordres juridiques internes est une des conséquences de la Seconde Guerre mondiale pour les États qui ont pris en compte l'internationalisation des droits de l'homme ou du droit international

[686] Les professeurs Mme PIOVESAN et MORALES rappellent l'étrange silence du Mercosur sur la position du Venezuela lorsque celui-ci annonce sa dénonciation de la CADH et également lors des présidentielles d'avril 2013. Ce qui représenterait non seulement un risque pour les progrès démocratiques et les droits de l'homme dans les dernières décennies, mais surtout une menace quant au rôle d'acteur en faveur de la démocratie que tient le Mercosur dans la région. Piovesan (Flavia) et Morales Antoniazzi (Mariela), *op. cit.*

des droits de l'homme. Dans de nombreuses « constitutions modernes »[687] (1) ou de *corpus* législatifs (2), l'incorporation des normes des droits de l'homme empruntées aux traités internationaux et régionaux des droits de l'homme est facilement observable.

1. Des dispositions constitutionnelles témoin de l'internalisation

135. Le mouvement de l'internalisation des droits de l'homme ou du droit international des droits de l'homme a eu pour effet l'adoption de nouvelles constitutions ou la réforme d'anciennes constitutions et ceci aussi également dans les États membres du Mercosur.

136. Ainsi, parmi les cinq constitutions des États membres du Mercosur, deux citent expressément des traités internationaux et régionaux auxquels ils adhèrent. Il s'agit de la Constitution argentine de 1994 et de la Constitution vénézuélienne de 1999.

Dans son article 75, paragraphe 22, la Constitution argentine rappelle une liste de traités internationaux et régionaux sur les droits de l'homme signés et ratifiés par le pays – et, comme observé ci-dessus, qui ont une hiérarchie supérieure aux lois[688].

La Constitution vénézuélienne cite par trois fois son adhésion à certains textes internationaux. Premièrement, l'article 78 concernant la protection des enfants, affirme le respect et la garantie de la Convention internationale des droits de l'enfant. Deuxièmement, l'article 339 qui énonce que le décret qui déclare l'état d'exception doit respecter les exigences, les principes et les garanties établis par le Pacte international relatif aux droits civils et politiques et à la Convention américaine relative aux droits de l'homme. Enfin, la troisième disposition transitoire prescrit que l'Assemblée nationale au cours des six premiers mois de son installation doive approuver une révision du Code pénal afin d'inclure le crime de disparition forcée. Le texte constitutionnel ordonne qu'entretemps la Convention américaine sur la disparition forcée des personnes soit appliquée.

---

687 Expression utilisée par Koven Levit (Janet), « The Constitutionalization of Human Rights in Argentina: *Problem or Promise?* », *Columbia Journal of Transnational Law*, 1999, vol. 37, n° 2, p. 283.

688 Voir §1, section II, chapitre II, titre I de la première partie, susénoncé.

137. Le Brésil a également adopté cette tendance, tout en ajoutant à la nouvelle Charte constitutionnelle de 1988 l'article 4, II sur les principes des droits de l'homme et l'article 5, §3 sur les traités internationaux des droits de l'homme. On peut observer néanmoins qu'elle le fait sans citer expressément de textes, au contraire de l'Argentine et du Venezuela[689].

Outre la citation expresse des traités internationaux relatifs aux droits de l'homme dans les constitutions de l'Argentine et du Venezuela ou tacite dans la constitution brésilienne, le *corpus* législatif infraconstitutionnel de tous les pays membres du Mercosur comprend des normes issues des conventions internationales des droits de l'homme.

2. Des dispositions législatives infraconstitutionnelles témoin de l'internalisation

138. Certes, des lois qui ont pour origine des conventions internationales de droits de l'homme sont plus souvent observées parmi le *corpus* législatif des pays membres du Mercosur de tradition moniste, tels l'Argentine, le Paraguay et le Venezuela.

À titre d'exemple, le législateur argentin a développé au cours des années 2000 des lois et des décrets inspirés des conventions onusiennes sur les droits de l'homme[690]. Le souci du législateur argentin se manifeste en premier lieu au regard de la Convention relative aux droits de l'enfant. La loi n° 25.457 du 8 août 2001 portant création de la Commission nationale pour le droit à l'identité et la loi n° 26.061 du 8 septembre 2005 portant sur la protection intégrale des droits des enfants et des adolescents[691], comprennent cette convention en référence dans leur texte. La loi de 2001 place cette

---

689 Cependant, comme le remarque le professeur PIOVESAN, la Constitution brésilienne contient plusieurs articles qui reproduisent fidèlement des énoncés contenus dans certains traités internationaux des droits de l'homme. Piovesan (Flavia), *Direitos Humanos e o Direito Constitucional Internacional*, *op. cit.*, 2012, p. 97.

690 Sur la signature des traités internationaux par l'Argentine, voir Parisí (Elio Rodolfo) et Manzi (Adrian), « Firma de tratados internacionales de derechos humanos en la Argentina », *Nómadas: Revista Crítica de Ciencias Sociales y Jurídicas*, n° spécial: América Latina, 2012.

691 Convention relative aux droits de l'enfant, adoptée à New York le 20 novembre 1989 et signée par l'Argentine le 29 juin 1990 et ratifiée le 4 décembre 1990.

convention au centre de son objectif[692], tandis que celle de 2005 affirme le caractère obligatoire de son application[693]. En second lieu, la Convention internationale pour la protection de toutes les personnes contre les disparitions forcées[694] fait également l'objet de la préoccupation de l'Argentine, qui n'a pas hésité à rédiger la loi n° 26.298 affirmant son approbation[695]. Enfin, des normes infra législatives se trouvent aussi présentes dans l'ordre juridique argentin. Le décret n°1086/2005[696] qui approuve le Projet de plan national contre la discrimination fait référence dans son premier considérant[697] à la Résolution citée à l'Assemblée des Nations Unies ayant approuvé la Déclaration et le Programme d'action de la III Conférence mondiale contre le racisme, la discrimination raciale, la xénophobie et l'intolérance qui y est associée[698].

Au Venezuela, deux lois méritent l'attention. Tout d'abord, la loi organique portant sur la protection des enfants et des adolescents[699] qui vise la Convention relative aux droits de l'enfant[700]. Puis, même s'il s'agit plutôt

---

[692]Loi n° 25.457: Création de la CONADI — Commission nationale pour le droit à l'identité. Art. 1 a : La Commission nationale pour le droit à l'identité qui fonctionne dans la sphère du ministère de la Justice et des Droits de l'Homme a pour but aider à la conformité avec l'engagement pris par le gouvernement fédéral de ratifier la Convention relative aux droits de l'enfant (traduction libre).

[693] Loi n° 26.061: Protection intégrale des droits des enfants et adolescents. Art. 2 : Application obligatoire. La Convention relative aux droits de l'enfant est obligatoire dans les conditions de sa validité, de tout acte, décision, action administrative, judiciaire ou toute nature prise à l'égard des personnes jusqu'à 18 ans (traduction libre).

[694] Convention internationale pour la protection de toutes les personnes contre les disparitions forcées adoptée à New York le 20 décembre 2006 et signée par l'Argentine le 6 février 2007 et ratifiée le 14 décembre 2007.

[695]Loi n° 26.298 du 14 novembre 2007.

[696] Décret 1086/2005: Plan national contre la discrimination, du 7 septembre 2005.

[697] Décret 1086/2005, 1er considérant: « *Que en virtud de la Resolución citada en el Visto la Asamblea General de la Organizacion de las Naciones Unidas hizo suyas la D y el Programa de acción de la III Conferencia mundial contra el racismo, la discriminación racial, la xenofobia y las formas conexas de intolerancia, aprobados en la ciudad de Durban - República de Sudáfrica - el 8 de septiembre de 2001, recomendando a los Estados que adopten las medidas necesarias tendientes a implementar los objetivos propuestos en los referidos documentos* » (traduction libre).

[698] Déclaration de la Conférence mondiale contre le racisme, la discrimination raciale, la xénophobie et l'intolérance qui y est associée, Durban, du 31 août au 8 septembre 2001.

[699] Loi organique portant sur la protection des enfants et des adolescents du 2 octobre 1998. Art. 10 : enfants et adolescents sujets de droit. Tous les enfants et les adolescents sont des sujets de droit, par conséquent, ils jouissent de tous les droits et garanties octroyés à toute personne dans l'ordre juridique, en particulier ceux consacrés en la Convention relative aux droits de l'enfant.

[700] Convention relative aux droits de l'enfant, adoptée à New York le 20 novembre 1989 et signée par le Venezuela le 26 janvier 1990 et ratifiée le 13 septembre 1990.

du droit humanitaire, la loi organique sur les réfugiés et les exilés[701], qui notifie que cette loi doit être interprétée selon la Déclaration universelle des droits de l'homme, selon le Protocole sur le Statut des Réfugiés[702] et selon la Convention américaine relative aux droits de l'homme.

Le troisième pays de tradition moniste, le Paraguay, semble ne pas avoir, dans son *corpus* juridique, de normes qui font référence à des textes conventionnels internationaux ni interaméricains. La même situation prévaut en Uruguay. La raison de cette absence en reviendrait probablement à la tradition dualiste de cet État.

139. Le Brésil comporte dans un certain nombre de lois nationales des références aux cinq traités internationaux ou interaméricains de droits de l'homme. La première loi remonte à 2006 et porte sur la violence domestique. Il s'agit de la loi n° 11.340, davantage connue sous le nom de « Lei Maria da Penha »[703], qui dans son article 1er cite la Convention sur l'élimination de toutes les formes de discrimination à l'égard des femmes[704] et la Convention interaméricaine sur la prévention de la violence contre la femme, appelée « Convention Belém do Pará »[705]. Deux autres normes sont apparues en 2009. Tout d'abord, le Plan national de politiques de promotion

[701] Loi organique sur les réfugiés ou réfugiées et exilés ou exilées du 3 octobre 2001. Art. 4: Interprétation de cette loi. Les dispositions de la présente loi doivent être interprétées conformément à la Déclaration universelle des droits de l'homme de 1948, le Protocole de 1967 sur le Statut des Réfugiés, la Convention Américaine relative aux droits de l'homme de 1969, la Convention de Caracas sur l'Asile Territorial de 1954, la Convention de Caracas sur l'asile diplomatique de 1954, et les autres dispositions contenues dans les instruments internationaux relatifs aux droits de l'homme ratifiés par la République.

[702] Protocole sur le Statut des Réfugiés, adopté à Genève le 31 janvier 1967, et signé par le Venezuela le 19 septembre 1986.

[703] Loi n° 11.340, du 7 août 2006, a pris le nom de « Loi Maria da Penha » en hommage à la requérante qui a déposé une plainte auprès de la Commission IDH. Pour plus d'informations, voir le point suivant sur l'effet des décisions des organes régionaux de protection. Art. 1 : Cette loi crée des mécanismes pour empêcher et prévenir la violence domestique à l'encontre des femmes, conformément au paragraphe 8 de l'art. 226 de la Constitution fédérale, de la Convention sur l'élimination de toutes les formes de discrimination à l'égard des femmes, de la Convention interaméricaine sur la prévention de la violence contre la femme et d'autres traités internationaux ratifiés par la République fédérative du Brésil; prévoit la création des Tribunaux de violence domestique et familiale contre les femmes, et prévoit des mesures pour aider et protéger les femmes dans des situations de violence domestique et familiale (Traduction libre).

[704] Convention sur l'élimination de toutes les formes de discrimination à l'égard des femmes, adoptée à New York le 18 décembre 1979 et signée par le Brésil le 31 mars 1981 et ratifiée le 1er février 1984.

[705] Convention interaméricaine sur la prévention de la violence contre la femme, adoptée à Belém do Pará le 9 juin 1994 et signée par le Brésil le même jour et ratifiée le 16 novembre 1995.

de l'égalité raciale – PLANAPIR —, prévu au décret n° 6872[706], où parmi les objectifs se trouve l'adhésion de l'État brésilien à la Convention interaméricaine sur la disparition forcée de personnes[707]. La seconde norme adoptée en 2009 concerne le décret n° 7.037 qui approuve le Programme national des droits de l'homme — PNDH-3[708]. Au nombre de ses directives, il y a la promotion des droits des enfants et adolescents et la lutte contre la violence et la torture en milieu carcéral. Ainsi, les objectifs de ce programme visent d'un côté, la protection et la garantie des droits des enfants et des adolescents par le biais de la consolidation de la Convention internationale des droits de l'enfant, et de l'autre côté, l'élaboration d'un projet de loi destiné à l'institution d'un système d'inspection des centres privatifs de liberté selon le Protocole facultatif se rapportant à la Convention contre la torture et autres peines ou traitements cruels, inhumains ou dégradants[709]. Enfin, en 2010, la loi n° 12.288 portant sur l'égalité raciale[710] prescrit que l'État brésilien assume ses obligations, mentionnées lors de la ratification de la Convention internationale sur l'élimination de toutes les formes de discrimination raciale[711].

Outre l'incorporation des textes conventionnels des droits de l'homme dans les ordres juridiques internes, il existe également une interférence des

[706] Décret 6872, du 4 juin 2009. Annexe : Objectifs du plan national de politiques de promotion de l'égalité raciale. Axe 9 — Politique internationale : VI : travailler pour l'adhésion du Brésil aux instruments internationaux de protection et promotion des droits de l'homme suivants : c) Convention interaméricaine sur la disparition forcée de personnes signée à Belém do Pará le 9 juin 1994.

[707] Convention interaméricaine sur la disparition forcée de personnes, adoptée à Belém do Pará le 9 juin 1994 et signée par le Brésil le lendemain et pas encore ratifiée.

[708] Décret 7.037, du 21 décembre 2009. Directive 8 — objectif stratégique I : Protéger et garantir les droits des enfants et des adolescents par le biais de la consolidation des directives nationales du Statut de l'enfant et de l'adolescent, de la Politique nationale de promotion, protection et défense des droits des enfants et des adolescents et de la Convention des droits de l'enfant de l'ONU. Directrice 14 — objectif stratégique III : Préparer un projet de loi visant à établir le mécanisme national de prévention, un système d'inspection des lieux de détention pour le suivi régulier et périodique des centres de détention, en vertu du Protocole facultatif se rapportant à la Convention contre la torture et autres peines ou traitements cruels, inhumains ou dégradants (Traduction libre).

[709] Protocole facultatif se rapportant à la Convention contre la torture et autres peines ou traitements cruels, inhumains ou dégradants, adopté à New York le 18 décembre 2002 et signé par le Brésil le 13 octobre 2003 et ratifiée 12 janvier 2007.

[710] Loi n° 12.288, art. 38 : La mise en œuvre des politiques pour l'inclusion de la population noire sur le marché du travail sera de la responsabilité du gouvernement, en observant: II — les engagements pris par le Brésil à ratifier la Convention internationale sur l'élimination de toutes les formes de discrimination raciale (Traduction libre).

[711] Convention internationale sur l'élimination de toutes les formes de discrimination raciale adoptée à New York le 7 mars 1966 et signée par le Brésil le même jour et ratifiée 27 mars 1968.

décisions des organes juridictionnels et judiciaires interaméricains dans les législations nationales.

B. L'effet des décisions dans le droit interne

140. Un deuxième effet de l'engagement des États dans le système interaméricain de protection des droits de l'homme a trait à l'influence des décisions des organes interaméricains : la Commission (1) et la Cour IDH (2). Comme le soutient le professeur BURGORGUE-LARSEN, il s'agit d'une profonde métamorphose des ordres juridiques nationaux[712].

1. L'effet des solutions amiables de la Commission IDH

141. Après que l'État ait ratifié la CADH, il est soumis à la compétence de la Commission IDH pour recevoir et examiner les pétitions contenant des plaintes relatives à une violation de la CADH. De la part de toute personne, tout groupe de personnes ou toute entité non gouvernementale[713], mais aussi de la part d'un État contre un autre État ayant violé des droits de l'homme énoncés dans la CADH, dans la mesure où les deux États ont déclaré reconnaître une telle compétence à la Commission[714].

Dans ce cas, lorsque la Commission conclut que l'État a porté atteinte aux droits prévus par la CADH, elle peut obtenir un règlement amiable avec l'État[715] ou émettre des recommandations visant à indemniser les victimes et faire cesser les violations[716].

---

[712] Burgorgue-Larsen (Laurence), « El Papel de la Corte Interamericana de Derechos Humanos en la Creación de una Cultura Común en Materia de Derechos Fundamentales en América Latina », *in* Vidal-Beneyto (José) et Garcia (Ricardo Alonso) (org.), *Hacia una Corte de Justicia Latinoamericana*, Valencia, Amela, 2009, p. 157 à 163. Version en français dans Burgorgue-Larsen (Laurence), *op. cit.*, 2008, p. 21 à 27.

[713] CADH, art. 44.

[714] CADH, art. 45§1.

[715] CADH, art. 48§1. f.

[716] CADH, art. 50§ 3.

C'est dans ce sens que certains pays membres du Mercosur ont modifié leurs législations internes, afin de les adapter à la CADH[717].

142. Deux affaires introduites devant de la Commission IDH ont rendu possible le changement de la législation argentine concernant, par exemple, le délit d'injure et le délai de prison préventive[718].

Il s'agit tout d'abord de l'affaire n° 11.012, concernant la condamnation de Horacio VERBITSKY, journaliste, pour avoir publié un article où il qualifiait une ministre de la Cour Suprême argentine de « dégoûtante »[719]. Il était argué que l'État argentin aurait violé le droit à la liberté d'expression, prévu par la CADH. Grâce au règlement amiable accepté par l'Argentine, l'article 244 du Code pénal a été abrogé[720] et la loi n° 24.198 du 3 juin 1993 qui décriminalise la portée de l'injure[721], a été adoptée. À compter de cette date, les personnes qui commettent ce délit ne seront passibles que d'une amende[722]. Ce qui donne à l'État la possibilité de trouver un équilibre entre les intérêts général et individuel pour ce qui concerne la liberté d'expression sans pour autant infliger un traitement excessivement sévère à l'individu qui tient des propos excessifs.

Un deuxième exemple est lié à plusieurs affaires concernant 23 personnes qui se trouvaient en prison préventive depuis trop longtemps (entre trois et six ans). Cet état de fait portait atteinte aux droits à la liberté de la personne et aux garanties judiciaires énoncés à la CADH. Ces affaires, du fait de leur similarité, ont été publiées dans le Rapport de la Commission IDH n° 2/97[723]. Suite à ces deux affaires, le gouvernement argentin a modifié sa législation sur la durée de la prison préventive, en prévoyant un délai maximal de deux ans[724].

---

[717] Pour réaliser cette analyse, l'auteur a tout d'abord vérifié, parmi tous les rapports publiés par la Commission IDH, ceux qui concernaient des affaires où la Commission avait demandé à l'État en question de conformer son droit interne à ses recommandations. Une fois cet inventaire dressé, l'auteur a observé dans quelles affaires les États avaient dûment exécuté ces recommandations.

[718] Commission IDH, Rapport n° 22/94 du 20 septembre 1994, § 17.

[719] Commission IDH, Horacio Verbitsky c. Argentine, du 20 septembre 1994, Affaire n° 11.012, Rapport n° 22/94.

[720] Code pénal de la Nation argentine, Loi n° 11.179 du 21 décembre 1984.

[721] Loi n° 24.198 du 3 juin 1993. Art. 2.

[722] Loi n° 24.286 du 29 décembre 1993. Art. 1.

[723] Commission IDH, Affaire n° 11.205 et autres c. Argentine, du 11 mars 1997, Rapport n° 2/97.

[724] Loi n° 24.390 du 21 novembre 1994. Art. 1.

143. Au Brésil, la législation a été modifiée grâce à deux affaires concernant la violence domestique et la compétence de la justice ordinaire pour traiter des crimes contre la personne commis par des agents de police.

La première affaire n° 12.051 est connue sous le nom *Affaire Maria da Penha* dont l'instruction pour tentative d'homicide volontaire du mari contre sa femme a duré plus de 15 ans et dans le procès duquel l'accusé a bénéficié de la tolérance des autorités étatiques brésiliennes[725]. La Commission IDH a estimé que ce délai était non raisonnable et avait porté atteinte aux droits et aux garanties de la protection judiciaires et à l'obligation de respecter les droits prévus par la CADH et par la Convention interaméricaine sur la prévention, la sanction et l'élimination de la violence contre la femme (Convention Belém do Pará). En 2006, le Brésil a, enfin, adapté sa législation[726] aux instruments internationaux, et plus précisément à la Convention Belém do Pará et à la Convention sur l'élimination de toutes les formes de discrimination à l'égard des femmes[727].

La deuxième affaire n° 10.301, connue sous le nom d'affaire *42° Distrito Policial, Parque São Lucas, São Paulo*, concerne l'atteinte portée aux droits à la vie, à la sécurité et à l'intégrité de la personne (énoncés à la DADDH) et aux droits des garanties et protection judiciaires (prévus par la CADH) pour les détenus de la prison Parque São Lucas[728]. En 1989, lors d'une émeute, une cinquantaine de détenus ont été incarcérés dans une cellule de $3m^2$ et ensuite aspergés de gaz lacrymogène. Dix-huit sont décédés et 12 ont été hospitalisés. Presque dix ans plus tard, le gouvernement brésilien a adopté une loi qui établit la compétence de la justice ordinaire pour juger les crimes contre la vie commis par des agents de police[729]. La Commission IDH, dans son Rapport n° 40/03, félicite l'État, mais rappelle l'insuffisance de la nouvelle législation, puisque tous les autres délits, y compris les tortures et les mauvais traitements, restent toujours de la compétence de la seule justice militaire.

---

[725] Commission IDH, Maria da Penha Maia Fernandes c. Brésil, du 16 avril 2001, Affaire n° 12.051, Rapport 54/01.

[726] Loi n° 11.340, Loi Maria da Penha, du 7 août 2006.

[727] Voir §2, section I, chapitre II, titre I de la première partie, susénoncé.

[728] Commission IDH, *42° Distrito Policial, Parque São Lucas, São Paulo* c. Brésil, du 8 octobre 2003, Affaire n° 12.431, Rapport n° 40/03, § VI d.

[729] Loi n° 9299/96 du 7 août 1996.

144. Enfin, l'exemple paraguayen est illustré par l'affaire n° 12.431, qui a changé la procédure disciplinaire à l'encontre des juges[730]. Carlos Alberto MOJOLI VARGAS, membre du Tribunal Supérieur de Justice Electorale, a été suspendu arbitrairement de son poste. La Commission IDH affirme la violation des droits aux garanties et à la protection judiciaire, aux principes de légalité et de non-rétroactivité et à la protection de l'honneur et de la dignité de la personne, énoncés par la CADH. Le Paraguay, par communication à la Commission, déclare qu'à partir de 2007, l'État a procédé à divers changements dans son ordre juridique en vue de s'adapter à la législation internationale. Ainsi, la Cour Suprême de Justice a sanctionné une norme qui établit un délai de cinq jours pour la défense de l'accusé contre la décision définitive et établit le principe de la proportionnalité par rapport aux sanctions[731]. En outre, cette procédure disciplinaire doit être mise en œuvre par la *Superintendencia General de Justicia* selon le manuel de fonctions et procédures du Bureau disciplinaire approuvé par le Conseil de *Superintendencia*[732]. Enfin, l'État a créé le Bureau de plaintes et dénonciations, lié au Conseil de *Superintendencia*[733].

Cependant, si dans un délai de trois mois l'État n'a procédé à aucune démarche pour se conformer aux recommandations de la Commission IDH, celle-ci pourra rédiger un nouveau rapport et donner à l'État concerné un nouveau délai (non défini) pour l'exécution des recommandations. Si l'État ne se soumet toujours pas aux instructions de la Commission, celle-ci pourra alors publier ce rapport et le soumettre à la juridiction de la Cour IDH[734].

2. L'effet des décisions de la Cour IDH

145. Au sein de la sphère judiciaire, la requête est appréciée par la Cour IDH qui conclut ou non à la violation d'un droit ou d'une liberté énoncés à la CADH. Si une telle atteinte est reconnue, la Cour « ordonnera que soient garanties à la partie lésée la jouissance du droit ou de la liberté

[730]Commission IDH, Carlos Alberto Mojoli Vargas c. Paraguay, du 23 octobre 2010, Affaire n° 12.431, Rapport n° 121/10.

[731]*Corte Suprema de Justicia*, Acordada n° 470 de 2007.

[732]Consejo de Superintendencia, Résolution n° 2158 du 6 décembre 2007

[733]Commission IDH, Carlos Alberto Mojoli Vargas c. Paraguay, du 23 octobre 2010, Affaire n° 12.431, Rapport n° 121/10, § IX, A, 4.

[734] CADH, art. 51. Cependant, il faut que l'État ait reconnu la compétence de la Cour IDH pour connaître de toutes les espèces relatives à l'interprétation ou à l'application de la CADH, selon l'art. 62§1 de la CADH.

enfreints et la réparation des conséquences de la mesure ou de la situation à laquelle a donné lieu la violation de ces droits, ainsi que le paiement d'une juste indemnité à la partie lésée »[735].

L'un des effets des décisions prises par la Cour de San José se traduit soit par l'incorporation des nouvelles normes dans l'ordre juridique national, soit par la révision ou enfin l'invalidité de celles déjà existantes. Le docteur SEMINARA rappelle que « lorsque la disposition litigieuse a été appliquée à l'égard d'un individu et qu'il en résulte une atteinte à l'un des droits ou libertés consacrés par la Convention, on est en présence d'une violation combinée de l'article 2 (obligation d'adopter des mesures de droit interne) et de la disposition consacrant le droit substantiel »[736]. L'affaire *Loayza Tamayo c. Pérou*[737] a été la première à permettre à la Cour de San José d'ordonner à un État de modifier des dispositions de son droit interne incompatibles avec les normes de la CADH.

Il en a été de même avec les cinq pays membres du Mercosur : l'Argentine, le Brésil, le Paraguay, l'Uruguay et le Venezuela. Pour pouvoir vérifier quelles ont été les modifications opérées dans le droit interne de ces cinq États, il faut s'appuyer sur la compétence de la Cour IDH afin de contrôler l'exécution de ses propres arrêts. Le résultat de ce contrôle est rendu public par le biais des « résolutions sur l'exécution des arrêts »[738].

146. À l'extrême sud du continent sud-américain, l'Uruguay a été condamné à une reprise par la Cour IDH à adapter sa législation interne conformément à la CADH. Il s'agit de l'affaire *Gelman c. Uruguay*, du 24février 2011. Affaire emblématique pour s'agir de la première condamnation de cet État par la Cour du Costa Rica, mais aussi pour toucher à une question extrêmement délicate, héritage encore des dictatures militaires : les disparitions forcées et les lois d'amnistie[739]. Cette affaire

---

[735] CADH, art. 63§1.

[736] Seminara (Letizia), *Les effets des arrêts de la Cour interaméricaine des droits de l'homme*, Droit et Justice, n° 85, Bruxelles, Bruylant, 2009, p. 341.

[737] Cour IDH, Loayza Tamayo c. Pérou (réparations), 27 novembre 1998, Série C, n° 42, §162 à 164.

[738] Le choix donc des affaires traitées ci-dessous n'est pas discrétionnaire. Pour réaliser cette analyse, l'auteur a tout d'abord vérifié, parmi tous les arrêts publiés par la Cour IDH, ceux qui concernaient des affaires où la Cour avait demandé à l'État en question d'adapter sa législation interne. Une fois cet inventaire dressé, l'auteur a observé dans quelles affaires les États avaient dûment exécuté les arrêts et dans lesquelles ils ne les avaient pas encore exécutés.

[739] Cour IDH, Gelman c. Uruguay (fonds et réparations), du 24 février 2011, Série C n° 221.

concerne la disparition forcée de María Claudia García Iruretagoyena Casinelli, de nationalité argentine, âgée à l'époque des faits, en 1976, de 19 ans. Enceinte, elle a été transférée de façon clandestine par les autorités uruguayennes à Montevideo. Juste après avoir accouché, elle a été exécutée et sa fille a été donnée à la famille d'un policier uruguayen. La Cour a condamné l'État uruguayen pour violation du droit à la vie, à l'intégrité de la personne et des garanties et de la protection judiciaire des victimes et lui notifiait d'adopter des mesures législatives pour garantir que « la Loi de caducité de la prétention punitive de l'État ne représente plus d'obstacles aux enquêtes des crimes produits à l'époque de la dictature militaire »[740]. En mars 2013 la Cour, dans l'exercice de sa compétence de supervision de l'exécution des arrêts, a conclu que l'État uruguayen n'avait pas encore adopté de telles mesures. Malgré l'adoption de deux textes normatifs (le Décret 323 du 30 juin 2011 et la Loi 18.831 du 27 octobre 2011), la Cour suprême de justice a continué à arrêter des décisions qui entravent le déroulement des enquêtes sur des crimes de cette période noire uruguayenne[741]. Ainsi, la Cour IDH a décidé de poursuivre la supervision de l'exécution de cette affaire et ne pas la clore.

En Argentine, deux affaires ont modifié la législation nationale concernant d'un côté la protection des enfants, de l'autre la calomnie et l'injure.

Il s'agit tout d'abord de l'affaire *Bulacio c. Argentine* du 18 septembre 2003. Cet adolescent de 17 ans a été arrêté sans motif par la police lors d'une arrestation collective en 1991 — sans aucune notification au juge des mineurs et à sa famille. En prison, il a subi des traitements cruels et est décédé une semaine après son arrestation. L'État a été condamné par la Cour IDH pour violation du droit à la vie, à l'intégrité et à la liberté de la personne. La Cour a décidé que l'Argentine devait adopter des mesures législatives nécessaires pour adapter le droit interne aux normes

---

[740] Cour IDH, Gelman c. Uruguay (fonds et réparations), du 24 février 2011, Série C n° 221, § 11 de la décision: « *El Estado debe garantizar que la Ley de Caducidad de la Pretensión Punitiva del Estado, al carecer de efectos por su incompatibilidad con la Convención Americana y la Convención Interamericana sobre Desaparición Forzada de Personas, en cuanto puede impedir u obstaculizar la investigación y eventual sanción de los responsables de graves violaciones de derechos humanos, no vuelva a representar un obstáculo para la investigación de los hechos materia de autos y para la identificación y, si procede, sanción de los responsables de los mismos, de conformidad con los párrafos 253 y 254 de la Sentencia* » (traduction libre).

[741] Cour IDH, Gelman c. Uruguay (résolution sur l'exécution des arrêts), du 20 mars 2013, § 2 et 3 de la décision.

internationales des droits de l'homme[742]. Cinq ans après l'arrêt de fond, lors de la deuxième résolution rendue dans le cadre de son rôle de supervision de l'exécution des arrêts[743], la Cour a pu confirmer que le gouvernement argentin avait changé son ordre législatif au profit de la protection des enfants dans la sphère fédérale ainsi qu'au niveau local, dans la ville de Buenos Aires[744].

Sur le plan de la législation fédérale, sept nouvelles normes sont apparues. Il s'agit par exemple de la Loi de protection intégrale des droits des enfants et adolescents[745] ; la ratification du Protocole facultatif se rapportant à la Convention contre la torture et autres peines ou traitements cruels, inhumains ou dégradants ; la résolution n° 2.208 qui selon instruction du Ministère de la Justice, de la Sécurité et des droits de l'homme, demande aux Polices nationale et fédérale argentines, à la Préfecture navale et à la Police de sécurité aéroportuaire d'adapter leurs actions aux textes internationaux des droits de l'homme dans les cas de restriction de liberté des mineurs[746], et enfin la résolution n° 578/2008 sur la création de la Commission pour la révision et mise à jour législatives du régime pénal des mineurs[747].

Au niveau local, la ville de Buenos Aires a proposé également des changements dans son ordre législatif à l'instar de la réforme de son Code de contraventions urbaines qui a interdit l'inculpation des adolescents mineurs pour les contraventions — à l'exception des contraventions routières[748]. La loi n° 12 sur la procédure spécifique des contraventions commises par les

[742] Cour IDH, Bulacio c. Argentine (fond, réparations, frais et dépens), du 18 septembre 2003, Série C, n° 100, § 162. 5.

[743] Cour IDH, Bulacio c. Argentine (résolution sur l'exécution des arrêts), du 26 novembre 2008, § 29 et 30 de la résolution.

[744] Sur l'exécution de l'arrêt Bulacio par l'État argentin, voir Pellegrini (Lisandro), « El Incumplimiento de las Sentencias de la Corte Interamericana de Derechos Humanos », *in* Elsner (Gisela) (coord.), Grupo Latinoamericano de Estudios sobre Derecho Penal Internacional, *Sistema interamericano de protección de los derechos humanos y derecho penal internacional,* Georg-August-Univ. Göttingen, Konrad Adenauer Stiftug, Berlin, Montevideo, 2010, p. 95 à 97.

[745] Loi n° 26.061, *Ley de Protección Integral de Derechos de Niños, Niñas y Adolescentes*, du 28 septembre 2005 et en vigueur depuis le 21 octobre 2005.

[746] Résolution n° 2208, du 12 août 2008.

[747] Résolution n° 578/2008, du 25 mars 2008.

[748] Loi n° 1.472, *Código Contravencional Urbano* révisé au 23 septembre 2004 et en vigueur depuis le 25 octobre 2004, Art. 11.

enfants et adolescents[749]. La loi n° 1.287 sur la procédure spécifique pour la détention d'un mineur à qui l'on impute le délit de port d'armes[750]. La loi n° 23.950 qui limite à dix heures la garde à vue[751], et enfin la résolution n° 1.623 qui interdit la détention des mineurs dans les locaux de la police[752].

La deuxième affaire, *Kimel c. Argentine*, du 2 mai 2008, concerne un journaliste, Eduardo Gabriel KIMEL, qui après avoir publié une recherche sur le massacre de cinq religieux dans laquelle il avait critiqué l'action des autorités chargées de l'enquête, dont celle d'un juge, avait été condamné pour crime de calomnie. La Cour IDH impute à l'État argentin la violation de la liberté d'expression du journaliste et, parmi les résolutions suggérées par la Haute juridiction, l'État se devait de corriger les imprécisions de sa législation par rapport aux délits de calomnie et injure, tout en adaptant son droit interne à la CADH[753]. Le gouvernement a agi plus rapidement cette fois-ci. Lors de la première résolution rendue dans le cadre de son rôle de supervision de l'exécution des arrêts[754], on pouvait déjà conclure au changement du Code pénal qui modifie la nomenclature et la sanction des délits de calomnie et injure[755]. L'affaire a été conclue lors de la dernière résolution sur l'exécution des arrêts émise par la Cour IDH le 5 février 2013[756].

147. Si en Argentine toutes les instructions de la Cour IDH ont été respectées, il n'en avait pas été de même au Paraguay jusqu'en 2015. Désormais, l'État paraguayen semble avoir trouvé la bonne voie pour adapter sa législation. Cinq arrêts ont été rendus dans lesquels la Haute juridiction ordonnait l'adaptation de la législation interne paraguayenne à la CADH.

---

[749] Loi n° 12, *Ley de Procedimiento Contravencional*, du 12 mars 1998 et en vigueur depuis le 13 mars 1998.

[750] Loi n° 1.287, du 25 mars 2004 et en vigueur depuis le 27 avril 2004.

[751] Loi n° 23.950, *Limitación de la facultad policial de detener y demorar personas*, du 4 septembre 1991 et en vigueur depuis le 11 septembre 1991, art. 1§1.

[752] Résolution n° 1.623, du 29 octobre 2004.

[753] Cour IDH, Kimel c. Argentine (fond, réparations, frais et dépens), 2 mai 2008, Série C, n° 177, § 140, 11.

[754] Cour IDH, Kimel c. Argentine (résolution sur l'exécution des arrêts), 18 mai 2010, § 30 à 33.

[755] Lei 26.551, *Ley de Calumnias e Injurias*, du 18 novembre 2009 et en vigueur depuis le 26 novembre 2009, art. 1.

[756] Cour IDH, Kimel c. Argentine (résolution sur l'exécution des arrêts), 5 février 2013.

La première affaire où le gouvernement a procédé à des changements dans son ordre législatif a trait à celle de *Vargas Areco c. Paraguay*, du 26 septembre 2006. Cette affaire concerne un enfant soldat âgé de 15 ans, qui pour être rentré en retard du congé de Noël auprès de sa famille, a subi des mauvais traitements et a été assassiné par son supérieur hiérarchique en 1989. L'État a été condamné par la Cour IDH pour violation du droit à la vie et à l'intégrité de la personne prévu à la CADH et à la Convention interaméricaine pour la prévention et la répression de la torture[757]. Par conséquent, il lui fallait adapter sa législation interne en matière de recrutement des mineurs de 18 ans au sein des forces armées selon les textes internationaux dans le domaine[758].

Effectivement, au cours des six années suivantes, selon les résolutions sur l'exécution de l'arrêt de la Cour IDH[759], l'État paraguayen a démontré avoir modifié sa législation. Il a notamment adopté la loi n° 3.360 qui a révisé la loi n° 569/75 et porté l'âge minimum à 18 ans pour le service militaire[760]. Il a approuvé le Protocole facultatif à la Convention relative aux droits de l'enfant, concernant l'implication d'enfants dans les conflits armés, selon la loi n° 1.897[761], et enfin le Paraguay a promulgué la loi n° 3.485 qui établit que les cours d'instruction militaire ne seront délivrés qu'à des étudiants majeurs de 18 ans[762].

Ensuite, le Paraguay a lui aussi été condamné par la Cour IDH à modifier sa législation pour trois affaires portant sur la non-reconnaissance de la part de l'État de la propriété des terres ancestrales aux communautés autochtones : *Comunidad Indígena Yakye Axac. Paraguay*, du 17 juin 2005 ; *Comunidad Indígena Sawhoyamaxac. Paraguay*, du 29 mars 2006 ; et *Xákmok Kásek, du 24 août 2010.* La Haute juridiction a ordonné la création d'un mécanisme de réclamation des terres ancestrales de la part des peuples indigènes et la garantie de la jouissance effective du droit à la propriété[763].

---

757 Cour IDH, Vargas Areco c. Paraguay (fond, réparations, frais et dépens), 26 septembre 2006, Série C, n° 155, § 176, 5.

758 Cour IDH, Vargas Areco c. Paraguay (fond, réparations, frais et dépens), § 176, 14.

759 Cour IDH, Vargas Areco c. Paraguay (résolution sur l'exécution des arrêts), 30 octobre 2008, § 35 ; du 20 juillet 2010, § 25, et du 4 septembre 2012.

760 Loi n° 3.360, du 2 novembre 2007, art. 1 et 2.

761 Loi n° 1.897, du 27 mai 2002.

762 Loi n° 3.485, du 20 mai 2008, modifie la Loi n° 123/52, *Centro de Instrucción Militar para Estudiantes de Formación de Oficiales de Reserva del Ejército.*

763 Cour IDH, Comunidad Indígena Yakye Axa c. Paraguay (fond, réparations, frais et dépens) 17 juin 2005, Série C, n° 125, § 242, 10. Cour IDH, Comunidad Indígena Sawhoyamaxa c. Paraguay (fond, réparations, frais et dépens), 29 mars 2006, Série C, n° 146,

Ces trois affaires se sont révélées dramatiques, car l'État a tardé très longtemps à se prononcer sur l'adaptation de sa législation aux textes conventionnels. Ce n'est qu'en mai 2014 que le Paraguay a promulgué la loi d'expropriation de terres traditionnelles[764]. La Cour salue cette démarche dans son arrêt de supervision de l'exécution de l'arrêt du 24 juin 2015[765].

Par ailleurs, il paraît intéressant de connaître l'affaire pour laquelle l'État paraguayen n'a pas encore réussi à adapter sa législation interne. Il s'agit de l'affaire *Goibirú et autres c. Paraguay*, du 22 septembre 2006, concernant des délits de torture et de disparition forcée.

Dans cette affaire, la Cour met en cause la disparition forcée d'Agustín Goiburú, de Carlos José Mancuello et des frères Rodolfo ainsi que de Benjamín Ramírez. À l'époque des faits, ces derniers se voient accusés par les autorités de planifier un attentat contre la vie du Général STROESSNER. La Cour de San José a estimé que l'État paraguayen a violé les droits à la vie, à l'intégrité de la personne et à la liberté prévus à la CADH des quatre victimes et a demandé à l'État d'adapter son code pénal et d'y inclure les délits de torture et de disparition forcée selon les normes du droit international des droits de l'homme[766]. Lors de sa première communication sur l'exécution de l'arrêt, le gouvernement paraguayen avait envoyé une note au Congrès national pour la modification de la disposition des délits de torture et de disparition forcée selon l'arrêt de la Cour IDH[767], sans grand succès. La même inefficacité de la part du gouvernement paraguayen se manifeste quant à la seconde résolution de supervision de l'exécution d'arrêt de la Cour IDH trois ans plus tard[768]. Dans ce document, la Cour rapporte que le Paraguay avait communiqué sur la présentation d'un projet de loi devant le Parlement au début 2009. N'estimant pas la mesure satisfaisante, la Cour attend toujours l'adaptation de la législation ordonnée.

---

§ 248, 12. Cour IDH, Comunidad Indígena Xákmok Kásek, c. Paraguay (fond, réparations, frais et dépens), du 24 août 2010, § 145.

[764] *Ley de expropiación de tierras tradicionales*, du 21 mai 2014.

[765] Cour IDH, Comunidades Indígenas Yakye Axa, Sawhoyamaxa y Xákmok Kásek, c. Paraguay (résolution sur l'exécution des arrêts), § 22.

[766] Cour IDH, Goibirú et autres c. Paraguay (fond, réparations, frais et dépens), 22 septembre 2006, Série C, n° 153, § 192, 12 de l'arrêt.

[767] Cour IDH, Goibirú et autres c. Paraguay (résolution sur l'exécution des arrêts), 7 août 2009, § 36 de la résolution.

[768] Cour IDH, Goibirú et autres c. Paraguay (résolution sur l'exécution des arrêts), 19 novembre 2009, § 50 de la résolution.

148. Au Brésil une affaire assez récente a obligé l'État à instituer une commission de la vérité. Il s'agit de l'affaire *Gomes Lund et autres* (*Guerrilha do Araguaia*) *c. Brésil*, du 24 novembre 2010[769] sur les lois d'amnisties brésiliennes. L'affaire concerne la disparition forcée de 68 personnes, dont des opposants au régime (la *Guerrilha do Araguaia* qui était un mouvement de résistance au régime militaire) et des paysans de la région de l'Araguaia, au nord du Brésil. L'État brésilien a été condamné par la Cour IDH pour violation du droit à la liberté de pensée et d'expression, par rapport au droit de chercher et de recevoir des informations, ainsi que de celui de connaître la vérité sur les faits. Suite à cet arrêt, la loi n° 12.528 a été adoptée le 18 novembre 2011[770], visant l'établissement de la Commission nationale de la vérité[771].

149. À l'extrême nord du continent sud-américain, le Venezuela a été condamné à deux reprises par la Cour IDH à adapter sa législation interne conformément à la CADH. Il s'agit de l'affaire *Blanco Romero et autres c. Venezuela*, du 28 novembre 2005, et *Montero Aranguren et autres (Retén de Catia) c. Venezuela*, du 5 juillet 2006, sur le recours d'*habeas corpus*, les disparitions forcées et des conditions de détention.

La première affaire, *Blanco Romero et autres c. Venezuela*, est relative à la détention arbitraire, suivie de mauvais traitements et la disparition forcée de Oscar José Blanco Romero, Roberto Javier Hernandez Paz et José Francisco Rivas Fernandez en 1999, lors de l'état d'urgence décrété par l'Assemblée nationale. L'État vénézuélien a été condamné par la Haute juridiction pour violation du droit à la vie, à l'intégrité de la personne et des garanties et de la protection judiciaire des victimes. Ainsi, il se devait d'adopter des mesures législatives pour garantir l'exercice efficace du recours d'*habeas corpus* en situation de disparitions forcées, mais aussi pour réviser sa législation pénale en faveur de la protection de la personne concernant la disparition forcée[772]. Jusqu'à présent quatre sessions ayant pour but la supervision de l'exécution de l'arrêt ont eu lieu. L'État n'a pas

---

[769] Cour IDH, Gomes Lund et autres (Guerrilha do Araguaia) c. Brésil (exceptions préliminaires, fond, réparations frais et dépens), 24 novembre 2010, Serie C, n° 219.

[770] Le même jour, la loi n° 12.527 portant sur l'ouverture des archives secrètes a été approuvée. Ces deux lois ont représenté un grand progrès pour ce qui concerne le rapport du Brésil avec son passé autoritaire. Cependant, il semble que l'État ait fait un pas un avant, un autre en arrière, car la loi n° 12.527 oblige l'ouverture des archives, mais dans un délai de 25 ans, pouvant s'étendre pour encore 25 ans. Par conséquent, l'accès à ces informations au Brésil ne peut se faire qu'en 2062.

[771] Voir §2, section II, chapitre I, titre I de la première partie, susénoncé.

[772] Cour IDH, Blanco Romero et autres c. Venezuela (fond, réparations, frais et dépens), 28 novembre 2005, Série C, n° 138, § 125, 9 et 10.

encore obéi à la décision de la Cour de San José. En réponse à ses communications, il s'est contenté d'affirmer qu'il avait demandé au pouvoir législatif d'accomplir les mesures ordonnées[773].

La deuxième affaire, *Montero Aranguren et autres (Retén de Catia) c. Venezuela*, concerne l'exécution extrajudiciaire de 37 détenus de la prison *Retén e Internado Judicial de los Floresde Catia*, située dans la banlieue de Caracas, en 1992. La Cour IDH a constaté que les conditions de détention y étaient déplorables, ainsi que l'accès aux services de santé. La Cour IDH a condamné l'État pour violation des droits à la vie et à l'intégrité de la personne et lui a demandé d'adapter sa législation nationale sur les conditions de détention conformément à la CADH[774]. Trois sessions où la Cour IDH a analysé l'exécution de cette affaire ont eu lieu depuis, mais la législation n'a pas encore été modifiée en totalité. Par contre, le Venezuela a fait savoir qu'un code organique du système pénitentiaire est en voie d'approbation et que d'autres législations ont été modifiées (la loi de police nationale, le code organique de procédure pénale et la loi organique du ministère public)[775].

150. Enfin, les États membres du Mercosur semblent encore présenter de grandes différences pour ce qui est de l'internalisation des normes internationales des droits de l'homme. En effet les systèmes juridiques sont très hétérogènes, ce qui ne veut pas dire qu'ils soient bons ou mauvais. Néanmoins cela peut empêcher ou ralentir la protection au niveau national, des droits fondamentaux développés par les systèmes international, régional ou subrégional.

151. Pour ce qui concerne la place occupée par les traités internationaux des droits de l'homme, les cinq États se situent quasiment sur la même voie. La question du dualisme et du monisme des systèmes serait pertinente pour savoir si un État pourrait invoquer son droit interne pour se dispenser d'utiliser la norme internationale. Cependant, cette discussion s'avère dépassée, car, avec l'entrée en vigueur de la Convention de Vienne sur le

---

[773] Cour IDH, Blanco Romero et autres c. Venezuela (résolution sur l'exécution des arrêts), du 18 mai 2009, § 7 d) et e) de la résolution ; du 7 juillet 2009, § 2 d) et e) de la résolution ; du 22 novembre 2011, § 13, et du 20 novembre 2015.

[774] Cour IDH, Montero Aranguren et autres (Retén de Catia) c. Venezuela (exceptions préliminaires, fond, réparations, frais et dépens), du 5 juillet 2006, Série C, n° 150, § 160, 9 et 10.

[775] Cour IDH, Montero Aranguren et autres (Retén de Catia) c. Venezuela (résolution sur l'exécution des arrêts), 4 août 2009, § 9 b) de la résolution ; du 17 novembre 2009, § 33 de la résolution du 30 août 2011, § 6 du 20 novembre 2015.

droit des traités[776], ratifiée par les cinq États[777], ils ne peuvent plus méconnaître la loi internationale. En outre, en ce qui touche à la place des traités internationaux des droits de l'homme dans l'ordre juridique national, deux situations assurent la protection des individus. La première situation est que, à l'exception de l'Uruguay qui place ces traités au rang législatif, tous les autres États les placent soit au même niveau que leur constitution, soit au-dessus, à l'exemple du Venezuela. La deuxième situation découle du principe *pro-homine*, c'est-à-dire, la primauté de la norme la plus favorable à l'individu.

***

152. Faisant abstraction des compliments à adresser aux États membres du Mercosur, il faut rappeler que des éléments caractéristiques encore préoccupants subsistent. Parmi la longue liste des conventions onusiennes et interaméricaines en vigueur, sept n'ont pas encore été ratifiées, voire même signées, par trois États : le Brésil, le Paraguay et le Venezuela[778]. Ce qui démontre que ces pays ne sont pas pleinement ouverts à ces mécanismes internationaux et régionaux ; situation qui peut se révéler délicate pour des individus nécessitant une protection internationale. Certes, l'éventail des conventions ratifiées se révèle considérable et confère à l'État la tâche d'adapter son ordre juridique interne, et au juge national la responsabilité de les appliquer correctement.

---

776 Convention de Vienne sur le droit des traités, du 23 mai 1969, entrée en vigueur le 27 janvier 1980.

777 L'Argentine l'a signée le 23 mai 1969 et l'a ratifiée le 5 décembre 1972, le Brésil l'a signée le 23 mai 1969 et l'a ratifiée le 25 septembre 2009, le Paraguay l'a ratifiée le 3 février 1972 et l'Uruguay l'a signée le 23 mai 1969 et l'a ratifiée le 5 mars 1982.

778 Système interaméricain : Protocole additionnel à la Convention américaine relative aux droits de l'homme traitant des droits économiques, sociaux et culturels, qui n'est pas ratifié par le Venezuela ; Convention interaméricaine contre le racisme, la discrimination raciale, la xénophobie et l'intolérance ; Convention interaméricaine contre toutes les formes de discrimination et d'intolérance, et la Convention interaméricaine relative aux droits de l'homme des personnes âgées. Toutes ces trois ont été juste signées pas l'Argentine, le Brésil et l'Uruguay.

Système onusien : Convention pour la répression de la traite des êtres humains et de l'exploitation de la prostitution d'autrui, non ratifiée par le Paraguay ; Convention sur l'imprescriptibilité des crimes de guerre et des crimes contre l'humanité, non ratifiée par le Brésil et le Venezuela ; Convention internationale sur la protection des droits de tous les travailleurs migrants et des membres de leur famille, non signée ni ratifiée par le Brésil ; Convention internationale pour la protection de toutes les personnes contre les disparitions forcées, qui n'est pas ratifiée par le Venezuela.

Conclusion du Chapitre II

153. Un double mouvement se produit dans la seconde moitié du 20e siècle : celui de l'internationalisation des droits de l'homme, par lequel des instruments internationaux de protection des droits de l'homme sont conçus et mis en œuvre, et celui de l'internalisation, où ces mêmes instruments sont incorporés par les ordres juridiques internes des États. Dans les pays du Mercosur, le mouvement de l'internalisation a eu lieu surtout à partir de 1980 avec l'arrivée de la démocratie. Ceux-ci vont ainsi octroyer une place particulière à ces instruments dans leur ordre juridique ; la majorité des États les considèrent comme occupant une place identique dans la hiérarchie à celle de leurs constitutions, excepté l'Uruguay qui les situe dans une position identique à celle de ses lois. Les États mercosuriens, non seulement, incorporent les instruments onusiens et interaméricains dans leurs constitutions et législations infra constitutionnelles, mais ils adaptent également leur droit interne en fonction de la jurisprudence internationale, à l'exemple des solutions amiables de la Commission IDH et des arrêts de la Cour IDH. Un nouveau constitutionnalisme latino-américain naît ainsi, influencé à la fois par les droits internes, le droit international des droits de l'homme et le droit interaméricain.

154. Tous les États membres du Mercosur relèvent donc de la compétence du système de protection des droits de l'homme des Nations Unies et, pour l'instant, de celui de l'OEA. Pour l'instant seulement, car le Venezuela a dénoncé la Convention américaine relative aux droits de l'homme en septembre 2012 et ne relève plus de la compétence de la Cour IDH depuis septembre 2013. Par conséquent, outre la protection nationale, les individus mercosuriens comptent aussi sur la protection internationale de leurs droits de l'homme.

Néanmoins les États membres du Mercosur ne sont pas les meilleures élèves en la matière. Parmi les 30 conventions des droits de l'homme adoptées par le système onusien et interaméricain, la moitié fait encore l'objet de réserves, ou de défaut de ratifications, ou même de manque de signatures par les États mercosuriens. Ce qui fait sortir certains droits de l'abri de la protection juridictionnelle mise en place par les conventions internationales, par exemple le droit à la vie (plus précisément par rapport à la peine de mort), le droit à la propriété, les droits des personnes handicapées, des enfants, des travailleurs migrants, et des personnes victimes de la traite des êtres humains.

155. Le système interaméricain est certainement un système de protection des droits de l'homme innovant et réussi, mais il présente encore de nombreuses défaillances. Il permet à un État de dénoncer son plus important instrument, de ne pas reconnaître la compétence de son institution judiciaire et de ne pas accepter les requêtes interétatiques. En outre, la plupart des droits économiques, sociaux et culturels ne sont pas justiciables[779]. Enfin, la durée des procédures se montre extrêmement longue, et l'efficacité de l'exécution des arrêts dictés par la Cour dépend en réalité de la volonté politique de l'Assemblée générale de l'OEA.

156. Suite au constat de ces incidents et défaillances, l'on se dit que le Mercosur pourrait peut-être donner quelques gages en faveur de l'amélioration de la situation de la promotion et de la protection des droits de l'homme au sein de ses États membres.

[779] La Cour IDH a modifié sa jurisprudence sur le principe de la progressivité depuis l'affaire Acevedo Buendía et autres c. Pérou (exceptions préliminaires, fond, réparation), 1er juillet 2009, Série C, n° 198. Elle considère que les droits sont interdépendants et basés sur la reconnaissance de la dignité de la personne. Voir Burgorgue-Larsen (Laurence), « La metamorfosis del trato de los derechos económicos y sociales en la jurisprudencia de la Corte Interamericana de Derechos Humanos. Los avances del asunto Acevedo Buendia vs. Peru », *in* Von Bogdandy (Armin) (org.), *Construcción y papel de los derechos sociales fundamentales: hacia un ius constitutionale commune en América Latina*, Universidad Nacional Autónoma de México, 2011, p. 115 et s.

Titre II : La construction d'un système favorable à la promotion des droits de l'homme par le Mercosur

157. Dans les systèmes nationaux et dans le système international, les droits de l'homme ont toujours fait l'objet d'une « construction »[780]. Il n'est pas étonnant que le traité constitutif du Mercosur n'ait pas comporté de dispositions claires sur la protection des droits de l'homme, sur leur place dans ce groupe d'intégration économique ou sur l'existence d'organismes responsables de leur promotion ou protection. Ainsi comme l'a été (et l'est toujours) l'édification lente et progressive du Mercosur, un système de promotion des droits de l'homme se bâtit avec précaution. Ce système favorable à la promotion des droits de l'homme par le Mercosur est construit grâce à un cadre institutionnel (Chapitre I) et normatif (Chapitre II) qui, certes, fait toujours l'objet de critiques, mais se perfectionne constamment.

158. Expliquer le fonctionnement juridique et institutionnel du Mercosur c'est prendre le risque de tomber dans des pièges importants. Parce que nous sommes enclins à ne pas le considérer en tant que simple organisation régionale ayant pour finalité l'intégration économique. Nous avons tendance à vouloir comparer, à chercher des similitudes ou des différences avec d'autres organisations en quête du même objectif. Cette comparaison se veut ambitieuse. Nous ne nous limitons pas à le comparer avec des organisations poursuivant les mêmes buts, ou ayant une même ancienneté, ou partageant une même zone géographique. Nous voulons toujours le comparer avec l'Union européenne, organisation qui envisage aussi l'intégration

[780] Comme le soutenait Marcos MARGULES dans l'introduction de l'édition brésilienne de l'ouvrage *Les origines du totalitarisme – Le système totalitaire*: « les droits de l'homme ne sont pas une donnée, mais un construit, une invention humaine, dans un processus constant de construction et reconstruction » (traduction libre). Margules (Marcos), « Introdução », *in* Arendt (Hannah), *As origens do totalitarismo – totalitarismo, o paroxismo do poder – uma analise dialética*, tradução de Roberto Raposo, Rio de Janeiro, Documentario, 1979, p. 58.

économique régionale, mais dont l'expérience est à des années-lumière du Mercosur et qui se révèle encore loin d'être parfaite[781].

Comprendre le Mercosur exige, donc, à la fois de la conscience et de la discipline. La première parce qu'il faut être conscient de l'impossibilité de ces comparaisons dépourvues de sens, mais aussi faire preuve de clairvoyance pour ne pas opérer un amalgame entre la réalité et les fausses idées spéculatives. Il ne s'agit pas de demeurer modeste et de laisser à penser que le « petit » Mercosur ne pourra jamais atteindre le niveau de la « grande » Union européenne ; mais de comprendre que ces deux groupes diffèrent complètement, envisagent des objectifs distincts, ce qui n'exclut pas pour autant qu'ils ne peuvent pas être tous deux efficaces dans les domaines qu'ils se proposent d'examiner comme, par exemple, la question des droits de l'homme.

Notre objectif n'est pas non plus d'ignorer l'existence de l'Union européenne ; cette recherche s'adresse à un public européen pour lequel l'Union européenne est et restera toujours un point de repère. Cependant nous tenterons plutôt de montrer les différences entre le Mercosur et l'Union européenne, sans ôter de la valeur au groupe d'intégration sud-américain.

---

[781] Dans une publication de 1966, donc à un moment où le Mercosur n'était même pas envisageable parmi les organisations d'intégration économique en Amérique latine déjà existantes, l'*Instituto para la integración de América Latina* rappelait qu' « il faut reconnaître les limites de l'expérience juridique européenne comme source d'inspiration aux spécialités de l'intégration latino-américaine. Le droit de l'intégration européenne est l'instrument juridique d'un processus d'intégration particulier, développé entre de peuples ayant des caractéristiques économiques et politiques différentes. Le droit communautaire est adopté dans une situation socio-économique particulière, et c'est la cause pour laquelle se développe un phénomène historique impossible à reproduire dans un autre contexte politique. Copier les formules juridiques communautaires dans un contexte politique et économique différent serait reproduire l'erreur connue dans l'histoire du droit en Amérique latine ». Instituto para la integración de América Latina, *El papel del derecho en un proceso de integración económica*, Banco Interamericano de Desarrollo, 1966, p. 40. Le professeur JACQUE, cite Léontin-Jean CONSTANTINESCO dans son exposé « La nature juridique des Communautés européennes », à Liège en 1980 : « L'intégration européenne n'est pas un être, mais un devenir ; elle n'est pas une situation acquise, mais un processus ; elle n'est pas un résultat, mais l'action devant mener à ce résultat ». Jacqué (Jean-Paul), *op. cit.*, 2012, p. 25. Le professeur FONTOURA soutient également que, bien que l'exemple de l'Union européenne soit utilisé comme un modèle destiné à être suivi, celle-ci n'est pas une conception juridique magique. Fontoura (Jorge), « A revisão institucional do Mercosul – Ouro Preto II », *Revista de estudos europeus*, 2007, ano I, n° I, Associação interuniversitaria de estudos europeus, Instituto europeu da Faculdade de Direitos de Lisboa, p. 293.

Chapitre I : L'intergouvernementalisme du cadre institutionnel du Mercosur

159. Précisées nulle part, ni dans les traités constitutifs ni dans les instruments de droit dérivé, les caractéristiques de la nature de l'ordre juridique du Mercosur n'ont été explicitées qu'en 2005, 14 ans après le Traité d'Asunción. Ce fut dans sa décision sur l'*Affaire des pneus rechapés : Recours*, de 2005, que le Tribunal permanent de révision a dû trancher cette question. À l'occasion, le tribunal arbitral a fini par affirmer clairement que le Mercosur était régi par un droit d'intégration et non encore par un droit du type de l'Union européenne, utilisant l'expression « droit communautaire ». Si ce tribunal a abouti à une telle conclusion, c'est pour avoir considéré que le Mercosur ne possédait pas encore l'élément de la supranationalité, ce qui limitait son droit à celui caractérisé par un droit d'intégration[782]. La nature juridique du droit du Mercosur se voit donc marquée par son caractère intergouvernemental (Section I), et cette caractéristique va profondément régir le fonctionnement de ses institutions (Section II).

[782]TPR, Affaire des pneus rechapés (sentence arbitrale 01/2005), § 9: « *(...) un derecho de integración (que ya lo tiene el Mercosur) y en un derecho comunitario al cual se aspira (que todavía no lo tiene el Mercosur) por la ausencia de la tan anhelada supranacionalidad* » — (...) un droit d'intégration (qu'a déjà le Mercosur) et un droit communautaire auquel il aspire (ce que n'a toujours pas le Mercosur) en raison de l'absence de la tant attendue supranationalité– (traduction libre).
Sur la nature de l'ordre juridique du Mercosur, voir Kasmi (Jamel), *op. cit.*, 2012.

Section I : Le choix du Mercosur : le caractère intergouvernemental

160. Entre 1991 et 1994, période de transition entamée par le Traité d'Asunción, la nature de l'ordre juridique du Mercosur était obscure, et donc sujette à débats pour les chercheurs. Le choix entre l'approche intergouvernementale ou supranationale (§1) a dû attendre l'entrée en vigueur du Protocole d'Ouro Preto[783] afin que le Mercosur s'assume comme organisation d'intégration économique régionale intergouvernementale (§2).

§1 L'intergouvernamentalisme plutôt que la supranationalité

161. Le choix entre l'intergouvernementalisme et la supranationalité, qui possèdent des caractéristiques opposées (A), dépend de la volonté des États membres du Mercosur, et est plus précisément lié à la présence d'une *clause d'habilitation* dans les constitutions nationales (B).

A. L'intergouvernementalisme et la supranationalité : deux approches différentes au service de l'intégration

[783] Protocole d'Ouro Preto, du 17 décembre 1994. Disponible en langue française sur Nations Unies, *Recueil des Traités, vol.* 2145, 2001, A-37341, New York, 2003, p. 360.

162. La notion d'intergouvernementalisme est apparue pour la première fois dans les années 1960[784], suite aux observations sur les Communautés économiques européennes réalisées par le professeur RIBEIRO HOFFMANN[785]. Comme son nom le suggère, l'intergouvernementalisme représente le produit du contact, des échanges, des liens entre les gouvernements. Selon le professeur SALMON, l'intergouvernementalisme « qualifie les organisations dont la composition est exclusivement étatique »[786]. Ainsi, dans un groupe d'intégration économique de style intergouvernemental, les décisions prises[787] (normalement à l'unanimité et avec la possibilité de véto) ne seraient que le résultat du « marchandage entre les gouvernements »[788]. Pour cette raison, une partie de la doctrine affirme qu'il n'est pas un concept lié à l'intégration économique, mais à la simple coopération économique[789].

Les institutions d'un groupe d'intégration économique intergouvernemental ne prennent donc pas, dans cette perspective, de décisions, mais elles facilitent l'adoption des accords tout en aidant les gouvernements à trouver des arrangements[790]. Cependant, les gouvernements constituant les « protagonistes exclusifs »[791] de cette sorte d'intégration, son succès est lié à leur volonté ; « quand ils s'entendent, l'intégration avance ; quand ils ne trouvent pas de consensus, l'intégration stagne ou recule »[792].

---

784 D'après le professeur SCHWOK, l'intergouvernamentalisme n'est pas une théorie, mais une approche, car « il n'est qu'une conceptualisation de l'observation dans laquelle les gouvernements continuent à jouer un grand rôle ». Schwok (René), *Théories de l'intégration européenne : Approches, concepts et débats*, Paris, Montchrestien, 2005, p. 86.

785 Cette approche a été relancée dans les années 1980 par le professeur MORAVCSIK lors de l'observation du rôle joué par les États au moment de la relance de la CEE par l'Acte unique européen de 1986. Schwok (René), *Théories de l'intégration européenne : Approches, concepts et débats*, Paris, Montchrestien, 2005, p. 83. Sur le développement de la théorie sur l'intergouvernementalisme, voir Malamud (Andres), *op. cit.*, 2010, p. 17.

786 Salmon (Jean) (dir.), *op. cit.*, p. 600.

787 Pour le professeur SCHWOK, le processus de décision de l'approche intergouvernementale se fait en trois étapes : la définition des intérêts des États, la négociation, et l'atteinte des résultats qui reflètent les intérêts des différents gouvernements. Schwok (René), *op. cit.*, p. 85.

788 *Ibid.*, p. 87.

789 Rocha d'Angelis (Wagner), « O Instituto da Suprenacionalidade na estructura definitiva do Mercosul », *in* Menezes(Wagner) (org.), *O direito internacional e o direito brasileiro : homenagem a José Francisco Rezek*, Ijui, Unijui, 2004, p. 418.

790 Schwok (René), *op. cit.*,p. 85.

791 Passini Mariano (Marcelo), *A estrutura institucional do MERCOSUL,* São Paulo, Aduaneiras, 2000, p. 95.

792 Schwok (René), *op. cit.*, p. 82.

Cela s'explique par le fait que dans une communauté classique (de simple coopération), formée par des États souverains, le trait prédominant est une « relation horizontale de souverainetés »[793]. Le concept de souveraineté joue donc un rôle essentiel dans la caractérisation de la notion de l'intergouvernamentalisme et le différencie de la supranationalité.

163. Si dans l'approche intergouvernementale les États en sont les acteurs principaux, ils conservent tous leur souveraineté, alors que dans l'approche supranationale les États transfèrent une part de leur souveraineté au profit d'un objectif commun. La supranationalité, « au pied de la lettre » pour l'internationaliste SALMON, signifie l'ensemble de tout ce qui est au-dessus de l'État[794], qui a une autorité supérieure à celle des États, et qui reste indépendant de ces États[795]. Gérard CORNU complète cette définition, et précise que : « supranational est le qualificatif appliqué à une institution internationale regroupant deux ou plusieurs États[796] ».

La supranationalité pourrait être classifiée de supranationalité institutionnelle et de supranationalité normative[797]. La supranationalité normative (déjà analysée dans la section précédente) comporte trois éléments : l'applicabilité immédiate ; l'effet direct, et la primauté des normes supra étatiques. La supranationalité institutionnelle comprend également trois éléments : des finalités communes et bien déterminées pour les États ; un système organique avec des pouvoirs effectifs, et l'autonomie de ces pouvoirs[798].

---

[793]Lupatelli Jr. (Alfredo) et Octaviano Martins (Eliane), « Globalização e Direito: União Européia e Mercosul », *Revista de Direito do Mercosul*, São Paulo, Síntese, v. 4, n. 4, 2000, p. 104.

[794] D'ailleurs, il existe dans certaines langues d'autres rédactions pour ce même concept : *überstaatlich* en allemand qui fait référence à ce qui est au-dessus de l'État ou *supranacionalism* en anglais pour ce qui est au-dessus de la nation, utilisée aussi par les pays de langue latine, même s'ils préfèrent adopter dans la définition *États* à la place de *nation*, pour ne pas confondre avec le concept sociologique. Martínez Puñal (Antonio), *El sistema institucional del Mercosur: de la intergubernabilidad hacia la supranacionalidad*, Santiago de Compostela, Torculo Edicions, 2005, p. 397.

[795] Salmon (Jean) (dir.), *op. cit.*, p. 1064.

[796] Cornu (Gerard), *op. cit.*, p. 992.

[797]Diz Bergamaschine (Jamile), « El sistema de internacionalización de normas en el Mercosur: la supranacionalidad plena y la vigencia simultánea », *Iux et Praxis*, vol. 11, n. 2, Universidad de Talca, Chile, 2005, p. 230.

[798] Pescatore (Pierre), *Le droit de l'intégration: émergence d'un phénomène nouveau dans les relations internationales selon l'expérience des communautés européennes* (Reproduction de l'éd. de Leiden : A. W. Sijthoff, 1972), Bruxelles, Bruylant, 2005, p. 50.

En outre, ce qui différencie une organisation d'intégration supranationale de celle qui a une approche intergouvernementale, tient à certains éléments, qui découlent pour l'essentiel d'une valeur différente octroyée à la souveraineté[799]. Les États membres d'un bloc d'intégration supranational partagent des valeurs communes et transfèrent des compétences au bénéfice de leurs institutions. La structure institutionnelle de ce bloc est ainsi au service des objectifs communs et les institutions qui composent cette structure sont autonomes.

La catégorie de la supranationalité institutionnelle est complétée par le professeur LABRANO. Il affirme que dans un groupe d'intégration économique de modèle supranational, il y a une réorganisation et une réorientation des pouvoirs et des compétences des institutions pour qu'ils retrouvent suffisamment d'autonomie[800]. Ce qui réaffirme non seulement l'idée de souveraineté partagée et de transfert de compétences, mais aussi la nécessité d'une certaine autonomie de la part des institutions pour la prise de décision. Cela signifie que dans des institutions supranationales, les décisions doivent en principe être prises à la majorité et non à l'unanimité, à l'identique des institutions intergouvernementales[801].

Enfin, une dernière caractéristique de ce modèle est l'existence, parmi toutes ces institutions autonomes, d'une « juridiction accessible aux ressortissants des États membres jouissant d'une compétence exclusive pour se prononcer sur tout différend relatif à l'interprétation ou à l'application du traité de droit primaire ou dérivé »[802]. Cette institution, qui pourrait être un tribunal, vu son caractère supranational, est difficilement observable dans des groupes d'intégration de modèle intergouvernemental ; les États membres ne laissent pas forcément place à une institution dotée de tels pouvoirs pour contrôler leur avis, décisions ou orientations[803].

---

[799] Pour le professeur MAZET, dans un bloc d'intégration supranational il y a la divisibilité de la souveraineté. MAZET (GUY), « De l'émergence d'un droit communautaire dans le Mercosur », *Revue de la recherche juridique. Droit prospectif*, 2011, p. 240.

[800] Ruiz-Dias Labrano (Roberto Jesus), « Supranacionalidad y Mercosur », *in* Irigoin Barrenne (Jeanette) (coord.), *Chile y el Mercosur en América Latina: VI Encuentro Internacional de Derecho en América del Sur*, vol. 1, Santiago, Editorial Juridica de Chile, 1999, p. 168.

[801] Rocha d'Angelis (Wagner), *op. cit.*, p. 387.

[802] Salmon (Jean) (dir.), *op. cit.*, p. 1064.

[803] Nous pourrions penser à la Cour européenne des droits de l'homme, ou à la Cour interaméricaine des droits de l'homme, organes judiciaires du Conseil de l'Europe et de l'OEA, respectivement. Il faut cependant prêter attention à cette observation, car le Conseil de l'Europe et l'OEA, bien qu'étant des organisations de caractère intergouvernemental, sont des

Il y aurait enfin plusieurs degrés de supranationalité, d'après Guido SOARES, selon la nature et l'étendue des pouvoirs que les États transfèrent aux institutions qui composent le bloc d'intégration. Ce sont ces degrés qui font apparaître les différentes formes d'intégration économique : des zones de libre-échange, des unions douanières, des marchés communs et des unions économiques et monétaires[804].

164. Ainsi, l'Union européenne est actuellement l'organisation d'intégration économique la plus proche d'une approche supranationale. « La plus proche » parce que, pour le moment, selon le professeur VENTURA, au sein de l'Union européenne, il n'y a pas de supranationalité, mais une « convivialité entre l'approche intergouvernementale et la supranationalité au service des volontés à la fois nationales et collectives »[805].

Historiquement, l'expression « supranationale » a été employée pour la première fois en Europe. Tout d'abord, tacitement, lors de la déclaration de Robert SCHUMAN le 9 mai 1950, qui a jeté les bases de la formation de la Communauté économique du charbon et de l'acier : « Par la mise en commun de productions de base et l'institution d'une Haute Autorité nouvelle, dont les décisions lieront la France, l'Allemagne et les pays qui y adhéreront (...)[806] ». Puis, en 1951, le Traité de Paris est le premier acte du droit positif à l'utiliser : « Ils (*les membres de la Haute Autorité*) s'abstiennent de tout acte incompatible avec le caractère supranational de leurs fonctions. Chaque État membre s'engage à respecter ce caractère supranational et à ne pas chercher à influencer les membres de la Haute

---

organisations internationales. Dans ce cas d'espèce, nous faisons référence à des organisations d'intégration économique régionale.

[804] Soares (Guido), « União Européia, Mercosul et a proteção de direitos humanos », *in* Piovesan (Flavia) (coord.), *Direitos humanos, globalização econômica e integração regional: desafios do direito constitucional internacional*, São Paulo, Max Limonad, 2002, p. 135 à 137.

[805] Ventura (Deisy), « La gouvernance démocratique et l'intégration économique : regards croisés entre le Mercosur et l'Union européenne », *Droit et société : revue internationale de théorie du droit et de sociologie juridique*, LGDJ, n° 59, 2005, p. 96. Le chercheur PONPON affirme que l'Union européenne « a développé une logique bien plus communautaire, sans que les traits de l'intergouvernementalisme aient été gommés pour autant ». Ponpon (Hélène), *L'Union européenne : un modèle pour le Mercosur*, Mémoire de Master en Sciences politiques, soutenu à l'Université Strasbourg 3 en 2001, p. 40.

[806] Voir aussi Schumann (Robert) « Préface », *in* Reuter (Paul), *La Communauté européenne du charbon et de l'acier*, Paris, LGDJ, 1953, p. 7. Reuter (Paul), « Vocabulaire juridique du droit international », *in Mélanges offerts à Monsieur le Doyen Louis Trotabas*, Paris, LGDJ, 1970, p. 438.

Autorité dans l'exécution de leur tâche »[807]. Et enfin, l'on retrouve cette atmosphère supranationale dans les décisions d'interprétation prétorienne du droit communautaire par la Cour de justice des communautés européennes[808]. D'après ces arrêts, la Cour se détache de la perspective du droit international tout en créant un droit autonome de nature supranationale. La supranationalité constituerait bien l'une des bases du droit communautaire[809].

165. Le professeur BIACCHI GOMES[810] présente les avantages et les inconvénients de la supranationalité et de l'intergouvernementalisme. Selon lui, la supranationalité se montre plus favorable à l'intégration, car elle permet une plus grande cohésion d'un groupe économique, dû à la présence d'institutions avec des compétences propres qui adoptent leurs décisions dans l'intérêt de l'intégration, indépendamment, ou du moins sans considération exclusive des intérêts particuliers des États. En outre, elle permet l'approfondissement de l'intégration, car les États adoptent une politique communautaire commune et les différends peuvent être résolus de façon plus efficace, toujours en faveur du groupe économique. La supranationalité octroie aussi une place importante à la société civile puisqu'elle reconnaît les droits des citoyens comme des sujets actifs et passifs des normes communautaires, ce qui permet leur effective participation au processus d'intégration. Enfin, la supranationalité permet la constitution d'un véritable ordre juridique communautaire respectueux de l'uniformité dans l'interprétation et l'application des normes communautaires, par un tribunal communautaire ou par les tribunaux nationaux. Cependant, la supranationalité présente aussi des inconvénients. Par exemple, pour l'adoption d'une institution, les États doivent avoir un

[807] Traité de Paris, art. 9, al. 5 et 6 : « Les membres de la Haute Autorité exercent leurs fonctions en pleine indépendance, dans l'intérêt général de la Communauté. Dans l'accomplissement de leurs devoirs, ils ne sollicitent ni n'acceptent d'instructions d'aucun gouvernement ni d'aucun organisme. Ils s'abstiennent de tout acte incompatible avec le caractère supranational de leurs fonctions. Chaque État membre s'engage à respecter ce caractère supranational et à ne pas chercher à influencer les membres de la Haute Autorité dans l'exécution de leur tâche ».

[808] CJCE, Arrêt du 5 février 1963, *NV Algemene Transport — en Expeditie Onderneming van Gend en Loos c. Administration fiscale néerlandaise*, n° C-26/62, Rec. p. I —00161, p. 3; et CJCE, Arrêt du 15 juillet 1964, *Flaminio Costa c. ENEL*, n° C-6/64, Rec. p. I — 0114., p. 1141).

[809] Dromi (Roberto), Ekmekdjian (Miguel-Angel) et Rivera (Julio C.), *Derecho Comunitario – Régimen del Mercosur*, Buenos Aires, Ediciones Ciudad Argentina, 1995, p. 17. D'ailleurs les professeurs LUPATELLI et OCTAVIANO MARTINS rappellent que dans le modèle communautaire, le rapport entre les États se fonde sur des bases verticales, ils partagent leur souveraineté, ce qui assure le processus d'intégration, l'ordre juridique communautaire et le pouvoir supranational. Lupatelli Jr. (Alfredo) et Octaviano Martins (Eliane), *op. cit.*, p. 105.

[810] Biacchi Gomes (Eduardo), *op. cit.*, 2003, p. 181.

développement social, économique et culturel harmonieux. En outre, lorsque l'État transfère ses compétences, il est dès lors soumis aux intérêts du groupe et il ne peut plus les exercer, même temporairement. Enfin, la supranationalité impose la nécessité d'une organisation administrative permanente, ce qui peut rendre le processus d'intégration coûteux.

Pour le professeur BIACCHI GOMES, les atouts de l'intergouvernementalisme reposent sur la possibilité d'une négociation horizontale entre les États, sans imposition des intérêts communs, ce qui permet plus de liberté dans les négociations diplomatiques. Le côté négatif de l'intergouvernementalisme réside dans l'impossibilité de l'approfondissement du processus intégrationniste, car les intérêts des États vont systématiquement prévaloir. En outre, il permet que les États transgressent les normes issues des traités, avec l'excuse de la protection de leur souveraineté, ce qui peut générer de l'instabilité dans le processus. Enfin, l'intergouvernementalisme empêche le développement d'un vrai droit d'intégration et de la jurisprudence. Il exclut aussi la participation du citoyen au processus intégrationniste, car les décisions sont prises exclusivement parmi les États.

Une fois caractérisées et différenciées les approches intergouvernementale et supranationale, il importe de savoir ce que le Mercosur propose en tant qu'organisation d'intégration. Ce choix passe par la décision des États membres sur leurs limites à céder une part de leur souveraineté à une organisation d'intégration.

B. La nécessité d'une clause d'habilitation

166. Qu'il soit intergouvernemental ou supranational, un groupe d'intégration économique régional n'existe que pour l'intérêt général des États dont il dépend, ne serait-ce que pour définir quelles caractéristiques ceux-ci souhaitent lui donner. Vu l'importance du sujet – la cession de la souveraineté des États - cette décision figure, en principe, dans les constitutions[811]. Le professeur BURGORGUE-LARSEN soutient qu'au moment de révisions constitutionnelles récentes, plusieurs pays de l'Amérique latine

[811] Le chercheur BIACCHI GOMES rappelle que l'institution de la supranationalité rencontre des obstacles dans la nature constitutionnelle des États membres du Mercosur, car l'admission d'un ordre supranational dépend d'une disposition constitutionnelle expresse. Biacchi Gomes (Eduardo), « Uniao Européia e Mercosul: supranacionalidade versus intergovernamenalidade », *Revista Cena Internacional*, 2001, vol. 3, n° 2, p. 186.

ont opté pour une ouverture hors du commun à l'endroit des processus communautaires. *Hors du commun*, car, selon elle, le constitutionnalisme latino-américain est longtemps resté marqué par une certaine indifférence à l'égard du phénomène de l'intégration[812]. Cependant, les dispositions ne sont pas toujours très claires et lorsqu'elles le sont, les pays s'opposent parfois à la délégation de leur souveraineté au profit d'une institution supranationale. Cette difficulté existe aussi dans les dispositions constitutionnelles des pays membres du Mercosur qui, dans leur majorité, comportent une *clause d'habilitation*. Il s'agit d'une disposition qui permet l'appartenance de l'État à un ordre supranational[813]. Cette particularité engendre une question : les États membres du Mercosur sont-ils préparés juridiquement pour l'établissement d'institutions intergouvernementales ou supranationales ?

167. Pour y répondre, il faut décortiquer les dispositions constitutionnelles des cinq États membres. Si les textes paraguayen, argentin et vénézuélien autorisent expressément un modèle supranational, il n'en va pas de même pour les textes uruguayen et brésilien.

La Constitution argentine énonce que le Congrès national est compétent pour « approuver les traités d'intégration qui délèguent des compétences et juridictions à des *organisations supranationales* »[814]. La Constitution paraguayenne affirme que « la République du Paraguay (...) admet un *ordre juridique supranational* »[815]. Ces deux États adhèrent clairement à l'idée d'appartenir à un groupe d'intégration et, donc, de céder une partie de leur souveraineté à des institutions supranationales. Enfin, la Constitution vénézuélienne dispose que « la République peut transférer à des organisations supranationales, par des traités, l'exercice des compétences requises pour exécuter ces processus d'intégration »[816].

Une telle disposition, aussi précise, n'existe pas dans la Constitution brésilienne. Celle-ci affirme tout simplement que « la République fédérative du Brésil cherchera l'intégration (...) visant la formation d'une communauté latino-américaine des nations »[817]. Ainsi, le Brésil ne pourrait pas appartenir à une organisation supranationale ; avis soutenu par une partie de la

[812] Burgorgue-Larsen (Laurence), *op. cit.*, 2004, p. 570.

[813] C'est-à-dire, une clause qui permet la cession de la compétence législative et juridictionnelle à un ordre juridique supranational.

[814] Constitution nationale argentine, art. 75 § 24.

[815] Constitution du Paraguay, art. 145.

[816] Constitution de la République bolivarienne du Venezuela, art. 153.

[817] Constitution de la République Fédérative du Brésil, art. 4.

doctrine[818]. Cependant l'expression *communauté* laisse envisager une interprétation contraire. Cette communauté pourrait être l'objet cible du droit communautaire et de fait caractérisée par le qualificatif *supranational*.

Tel n'est pas le cas non plus de la Constitution uruguayenne. Elle ne contient pas de dispositions sur la supranationalité, ni de façon expresse ni de façon tacite : elle cite un objectif exprimé sous une forme très générale « la République cherchera l'intégration sociale et économique des États d'Amérique latine(…) »[819]. On ne peut pas accorder de l'intérêt de l'Uruguay eu égard à son appartenance à des groupes d'intégration régionale ; cependant, les limites de la cession de sa souveraineté ne se trouvent pas précisées avec évidence dans son texte constitutionnel.

Ce sont les juristes qui s'interrogent sur les limites de la cession de la souveraineté de l'État uruguayen. Certains d'entre eux soutiennent que la disposition constitutionnelle uruguayenne a incorporé une clause qui énonce que cette intégration socio-économique emporte nécessairement la délégation de prérogatives législatives à des institutions communautaires[820]. Et d'autres défendent l'idée que l'Uruguay cherche davantage qu'une zone de libre-échange en tant que modèle d'intégration. Ce qui laisse sous-entendre que la constitution pourrait même autoriser une union douanière[821]. Vu le positionnement jusqu'à présent plutôt ouvert de l'Uruguay par rapport au Mercosur, il semble que cet État se tienne prêt à céder certaines de ses compétences à une organisation supranationale.

Enfin, cela ne doit rien au hasard que la doctrine affirme que les constitutions paraguayenne, argentine et vénézuélienne disposent des textes les plus aptes à « la consolidation et à l'amélioration du Mercosur »[822].

En fait, outre qu'elles habilitent la construction d'un ordre juridique communautaire (tout en affirmant *ipsis litteris* leur choix concernant le

[818] Lopes Saldanha (Jania Maria), *Cooperação Jurisdicional. Reenvio prejudicial: uma mecanismo de direito processual a serviço do direito comunitário. Perspectiva para sua adoção no Mercosul*, Porto Alegre, Livraria do Advogado, 2001, p. 114.

[819] Constitution de la République orientale de l'Uruguay, art. 6.

[820] Dromi (Roberto), Ekmekdjian (Miguel-Angel) et Rivera (Julio C.), *op. cit.*, p. 46.

[821] Perotti (Alejandro Daniel), *op. cit.*, 2010, vol. II, p. 513.

[822] L'ancien secrétaire du Tribunal Permanent de Révision du Mercosur PEROTTI ne citait que l'Argentine et le Paraguay. À l'époque, le Venezuela n'avait pas encore été admis au sein du Mercosur. Habilitación constitucional para la integración comunitaria. Perotti (Alejandro Daniel), *op. cit*, 2010, vol. I, p. 357.

modèle d'ordre institutionnel auquel ces États pourraient être soumis s'ils étaient engagés à des accords d'intégration), les constitutions paraguayenne et argentine contiennent expressément une autre caractéristique importante. Elles n'hésitent pas à annoncer les conditions d'existence de l'intégration. La charte paraguayenne exige « un ordre juridique supranational qui garantit le respect des droits de l'homme, de la paix, de la justice, de la coopération et du développement, politique, économique, social et culturel »[823]. Le texte constitutionnel argentin dispose que « les traités d'intégration qui délèguent des compétences et juridictions à des organisations supranationales (*soient approuvés*) en vertu de la réciprocité et de l'égalité, et qui respectent l'ordre démocratique et les droits de l'homme ». Enfin, le texte vénézuélien, qui selon le professeur BURGORGUE-LARSEN offre une place cardinale à un « droit constitutionnel communautaire »[824], « favorise et encourage l'intégration latino-américaine et des Caraïbes, afin de progresser vers la création d'une communauté des nations, qui défende l'environnement économique, social, culturel, politique et environnemental de la région ».

168. Ces clauses d'habilitation permettent la cession de la compétence législative et juridictionnelle à un ordre juridique supranational. Ce qui pourrait entraîner, selon le professeur BAZAN, la création d'un tribunal supranational ou d'un marché commun[825]. D'ailleurs, pour le professeur BARRA, « l'intégration prescrit l'établissement d'un ordre juridique supranational, ce qui suppose l'installation d'institutions supranationales avec des compétences pour juger cet ordre juridique »[826]. Cet ordre juridique supranational serait probablement nécessaire si le Mercosur optait pour la protection des droits de l'homme.

Néanmoins, il ressort clairement que dans les constitutions brésilienne et uruguayenne, il n'existe pas de disposition expresse sur la possibilité d'attribution de compétences à des juridictions supranationales. Le professeur VASQUEZ indique d'ailleurs que cela expliquerait la raison pour laquelle le Traité d'Asunción n'a pas atteint le même niveau d'intégration

---

[823] Le professeur RUIZ DIAZ LABRANO rappelle que la constitution paraguayenne est la plus ample et cela parce qu'elle a été influencée par l'esprit de liberté suite à la chute de la dictature en 1989. Ruiz-Dias Labrano (Roberto Jesus), *op. cit.*, p. 67.

[824] Burgorgue-Larsen (Laurence), *op. cit.*, 2004, p. 571.

[825] Bazán (Victor), *op. cit.*, 2001.

[826] Barra (Rodolfo), *Fuentes del ordenamiento de la integración*, Buenos Aires, Editorial Abaco de Rodolfo Depalma, 1998, p. 225.

que celui de l'Union européenne[827]. Le bloc sud-américain a préféré une approche intergouvernementale pour son ordre juridique.

§ 2 L'intergouvernamentalisme du Mercosur

169. La difficulté de saisir la nature de l'ordre juridique du Mercosur durant la période de transition est pratiquement levée par le Protocole d'Ouro Preto en 1994. En fait, ce traité constitutif énonce clairement le choix du groupe pour le caractère intergouvernemental de sa construction juridique (A), ce qui se traduit par des éléments induisant des conséquences pratiques dans la vie du bloc d'intégration économique (B).

A. Les dispositions des traités constitutifs en faveur du modèle intergouvernemental

170. Les rédacteurs des traités constitutifs du Mercosur ont veillé au choix des expressions utilisées pour caractériser la nature de l'ordre juridique de ce groupe d'intégration. Le terme « intégration » est bien présent dans l'ensemble des traités constitutifs du Mercosur : dans le Traité d'Asunción[828] ; dans le Protocole d'Ouro Preto[829] ; dans le Protocole d'Olivos[830], et dans le Protocole d'Ushuaia[831]. Contrairement à l'expression

---

[827]Vásquez (Adolfo Roberto), *Soberania, supranacionalidad e integración: la cuestión en los países del Mercosur*, Montevideo, Konrad Adenauer Stiftung, 2001, p. 236.

[828] Traité d'Asunción, 4e considérant: « *Expresando que este proceso de integración constituye una respuesta adecuada a tales acontecimientos* ». (Estimant que ce processus d'intégration constitue une r6ponse appropriée à cette évolution – traduction selon la version française déposée aux Nations unies).

[829] Protocole d'Ouro Preto, art. 3 : « *El Consejo del Mercado Común es el órgano superior del Mercosur al cual incumbe la conducción política del proceso de integración* » (Le Conseil du Marché commun, organe suprême du Mercosur, est chargé de conduire la politique d'intégration - traduction selon la version française déposée aux Nations unies).

[830] Protocole d'Olivos, 1er considérant : « *Reconociendo que la evolución del proceso de integración en el ámbito del Mercosur requiere el perfeccionamiento del sistema de solución de controversias* » (Conscients que les progrès effectués dans le processus d'intégration dans le Mercosur rendent nécessaire l'amélioration du système de règlement des différends). Protocole d'Olivos, disponible en langue française sur Nations Unies, *Recueil des Traités, vol.* 2251, A-37341, New York, 2005, p. 304.

« droit communautaire » qui, comme déjà évoquée, ne trouve pas place dans ces textes, certains éléments peuvent toutefois faire douter de la vraie nature du droit du Mercosur. Est-il un droit d'intégration ou un droit dans le style de celui l'Union européenne ?

Ce qui pourrait éclairer l'observateur du Mercosur serait le choix d'un autre vocabulaire, plus explicite sur la théorie intégrationniste adoptée par ses États membres lors de sa constitution et de son évolution. Dans le Traité d'Asunción, constituant le Mercosur, les mentions sur l'intergouvernementalisme, et sur la supranationalité n'existaient pas[832]. Une autre mention explicite apparaît dans le premier protocole de ce traité : le Protocole d'Ouro Preto qui indique que « Le Conseil du marché commun, le Groupe du marché commun et la Commission du commerce du Mercosur sont des institutions de décision d'ordre *intergouvernemental*»[833].

Il s'agissait de la première et dernière fois qu'un texte du Mercosur intégrait une telle mention. Le choix d'un ordre juridique non supranational[834] s'avérait donc bien clair[835].

171. L'option d'une approche intergouvernementale fait l'objet tout à la fois de louanges et de critiques. Certains auteurs affirment que l'intergouvernamentalisme ne représente qu'une option pour cette étape actuelle du Mercosur : une étape d'indéfinition où le contrôle des

---

[831] Protocole d'Ushuaia, art. 1er: « *La plena vigencia de las instituciones democráticas es condición esencial para el desarrollo de los procesos de integración entre los Estados Partes del presente Protocolo*». (Le bon fonctionnement des institutions démocratiques est la condition essentielle du développement des processus d'intégration entre les États parties au présent protocole). Protocole d'Ushuaia, disponible en langue française sur Nations Unies, *Recueil des Traités, vol.* 2177, A-37341, New York, 2004, p. 386.

[832] Drummond (Maria Claudia), « A opção intergovernamental do Mercosul e a reforma do Protocolo de Ouro Preto », *Universidade de Relações Internacionais*, Brasília, v. 9, n. 1, jan./jun. 2011, p. 273.

[833] Protocole d'Ouro Preto, art. 2 (mise en italique par l'auteur).

[834] L'avocat Assis de Almeida soutient que « le Mercosur n'est pas une superstructure supranationale ; mais une structure latérale. Le Mercosur n'est pas au-dessus des États membres, mais il en constitue une extension ». Assis de Almeida (José Gabriel), « Le cadre normatif du Mercosur », *Droit et société : revue internationale de théorie du droit et de sociologie juridique*, n°59, LGDJ, 2005, p. 54.

[835] Malgré les propositions du Paraguay et de l'Argentine lors des travaux préparatoires du Protocole d'Ouro Preto, l'Argentine proposait la création d'un « organe indépendant » et le Paraguay celle d'un « organe supranational ». Ventura (Deisy), *op. cit*, 2003, p. 81.

gouvernements se montre essentiel[836] et une étape où la libre circulation des personnes et des services ne se trouve pas encore mise en œuvre[837]. De surcroît, les approches relèveraient du niveau de confiance mutuelle et l'intergouvernamentalisme apporterait la garantie du respect des principes de flexibilité, de gradualité et d'équilibre[838].

Les critiques de l'intergouvernamentalisme soutiennent que ce choix découle de la culture présidentialiste[839] des pays de l'Amérique latine[840], dont les gouvernements ont une vision traditionaliste de la souveraineté[841], c'est-à-dire, sans cession de compétences. Il s'agit du système personnaliste, hérité du régime présidentiel, auquel font référence les professeurs CARTA WINTER et BIACCHI GOMES[842]. Cela se traduit par une *intégration* envisagée davantage comme une affaire entre États gouvernements[843] et non comme une construction ambitieuse qui aurait pour objectif la promotion d'un intérêt général. Pour d'autres, l'intergouvernementalisme constitue un

---

836 Consejo Uruguayo para las Relaciones Internacionales, *Reflexiones para un Mercosur viable*, Montevideo, Konrad-Adenauer-Stiftung, 2006, p. 72.

837 Rocha d'Angelis (Wagner), *op. cit.*, p. 388.

838 Menezes de Carvalho (Evandro), « Les défis de l'intégration normative du Mercosur », *in* Gaudreault-Desbiens (Jean-François) *et al.* (dir.), *Convergence, concurrence et harmonisation des systèmes juridiques : les journées Maximilien-Caron*, 2008, Montréal, Thémis, 2009, p. 202. Le professeur WOJCIKIEWICZ ALMEIDA soutient que, « selon les gouvernements des États membres, l'intégration doit avancer graduellement, par le biais de la méthode du « tâtonnement », en vue d'éviter des ruptures politiques ou économiques qui pourraient mettre en péril son évolution ». Wojcikiewicz Almeida (Paula), op. cit., p. 27.

839 Le chercheur MALAMUD et le professeur SCHMITTER parlent même du concept de l'*inter présidentialisme*, qui serait un type d'intergouvernementalisme. Malamud (Andres) et Schmitter (Philippe C.), « The Experience of European Integration and the Potential for Integration in South America », *in* Warleigh-Lack (Alex) *et al.* (ed.), *New Regionalism and the European Union. Dialogues, Comparisons and New Research Directions*, London, New York, Routledge, 2011, p. 142.

840 Le professeur MARTINEZ PUÑAL, cite VIZENTINI, p. 422. D'ailleurs, le professeur va jusqu'à dire que la peur du fantôme de l'inconstitutionnalité des années sombres des dictatures est à l'origine du refus de l'approche supranationale. Martínez Puñal (Antonio), *op. cit.*, p. 424.

841 Drummond (Maria Claudia), « Democracia e Direitos Humanos no Mercosul », *inOs Rumos do Direito Internacional dos Direitos Humanos – Ensaios em Homenagem ao Professor Antônio Augusto Cançado Trindade*, v. 6, Porto Alegre, Sérgio Antônio Fabris Editor, 2005, p. 479. Le professeur MAZET affirme que les protocoles suivant le Traité d'Asunción définissent une institutionnalité typique d'un droit de « souverainetés coordonnées ». Mazet (Guy), *op. cit.*, 2011, p. 240.

842 Voir §1, section II, chapitre I, titre I de la première partie, susénoncé.

843 Ventura (Deisy), *op. cit.*, 2005, p. 98.

obstacle à l'uniformisation des droits. Ce dernier ne demeure cependant pas infranchissable[844].

Ceux qui soutiennent l'adoption de la supranationalité pour l'efficacité du Mercosur plaident pour l'établissement d'un processus qui ambitionne de passer d'une zone de libre-échange à une union douanière, puis à un marché commun. De ce fait, il convient d'envisager la création de structures supranationales[845].

B. Les conséquences institutionnelles d'un choix en faveur d'un caractère intergouvernemental

172. Dans cette approche intégrationniste, le fait d'opter en faveur de l'intergouvernementalisme génère des éléments qui peuvent avoir à la fois des causes et des conséquences importantes pour le droit du Mercosur. Le professeur VENTURA juge cette approche très stricte en raison de trois facteurs : le système des décisions à l'unanimité, l'absence de contrôle de l'interprétation et de l'application des traités et l'absence d'autonomie relativement à l'exercice des décisions collectives[846].

173. Pour ce qui concerne le système de prise de décision, il n'existe pas dans le Mercosur d'autorité centrale (et supranationale) capable d'imposer unilatéralement ses décisions aux États membres. De ce fait, les décisions sont prises sous forme de négociations horizontales[847]. Ce sont ces mêmes États qui cherchent un compromis par consensus et en présence de tous les États membres. Cette méthode de prise de décision était déjà utilisée lors de

---

[844] Menezes de Carvalho (Evandro), *op. cit.*, p. 201.

[845] Martínez Puñal (Antonio), *op. cit.*, p. 397.

[846] Ventura (Deisy), *op. cit.*, 2005, p. 97.

[847] Biacchi Gomes (Eduardo), *op. cit.*, 2001, p. 191.

l'entrée en vigueur du Traité d'Asunción, durant la période de transition[848], et a été réaffirmée lors du Protocole d'Ouro Preto[849].

Au sein de l'Union européenne, la méthode est différente du fait de la présence d'institutions décisionnelles supranationales. Néanmoins, la méthode de prise de décision a dû évoluer. On peut rappeler que, jusqu'à l'Acte unique, la prise de décision se fît à la majorité simple[850] et exceptionnellement à la majorité qualifiée ou à l'unanimité (dans la plupart des cas). Le mode de droit commun, comme l'expliquait Jean BOULOUIS, serait donc la majorité auquel « font exception les dispositions imposant, soit l'unanimité, soit la majorité qualifiée »[851]. Dans les faits, surtout après le compromis de Luxembourg, la prise de décision se fait par consensus. Selon ce compromis, « Lorsque, dans les cas de décisions susceptibles d'être prises à la majorité sur proposition de la Commission, des intérêts très importants d'un ou plusieurs partenaires sont en jeu, les membres du Conseil s'efforceront, dans un délai raisonnable, d'arriver à des solutions qui pourront être adoptées par tous les membres du Conseil, dans le respect de leurs intérêts mutuels et de ceux de la Communauté »[852]. Comme le soutient le professeur JACQUE, le texte aurait pu être une manifestation de « bon sens politique », si ce n'était la règle du véto qui s'est développée par la suite et a ralenti, ou même parfois paralysé le processus de décision[853].

L'Acte unique européen a élargi les cas de recours à la majorité qualifiée pour certaines questions (droits de tarifs douaniers, prestataires de services ressortissants d'un État tiers et mouvements de capitaux entre ces États et les pays tiers)[854]. En outre il a conservé la prise de décision à

---

[848] Traité d'Asunción, art. 16: « *Durante el período de transición las decisiones del Consejo del Mercado Común y del Grupo Mercado Común serán tomadas por consenso y con la presencia de todos los Estados Partes* ». (Au cours de la période de transition, les décisions du Conseil du Marché commun et du Groupe du Marché commun seront prises par consensus, en présence de tous les États parties – traduction selon la version française déposée aux Nations unies).

[849] Protocole d'Ouro Preto, art. 37 : « *Las decisiones de los órganos del Mercosur serán tomadas por consenso y con la presencia de todos los Estados Partes* » (Les décisions des organes du Mercosur sont prises par consensus et en présence de tous les États Parties - traduction selon version en français déposée aux Nations unies).

[850] Traité de Rome, art. 148 § 1: « Sauf dispositions contraires du présent traité, les délibérations du Conseil sont acquises à la majorité des membres qui le composent ».

[851] Boulouis (Jean), *Droit institutionnel de l'Union européenne*, 6e éd., Paris, Montchrestien, 1997, p. 251.

[852] Compromis de Luxembourg, du 30 janvier 1966.

[853] Jacqué (Jean-Paul), *op. cit.*, 2012, p. 349.

[854] Acte unique européen, l'art. 16 modifie les dispositions suivantes du Traité de Rome : art. 28 : « Toutes modifications ou suspensions autonomes des droits du tarif douanier commun

l'unanimité pour d'autres domaines, ainsi du régime des professions ou des mesures traduisant un recul en matière de libération des mouvements de capitaux[855]. Une telle modification répondait à la nécessité de faire face à la crise générée par le Compromis de Luxembourg, qui exigeait un consensus des États membres et a fini par bloquer le processus de prise de décision. Selon le professeur JACQUE, l'Acte unique européen a tiré sa légitimité « de la nécessité d'un processus de décision efficace afin de réaliser le marché intérieur dans les délais imposés »[856].

Enfin, le Traité de Lisbonne de 2007 a proposé un nouveau système dit de « double majorité »[857]. Selon ce système, la nouvelle majorité qualifiée correspond à 55% des membres du Conseil (comprenant au moins 15 d'entre eux sur 28) et représentant au minimum 65% (au lieu de 62%

---

sont décidées par le Conseil, statuant à la majorité qualifiée sur proposition de la Commission ». Art. 59, second alinéa : « Le Conseil, statuant à la majorité qualifiée sur proposition de la Commission, peut étendre le bénéfice des dispositions du présent chapitre aux prestataires de services ressortissants d'un État tiers et établi à l'intérieur de la Communauté) ». Art. 70 paragraphe 1 : « La Commission propose au Conseil les mesures tendant à la coordination progressive des politiques des États membres en matière de change, en ce qui concerne les mouvements de capitaux entre ces États et les pays tiers. À cet égard, le Conseil arrête à la majorité qualifiée des directives. Il s'efforce d'atteindre le plus haut degré de libération possible ».

[855] Acte unique européen, l'art. 16 modifie les dispositions suivantes du Traité de Rome : art. 57 : « L'unanimité est nécessaire pour des directives dont l'exécution dans un État membre au moins comporte une modification des principes législatifs existants du régime des professions en ce qui concerne la formation et les conditions d'accès de personnes physiques. ». Art. 70 paragraphe 1 : « La Commission propose au Conseil les mesures tendant à la coordination progressive des politiques des États membres en matière de change, en ce qui concerne les mouvements de capitaux entre ces États et les pays tiers. (…) L'unanimité est nécessaire pour les mesures constituant un recul en matière de libération des mouvements de capitaux ».

[856] Jacqué (Jean-Paul), *op. cit.*, 2012, p. 351.

[857] Le Traité est entré en vigueur le 1er novembre 2014. Cependant, entre le 1er novembre 2014 et le 31 mars 2017, lorsqu'une décision doit être adoptée à la majorité qualifiée, un État peut demander que la décision soit prise sur la base des dispositions en vigueur actuellement (Protocole n° 9 au Traité de Lisbonne : « Les hautes parties contractantes, étant donné que, lors de l'approbation du Traité de Lisbonne, il était d'une importance fondamentale de dégager un accord sur la décision du Conseil relative à la mise en œuvre des articles 16, paragraphe 4, du traité sur l'Union européenne et 238, paragraphe 2, du traité sur le fonctionnement de l'Union européenne entre le 1er novembre 2014 et le 31 mars 2017, d'une part, et à partir du 1er avril 2017, d'autre part (ci-après dénommée «la décision»); sont convenues des dispositions ci-après, qui sont annexées au traité sur l'Union européenne et au traité sur le fonctionnement de l'Union européenne: avant l'examen par le Conseil de tout projet qui tendrait soit à modifier ou à abroger la décision ou l'une de ses dispositions, soit à en modifier indirectement la portée ou le sens par la modification d'un autre acte juridique de l'Union, le Conseil européen délibère préalablement dudit projet, statuant par consensus conformément à l'article 15, paragraphe 4, du traité sur l'Union européenne ».

précédemment) de la population européenne[858]. La prise de décisions par vote majoritaire sera une « modalité normale » et le recours au consensus par voie de l'unanimité sera utilisé pour les « choix politiques essentiels »[859], telles la fiscalité, la sécurité, la protection sociale, l'adhésion de nouveaux États à l'Union européenne, la politique étrangère et de défense commune et la coopération policière opérationnelle entre les États membres[860].

L'évolution du système de prise de décision dans le système du droit de l'Union européenne apparaît d'une forte complexité, mais également d'une richesse indubitable. La difficulté a toujours été d'articuler les intérêts des grands et des petits États. Avec l'adhésion de nouveaux membres, totalisant au milieu des années 1980 12 États, la prise de décisions à l'unanimité pouvait conduire à une paralysie du système[861] avec le veto de l'un de membres (comme à l'occasion du phénomène de la chaise vide causé par la France en 1965), ou, dans le meilleur des cas, donner lieu à des discussions interminables[862]. C'est ce qui explique que les traités successifs vont s'attacher à faire de la décision à la majorité du Conseil la procédure de droit commun.

Le même problème, majoré par l'exigence de la présence de tous les membres, a déjà été porté à la connaissance du Mercosur. Si un État refuse de participer aux négociations ou de donner son accord, aucune décision n'est adoptée. Cependant, des points positifs ressortent de ce système d'unanimité de prise de décision. D'une part, il accorde à chaque État le même poids, sans considération de sa taille ou son importance économique. Et cela bénéficie aux États tels le Paraguay et l'Uruguay qui auront, à chaque occasion de prise de décision, une voix égale à celle du Brésil, de l'Argentine et du Venezuela. D'autre part, ce système d'unanimité au sein du Mercosur est plus adapté que celui qui existait dans l'Union européenne. En

---

[858] TUE, art. 9 C 4: « À partir du 1er novembre 2014, la majorité qualifiée se définit comme étant égale à au moins 55 % des membres du Conseil, comprenant au moins 15 d'entre eux et représentant des États membres réunissant au moins 65 % de la population de l'Union. Une minorité de blocage doit inclure au moins quatre membres du Conseil, faute de quoi la majorité qualifiée est réputée acquise ».

[859] Dewost (Jean-Louis), « Le vote majoritaire : simple modalité de gestion ou enjeu politique essentiel ? », *in Liber Amicorum Pierre Pescatore*, Baden Baden, Nomos Verlagsgesellschaft, 1987, p. 168.

[860] Un nombre restreint de politiques jugées sensibles restent soumises à un vote à l'unanimité. Site de l'UE : http://europa.eu/legislation_summaries/glossary/unanimity_fr.htm, consulté le 16 mai 2012.

[861] Dewost (Jean-Louis), *op. cit.*, p. 167.

[862] Ponpon (Hélène), *op. cit.*, p. 40.

effet, grâce à un nombre plus restreint d'États membres, un consensus peut plus facilement émerger[863].

Cette exigence de consensus, comme le soutient le professeur MORALES ANTONIAZZI, ajoutée à la dépendance des membres des organes du Mercosur de leurs gouvernements respectifs, passe également pour une faiblesse qui soumet le droit du Mercosur au droit international et aux droits constitutionnels de chaque État membre, le privant ainsi d'autonomie réelle[864].

174. L'autre conséquence du choix entre l'intergouvernementalisme et la supranationalité concerne la compétence des institutions qui composent les blocs d'intégration, à savoir que les États peuvent céder, transférer de façon consentie[865], distribuer l'exercice des pouvoirs[866] ou des compétences à une institution[867]. De cette sorte, la cession des compétences d'un État vers une institution n'a cours que dans une organisation supranationale[868].

De ce fait, l'État accepte un nouveau concept de souveraineté : une « souveraineté partagée ou collective »[869]. Ce nouveau concept devient la base d'une nouvelle définition de la supranationalité qui serait la délégation de pouvoirs souverains[870]. Enfin, ce déplacement des compétences ne se fait

---

[863]*Ibid.*

[864] Morales Antoniazzi (Mariela), « Federalismo supranacional y democracia », *in* Tablante (Carlos) et Morales Antoniazzi (Mariela) (coord.), *Anuario 2008-2009, Descentralización vs. neo caudillismo*, Instituto latinoamericano de investigaciones sociales, En Cambio, 2009, p. 458.

[865]Rocha d'Angelis (Wagner), *op. cit.*, p. 393.

[866] Ruiz-Dias Labrano (Roberto Jesus), *op. cit.*, p. 166.

[867] Le professeur SALMON définit la compétence des organisations internationales comme étant le pouvoir juridique attribué à une organisation internationale, ou à l'une de ses institutions, pour examiner une question, prendre une décision, accomplir un acte ou une action. Salmon (Jean) (dir.), *op. cit.*, p. 216.

[868] Le professeur PELAEZ MARON soutient que ce qui différencie une théorie de l'autre est l'étendue des compétences, la façon dont elles sont exercées et les mécanismes qui sauvegardent l'efficacité de leur exercice. Le professeur MARTINEZ PUÑAL cite Pelaez Maron. Martínez Puñal (Antonio), *op. cit.*, p. 397.

[869]Rocha d'Angelis (Wagner), *op. cit.*, p. 394.

[870] Biacchi Gomes (Eduardo), *op. cit.*, 2001, p. 177.

Pierre PESCATORE estimait que la supranationalité est « un phénomène qui dépasse les cadres visés du Droit international puisqu'il a son origine dans la mise en cause d'une notion fondamentale, à savoir celle de la souveraineté de l'État. De cette mise en cause naît la création de tout un système de rapports de compétence et de pouvoir, d'un processus de décision et d'action, qui n'ont pas leur équivalent dans le Droit international ». Pescatore (Pierre), *op. cit.*, 2005, p. 49.

pas *ad infinitum*, mais temporairement[871]. Il n'y a pas, à proprement parler, d'extinction de la souveraineté, mais une simple flexibilisation de son exercice[872].

Si dans l'Union européenne, et cela existait aussi, de manière moins manifeste il est vrai, dans les Communautés européennes[873], le système d'attribution des compétences se voit clairement établi dans l'article 5 du Traité sur l'Union européenne[874], il n'en va pas de même dans le Mercosur. La caractérisation des compétences de l'organisation européenne est explicite, et de plus en plus transparente, si l'on considère que les compétences (exclusives, partagées et complémentaires[875]) sont toutes prévues par le Traité sur l'Union européenne et par le Traité sur le

---

[871] Biacchi Gomes (Eduardo), *op. cit.*, 2001, p. 178.

[872] Martínez Puñal (Antonio), *op. cit.*, p. 397.

[873] Pierre PESCATORE affirmait que « la création des Communautés a entraîné un véritable réaménagement des souverainetés, une redistribution des fonctions dans le cadre d'un ensemble qui dépasse les États membres individuels ». Pescatore (Pierre), *op. cit.*, 2005, p. 31.

[874] TUE, art. 5 : « 1. Le principe d'attribution régit la délimitation des compétences de l'Union. Les principes de subsidiarité et de proportionnalité régissent l'exercice de ces compétences. 2. En vertu du principe d'attribution, l'Union n'agit que dans les limites des compétences que les États membres lui ont attribuées dans les traités pour atteindre les objectifs que ces traités établissent. Toute compétence non attribuée à l'Union dans les traités appartient aux États membres. 3. En vertu du principe de subsidiarité, dans les domaines qui ne relèvent pas de sa compétence exclusive, l'Union intervient seulement si, et dans la mesure où, les objectifs de l'action envisagée ne peuvent pas être atteints de manière suffisante par les États membres, tant au niveau central qu'au niveau régional et local, mais peuvent l'être mieux, en raison des dimensions ou des effets de l'action envisagée, au niveau de l'Union. Les institutions de l'Union appliquent le principe de subsidiarité conformément au protocole sur l'application des principes de subsidiarité et de proportionnalité. Les parlements nationaux veillent au respect du principe de subsidiarité conformément à la procédure prévue dans ce protocole. 4. En vertu du principe de proportionnalité, le contenu et la forme de l'action de l'Union n'excèdent pas ce qui est nécessaire pour atteindre les objectifs des traités. Les institutions de l'Union appliquent le principe de proportionnalité conformément au protocole sur l'application des principes de subsidiarité et de proportionnalité ».

[875] Compétences exclusives (pour les matières où l'UE est la seule à pouvoir agir) ; compétences nationales (dont les matières les États membres ont le pouvoir d'agir) ; les compétences partagées ou concurrentes (dont les matières les États membres sont compétents au premier plan pour agir et quand ceux-ci se trouvent dans l'incapacité de le faire l'UE s'en charge), et compétences complémentaires ou d'appui (des domaines pour lesquels l'UE n'est pas compétente pour agir, mais peut encourager et coordonner l'action des États). Jacqué (Jean-Paul), *op. cit.*, 2012, p. 148.

Le professeur MICHEL dédie un chapitre entier de sa Thèse de doctorat à la typologie des compétences. Michel (Valérie), *Recherches sur les compétences de la Communauté européenne*, Paris, L'Harmattan, 2003, p. 97.

fonctionnement de l'Union européenne[876]. Quant au Traité d'Asunción et au Protocole d'Ouro Preto, s'ils énoncent bien les compétences des institutions du Mercosur[877], leur principe de répartition se révèle inexistant.

Les compétences qui sont transférées par les États aux institutions de l'Union européenne sont, de plus, mises en œuvre par ces institutions. Il n'en va pas de même au sein du Mercosur, car si les États membres soumettent bien certains domaines de leur activité politique et économique au débat collectif, aucune compétence d'exécution n'a jamais été attribuée aux institutions de l'organisation[878].

D'ailleurs, le sujet de cession des compétences au sein du Mercosur fait l'objet de nombreuses discussions. Dans la mesure où les institutions ne sont pas supranationales, les décisions relèvent toujours des États membres. La doctrine va jusqu'à affirmer qu'il n'y a pas d'attribution de pouvoirs à une institution internationale, mais tout simplement la création d'une nouvelle charge administrative donnée aux ministres[879]. Pour cette raison, on peut identifier les compétences explicites des institutions du Mercosur dans le Protocole d'Ouro Preto, cependant il faut également tenir compte du système de prise de décision et des mécanismes de mise en œuvre de délibération de ces institutions[880].

Bien que les institutions du Mercosur soient dépendantes des États membres, une partie de la doctrine arrive néanmoins à admettre ce système de cession de compétences. En fait, comme les institutions ne comptent pas sur des listes closes de compétences, la méthode d'attribution des compétences en résulte ouverte et non exhaustive. Il s'agit d'un système d'attribution de compétences appelé "fonctionnel" dans lequel l'attribution

---

[876] TUE, art. 4 et 5 et TFUE, art. 2 à 6. Voir aussi : Michel (Valérie) et de la Rica (Jean-Paul), « Les compétences dans le Traité établissant une Constitution pour l'Europe », Constantinesco (Vlad) ; *in* WENGER (éd.), *Regional Organisations and Security: Conceptions and Practices* p. 281 à 310. Et le plus récent : Michel (Valérie), « La difficile formalisation des compétences : l'exemple des politiques relatives aux contrôles aux frontières, à l'asile et à l'immigration », *in* Masclet (Jean-Claude) et al. (dir.), *L'Union européenne : Union de droit, Union des droits, Mélanges en l'honneur du Professeur Philippe Manin*, Paris, Pedone, 2010, p. 491 à 509.

[877] Traité d'Asunción, art. 10 et 13. Protocole d'Ouro Preto, art. 8, 14, 19 et 25.

[878] Ventura (Deisy), *op. cit.*, 2005, p. 95.

[879] Baptista (Luis Olavo), *Le Mercosul : ses institutions et son ordonnancement juridique*, Paris, Montchrestien, 2001, p. 73.

[880] Ventura (Deisy), *op. cit.*, 2005, p. 94.

des compétences aux institutions ne s'opère pas par le biais d'une liste non modifiable, mais par le truchement d'une série d'objectifs à atteindre[881].

175. Il est absolument incontestable que le choix du Mercosur se porte sur l'approche intergouvernementale et non supranationale. En témoignent quelques énoncés du Protocole d'Ouro Preto, la procédure de prise de décision, et le principe de la cession de compétences[882]. D'ailleurs, le professeur CHACON DE ALBUQUERQUE s'appuie sur ces arguments ainsi que sur l'absence d'un pouvoir de sanction institutionnalisé contre les États membres en cas de manquement aux normes mercosuriennes pour défendre l'idée que l'affirmation de l'existence effective d'un droit du Mercosur en tant que manifestation d'un ordre juridique commun supranational n'a aucune cohérence [883].

Cette empreinte intergouvernementale était visible dans les institutions du Mercosur. Les institutions qui furent créées par le Traité d'Asunción et par le Protocole d'Ouro Preto étaient toutes composées de membres représentants des gouvernements. D'autres institutions ont vu le jour dans les années suivantes. Quelques-unes comprennent des membres non-représentants des gouvernements, signe d'une éventuelle approche supranationale. Toutefois, cette affirmation se voit affaiblie du fait que ces institutions ne disposent d'aucun pouvoir décisionnel.

L'on va s'attacher à définir les institutions qui ont composé le Mercosur dans une première étape, soit depuis sa constitution en 1991, puis pendant toute cette décennie. Certaines institutions se sont développées, d'autres ont disparu durant les premières années[884].

---

[881] Deluca (Santiago), « La subsidiariedad y las competencias de la Unión Europea y el Mercosur », *Revista Latinoamericana de Derecho*, año II, n° 4, julio-diciembre de 2005, p. 145 à 167.

[882] Le professeur WOJCIKIEWICZ ALMEIDA soutient que, « toute initiative supranationale aurait pu compromettre les objectifs de stabilisation macro-économique et modifier l'équilibre entre compétences nationales et systèmes collectifs de décision ». Wojcikiewicz Almeida (Paula), *op. cit.*, p. 27.

[883] Chacón de Albuquerque (Roberto), « Hay un derecho del Mercosur? », *Revista de derecho público*, Editorial jurídica venezoelana, n° 123, 2010, p. 14.

[884] Suite à une grande crise institutionnelle, le début des années 2000 marque une seconde étape lors de laquelle le Mercosur voit à nouveau son organigramme se modifier. C'est grâce au Programme de travail 2004-2006 que de nouvelles politiques et, par conséquent, de nouvelles institutions – y compris attentives aux droits de l'homme - se sont mises en place. Voir chapitre II, titre I de la seconde partie.

Certes, effectuer une comparaison entre les traités constitutifs du Mercosur et de l'Union européenne ne s'avère pas guère aisé en raison de l'absence de parallélisme entre les niveaux d'intégration atteints par chacun. Malgré le modèle intergouvernemental choisi par le Mercosur, en opposition au modèle supranational de l'Union européenne, une comparaison entre leurs cadres institutionnels peut cependant être établie.

Section II : Le cadre institutionnel du Mercosur

176. Pareillement à l'Union européenne, le Mercosur a construit sa structure institutionnelle de façon lente et progressive, conformément à la demande des États dans le Traité d'Asunción. Malgré tout, la comparaison des institutions des deux groupes d'intégration n'a rien d'une évidence. Ceci tient au caractère supranational ou intergouvernemental de chacun des groupes d'intégration et également à la différence de répartition des pouvoirs dans chacun d'eux.

Il y a lieu de rappeler que la répartition des pouvoirs dans l'Union européenne privilégie une approche fonctionnelle, à savoir qu'il faut identifier les fonctions législatives, exécutives et judiciaires pour déterminer les institutions qui les exécutent[885]. La structure organisationnelle du Mercosur est différente. Alors que le Traité d'Asunción[886] ne fait référence qu'aux deux principales institutions, le « tandem[887] » constitué par le Conseil du marché commun et le Groupe du marché commun, le Protocole d'Ouro Preto énumère clairement les quatre autres institutions du bloc sud-américain. Ces deux textes ne mentionnent pas les compétences exercées par chaque institution.

---

[885] Lenaerts (Koen), « Some reflections on the Separation of Powers in the European Community », *Common Market Law Review*, n° 28, issue 1, 1991, p. 13.

[886] Traité d'Asunción, art. 9 : « *La administración y ejecución del presente Tratado y de los acuerdos específicos y decisiones que se adopten en el marco específico y decisiones que se adopten en el marco jurídico que el mismo establece durante el período de transición, estará a cargo de los siguientes órganos: Consejo del Mercado Comun y Grupo del Mercado Comun* » (L'application du présent Traité et des accords spécifiques et décisions qui seront adoptés dans le cadre juridique institué par ledit Traité au cours de la période de transition, sera confiée aux organes suivants: Conseil du Marché Commun et Groupe Marché Commun – traduction selon la version française déposée aux Nations unies).

[887] Expression utilisée par le professeur MEDEIROS. Medeiros (Marcelo), *La genèse du Mercosud : dynamisme interne, influence de l'UE et insertion internationale*, Paris, L'Harmattan, 2000, p. 285.

Le cadre institutionnel du Mercosur pouvait donc, jusqu'à la fin des années 1990, s'esquisser sous la forme un hexagone, où les trois institutions dotées de pouvoir décisionnel côtoyaient les organismes spécialisés (§1). Suite à une grande crise institutionnelle, le début des années 2000 marque une seconde étape où le Mercosur voit son organigramme institutionnel changer. C'est grâce au Programme de travail 2004-2006 que de nouvelles politiques et, par conséquent, de nouvelles institutions – y compris attentives aux droits de l'homme - se sont mises en place[888]. Cependant, encore entre la fin des années 1990 et 2003, nous observons que les compétences des institutions et organismes du Mercosur commencent à céder place à des caractéristiques autres que celles originelles qui étaient de nature exclusivement économique (§2).

§1 Le cadre institutionnel hexagonal du Mercosur à l'origine peu ambitieux pour la promotion et protection des droits de l'homme

177. L'hexagone institutionnel du Mercosur est défini en 1994 par l'article 2 du Protocole d'Ouro Preto : « La structure institutionnelle du Mercosur comprend les organes suivants : le Conseil du marché commun ; le Groupe marché commun ; la Commission du commerce du Mercosur ; la Commission parlementaire conjointe ; le Forum économique et social, et le Secrétariat administratif du Mercosur. »

Selon le Protocole, les trois premières de ces six institutions possèdent « une nature gouvernementale et disposent d'un pouvoir de décision » (A). Ce qui nous amène à en déduire que les trois autres, les organismes spécialisés, n'ont pas de pouvoir délibératif et ne sont pas nécessairement de nature gouvernementale (B).

A. Les institutions avec pouvoir décisionnel

[888] Sujet que nous aborderons dans le chapitre II du premier titre de la seconde partie.

178. Trois institutions dans le Mercosur, le Conseil du marché commun, le Groupe du marché commun et la Commission de commerce du Mercosur, sont dotées de pouvoir décisionnel[889] et quatre institutions le sont également au sein de l'Union européenne[890]. Il s'agit du Conseil européen, du Conseil de l'Union européenne, de la Commission européenne et du Parlement européen[891]. Bien que leurs caractéristiques générales et leurs compétences semblent coïncider, leurs formation et fonctionnement diffèrent fortement.

179. Au Conseil du marché commun, institution supérieure du Mercosur[892], revient la fonction de conduire les politiques établies en application des traités constitutifs et de promouvoir les actions nécessaires pour l'instauration du marché commun[893]. Ainsi que pour les autres institutions, c'est le Protocole d'Ouro Preto qui a le mieux indiqué ses attributions. Depuis 1995, le Conseil du marché commun a pour compétences de veiller à l'application du Traité d'Asunción et de ses protocoles ; d'exercer la personnalité juridique du Mercosur ; de se prononcer sur les décisions; de créer les institutions qu'il juge utiles, les modifier ou les dissoudre. Sa fonction d'institution supérieure lui permet d'adopter des décisions d'ordre financier et budgétaire. Enfin, en tant

889 Protocole d'Ouro Preto, art. 2: « *Son órganos con capacidad decisoria, de naturaleza intergubernamental: el Consejo del Mercado Común, el Grupo Mercado Común y la Comisión de Comercio del Mercosur*». (Le Conseil du Marché commun, le Groupe du Marché commun et la Commission du commerce du Mercosur sont des organes de décision d'ordre intergouvernemental - traduction selon la version française déposée aux Nations unies).

890 Jusqu'au Traité de Lisbonne, le processus décisionnel ne revenait qu'à trois institutions. Depuis son entrée en vigueur, le Conseil européen est qualifié d'institution. Pour cette raison, la figure du « triangle institutionnel » n'est plus d'actualité. Sur le changement du « triangle européen », voir Michel (Valérie), « Le triangle institutionnel », *La gazette du Palais*, Gazette Européenne, n° 39, 19 juin 2008, p. 5 et s.

891 TFUE, art. 24 : « Le Parlement européen et le Conseil, statuant par voie de règlements conformément à la procédure législative ordinaire, arrêtent les dispositions relatives aux procédures et conditions requises pour la présentation d'une initiative citoyenne au sens de l'article 11 du traité sur l'Union européenne, y compris le nombre minimum d'États membres dont les citoyens qui la présentent doivent provenir ».

892 Protocole d'Ouro Preto, art. 3 : « *El Consejo del Mercado Común es el órgano superior del Mercosur al cual incumbe la conducción política del proceso de integración y la toma de decisiones para asegurar el cumplimiento de los objetivos establecidos por el Tratado de Asunción y para alcanzar la constitución final del mercado común* ». (Le Conseil du Marché commun, organe suprême du Mercosur, est chargé de conduire la politique d'intégration et de prendre des décisions afin d'atteindre les objectifs fixés dans le Traité d'Asunción et d'instituer définitivement le Marché commun - traduction selon la version française déposée aux Nations unies).

893 Traité d'Asunción, art. 10.

qu'institution avec des compétences décisionnelles, il se prononce sur les propositions dont il est saisi par le Groupe du Marché commun[894] et adopte des actes législatifs, à savoir des décisions et des recommandations[895].

Pour toutes ces caractéristiques et surtout par rapport à leurs fonctions, le Conseil du marché commun pourrait se voir comparé à ces deux institutions de l'Union européenne que sont le Conseil européen et le Conseil de l'Union européenne.

Il peut être mesuré au Conseil européen, car, pareillement à lui, il doit définir les orientations et priorités des politiques générales, pour donner les impulsions nécessaires à son développement[896].

Il peut l'être aussi au Conseil de l'Union européenne, car comme lui il est titulaire des fonctions législatives et budgétaires. En outre, c'est le Conseil qui adopte, dans l'Union européenne, les actes internationaux en application de la personnalité juridique de droit international de l'Union européenne[897].

Nous observons qu'à la construction du Mercosur les rédacteurs des traités constitutifs ont préféré centraliser ces trois caractéristiques dans une seule institution, solution distincte de celles de l'Union européenne.

---

[894] Protocole d'Ouro Preto, art. 8 § V: « *Pronunciarse sobre las propuestas que le sean elevadas por el Grupo Mercado Común* ». (Se prononcer sur les propositions dont il est saisi par le Groupe du Marché commun - traduction selon la version française déposée aux Nations unies).

[895] Protocole d'Ouro Preto, art. 9: « *El Consejo del Mercado Común se pronunciará mediante Decisiones, las que serán obligatorias para los Estados Partes* ». (Le Conseil du Marché commun se prononce au moyen de décisions qui ont force exécutoire pour les États Parties - traduction selon la version française déposée aux Nations unies).

[896] TUE, art. 15 : « Le Conseil européen donne à l'Union les impulsions nécessaires à son développement et en définit les orientations et les priorités politiques générales. Il n'exerce pas de fonction législative ».

[897] TFUE, art. 218 : « 1. (...) les accords entre l'Union et des pays tiers ou organisations internationales sont négociés et conclus selon la procédure ci-après. 2. Le Conseil autorise l'ouverture des négociations, arrête les directives de négociation, autorise la signature et conclut les accords ». Cependant, c'est la Commission européenne qui représente l'Union européenne sur la scène internationale (représenté actuellement par le président de la Commission, Monsieur BARROSO). Dans le même sens, l'institution qui représente le Mercosur à l'international n'est pas le Groupe du marché commun, mais le président de la Commission des représentants permanents du Mercosur qui représente le Mercosur. Voir §1, section I, chapitre II, titre I de la seconde partie.

Une seconde différence entre l'institution mercosurienne et celles de l'Union européenne concerne leur composition.

Tandis que le Conseil du marché commun est composé des ministres des Affaires étrangères et de l'Économie des États membres[898], le Conseil européen regroupe les chefs d'État ou de gouvernement des États membres de l'Union européenne[899]. Bien qu'une fois par semestre, les présidents mercosuriens soient invités à la réunion du Conseil du marché commun, nous pouvons conclure que les décisions relatives aux orientations de la politique du Mercosur sont prises par des ministres des affaires étrangères et de l'économie, contrairement à l'Union européenne où cette tâche revient aux chefs d'État et de gouvernement.

La composition du Conseil du marché commun s'apparenterait donc davantage à celle du Conseil de l'Union européenne (encore appelé *Conseil des ministres* ou seulement *Conseil*)[900] qui est composé des membres des gouvernements issus des ministères[901]. Néanmoins, la composition de ces deux institutions recèle également des différences.

Premièrement, le Conseil du marché commun ne regroupe que les ministres des Affaires étrangères et de l'Économie alors qu'au Conseil siègent des ministres de tous les ministères (réunis en différentes formations selon l'objet de l'ordre du jour). Bien évidemment, les ministres des Affaires étrangères ont leur importance dans l'Union européenne. Ce sont eux, qui, réunis dans le « Conseil des affaires générales et extérieures », assurent la préparation de toutes les réunions du Conseil[902].

---

[898] Protocole d'Ouro Preto, art. 4 : *« El Consejo del Mercado Común estará integrado por los Ministros de Relaciones Exteriores; y por los Ministros de Economía, o sus equivalentes, de los Estados Partes »* (Le Conseil du Marché commun se compose des ministres des Relations étrangères des États Parties et des ministres de l'Économie ou de ministres ayant des attributions équivalentes - traduction selon la version française déposée aux Nations unies).

[899] Siègent aussi au Conseil européen : les chefs d'État ou de gouvernement des États membres et le président de la Commission européenne.

[900] Ils peuvent être comparés pour être des institutions politiques, mais pas par la caractéristique d'institutions « supérieures ». Les institutions de l'Union européenne n'ont pas de rapports hiérarchiques entre eux, contrairement à ceux du Mercosur, où le Conseil du marché commun en est l'institution supérieure.

[901] TUE, art. 16§1 : « Le Conseil est composé d'un représentant de chaque État membre au niveau ministériel, habilité à engager le gouvernement de l'État membre qu'il représente et à exercer le droit de vote ».

[902] TUE, l'article 16.6 : « Le Conseil des affaires générales assure la cohérence des travaux des différentes formations du Conseil. Il prépare les réunions du Conseil européen et en assure le suivi en liaison avec le président du Conseil européen et la Commission ».

Que font donc les ministres issus des autres ministères dans le Mercosur ? N'ont-ils pas de voix dans le processus législatif du Mercosur ? À l'évidence si, mais leurs délibérations ne se traduisent que par des recommandations présentées à leurs confrères, les ministres des Affaires étrangères et de l'Économie. En fait, l'instance de réunion des ministres originaires des autres ministères s'appelle Réunion des ministres. Il s'agit d'une instance dépendante et auxiliaire du Conseil du marché commun[903]. La Réunion des ministres peut se tenir selon 14 formations différentes en fonction les domaines de débat, à l'instar de la Réunion des ministres et autorités en développement social (RMADS)[904].

Deuxièmement, suivant l'exemple du Conseil européen, les chefs d'États et de gouvernement des pays membres du Mercosur n'ont pas d'instance qui leur soit propre. En réalité, les présidents des États membres jouissent de deux espaces de rencontres et de débats : les visites aux réunions du Conseil du marché commun et les sommets présidentiels.

Au moins une fois par semestre, les présidents des États membres du Mercosur sont invités à participer à une réunion du Conseil du marché commun[905]. Ainsi, les présidents peuvent directement, et non par le biais de leurs ministres des affaires étrangères et de l'économie, participer à la prise de décision sur l'orientation de l'intégration du Mercosur, les processus législatifs et les lignes budgétaires. Différemment, dans l'Union européenne, le Conseil européen ne donne son avis que sur les questions générales de l'intégration européenne[906].

Les présidents des États membres du Mercosur se réunissent également lors des sommets présidentiels, dits « sommets du Mercosur » ou « sommets

---

[903] Protocole d'Ouro Preto, art. 8 § VI: « *Crear reuniones de ministros y pronunciarse sobre los acuerdos que le sean remitidos por las mismas* » (Organiser des réunions de ministres et se prononcer sur les accords que celles-ci lui soumettent - traduction selon la version française déposée aux Nations unies).

[904] Voir §1, section II, chapitre II, titre II de la première partie.

[905] Protocole d'Ouro Preto, art. 6 : « *El Consejo del Mercado Común se reunirá todas las veces que lo estime oportuno, debiendo hacerlo por lo menos una vez por semestre con la participación de los Presidentes de los Estados Partes* ». (Le Conseil du Marché commun se réunit chaque fois qu'il le juge opportun, et au moins une fois par semestre avec la participation des Présidents des États Parties - traduction selon la version française déposée aux Nations unies).

[906] Siègent aussi au Conseil européen : les chefs d'État ou de gouvernement des États membres et le président de la Commission européenne.

des présidents du Mercosur ». Depuis la création de l'organisation, les présidents se sont déjà réunis une soixantaine de fois. Même s'il s'agit de rencontres très politiques, il ne faut pas mésestimer les résultats de ces sommets qui ont donné naissance à des textes contraignants, par exemple la Déclaration présidentielle sur l'engagement démocratique et la Déclaration présidentielle sur le dialogue politique[907].

Le rôle des présidents des États membres du Mercosur n'est pas clairement défini dans les traités constitutifs. Par conséquent, la « monopolisation » des décisions de la part des présidents pendant les réunions du Conseil du marché commun est mise en question[908].

Lors des premières décennies de l'Union européenne, l'action des chefs d'États et de gouvernement n'était pas non plus très clairement définie. Ce que nous connaissons actuellement sous le nom de Conseil européen tire ses origines dans les années 1960 de rencontres telles qu'elles se produisaient aux sommets présidentiels du Mercosur. Ces sommets ne furent institutionnalisés qu'en 1974[909] et devenus officiellement « institution » de l'Union européenne qu'en 2009 avec l'entrée en vigueur du Traité de Lisbonne[910]. Cette institutionnalisation permet de différencier le rôle des chefs d'État et de gouvernement, qui décident des lignes politiques de l'Union, du rôle des ministres au sein du Conseil, qui prend les décisions législatives. Cela clarifie les fonctions de chacun et évite de donner trop de poids aux États, au risque de déséquilibrer le système en le faisant pencher vers la théorie intergouvernementale.

Une autre différence entre le Conseil du marché commun et les deux institutions européennes réside dans les modes de fonctionnement et d'assistance dont ils disposent. Dans le Conseil du marché commun, un président anime les sessions de travail assisté d'un très large réseau de groupes spécialisés. Il s'agit des Réunions des ministres déjà citées, de la Commission des représentants permanents[911], du Haut représentant

---

[907] Voir §2, section I, chapitre I, titre I de la seconde partie.

[908] Le professeur MEDEIROS critique le Conseil du marché commun en soutenant que l'institution est devenue essentiellement un forum des Présidents, lesquels sont assistés par leurs ministres d'affaires étrangères et d'économie. Medeiros (Marcelo), *op. cit.*, p. 285.

[909] Jacqué (Jean-Paul), *op. cit.*, 2012,p. 292.

[910] TUE, art. 13 : « Les institutions de l'Union sont (…) le Conseil européen (…) ». Et TUE, art. 15.2 : « Le Conseil européen est composé des chefs d'État ou de gouvernement des États membres, ainsi que de son président et du président de la Commission. Le haut représentant de l'Union pour les affaires étrangères et la politique de sécurité participe à ses travaux ».

[911] Voir §1, section I, chapitre II, titre I de la seconde partie.

général[912], des Réunions des hauts représentants[913] et des groupes de haut niveau. Dans l'Union européenne, tout d'abord, le Conseil, qui se réunit dans différentes formations selon la nature des problèmes abordés[914] est animé par un président, assisté des fonctionnaires du Conseil. Le travail du Conseil est préparé par le Comité des représentants permanents et le secrétariat général du Conseil. Le Conseil européen, pour sa part, est composé des chefs d'État ou de gouvernement des États membres. Ce caractère visiblement intergouvernemental est nuancé par sa présidence qui est exercée par une personnalité indépendante de l'un des États membres, autrement dit il ne peut pas exercer de mandat national[915], rattachant donc au Conseil européen un caractère supranational. Font également partie du Conseil européen le président de la Commission européenne et le haut représentant de l'Union pour les affaires étrangères et la politique de sécurité participe à ses travaux[916].

Le système de rotation des présidences pour ces institutions se présente de façon semblable, mais non identique. La fréquence de six mois des présidences, à tour de rôle pour chaque État membre suivant l'ordre alphabétique, est commune aux deux conseils, celui du Mercosur et celui de l'Union européenne. Cependant, l'Union européenne semble préférer que le travail soit effectué sur la durée, sans rupture lors de la fin du mandat d'une présidence. Ainsi, un programme commun d'activités du Conseil est élaboré pour une période de 18 mois, où un groupe de trois présidences de cette période collaborent[917], il s'agit du mécanisme appelé « le trio de présidences »[918]. La création du président du Conseil européen, par le Traité de Lisbonne, stabilise cette présidence sur deux ans et demi renouvelables[919].

---

[912] Voir §1, section I, chapitre II, titre I de la seconde partie.

[913] À l'instar de la Réunion des hautes autorités compétentes en droits de l'homme et chancelleries du Mercosur et des États associés (RAADH). Voir §2, section I, chapitre II, titre I de la seconde partie.

[914] Jacqué (Jean-Paul), *op. cit.*, 2012, p. 310.

[915] TUE, art. 15 : « Le président du Conseil européen ne peut pas exercer de mandat national ».

[916] TUE, art. 15§2: « Le Conseil européen est composé des chefs d'État ou de gouvernement des États membres, ainsi que de son président et du président de la Commission. Le haut représentant de l'Union pour les affaires étrangères et la politique de sécurité participe à ses travaux ».

[917] Hormis le Conseil des affaires étrangères qui est présidé par le Haut représentant de l'Union pour les affaires étrangères et la politique de sécurité.

[918] Constantinesco (Vlad), « Réflexions sur la Présidence de l'Union européenne », *in Estudos em homenagem ao Professor Doutor Paulo de Pitta e Cunha*, vol. 1: Asuntos europeus e integração económica, Coimbra, Almedina, 2010, p. 1337.

[919] TUE, 15§5 : « Le Conseil européen élit son président à la majorité qualifiée pour une durée de deux ans et demi, renouvelables une fois. ».

Elle contribue aussi à rendre moins évident, sur le plan de la visibilité politique, l'exercice de la présidence tournante. Ce d'autant que le Conseil des affaires étrangères est lui aussi présidé de manière stable par le haut représentant de l'Union pour les affaires étrangères et la politique de sécurité[920].

L'organisme chargé d'assister le Conseil de l'Union européenne s'appelle le Comité des représentants permanents (ci-après *COREPER*)[921]. Il s'agit d'un groupe composé des représentants permanents des États membres auprès de l'Union européenne, issus en règle générale des ministères des affaires étrangères ou des ministères plus techniques[922]. Hebdomadairement, le COREPER, réuni en deux sous-groupes, le COREPER I et le COREPER II, travaille en vue de préparer les travaux du Conseil, il s'efforce de trouver les accords qui sont soumis au Conseil. Sa compétence s'étend à tous les domaines d'action du Conseil[923].

Enfin, la dernière différence entre ces institutions supérieures du Mercosur et de l'Union européenne a trait à la régularité de leurs réunions. Le Protocole d'Ouro Preto notifie que le Conseil du marché commun peut se réunir chaque fois qu'il le juge nécessaire[924]. Depuis l'entrée en vigueur du Traité d'Asunción, le Conseil du marché commun s'est réuni en moyenne trois fois par an tandis que, même elles n'ont pas de fréquence déterminée, les réunions du Conseil de l'Union européenne et du Conseil européen ont lieu à une régularité plus grande que celles du Conseil du marché commun. Elles varient selon les besoins et les sujets examinés. À titre d'exemple, pour des sujets plus sensibles, tels l'économie et les affaires étrangères, les ministres respectifs se réunissent au moins une fois par mois. Ce déficit de réunions du Conseil du marché commun compte au nombre des critiques formulées à son encontre par le professeur TORRENT: les réunions du

[920] TUE, art. 27 : « Le haut représentant de l'Union pour les affaires étrangères et la politique de sécurité, qui préside le Conseil des affaires étrangères, contribue par ses propositions à l'élaboration de la politique étrangère et de sécurité commune et assure la mise en œuvre des décisions adoptées par le Conseil européen et le Conseil ».

[921] TUE, art. 16 § 7 : « Un comité des représentants permanents des gouvernements des États membres est responsable de la préparation des travaux du Conseil ». TFUE, art. 240, § 1 : « Un comité composé des représentants permanents des gouvernements des États membres est responsable de la préparation des travaux du Conseil et de l'exécution des mandats qui lui sont confiés par celui-ci. Le comité peut adopter des décisions de procédure dans les cas prévus par le règlement intérieur du Conseil ».

[922] Jacqué (Jean-Paul), *op. cit.*, 2012, p. 323.

[923] Voir Blumann (Claude), « Comité des représentants permanents (COREPER) », *Juris-classeur Europe Traité*, Fasc. 220, 2010.

[924] Protocole d'Ouro Preto, art. 6.

Conseil de l'Union européenne sont, selon ses calculs, quarante fois plus fréquentes que celles du Mercosur[925].

Malgré tout cet éventail de différences, une caractéristique rapproche ces trois institutions : leur caractère intergouvernemental,[926] preuve que l'Union européenne ne possède pas entièrement un caractère supranational[927].

180. Le Groupe du marché commun représente l'institution à caractère exécutif au sein du Mercosur. Pour ce qui concerne les larges compétences de cette institution exécutive, le Groupe du marché commun a pour mission de veiller à l'application du Traité d'Asunción ; de prendre les mesures nécessaires à l'exécution des décisions adoptées par le Conseil du marché commun, de proposer des mesures et enfin d'établir des programmes de travail de nature à progresser vers l'établissement du Marché commun[928]. Le Protocole d'Ouro Preto a également beaucoup développé les attributions du Groupe du marché commun. À compter de cette date, le Groupe est responsable de la préparation de l'agenda des réunions, des projets de décisions du Conseil du marché commun et de l'élaboration des rapports et des études demandés par celui-ci[929]. Il se prononce, dans ses domaines de compétence, sur les propositions ou recommandations dont il est saisi par les autres institutions et approuve également leurs règlements intérieurs (pour le Forum consultatif économique et social et l'ancienne Commission parlementaire conjointe et pour l'actuel Parlement du Mercosur). Enfin, il supervise les activités du Secrétariat administratif[930]. Le professeur MEDEIROS estime que le Groupe du marché commun joue un rôle de

---

[925]Torrent (Ramon), « Una aproximación a la anatomía del Mercosur real », *in* Berlinski (Julio) *et al.* (coord.), *15 años de Mercosur: comercio, macroeconomía e inversiones extranjeras*, Montevideo, Red Mercosur, 2006, p. 58.

[926] Ces deux institutions sont composées toutes deux des représentants des gouvernements de chaque État membre. Pierre PESCATORE soutenait que la structure communautaire européenne comporte d'autres institutions, le Conseil qui « s'apparente encore aux organes internationaux représentatifs des États ». Pescatore (Pierre), *op. cit.*, 2005, p. 15.

[927] Le Conseil européen est un bon exemple de cette hétérogénéité entre le caractère intergouvernemental et supranational de l'Union européenne, en raison de la présence de chefs d'État ou de gouvernement des États membres et d'une personnalité indépendante des gouvernements exerçant la présidence dans sa composition.

[928] Traité d'Asunción, art. 13.

[929] Le professeur CAETANO s'interroge sur la supériorité réelle du Conseil sur le Groupe du marché commun. À l'inverse et selon lui, il y a une prédominance du Groupe sur le Conseil du Marché commun, car c'est le Groupe qui prépare les décisions du Conseil (pendant les réunions préparatoires du Conseil. Caetano (Gerardo), « Reforma institucional del Mercosur. Análisis de un reto», *in* Caetano (Gerardo) (coord.), *La reforma institucional del Mercosur – Del diagnóstico a las propuestas*, CEFIR, Montevideo, 2009, p. 38.

[930] Protocole d'Ouro Preto, art. 14. XIII : « *Supervisar las actividades de la Secretaría Administrativa del Mercosur* » (traduction selon la version française déposée aux Nations unies).

« courroie de transmission qui tisse des liens entre les organes du [Mercosur], en favorisant leurs échanges »[931].

Pour toutes ces compétences, le Groupe du marché commun pourrait être comparé tout à la fois à la Commission européenne, du fait de l'ensemble de ses pouvoirs d'initiative, d'exécution et de surveillance[932] (excepté le pouvoir de représentation de l'Union européenne sur la scène internationale[933]), et au COREPER, compte tenu de sa compétence relative à la préparation des travaux du Conseil[934].

Cependant, contrairement à la Commission européenne[935], le Groupe du marché commun est une institution intergouvernementale. Les 20 membres du Groupe du marché commun (quatre titulaires et quatre suppléants par pays) sont nommés par les États, parmi lesquels doivent figurer obligatoirement des représentants du Ministère des Affaires étrangères, de

---

[931]Medeiros (Marcelo), *op. cit.*, p. 288.

[932] Nomenclature des fonctions suggérées par le professeur JACQUE. Jacqué (Jean-Paul), *op. cit.*, 2012p. 381.

TUE, art. 17 § 1 : « La Commission promeut l'intérêt général de l'Union et prend les initiatives appropriées à cette fin. Elle veille à l'application des traités ainsi que des mesures adoptées par les institutions en vertu de ceux-ci. Elle surveille l'application du droit de l'Union sous le contrôle de la Cour de justice de l'Union européenne. Elle exécute le budget et gère les programmes. Elle exerce des fonctions de coordination, d'exécution et de gestion conformément aux conditions prévues par les traités. (…) Elle prend les initiatives de la programmation annuelle et pluriannuelle de l'Union pour parvenir à des accords interinstitutionnels ».

[933]C'est le président de la Commission des représentants permanents du Mercosur qui représente le Mercosur à l'international.

TUE, art. 17 § 1 : « (…) À l'exception de la politique étrangère et de sécurité commune et des autres cas prévus par les traités, elle assure la représentation extérieure de l'Union ».

[934] TUE, art. 16 § 7.

[935]TUE, art. 17 § 3 : « (…) Les membres de la Commission sont choisis en raison de leur compétence générale et de leur engagement européen et parmi des personnalités offrant toutes garanties d'indépendance ». Art. 17 § 4 : « La Commission nommée entre la date d'entrée en vigueur du traité de Lisbonne et le 31 octobre 2014, est composée d'un ressortissant de chaque État membre, y compris son président et le haut représentant de l'Union pour les affaires étrangères et la politique de sécurité, qui en est l'un des vice-présidents ». Art. 17 § 5 : « À partir du 1er novembre 2014, la Commission est composée d'un nombre de membres, y compris son président et le haut représentant de l'Union pour les affaires étrangères et la politique de sécurité, correspondant aux deux tiers du nombre d'États membres, à moins que le Conseil européen, statuant à l'unanimité, ne décide de modifier ce nombre ».

Les membres de la Commission sont choisis parmi les ressortissants des États membres selon un système de rotation strictement égale entre les États membres permettant de refléter l'éventail démographique et géographique de l'ensemble des États membres.

l'Économie et des banques centrales[936]. Il ressort que la différence majeure entre les deux institutions exécutives porte sur le manque d'indépendance, [937]aussi le Groupe du marché commun s'apparenterait-il davantage au COREPER qui regroupe des chefs des missions permanentes des États membres auprès de l'Union européenne.

Pour rendre le travail efficace, le Groupe du marché commun confie le débat sur des matières spécifiques à des équipes spécialisées. C'est le cas pour 15 sous-groupes de travail, 18 réunions spécialisées et 15 groupes *ad hoc*. La Commission européenne confie également des travaux à des groupes spécialisés. Ainsi, les sous-groupes de travail[938] et les 18 réunions spécialisées du Groupe du marché commun s'occupent des domaines semblables à ceux des directions générales de la Commission européenne qui, sous la responsabilité d'un commissaire général, élaborent des propositions législatives[939]. Tandis que les groupes *ad hoc* du Groupe du marché commun ont un but comparable à celui des agences exécutives de la

[936]Protocole d'Ouro Preto, art. 11 : « *El Grupo Mercado Común estará integrado por cuatro miembros titulares y cuatro miembros alternos por país, designados por los respectivos Gobiernos, entre los cuales deben constar obligatoriamente representantes de los Ministerios de Relaciones Exteriores de los Ministerios de Economía (o equivalentes) y de los Bancos Centrales. El Grupo Mercado Común será coordinado por los Ministerios de Relaciones Exteriores* ». (Le Groupe du Marché commun est composé de quatre membres titulaires et de quatre membres suppléants par pays, nommés par leur gouvernement respectif et parmi lesquels doivent obligatoirement figurer des représentants des Ministères des Relations extérieures, des Ministères de l'Économie (ou organismes équivalents) et des banques centrales. Le Groupe du Marché commun est coordonné par les Ministères des Relations extérieures - traduction selon la version française déposée aux Nations unies).

[937] D'ailleurs, l'art. 17 § 3 du TUE dispose que « La Commission exerce ses responsabilités en pleine indépendance. Sans préjudice de l'article 18, paragraphe 2, les membres de la Commission ne sollicitent ni n'acceptent d'instructions d'aucun gouvernement, institution, organe ou organisme. Ils s'abstiennent de tout acte incompatible avec leurs fonctions ou l'exécution de leurs tâches ».

[938] Règlement intérieur du Groupe du marché commun, art. 17 « *El Grupo Mercado Común podrá constituir Subgrupos de Trabajo y convocar, cuando fuera necesario para el cumplimiento de su incumbencia, Reuniones Especializadas ad hoc, que deberán presentar sus conclusiones al Grupo Mercado Común* ». (Le Groupe du Marché commun peut créer des sous-groupes de travail et convoquer, si nécessaire pour l'accomplissement de son entreprise, des réunions spécialisées ad hoc, qui devraient présenter leurs conclusions au Groupe du marché commun - traduction libre).

[939] Règlement intérieur de la Commission européenne, art. 19 : « La Commission dispose, pour préparer et mettre en œuvre son action, d'un ensemble de services, structurés en directions générales et services assimilés. En principe, les directions générales et services assimilés sont articulés en directions, les directions en unités ».

Commission européenne qui vont traiter de sujets très spécifiques pendant une durée déterminée[940].

Le Groupe du marché commun a d'autres instances qui dépendent de son autorité: des instituts, des observatoires, des réunions techniques et des comités. D'ailleurs, faute à cette organisation institutionnelle si dispersée, les citoyens des États membres peinent à comprendre le fonctionnement du Mercosur.

181. La troisième, et dernière, institution exerçant un pouvoir normatif dans le Mercosur concerne la Commission de commerce[941]. Créée en 1994 par le Protocole d'Ouro Preto, elle est indépendante, mais assiste le Groupe du marché commun et se manifeste par des directives. Certes, si ses compétences sont limitées au domaine commercial elles sont pourtant très larges. De ce fait cette Commission n'a pas d'institution européenne équivalente, mais plusieurs.

Relativement à ses compétences, la Commission de commerce veille à l'application des instruments de politique commerciale signés par les États membres en vue du fonctionnement de l'union douanière et à la révision des sujets en rapport avec les politiques commerciales communes, à l'intérieur du Mercosur et avec des tiers[942]. Ainsi, la Commission de commerce pourrait être comparée à la Commission européenne dans l'exercice de sa fonction de surveillance.

En outre, la Commission de commerce a des compétences consultatives (sur les questions présentées par les États membres) et de réception des

---

[940] Règlement intérieur de la Commission européenne, art. 19 : « Pour répondre à des besoins particuliers, la Commission peut créer des structures spécifiques chargées de missions précises et dont elle détermine les attributions et les modalités de fonctionnement ».

[941] Protocole d'Ouro Preto, art. 16 à 21 et Règlement interne de la Commission de commerce du Mercosur (Résolution du GMC n°61/96).

[942] Protocole d'Ouro Preto, art. 16 : « *A la Comisión de Comercio del Mercosur, órgano encargado de asistir al Grupo Mercado Común, compete velar por la aplicación de los instrumentos de política comercial común acordados por los Estados Partes para el funcionamiento de la unión aduanera, así como efectuar el seguimiento y revisar los temas y materias relacionados con las políticas comerciales comunes, con el comercio intra-Mercosur y con terceros países* ». (La Commission du commerce du Mercosur, organe chargé d'appuyer les travaux du Groupe du Marché commun, est chargée de veiller à l'application des instruments de la politique commerciale commune convenus par les États Parties en vue du fonctionnement de l'union douanière, ainsi que de suivre et d'évaluer les questions et sujets relatifs aux politiques commerciales communes, au commerce intérieur du Mercosur et au commerce avec les pays tiers - traduction selon la version française déposée aux Nations unies).

requêtes qui relèvent de son domaine de compétence. Concernant cette compétence, la Commission de commerce s'apparenterait plus au Tribunal et à la Cour de justice de l'Union européenne[943].

La Commission de commerce est composée de huit membres : quatre titulaires et quatre suppléants), deux pour chaque État membre. Sa coordination est assurée par le Ministère des Affaires étrangères de l'État membre selon la présidence *pro-tempore* du Conseil du marché commun[944].

En outre, en vue d'accomplir sa mission, la Commission de commerce peut créer des Comités techniques. Ces comités développent des activités d'assistance technique, recueillent des données pour élaborer des rapports sur la mise en œuvre des instruments et des politiques communes et rédigent des avis d'experts sollicités par le Conseil du marché commun[945]. La périodicité des réunions de la Commission de Commerce est beaucoup plus fréquente que celles du Conseil ou du Groupe du marché commun. Elle se réunit au minimum une fois par mois, ou lorsque le Groupe du marché commun ou les États membres le souhaitent[946].

---

[943] Protocole de Brasilia, art. 25 : « *El procedimiento establecido en el presente capítulo se aplicará a los reclamos efectuados por particulares (personas físicas o jurídicas) con motivo de la sanción o aplicación, por cualquiera de los Estados Partes, de medidas legales o administrativas de efecto restrictivo, discriminatorias o de competencia desleal, en violación del Tratado de Asunción, de los Acuerdos celebrados en el marco del mismo, de las del Consejo del Mercado Común o de las Resoluciones del Grupo Mercado Común* ». (La procédure établie au présent chapitre s'applique aux recours formés par des particuliers (personnes physiques ou morales) contre l'adoption ou l'application partout État Partie de mesures d'ordre juridique ou administratif ayant pour effet d'exercer une restriction, une discrimination ou une concurrence déloyale en violation du Traité d'Asunción, des accords conclus dans le cadre dudit Traité, des décisions du Conseil du Marché commun ou des solutions du Groupe du Marché commun - traduction selon version en français déposée aux Nations unies).

[944] Protocole d'Ouro Preto, art. 17: « *La Comisión de Comercio del Mercosur estará integrada por cuatro miembros titulares y cuatro miembros alternos por Estado Parte y será coordinada por los Ministerios de Relaciones Exteriores* ». (La Commission du commerce du Mercosur, qui est composée de quatre membres titulaires et de quatre membres suppléants par État Partie, est coordonnée par les Ministères des Relations extérieures - traduction selon la version française déposée aux Nations unies).

[945] Protocole d'Ouro Preto, art. 19, § IX: « *Establecer los comités técnicos necesarios para el adecuado cumplimiento de sus funciones así como dirigir y supervisar las actividades de los mismos* ». (La Commission du commerce du Mercosur a les fonctions et attributions suivantes (...) Créer les comités techniques nécessaires à la bonne exécution de ses fonctions ainsi qu'en diriger et en superviser les activités - traduction selon la version française déposée aux Nations unies).

[946] Protocole d'Ouro Preto, art. 18: « *La Comisión de Comercio del Mercosur se reunirá por lo menos una vez al mes o siempre que le fuera solicitado por el Grupo Mercado Común o por cualquiera de los Estados Partes* ». (La Commission du commerce du Mercosur se réunit

182. En raison du choix intergouvernemental du modèle d'intégration du Mercosur, son système institutionnel fait l'objet de fortes critiques. Il lui est reproché son manque d'autonomie par rapport aux institutions décisionnelles, puisque ses représentants sont désignés par les États membres[947]. En outre, les attributions de ces institutions se résumeraient à la coordination des politiques nationales et se réaliseraient par le biais de la simple collaboration entre les autorités nationales[948]. Les institutions ne représenteraient donc pas l'intérêt du bloc économique, mais seulement la somme de celui des États membres[949]. Enfin, ces institutions ne sont pas permanentes et il n'existe pas de culture institutionnelle ni un agenda commun sur les sujets de compétence[950], ce qui affaiblit en définitive l'efficacité du système institutionnel.

B. L'« assistance » des organismes spécialisés

183. Pierre PESCATORE expliquait que « des constellations structurelles utiles et fécondes ont pu être mises au point, entre l'organe représentatif des États et l'exécutif communautaire grâce à des structures subsidiaires dont le but est d'assurer un contact institutionnel étroit et suivi entre le facteur intergouvernemental et le facteur communautaire »[951]. Cette citation souligne l'imbrication des approches supranationale et intergouvernementale au sein même de l'Union. Il paraît en effet difficile de s'affranchir du rôle joué par les États dans tout processus d'intégration régionale. L'Union est donc bien une Union d'États, lesquels gardent un contrôle des processus de constitution, d'approfondissement et de gestion du processus d'intégration. Si ces interactions sont moins équilibrées dans le Mercosur, il est difficile de dire aujourd'hui que ce dernier a un caractère purement intergouvermental.

184. Dans l'actuelle situation institutionnelle du Mercosur, outre les organismes avec capacité normative[952], une série d'organismes font partie de

au moins une fois par mois, ou chaque fois que le Groupe du Marché commun ou tout État Partie la demande - traduction selon la version française déposée aux Nations unies).

947 Caetano (Gerardo), *op. cit.,*2009, p. 25.

948Ventura (Deisy), op. cit., 2005, p. 100.

949 Biacchi Gomes (Eduardo), *op. cit.*, 2001, p. 190.

950 Caetano (Gerardo), *op. cit.,* 2009, p. 44.

951 Pescatore (Pierre), *op. cit.*, 2005, p. 23.

952 Donc *« décisoire »* selon Antonio Martínez Puñal, *El sistema institucional del Mercosur: de la intergubernabilidad hacia la supranacionalidad*, Torculo Edicions, Santiago de Compostela 2005, p. 152.

sa structure. Il s'agit d'organismes spécialisés d'assistance[953], car ils possèdent souvent une certaine autonomie et des compétences très déterminées. Pour la plupart de ces organismes, un correspondant peut être trouvé *mutatis mutandis* dans le système institutionnel de l'Union européenne.

Le Protocole d'Ouro Preto a donc créé, pour utiliser une référence chronologique, trois organismes spécialisés du Mercosur. Il s'agit du Secrétariat du Mercosur, du Forum consultatif économique et social et de la Commission parlementaire conjointe.

185. Le Secrétariat du Mercosur[954] désigne, à l'origine, un organisme d'appui fonctionnel aux autres organismes du groupe. Il a vu sa nature changer en 2002 lorsqu'il est devenu technique, d'autant que même sa dénomination a changé : de *Secrétariat administratif du* Mercosur, il a évolué en *Secrétariat du Mercosur*[955]. Ceci n'a rien d'anodin, car au début des années 2000, le Mercosur a voulu renforcer ses structures institutionnelles pour une intégration plus approfondie[956]. Cette phase, d'après le politologue DABENE, correspondrait à une « *repolitisation* » du Mercosur. Les changements apportés au Secrétariat se seraient révélés déterminants pour cette phase[957].

Le Secrétariat est l'un des organismes que l'on peut exclure du caractère intergouvernemental[958] du groupe d'intégration du Mercosur. Cette caractéristique tiendrait à sa composition et à son siège. En effet, le Secrétariat est composé de cinq consultants techniques spécialisés en droit ou en économie internationaux (un pour chaque État membre) qui n'appartiennent pas au gouvernement. Ils sont sélectionnés à la suite d'un

---

[953] Le professeur MARTINEZ PUÑAL utilise aussi les expressions « *accessoires, auxiliaires ou complémentaires* et *de nature interparlementaire* ». Martínez Puñal (Antonio), *op. cit.*, p. 152. Le site institutionnel du Mercosur caractérise ces institutions comme « institution de représentation parlementaire, institution consultative, institutions de solution de controverses, et institutions de support technique ».
Disponible sur : http://www.mercosur.int/t_generic.jsp?contentid=3862&site=1&channel=secretaria&seccion=2, consulté le 18 juin 2013.

[954] Protocole d'Ouro Preto, art. 31 à 33 et Résolution du Groupe du marché commun 01/03 du 4 avril 2003.

[955] Décision Conseil du marché commun 30/02 du 6 décembre 2002 et Résolution du Groupe du marché commun 01/03 du 4 avril 2003.

[956] Voir chapitre II, titre I de la seconde partie.

[957] Dabène (Olivier), « La relance du Mercosur. Ouro Preto II ou le temps des réformes politiques », *Critique internationale*, n° 26, 2005, p. 38.

[958] Mais pas supranational, car le secrétariat n'est pas un organe décisionnel.

concours et jouissent de mandats de trois ans renouvelables. En outre, il est l'un des seuls organismes du Mercosur à avoir un siège qui se situe à Montevideo[959].

Il est dommage, selon le professeur TORRENT, que l'effectif du Secrétariat soit si peu nombreux. Le professeur rappelle que lorsqu'il s'est transformé en organisme technique, le Mercosur souhaitait briser le tabou d'un secrétariat purement administratif. Cependant, selon lui, cette réforme s'est révélée dès le départ insuffisante, les employés se trouvant en nombre trop réduit[960].

Parmi les compétences actuelles du Secrétariat, se trouvent celles propres à un secrétariat, à savoir l'entretien des archives, l'élaboration des bulletins d'information et le support technique des réunions des organes du groupe, mais également des fonctions spécifiques, comme l'élaboration des rapports sur l'application du droit du Mercosur et sur le processus d'intégration, ainsi que l'exécution des projets de coopération avec d'autres organisations telles que l'Union européenne et la Banque interaméricaine de développement. Certes, toutes ces fonctions n'ont rien de particulier si on les compare avec le secrétariat de n'importe quelle organisation internationale. Toutefois, vu le mécanisme d'adoption des normes émanant des organismes du Mercosur, lequel suppose qu'elles ne sont contraignantes qu'après la réception dans l'ordre juridique national[961], le Secrétariat exerce une fonction essentielle pour le bon fonctionnement du groupe d'intégration. Il s'agit de réunir toute information sur l'adoption de ces normes par les États membres et de les diffuser à l'ensemble de l'organisation. Même si l'activité législative du Mercosur n'est pas très intense, il s'agit incontestablement d'un travail de veille permanente[962].

---

[959] Le local de réunion des autres organes dépend de la présidence *pro tempore* du Mercosur. Hormis le Secrétariat qui siège à Montevideo, le Tribunal Permanent de Révision et le Parlement qui siègent à Asunción.

[960]Torrent (Ramon), *op. cit.*, p. 58.

[961] Protocole d'Ouro Preto, art. 38 : « *Los Estados Partes se comprometen a adoptar todas las medidas necesarias para asegurar, en sus respectivos territorios, el cumplimiento de las normas emanadas de los órganos del Mercosur previstos en el artículo 2 de este Protocolo* ». (Les États Parties s'engagent à adopter toutes les mesures nécessaires pour garantir, dans leurs territoires respectifs, le respect des règles arrêtées par les organes du Mercosur visés à l'article 2 du présent Protocole - traduction selon la version française déposée aux Nations unies).

[962] Pour des informations plus approfondies sur le Secrétariat, voir l'article très complet de Filadoro (Mario J.), « Eficacia de las instituciones en el Mercosur. El caso de la Secretaria Técnica », *Anuario de Derecho Constitucional Latinoamericano*, Instituto de Investigaciones Jurídicas de la UNAM, México, 2006, Tomo I. Et aussi: Farinella (Favio), *Las instituciones del Mercosur: la nueva secretaria administrativa. (À propósito de la transformación de la Secretaria del Mercosur)*, mars 2006. Disponible sur :

Dans l'Union européenne, il n'existe non pas un organisme unique qui joue le rôle de secrétariat général pour toute l'organisation, sinon des organismes chargés des tâches bureaucratiques pour quasiment chaque institution. Ainsi, on trouve en premier lieu le Secrétariat général du Conseil qui a pour mission essentielle d'assurer le bon déroulement des travaux du Conseil (programmation des réunions, interprétation, traduction, reproduction des documents). Il joue aussi le rôle de greffier et peut remplir les fonctions de dépositaire d'un accord conclu par la Communauté[963]. En outre, il assure le secrétariat du Conseil européen[964]. À ces tâches administratives, s'ajoutent les fonctions de conseiller de la présidence ; le secrétaire général peut en effet faire des suggestions de procédure et de fond à la présidence[965]. En second lieu, on a le Secrétariat général de la Commission européenne qui exerce des fonctions administratives très semblables à celles du Conseil, dans les limites des activités de la Commission[966].

---

http://www.infojus.gov.ar/index.php?kk_seccion=documento&registro=DOCTRINA&docid=CF060023, consulté le 2 décembre 2012.

[963] TFUE, art. 240 § 2 : « Le Conseil est assisté d'un secrétariat général, placé sous la responsabilité d'un secrétaire général nommé par le Conseil ». Règlement intérieur du Conseil, art. 23 § 1 : « Le Conseil est assisté d'un secrétariat général, placé sous la responsabilité d'un secrétaire général, assisté d'un secrétaire général adjoint chargé de la gestion du secrétariat général ».

[964] TFUE, art. 235 § 4 : « Le Conseil européen est assisté par le secrétariat général du Conseil ».

[965] Règlement intérieur du Conseil, art. 23 § 3 : « Conformément aux dispositions du TUE, le secrétaire général assiste le Conseil et la présidence pour les questions relevant de la politique étrangère et de sécurité commune, y compris dans la coordination des travaux des représentants spéciaux ».

[966] Règlement intérieur de la Commission européenne, art. 17 : « Le secrétaire général assiste le président dans la préparation des travaux et des réunions de la Commission. Il assiste également les présidents des groupes de travail créés conformément à l'article 3, deuxième alinéa, dans la préparation et la tenue des réunions de ces groupes. Il assure la mise en œuvre des procédures décisionnelles et veille à l'exécution des décisions visées à l'article 4. Il assure la coordination nécessaire entre les services au cours des travaux préparatoires et veille à l'observation des règles de présentation des documents soumis à la Commission. Il prend les mesures nécessaires pour assurer la notification et la publication au Journal officiel des Communautés européennes des actes de la Commission ainsi que la transmission aux autres institutions des Communautés européennes des documents de la Commission et de ses services. Il assure les relations officielles avec les autres institutions des Communautés européennes, sous réserve des compétences que la Commission décide d'exercer elle-même ou d'attribuer à ses membres ou à ses services. Il suit les travaux des autres institutions des Communautés européennes et en informe la Commission ».

186. Le deuxième organisme créé par le Protocole d'Ouro Preto a pour nom le Forum consultatif économique et social[967]. Il désigne un organisme à double fonction. C'est l'organe représentatif des secteurs économique et social, qui joue aussi le rôle d'organe consultatif[968], suite aux demandes qui émanent principalement du Groupe du marché commun. De par sa propre initiative ou de par sa compétence consultative, le Forum se prononce sur des questions internes au Mercosur ou en rapport avec des pays tiers ou encore avec des organisations internationales. Et, ceci par le biais de recommandations faites au Groupe du marché commun. Parmi d'autres compétences, le Forum peut analyser l'impact social et économique d'une politique destinée au processus d'intégration. La portée de son action peut donc aller du niveau sectoriel au niveau international.

187. Le Forum est formé de sections nationales composées d'organisations qui correspondent à des secteurs économiques et sociaux et sont représentées par leurs délégués. C'est le cœur du rôle du Forum qui implique que toute la société civile organisée puisse participer au processus d'intégration[969]. Cette caractéristique a son importance.

C'est le deuxième organe – après le secrétariat – à être indépendant et non intergouvernemental, c'est-à-dire à n'être pas formé par des représentants des gouvernements. L'organe supérieur du Forum est sa formation plénière — composée de 45 délégués, neuf par pays issus des organisations syndicales et patronales. Il lui revient d'assurer les fonctions du Forum.

Ce Forum ressemble beaucoup au Comité économique et social européen[970]. Ses compétences sont identiques[971], mais pas sa composition.

---

[967] Protocole d'Ouro Preto, art. 28 à 30 et Résolution du Groupe du marché commun 68/96, du 21 juin 1996.

[968] Les professeurs ROLIM et VENTURA attirent l'attention sur le fait que dans la terminologie du Mercosur, une institution consultative n'est qu'une institution à caractère décisionnel. Selon eux, les institutions qui représentent les intérêts de la société sont des institutions consultatives, mais jamais consultées. Ventura (Deisy) et Rolim (Marcos), *Os Direitos Humanos e o Mercosul : uma agenda (urgente) para além do mercado*, RDM, 2005

[969] Falchetti (Roberto), « La Réforme institutionnelle du Mercosur : quel avenir pour le Forum consultatif économique et social du Mercosur ? », *Droit et société : revue internationale de théorie du droit et de sociologie juridique*, n° 59, LGDJ, 2005, p. 84.

[970] TFUE, art. 301 à 304. D'ailleurs, Madame CALDEIRA, soutient que le Comité économique et social « a largement inspiré les règlements établis dans le Mercosur pour créer le Forum consultatif économique et social ». Caldeira (Kassia), *op. cit.*, p. 138.

[971] Règlement intérieur du Comité économique et social européen, préambule : « 1. Le Comité économique et social européen assure la représentation des différentes composantes à caractère économique et social de la société civile organisée. Il constitue un organe

Le Comité de l'Union européenne dispose d'un maximum de 350 membres[972], nombre supérieur à celui du Forum consultatif économique et social du Mercosur. Ces membres sont répartis en trois groupes représentant les employeurs et les salariés, tel le Forum du Mercosur, mais également dans un troisième groupe représentant des secteurs d'activités diverses[973] (agriculteurs, consommateurs, professionnels libéraux et organisations à but non lucratif[974]), qui ne sont pas représentés au Mercosur. Ces membres sont nommés pour cinq ans par le Conseil de l'Union européenne sur la base de listes élaborées par les gouvernements nationaux[975]. Les deux organismes de fonction consultative constituent sans doute un atout pour le développement de la participation démocratique dans le Mercosur et dans l'Union européenne.

188. Enfin, le troisième organe institué par le Protocole d'Ouro Preto concerne la Commission parlementaire conjointe[976]. Elle tire son origine du Traité d'intégration de 1988 entre l'Argentine et le Brésil[977]. Sa création était prévue par le Traité d'Asunción « avec l'objectif de rendre plus facile la mise en œuvre du marché commun »[978], mais elle n'a été créée

institutionnel consultatif, institué par le traité de Rome en 1957. 2. La fonction consultative du Comité économique et social européen permet à ses membres, et donc aux organisations qu'ils représentent, de participer au processus décisionnel de l'Union européenne. La juxtaposition d'opinions parfois diamétralement opposées et le dialogue auquel procèdent les Conseillers impliquent non seulement les partenaires sociaux habituels, à savoir les employeurs (groupe I) et les salariés (groupe II), mais aussi tous les autres intérêts socioprofessionnels représentés (groupe III). L'expertise, le dialogue et la recherche de convergences qui en résultent peuvent augmenter la qualité et la crédibilité de la décision politique de l'Union européenne dans la mesure où ils en améliorent la compréhension et l'acceptabilité pour les citoyens européens ainsi que la transparence indispensable à la démocratie.

972 TFUE, art. 301 : « Le nombre des membres du Comité économique et social ne dépasse pas trois cent cinquante ».

973 TFUE, art. 300 § 2 : « Le Comité économique et social est composé de représentants des organisations d'employeurs, de salariés et d'autres acteurs représentatifs de la société civile, en particulier dans les domaines socio-économique, civique, professionnel et culturel ».

974 Liste non exhaustive proposée par Masson (Antoine) et Nihoul (Paul), *Droit de l'Union européenne – Droit institutionnel et droit matériel, théorie, exercices et éléments de méthodologie*, 3e éd., Bruxelles, Larcier, 2011, p. 39.

975 TFUE, art. 302 § 1 : « Les membres du Comité sont nommés pour cinq ans. Le Conseil adopte la liste des membres établie conformément aux propositions faites par chaque État membre. Le mandat des membres du Comité est renouvelable ».

976 Protocole d'Ouro Preto, art. 22 à 28 et Résolution Commission parlementaire conjointe 2/97 du 13 décembre 1997.

977 Le professeur MARTINEZ PUÑAL dit que « la Commission parlementaire conjointe aurait comme héritage la 'philosophie' de 1988, mais aurait régressé avec sa capacité d'influence ». Martínez Puñal (Antonio), *op. cit.*, p. 230.

978 Traité d'Asunción, art. 24 : « Con el objeto de facilitar el avance hacia la conformación del Mercado Común se establecerá una Comisión Parlamentaria Conjunta de Mercosur ». (Afin

officiellement que par le Protocole d'Ouro Preto. Cet instrument a clarifié son rôle de représentation, qui n'est pas à confondre avec celui d'un parlement. Certes, cette institution a eu pour vocation la représentation parlementaire des États membres du Mercosur, mais elle n'a jamais été envisagée comme un parlement au sens propre du terme, comme l'est aujourd'hui le Parlement européen[979]. En fait, le Protocole d'Ouro Preto ne lui a pas attribué les fonctions de contrôle, de participation au processus législatif, ni, évidemment, de codécision[980]. La Commission avait pour tâche « d'accélérer les procédures internes dans chacun des États membres, de façon à ce que les réglementations arrêtées par les organes du Mercosur visés à l'article 2 du présent Protocole puissent entrer rapidement en vigueur[981] (...). De même, elle contribuera à l'harmonisation des législations en fonction de l'évolution du processus d'intégration »[982].

La Commission parlementaire a ressemblé davantage à ce qu'était le Parlement européen jusqu'en 1979, même si elle a subi de façon formelle des changements du fait de son remplacement par le Parlement du Mercosur en 2005[983].

La Commission parlementaire conjointe ressemblait à l'Assemblée parlementaire de l'Union européenne. Elle se rapprochait d'une part de l'Assemblée commune de la Communauté européenne du charbon et de

---

de promouvoir l'organisation du Marché commun, il sera créé une Commission parlementaire conjointe du Mercosur - traduction selon la version française déposée aux Nations unies).

[979] Pierre PESCATORE caractérisait le Parlement comme « l'expression des forces populaires ». Pescatore (Pierre), *op. cit.*, 2005, p. 15.

[980] Il s'agit d'une institution de représentation des Parlements nationaux, mais non un parlement en tant que tel, car le Protocole d'Ouro Preto ne lui a pas attribué les fonctions de contrôle, création législative, ni codécision. Caetano (Gerardo), *op. cit.*, 2009, p. 63.

[981] Le professeur DRUMMOND reproche à la Commission parlementaire conjointe d'avoir été créée plutôt pour faire du lobbying (au service des pouvoirs exécutifs des États membres, et auprès des Congrès nationaux) que pour faire partie d'une structure politique en tant qu'institution de représentation démocratique. Drummond (Maria Claudia), *op. cit.*, 2005, p. 476.

[982] Protocole d'Ouro Preto, art. 25: « *La Comisión Parlamentaria Conjunta procurará acelerar los procedimientos internos correspondientes en los Estados Partes para la pronta entrada en vigor de las normas emanadas de los órganos del Mercosur previstos en el Artículo 2 de este Protocolo. De la misma manera, coadyuvará en la armonización de legislaciones, tal como lo requiere el avance del proceso de integración*». (La Commission parlementaire conjointe a pour tâche d'accélérer les procédures internes correspondantes dans les États Parties en vue de l'entrée en vigueur rapide des règles arrêtées par les organes du Mercosur visés à l'article 2 du présent Protocole. De même, elle contribue à l'harmonisation des législations, comme l'exige l'évolution du processus d'intégration - traduction selon version en français déposée aux Nations unies).

[983] La Commission parlementaire conjointe a été remplacée par le Parlement du Mercosur le 7 mai 2007. Voir §1, section I, chapitre II, titre I de la seconde partie.

l'acier de 1952, car ses membres étaient désignés par les parlements nationaux et de l'autre elle s'apparentait à l'Assemblée parlementaire européenne de la Communauté économique européenne de 1957, dont la compétence était, à l'origine, strictement consultative.

Si elle n'était qu'un organe de représentation, cela tenait au fait que l'une de ses principales compétences était celle d'accélérer les procédures législatives internes dans les États membres en vue de l'entrée en vigueur des normes arrêtées par les organes du Mercosur et l'harmonisation des législations[984]. Cette Commission avait donc un caractère consultatif et de formulation de déclarations, dispositions et recommandations. Ces tâches étaient accomplies par 64 parlementaires, 16 de chaque État membre du Mercosur désignés par les Parlements nationaux, qui se réunissaient deux fois dans l'année, sous la présidence et dans le pays qui exerçait la Présidence *pro tempore* du Mercosur[985].

189. Les critiques adressées au Mercosur ne se limitent pas aux organes décisionnels, mais s'étendent au système dans son ensemble. Par rapport aux objectifs du bloc d'intégration, le dessin institutionnel se révélerait « rudimentaire et disproportionné », selon le professeur BAZAN, et il conviendrait de le rénover si l'on envisage « les propositions ambitieuses qui sont tenues » (le professeur fait référence à la proposition de la construction d'un marché commun) tout en assurant la protection des droits de l'homme et la sécurité juridique[986].

Si cette structure «déficitaire et fragile »[987] n'avait pas été adaptée, elle aurait pu facilement entraîner une « paralysie institutionnelle »[988] mettant fin au Mercosur. D'ailleurs, une léthargie identique a failli faire disparaître le Mercosur au début des années 2000.

---

[984] Selon le professeur BAZAN, le but de l'établissement de la Commission parlementaire conjointe a été de *fluidifier la communication* parmi les législateurs des pays membres du Mercosur pour rendre plus facile l'harmonisation législative. Bazán (Victor), *op. cit.*, 2001, p. 202.

[985] Pour plus d'information sur la Commission parlementaire conjointe voir Gobbi (Hugo Javier), *Démocratie et intégration dans le Mercosud : le rôle de la Commission Parlementaire conjointe*, Université Catholique de Louvain, Louvain, CIACO, 2001.

[986] Bazán (Victor), « El Mercosur en perspectiva: la dimensión constitucional del proceso integrativo. La opción axiológica en favor de la seguridad jurídica comunitaria y de la protección de los derechos fundamentales », *Pensamiento Constitucional,* 1999, año VI, n° 6, p. 312.

[987] Rocha d'Angelis (Wagner), *op. cit.*, p. 417.

[988] Magalhães Furlan (Fernando), « A Supranacionalidade no Mercosul »,*RBDC,* n° 15 – jan./jun. 2010, p. 120.

Une solution serait que les États membres du Mercosur placent au premier plan leur volonté commune au lieu d'additionner par consensus leurs volontés nationales[989]. Cela ne nécessite pas à proprement parler un changement de la nature institutionnelle intergouvernementale. Ainsi, au fil de cette dernière décennie, certains de ces organes ont déjà subi des modifications dans leur nature et d'autres ont été créés.

Certes, la promotion et la protection des droits de l'homme n'ont pas été des sujets évoqués dans le cadre normatif et institutionnel du Mercosur durant les premières années. Cependant, il semble que le groupe d'intégration ait fait des démarches fructueuses vers d'autres matières non économiques et annonciatrices d'un nouvel ordre du jour.

§2 L'ouverture des institutions du Mercosur à des compétences autres qu'économiques

190. Le fait que toutes les institutions du Mercosur aient une nature juridique intergouvernementale signifie que très peu de compétences leur ont été cédées par les États membres. Malgré cela, ces institutions possèdent quand même certaines attributions leur permettant de remplir leur mandat.

Ces compétences sont attribuées aux institutions par les traités constitutifs comme le Traité d'Asunción et le Protocole d'Ouro Preto et par d'autres instruments adoptés au cours des années 1990. Certes, il s'agit de compétences qui relèvent presque totalement du domaine de l'intégration économique, comme on l'a observé précédemment. Cependant, avec le développement du Mercosur, une évolution de son caractère est déjà perceptible dès les années 1990 : l'intérêt économique fait graduellement place à d'autres intérêts. Ainsi, d'une part, des compétences avec une « coloration » non économique commencent à être attribuées aux institutions

[989] Le professeur VENTURA soutient que « le Mercosur a jusqu'à présent fonctionné à partir d'une structure faible dans laquelle les États membres ont élaboré les moyens permettant de faire la somme de leurs volontés nationales au lieu de dégager une volonté commune ».Ventura (Deisy), *op. cit.*, 2005, p. 100.

du Mercosur, et, d'autre part, de nouvelles structures sont créées[990], permettant des actions dans d'autres champs d'action, à l'exemple de la promotion et de la protection des droits de l'homme.

191. Durant ses dix premières années d'existence, le Mercosur a intégré un certain caractère politique dans son ordre normatif et institutionnel. Grâce au Protocole d'Ouro Preto et à quelques instruments épars, d'autres attributions plus éloignées des objectifs économiques font, à compter de cette date, partie du cahier des charges des institutions.

Après avoir précisé les attributions des institutions déjà existantes, le Protocole d'Ouro Preto en a créé de nouvelles et reconnaît la légitimité juridique de certaines autres. Deux organismes avec des attributions liées aux préoccupations des droits de l'homme des citoyens du Mercosur sont désormais présents : la Commission parlementaire conjointe et le Forum consultatif économique et social. Ce sont les seuls organismes qui permettaient, dans les années 1990, l'accès de la société civile organisée des quatre États membres fondateurs au Groupe du marché commun.

192. La Commission parlementaire conjointe adopte, dans ses règlements intérieurs une approche plus politique. Son premier règlement intérieur, rédigé par des parlementaires des États membres du Mercosur tout de suite après le Traité d'Asunción, déclare que la Commission a pour but de « préserver la paix, la liberté, la démocratie, et les droits de l'homme»[991]. Son deuxième règlement intérieur, rédigé sur la base du Protocole d'Ouro Preto, ne comporte pas les mêmes considérants et ne se montre pas aussi directement favorable aux droits de l'homme. Cependant, il autorise la Commission parlementaire à créer des sous-commissions qui seraient compétentes, parmi d'autres sujets pour traiter : des « questions du travail,

---

[990] Grâce à l'attribution du Conseil du marché commun de créer de nouveaux organismes. Protocole d'Ouro Preto, art. 8. VII : « Le Conseil du Marché commun a les fonctions et attributions suivantes : VII. Créer les organes qu'il juge utiles, les modifier ou les dissoudre » - traduction selon la version française déposée aux Nations unies).

[991] 1er Règlement interne de la Commission parlementaire conjointe, rédigé à Montevideo, le 6 décembre 1991, préambule : « *Os representantes dos Parlamentos dos Estados signatários do Tratado de Assunção que cria o Mercado Comum do Sul, com o propósito de: salvaguardar a paz, a liberdade, a democracia e a vigência dos direitos humanos* » (Les représentants des parlements des États signataires du Traité d'Asunción instituent le Marché commun du Sud, dans le but de: préserver la paix, la liberté, la démocratie et le respect des droits de l'homme - traduction libre).

de l'emploi, de la sécurité sociale, de la santé, du développement humain et de la femme »[992].

Découle également du Protocole d'Ouro Preto, le Forum consultatif économique et social. Comme on l'a mentionné précédemment, cette institution a une double compétence : représentative des secteurs économiques et sociaux[993] et consultative — pour ce qui concerne les demandes faites par le Groupe du marché commun ou bien par d'autres institutions du Mercosur[994].

Parmi ses attributions, l'économique et le social vont toujours de pair. Ainsi, pour toute attribution, les approches sociale et économique sont prises en compte[995]. Par exemple, la coopération pour promouvoir le progrès économique et social du Mercosur suppose le suivi, l'analyse et l'évaluation de l'impact social et économique des politiques destinées à l'intégration, mais aussi la réalisation de recherches, d'études et de rencontres sur les questions économiques et sociales, ainsi que la contribution pour une plus grande participation de la société dans le processus d'intégration régionale[996]. Il s'agit donc d'un espace essentiel pour la participation active

---

[992] 2e Règlement interne de la Commission parlementaire conjointe, rédigé à Montevideo, le 13 décembre 1997, art. 4§3 : « *Créanse las siguientes Subcomisiones: Asuntos Laborales, Empleo, Seguridad Social, Salud, Desarrollo Humano y de la Mujer* » (traduction libre).

[993] Le professeur FALCHETTI explique que cette institution était absente du Traité d'Asunción de par son caractère non intergouvernemental et que sa création est la démonstration d'une prise de conscience de « la nécessité de compter avec la voix de la société civile organisée dans le processus d'intégration. Autrement dit, d'une certaine manière, à la représentation politique légitime s'ajoute celle des intérêts ». Falchetti (Roberto), *op. cit.*, p. 84.

[994] Protocole d'Ouro Preto, art. 28: « *El Foro Consultivo Económico-Social es el órgano de representación de los sectores económicos y sociales y estará integrado por igual número de representantes de cada Estado Parte* » (Le Forum consultatif économique et social, organe représentatif des secteurs économique et social, est composé d'un nombre égal de représentants de chaque État Partie) et 29: « *El Foro Consultivo Económico-Social tendrá función consultiva y se manifestará mediante Recomendaciones al Grupo Mercado Común* » (Le Forum consultatif économique et social est un organe consultatif qui présente des recommandations au Groupe du Marché commun - traduction selon la version française déposée aux Nations unies).

[995] À l'instar de la Recommandation 01/98 sur la défense des consommateurs ; la Recommandation 04/99 sur la ratification des Conventions 138 et 182 de l'OIT sur le travail enfantin ; la Recommandation 04/06 sur l'Initiative Niñ@Sur pour la promotion et la protection des droits de l'enfance et l'adolescence ; la Recommandation 03/08 sur l'environnement et les changements climatiques ; la Recommandation 04/08 sur l'Institut du travail du Mercosur ; la Recommandation 05/08 sur le renforcement du dialogue social au Mercosur, et la Recommandation 01/10 sur les migrations et la libre circulation des personnes au Mercosur.

[996] Règlement intérieur du Forum consultatif économique et social, rédigé et adopté à Mendoza, le 26 juin 2012, Résolution du GMC n° 22/12, art. 2.

de la société civile organisée[997]. Cela confère indubitablement à la structure intégrationniste du Mercosur un caractère politique et social, condition primordiale pour la consolidation d'un projet de marché commun[998].

193. Parmi les recommandations faites par le Forum consultatif économique et social au Groupe du marché commun, il y en a de nombreuses qui démontrent que le Forum s'oriente vers la promotion des droits de l'homme. Cependant, malgré l'intéressante et innovante structure organique du Forum, la représentation de la société civile demeure encore défaillante ; les organisations non gouvernementales qui protègent les droits de l'homme ne sont pas représentées dans l'institution.

Parmi les organismes institués dans le Mercosur pendant la période qui va de son établissement jusqu'au début des années 2000, il en est deux qui favorisent le débat sur l'ouverture d'un volet non économique du Mercosur, à savoir le Forum de consultation et de concertation politique et la Réunion des ministres et autorités en développement social.

Le Forum de consultation et de concertation politique (ci-après *FCCP*) a été établi en 1998[999], en tant qu'institution auxiliaire du Conseil du marché commun. Ce forum est intégré par des diplomates des États membres et a pour but d'étendre et systématiser la coopération politique parmi les États. Plus précisément, le Forum dispose des attributions suivantes : approfondir l'examen de l'agenda politique (y compris pour les relations internationales avec des États tiers), formuler des recommandations, élaborer des projets de communiqués pour l'ensemble des Présidents des États membres, coordonner avec le Groupe du marché commun, les sujets qu'il estime de son intérêt pour les réunions du Conseil[1000]. Jusqu'à présent, le Forum, dans sa fonction de « consolider et de développer la croissante dimension

---

[997] Le professeur FALCHETTI soutient que « la représentation des intérêts reste fondamentale dans un contexte démocratique, dans la mesure où elle fournit aux pouvoirs publics les stimuli, les réquisits et le point de vue de la société civile. Cette représentation n'est pas, et ne saurait être, une réalité exclusivement nationale ; elle doit se projeter dans le contexte international où se développe le processus d'intégration. Et il en est ainsi parce que, dans ce cadre international, la représentation des intérêts est non seulement aussi nécessaire que dans le cadre des États, mais encore peut-être davantage encore ». Falchetti (Roberto), *op. cit.*, p. 87.

[998] Chaloult (Yves) et Almeida (Paulo Roberto), *Mercosul, Nafta e Alca: a dimensão social*, São Paulo, LTR, 1999, p. 84.

[999] Décision du CMC n° 18/98, adoptée à Rio de Janeiro, le 10 décembre 1998.

[1000] Décision du C CMC n° 23/03: Règlement intérieur du Forum de consultation et concertation politique, art. 3.

politique du Mercosur »[1001], a adopté d'importants instruments de caractère politique[1002] et a instauré l'une des instances majeures chargées de la question des droits de l'homme au Mercosur : la Réunion des hautes autorités en droits de l'homme[1003].

Enfin, la Réunion des ministres et autorités en développement social (ci-après *RMADS)* s'inscrit dans le contexte de la Charte de Buenos Aires de juin 2000[1004]. Dans ce document, le FCCP a pour charge d'instituer une réunion des autorités responsables en matière de développement social. Celle-ci va avoir lieu rapidement dès la fin de la même année et le Conseil du marché commun décide de créer cette nouvelle instance qui renforcera le volet social du Mercosur. La RMADS naît avec pour mission de proposer au Conseil des mesures visant la coordination des politiques et le développement d'actions intéressant le développement social des États membres du Mercosur[1005].

***

194. L'analyse du cadre institutionnel du Mercosur en tant que système permet de comprendre et d'envisager sur quelles matières ce groupe d'intégration est compétent pour agir. Comprendre l'évolution des matières relevant des compétences du Mercosur, car les organes qui le composent sont déjà porteurs d'attributions depuis leurs créations par les instruments constitutifs. Envisager cette même évolution, puisque, parmi les matières de la compétence du Mercosur, les matières liées aux intérêts économiques ont progressivement fait place à celles d'intérêt plus politique, y compris celles relatives aux droits de l'homme.

[1001] Ueltschi (Maria Cristina), « Mercosur político », *Revista para el Estado y la Administración Gubernamental,* n° 22, 2009, p. 18.

[1002] À l'instar de la *Declaracion sobre Malvinas*, du 15 juin 1999 et la *Carta de Buenos Aires sobre el compromiso social en el Mercosur, Bolivia y Chile,* du 30 juin 2000. Nous utiliserons désormais notre traduction en français de l'instrument : Charte de Buenos Aires sur l'engagement social.

[1003] Voir §2, section I, chapitre II, titre I de la seconde partie.

[1004] Voir §1, section I, chapitre II, titre I de la seconde partie.

[1005] Décision du CMC n° 61/00, adoptée à Florianópolis, le 14 décembre 2000.

Conclusion du Chapitre I

195. Ce chapitre a permis de comprendre ce qu'est le Mercosur sur le plan institutionnel, tout en complétant l'analyse entamée dans le chapitre précédent sur son ordre juridique. Il en ressort ce constat que la flexibilité de l'ordre juridique du Mercosur vaut également pour son architecture institutionnelle. Les États membres du Mercosur ne veulent plus d'une intégration économique régionale marquée par l'intergouvernementalisme, dans laquelle ils détiennent le plein pouvoir, quand en parallèle leurs situations internes à l'international se caractérisent systématiquement par la prépondérance du pouvoir exécutif sur les pouvoirs législatif et judiciaire.

En effet, les États mercosuriens peinent grandement à transférer des compétences au groupe, différemment de ce qu'implique le processus d'intégration dans l'Union européenne. D'ailleurs, les critiques faites au Mercosur concernant son ambition de devenir un marché commun reviennent aussi sur l'absence de supranationalité, condamnant le Mercosur à demeurer dans les faits une union douanière imparfaite[1006].

196. Il faut cependant garder à l'esprit l'optimisme formulé dans le chapitre précédent. Ainsi, l'on observe que dans la structure institutionnelle qui a dessiné les contours du Mercosur lors de ses premières années, deux organismes se partageaient entre autres objectifs de promouvoir les droits de l'homme: la Commission parlementaire conjointe, remplacée ultérieurement par le Parlement du Mercosur, et le Forum consultatif économique et social. Cela permet de comprendre pourquoi il importe aujourd'hui de poser la question de leur promotion, voire même de leur protection, à l'intérieur du Mercosur.

[1006] Corti Varela (Justo), *op. cit.*, p. 143.

Chapitre II : L'autonomie relative de l'ordre juridique du Mercosur

197. Depuis vingt-deux ans, le Mercosur est devenu une organisation d'intégration économique régionale reconnue. La naissance de son système se trouve liée aux caractéristiques de son ordre juridique, sans doute très particulières.

Même si cela n'apparaît que dans un seul énoncé, l'existence du « droit du Mercosur » se voit affirmée dans le Protocole d'Ouro Preto[1007]: « Le *droit du Mercosur* procède des sources suivantes (...)[1008] ». En outre, le Tribunal permanent de révision du Mercosur a, selon le chercheur SUSANI, vigoureusement déclaré l'autonomie du droit du Mercosur au regard du droit international[1009]. Cette autonomie tient aussi au fait que ce droit du Mercosur

---

[1007] Le premier instrument à réviser le Traité d'Asunción est le *Protocolo Adicional al Tratado de Asunción sobre la Estructura Institucional del Mercosur (Protocolo de Ouro Preto)*, du 17 décembre 1994, entré en vigueur le 15 décembre 1995, adopté à Ouro Preto, Brésil. Nous utiliserons désormais la traduction en français de l'instrument : Protocole d'Ouro Preto.

[1008] Protocole d'Ouro Preto, art. 41: « *Las fuentes jurídicas del Mercosur son (...)* » (notre mise en relief, traduction selon la version française déposée aux Nations unies).

[1009] TPR, Affaire des pneus rechapés : Recours (sentence arbitrale 01/2005), prononcé le 20 décembre 2005, à Asunción.

(*Laudo del Tribunal de Revisión constituido para entender el recurso de revisión presentado por la República Oriental del Uruguay contra el laudo arbitral del tribunal arbitral ad hoc de fecha 25 de octubre de 2005 en la controversia « Prohibición de importación de neumáticos remoldeados procedentes del Uruguay »*. – Sentence arbitrale du recours de révision présenté par la République orientale de l'Uruguay contre la sentence arbitrale du Tribunal arbitral ad hoc du 25 octobre 2005 dans le différend « Interdiction d'importation des pneus rechapés issus de l'Uruguay » - traduction libre). Nous utiliserons désormais l'expression « Affaire Révision de la sentence arbitrale des pneus rechapés : Recours » pour faire référence à l'affaire et la distinguer des ultérieurs : Demande de clarifications ; Demande d'avis sur l'excès des mesures, et Affirmation de l'inachèvement de l'exécution de la sentence »).

§ 9: « *(...) un derecho de integración (que ya lo tiene el Mercosur) y en un derecho comunitario al cual se aspira (que todavía no lo tiene el Mercosur) por la ausencia de la tan anhelada supranacionalidad* » - un droit d'intégration (que possède déjà le Mercosur) et un droit communautaire auquel il aspire (que n'a toujours pas le Mercosur) en raison de l'absence de la tant attendue supranationalité – traduction libre.

étant distinct de celui des États membres et ayant un ordre juridique, il est considéré comme un droit propre[1010].

L'idée d'avoir un ordre juridique[1011] (Section I) se trouve en relation avec l'ensemble de normes liées les unes aux autres grâce à des rapports de constitution ou dérivation[1012] qui sont régis par un lien de subordination et de hiérarchie[1013] (Section II).

[1010] En tout état de cause, même à l'époque des Communautés européennes, on s'interrogeait déjà sur l'existence d'un ordre juridique communautaire : « L'existence, ou non, d'un ordre juridique est une question de fait. Elle se constate, mais ne se décrète pas. Si un ensemble de normes forme un système ordonné en fonction d'une logique qui lui est propre, tant en ce qui concerne leur formation que leur application, on est en présence d'un ordre juridique. En ce sens, et par définition même, tout ordre juridique est 'autonome'. Intellectuellement au moins, il se suffit à lui-même. Il sécrète lui-même ses propres normes selon un processus qui lui est propre et en organise par lui-même (plus ou moins bien) le contrôle à sa manière ». A. PELLET, Les fondements internationaux du droit communautaire, Académie de droit européen, Florence, *Recueil des cours* (1994), Kluwer, Dordrecht, 1997, vol. V, t. 2, p. 245.

[1011] L'existence d'un ordre juridique au Mercosur est en général admise. « En général », car le professeur VENTURA ne semble pas partager l'idée de l'existence d'un ordre juridique autonome. Le professeur brésilien pense que « le Mercosur n'a toujours pas engendré un ordre juridique autonome, dans lequel le Traité d'Asunción remplirait la fonction équivalente à celle d'une constitution dans l'ordre interne. Toutefois, il est indéniable que les actes normatifs des institutions du Mercosur, une fois incorporés dans les ordres internes des États membres, dérivent du Traité d'Asunción et doivent être conformes à celui-ci ». Ventura (Deisy), *Les asymétries entre le Mercosur et l'Union européenne*, Paris, L'Harmattan, 2003, p. 115.

[1012] Roberto DROMI, Miguel-Angel EKMEKDJIAN et Julio C. RIVERA utilisent l'expression « *fundamentación* ». Nous avons préféré la traduire par « constitution ». Dromi (Roberto), Ekmekdjian (Miguel-Angel) et Rivera (Julio C.), *op. cit.*, p. 135.

[1013] *Ibid.*, p. 136.

Section I : La nature de l'ordre juridique du Mercosur

198. L'existence d'un ordre juridique au Mercosur est corroborée par la construction jurisprudentielle des tribunaux arbitraux *ad hoc* du Mercosur, qui a développé la notion d'un « ensemble normatif » lors du Jugement arbitral dans sa Décision sur les Communiqués n° 37/97 et n° 7/98[1014], et du Tribunal permanent de révision qui a amplifié cette interprétation : « le droit du Mercosur est un ensemble de normes établies par la volonté des États consacrés par les sources conventionnelles comme les traités – y compris le Traité d'Asunción et le Protocole d'Ouro Preto et d'autres instruments de

---

[1014] TAHM, Décision sur les Communiqués n° 37, du 17 décembre 1997 et n° 7 du 20 février 1998 (Sentence arbitrale 01), prononcée le 28 avril 1999 à Montevideo.

(*Laudo del Tribunal Arbitral Ad Hoc del MERCOSR constituido para la controversia sobre comunicados N° 37, del 17 de diciembre de 1997, y N° 7, del 20 de febrero de1998 del departamento de operaciones de comercio exterior (DECEX) de la Secretaría de Comercio Exterior (SECEX): aplicación de medidas restrictivas al comercio recíproco*) - Sentence du tribunal arbitral *ad hoc* du Mercosur nommé pour résoudre la controverse sur les communiqués n° 37, du 17 décembre 1997, et n°7, du 20 février 1998 du département des opérations de commerce extérieur (DECEX) du Secrétariat de Commerce extérieur(SECEX): application de mesures restrictives au commerce réciproque – traduction libre. Nous utiliserons désormais l'expression « Décision sur les Communiqués n° 37, du 17 décembre 1997 et n° 7 du 20 février 1998 » pour identifier l'affaire).

Alinéa 49: « *La profundidad y amplitud de las fundamentaciones jurídicas alegadas, además, indica claramente que la tarea del Tribunal no consiste en decidir acerca de la aplicación de alguna o algunas disposiciones específicas y aisladas, sino en situar y resolver la controversia planteada bajo la perspectiva del conjunto normativo del* Mercosur *(Protocolo de Ouro Preto, art. 41), interpretándolo a la luz de las relaciones recíprocas que emanan del conjunto de esas normas y de los fines y objetivos que los Estados Partes asumieron explícita e implícitamente al adoptar dichas normas, confirmados por sus actos posteriores en el contexto de un proyecto integrador común*» - La profondeur et l'ampleur des prétendus arguments juridiques indiquent aussi clairement que la tâche de la Cour ne consiste pas à se prononcer sur l'application de dispositions spécifiques et isolées, mais plutôt à régler le différend soulevé dans la perspective de l'ensemble de la réglementation du Mercosur (Protocole d'Ouro Preto, art. 41), tout en l'interprétant à la lumière des relations réciproques découlant de l'ensemble de ces règles et des finalités et objectifs que les États membres ont assumé explicitement et implicitement lorsqu'ils ont adopté lesdites normes, ce que viennent confirmer leurs actions ultérieures dans le cadre d'un projet d'intégration commun(traduction libre).

rang originaire, comme le Protocole d'Olivos[1015] - qui forment la structure même du Mercosur dans la mesure où elles établissent les normes, définissent les principes, indiquent les objectifs et les mécanismes fondamentaux et pour les atteindre, créent les organes communs et déterminent leur compétence en dotant certains de capacité normative, dont sont issues les normes appelées 'dérivées'. Cet ensemble constitue un organe normatif vivant, de nature particulière et de hiérarchie diverse, qui devient obligatoire dans le cadre de l'ordre juridique de chaque État membre depuis son incorporation ou internalisation, acte à partir duquel dérivent des droits et des obligations»[1016].

Cependant, dans aucun des traités constitutifs du Mercosur, la nature de son ordre juridique n'est explicitée (§1), ce qui s'explique par l'appréhension du droit du Mercosur par chacune des constitutions nationales (§2).

[1015] *Protocolo de Olivos para la Solución de Controversias en el Mercosur*. Nous utiliserons désormais la traduction en français de l'instrument : Protocole d'Olivos, adopté à Olivos, Argentine, le 18 février 2002 et entré en vigueur le 2 janvier 2004.

[1016] TPR, Schnek et autres (Avis consultatif n° 01/08), du 24 avril 2009, BOM n° 42, 2008.

(*Solicitud cursada por la Suprema Corte de Justicia de la República Oriental del Uruguay con relación a los autos del Juzgado Letrado de Primera Instancia en lo Civil de 1° turno IUE 2-32247/07. Sucesión Carlos Schnek y otros c/Ministerio de Economía y Finanzas y otros. Cobro de pesos"* — Demande présentée par la Cour suprême de la République orientale de l'Uruguay par rapport à la décision du Tribunal de première instance en matière civile de 1er tour IUE 2-32247/07. Succession Carlos Schnek et autres c/ ministère de l'Économie et des Finances et d'autres. Les sommes dues"– traduction libre. Nous utiliserons désormais l'expression « Schnek et autres » pour identifier l'affaire).

Considérant n° 24: « *O direito do Mercosul é um conjunto de normas estabelecido por vontade dos Estados, plasmado em fontes convencionais como os tratados - começando com próprio TA e do POP, incluindo outros instrumentos de caráter originário, como também o PO - que formam a estrutura mesma do Mercosul na medida que estabelecem as normas, definem os princípios, indicam os objetivos e os mecanismos fundamentais para alcançá-los, criam os órgãos comuns e determinam sua competência dotando a alguns de capacidade normativa, de cujo exercício surgem as normas denominadas "derivadas". Tudo isso constitui um corpo normativo vivo, de natureza especial e de hierarquia diversa, que se converte em obrigatório como parte do ordenamento jurídico de cada Estado Parte desde sua incorporação ou internalizarão, ato do qual derivam direitos e obrigações* » - Le droit Mercosur est un ensemble de normes, établies par la volonté des États, énoncées dans les sources classiques comme les traités — à commencer par le TA et POP, y compris d'autres instruments de caractère originaire comme le PO - qui forment la structure du Mercosur dans la mesure où ils établissent les normes, définissant les principes, indiquent les mécanismes et les objectifs fondamentaux pour les atteindre, créent des institutions communes et déterminent leur compétence en accordant à certains de capacité normative, dont l'exercice génère les normes dites « dérivées ». Tout cela est un corps normatif vivant, de nature particulière et de la hiérarchie diverse, qui devient obligatoire dans le cadre du système juridique de chaque État membre depuis son incorporation ou internalisation, acte dont dérivent les droits et obligations (traduction libre).

§1 Un droit propre au Mercosur

199. Réussir à identifier la nature de l'ordre juridique du Mercosur actuel n'a rien d'une tâche facile[1017]. Cela dépend, tout d'abord, de la façon dont on peut s'approprier les définitions et les principes de ce droit, il convient ensuite de se repérer dans le débat doctrinal qui a pris depuis longtemps parti sur le sujet[1018].

Il semble que l'ordre juridique du Mercosur a, ainsi que le confirment de nombreux chercheurs[1019], une nature beaucoup plus *sui generis* que celle, de l'Union européenne. Ce caractère *sui generis* tient à la présence, dans un même texte, d'éléments du droit international public, du droit d'intégration et du droit de l'Union européenne. Il ne peut cependant être confondu avec ces catégories de droits (A). Toutefois le débat le plus vif perdure entre le droit d'intégration et le droit du type de l'Union européenne, compte tenu de l'existence des linéaments des principes directeurs du droit de l'Union européenne dans le droit du Mercosur (B).

A. Trois approches de la nature de l'ordre juridique du Mercosur

200. Avec la signature des traités d'intégration économique entre plusieurs pays visant la création des groupes d'intégration, la nature de l'ordre juridique de ces groupes a été mise en question. Puisque ces groupes d'intégration se basaient sur des traités, certains ont directement lié la nature juridique de ces groupes au droit international public, le droit des traités faisant incontestablement partie du droit international public. Aussi, ceux qui pensent que la nature juridique du droit du Mercosur repose sur le droit international public affirment-ils que le droit du Mercosur tire son origine des traités internationaux négociés par les gouvernements[1020], idée liée par

---

[1017] Le professeur VENTURA affirme le contraire, que l'identification de la nature juridique du Mercosur ne suscite pas de difficultés ; « le Mercosur épouse étroitement les contours des organisations internationales à vocation régionale ». Ventura (Deisy), *op. cit.*, 2003, p. 33.

[1018] Ce besoin de « catégorisation » était déjà discuté par le professeur PELLET en 1997 relativement aux Communautés européennes : « la 'catégorisation' ne répond pas seulement à une manie profondément ancrée dans l'esprit des juristes ; elle présente aussi l'avantage de rattacher l'entité étudiée à un statut juridique préexistant ». Pellet (Alain), *op. cit.*, p. 232.

[1019] Mazet (Guy), op. cit., 2011, p. 239.

[1020] Lupatelli Jr. (Alfredo) et Octaviano Martins (Eliane), *op. cit.*, p. 123.

voie de conséquence à l'intergouvernementalisme lui-même[1021]. Certes, le droit du Mercosur y a trouvé sa source, mais il existe depuis une rupture entre le droit international et le droit d'intégration[1022]. Le professeur PELLET abonde dans ce sens quand il parle de « la créature qui échappe à son créateur », en se référant à l'ordre juridique communautaire ancré dans le droit international[1023]. La professeure BERROD rappelle que « le droit communautaire n'appartient pas au droit international (...) [et] son autonomie externe doit être préservée pour que la Communauté ne se réduise

---

[1021]Le professeur ACCIOLY estime qu'en raison du choix intergouvernemental, le Mercosur ne peut être régi que par le droit international public classique et tout ce qui va au-delà de cette compréhension est considéré comme un Mercosur imaginaire. Accioly Pinto de Almeida (Elizabeth), « Mercosul: momento de reflexão », *in Estudos em homenagem ao Professor Doutor Paulo de Pitta e Cunha*, vol. 1: Asuntos europeus e integração económica, Coimbra, Almedina, 2010, p. 157.

[1022] Le professeur PELLET, en faisant référence au droit communautaire (prédécesseur du droit de l'Union européenne) soutient qu' « en réalité, l'ordre juridique communautaire, ancré dans le droit international, y trouve l'essentiel de sa force et de ses caractéristiques. Mais la solidarité plus forte entre les États membres que celle qui unit les éléments de la «communauté internationale» les a conduits à doter la Communauté européenne non seulement de la personnalité juridique – qui caractérise toute organisation internationale –, mais aussi de compétences particulièrement étendues sur le plan de l'élaboration de normes juridiques et de pouvoirs effectifs pour en assurer l'application. De ce fait, la 'productivité' du droit international est poussée à son maximum: l'autonomie de l'ordre juridique communautaire par rapport aux droits nationaux est moins théorique que celle du droit international, sans, pour autant, être absolue ; la primauté des normes communautaires est mieux assurée ; et leur applicabilité directe plus générale et plus effective ». Pellet (Alain), *op. cit.*, p. 268.

[1023] Le professeur PELLET revient sur le rapport entre le droit communautaire et le droit international : « Sa source (*le Traité de Rome*), son fondement, n'est pas autonome, mais, au contraire, l'ancre dans le droit international dont il est la création. Mais il n'en résulte pas que le droit communautaire ne constitue pas un véritable ordre juridique. La créature échappe à son créateur ; une fois créée, la Communauté s'est développée en fonction d'une logique juridique qui lui est propre ; elle a élaboré ses propres règles et les a mises en œuvre conformément aux mécanismes, autonomes et spécifiques, institués par les traités constitutifs et qui se distinguent de ceux qui caractérisent tant les droits nationaux que le droit international lui-même. Sans que la liste en soit exhaustive, ces spécificités institutionnelles (au sens large) sont notamment: en ce qui concerne la formation des normes: leur élaboration par des organes permanents dotés de règles de fonctionnement qui leur sont propres, l'abandon, dans des domaines importants et de plus en plus nombreux, du consensualisme qui caractérise le droit international général, l'association, encore timide, de représentants des peuples au processus d'élaboration, et la capacité des Communautés de s'engager au plan international, au même titre que des États, mais dans des domaines limités; et, pour ce qui concerne l'application des normes: l'importance prise par les 'sources autoritaires', qui contraste avec leur rareté en droit international, la non-pertinence du principe de réciprocité, l'effectivité et l'efficacité de procédures juridictionnelles de règlement des différends et de contrôle de l'application du droit, qui excluent tout droit d'action unilatérale des États membres; et, d'une manière générale, le développement d'une 'logique de l'appartenance' ». *Ibid.*, p. 248.

pas à une simple organisation internationale »[1024]. L'origine de la nature de l'ordre juridique du Mercosur peut se trouver dans le droit international (à l'instar d'autres organisations d'intégration économique régionale[1025]), ce qui ne signifie pas pour autant que telle serait sa nature.

Pour le professeur BIACCHI GOMES, le droit d'intégration[1026] « peut être défini comme la branche du droit international public qui traite des mécanismes de formation des blocs économiques parmi les pays »[1027]. Pierre PESCATORE caractérisait le droit de l'intégration comme le droit « né lors des projets d'unification entre les États portant sur des secteurs limités sans englober la totalité des attributions de l'État »[1028]. Il ne s'agit pas de la totalité des attributions étatiques, car il y a un transfert de souveraineté qui entraîne de « nouvelles constellations structurelles »[1029], c'est-à-dire, des institutions composantes des organisations d'intégration[1030].

Lorsque la nature de cet ordre juridique se développe vers des systèmes plus élaborés, une nouvelle nature apparaît : le droit communautaire. Celui-ci s'apparenterait par conséquent à « une espèce du genre droit

---

[1024] Berrod (Frédérique), *La systématique des voies de droit communautaire*, Paris, Dalloz, 2003, p. 28.

[1025] Comme le soutient le professeur LEON DE LABARCA, l'intégration et la coopération sont des catégories économiques différentes avec des implications pratiques différentes : « si elles ont quelque chose en commun, c'est que toutes les deux sont des 'formes de relations économiques entre les nations qui intensifient les chaines commerciales au de la des frontières nationales'. Cependant, tandis que l'intégration suit de façon graduelle et progressive l'élimination de toutes barrières tributaires lors de l'échange et les transactions commerciaux entre les pays membres d'un programme, par le biais d'un traité qui les sert de base juridique et les donne naissance d'une nouvelle dimension économique, la coopération n'implique que la réduction des barrières aux échanges entre les pays » (traduction libre). Léon de Labarca (Alba Yvonne), *La integración económica y sus limitaciones en el ámbito de los países subdesarrollados*, Universidad de la Zulia, Facultad de Derecho, Maracaibo, 1979, p. 48.

[1026] L'*intégration* pour Salmon est la « fonction d'une organisation internationale qui vise à unifier progressivement par des mécanismes appropriés, l'économie, voir le système politique des États membres ». Salmon (Jean) (dir.), *op. cit.*, 2001, p. 591.

[1027] Biacchi Gomes (Eduardo), « A supranacionalidade e os blocos econômicos », *Revista da Faculdade de Direito da Universidade Federal do Parana*, 2003, vol. 38, p. 170.

[1028] Pescatore (Pierre), *Fédéralisme et intégration*, republié dans *Études de droit communautaire européen 1962-2007*, Bruxelles, Bruylant, 2008, p. 455.

[1029] Pescatore (Pierre), *Le droit de l'intégration: émergence d'un phénomène nouveau dans les relations internationales selon l'expérience des communautés européennes* (Reproduction de l'éd. de Leiden : A. W. Sijthoff, 1972), Bruxelles, Bruylant, 2005, p. 13.

[1030] D'après le professeur internationaliste espagnol MARTINEZ PUÑAL, ce droit *peut être décrit comme « l'ensemble de normes, de conduites et de valeurs qui règlent les processus d'intégration y compris les institutions qui rendent possible son développement »*. Martínez Puñal (Antonio), op. cit., *p. 397.*

d'intégration »[1031]. Comme le soutenait Pierre PESCATORE, « le droit communautaire, tout en profitant de l'expérience du droit international, comporte des caractéristiques spécifiques assez accusées qui le placent dans cet univers juridique à part que nous appelons droit d'intégration »[1032].

201. Certes, tous les groupes d'intégration économique peuvent avoir des ordres juridiques dont la nature est le droit d'intégration. Car, à la base, ce droit suppose la possibilité d'un « démembrement partiel de la souveraineté »[1033]. Mais tous n'accèdent pas au même niveau supérieur du droit que celui atteint par l'Union européenne. Ce groupe qui, jusqu'au Traité de Lisbonne[1034], qualifiait son droit de *droit communautaire*, envisage désormais la nature de son ordre juridique comme *le droit de l'Union européenne*[1035].

202. Cette supériorité du droit de l'Union repose sur trois principes : la primauté, l'applicabilité immédiate et l'effet direct[1036].

[1031] Ou le droit d'intégration serait le *droit d'intégration primaire ou inférieur* et le droit communautaire serait le *droit d'intégration supérieur*. Midon (Mario), *Derecho de la integración: aspectos institucionales del Mercosur*, Buenos Aires, Rubinzal-Culzoni, 1998, p. 51.

Pour l'Instituto para la integracion de América Latina), le droit communautaire européen est une variante du droit d'intégration: « *el derecho comunitario europeo es una variedad del derecho de integración, que corresponde a una forma particular de proceso de integración y a la realidad socio-económica especial de países industrializados con alto grado de integración social interna. El proceso de integración europea y su ordenamiento jurídico puede ser considerado como el que ha alcanzado mayor grado de desarrollo y perfeccionismo, y el que más se acerca en la realidad a un tipo ideal de proceso de integración voluntario y de derecho* ». Instituto para la integración de América Latina, *El papel del derecho en un proceso de integración económica*, Banco Interamericano de Desarrollo, 1966, p. 16.

[1032] Pescatore (Pierre), *op. cit.*, 2005, p. 72.

[1033] Rocha d'Angelis (Wagner), op. cit., p. 392.

[1034] Traité de Lisbonne, adopté le 13 décembre 2007, à Lisbonne et entré en vigueur le 1er décembre 2009.

[1035] Par exemple, l'expression « *droit de l'Union* » énoncée dans l'art. 6§3 du TUE: « Les droits fondamentaux, tels qu'ils sont garantis par la Convention européenne de sauvegarde des droits de l'Homme et des libertés fondamentales et tels qu'ils résultent des traditions constitutionnelles communes aux États membres, font partie du *droit de l'Union* en tant que principes généraux » (notre mise en relief). Observation de l'auteur : sauf indication contraire, la mention des articles renvoie à la version telle qu'écrite ou réécrite par le Traité de Lisbonne, JOUE, 2007/C 306/01, du 17 décembre 2007.

[1036] Ces principes, selon le professeur VENTURA, sont des principes fondamentaux et déterminent l'autonomie du droit communautaire. Ventura (Deisy), *op. cit.*, 2003, p. 116.

Le principe de la primauté implique que, lors d'un conflit ou d'une incompatibilité entre la norme de l'ordre juridique régional et la norme de droit interne des États membres, la norme de l'ordre juridique régional prime sur les normes internes. Et ceci, indépendamment du système de hiérarchie des normes adopté par le droit national et la nature de celles-ci. L'ancien secrétaire du Tribunal Permanent de Révision du Mercosur, le professeur PEROTTI pense que ce principe vise à assurer l'unité et l'uniformité de l'application du droit du processus d'intégration, sans distinction du pays ou de l'autorité de l'État qui l'applique[1037].

Dans le droit de l'Union européenne, il revient à l'ancienne Cour de justice des communautés européennes, dans son arrêt *Costa c. Enel*, d'avoir consacré le principe : « issu d'une source autonome, le droit né du traité ne pourrait donc, en raison de sa nature spécifique originale, se voir opposer un texte interne quel qu'il soit, sans perdre son caractère communautaire et sans que soit mise en cause la base juridique de la Communauté elle-même[1038] ».

Le principe de l'applicabilité immédiate suppose que la norme communautaire acquière automatiquement un statut de droit positif dans l'ordre juridique national, de sorte que cela ne nécessite pas de réceptionner des actes communautaires dans le droit interne. Selon les mots du professeur KOVAR : « l'immédiateté du droit communautaire désigne son aptitude à produire par lui-même dans les États membres les effets juridiques qui

---

[1037] Perotti (Alejandro Daniel), « El principio de la primacía del derecho del Mercosur en las tres primeras opiniones consultivas del Tribunal Permanente de Revisión », *in* Ulate Chacón (Enrique) (coord.), *Derecho Internacional, Derecho Comunitario y Derechos humanos – En homenaje al Profesor Dr. José Luis Molina Quesada*, San José, Costa Rica, Isolma, 2009, p. 298.

[1038] CJCE, Arrêt du 15 juillet 1964, *Flaminio Costa c. ENEL,* n° C-6/64, Rec. p. I — 01141.

Pour plus d'informations sur la primauté du droit de l'Union européenne, voir Constantinesco (Vlad), « La primauté du droit communautaire, mythe ou réalité ? », *in* Lüke (Gerhard) *(coord.), Mélanges Léontin-Jean Constantinesco*, Köln, Berlin, C. Heymann, 1983, p. 109 et s.

Le principe de la primauté a été évoqué par la CJUE dans les affaires *Melloni* et *Fransson,* toutes les deux du 26 février 2013. Dans la première, la Cour réaffirme le principe de la primauté du droit de l'Union même en détriment d'une protection plus favorable des droits fondamentaux par des standards nationaux (CJUE, Arrêt du 26 février 2013, *Stefano Melloni c. Ministerio Fiscal* [GC], n° C-399/11, non encore publié, § 60 à 64). Dans l'affaire *Fransson*, la Cour de Luxembourg rappelle que, conformément au principe de la primauté, lorsque la norme interne est contraire au droit de l'Union, le juge national doit l'écarter (CJUE, Arrêt du 26 février 2013, *Åklagaren c. Åkerberg Fransson* [GC], n° C-617/10, non encore publié, § 49).

s'attachent à lui sans que ceux-ci puissent être subordonnés à l'interposition des droits nationaux[1039] ».

Enfin, le dernier principe est celui de l'effet direct[1040] qui donne au droit communautaire la capacité de produire des droits et obligations pour les citoyens[1041] des États membres issus du droit communautaire. D'après ce principe, les particuliers peuvent revendiquer la protection de leurs droits devant une juridiction nationale ou européenne. Si le droit de l'Union est invoqué par un individu à l'encontre d'un particulier, on parle d'effet direct horizontal ; si c'est l'État qui est mis en cause, il s'agira d'un effet direct vertical. Dans le droit de l'Union européenne, ce principe a été consacré par la Cour de justice des communautés européennes dans l'affaire *Van Gend en Loos*[1042].

Le principe de l'applicabilité immédiate constitue donc un mode d'insertion du droit d'intégration dans les ordres juridiques internes, tandis que le principe de l'effet direct régit les relations juridiques entre les États et leurs justiciables, en faisant de l'individu un sujet du droit de l'Union[1043].

[1039] Kovar (Robert), « La contribution de la Cour de justice à l'édification de l'ordre juridique communautaire », *in* Academy of European Law, European University Institute, Florence, *Collected courses of the Academy of European Law*, 1993, The Hague/Boston/London, Kluwer Law International/Martinus Nijhoff Publishers, vol. IV-1, 1995, p. 55.

[1040] Le droit international connaît également l'effet direct, non comme principe comme dans le droit de l'Union européenne, mais comme exception : à un accord international, les parties peuvent avoir l'intention de faire produire aux dispositions de celui-ci à des effets à l'égard des particuliers. Jacqué (Jean-Paul), *op. cit.*, 2012, p. 593.

[1041] L'idée que le droit communautaire a pour sujets non seulement les États membres, mais également leurs ressortissants ; que cet ordre juridique confère directement aux justiciables des droits individuels qu'ils peuvent faire prévaloir même à l'égard de l'État dont ils relèvent : que les juridictions nationales ont mission d'appliquer le droit communautaire afin d'assurer la sauvegarde de ces droits et intérêts. Pescatore (Pierre), *op. cit.*, 2005, p. 84.

[1042] CJCE, Arrêt du 5 février 1963, *NV Algemene Transport — en Expeditie Onderneming van Gend en Loosc. Administration fiscale Néerlandaise*, n° C-26/62, Rec. p. I —00161.

Le professeur Burgorgue-Larsen soutient que la CJCE a fait preuve de retenue sur la question de faire émerger le principe de l'effet direct) pendant près de dix ans dans son rôle de gardienne des traités. Burgorgue-Larsen (Laurence), « Prendre les droits communautaires au sérieux ou la force d'attraction de l'expérience européenne en Afrique et en Amérique latine », *in Les dynamiques du droit européen en début de siècle* : *Études en l'honneur du Professeur Jean-Claude Gautron*, Paris, Pedone, 2004, p. 566.

[1043] Benlolo Carabot (Myriam), Susani (Nadine) et Vaurs-Chaumette (Anne-Laure), « Les ordres juridiques des organisations d'intégration latino-américaine – Aspects institutionnels », chronique n° 1, *in* Daillier (Patrick) (coord.), « La jurisprudence des tribunaux des organisations d'intégration latino-américaine », *AFDI*, LI-2005, CNRS, Paris, p. 662.

203. Dans aucun des traités constitutifs du Mercosur, la nature de l'ordre juridique du Mercosur n'est énoncée. Cependant, d'après leur lecture, certains principes tels la gradualité[1044], la flexibilité, l'équilibre, la progressivité et le caractère obligatoire[1045] peuvent être relevés. Ce dernier pourrait porter les traces des principes de l'applicabilité immédiate et de la primauté du droit communautaire, sans aller jusqu'à consacrer un quelconque principe d'effet direct[1046]. Ces éléments vont ainsi aider à caractériser le droit du Mercosur en le dotant d'une nature qui se situerait entre le droit d'intégration et le droit de l'Union européenne.

B. *Une possible influence du droit de l'Union européenne sur le droit du Mercosur*

204. Trois dispositions du Protocole d'Ouro Preto permettent de discerner dans ces principes les linéaments d'un droit de type « de l'Union européenne » dans le droit du Mercosur[1047]: les articles 38, 40 et 42.

[1044] Le docteur en droit M KASMI estime que le principe de la gradualité, sur lequel le Mercosur s'est construit, est partagé avec d'autres organisations d'intégration, particulièrement avec la Communauté européenne. En outre, il affirme que le principe de gradualité n'est autre que la consécration en principe de la « théorie des petits pas ». Kasmi (Jamel), « Le système de règlement de différends du Mercosur: le rôle du « juge mercosurien » dans le processus d'intégration régionale », *in* Flaesch-Mougin (Catherine) et Lebullenger (Joël) (éd.), *Regards croisés sur les intégrations régionales: Europe, Amériques, Afrique*, Bruxelles, Bruylant, 2010, p. 92.

[1045] L'avocat ASSIS DE ALMEIDA affirme que l'ordre juridique du Mercosur repose sur quatre principes: la progressivité, l'égalité, la réciprocité et la solidarité. Selon lui, ils découlent des principes du Traité d'Asunción et du Protocole d'Ouro Preto supra-cités. Assis de Almeida (José Gabriel), op. cit., p. 42. Le professeur Sberro pense également que le Mercosur se fonde sur le libéralisme et sur les méthodes du gradualisme et de la flexibilité. Sberro (Stephan), « L'intégration régionale en Amérique latine : le mythe se Sysiphe », *Pouvoirs*, 2001/3, n° 98, p. 58.

[1046] D'ailleurs, le Professeur BELOLO CARABOT est d'avis que « [les États membres du Mercosur] ont opté pour des mécanismes complexes d'introduction et d'entrée en vigueur des normes du Mercosur, qui rendent difficilement transposables à l'échelle de cette organisation les principes d'immédiateté, d'effet direct et/ou d'invocabilité affirmés haut et fort dans l'ordre juridique de l'UE ». Benlolo Carabot (Myriam), « La fonction du juge dans le Droit de l'intégration - Analyse comparée de l'Union européenne et du Mercosur », *Anuário Brasileiro de Direito Internacional*, IX, janvier 2014, p 207.

[1047] Madame MORA BURBANO, parle d'une « quasi-présence des principes communautaires au sein du Mercosur ». Mora Burbano (Ivonny Carolina), *Le principe de la primauté et l'application directe dans le Mercosur*, Mémoire de Master II en droit communautaire et européen soutenu à l'Université Montesquieu Bordeaux IV, 2009/2010, p. 45.

Premièrement, l'article 38 énonce l'engagement des États membres à adopter les mesures nécessaires pour assurer l'exécution des normes produites par les institutions du Mercosur dans l'ensemble de leurs territoires : « Les États membres s'engagent à adopter toutes les mesures nécessaires afin d'assurer, sur leurs territoires respectifs, l'exécution des normes arrêtées par les organes du Mercosur visés à l'article 2 de ce Protocole[1048] ».

Deuxièmement, l'article 40 établit la procédure par laquelle ces normes doivent être soumises pour assurer leur effectivité dans les États membres : « Dans le but de garantir l'entrée en vigueur simultanée dans les États membres des normes arrêtées par les organes du Mercosur visés à l'article 2 de ce Protocole, il conviendra de suivre la procédure suivante : i) une fois la norme approuvée, les États membres adopteront les mesures nécessaires pour l'incorporer dans leur ordre juridique national respectif et communiqueront celles-ci au Secrétariat administratif du Mercosur ; ii) Lorsque tous les États membres l'auront informé de l'incorporation dans leurs ordres juridiques internes respectifs, le Secrétariat administratif du Mercosur communiquera ce fait à chaque État membre ; iii) Les normes entreront en vigueur simultanément dans les États membres trente jours à compter de la date de la communication effectuée par le Secrétariat administratif du Mercosur, dans les termes prévus à l'alinéa précédent. À cet effet, les États membres, dans le délai mentionné, publieront la date de l'entrée en vigueur de ces réglementations dans leurs journaux officiels respectifs ».

Et, enfin, l'article 42 renforce cette interprétation par l'affirmation du caractère obligatoire des normes produites par lesdites institutions : « Les normes émanant des organes visés à l'article 2 de ce Protocole seront

---

1048 Protocole d'Ouro Preto, art. 2 : « *Son órganos con capacidad decisoria, de naturaleza intergubernamental: el Consejo del Mercado Común, el Grupo Mercado Común y la Comisión de Comercio del Mercosur* » (Le Conseil du Marché Commun, le Groupe Marché Commun et la Commission du commerce du Mercosur sont des organes de décision d'ordre intergouvernemental.– traduction selon version en français déposée aux Nations unies).
Une disposition analogue existe dans le droit de l'Union européenne, Traité sur l'Union européenne, art. 4§3 alinéa 2: « Les États membres prennent toute mesure générale ou particulière propre à assurer l'exécution des obligations découlant des traités ou résultant des actes des institutions de l'Union ».
Comme précédemment expliqués à l'introduction de la présente recherche, les textes normatifs du Mercosur utilisent le mot « organe » pour faire référence à toutes les institutions et organismes de cette organisation, de façon indiscriminée. Ainsi, dans la rédaction, nous utiliserons encore ces deux formules, toutefois nous conserverons le mot « organe » quand il s'agit d'un texte normatif ou quand un auteur le désigne comme tel.

obligatoires et devront, si nécessaire, être incorporées aux ordres juridiques nationaux conformément aux procédures prévues dans chaque État. »

Dans ces trois articles, des expressions telles que « s'engagent », « entrée en vigueur » et « obligatoires » pourraient laisser supposer l'existence des principes de l'applicabilité immédiate et de la primauté, caractéristiques dans le droit de l'Union.

205. Cependant, une lecture attentive de ces dispositions laisse entrevoir au lecteur que ces principes peuvent ne pas être vraiment caractéristiques d'un droit du type de l'Union.

Malgré l'obligation d'incorporation de la norme produite par le Mercosur au droit interne imposée par l'article 38, il n'y a aucun mécanisme de coercition ou de sanction pour l'État qui ne respecte pas cette obligation. En conséquence, les normes du Mercosur sont souvent mises en œuvre avec lenteur et retard[1049], et restent quelquefois inappliquées[1050]. Sur cette question, le Venezuela offre un bon exemple du déficit normatif et opérationnel du Mercosur quand il a été pointé du doigt, entre 2015 et 2016, pour n'avoir pas incorporé la normative mercosurienne, y compris précisément l'Accord de complémentation économique (ACE n° 18) dans son ordre législatif interne[1051].

168 Par ailleurs, les articles 40 et 42 comportent des spécificités troublantes pour l'analyse. Troublantes, car ces trois dispositions semblent porter des traces des principes directeurs du droit de l'Union européenne, pourtant les rédacteurs du Protocole d'Ouro Preto ont préféré nuancer ces

---

[1049]Me ROCHA D'ANGELIS affirme que faute de ce mécanisme de coercition et de sanction, la formation d'un marché commun est retardée. Rocha d'Angelis (Wagner), *op. cit.*, p. 389.

[1050] Le professeur D'ARCY affirme qu'« environ 40% des normes communautaires (du Mercosur) sont effectivement applicables ». D'Arcy (François), « Les perspectives politiques du Mercosur : comparaison avec l'Union européenne », *Droit et société : revue internationale de théorie du droit et de sociologie juridique*, n°59, LGDJ, 2005, p. 33. Le professeur MAZET ajoute « qu'environ 50% des règles de droit dérivé sont en vigueur, faute d'une approbation nationale ». Mazet (Guy), *op. cit.*, 2011, p. 242.

Sur l'incorporation des normes du Mercosur dans les droits internes des États membres, voir : Secretaria del Mercosur, Fundacion Konrad Adenauer, *Tercer Informe sobre la aplicacion del derecho del Mercosur por los tribunales nacionales (2005)*, Montevideo, Konrad Adenauer Stiftung, 2010.

[1051] Déclaration relative au fonctionnement du Mercosur et au Protocole d'adhésion du Venezuela au Mercosur du 13 septembre 2016.

caractéristiques. Ce qui a permis un débat dans les instances judiciaires du Mercosur.

À côté de l'expression « entrée en vigueur » de l'article 40 se trouve l'expression « simultanée ». Et la conviction naissante que la nature de l'ordre juridique du Mercosur s'ancre dans le droit de l'Union européenne se voit dès lors contredite. Car si le terme « entrée en vigueur » peut faire penser à l'application immédiate du droit de l'Union, la notion d'entrée en vigueur simultanée signifie que la norme n'entrera en vigueur qu'après son incorporation dans tous les États membres[1052].

Ce sont les Tribunaux *ad hoc* du Mercosur (ci-après *TAHM*) qui ont dû à deux reprises se pencher sur l'interprétation du concept « entrée en vigueur simultanée dans le droit des États membres ». Premièrement, dans la clarification de la sentence rendue dans l'affaire relative à l'Application de mesures de sauvegarde sur les produits textiles, le TAHM a soutenu qu' « une norme émanant des organes du Mercosur ne sera en vigueur de manière simultanée dans les États membres, que lorsqu'elle sera incorporée dans les ordres juridiques de chaque État membre. Dans le cas contraire, sans incorporation dans chaque État membre, la norme n'est pas en vigueur »[1053]. Cependant, comme le rappelle le chercheur SUSANI, la position

---

[1052] Mazet (Guy), *op. cit.*, 2011, p. 242. Tribunal Arbitral Ad-hoc Mercosur, Sentence arbitrale Brésil c. Argentine, du 21 mai 2001, § 25 et s.

[1053] TAHM, Application de mesures de sauvegarde sur les produits textiles: clarifications (clarifications sur la sentence arbitrale 03), prononcée le 7 avril 2000 à Colonia.

(*Aclaracion del laudo arbitral del tribunal ad hoc del Mercosur constituido para decidir sobre la reclamacion hecha por la Republica Federativa del Brasil a la Republica Argentina, sobre la aplicación de medidas de salvaguardia a productos textiles resolucion 861/99 del Ministerio Economía y Obras y Servicios Públicos* – Clarification de la sentence arbitrale du tribunal ad hoc du Mercosur constitué pour résoudre le différend entre la République fédérative du Brésil et la République de l'Argentine concernant l'application des mesures de sauvegarde sur des produits textiles (Résolution n ° 861/99) du ministère de l'Économie et des Travaux publics et des Services – traduction libre. Nous utiliserons désormais l'expression « Application de mesures de sauvegarde sur les produits textiles: clarifications » pour identifier l'affaire et le distinguer de son précédent).

Page 2: « *De lo expuesto se entiende que la vigencia de una norma emanada de los órganos del* Mercosur *solamente tendrá vigencia simultánea en los Estados Partes cuando tal norma sea incorporada a los ordenamientos jurídicos internos de cada Estado Parte. No habiendo incorporación de cada Estado Parte, la norma no estará en vigor* » — Il découle de ce qui précède que la validité d'une règle édictée par les organes du Mercosur n'entrera en vigueur de façon simultanée dans les États membres que lorsque cette norme sera incorporée dans les ordres juridiques nationaux de chaque État membre. Tant il n'y aura pas d'incorporation de la part de chaque État membre, la norme n'entrera pas en vigueur (traduction libre).

du tribunal reste ambigüe, car il ne précise ni l'ordre juridique ni les conséquences de l'absence de l'entrée en vigueur simultanée[1054].

Deuxièmement, dans l'affaire relative à l'Application des droits antidumping à l'exportation de poulets, le TAHM oppose le principe de l'entrée en vigueur simultanée du Mercosur à l'entrée en vigueur immédiate du droit de l'Union européenne (à l'époque encore appelée communautaire). Il affirme que le système d'entrée en vigueur simultanée « par opposition à celui de l'entrée en vigueur immédiate, il s'agit d'un système par lequel les normes sont obligatoires pour les États membres à partir de leur approbation, mais dans le cadre duquel la mise en vigueur se produit seulement simultanément pour l'ensemble des États membres lorsque chacun d'eux a respecté la procédure de l'article 40 (…) dont l'objet consiste à garantir que les normes soient en vigueur simultanément, prévenant de ce fait des situations chaotiques d'incertitudes juridiques et d'application partielle »[1055]. Selon le Tribunal *ad hoc*, le droit dérivé devient obligatoire dès son adoption, mais n'entre en vigueur qu'après son insertion dans les ordres juridiques nationaux. Interprétation qui, selon le chercheur SUSANI, ne semble pas correcte au regard du droit international et donc dangereuse pour le droit du Mercosur, car pour que les dispositions d'un traité deviennent du

---

[1054]Susani (Nadine), *op. cit.*, p. 247.

[1055] TAHM, Application des droits antidumping à l'exportation de poulets entiers en provenance du Brésil (sentence arbitrale 04), prononcée le 21 mai 2001 à Montevideo. (*Laudo del Tribunal Arbitral Ad Hoc del* Mercosur *constituido para decidir sobre la controversia entre la República Federativa de Brasil y la República Argentina sobre aplicación de medidas antidumping contra la exportación de pollos enteros, provenientes de Brasil (RES. 574/2000) del Ministerio de Economía de la República Argentina* - Sentence du tribunal arbitral ad hoc du Mercosur constitué pour trancher le différend entre la République Fédérative du Brésil et la République de l'Argentine sur les mesures antidumping à l'exportation de poulets entiers en provenance du Brésil (Résolution n° 574/2000) du ministère de l'Économie de l'Argentine – traduction libre. Nous utiliserons désormais l'expression « Application des droits antidumping à l'exportation de poulets entiers en provenance du Brésil » pour identifier l'affaire).

§ 116 : « *El régimen resultante, sin embargo, no es incoherente ni contradictorio sino que responde al concepto llamado en doctrina "de vigencia simultánea" -por oposición a la aplicación inmediata- en el cual se conjugan y armonizan las diversas disposiciones del POP al respecto en un sistema por el cual las normas son obligatorias para los EPM desde su aprobación pero la vigencia sólo se produce simultáneamente para todos los EPM cuando todos ellos han dado cumplimiento al procedimiento del artículo 40. Procedimiento establecido precisamente por no existir aplicación directa y a fin de garantizar la vigencia simultánea, previniendo una situación caótica de incertidumbre jurídica y de aplicación parcial* » (traduction libre).

droit positif et s'intègrent dans l'ordonnancement juridique international, il faut que soient remplies les conditions de son entrée en vigueur[1056].

206. En ce qui concerne l'article 42, un problème se pose également au sujet de l'expression utilisée dans la seconde partie de l'énoncé. Elle donnerait à penser que les normes produites par les institutions du Mercosur devront être si nécessaire incorporées aux ordres juridiques nationaux. L'expression « si nécessaire » souffre d'une grande ambigüité, puisqu'elle autorise, le cas échéant, les États à se dispenser de l'obligation d'incorporer la norme produite par les institutions.

La première partie de l'article 42 laisse par conséquent sous-entendre que l'absorption de la norme dans l'ordre juridique interne se fait de façon automatique, sans devoir remplir une quelconque procédure — ce qui est caractéristique du droit de l'Union. Cependant, la seconde partie souligne la possibilité d'adopter une procédure d'incorporation de la norme à l'ordre juridique national[1057].

C'est enfin le Tribunal permanent de révision (ci-après *TPR*) qui a dû s'exprimer sur l'existence de la primauté de la norme de l'ordre juridique du Mercosur sur celles de l'ordre juridique interne des États membres, à la condition que la norme ait été « internalisée ». Trois affaires lui ont permis de construire son interprétation sur le sujet : *Norte/Laboratorios Northia*, OC n° 01/07[1058] ; *Schnek et autres*, OC n° 01/08[1059], et *Frigorifico Centenario et autres*, OC n° 01/09[1060].

[1056] Le chercheur SUSANI rappelle l'enseignement des internationalistes français DAILLIER et PELLET qui soutiennent que « pour que les dispositions d'un traité deviennent du droit positif et s'intègrent dans l'ordonnancement juridique international, il faut que soient remplies les conditions de son entrée en vigueur » (Quoc Dinh (Nguyen), Dailler (Patrick), Forteau (Mathias) et Pellet (Alain), *op. cit.*, p. 159). Susani (Nadine), *op. cit.*, p. 248.

[1057] Le chercheur DIZ BERGAMASCHINE affirme que la rédaction de cet article est imprécise et ambiguë. Diz Bergamaschine (Jamile), op. cit., p. 233.

[1058] TPR, Norte/Laboratorios Northia (avis consultatif OC n° 01/07), du 3 avril 2007, BOM n° 40, 2007.

(*Solicitud cursada por la Corte Suprema de Justicia del Paraguay con relación a los autos del Juzgado de Primera Instancia en lo Civil y Comercial del Primer Turno de la jurisdicción de Asunción. Norte S.A. Imp. Exp. c/ Laboratorios Northia Sociedad Anónima, Comercial, Industrial, Financiera, Inmobiliaria y Agropecuaria s/ Indemnización de Daños y Perjuicios y Lucro Cesante* - Demande de la Cour suprême de justice du Paraguay en ce qui concerne la décision de la Cour de première instance en matière civile et commerciale de la juridiction d'Asunión: Norte S.A. Imp. Exp. c/ Laboratorios Northia Sociedad Anónima, Comercial, Industrial, Financiera, Inmobiliaria y Agropecuaria s/ Indemnisation des dommages et pertes

Dans le premier avis consultatif, le TPR a conclu à la primauté de la norme du Mercosur sur celles des États membres : « les normes du Mercosur internalisées prévalent sur les normes de droit interne des États membres[1061] ».

Lors du deuxième avis, le Tpr a enrichi son point de vue et a ajouté que l' « expression primauté n'est pas exclusive dans le droit communautaire (...) elle est propre à toute analyse où ce qui est en jeu est la primauté d'une norme sur une autre ou sa hiérarchie pour l'interprétation et l'application du droit. Pour cette raison, et sur la base de ces principes, on reconnaît la primauté ou la hiérarchie supérieure de la norme du Mercosur depuis son incorporation ou internalisation de la norme de même compétence1062 ». Enfin, le Tpr a conclu en affirmant : « la primauté de la norme du Mercosur ratifiée, incorporée et internalisée, selon le cas, par les États membres, sur toute disposition interne qui dans le cadre de sa

---

d'exploitation — traduction libre. Nous utiliserons désormais l'expression « Norte/Laboratorios Northia » pour identifier l'affaire.

[1059]TPR, Schnek et autres (avis consultatif OC n° 01/08).

[1060]TPR, Frigorifico Centenario et autres (avis consultatif OC n° 01/09), du 15 juin 2009, BOM n° 43, 2009.

(*Solicitud cursada por la Suprema Corte de Justicia de la República Oriental del Uruguay con relación a los autos del Juzgado Letrado de Primera Instancia en lo Civil de 2° Turno. "Frigorífico Centenario S.A. c/ Ministerio de Economía y Finanzas y otros. Cobro de pesos. IUE: 2-43923/2007. Exhorto*" - Demande présentée par la Cour suprême de la République orientale de l'Uruguay par rapport à la décision du Tribunal de première instance en matière civile de 2e tour. "Frigorífico Centenario SA c/ ministère de l'Économie et des Finances et d'autres. Les sommes dues". IUE: 2-43923/2007 "– traduction libre. Nous utiliserons désormais l'expression « Frigorifico Centenario et autres » pour identifier l'affaire).

[1061]TPR, Norte/Laboratorios Northia (avis consultatif OC n° 01/07), Conclusion n° 2 du vote majoritaire des membres José Antonio Moreno Ruffinelli, João Grandino Rodas et Ricardo Olivera García : « *Las normas del Mercosur internalizadas prevalecen sobre las normas del derecho interno de los Estados Partes». Conclusion n° 2.1 du vote concourant du membre coordinateur Wilfrido Fernández de Brix et du membre Becerra: « Las normas del Mercosur internalizadas prevalecen sobre las normas del derecho interno de los Estados Partes. Corresponde en este caso la prevalencia del Protocolo de Buenos Aires sobre la ley nacional paraguaya 194/93. Dicha primacía resulta de la propia naturaleza del Derecho del Mercosur. Las normas del Derecho del Mercosur deben tener prevalencia sobre cualquier norma del derecho interno de los Estados Partes aplicables al caso* » (traduction libre).

[1062]TPR, Schnek et autres (Avis consultatif n° 01/08), Considérant n° 31 : « *O termo 'primazia' não é exclusivo do direito comunitário produto da evolução de processos de integração (...). É próprio de toda análise em que esteja em jogo a prevalência de una norma sobre outra ou sua hierarquia para a interpretação e aplicação do direto. Por tal razão, com base naqueles princípios, tem-se reconhecido a primazia ou hierarquia superior da normativa Mercosur desde sua incorporação o internalização da norma dentro do mesmo âmbito de competência* » (traduction libre).

compétence normative lui serait opposée ; que les normes originaires du Mercosur, une fois ratifiées et incorporées dans la législation nationale selon les mécanismes internes de chaque État membre ont une validité internationale et génèrent des droits et des obligations ; que les normes dérivées du Mercosur, une fois incorporées dans les ordres juridiques des États membres et la procédure établie par les articles 38 à 42 du Protocole d'Ouro Preto terminée, deviennent obligatoires dans l'ordre juridique de l'État membre et acquièrent validité internationale dont la portée est définie par le Traité d'Asunción, le Protocole d'Ouro Preto, et les articles 26 et 27 de la Convention de Vienne sur le droit des traités et de la coutume internationale1063».

Enfin, le troisième avis du TPR corrobore la compréhension développée dans l'avis consultatif précédent : « les normes du Mercosur qui ont été ratifiées, incorporées ou internalisées, selon le cas, dans l'État membre concerné, génèrent des droits et des obligations et priment sur toute disposition interne qui dans le cadre de sa compétence normative lui serait opposée[1064] ».

Selon l'interprétation du TPR, l'ordre juridique du Mercosur comprend donc le principe de la primauté de la norme de l'ordre juridique d'intégration sur l'ordre juridique interne des États membres du groupe d'intégration à l'image de la primauté existant dans le droit de l'Union européenne. À la différence de celui-ci, cette primauté[1065] n'existe que pour les règles du Mercosur qui ont fait l'objet, en fonction des constitutions nationales, d'une

---

[1063]TPR, Schnek et autres (Avis consultatif n° 01/08), Conclusions n° 2, 3 et 4 : « 2. *O Tribunal afirma a primazia da normativa do Mercosul ratificada, incorporada e internalizada, conforme o caso, pelos Estados Parte, sobre toda disposição interna que no marco de sua competência normativa lhe seja contraposta; 3. Que as normas originárias do Mercosul, uma vez ratificadas e incorporadas às legislações nacionais conforme aos mecanismos internos de cada Estado Parte, tem validez internacional e geram direitos e obrigações; 4. Que, as normas derivadas do Mercosul, uma vez incorporadas aos ordenamentos jurídicos dos Estados Partes e completado o procedimento estabelecido pelos artigos 38 ao 42 do Protocolo de Ouro Preto, adquirem obrigatoriedade dentro do ordenamento jurídico do Estado Parte e validez internacional com o alcance que emana do Tratado de Assunção, do Protocolo de Ouro Preto, dos artigos 26 e 27 da Convenção de Viena sobre Direito dos Tratados e do costume internacional* » (traduction libre).

[1064]TPR, Frigorifico Centenario et autres (avis consultatif OC n° 01/09), Conclusiones n° 2: « *Las normas del Mercosur que han sido objeto de ratificación, incorporación o internalización, según sea el caso, en el respectivo Estado parte, generan derechos y obligaciones y priman sobre toda disposición interna que en el marco de su competencia normativa se contrapuesta* » (traduction libre).

[1065] Sur le principe de la primauté dans le Mercosur, voir Kurlat Aimar (Jose Sebastian), « L'atteinte des objectifs communautaires au sein du Mercosur : un défi face à sa structure institutionnelle », *Revue de droit international et droit comparé*, 2014, n° 2, p. 282 et ss.

procédure d'internalisation, pouvant aller jusqu'à la mise en œuvre d'une approche dualiste.

207. Cependant, un principe phare du droit de l'Union, celui de l'effet direct, n'est pas présent dans le droit du Mercosur. Ceci parce que les actes juridiques produits par les institutions du Mercosur ne sont jamais destinés aux individus, mais toujours aux États membres. Certaines dispositions du Protocole d'Ouro Preto l'attestent. L'article 9 affirme par exemple que: « le Conseil du Marché commun se prononce au moyen de décisions qui ont force exécutoire pour les États Parties. » L'article 15 énonce que « le Groupe du Marché commun se prononce au moyen de résolutions qui sont exécutoires pour les États Parties ». Enfin, l'article 20 indique que « la Commission du commerce du Mercosur se prononce au moyen de directives ou de propositions. Ses directives ont force exécutoire pour les États Parties ».

L'absence du principe de l'effet direct dans le droit du Mercosur est confirmée par un Tribunal *ad hoc* dans l'affaire relative à l'Application des droits antidumping à l'exportation des poulets entiers en provenance du Brésil. L'instance arbitrale a décidé que l'effet direct ne faisait pas partie des principes régissant le droit du Mercosur en avançant trois arguments. Pour le premier, le Tribunal constate que « les organes du Mercosur bénéficiant d'un pouvoir de décision sont définis par le Protocole d'Ouro Preto comme étant de nature intergouvernementale ce qui exclut en soit l'application directe et immédiate de leurs normes dans chacun des États membres ». Le deuxième argument se fonde sur le fait que « l'application directe des normes du Mercosur ne serait pas compatible avec le système constitutionnel de certains États ». Enfin, le troisième argument du Tribunal *ad hoc* est qu' « il n'existe pas non plus de normes du Mercosur ou des États membres (...) autorisant l'application directe des normes émanant des organismes communs[1066] ». Cependant, comme le soutient le chercheur SUSANI, bien que

---

[1066] TAHM, Application des droits antidumping à l'exportation de poulets entiers en provenance du Brésil (sentence arbitrale 04), § 114: « *Los órganos del Mercosur con capacidad decisoria son definidos por el POP expresamente como de naturaleza intergubernamental (art. 2) lo que excluye de por sí la aplicación directa e inmediata de sus normas en cada uno de los EPM. Tampoco hay ninguna norma del Mercosur o de los EPM que autorice, pese a la condición de intergubernamental, la aplicación directa de la normativa emanada de los órganos comunes. Este criterio está confirmado por el régimen de incorporación a los respectivos ordenamientos jurídicos internos de los EPM, detallado en el artículo 40 del POP al que se halla sujeta esa normativa y sin cuyo cumplimiento no entra en vigencia. Asimismo el propio artículo 42 que reconoce el carácter obligatorio de las normas emitidas por los órganos con capacidad decisoria hace referencia a la incorporación de esas normas "cuando sea necesario". Aparte de que la aplicación directa de las normas Mercosur no sería compatible con el régimen constitucional de algunos de los EPM* » (traduction libre).

des règles qui ont pour destinataires directes un particulier, ou une personne physique ou morale soient rares, certaines normes commencent à prévoir de telles dispositions dans le droit du Mercosur[1067]. L'effet direct serait donc, dans le droit du Mercosur, non pas le principe, mais l'exception.

208. Ce débat a fini par se clarifier en 2005 quand le TPR s'est prononcé de façon nette sur la nature du droit du Mercosur, pareillement à qu'avait fait la Cour de justice des Communautés européennes dans l'affaire *Van Gend en Loos*[1068]. Le TPR a ainsi affirmé que le Mercosur disposait déjà d'un droit d'intégration, mais pas encore d'un droit communautaire[1069].

209. Malgré l'interprétation des articles du Protocole d'Ouro Preto et l'activité consultative et contentieuse du TPR cités ci-avant, le milieu académique a connu de nombreuses controverses. La doctrine ne s'est pas interdit malgré tout de voir en la nature de l'ordre juridique du Mercosur celle de l'actuel droit de l'Union européenne. Celle dernière a qualifié le droit du Mercosur de « droit communautaire embryonnaire »[1070], de « droit

[1067]Susani (Nadine), *op. cit.*, p. 272.

[1068] CJCE, Arrêt du 5 février 1963, *NV Algemene Transport — en Expeditie Onderneming van Gend en Loosc. Administration fiscale Néerlandaise*, n° C-26/62, Rec. p. I —00161, p. 13 et s. Le chercheur OLMOS GIUPONNI a l'espoir que, grâce à la contribution du Tribunal permanent de révision, un droit communautaire du Mercosur verra le jour. Olmos Giuponni (Maria Balén), « International law and sources of law in Mercosur », *Leiden journal of international law*, 2012, n° 3, vol. 25, p. 732.

[1069]TPR, Affaire Révision de la sentence arbitrale des pneus rechapés : Recours (sentence arbitrale 01/2005), § 9: « *(...) un derecho de integración (que ya lo tiene el Mercosur) y en un derecho comunitario al cual se aspira (que todavía no lo tiene el Mercosur) por la ausencia de la tan anhelada supranacionalidad* » - un droit d'intégration (qui a déjà le Mercosur) et un droit communautaire auquel il aspire (dont le Mercosur n'a toujours pas) à cause de l'absence de la supranationalité si souhaitée – traduction libre.

Sur la nature de l'ordre juridique du Mercosur, voir : Kasmi (Jamel), *La nature juridique du* Mercosur *: contribution à la théorie de l'intégration à travers l'étude d'une organisation d'intégration non communautaire*, Thèse de doctorat soutenue le 23 juin 2012, Université de Rennes, I, pas encore disponible.

[1070] Le juriste LAVOPA affirme qu'il est possible de caractériser la nature de l'ordre juridique du Mercosur à la lecture de la première partie de l'énoncé de l'article 42. Il considère que cette hypothèse est envisageable, car les normes sont élaborées par des institutions non nationales. Elles sont obligatoires et elles touchent à des questions sur le marché commun. Le Droit communautaire serait « embryonnaire », car il manque au sein du Mercosur une institution permanente chargée d'assurer le respect du droit. Lavopa (Jorge), « Organización Institucional y Derecho Comunitario en el Mercosur », *in* Algorta Pla (Juan) (org), *O Mercosul e a Comunidade européia : uma abordagem comparativa*, Porto Alegre, Universidade/UFRGS, Instituto Goethe/ICBA, 1994, p.86.

communautaire *en status nascendi* »[1071], ou « droit communautaire émergent »[1072] ou même « droit communautaire » tout court[1073].

Nous préférons garder l'idée de l'existence d'un droit du Mercosur qui ne possède pas toutes les caractéristiques du droit de l'Union européenne, mais en possède certaines de façon plus poussée que celles du droit d'intégration dont théoriquement, les principes de l'application immédiate et de la primauté de la norme du Mercosur.

À cette imprécision des traités constitutifs s'ajoutent les caractéristiques du droit constitutionnel des États membres du Mercosur, très différentes les unes des autres. C'est peut-être en raison de ces divergences que les institutions du Mercosur n'ont pas voulu clarifier plus précisément les textes constitutifs quant à la nature du droit du Mercosur.

§2 L'appréhension du droit du Mercosur par les Constitutions nationales

210. L'intégration économique régionale a marqué les constitutions des États membres du Mercosur. Les traces de ces différentes étapes sont facilement perceptibles et illustrent le mouvement intégrationniste de ces dernières décennies dans les États latino-américains. La Constitution

---

1071 Le chercheur OLMOS GIUPONNI considère que « in our view, even if the law of Mercosur cannot be considered community law in the European Union's sense, the latest developments allow us to refer to it as a law of integration, or in a broad sense to be community law in *status nascendi* ». Olmos Giuponni (Maria Balén), « Sources of Law in Mercosur », *in* Toscano Franca Filho (Marcilio) *et al.* (coord.), *The Law of Mercosur*, Oxford, Hart, 2010, p. 64.

1072 Le chercheur MAZET ne se dit pas convaincu que la nature juridique du Mercosur ne soit basée sur le Droit communautaire (il l'appelle « Droit d'intégration ») pas plus que sur la coopération. Il a, à un certain moment, affirmé qu'elle pourrait être fondée sur un droit *sui generis*, c'est-à-dire, « un système hésitant entre la coopération et l'intégration ». Donc, il n'emporterait pas encore une « instauration d'un ordre juridique autonome » et pour cette raison le chercheur MAZET s'interroge sur l'émergence d'un droit communautaire dans le Mercosur. Mazet (Guy), *op. cit.*, 2011, p. 241.

1073 Le professeur D'ARCY utilise cette expression tout en mettant en question le contenu de ce droit dans le Mercosur. D'Arcy (François), *op. cit.*, p. 33.

uruguayenne de 1967[1074] conserve encore le protectionnisme de l'époque de la CEPAL[1075]. La Constitution brésilienne de 1988 porte témoignage des tentatives de l'ALADI et l'ALALC[1076]. La Constitution paraguayenne de 1992[1077], celle de l'Argentine de 1994[1078] et celle du Venezuela de 1999[1079]

[1074] Constitution de la République orientale de l'Uruguay, art. 6: « *En los tratados internacionales que celebre la República propondrá la cláusula de que todas las diferencias que surjan entre las partes contratantes, serán decididas por el arbitraje u otros medios pacíficos. La República procurará la integración social y económica de los Estados Latinoamericanos, especialmente en lo que se refiere a la defensa común de sus productos y materias primas. Asimismo, propenderá a la efectiva complementación de sus servicios públicos* ». (Dans les traités internationaux signés par la République, une clause proposera que tous les différends pouvant surgir entre les parties contractantes soient réglés par arbitrage ou d'autres moyens pacifiques. La République cherchera l'intégration sociale et économique des États d'Amérique latine, en particulier en ce qui concerne la défense commune de ses produits et de matières premières. Ainsi favorisera-t-on la complémentarité efficace des services publics – traduction libre).

[1075] Les limitations portées par la constitution uruguayenne seraient, selon l'avocat OCAMPO, un reflet de la « philosophie typique de la pensée '*cepaline*' des années 1960 basée sur la logique du protectionnisme et de l'industrialisation par substitution des importations ». Granillo Ocampo (Raul), *Derecho público de la integración*, Buenos Aires, Ábaco, 2007, p. 111.

[1076] Constitution de la République Fédérative du Brésil, art. 4, paragraphe : « *A República Federativa do Brasil buscará a integração econômica, política, social e cultural dos povos da América Latina, visando à formação de uma comunidade latino-americana de nações* ». (La République fédérative du Brésil cherchera l'intégration économique, politique, sociale et culturelle des peuples d'Amérique latine, visant à former une communauté latino-américaine des nations - traduction libre).

[1077] Constitution du Paraguay, art. 145: « *La República del Paraguay, en condiciones de igualdad con otros Estados, admite un orden jurídico supranacional que garantice la vigencia de los derechos humanos, de la paz, de la justicia, de la cooperación y del desarrollo, en lo político, económico, social y cultural* ». (La République du Paraguay, sur un pied d'égalité avec les autres États, admet un ordre juridique supranational qui garantit le respect des droits de l'homme, de la paix, de la justice, de la coopération et du développement, sur le plan politique, économique, social et culturel - traduction libre).

[1078] Constitution Nationale Argentine, art. 75 § 24: « *Aprobar tratados de integración que deleguen competencias y jurisdicción a organizaciones supraestatales en condiciones de reciprocidad e igualdad, y que respeten el orden democrático y los derechos humanos. Las normas dictadas en su consecuencia tienen jerarquía superior a las leyes (...)* ». (Approuver les traités d'intégration qui délèguent des compétences et juridiction à des organisations supranationales en vertu de la réciprocité et de l'égalité, et qui respectent l'ordre démocratique et les droits de l'homme. Les normes qui en découlent ont une hiérarchie supérieure à celle des lois (…) - traduction libre).

[1079] Constitution de la République bolivarienne de Venezuela, préambule: « *(...) Con el fin supremo de refundar la República para establecer una sociedad democrática, participativa y protagónica, multiétnica y pluricultural en un Estado de justicia, federal y descentralizado, que (...) promueva la cooperación pacífica entre las naciones e impulse y consolide la integración latinoamericana de acuerdo con el principio de no intervención y autodeterminación de los pueblos, la garantía universal e indivisible de los derechos humanos, la democratización de la sociedad internacional, el desarme nuclear, el equilibrio ecológico y los bienes jurídicos ambientales como patrimonio común e irrenunciable de la humanidad* ». (… avec l'objectif ultime de refonder la République pour établir une société

sont déjà marquées par l'étape qui a suivi le Traité d'Asunción établissant le Mercosur de 1991[1080].

Lors de la promulgation ou révision de ces textes, les constituants ont pris en compte l'expérience de leurs États en ce qui concerne l'intégration économique régionale. Pour cette raison, l'énonciation de l'intégration *latino-américaine*[1081] est souvent présente dans ces textes, de même que la volonté affichée de combler les lacunes existantes dans les textes constitutionnels antérieurs ou de choisir très consciemment d'en conserver d'autres.

---

démocratique, participative et engagée, multiethnique et multiculturelle dans un État de justice, fédéral et décentralisé, qui (...) promeut la coopération pacifique entre les nations et encourage et consolide l'intégration latino-américaine en conformité avec le principe de non-intervention et l'autodétermination des peuples, la garantie universelle et indivisible des droits humains, la démocratisation de la société internationale, le désarmement nucléaire, l'équilibre écologique et environnemental des biens juridiques en tant que patrimoine commun et inaliénable de l'humanité; dans l'exercice de sa puissance originelle représentée par l'Assemblée nationale constituante par un référendum vote libre et démocratique - traduction libre) ; art. 153 : « *La República promoverá y favorecerá la integración latinoamericana y caribeña, en aras de avanzar hacia la creación de una comunidad de naciones, defendiendo los intereses económicos, sociales, culturales, políticos y ambientales de la región* (...). *Para estos fines, la República podrá atribuir a organizaciones supranacionales, mediante tratados, el ejercicio de las competencias necesarias para llevar a cabo estos procesos de integración. Dentro de las políticas de integración y unión con Latinoamérica y el Caribe, la República privilegiará relaciones con Iberoamérica, procurando sea una política común de toda nuestra América Latina. Las normas que se adopten en el marco de los acuerdos de integración serán consideradas parte integrante del ordenamiento legal vigente y de aplicación directa y preferente a la legislación interna* ». (La République favorisera et encouragera l'intégration latino-américaine et celle des Caraïbes, afin de progresser vers la création d'une communauté des nations, en défendant les intérêts économiques, sociaux, culturels, politiques et environnementaux de la région (...). À ces fins, la République pourra transférer à des organisations supranationales, par le biais de traités, l'exercice des compétences requises pour exécuter ces processus d'intégration. Dans le cadre des politiques d'intégration et d'union avec l'Amérique latine et les Caraïbes, la République va privilégier les relations avec l'— Amérique latine, en s'efforçant de faire une politique commune de l'ensemble de notre Amérique latine. Les normes adoptées dans le cadre des accords d'intégration seront considérées comme partie intégrante de l'ordre juridique en vigueur et d'application directe et préférentielle sur le droit interne – traduction libre).

[1080] Me OCAMPO affirme que le fait que l'Argentine et le Paraguay ont vu leurs constitutions modifiées après le Traité d'Asunción, démontre une nette volonté politique de mener et d'approfondir le processus d'intégration entamé. Granillo Ocampo (Raul), *op. cit.*, p. 119.

[1081] D'ailleurs, selon le juge VASQUEZ, la constitution argentine fait la différence entre les traités d'intégration régionale – qui délèguent des compétences et la juridiction à des organismes supranationaux - avec des pays latino-américains et les traités conclus avec d'autres pays. Pour les premiers, la procédure d'approbation par le Congrès est beaucoup plus flexible. Vásquez (Adolfo Roberto), op. cit. p. 236.

L'analyse des constitutions des États membres du Mercosur attire plus précisément l'attention sur deux éléments. En premier lieu, on peut caractériser une disposition qui permet à l'État d'adhérer à un ordre juridique appartenant au droit d'intégration (A). Et, en second lieu, on peut analyser la place qu'occupent les normes d'intégration dans l'ordre juridique interne (B). Cette double analyse permet de mieux saisir les particularités de l'expérience d'intégration du Mercosur.

A. Des dispositions constitutionnelles spécifiques au droit d'intégration

211. Si, dans les traités constitutifs du Mercosur, la nature de l'ordre juridique n'apparait pas clairement, à l'inverse les textes fondamentaux des États membres attestent leur choix d'adhérer à une organisation possédant un ordre juridique appartenant à la catégorie du droit de l'intégration[1082].

L'expression « intégration » trouve sa place dans quatre constitutions nationales. Le texte argentin donne des compétences au Congrès national pour « approuver des traités d'*intégration*[1083] ». La charte brésilienne affirme que « la République fédérative du Brésil recherchera l'*intégration* économique, politique, sociale et culturelle des peuples d'Amérique latine[1084] ». La Constitution uruguayenne énonce que « la République recherchera l'*intégration* sociale et économique des États d'Amérique latine[1085] ». Enfin, la Constitution vénézuélienne, beaucoup plus complète, indique que « la République favorise et encourage l'intégration latino-américaine et des pays des Caraïbes, afin de progresser vers la création d'une communauté des nations qui défende l'environnement économique, social, culturel, politique et environnemental de la région. »

La seule constitution qui ne mentionne pas l'expression « intégration » est celle du Paraguay : « La République du Paraguay, sur un pied d'égalité

[1082] Comme l'affirme le professeur VENTURA « Au sein du Mercosur, la véritable question consiste à savoir si leurs normes constitutionnelles respectives permettent la reconnaissance d'une certaine singularité au droit de l'intégration ou si elles autorisent l'appartenance des États à un organe capable de constituer une source de droit autonome ». Ventura (Deisy), *op. cit.*, 2003, p. 141.

[1083] Constitution Nationale Argentine, art. 75 § 24.

[1084] Constitution de la République Fédérative du Brésil, art. 4.

[1085] Constitution de la République orientale de l'Uruguay, art. 6.

avec les autres États, admet un ordre juridique *supranational* ». Ainsi, à l'exemple des constitutions argentine et vénézuélienne, elle va plus loin en incluant l'expression « supranationale[1086] ». Ce qui permet à ces États d'appartenir à une organisation de ce type et à lui céder une partie de leurs compétences législatives ou juridictionnelles.

212. L'intégration économique est donc spécifiquement prévue par les constitutions uruguayenne, paraguayenne, brésilienne et vénézuélienne qui la prévoient de surcroît de large ampleur. Premièrement, ces États sont ouverts à l'intégration sociale. Deuxièmement, les constitutions brésilienne, paraguayenne et vénézuélienne envisagent également l'intégration culturelle et politique. Pour dissiper l'impression d'intégration exclusivement économique de la constitution uruguayenne, la doctrine soutient que le mandat de la constitution oriente prioritairement l'intégration vers l'économie et le social, mais n'exclut pas pour autant d'autres dimensions de l'intégration qui peuvent lier les peuples[1087].

Le texte constitutionnel argentin ne spécifie pas le domaine de l'intégration. Mais ce manque de clarté ne constitue pas un inconvénient. Considérant qu'il est l'un des plus récents parmi les pays du Mercosur (1994), qu'il a participé activement à la conclusion des accords d'intégration, cette particularité doit davantage s'envisager comme le reflet de la volonté du législateur de ne pas restreindre les possibilités d'accords d'intégration.

213. Le fait que les constitutions brésilienne, paraguayenne et vénézuélienne visent spécifiquement à l'intégration politique, que la doctrine défende l'idée que la constitution uruguayenne cherche une intégration à une échelle plus large, et que le législateur argentin a préféré ne pas limiter expressément la signification de l'intégration, permet le développement d'un droit finalement très singulier au Mercosur, qui se détache du droit international, pour s'orienter vers un droit d'intégration. Les constitutions ne tardent pas à caractériser ce droit de l'intégration comme étant celui de l'Union même s'il constitue en fin de compte un modèle distinct.

L'analyse des constitutions des États membres du Mercosur fait ressortir un deuxième élément : la place occupée par les normes d'intégration dans l'ordre juridique interne.

[1086] Constitution du Paraguay, art. 145.

[1087] Granillo Ocampo (Raul), *op. cit.*, p. 110.

B. Les normes d'intégration dans les droits constitutionnels des États membres

214. Dans le droit constitutionnel, le respect des principes de la primauté et de l'applicabilité immédiate de la norme communautaire est lié à la théorie de la hiérarchie de normes juridiques : c'est-à-dire à la question de la place des règles d'intégration dans la hiérarchie des normes.

215. Tout d'abord, il convient de préciser que parmi les cinq États membres du Mercosur, seules les constitutions argentine et vénézuélienne comprennent des énoncés sur la place des traités d'intégration dans la hiérarchie des normes internes. D'après leurs textes constitutionnels, les traités d'intégration ont une valeur supérieure aux lois[1088]. Les autres constitutions restent muettes sur ce sujet.

Seule l'interprétation de leurs constitutions amène à conclure que les traités d'intégration ont la même valeur que les traités internationaux dans les trois autres pays : l'Uruguay, le Brésil et le Paraguay[1089].

Cependant, si cette interprétation est retenue, ce cadre peut générer un risque pour les lois produites par le Mercosur ; car au Brésil et en Uruguay, les traités internationaux ont la même valeur que les lois[1090]. De ce fait, les règles du Mercosur pourraient être remises en cause par des législations nationales plus récentes[1091].

216. Cette place des traités d'intégration dans la pyramide des normes nationales constitue donc un obstacle potentiel au développement du processus d'intégration régionale, car le principe de la primauté ne peut pas être respecté dans les faits[1092.] Ce développement du processus d'intégration

---

[1088] Constitution argentine, art. 75 § 24 et Constitution vénézuélienne, art. 153.

[1089] Comme analysé au §1, section II, chapitre II, titre I de la première partie, susénoncé, au Paraguay les traités internationaux sont placés dans un rang supralégal tandis qu'au Brésil et en Uruguay, ils possèdent la même place dans la hiérarchie que les lois.

[1090] Pas le Paraguay, où les traités internationaux se trouvent à une hiérarchie supralégale.

[1091]Rocha d'Angelis (Wagner), *op. cit.*, p. 389.

[1092]Le professeur TORRENT affirme que si les États membres du Mercosur veulent constituer un marché commun, ils doivent procéder à un nivellement constitutionnel qui accorde la

est rendu d'autant plus difficile qu'il n'existe aucune réglementation pour les processus d'incorporation des normes internationales et, il va de soi, d'autant moins pour des normes d'intégration, dans les ordres juridiques des États membres du Mercosur.

Cette absence de réglementation vient du fait que seuls deux États parmi les cinq sont de tradition dualiste : le Brésil, et l'Uruguay. Ceci oblige l'incorporation de la norme externe de façon non automatique dans le droit interne. À l'inverse, en Argentine et au Paraguay, les normes produites au sein du Mercosur sont automatiquement accueillies dans leur droit national[1093].

Dans ces deux pays, il pourrait y avoir application immédiate de la norme du Mercosur, si ce principe existait en son sein[1094], mais pas dans les autres pays. Outre une difficulté au niveau de l'incorporation et de l'application du corpus juridique du Mercosur dans les droits nationaux, l'adhésion de certains pays à la théorie dualiste provoque aussi une insécurité juridique[1095].

Faute de clarté des traités constitutifs et au vu des caractéristiques du droit constitutionnel de chaque État membre du Mercosur, il semble que l'ordre juridique mercosurien ait une nature juridique propre. Ce qui crée un droit propre au Mercosur, différent du droit d'intégration pur et pas encore aussi avancé que celui du droit de l'Union européenne.

Ces particularités du droit du Mercosur sont observées également dans son corpus normatif.

---

valeur préférentielle aux traités internationaux. Torrent (Ramon), « Una aproximación a la anatomía del Mercosur real », *in* Berlinski (Julio) *et al.* (coord.), *15 años de* Mercosur*: comercio, macroeconomía e inversiones extranjeras*, Montevideo, Red Mercosur, 2006, p. 17.

1093 Le chercheur MAZET pense que la « La pesanteur de la théorie dualiste et ses effets négatifs en termes d'intégration mettent en évidence un phénomène d'asymétrie constitutionnelle au sein du Mercosur (…) Une telle asymétrie constitue un obstacle dirimant à l'établissement d'un système juridique commun ». Mazet (Guy), « Le caractère marginal du Mercosur », *in* Van Eeuwen (Daniel) et Duquette (Michel) (dir.), *Les nouveaux espaces d'intégration*, CREALC /IEP – Université du Québec à Montréal, Karthala, Paris, 2005, p. 132.

1094 Dans le Mercosur ce n'est pas l'applicabilité immédiate qui prime, mais l'applicabilité simultanée.

1095 Daniel (Justin), « Les nouvelles dynamiques de regroupements politiques », *in* Jos (Emmanuel) *et al* (dir.), *Les nouvelles tendances de la coopération et de l'intégration régionales dans l'espace Amérique-Caraïbes, Actes du colloque*, Paris, Cujas, 2011, p. 32.

Section II : Le cadre normatif du Mercosur

217. Le cadre normatif du Mercosur représente l'un des meilleurs exemples de la nature évolutive de ce système. Les sources du droit du Mercosur l'attestent (§1) ainsi que la présence des droits de l'homme en tant qu'objet possible de ses actes juridiques (§2).

§1 Les sources du droit du Mercosur

218. Concrétisé par trois étapes historiques[1096], le développement des sources du Mercosur peut s'appréhender selon trois catégories comprenant des normes originaires, des normes dérivées et des normes de droit international.

A. Les normes originaires

219. Les normes originaires[1097] du Mercosur sont celles qui permettent à ce groupe d'intégration d'exister. Il s'agit donc du droit originaire constitué de traités, de protocoles et d'accords qui, ensemble, forment le cœur du processus d'intégration[1098]. Certains d'entre ces derniers méritent davantage

---

[1096] À l'opposé de ce à quoi l'on pourrait s'attendre, les sources du Mercosur n'ont pas été définies par le Traité d'Asunción de 1991. Elles ont été dévoilées tout d'abord par le Protocole de Brasilia de 1991, puis par le Protocole d'Ouro Preto, de 1994, et enfin par le Plan de Travail 2004-2006.

[1097] Appelées également « normes constitutives » par Dromi (Roberto), Ekmekdjian (Miguel-Angel) et Rivera (Julio C.), *op. cit.*, p. 213.

[1098] Les instruments qui forment le droit originaire mercosurien sont : le Traité d'Asunción ; le Protocole de Brasilia ; le Protocole d'Ouro Preto ; le Protocole de Olivos ; le Protocole d'Ushuaia relatif à l'engagement démocratique ; le Protocole de Coopération et Assistance Juridictionnelle en Matière Civile, Commerciale, du travail et Administrative ; le Protocole

que l'on s'y attarde afin de comprendre que la création du Mercosur s'est effectuée en deux phases : l'une transitoire et l'autre définitive. Eu égard à cette observation, une comparaison avec certaines normes constitutives des Communautés européennes ou de l'Union européenne paraît pertinente[1099].

220. L'objectif premier de l'intégration européenne a été d'éviter une autre guerre et de pacifier les nations ennemies, particulièrement les deux puissances européennes, la France et l'Allemagne, qui sortaient exsangues de la Seconde Guerre, Les États d'Amérique latine ne souffraient pas, eux, des séquelles de la guerre, mais des dictatures militaires.

Telle était la situation que connaissaient la plupart des pays du Mercosur. En particulier deux d'entre eux n'en venaient pas au point de déclencher une troisième guerre mondiale, mais manifestaient de nombreux désaccords et vivaient une crise économique intense : l'Argentine et le Brésil. L'intégration économique a aidé ces deux géants latino-américains à sortir de la crise politique qui minait leur relation et leur économie. Cette réconciliation entre l'Argentine et le Brésil a permis une réorientation de leurs économies dans le sens de l'ouverture de leurs marchés et également, selon le politologue DABENE, constitué « le garde-fou face aux velléités autoritaires »[1100].

221. Le contexte qui a motivé la rédaction du Traité de Paris pourrait donc bien être comparé à celui du Traité d'intégration, de coopération et de développement entre l'Argentine et le Brésil. Le Traité de Paris a institué en 1951 la Communauté européenne du charbon et de l'acier (ci-après *CECA*) entre la France, l'Allemagne, l'Italie, la Belgique, le Luxembourg et les Pays-Bas[1101] et le Traité d'intégration, de coopération et de développement

---

d'Asunción relatif à l'engagement pour la promotion et la protection des droits de l'homme dans le Mercosur ; le Protocole portant création du Parlement du Mercosur ; le Protocole d'adhésion de la République bolivarienne du Venezuela au Mercosur ; l'Accord siège entre le Mercosur et la République orientale de l'Uruguay pour le fonctionnement du Secrétariat administratif ; l'Accord sur l'extradition entre les pays du Mercosur, l' Accord sur la traite des migrants entre les pays du Mercosur, et le Protocole sur la promotion et la protection des droits de l'homme.

[1099] Pour établir cette comparaison, il faut prendre en compte le niveau de développement du Mercosur.

[1100] Dabène (Olivier), « La relance du Mercosur. Ouro Preto II ou le temps des réformes politiques », *Critique internationale*, n° 26, 2005, p. 35.

[1101] Traité de Paris du 18 avril 1951, entré en vigueur le 1er janvier 1952.

atteste de la même volonté d'intégration et de coopération économique entre le Brésil et l'Argentine en 1988[1102].

Cependant, cette intégration économique latino-américaine ne sera réelle qu'après la signature du Traité d'Asunción de 1991[1103], quand le Brésil et l'Argentine, suivis de l'Uruguay et du Paraguay envisageront l'établissement d'un marché commun[1104]. Au sein de l'intégration européenne, un instrument international, le Traité de Rome de 1957, en a écrit l'étape décisive[1105]. Ainsi, naissaient officiellement le Mercosur et la Communauté économique européenne (ci-après *CEE*).

Ces deux traités, celui d'Asunción et de Rome, avaient pour objectif prioritaire la construction d'un marché commun. Cependant, ni le Mercosur ni la Communauté économique européenne ne l'ont atteint dans les délais prévus par les traités : le Mercosur devait avoir constitué son marché commun avant le 31 décembre 1994 et la CEE à la fin des années 1960.

222. Ainsi, ces deux organisations se sont fixé de nouveaux objectifs pour le perfectionnement du développement de leur intégration économique. Le Mercosur décide de ralentir ses démarches et de créer des étapes : tout d'abord concrétiser une union douanière, puis un marché commun. Le préambule du Protocole d'Ouro Preto témoigne de cette volonté[1106] : « Conscientes de l'importance des progrès accomplis et de l'instauration de l'union douanière en tant qu'étape vers l'édification du Marché commun ». L'union douanière et le marché commun seraient, selon les mots de Pierre PESCATORE, l'objectif communautaire intermédiaire et la finalité lointaine du processus d'intégration du Mercosur[1107].

La Communauté économique européenne maintient son objectif de constitution d'un marché intérieur, mais le repousse en 1992, et projette son achèvement dans l'article 7 a de l'Acte unique européen de 1986 : « La

[1102] Traité d'intégration, de coopération et de développement entre l'Argentine et le Brésil, du 29 novembre 1988.

[1103] Traité d'Asunción du 26 mars 1991, entré en vigueur le 29 novembre 1991.

[1104] Le professeur VENTURA s'interroge sur la qualité du Traité d'Asunción : un simple accord-cadre adapté à l'intégration économique ou un accord constitutif d'une nouvelle organisation internationale ?, Ventura (Deisy), *op. cit.*, 2003, p. 35.

[1105] Traité de Rome du 25 mars 1957, entré en vigueur le 1er janvier 1958.

[1106] Protocole d'Ouro Preto du 17 décembre 1994, entré en vigueur le 15 décembre 1995.

[1107] Pescatore (Pierre), *op. cit.*, 2005, p. 25.

Communauté arrête les mesures destinées à établir progressivement le marché intérieur au cours d'une période expirant le 31 décembre 1992[1108] ». Alors que l'intégration européenne atteint désormais son but[1109], le Mercosur n'en réalise qu'une partie. Le Mercosur ne réussira qu'à dépasser le modèle de zone de libre-échange pour aboutir à un modèle d'union douanière.

Nous constatons que la naissance d'un marché commun dans le Mercosur s'est opérée lentement tel que cela avait été prévu au départ : le Traité d'Asunción se définit lui-même comme une phase transitoire pour l'établissement d'un marché commun[1110].

Mais, outre le fait d'annoncer un développement du processus d'intégration économique très long, le Traité d'Asunción subit également des critiques pour son manque de consistance juridique et matérielle[1111] due à une rédaction superficielle et incomplète.

Cette critique paraît pour le moins sévère. Car depuis le début, ce Traité devait être un traité-cadre[1112], c'est-à-dire, qu'il appartenait aux États destinataires d'adopter les mesures adéquates pour atteindre l'objectif qu'il fixait[1113]. Ce traité-cadre avait un caractère évolutif qui impliquait d'organiser le passage du régime de l'époque à celui du marché commun et s'adapter à la situation[1114]. Cependant, cette critique n'est pas totalement

---

1108 Acte unique européen des 17 et 8 février 1986, au Luxembourg et à La Haye, entré en vigueur le 1er juillet 1987.

1109 La CEE, comme on le sait, va se développer dans le sens d'une union économique et monétaire — but fixé par le Traité de Maastricht de 1992, dit le Traité sur l'Union européenne (TUE). Ce dernier a été modifié par le Traité d'Amsterdam (du 2 octobre 1997), par le Traité de Nice (du 26 février 2001) et puis par le Traité de Lisbonne (du 13 décembre 2007).

1110 Traité d'Asunción, art. 18 : « *Antes del establecimiento del Mercado Común, el 31 de diciembre de 1994, los Estados Partes convocarán a una reunión extraordinaria con el objeto de determinar la estructura institucional definitiva de los órganos de administración del Mercado Común, así como las atribuciones específicas de cada uno de ellos y su sistema de adopción de decisiones* ». (Avant la création du Marché commun, le 31 décembre 1994, les États parties convoqueront une réunion extraordinaire en vue de définir la structure institutionnelle définitive des organes administratifs du Marché commun, les attributions exactes de chacun d'entre eux et les modalités de la prise de décisions – traduction selon la version française déposée aux Nations unies).

1111 Fernández (Gonzalo), « El Mercosur y la regionalización del derecho penal », *in* Torres Kirmser (José Raul) (org.), *Seminario Internacional de Asunción en el ámbito del Mercosur: actas*, Instituto de Ciencias Penales, 2e éd., Asunción, 1996, p. 243.

1112 Torrent (Ramon), *op. cit.*, p. 36.

1113 Explication de loi-cadre apportée par Jacqué (Jean-Paul), *op. cit.*, 2012, p. 549.

1114 Baptista (Luis Olavo), *op. cit.*, p. 35.

injustifiée, car il naît avec des lacunes qui devaient être comblées ultérieurement. Un traité qui, selon Héctor GROS ESPIELL, n'a pas créé le Mercosur, mais n'a fait qu'établir un processus, une forme et un contenu pour la construction du Mercosur en tant que véritable intégration économique[1115].

223. L'instrument qui affine le projet d'intégration du Mercosur, tout en mettant fin à cette phase transitoire et qui entame une phase presque définitive[1116], concerne le Protocole d'Ouro Preto. Cependant, la phase définitive qu'il atteint n'est toujours pas celle de l'établissement d'un marché commun, il s'agit seulement d'une union douanière. Et une union douanière imparfaite, car, à l'opposé, une union douanière (parfaite) impliquerait l'adoption d'un tarif extérieur commun, et par conséquent, l'adoption d'un traitement commercial équivalent pour les produits provenant de pays tiers[1117]. Lors du Sommet des présidents du Mercosur en 2010 à Foz do Iguaçu un programme de consolidation de l'union douanière a été adopté ; les chefs de gouvernements mercosuriens ont décidé que ce modèle d'intégration devrait être établi jusqu'en 2019[1118].

224. Malgré cela, le Protocole d'Ouro Preto constitue l'une des « étapes de relance[1119] » importantes du processus d'intégration régional : il conduit à une restructuration institutionnelle (attendue depuis l'entrée en vigueur du Traité d'Asunción[1120]) et à un énoncé des sources juridiques du Mercosur[1121].

[1115] Gros Espiell (Hector), « El Tratado de Asunción y algunas cuestiones jurídicas que plantea », *Revista Jurídica del Centro de Estudiantes de Derecho*, 1991, Año II, n 5, Fundación de Cultura universitaria, Montevideo, p. 9.

[1116] Baptista (Luis Olavo), *op. cit.*, p. 53.

[1117] Le professeur SALOMONI soutient que dans le cas du Mercosur, l'union douanière imparfaite serait l'association qui a échoué dans son intégralité, soit parce que les États ne lui ont pas donné toutes les exigences imposées soit en raison de l'existence des échéanciers qui guident temporairement sa configuration ce qui ne constitue pas toutefois une zone de libre-échange. Salomoni (Jean-Louis), « El origen, la organización y el funcionamiento del Mercosur », *in* Cienfuegos Salgado (David) *et al.* (coord.), *Estudios en homenaje a Don Jorge Fernandez Ruiz. Derecho internacional y otros temas,* Universidad Nacional Autónoma de México, México, 2005, p. 359.

[1118] Décision du CMC n° 56/10, adoptée à Foz do Iguaçu le 16 décembre 2010.

[1119] Dabène (Olivier), « La relance du Mercosur. Ouro Preto II ou le temps des réformes politiques », *Critique internationale,* n° 26, 2005, p. 35.

[1120] Le professeur PUCEIRO RIPOLL parle du système précaire *mercosurien* faute du Traité d'Asunción, Puceiro Ripoll (Roberto), « Nuevos Mecanismos institucionales del Mercosur: ¿Desarrollos orgánicos o prótesis forzadas », *in Liber amicorum en homenaje al profesor Dr. Didier Opertti Badán*, Montevideo, Fundación de Cultura Universitaria, 2005, p. 908.

[1121] Protocole d'Ouro Preto, art. 41: « *Las fuentes jurídicas del Mercosur son: I - El Tratado de Asunción, sus protocolos y los instrumentos adicionales o complementarios; II - Los*

Ce protocole est donc un instrument vital pour le Mercosur en ce qui concerne la structure institutionnelle, probablement comme l'a été l'Acte unique européen pour la Communauté économique européenne. Car si les traités constitutifs se sont contentés de préciser les institutions de base pour pouvoir entamer leur travail, les deux autres proposent soit une nouvelle structure, soit le changement des règles de fonctionnement.

225. Ainsi, le Traité d'Asunción a instauré le Conseil du marché commun et le Groupe du marché commun[1122] tandis que le Traité de Rome a établi l'Assemblée parlementaire, le Conseil, la Commission et la Cour de justice[1123]. Ultérieurement, le Protocole d'Ouro Preto a institué la Commission de commerce du Mercosur, le Forum consultatif économique et social, le Secrétariat administratif du Mercosur et a reconnu la Commission parlementaire conjointe comme étant une institution effective du groupe[1124]. L'Acte unique européen a également réalisé une restructuration de la Communauté économique européenne, avec la mention du Conseil européen dans le corps du traité et l'instauration du Tribunal de première instance[1125].

---

acuerdos celebrados en el marco del Tratado de Asunción y sus protocolos; III - Las Decisiones del Consejo del Mercado Común, las Resoluciones del Grupo Mercado Común y las Directivas de la Comisión de Comercio del Mercosur, adoptadas desde la entrada en vigor del Tratado de Asunción ». (Le droit du Mercosur procède des sources suivantes : I. Le Traité d'Asunción, ses protocoles et les instruments additionnels ou complémentaires; II. Les accords conclus dans le cadre du Traité d'Asunción et de ses protocoles; III. Les décisions du Conseil du Marché commun, les résolutions du Groupe du Marché commun et les directives de la Commission du commerce du Mercosur, adoptées depuis l'entrée en vigueur du Traité d'Asunción —traduction selon version en français déposée aux Nations unies).

1122 Traité d'Asunción, art. 9 : « *La administración y ejecución del presente Tratado y de los acuerdos específicos y decisiones que se adopten en el marco específico y decisiones que se adopten en el marco jurídico que el mismo establece durante el período de transición, estará a cargo de los siguientes órganos: a) Consejo del Mercado Comun; b) Grupo del Mercado Común* ». (L'administration et la mise en œuvre du présent Traité ainsi que des accords spécifiques et décisions qui seront adoptés dans le cadre juridique de celui-ci pendant la période de transition, seront à la charge des organes suivants : a) Conseil du Marché Commun ; b) Groupe Marché Commun – traduction selon la version française déposée aux Nations unies).

1123 Traité de Rome, articles 137 à 188. Une cour de justice existait déjà à l'époque de la CECA.

1124 Protocole d'Ouro Preto, art. 1er: « La estructura institucional del Mercosur contará con los siguientes órganos: I - El Consejo del Mercado Común (CMC); II - El Grupo Mercado Común (GMC); III - La Comisión de Comercio del Mercosur (CCM); IV - La Comisión Parlamentaria Conjunta (CPC); V — El Foro Consultivo Económico-Social (FCES); VI — La Secretaría Administrativa del MERCOSUR » (traduction selon la version française déposée aux Nations unies).

1125 Acte unique européen, art. 2 et 4.

226. Enfin, le Protocole d'Ouro Preto joue de nouveau un rôle important dans le cadre normatif du Mercosur. Il octroie en effet la personnalité juridique de droit international au Mercosur et lui confère des compétences[1126]. Il revient au Conseil du marché commun le pouvoir d'« agir comme titulaire de la personnalité juridique du Mercosur »[1127]. En Europe, la Communauté économique européenne possède cette personnalité juridique internationale depuis le Traité de Rome[1128], et l'Union européenne [1129]en dispose depuis l'entrée en vigueur du Traité de Lisbonne, en 2009, moment où elle a par conséquent pu réaliser des accords avec des organisations internationales ou avec des États tiers[1130].

227. Au fur et à mesure de l'évolution du Mercosur et de la Communauté économique européenne, d'autres institutions ont vu le jour. Dans le Mercosur, le Protocole de Olivos pour la résolution des controverses, de 2002, a instauré un Tribunal permanent de révision. Alors que dans l'Union européenne, le Traité de Bruxelles a établi la Cour des comptes européenne[1131]. Le Traité de Maastricht a attribué une nouvelle appellation à l'Assemblée unique[1132] lui substituant celle de « Parlement européen » et a

---

[1126] Protocole d'Ouro Preto, art. 34 : « *El Mercosur tendrá personalidad jurídica de Derecho Internacional.* » (Le MERCOSUR est doté de la personnalité juridique de droit international). Art. 35 : « *El Mercosur podrá, en el uso de sus atribuciones, practicar todos los actos necesarios para la realización de sus objetivos, en especial contratar, adquirir o enajenar bienes muebles e inmuebles, comparecer en juicio, conservar fondos y hacer transferencias* ». (Le Mercosur peut, dans le cadre de ses attributions, effectuer tous les actes nécessaires à la réalisation de ses objectifs, notamment s'obliger, acquérir ou aliéner des biens meubles et immeubles, ester en justice, détenir et virer des fonds - traduction selon la version française déposée aux Nations unies).

[1127] Protocole d'Ouro Preto, art. 8: « *Son funciones y atribuciones del Consejo del Mercado Común: (...) Negociar y firmar acuerdos, en nombre del Mercosur, con terceros países, grupos de países y organismos internacionales. Dichas funciones podrán ser delegadas por mandato expreso al Grupo Mercado Común en las condiciones establecidas en el inciso VII del artículo XIV* » (Le Conseil du marché commun a les fonctions et attributions suivantes (...) négocier et signer des accords au nom du Mercosur, avec des pays tiers, des groupes de pays et des organismes internationaux – traduction selon la version française déposée aux Nations unies).

[1128] Traité de Rome, art. 210 : « La Communauté a la personnalité juridique ».

[1129] Sur la personnalité juridique internationale de l'Union européenne, voir Constantinesco (Vlad) et Petculescu (Ioana), « La personnalité de l'Union », *in* Constantinesco (Vlad) ; Gautier (Yves) ; Michel (Valérie) (dir), *Le traité établissant une Constitution pour l'Europe, analyses et commentaires*, Strasbourg, PUS, 2005, p. 65 à 75.

[1130] Traité de Lisbonne du 13 décembre 2007, entré en vigueur le 1er décembre, nouvel art. 24.

[1131] La Cour des comptes a été créée par le Traité de Bruxelles, du 22 juillet 1975, et conçue comme institution européenne lors de l'entrée en vigueur du Traité de Maastricht.

[1132] L'Assemblée unique a été prévue par la Convention relative à certaines institutions communes aux Communautés, de 1957, lors de la fusion de l'Assemblée de la CECA, de la CEE et le da CEEA.

créé la Banque centrale européenne. Et enfin le Traité de Lisbonne a conçu cette Banque comme une institution de l'Union à part entière.

B. Les normes dérivées

228. Parmi les sources du Mercosur se trouvent également des normes que l'on peut qualifier de dérivées. Il s'agit de normes adoptées par les institutions qui gouvernent les groupes d'intégration économique. Pour cette raison elles sont encore appelées *normes opératives*[1133]. Ce sont elles qui vont composer le système des actes juridiques du Mercosur, comme celui de l'Union européenne et qui « perfectionnent la structure institutionnelle communautaire »[1134]. À la différence du système normatif européen, au sein du Mercosur, chaque institution est compétente pour adopter un acte juridique spécifique, mais ces normes dérivées se caractérisent par une certaine imprécision en ce qui concerne leurs buts et leurs destinataires.

229. La grande différence entre les actes juridiques du Mercosur et ceux de l'Union européenne concerne la spécificité de la compétence de chaque institution à adopter les normes mercosuriennes à l'opposé d'une certaine indétermination des actes de l'Union européenne. Il faut en effet, préciser que, dans le Mercosur, chaque institution élabore un acte précis : le Conseil adopte des décisions et recommandations ; le Groupe produit des résolutions, et la Commission de commerce propose des directives[1135]. Contrairement à l'Union européenne où les deux institutions législatrices par excellence le Conseil de l'Union européenne et le Parlement européen, sur proposition de la Communauté européenne sont compétentes pour édicter tant des règlements, que des directives, des décisions, des avis et des recommandations.

La plupart des actes juridiques sont énoncés dans le Protocole d'Ouro Preto[1136] et dans le Traité sur le fonctionnement de l'Union européenne (ci-

[1133] Dromi (Roberto), Ekmekdjian (Miguel-Angel) et Rivera (Julio C.), *op. cit.*, p. 213.

[1134] *Ibid.*, p. 214.

[1135] D'ailleurs, Guido SOARES rappelait qu'au Mercosur il existe une hiérarchie des normes dérivées, en fonction des institutions qui les produisent. Dans l'Union européenne, les dénominations prennent en compte leurs effets dans l'ordre interne des États membres et le caractère contraignant pour les gouvernements et les autorités communautaires. Soares (Guido), op. cit., p. 135.

[1136] Protocole d'Ouro Preto, art. 9, 15 et 20. Art. 9 : « *El Consejo del Mercado Común se*

après « *TFUE* »)[1137]. Cependant certains actes sont hors de la nomenclature des traités ; tels les accords, déclarations et communiqués pour le Mercosur et les résolutions, déclarations, programmes d'action, instructions, communications, déclarations, accords interinstitutionnels, codes de conduite, règlements internes, lignes directrices[1138] pour l'Union européenne.

La différence qui caractérise l'ensemble de ces actes juridiques a un lien avec leur caractère contraignant. Il y a ceux qui sont obligatoires (les décisions, les résolutions et les directives du Mercosur et les règlements, les directives et les décisions de l'Union européenne) et ceux qui ne le sont pas (les recommandations du Conseil du marché commun et les recommandations et avis du Parlement, Commission et Conseil de l'Union européenne)[1139].

230. De prime abord, le système normatif du Mercosur peut être considéré comme efficace puisqu'il attribue une valeur contraignante à ses principaux actes normatifs dérivés. Il faut rappeler cependant qu'en vertu de l'article 38 du Protocole d'Ouro Preto, ces actes n'acquièrent une réelle efficacité qu'après leur réception dans l'ordre juridique interne des États membres, ce qui rapproche finalement ces actes de ceux du droit international.

À l'inverse, cette *non-distinction* du système d'actes juridiques européens n'est pas aussi simple qu'il n'y paraît. Chaque acte a en fait des caractéristiques propres selon leurs buts et leurs destinataires, différemment du Mercosur qui, à travers son Protocole d'Ouro Preto, se contente de

---

pronunciará mediante Decisiones, las que serán obligatorias para los Estados Partes » (Le Conseil du Marché commun se prononce au moyen de décisions qui ont force exécutoire pour les États Parties); art. 15 : « *El Grupo Mercado Común se pronunciará mediante Resoluciones, las cuales serán obligatorias para los Estados Partes* » (Le Groupe du Marché commun se prononce au moyen de résolutions qui sont exécutoires pour les États Parties); art. 20 : « *La Comisión de Comercio del Mercosur se pronunciará mediante Directivas o Propuestas. Las Directivas serán obligatorias para los Estados Partes* » (La Commission du commerce du Mercosur se prononce au moyen de directives ou de propositions. Ses directives ont force exécutoire pour les États Parties – traduction selon la version française déposée aux Nations unies).

[1137] Traité sur le fonctionnement de l'Union européenne, art. 288.

[1138] Liste non exhaustive des « *actes hors nomenclature ou actes innomés* » proposée dans Masson (Antoine) et Nihoul (Paul), *op.cit.*, p. 60.

[1139] Bien évidemment, pour ceux qui n'ont même pas de prévision légale, il n'y a aucune possibilité d'avoir de force obligatoire.

disposer que « les décisions, résolutions et directives sont la façon dont les organes se manifestent »[1140] sans développer plus avant.

Les règlements constituent l'un des plus importants actes juridiques de l'Union européenne[1141], puisqu'ils visent à créer un même droit pour toute l'Union : son utilisation garantit ainsi l'unification juridique de l'Union. Ils ont inévitablement un impact dans les ordres juridiques nationaux, car les États membres sont tenus d'appliquer de manière complète leurs dispositions.

Les directives cherchent un rapprochement des législations nationales par une convergence progressive. Ainsi, elles ne remplacent pas les règles juridiques nationales, comme le font les règlements, mais imposent aux États membres l'adaptation de leur droit national aux buts établis par le droit de l'Union européenne, par les opérations de transposition[1142] et de mise en œuvre, dans un délai fixé par la directive.

Les décisions sont des actes juridiques par lequel les institutions communautaires statuent sur des cas particuliers. Au moyen d'une décision, les institutions peuvent exiger d'un État membre ou d'un ressortissant de l'Union qu'il agisse ou qu'il s'abstienne d'agir, lui conférer des droits ou lui imposer des obligations[1143]. Elles ont une portée individuelle ou générale et sont obligatoires. Le professeur SIMON rappelle que, du point de vue de la répartition des compétences, il s'agit d'une mesure d'exécution

---

1140 D'ailleurs, le professeur DALLARI affirme que dans l'actuelle structure du Mercosur, les délibérations originaires de ses instances ne constituent pas des normes juridiques stricto sensu, mais plutôt des déterminations politiques qui lient les États membres à la promotion d'adéquations aux ordres juridiques internes respectifs. Dallari (Pedro), « O Mercosul perante o sistema constitucional brasileiro », *in* Basso (Maristela) (org.), *Mercosul: seus efeitos jurídicos, econômicos e políticos nos Estados-membros,* Porto Alegre, Livraria do Advogado, 1994, p. 12.

1141 Le professeur SIMON explique qu'à l'époque de la CEE le règlement était l'expression la plus caractéristique du pouvoir normatif de la Communauté ; sa nature d'acte à portée générale, obligatoire dans tous ses éléments et directement applicable dans tous les États membres en fait l'instrument privilégié d'exercice de la fonction législative communautaire. Simon (Denys), *Le système juridique communautaire*, 3e éd., Paris, PUF, 2001, p. 318.

1142 Si le mot 'transposition' est employé couramment dans le cadre communautaire, les auteurs mercosuriens n'ont pas fait de distinction entre les deux notions, à savoir 'transposition' et 'incorporation', utilisant indistinctement l'une et l'autre pour signifier le processus de mise en œuvre du droit du Mercosur en droit interne. Ventura (Deisy), *op. cit.,* 2003, p. 124-131.

1143 Site de l'Union européenne :
http://ec.europa.eu/eu_law/introduction/what_decision_fr.htm, consulté le 16 mai 2012.

administrative, destinée à mettre en œuvre les politiques de l'Union pour des cas individuels [1144](avant le Traité de Lisbonne, quand elles n'avaient qu'une portée individuelle[1145]).

Enfin, les avis et recommandations sont des actes non obligatoires pour les États membres ; ils ne lient pas[1146]. Ils permettent aux institutions de se prononcer sur une situation réelle ou imminente, ou sur certaines matières que les États ne sont pas préparés à accepter ou qu'ils refusent[1147].

Pareillement aux recommandations issues du Conseil du marché commun du Mercosur, les avis et recommandations de l'Union européenne n'ont pas de force obligatoire. Ils ont cependant leur importance, davantage d'ordre politique et morale dans la mesure où ces recommandations peuvent avoir des effets juridiques indirects, dès que sont créées des conditions favorables à l'adoption de futurs actes juridiques obligatoires.

231. Pour ce qui concerne les destinataires sur lesquels sont produits les effets des actes juridiques, encore une fois les actes européens se montrent bien plus spécifiques que ceux du Mercosur. Cette particularité vient du fait que chaque acte européen vise une catégorie de personnes. Ainsi, les règlements et directives sont adressés à tous, de façon générale et abstraite (par exemple aux États membres seulement pour les directives, à leurs institutions, aux citoyens, aux entreprises pour les règlements); les directives n'ont pour seuls destinataires les États membres ; les décisions concernent des destinataires au nombre limité et ciblé. Contrairement au Mercosur, où les décisions, résolutions et directives sont systématiquement à destination des seuls États membres[1148].

Cet état de fait témoigne de la grande dissemblance entre l'Union européenne et le Mercosur, où les sujets de droit ne se limitent qu'aux États membres, expliquant ainsi l'absence du principe de l'effet direct dans les

[1144] Simon (Denys), *op. cit.,* p. 332.

[1145] Remarque de Jacqué (Jean-Paul), *op. cit.,* 2012, p. 551.

[1146] Le professeur JACQUE soutient que l'objet de la recommandation est d'inviter ses destinataires à adopter un comportement déterminé. Jacqué (Jean-Paul), *op. cit.,* 2012, p. 552.

[1147] Puceiro Ripoll (Roberto), *op. cit.,* p. 924.

[1148] Me ASSIS ALMEIDA est d'un avis contraire. Il considère que les destinataires des normes du Mercosur peuvent être des destinataires objectifs (marchandises, services destinés à la libre circulation, etc.) et subjectifs (États membres et les particuliers - personnes physiques et morales) puisqu'ils sont « titulaires des droits et devoirs imposés par la création et le fonctionnement du Mercosur ». Assis de Almeida (José Gabriel), *op. cit.,*2005, p. 42.

États du Mercosur. Qu'il s'agisse de simplifier la rédaction du Protocole d'Ouro Preto ou de ne pas porter une attention particulière à la réflexion sur les actes juridiques de cette organisation, la question pourrait se trouver au cœur de la réforme institutionnelle envisagée depuis longtemps au sein du Mercosur. Une réforme qui était très attendue en 2004, avec l'adoption d'un Ouro Preto II, mais qui n'a jamais vu le jour[1149].

C. Les normes de droit international

232. Le troisième niveau de la classification des normes juridiques du Mercosur définie par les juristes DROMI, RIVERA, et Miguel-Angel EKMEKDJIAN distingue les normes qui lient institutionnellement le Mercosur à des pays tiers, groupes de pays ou organismes internationaux[1150]. Plusieurs exemples sont envisageables, à l'instar du Traité de libre commerce entre le Mercosur et l'État de Palestine, de l'Accord-cadre pour la création d'une zone de libre commerce entre le Mercosur et la République arabe syrienne, de l'Accord préférentiel de commerce entre le Mercosur et l'Union douanière de l'Afrique australe, ou encore de l'Accord-cadre interrégional de coopération entre la Communauté européenne et le Mercosur[1151].

233. À première vue, le Mercosur aurait connu deux pyramides normatives successives dans le temps. L'ancienne, de l'époque du Protocole de Brasilia[1152] qui plaçait au sommet le Traité d'Asunción, les accords et

---

[1149] Sur ce projet de réforme, voir Caetano (Gerardo) (coord.), *La reforma institucional del Mercosur – Del diagnostico à las propuestas*, Montevideo, CEFIR, 2009.

Le professeur EKMEKDJIAN soutient que l'expérience cumulée pendant la période de transition entre le Traité d'Asunción et le Protocole d'Ouro Preto n'a pas été prise en compte. Il pense qu'on a raté une excellente occasion d'assurer le processus d'intégration par le biais de la création de trois pouvoirs classiques de niveau communautaire, de façon que le système juridique supranational soit applicable directement aux citoyens de la communauté. Ekmekdjian (Miguel-Angel), « ¿Una Constitución para el Mercosur? », *Anuario de derecho constitucional latinoamericano*, Montevideo, Konrad-Adenauer-Stiftung, 1999, p. 94.

[1150] Dromi (Roberto), Ekmekdjian (Miguel-Angel) et Rivera (Julio C.), *op. cit.,* p. 216.

[1151] Accord-cadre interrégional de coopération CE-Mercosur, adopté par Décision 1999/279/CE du Conseil, du 22 mars 1999. Fondé sur les principes démocratiques et les droits fondamentaux, il vise à renfoncer les relations entre la Communauté européenne et le Mercosur dans la perspective de la création d'une association interrégionale. Le commerce, l'économie, la coopération, etc. Disponible sur :

http://europa.eu/legislation_summaries/external_relations/relations_with_third_countries/latin_america/r14013_fr.htm

[1152] *Protocolo de Brasilia para la solución de controversias*. Nous utiliserons désormais la traduction en français de l'instrument : Protocole de Brasilia, adopté à Brasilia, Brésil le 17

protocoles ; au niveau intermédiaire les décisions du Conseil du marché commun et les résolutions du Groupe du marché commun et à la base les principes de droit international. Pyramide qui est d'ailleurs retenue dans la sentence arbitrale 05 de 2001 d'un tribunal arbitral *ad hoc* du Mercosur[1153]. L'actuelle pyramide normative est celle énoncée par le Protocole d'Ouro Preto qui positionne au sommet les instruments additionnels, à côté du Traité d'Asunción et ses protocoles, au niveau intermédiaire les accords conclus dans le cadre du Traité d'Asunción et à la base les décisions, les résolutions et les directives de la Commission de commerce.

Apparemment, d'après le Protocole d'Ouro Preto, les principes de droit international auraient disparu de la pyramide normative mercosurienne. Cependant, un autre tribunal arbitral *ad hoc* du Mercosur et le TPR en ont décidé autrement. Dans l'affaire sur les pneus rechapés qui a opposé l'Uruguay au Brésil, le Tribunal arbitral *ad hoc* a affirmé que, outre les normes spécifiques du Mercosur, le Tribunal est obligé d'observer les normes et les principes de droit international, en fonction de la matière en conflit[1154]. Dans le même sens, trois ans plus tard le TPR a notifié que les

---

décembre 1991 abrogé par le Protocole d'Olivos. Protocole de Brasília, disponible en langue française sur Nations Unies, *Recueil des Traités, vol.* 2145, 2001, A-37341, New York, 2003, p. 290.

[1153] TAHM, Affaire des bicyclettes d'origine uruguayenne (sentence arbitrale 05), prononcée le 29 septembre 2001 à Asunción

(*Controversia presentada por la República Oriental del Uruguay a la República Argentina sobre « Restricciones de Acceso al Mercado Argentino de Bicicletas de Origen Uruguayo »* - Différend entre la République orientale de l'Uruguay et la République Argentine, « Restrictions à l'accès des bicyclettes d'origine uruguayenne au marché argentin » – traduction libre. Nous utiliserons désormais l'expression « Affaire des bicyclettes d'origine uruguayenne »).

§ 3.1 : L'applicabilité des normes du Traité d'Asunción doit être réalisée sous une optique intégrative avec les normes et principes qui régulent le droit international.

[1154]TAHM, Affaire des pneus rechapés: Uruguay c. Brésil (sentence arbitrale 06), prononcée le 9 janvier 2002, à Montevideo.

(*Controversia entre la República Oriental del Uruguay y la República Argentina, « Prohibición de la importación de neumáticos remoldeados »* - Différend entre la République orientale de l'Uruguay et la République Argentine, « Interdiction de l'importation de pneus rechapés »– traduction libre. Nous utiliserons désormais l'expression « Affaire des pneus rechapés » et la distinguer de l'ultérieure « Affaire des pneus rechapés: Uruguay c. Argentine »).

§ II. B. 1. a: « *En el presente caso, es de relevancia el para.1 del Artículo 19 que establece que, "El Tribunal Arbitral decidirá la controversia sobre la base de las disposiciones del Tratado de Asunción, de los acuerdos celebrados en el marco del mismo, de las Decisiones del Consejo del Mercado Común, como así también de los principios y disposiciones de derecho internacional aplicables a la materia...". Esta norma determina la aplicación, para la solución de controversias a través de los procedimientos arbitrales, de un derecho considerado originario, es decir el Tratado de Asunción y sus Anexos y los acuerdos entre*

principes et les normes de droit international devaient toujours être appliqués de façon subsidiaire[1155]. Ainsi, les instances du mécanisme de règlement des différends du Mercosur ont énoncé le principe de l'autonomie du droit du Mercosur par rapport au droit international : l'application des principes et des instruments de droit international dans le contexte de l'intégration ne doit servir que de moyen alternatif ou subsidiaire, mais jamais principal.

En droit de l'Union, le droit originaire se situe au sommet de la pyramide normative (dont la Charte des droits fondamentaux de l'Union européenne[1156]) et le droit dérivé en position intermédiaire — ce qui ressemble à la pyramide du Mercosur. Cependant, il y a d'autres niveaux intermédiaires, ce qui fait que les deux pyramides des normes se différencient. Au-dessous du droit originaire se trouvent les principes généraux du droit et au-dessus du droit dérivé, le droit international. À la base de la pyramide, il y a les mesures d'exécution (normes qui visent à exécuter un acte législatif lorsque cela s'avère nécessaire).

234. Le système normatif du Mercosur fait l'objet de multiples critiques, et ce depuis déjà un certain temps. Guido SOARES croyait que la précarité du système tenait à l'inexistence de délais pour l'incorporation des normes dans

---

Estados; y de un derecho derivado conformado por las Decisiones del Consejo del Mercado Común y las Resoluciones del Grupo Mercado Común, a las que de conformidad con el Artículo 41 de Protocolo de Ouro Preto se agregan, las Directivas de la Comisión de Comercio del Mercosur. *A más de la normativa específicamente del* Mercosur, *el Tribunal está obligado, a observar, en la medida que sean de aplicación a la materia en conflicto, las normas y principios de derecho internacional* ».

[1155] TPR, Affaire des pneus rechapés: Recours (sentence arbitrale 01/2005), § 9: « *El TPR es conciente de que no obstante de que los principios y disposiciones del derecho internacional están incluidos en el Protocolo de Olivos como uno de los referentes jurídicos a ser aplicados (Art. 34), su aplicación siempre debe ser solo en forma subsidiaria (o en el mejor de los casos complementaria) y solo cuando fueren aplicables al caso* » — Le TPR est conscient que bien que les principes et les dispositions du droit international soient inclus dans le Protocole de Olivos comme l'une des sources juridiques à appliquer (art. 34), leur application doit toujours se faire de façon subsidiaire (ou complémentaire) et seulement quand ils sont applicables au cas — traduction libre.

[1156] Charte des droits fondamentaux de l'Union européenne adoptée le 7 décembre 2000 à Nice, modifiée et remplacée le 12 décembre 2007 à Strasbourg.

Le professeur DELMAS-MARTY soutient que la Charte des droits fondamentaux a consacré la bipolarité marché/droits de l'homme qui est déjà instituée en fait par échanges croisés entre les deux cours européennes. En outre, cela serait la consécration d'un ordre juridique bipolaire, inédite dans l'espace international. Delmas-Marty (Mireille), *Leçon inaugurale de son cours « Un pluralisme ordonné »*, Études juridiques comparatives et internationalisation du droit, Collège de France, 2004/2005, p. 481.

Sur la charte, voir Burgorgue-Larsen (Laurence), « La Charte des droits fondamentaux de l'Union européenne racontée au citoyen européen », *Revues des Affaires européennes*, 2000-4, p. 398 à 409.

les systèmes juridiques nationaux et à l'absence de sanctions en cas de non-accomplissement par l'État membre de ses obligations[1157]. Après 15 ans d'existence, le professeur TORRENT disait déjà que le Mercosur était en crise et que pour l'en sortir, une « thérapie juridique de choc »[1158] serait nécessaire. Parmi ses critiques, il rappelle que la distinction entre le droit originaire et le droit dérivé n'apparaît pas clairement, ce qui provoque une confusion juridique et politique entre les fondements de base et permanents de l'intégration et ses approches complémentaires et contingentes[1159]. En outre, le Mercosur aurait subi une « hypertrophie normative », car les institutions produisent une grande quantité de normes sans que les normes antérieures soient entrées en vigueur[1160].

Les institutions qui composent le Mercosur ont eu du mal à se détacher des compétences purement économiques pour aller vers d'autres, plus politiques. La même observation est faite par rapport aux matières pertinentes des normes du Mercosur sans pour autant perdre l'espoir de voir les droits de l'homme dans le *plexus* normatif de ce groupe d'intégration économique.

§2 Les droits de l'homme comme objet pertinent des actes juridiques du Mercosur

235. Les matières pertinentes du Traité d'Asunción et ses protocoles adoptés tout au long des années 1990 confirment que l'action du Mercosur, durant ses premières années, ne franchirait pas la barrière économique. En effet, aucun énoncé de ces normes de droit originaire ne permettait clairement de le faire, et moins encore d'aborder les droits de l'homme. On peut au mieux s'appuyer, pour légitimer le dépassement de la logique purement économique, sur des dispositions qui préfigurent les droits de l'homme dans les normes originaires (A). Il en va sur ce point différemment des normes de droit dérivé, qui établissent plus explicitement la possibilité pour le droit du Mercosur, d'englober la protection des droits de l'homme (B).

[1157] Soares (Guido), *op. cit.*, p. 152.
[1158] Torrent (Ramon), *op. cit.*, p. 58.
[1159] *Ibid.*, p. 54.
[1160] *Ibid.*, p. 37.

A. Des expressions préfigurant les droits de l'homme dans les normes originaires

236. Le Traité d'Asunción et ses protocoles adoptés dans les années 1990 confirment l'objet économique du Mercosur, ce qu'atteste l'absence de tout énoncé portant expressément sur le caractère politique du groupe d'intégration et moins encore sur les droits de l'homme.

237. Cependant, des expressions en lien avec les « droits de l'homme » sont repérées dans certains textes primaires en marge des domaines d'action du Mercosur. Il s'agit de termes ou formules qui peuvent sous-entendre que les citoyens des États membres du Mercosur se trouvent également au centre de l'intérêt du groupe d'intégration. Quatre instruments en portent témoignage.

Le Traité d'Asunción énumère dans son préambule plusieurs finalités des quatre États fondateurs de la constitution du marché commun, telles l'accélération des processus de développement économique avec une justice sociale[1161], l'usage optimisé des ressources, la préservation de l'environnement, la coordination des politiques macroéconomiques, l'insertion des États membres dans le contexte international et de leur développement scientifique et technologique[1162]. À côté de ces ambitions, il

---

[1161] Le professeur SANTESTEVAN soutient que le Traité d'Asunción ne contient quasiment aucune référence aux objectifs sociaux. Une lecture plus attentive laisse apparaître que ce point n'a pas été ignoré des négociateurs. En fait, le Préambule du Traité se réfère à la notion de« justice sociale »comme étant l'objectif des processus de développement économique de la région. La référence même à la justice sociale ainsi qu'à celle du développement économique implique l'élaboration d'un programme et un conditionnement du processus d'intégration. Santestevan (Ana Maria), « Instrumentos que consagran derechos económicos, sociales y culturales en el proceso de integración del Mercosur », *in* Vázquez (Mariana) et Santestevan (Ana Maria), *La integración regional y los DESC. Modelos de integración e instrumentos que consagran los DESC en el* Mercosur, Asunción, Coordinación Regional PIDHDD, 2010, p. 50.

[1162] Traité d'Asunción, préambule : « *Considerando que a ampliação das atuais dimensões de seus mercados nacionais, através da integração, constitui condição fundamental para acelerar seus processos de desenvolvimento econômico com justiça social; entendendo que esse objetivo deve ser alcançado mediante o aproveitamento mais eficaz dos recursos disponíveis, a preservação do meio ambiente, o melhoramento das interconexões físicas, a coordenação de políticas macroeconômica da complementação dos diferentes setores da economia, com base no princípios de gradualidade, flexibilidade e equilíbrio; tendo em conta a evolução dos acontecimentos internacionais, em especial a consolidação de grandes*

est fait une référence discrète à l'objectif le plus important de l'alliance de ces États : « améliorer les conditions de vie de leurs habitants[1163] ». Ainsi, comme le remarque le Professeur CARVALHO RAMOS, « dans les préambules des principaux accords de Droit du Mercosur, il y a une mention très faible sur les objectifs sociaux, non économiques de l'intégration[1164] ». Le Professeur rappelle que les principes et références généraux mentionnés dans les préambules ont pour objectif de clarifier la portée et la signification des règles prévues dans les traités. Il se repose notamment sur l'article 31.2 de la Convention de Vienne sur le droit des traités[1165].

Plus timoré encore, mais néanmoins reconnu, le Protocole de Brasilia pour le règlement des différends affirme que le Tribunal arbitral doit régler les différends sur la base du droit originaire, dérivé et également « sur les principes et dispositions du droit international » qui touchent à la matière considérée[1166]. Si, à l'époque, le Tribunal arbitral avait été saisi pour un

---

espaços econômicos, e a importância de lograr uma adequada inserção internacional para seus países; expressando que este processo de integração constitui uma resposta adequada a tais acontecimento; conscientes de que o presente Tratado deve ser considerado como um novo avanço no esforço tendente ao desenvolvimento progressivo da integração da América Latina, conforme o objetivo do Tratado de Montevidéu de 1980; convencidos da necessidade de promover o desenvolvimento científico e tecnológico dos Estados Partes e de modernizar suas economias para ampliar a oferta e a qualidade dos bens de serviço disponíveis (...) ». (Considérant que l'expansion des actuelles dimensions de leurs marchés nationaux, par le biais de l'intégration, est une condition essentielle pour accélérer leur processus de développement économique avec la justice sociale; comprendre que cet objectif devrait être atteint en faisant un meilleur usage des ressources disponibles, la préservation de l'environnement, l'amélioration des interconnexions physiques, la coordination des politiques macro-économiques qui complètent les différents secteurs de l'économie, fondée sur les principes de progressivité, la flexibilité et l'équilibre; en tenant compte des développements internationaux, en particulier la consolidation des grands espaces économiques, et l'importance de parvenir à une insertion internationale appropriée pour leur pays, à l'idée que ce processus d'intégration est une réponse appropriée à de tels événements; conscients que ce traité doit être considéré comme un nouvel effort visant à faire progresser le développement progressif de l'intégration en Amérique latine, comme le but du Traité de Montevideo de 1980, convaincu de la nécessité de promouvoir le développement scientifique et technologique des États parties et moderniser leurs économies pour développer l'offre et la qualité de service des biens disponibles (…) – traduction selon la version française déposée aux Nations unies).

1163 Traité d'Asunción, préambule : « *a fin de mejorar las condiciones de vida de sus habitantes* » (dans le but d'améliorer les conditions de vie de leurs habitants– traduction selon la version française déposée aux Nations unies).

1164 Carvalho Ramos (André), « Derechos humanos y el mecanismo híbrido del Mercosur: ¿Cómo controlar la aplicación de la cláusula democrática? », *RSTPR*, année 3, n° 6, 2015, p. 55 à 56.

1165 Convention de Vienne sur le droit des traités, art. 31.2 : « Aux fins de l'interprétation d'un traité, le contexte comprend, outre le texte, préambule et annexes inclus ».

1166 Protocole de Brasilia, art. 19§1 : « *El Tribunal Arbitral decidirá la controversia sobre la base de las disposiciones del Tratado de Asunción, de los acuerdos celebrados en el marco*

différend concernant les droits de l'homme, il n'aurait pas été bloqué face à l'inexistence d'instruments de droits de l'homme au sein du Mercosur ; il aurait pu se servir des principes de droit international et de nombreux instruments internationaux en la matière.

Le Protocole de Las Leñas consacre le « respect à l'égalité des droits[1167] » comme l'un des principes de base des relations d'intégration, plus ponctuellement de la coopération juridictionnelle en matière civile, commerciale, du travail et administrative. Les rédacteurs de ce Protocole présentent deux mérites. Ils ont été les précurseurs dans l'emploi des termes « égalité » et « droits » dans le *corpus* normatif du Mercosur. Et en dépit du flou qui entoure le mot « droits », ils les ont élevés à la catégorie de principes.

Enfin, en vertu des évènements politiques de la fin des années 1990, le Protocole d'Ushuaia a été adopté dans le but d'encourager les États membres à conserver la nature démocratique de leurs institutions. Ce protocole faisait entrer au Mercosur la première condition non économique d'appartenance au groupe d'intégration : « Le bon fonctionnement des institutions démocratiques est la condition essentielle du développement des processus d'intégration entre les États parties au présent protocole[1168] ».

---

del mismo, de las del Consejo del Mercado Común, de las Resoluciones del Grupo Mercado Común, como así también de los principios y disposiciones del derecho internacional aplicables en la materia ». (Le Tribunal arbitral peut, à la demande de la partie intéressée et si des présomptions fondées indiquent que le maintien du statuquo risque d'infliger des dommages graves et irréparables à une des parties, adopter les mesures conservatoires qu'il juge appropriées, selon les circonstances et dans les conditions déterminées par ledit Tribunal, afin de prévenir de tels dommages – traduction selon la version française déposée aux Nations unies).

[1167] *Protocolo de cooperacion y asistencia jurisdiccional en matéria civil, comercial, laboral y administrativa (Protocole de las Leñas)*, du 27 juin 1992, et entrée en vigueur le 17 mars 1996. Nous utiliserons désormais notre traduction en français de l'instrument : Protocole de coopération et assistance juridictionnelle en matière civile, commerciale, de lois du travail et administrative. Préambule: « *Deseososde promover e intensificar la cooperación jurisdiccional en materia civil, comercial, laboral y administrativa, a fin de contribuir de este modo al desarrollo de sus relaciones de integración en base a los principios de respeto a la soberanía nacional y a la igualdad de derechos e intereses recíprocos* ». (Désireux de promouvoir et intensifier la coopération juridictionnelle en matière civile, commerciale, de lois du travail et administrative, afin de contribuer ainsi au développement de ses rapports d'intégration sur la base des principes du respect de la souveraineté nationale et de l'égalité des droits et intérêts réciproques – traduction libre).

[1168] *Protocolo de Ushuaia sobre el compromiso democratico en el Mercosur*, signé à Ushuaia le 24 juillet 1998, et entré en vigueur le 17 janvier 2002. Nous utiliserons désormais la traduction en français de l'instrument : Protocole d'Ushuaia sur l'engagement démocratique au Mercosur, la République de Bolivie et la République du Chili. Art. 1er: « *La plena vigencia*

238. En ce qui concerne la construction européenne, les traités constitutifs des Communautés n'évoquaient pas non plus les valeurs non économiques[1169]. Cependant, ils portaient tout de même des principes, qui pourraient être tenus pour annonciateurs d'un caractère politique à l'intégration européenne. Ainsi, le Traité de Paris réitère à diverses reprises l'objectif de maintien de la paix de l'entreprise européenne[1170]. Et le Traité de Rome réaffirme cet objectif, et intègre en vue de cette construction européenne la sauvegarde de la liberté[1171].

Enfin, une clause portant expressément sur les droits de l'homme sera incluse dans le Traité de Maastricht[1172], puis modifiée par le Traité d'Amsterdam[1173] ainsi que par le Traité de Lisbonne[1174]. Le mouvement

---

de las instituciones democráticas es condición esencial para el desarrollo de los procesos de integración entre los Estados Partes del presente Protocolo ». (Le bon fonctionnement des institutions démocratiques est la condition essentielle du développement des processus d'intégration entre les États parties au présent protocole - traduction selon la version française déposée aux Nations unies).

[1169] Le professeur MICHEL rappelle que « dans leur version originelle, les traités constitutifs des Communautés européennes ne contenaient aucune disposition relative aux libertés et droits fondamentaux pris en tant que tels. Seuls s'y rattachaient quelques prescriptions comme le préambule et des principes spécifiques tels ceux de la non-discrimination en raison de la nationalité, de l'égalité de rémunération entre les travailleurs masculins et féminins ou la liberté de circulation des travailleurs. Cette lacune est généralement justifiée par l'objectif essentiellement économique poursuivi par le traité de Rome qui ne semble pas de nature à intéresser des droits fondamentaux ». Michel (Valérie), *op. cit*, 2012, p. 60.

[1170] Traité de Paris, préambule : « Considérant que la paix mondiale ne peut être sauvegardée que par des efforts créateurs à la mesure des dangers qui la menacent ; convaincus que la contribution qu'une Europe organisée et vivante peut apporter à la civilisation est indispensable au maintien des relations pacifiques ; soucieux de concourir par l'expansion de leurs productions fondamentales au relèvement du niveau de vie et au progrès des œuvres de paix ».

[1171] Traité de Rome, préambule : « Résolus à affermir, par la contribution de cet ensemble de ressources, les sauvegardes de la paix et de la liberté, et appelant les autres peuples de l'Europe qui partagent leur idéal à s'associer à leur effort ».

[1172] Traité de Maastricht, art. F.2 : « 2. L'Union respecte les droits fondamentaux, tels qu'ils sont garantis par la Convention européenne de sauvegarde des droits de l'homme et des libertés fondamentales, signée à Rome le 4 novembre 1950, et tels qu'ils résultent des traditions constitutionnelles communes aux États membres, en tant que principes généraux du droit communautaire ».

[1173] Traité d'Amsterdam, art. 6 : « 1. L'Union est fondée sur les principes de la liberté, de la démocratie, du respect des droits de l'homme et des libertés fondamentales, ainsi que de l'État de droit, principes qui sont communs aux États membres. 2. L'Union respecte les droits fondamentaux, tels qu'ils sont garantis par la Convention européenne de sauvegarde des droits de l'homme et des libertés fondamentales, signée à Rome le 4 novembre 1950, et tels qu'ils résultent des traditions constitutionnelles communes aux États membres, en tant que principes généraux du droit communautaire ».

d'inclusion est donc identique, même s'il est au final plus explicite dans le cadre de l'Union européenne.

B. Les droits de l'homme comme fondement de l'intégration dans les normes dérivées

239. Les normes de droit dérivé, adoptées par les institutions du Mercosur, emploient de manière l'expression « droits de l'homme ». Il s'agit surtout des instruments issus de la Commission parlementaire conjointe, des déclarations présidentielles[1175] et des décisions du Conseil du marché commun. Certes, ces actes n'ont pas de valeur contraignante, mais attestent de la volonté des instances *mercosuriennes* de développer la thématique des droits de l'homme[1176].

240. En premier lieu, l'institution supérieure du Mercosur, le Conseil du marché commun, s'est ainsi souciée (quand bien même cela ne se produirait qu'une seule fois) des droits de l'homme, et plus spécifiquement dans une

---

[1174] TUE, art. 2 : « L'Union est fondée sur les valeurs de respect de la dignité humaine, de liberté, de démocratie, d'égalité, de l'État de droit, ainsi que de respect des droits de l'homme, y compris des droits des personnes appartenant à des minorités. Ces valeurs sont communes aux États membres dans une société caractérisée par le pluralisme, la non-discrimination, la tolérance, la justice, la solidarité et l'égalité entre les femmes et les hommes », et art. 6 : « 1. L'Union reconnaît les droits, les libertés et les principes énoncés dans la Charte des droits fondamentaux de l'Union européenne du 7 décembre 2000, telle qu'adaptée le 12 décembre 2007 à Strasbourg, laquelle a la même valeur juridique que les traités. Les dispositions de la Charte n'étendent en aucune manière les compétences de l'Union telles que définies dans les traités. Les droits, les libertés et les principes énoncés dans la Charte sont interprétés conformément aux dispositions générales du titre VII de la Charte régissant l'interprétation et l'application de celle-ci et en prenant dûment en considération les explications visées dans la Charte, qui indiquent les sources de ces dispositions. 2. L'Union adhère à la Convention européenne de sauvegarde des droits de l'Homme et des libertés fondamentales. Cette adhésion ne modifie pas les compétences de l'Union telles qu'elles sont définies dans les traités. 3. Les droits fondamentaux, tels qu'ils sont garantis par la Convention européenne de sauvegarde des droits de l'Homme et des libertés fondamentales et tels qu'ils résultent des traditions constitutionnelles communes aux États membres, font partie du droit de l'Union en tant que principes généraux ».

[1175] À l'occasion des réunions du CMC, les Présidents des États membres évaluent les progrès accomplis dans le processus sous régional et assez souvent ils adoptent des déclarations sur des sujets d'intérêt commun aux États et définissent les coïncidences et les priorités sur l'agenda politique dans la région.

[1176] Le professeur SANTESTEVAN soutient que les déclarations présidentielles revêtent une grande importance politique dans la mesure où elles établissent des directives et des lignes directrices pour les institutions décideurs du Mercosur. Santestevan (Ana Maria), *op. cit.*, p. 54.

décision de 1998 portant sur les droits dont jouissent les citoyens mercosuriens. Il s'agit de la décision qui porte sur l'accord d'extradition entre les États membres. Celle-ci stipule que l'individu qui est soumis à une extradition d'un État membre du Mercosur vers un autre État membre doit bénéficier de tous les droits et garanties judiciaires que la législation de l'État d'accueil a mis en place, y compris la présence d'un avocat et d'un interprète[1177].

241. En deuxième lieu, avant même d'être promue « d'institution effective » du Mercosur, la Commission parlementaire conjointe a manifesté son intérêt pour les droits de l'homme. Elle fait partie des instances qui les ont le plus mis en avant au sein du bloc d'intégration[1178]. À deux reprises, au début des années 1990 et 2000, elle a affirmé leur importance pour le Mercosur[1179].

Tout d'abord, dans le document final de sa deuxième réunion, elle exprime sa décision de créer un Parlement pour le Mercosur. À cette occasion, elle pose le respect des droits de l'homme en tant que condition indispensable pour l'existence de l'intégration[1180].

Ensuite, dans la Déclaration de Santa Fé, la Commission apporte trois éléments remarquables. Elle réaffirme sa vision intégrale des droits de l'homme, qui englobe les droits civils, politiques, économiques, sociaux et

---

[1177] Décision du CMC n° 14/98, Acuerdo sobre Extradición entre los Estados Partes del Mercosur, art. 16: « *La persona reclamada gozará en el Estado Parte requerido de todos los derechos y garantías que otorgue la legislación de dicho Estado. Deberá ser asistida por un defensor y, si fuera necesario, recibirá la asistencia de un intérprete* ». (La personne soumise à l'extradition jouira dans l'État sollicité de tous les droits et des garanties octroyés par la législation dudit État. Elle devra être assistée par un avocat et, si nécessaire, recevra l'aide d'un interprète - traduction libre).

[1178] Le professeur CARVALHO RAMOS soutient que lorsque la Commission a comblé la lacune concernant la représentativité, elle a émis d'importantes recommandations sur le sujet « droits de l'homme ». À l'instar de la Recommandation 06/96 qui a entrainé l'adoption de la Déclaration présidentielle sur l'engagement démocratique et la Déclaration présidentielle sur le dialogue politique, de 1996. Carvalho Ramos (André), « Direitos Humanos e o Mercosul », *in* Borba Casella (Paulo) (coord.), *Mercosul:integração regional e globalização,* Rio de Janeiro, Renovar, 2000, p. 888.

[1179] Outre la résolution qui porte sur son règlement interne, susénoncée.

[1180] Décision du CPC s/n°/91, adoptée à la II Reunión parlamentaria, à Buenos Aires, du 19 au 21 septembre 1991, Documento final (decisión política de crear el Parlamento). 2e Considérant: « *Que el respeto por los derechos humanos es también una condición sine qua non del proceso asociativo de nuestros pueblos* » (Que le respect pour les droits de l'homme est aussi une condition *sine qua non* du processus associatif de nos peuples – traduction libre).

culturels[1181]. Elle reconnaît son engagement à renforcer les institutions qui protègent et promeuvent les droits de l'homme. Et, enfin, elle confirme son intérêt de développer une culture de droits de l'homme dans le continent sud-américain. Il est absolument incontestable que la Commission parlementaire conjointe a développé une compréhension très progressiste des droits de l'homme tout au long des dix premières années du Mercosur.

242. En troisième lieu, non seulement les représentants du pouvoir législatif des États membres du Mercosur, mais aussi ceux du pouvoir exécutif, surtout à la fin des années 1990, ont également souhaité démontrer leur bienveillance à l'égard de sujets non limités au contexte économique. Cela annonçait la possibilité d'établir des clauses politiques au sein du groupe d'intégration. Par le biais de deux déclarations, les Présidents des pays membres ont réaffirmé le caractère fondamental des droits de l'homme pour le processus d'intégration.

Ainsi, la Déclaration « *sociolaborale*[1182] » de 1998 et sa version révisée de 2015 rappellent que les principes de la démocratie, de l'État de droit et le respect des droits de l'homme (plus précisément les *droits civils et politiques* dans la révision de 2015) « constituent une base irréfutable du projet d'intégration[1183] ». Un an plus tard, la Déclaration du Mercosur comme zone

---

[1181] Décision du CPC n° 03/00, adoptée à Santa Fé, le 28 juin 2000, Déclaration de Santa Fé. § 2 : « *En cumplimiento del espíritu que inspiró a los jefes de estado que fueran sus precursores y fundadores, ratificamos (...) nuestro enfoque integral de los derechos humanos, abarcativo de los derechos civiles, políticos, económicos, sociales, culturales (...) y nuestro compromiso de fortalecer las instituciones que los promuevan y protejan, y de seguir fomentando una cultura de los derechos humanos en el hemisferio* » (Dans l'accomplissement de l'esprit qui a inspiré les chefs d'État et qui ont été ses précurseurs et fondateurs, nous ratifions (…) notre vision intégrale des droits de l'homme qui englobe les droits civils, politiques, économiques, sociaux et culturels (…) et notre engagement de renforcer les institutions qui les promeuvent et les protègent et de de continuer de promouvoir une culture de droits de l'homme dans l'hémisphère - traduction libre).

[1182] Nous utiliserons désormais cette expression francisée de l'original en espagnol: *sociolaboral*. En fait, *sociolaboral* est la fusion des mots *socio* (du mot *social*) et *laboral* (du mot *travail*). Désormais, nous utiliserons l'expression entre guillemets et en italique.

[1183] *Declaración sociolaboral del Mercosur*, adoptée à Brasilia, le 10 décembre 1998. Nous utiliserons désormais notre traduction en français de l'instrument : Déclaration « *sociolaborale* » du Mercosur. 7e Considérant: « *Considerando que la adhesión de los Estados Partes a los principios de la democracia política y del Estado de Derecho, y del respeto irrestricto a los derechos civiles y políticos de la persona humana constituye base irrenunciable del proyecto de* integración ». (Considérant que l'adhésion des États membres aux principes de la démocratie politique et de l'État de droit, et du respect illimité aux droits civils et politiques de la personne humaine constitue une base irréfutable du projet d'intégration - traduction libre). *Declaración sociolaboral del Mercosur del 2015*, adoptée à Brasilia le 17 juillet 2015.

de paix[1184] a développé de façon plus exhaustive ces clauses politiques. Le document précise que le renforcement de la démocratie, le respect des droits de l'homme, les libertés fondamentales, le progrès social et la protection de l'environnement représentent les éléments fondamentaux pour garantir la paix et la sécurité dans la région du Mercosur[1185].

243. Au sein de l'Union européenne, et au début de sa construction, les premiers instruments à évoquer la question des droits de l'homme l'ont également été sous forme de déclarations[1186]. Donc, des textes sans valeur contraignante. Il s'agit de la Déclaration commune de l'Assemblée, du Conseil et de la Commission de 1977 concernant le respect des droits fondamentaux[1187] et de la Convention européenne des droits de l'homme[1188],

---

[1184] *Declaración Política del Mercosur, Bolivia y Chile como Zona de Paz*, adoptée à Ushuaia, le 24 juillet 1999. Nous utiliserons désormais notre traduction en français de l'instrument : Déclaration politique du Mercosur comme zone de paix. Dans ce document, les Présidents ont convenu de renforcer les mécanismes de consultation et de coopération sur les questions de sécurité et de défense entre les six pays, mais aussi de se réunir afin de prendre ensemble les décisions nécessaires.

[1185] Déclaration politique du Mercosur comme zone de paix, préambule: « Reafirmando que el fiel respeto a esos principios y propósitos, así como el fortalecimiento de la democracia representativa, el respeto a los derechos humanos, las libertades fundamentales, el progreso social y la protección del medio ambiente constituyen elementos fundamentales para el afianzamiento de la paz y la seguridad en la región ». (Réaffirmant que le strict respect à ces principes et propos, ainsi que le renforcement de la démocratie représentative, le respect des droits de l'homme, les libertés fondamentales, le progrès social et la protection de l'environnement constituent des éléments fondamentaux pour garantir la paix et la sécurité dans la région - traduction libre). Sur les questions liées à la sécurité dans le Mercosur, voir Oelsner (Andrea), « Articulating Mercosur's security conceptions and practices », *in* Aris (Stephen) et Wenger (Andreas) (eds), *Regional Organisations and Security: Conceptions and Practices*. Routledge, New York, 2013, 203-221 p.

[1186] Le premier énoncé sur les droits fondamentaux dans l'Union a été l'affaire *Stauder*, où l'ancienne Cour de justice des Communautés européennes affirme que les droits fondamentaux forment une part intégrante des principes généraux du droit — dont le respect est assuré par elle-même : « La protection garantie par les droits fondamentaux est en ce qui concerne le droit communautaire, assurée par diverses dispositions du traité tels les articles 7 et 40, paragraphe 3, droit écrit qui est complété à son tour, par le droit communautaire non écrit tiré des principes généraux du droit des États membres ». Arrêt du 12 novembre 1969, Erich Stauder c. Ville d'Ulm – Sozialamt, n° C-29/69, Rec. p. I — 00419, p. 442 de l'arrêt.

[1187] Sur le respect et la promotion des valeurs de l'Union, voir Vahlas (Alexis), « Appartenance à l'Union européenne », *in* Constantinesco (Vlad) ; Gautier (Yves) ; Michel (Valérie) (dir), *op. cit.*, p. 242 à 243.

[1188] Déclaration commune de l'Assemblée, du Conseil et de la Commission, adoptée à Luxembourg, le 5 avril 1977 : « L'Assemblée, le Conseil et la Commission soulignent l'importance primordiale qu'ils attachent au respect des droits fondamentaux tels qu'ils résultent notamment des constitutions des États membres ainsi que de la Convention européenne de sauvegarde des droits de l'homme et des libertés fondamentales. Dans l'exercice de leurs pouvoirs et en poursuivant les objectifs des Communautés européennes, ils respectent et continueront à respecter ces droits ».

puis de la déclaration émise par les chefs d'État lors du Sommet européen de Copenhague de 8 avril 1978 où ils déclarent que « les principes de démocratie pluraliste et de respect des droits de l'homme font partie du patrimoine commun des peuples des États réunis dans les Communautés européennes et constituent des éléments essentiels à l'appartenance à ces Communautés[1189] ». C'est à partir de ce contexte favorable au développement du respect des droits fondamentaux en tant que principes généraux du droit, sous l'influence notable de la CJUE, que le respect des droits fondamentaux en tant que valeur de l'Union se voit codifié par les traités.

244. Enfin, malgré l'absence d'effet contraignant de ces instruments de droit dérivé, tant dans l'Union européenne qu'au Mercosur, ils ont représenté d'importants précédents pour la rédaction des textes de nature obligatoire. La Déclaration du Mercosur comme zone de paix en témoigne. Suite à son adoption, un nouveau protocole au Traité d'Asunción portant sur le respect à la démocratie a vu le jour[1190].

Il s'agirait donc d'un outil du Mercosur (et de l'Union européenne) pour contraindre les États à respecter des clauses non seulement d'intérêt économique, mais aussi politique, y compris les droits de l'homme, en les incluant progressivement dans des textes de droit originaire.

Ces clauses politiques ont ouvert l'avenir du Mercosur à de grands changements dans sa nature, à l'origine strictement économique. Certains éléments montrent à l'évidence cette ouverture politique vers la promotion et la protection des droits de l'homme dès les années 1990.

***

245. Faute de clarté des traités constitutifs et au vu des caractéristiques du droit constitutionnel de chaque État membre du Mercosur, il semble que l'ordre juridique mercosurien a dû construire une nature juridique propre, se créant de fait un droit propre au Mercosur. Cette hypothèse sera renforcée

---

[1189] Déclaration sur la démocratie du Conseil européen, adoptée à Copenhague le 8 avril 1978, Bulletin des Communautés européennes, n° 3, 1978, p. 5.

[1190] Voir §2, section I, chapitre I, titre I de la seconde partie.

par l'analyse d'une autre caractéristique du droit du Mercosur : le caractère intergouvernemental[1191] — très présent dans son cadre institutionnel.

[1191] Le professeur JAEGER JUNIOR estime que « le droit d'intégration est celui relatif aux procès encore conduits par l'intergouvernementalisme, tel est le cas du Mercosur. Dans ce sens, il ne faut pas dire droit communautaire du Mercosur, ou droit communautaire de l'intégration et même pas droit communautaire européen, car ce n'est pas l'européen qui existe ». Jaeger Junior (Augusto), « O Mercosul frente às mudanças terminologicas da União Europeia », *A Tribuna Regional,* Santo Angelo, ano 44, n° 6947, du 11 mai 2011, p. 6.

Conclusion Chapitre II

246. Le Mercosur est un processus d'intégration flexible et ambivalent[1192] et son ordre juridique accompagne cette ambivalence. Il apparaît difficile de le comparer avec tout autre groupe d'intégration économique régional, même s'il envisage de former un marché commun comme l'a fait l'Union européenne. Grâce à sa flexibilité, il possède un ordre juridique unique, qui n'est pas simplement un droit d'intégration, ni le droit de l'Union : il s'agit du droit du Mercosur.

Cette flexibilité n'est que le reflet de la volonté des États membres de participer à un processus d'intégration[1193]. En fonction de leurs constitutions, ils décident dans quels domaines ils veulent s'intégrer et dans quelles limites. Cette flexibilité se vérifie également dans les sources du droit du Mercosur, qui comprend parmi les normes de droit originaire et dérivé, de nombreux instruments de *soft law*. Quand elles ont un caractère contraignant, il faut souligner que ces normes sont rarement incorporées dans les ordres juridiques internes des États membres. Enfin, cette flexibilité sert davantage les États membres que le Mercosur en tant que groupe, même si les normes sont adoptées par consensus. Finalement, ces démarches semblent peu compréhensibles et font à bien des égards figure de dialogue de sourds.

247. Peut-être conviendrait-il de porter un regard plus optimiste sur la situation. En la regardant d'un œil plus enthousiaste, l'on s'aperçoit que des sujets qui se détachent du versant commercial et économique du Mercosur se retrouvent dans ses premières normes originaires, en tant que sujets préfigurant les droits de l'homme, et dans les normes dérivées où les droits de l'homme sont tenus pour l'un des fondements de l'intégration.

Cela constitue de bonnes raisons de penser que le droit du Mercosur peut se prêter à des questionnements qui vont au-delà d'une simple intégration économique.

[1192] Corti Varela (Justo), *op. cit.*, p. 143.

[1193] Le professeur MORALES ANTONIAZZI soutient qu'avec l'arrivée de la démocratie, des idées d'attachement à l'intégration sont nées, ce qu'elle désigne par l'expression « *integrationsfreundlich* ». Morales Antoniazzi (Mariela), *op. cit.*, 2013, p. 180.

Seconde partie : De la promotion à la protection des droits de l'homme dans le Mercosur

249. « Après la tempête vient le calme ». Ce dicton populaire correspond à l'évolution du Mercosur qui a trouvé son équilibre après être sorti de la dure période d'instabilité institutionnelle de 1999 à 2002, dit la période des « années sombres[1194] ».

Sa fragilité a été liée aux dévaluations monétaires argentine et brésilienne à partir de 1999. Ces dépréciations ont provoqué non seulement des crises économiques, mais aussi sociales, politiques et institutionnelles qui ont gagné le Mercosur et d'autres pays sud-américains.

Le Mercosur, qui depuis un certain temps, voyait déjà ses institutions en crise, en raison d'un système de nature trop exclusivement intergouvernementale et purement économique, a manqué de recevoir le coup de grâce.

250. Grâce à cette *tempête*, le Mercosur qui semblait plutôt se trouver en fin de vie a pu rebondir[1195]. Plusieurs éléments ont concouru à ce changement de perspective du processus intégrationniste.

Tout d'abord, les deux géants de l'Amérique du Sud, l'Argentine et le Brésil, isolés du marché financier international, décident d'unir leurs forces. Les discussions entre les présidents de l'époque, CARDOSO et Eduardo DUHALDE, reflétaient déjà leur intention de « doter la région d'un système

---

[1194] Gardini (Gian Luca), « Mercosur: What You See Is Not (Always) What You Get », *European Law Journal,* Vol. 17, No. 5, September 2011, p. 686.

[1195] Le professeur SANTESTEVAN rappelle qu'à partir de 2003 on peut identifier la naissance d'une nouvelle étape perçue fréquemment comme « la relance » du Mercosur. Santestevan (Ana Maria), *op. cit.,* p. 48.

visant à prévenir les catastrophes économiques »[1196]. Ces liens créés vont devenir plus forts avec l'arrivée au pouvoir de LULA DA SILVA au Brésil et de Néstor KIRCHNER en Argentine[1197]. Ils seront beaucoup plus politiques, sociaux et culturels, et ces orientations se traduiront par le Consensus de Buenos Aires[1198]. Cet accord des gouvernements viendra en réponse au Consensus de Washington de 1989, visiblement néo-libéral[1199].

En fait, un basculement vers la gauche caractérise les nouveaux gouvernements des pays membres fondateurs du Mercosur. Ce mouvement initié par Monsieur LULA DA SILVA dès son arrivée au pouvoir au Brésil en 2002 sera suivi par Monsieur Néstor KIRCHNER en Argentine et Monsieur LUGO au Paraguay en 2003, et en Uruguay l'année suivante avec l'élection de Monsieur VAZQUEZ. Un discours plus intégrationniste mettant en valeur le Mercosur marque le début des mandats de ces quatre présidents qui se démarquent des précédents[1200].

Lors du Sommet d'Asunción de 2003[1201], des propositions envisageant le changement du modèle d'intégration du Mercosur ont été proposées par les États membres. Entre l'idée de l'Argentine d'établir un institut monétaire puis celle, paraguayenne, de reconnaître les asymétries présentes dans le système, la proposition brésilienne d'un agenda pour les deux années à venir a été retenue[1202]. Au cœur de celle-ci se trouvait le projet politique[1203] de la

---

[1196] Dabène (Olivier), « La relance du Mercosur. Ouro Preto II ou le temps des réformes politiques », *Critique internationale,* n° 26, 2005, p. 36.

[1197] Le professeur CAETANO parle de la reprise d'un « bilatéralisme privilégié avec le Brésil ».

Caetano (Gerardo) (coord.), *MERCOSUR —Breve historia, cronología y marco institucional,* CEFIR, Montevideo, 2011, p. 40.

[1198] Le Consensus de Buenos Aires illustre le rapprochement des deux pays. Il s'agit d'un document, résultant de la rencontre entre les deux présidents à Buenos Aires le 16 octobre 2003. Il est composé de vingt-deux items avec pour pivot central la justice, l'égalité, la démocratie, les droits et les libertés fondamentales.

[1199] Le professeur GARDINI soutient que la crise du Mercosur était le reflet d'une crise beaucoup plus profonde: celle du modèle néo-libéral sur lequel le Mercosur était basé. Gardini (Gian Luca), *op. cit.*, 2011, p. 689.

[1200] Botto (Mercedes), Delich (Valentina) et Tussie (Diana), « El Nuevo enscenario politico regional y su impacto en la integracion », *Nueva Sociedad*, 2003, n° 186, p. 123.

[1201] Acte du CMC n° 01/03, XXIV Réunion du Conseil du marché commun, du 17 au 18 juin 2003.

[1202] Le projet appelé « Objectif 2006 » soulignait la dimension politique et sociale du Mercosur.

[1203]Le professeur MORALES ANTONIAZZI soutient que, depuis les dernières années, les idées d'intégration régionale ont acquis une connotation politique qui a donné lieu à une « renaissance » des procès d'intégration au niveau régional et sous régional. Morales Antoniazzi (Mariela), « La Cláusula Democrática y el Parlamento del Mercosur.

consolidation du Mercosur, en vue d'articuler les économies des pays membres et de doter l'organisation d'une « vraie identité internationale »[1204].

251. Cet agenda porte le nom de « Programme de travail 2004-2006 »[1205] et a pour objectif un Mercosur moins économique et plus politique[1206]. Il s'agit d'un plan de redressement de l'organisation qui vise à faire place aux débats qui jusqu'à présent se trouvaient relégués au second plan[1207], tels ceux sur la citoyenneté mercosurienne et les droits de l'homme. Son originalité tient en ce que, contrairement aux instruments juridiques précédents portant indirectement sur les droits de l'homme, qui sont dans la plupart des cas des actes de *soft law*, ce programme de travail est adopté par le Conseil du marché commun en tant que décision et devenait ainsi un instrument de nature contraignante[1208].

Depuis 2003, le Mercosur a bénéficié de ses nouveaux positionnements, d'un véritable renouvellement de son identité qui vise l'équilibre de la politique et de l'économie pour atteindre, par cette évolution conjointe, un développement économique et social[1209]. La construction d'un espace politique solide au Mercosur offrirait la meilleure garantie pour approfondir

---

Contextualización de su alcance y dimensionalidad », *in* Von Bogdandy (Armin) *et al.* (dir.), *Direitos Humanos, Democracia e Integração Juridica na América do Sul*, Rio de Janeiro, Lumen Juris, 2010, p. 174.

1204 Caetano (Gerardo) (coord.), *op. cit.*, 2011, p. 44.

1205 Décision du CMC n° 26/03, Programme de travail du Mercosur 2004-2006, adopté à Montevideo, le 15 décembre 2003.

1206 C'est à la sous-partie 2.4 qui le Conseil du marché commun parle du concept d'un agenda politique.

1207 Le professeur CABALLERO pense que la crise socio-économique et politico-institutionnelle de la période 1999 à 2002 a permis d'ouvrir le champ des possibles pour redresser l'intégration régionale à des secteurs qui étaient en deuxième plan. Caballero (Sergio), « El proceso de integración del Mercosur a través de las teorías de la integración regional », *Documento de trabajo 012*, CEFIR, 2011, p. 35.

1208 Voir §1, section II, chapitre I, titre II de la première partie.

1209 Gardini (Gian Luca), *op. cit.*, 2011, p. 689. Le professeur BRICEÑO RUIZ estime que lors de sa création, le Mercosur répondait à un régionalisme stratégique. Désormais, dans les années 2000 et surtout grâce au Consensus de Buenos Aires, il a préféré « réviser » son modèle et ainsi les objectifs politiques et sociaux ont acquis une place prioritaire à côté des objectifs purement commerciaux. Il rappelle aussi des différentes dénominations que cette nouvelle phase de l'intégration latino-américaine a reçues : régionalisme post-libéral, régionalisme post-hégémonique. Briceño Ruiz (José), « Ejes y modelos en la etapa actual de la integración económica regional en América Latina », *Estudios internacionales*, 2013, n° 175, p. 9 à 39.

le processus de transformation sociale en cours avec des gouvernements populaires, progressistes et transformateurs de la région[1210].

252. Dans le Programme de travail 2004-2006, la thématique des droits de l'homme est insérée dans la deuxième partie, portant sur le « Mercosur social ». En fait, ce chapitre ressemble à une corbeille[1211] dans laquelle les rédacteurs du document ont déposé des thématiques très diverses : participation de la société civile, affaires sociales, visibilité culturelle, citoyenneté du Mercosur, circulation des travailleurs, éducation et, enfin, droits de l'homme.

Les rédacteurs se montrent apparemment partisans de la théorie des générations de droits, vu leur attachement aux droits économiques, sociaux et culturels. Ils auraient donc pu inverser les intitulés de ces sections ; appeler « droits de l'homme » le chapitre principal, puis énumérer de façon détaillée les droits envisagés pour les sous-parties.

Cependant, il semble que les rédacteurs font une distinction entre les droits économiques, sociaux et culturels et les « droits de l'homme » (prévus dans la sous-partie 2.7). Nous préférons penser qu'il ne s'agissait que d'inattention de leur part d'autant que le Protocole d'Asunción affirme l'universalité, l'indivisibilité, l'interdépendance et les interrelations des droits de l'homme[1212]. Enfin, il faut savoir que les démarches au sein du Mercosur en vue du développement de la thématique des droits de l'homme étaient encore naissantes à cette époque.

[1210] Exposé du Monsieur ABRAMOVICH au XV Sommet Social du Mercosur, du 27 et 28 juin 2012, à Mendoza. Disponible sur http://www.ippdh.mercosur.int/Novedad/Details/80, consulté le 18 juin 2013. Le professeur CABALLERO SANTOS explique encore que cette période sous un prisme constructiviste, c'est-à-dire, grâce à des valeurs convergentes partagées par les sociétés mercosuriennes, les éléments matériels ne seraient pas réduits, mais complémentés par les éléments *ideacionels*. Le prisme constructiviste expliquerait cette période comme la conséquence des rapports intersubjectifs des populations des États membres du Mercosur. La cohabitation pacifique et démocratique pendant plus de deux décennies, la fin de l'image du voisin comme celle d'un ennemi, le tourisme régional croissant des années 1990, les échanges académiques, le sentiment de partager un passé similaire, justifieraient cette relance socio-politique du groupe d'intégration. Caballero Santos (Sergio), *Integración regional y Mercosur, Saarbrücken*, Editorial Acad. Española, 2012, p. 64.

[1211] À l'exemple du système des « corbeilles », actuellement appelé « dimension » de l'OSCE, où les droits de l'homme trouvaient place.

[1212] Protocole d'Asunción, considérant n° 9: « *Reconociendo la universalidad, la indivisibilidad, la interdependencia e interrelación de todos los derechos humanos, sean derechos económicos, sociales, culturales, civiles o político* » – traduction libre). Et encore réaffirmé dans la Déclaration présidentielle du 21 décembre 2015 qui célèbre les dix ans de la signature de ce Protocole.

Ce déficit d'attention n'a pas porté préjudice au rôle majeur de cette sous-partie « droits de l'homme » dans le Programme de travail relativement aux démarches futures au sein du Mercosur. Trois objectifs ont été fixés dans ce document. Le premier concerne l'amélioration de l'échange d'informations et de la promotion des droits de l'homme ainsi que leur respect dans la région. Le deuxième envisage l'établissement d'un groupe *ad hoc* sur la matière des droits de l'homme. Et enfin, le troisième considère la possibilité de l'adoption d'une charte des droits de l'homme au sein du Mercosur[1213].

L'on constate la présence de deux notions dans ce Programme de travail : la promotion et la protection des droits de l'homme. L'idée de promotion implique celle de développer, d'encourager, de stimuler, enfin, de favoriser[1214] les droits de l'homme. La protection de ces droits se définit, elle, comme « l'ensemble des mesures destinées à assurer le respect réel et effectif des droits de l'homme, par des garanties politiques ou juridiques, notamment en assurant des voies de recours efficaces en cas de violation, sur le plan interne comme sur le plan international »[1215].

De ce fait, certains éléments touchant à la promotion des droits de l'homme marquent une évolution dans cette seconde étape de l'action du Mercosur vers un enrichissement de tout le système (Titre I). La protection des droits de l'homme se faisant de plus en plus nécessaire, plusieurs façons de renforcer ce système seront envisagées (Titre II).

[1213] Programme de travail du Mercosur 2004-2006, § 2.7 : « *Profundizar el intercambio de información y la promoción y el respeto a los derechos humanos en la región. Avanzar en los trabajos tendientes a la institucionalización del Grupo Ad Hoc en materia de Derechos Humanos el cual ha sido identificado como un mecanismo eficaz para el intercambio de información, experiencias y la búsqueda de consensos en los Foros en que participan los países del bloque, y asimismo, promover la evaluación y discusión sobre la conveniencia de adoptar una Carta de Derechos Humanos del* Mercosur » (traduction libre).

[1214] Cornu (Gérard), Association Henri Capitan, *Vocabulaire juridique*, Paris, PUF, 6e éd., 2004, p. 717.

[1215] Salmon (Jean) (dir.), *op. cit.*, 2001, p. 901.

Titre I : L'enrichissement du système du Mercosur

253. Le Programme de travail 2004-2006 est avant tout un plan stratégique de sauvetage du Mercosur après son quasi-effondrement dû à la crise du début du 20e siècle. La période de 1999 à 2003 est marquée par la crise du modèle néo-libéral adopté par le Mercosur à sa création. Le Programme de travail marquera le début du « renouvellement de l'identité »[1216] du groupe d'intégration.

Ce Programme de travail est un instrument pratique, objectif et direct pour mener à bien ce renouvellement. Pour chaque objectif posé, un descriptif des tâches est rédigé et enfin l'institution responsable de telles opérations est identifiée. Il s'agit d'une véritable feuille de route, qui doit mener à la réforme du système mercosurien.

Cet instrument comporte quatre parties, dont les trois premières présentent un intérêt particulier. Les deux premières énumèrent les thématiques auxquels le Mercosur est censé s'intéresser durant la période de 2004-2006 : des matières économiques et commerciales[1217] d'un côté et des matières sociales[1218] de l'autre. Ces deux parties, désignées sous les appellations de « Mercosur économico-social » et « Mercosur social », attestent de la volonté de mener désormais conjointement les deux approches.

[1216] Gardini (Gian Luca), *op. cit.*, 2011, p. 689.

[1217] Les matières économiques et commerciales : un tarif externe commun, les questions douanières, les zones franches, l'intégration productive, les fonds structurels, l'intégration frontalière, la promotion des exportations extra-zones, l'évaluation de la conformité de produits et règlements techniques, l'harmonisation tributaire, la coordination macro-économique, le marché régional des capitaux, les politiques agricoles, la biotechnologie, les achats gouvernementaux.

[1218] Les matières sociales : la participation de la société civile, les sujets sociaux, la visibilité culturelle, la citoyenneté, la circulation de la main d'œuvre et les droits de l'homme appliqués aux travailleurs, l'éducation et enfin les droits de l'homme en général.

254. C'est dans la partie « Mercosur social » que se trouvent des dispositions sur les droits de l'homme. Cependant, des éléments annonciateurs des droits de l'homme étaient déjà repérables dans les normes du Mercosur depuis un certain temps (Chapitre I) ; le Programme de travail n'a fait que rendre explicite l'attention que leur portait le Mercosur.

Enfin, la troisième partie du Programme propose un réaménagement de la structure institutionnelle[1219], ce qui favorisera l'apparition de nouveaux acteurs intéressés à la promotion des droits de l'homme (Chapitre II).

[1219] Pour ce qui concerne le « Mercosur institutionnel » les institutions suivantes ont été citées : le Parlement du Mercosur, le Tribunal permanent de révision, le Centre de promotion de l'État de droit, et le Secrétariat technique.

Chapitre I : Les éléments annonciateurs des droits de l'homme dans le droit du Mercosur

255. Le droit du Mercosur au cours de sa première décennie d'existence s'est ouvert au débat des sujets politiques, qui n'étaient pas envisageables à son origine du fait de son orientation économique. Des éléments annonciateurs, ainsi de la démocratie (Section I) et de la protection des droits et libertés (Section II), témoignent de l'intérêt du groupe d'intégration pour les questions relatives aux droits de l'homme.

Section I : La démocratie comme condition de l'effectivité de l'intégration

256. Pourquoi parler du respect de la démocratie quand le sujet porte sur l'intégration économique régionale ? Cela semble manquer de cohérence à première vue. Les aspects politiques n'auraient rien à voir avec l'ambition d'une intégration purement économique. Cependant, il est impensable de concevoir des échanges économiques avec des régions dépourvues de stabilité politique et d'institutions démocratiques[1220]. Pourtant, jadis, cette conception n'avait rien de si évident. Il a fallu dépasser une étape de prise de conscience (§1) pour en venir à une véritable conditionnalité démocratique pour l'appartenance au Mercosur (§2).

§1 Les prémices des engagements en faveur de la démocratie

257. Cette première étape de prise de conscience de la valeur démocratique dans l'Union européenne et le Mercosur se montre dans une certaine mesure incompréhensible. Car une dimension politique existait dès les origines de ces deux groupes d'intégration (A), mais n'a finalement pas trouvé place dans leurs traités constitutifs (B). La comparaison de l'évolution

---

[1220] Le professeur DREYZIN DE KLOR rappelle que l'existence de régimes démocratiques est un processus de base qui conditionne l'avancement d'une nouvelle phase plus dynamique du processus régional puisque ce n'est qu'avec ce cadre de légitimité que la modernisation technologique, la transformation productive et l'insertion compétitive peuvent s'opérer. Dreyzin de Klor (Adriana), « Derecho Internacional Público: sistema político-institucional del Mercosur », *in El derecho internacional en tiempos de globalización [libro homenaje al Carlos Febres Pobeda]*, vol. 2, Mérida, Publicaciones Vicerrectorado Académico, 2006. L'expert en développement international, Christian PIRZER, est d'avis que les accords démocratiques peuvent renforcer les systèmes régionaux. Voir Pirzer (Christian), « Mercosur's Contribution to Democratic Consolidation », *in* Börzel (Tanja) (org.), *Roads to regionalism*, Farnham, Ashgate, 2012, p. 199 à 214.

de ces groupes d'intégration révèle que la dimension politique de l'intégration tout du moins fait partie implicite de l'expérience d'intégration.

A. Les racines politiques de l'Union européenne et du Mercosur

258. Certains traités de la Communauté économique européenne, qui a précédé l'Union européenne, et certains instruments préalables à la création du Mercosur attestent ce souci légitime de partager des racines politiques communes[1221].

La Déclaration de Foz do Iguaçu, de 1985[1222], est l'un des principaux précédents de cette évolution du Mercosur vers une intégration plus politique. Accord d'intégration économique entre l'Argentine et le Brésil, il affirme que les présidents de deux pays font confiance aux États voisins pour travailler et pour assurer le bien-être et le développement de leurs peuples tout en consolidant le processus démocratique de l'Amérique latine[1223]. En outre, le document assure que des conditions favorables à l'amélioration des liens entre les deux pays ont été créées, grâce au succès obtenu par les États dans leurs processus de consolidation démocratique[1224]. Le professeur ALMEIDA partage également cet avis dont la valorisation du régime démocratique en tant que principe de base de l'organisation d'intégration précède le Mercosur. Il rappelle que le Brésil et l'Argentine n'ont jamais

---

[1221] En effet, comme l'affirme le professeur DABENE, la période marquée par les premières discussions argentino-brésiliennes des années 1983-1986 gardait encore un caractère politisé. Malheureusement, la *dépolitisation* ne commencera qu'à partir de la signature du Traité d'Asunción de 1991. Dabène (Olivier), « La relance du Mercosur. Ouro Preto II ou le temps des réformes politiques », *Critique internationale,* n° 26, 2005, p. 37.

[1222] La Déclaration de Foz do Iguaçu, du 30 novembre 1985.

[1223] Déclaration de Foz do Iguaçu, Paragraphe 9: « (...) *Os dois Presidentes expressaram sua confiança em que, a partir dessas premissas fundamentais, os países integrantes do Consenso de Cartagena continuarão a explorar todas as possibilidades dessa nova perspectiva de diálogo a fim de encontrar soluções duradouras, que permitam seus governantes se dedicarem à tarefa primordial de assegurar o bem-estar e o desenvolvimento de seus povos, consolidando o processo democrático da América Latina* ».

[1224] Déclaration de Foz do Iguaçu, Paragraphe 16: « *Destacaram que (...) os êxitos recentemente alcançados pelas duas Nações em seus respectivos* processos de consolidação democrática *criaram as condições particularmente propícias para o aprimoramento de seus vínculos nos mais diversos setores, assim como para colaboração mais íntima e estreita no plano internacional* »

cessé de réitérer l'adhésion aux valeurs démocratiques comme l'un des piliers de la construction de projets d'intégration et de coopération[1225].

L'Acte de Buenos Aires, de 1986[1226], accord de coopération économique entre l'Argentine et le Brésil qui a également servi de base à la création du Mercosur, fait pareillement référence à la démocratie. Il certifie que les présidents des deux pays sont conscients de l'importance de tels pays soucieux de la consolidation de la démocratie en tant que « système de vie et de gouvernement ». Ils partagent aussi la conviction que la coopération économique constitue une motivation qui renforce la démocratie[1227].

259. L'Acte unique européen de 1986 a révisé le Traité de Rome de 1957 (traité qui a institué la Communauté économique européenne et qui est l'une des bases pour l'établissement de l'Union européenne). L'Acte unique est le premier instrument de la Communauté économique européenne qui annonce son intérêt pour la démocratie. Ainsi, les gouvernements des pays signataires se disent décidés à promouvoir la démocratie et conscients de la responsabilité de l'Europe à faire prévaloir le principe de démocratie.

260. Ces instruments seraient donc la confirmation de la dimension politique à la base de la création du Mercosur[1228] et de l'Union européenne ; dimension qui ne faisait pourtant pas l'objet de leurs traités constitutifs.

B. *Le silence des traités constitutifs sur la condition démocratique*

261. Au moment de la rédaction des traités constitutifs des deux groupes d'intégration économique régionale[1229], aucune référence au respect de la

[1225] Almeida (Paulo Roberto), *Mercosul em sua primeira década (1991-2001): uma avaliação política a partir do Brasil*, Documento de Divulgação nº 14, Série INTAL/ITD/STA, Divisão de Integração, Comércio e Assuntos Hemisféricos, Unidade de Estatística e Análise Quantitiva, INTAL-BID, Buenos Aires, 2002, p. 17.

[1226] L'Acte de Buenos Aires, du 29 juillet 1986, connue aussi comme Acte de l'Amitié ou Acte de l'Intégration Argentine-Brésilienne.

[1227] Gardini (Gian Luca), *The Origins of Mercosur: Democracy and Regionalization in South America*, New York, Palgrave Macmillan, 2010, p. 149.

[1228] Pour plus d'informations sur la dimension politique dans les origines du Mercosur voir Drummond (Maria Claudia), *op. cit.*, 2005, p. 479.

démocratie en tant que condition d'appartenance au groupe n'a été faite. Cela tiendrait au fait que d'une part l'aspect politique n'était pas à l'ordre du jour lors de leur création, et d'autre part, que la démocratie était un sujet délicat à cette époque sur les deux continents.

Si le Traité d'Asunción de 1991 ne cite aucune fois le mot démocratie, le Traité de Maastricht de 1992 prévoit une disposition assez indirecte sur le respect de la démocratie : « L'Union respecte l'identité nationale de ses États membres, dont les systèmes de gouvernement sont fondés sur les principes démocratiques[1230] ». Le Traité sur l'Union européenne précise quant à lui que « Tout État européen qui respecte les valeurs visées à l'article 2 et s'engage à les promouvoir peut demander à devenir membre de l'Union[1231] ».

Cette disposition du traité constitutif de l'Union européenne ne signifie pas encore que la démocratie soit une condition de l'appartenance à l'Union européenne[1232]. Il s'agit en fait d'une façon détournée de dire que l'Union européenne donnerait sa préférence aux États dont les gouvernements sont fondés sur le régime démocratique. En d'autres termes, cette timide référence à un principe démocratique, comme l'affirme le professeur SIMON[1233], n'aurait valeur que de simple constatation de la nature des systèmes de gouvernement des États membres.

Cette absence relative de la référence à la démocratie sera abandonnée en raison de facteurs externes et internes vécus par les deux groupes.

1229 Le Traité de Maastricht (Traité sur l'Union européenne), de 1992, et le Traité d'Asunción, de 1991.

1230 Traité de Maastricht, art. F. 1 : « L'Union respecte l'identité nationale de ses États membres, dont les systèmes de gouvernement sont fondés sur les principes démocratiques ».

1231 TUE, art. 49 : « Tout État européen qui respecte les valeurs visées à l'article 2 et s'engage à les promouvoir peut demander à devenir membre de l'Union ».

1232 Sur la question de la légitimité démocratique dans l'intégration européenne, voir Morales Antoniazzi (Mariela), *op. cit.*, 2009, p. 444-455.

1233 Constantinesco (Vlad), Kovar (Robert) et Simon (Denys) (dir.), *Traité sur l'Union européenne (signé à Maastricht le 7 février 1992) – Commentaire article par article*, Paris, Economica, 1993, p. 83.

§2 La conception d'une véritable conditionnalité démocratique dans le Mercosur

262. Puisque les traités constitutifs des deux groupes n'évoquent pas le respect de la démocratie, son évolution s'est opérée lentement, allant d'un engagement très fragile (A) à sa proclamation en tant que condition de survie des groupes d'intégration (B).

A. Le fragile engagement en faveur de la démocratie

263. L'attention portée à la démocratie emprunte un chemin à double voie. Une des voies se rapporte à l'environnement extérieur: les acteurs externes à ces groupes d'intégration ne passeraient pas d'accords et ne feraient pas d'investissements avec une région non stable politiquement ou dont les institutions ne se montrent pas assez fortes pour garantir, par exemple, l'imposition des lois fiscales. La deuxième voie est relative à la cohésion interne du groupe. Il serait trop risqué pour la bonne santé du groupe d'avoir un membre faible démocratiquement en proie à l'imminence de coups d'État, qui provoquerait toujours de la méfiance et de l'inconfort chez tous les autres.

Des facteurs externes poussant à l'engagement dans les principes démocratiques n'ont pas tardé à émerger au Mercosur à travers deux accords-cadres avec l'Europe[1234].

Le 29 mai 1992, le Mercosur et la Communauté économique européenne signent un Accord-cadre interrégional de coopération[1235]. Les deux groupes

---

[1234] Le professeur SANAHUJA soutient que l'Union européenne a voulu voir en Amérique latine et aux Caraïbes un « miroir » de sa propre expérience d'intégration, développement et cohésion sociale et, parmi les régions en développement, elles se montrent les plus proches relativement à l'adhésion aux principes et valeurs démocratiques et aux droits de l'homme. Sanahuja (José Antonio), « La Unión Europea y el regionalismo latinoamericano: un balance », *Investigación & desarrollo*, 2013, vol. 21, n° 1, p. 158.

[1235] Accord-cadre interrégional de coopération entre la Communauté européenne et ses États membres, d'une part, et le Marché commun du Sud et ses États parties, d'autre part, signé le 29 mai 1992.

s'y disent conscients de partager comme objectif principal « la promotion du progrès économique et social de ses pays membres par le biais de l'intégration dans le cadre de la démocratie ». Un mois après, les présidents des États membres du Mercosur signent la Déclaration de Las Leñas[1236] où ils affirment que l'existence effective des institutions démocratiques est une condition indispensable pour l'existence et le développement du Mercosur. Pour la première fois, les gouvernements faisaient référence à la démocratie comme condition de viabilité du Mercosur. Ainsi reconnaissait-on que la démocratie formait le socle de la construction du Mercosur[1237]. Un acteur externe au Mercosur a manifestement tenu un rôle important afin d'obliger les pays membres à respecter le régime démocratique de gouvernement[1238]. Certes, il ne s'agissait pas encore d'un instrument à valeur contraignante.

En 1995, le deuxième accord-cadre entre les deux groupes régionaux se montrera plus détaillé pour ce qui concerne la démocratie en tant que condition de l'accord dorénavant[1239]. Tout d'abord, dans les considérants, les deux groupes rappellent leur adhésion aux valeurs démocratiques. Ensuite, à l'article premier, il est rappelé que la coopération est fondée sur des principes démocratiques — élément essentiel à l'application de l'accord.

En fait, ces éléments, relatifs au respect de la démocratie, s'inscrivent dans le cadre des relations spécifiques entre l'Union européenne et des pays tiers appelés « conditionnalité politique ». Cette conditionnalité sert de lien entre, d'une part, l'établissement des relations contractuelles, l'octroi des préférences commerciales et l'aide communautaire, et d'autre part, le respect des droits de l'homme, de la démocratie et de l'État de droit[1240].

[1236] Déclaration Présidentielle de Las Leñas, du 26 et 27 juin 1992.

[1237] Pastorino (Ana Maria), « Algunas reflexiones acerca de la suspensión de Paraguay y del ingreso de Venezuela al Mercosur », *Densidades*, n° 10 — septembre 2012, p. 87.

[1238] Le 22 décembre 1994, les deux groupes ont signé la Déclaration commune sur le dialogue politique entre l'Union européenne et le Mercosur où ils ont affirmé le « rôle essentiel des principes et des institutions démocratiques fondées sur l'État de droit, dont le respect préside aux politiques intérieures et extérieures des parties ». À l'heure actuelle, les deux groupes sont soumis à la Stratégie régionale 2007-2013, qui est détaillée sur Commission européenne, *Mercosur : Document de stratégie régionale 2007-2013* (E/2007/1640), du 2 août 2007.

[1239] Accord-cadre interrégional de coopération entre la Communauté européenne et ses États membres, d'une part, et le Marché commun du Sud et ses États parties, d'autre part signé à Madrid le 15 décembre 1995.

[1240] Candela Soriano (Mercedes), « L'Union européenne et la protection des droits de l'homme dans la coopération au développement: le rôle de la conditionnalité politique », *RTDH*, 2002, n° 52, Bruxelles, Némésis, p. 875.

264. Au sein même du Mercosur, des facteurs internes aboutissent à renforcer l'adhésion aux valeurs démocratiques, même s'ils sont apparus de façon plus douloureuse qu'en Europe. Si au cours des années 1980, la démocratie a gagné du terrain concernant les pays du Mercosur en proie aux dictatures militaires, le Paraguay a pu vivre cette même évolution après trente-cinq ans de dictature sous la férule du Général STROESSNER dont il a réussi à se débarrasser en 1989. Mais, entre le renouveau de la démocratie et la nouvelle constitution, d'autres militaires ont rencontré des zones favorables pour asseoir leurs pouvoirs.

Ainsi, en avril 1996 un coup d'État à l'instigation du Général OVIEDO a manqué se produire[1241]. La communauté internationale composée des États-Unis, de l'Argentine, du Brésil, de l'Uruguay, de l'OEA et de l'Union européenne l'a rapidement dénoncé. La « crise d'avril »[1242] enseignait aux présidents des pays membres du Mercosur la fragilité du système face à une crise démocratique. Ils ont donc émis leur avis à la suite de cet événement.

Il s'agit de la Déclaration présidentielle sur l'engagement démocratique[1243] qui rappelle le respect de la démocratie en tant que clause de conditionnalité énoncée dans la Déclaration de Las Leñas de 1992. Elle affirme que tout changement dans l'ordre démocratique constitue un obstacle inacceptable à la continuité du processus d'intégration. Enfin, la Déclaration précise qu'en cas de rupture ou de risque de rupture de l'ordre démocratique, les États membres du Mercosur peuvent examiner la situation du pays concerné[1244].

Ce rappel à la démocratie ne s'est pas limité aux pays membres du Mercosur. Depuis la Déclaration de Las Leñas, même dans les accords de

---

[1241] Pour mieux comprendre les crises paraguayennes de la fin des années 1990, voir Van der Vleuten (Anna) et Ribeiro Hoffmann (Andrea), « Explaining the enforcement of democracy by regional organizations », *Journal of common market studies*, vol. 48, 2010, n° 3, p. 747 à 750. Rosas (Maria Cristina), « El Mercosur en la integración latinoamericana », Revista Mexicana de Política Exterior, 2001, n° 64, p. 131.

[1242] Expression utilisée par le chercheur CAJE ESPINDOLA. Caje Espindola (Jorge), *Importance du Mercosur dans la démocratie paraguayenne : de la crisis d'avril au Protocole d'Ushuaia,* Mémoire de master soutenu à Sciences politiques de Paris, en 2007, p. 94.

[1243]Déclaration présidentielle d'engagement démocratique, signée le 25 juin 1996 à Potrero de Los Funes.

[1244] Le professeur DABENE rappelle que « grâce à sa clause démocratique et aux relations d'interdépendance de plus en plus solides entre les pays membres, elle a notamment fait avorter deux tentatives de coup d'État au Paraguay ». Dabène (Olivier), « La relance du Mercosur. Ouro Preto II ou le temps des réformes politiques », *Critique internationale,* n° 26, 2005, p. 35.

coopération économique entre le Mercosur et un État tiers, le principe démocratique figure parmi les considérants en tant qu'élément essentiel au développement de l'intégration régionale[1245]. Il semble que cette attention du Mercosur portée au système démocratique aurait pour but d'éviter des soucis futurs même avec ses pays associés. Ces pays seraient déjà avertis, dès leur adhésion, que, parmi ses principes, la démocratie prévaut au sein du Mercosur.

265. Au sein de l'Union européenne, des motivations internes expliquent également le développement d'une clause démocratique. L'Union s'est vue confrontée à des situations finalement identiques au Mercosur avant et après son traité constitutif.

Déjà à l'époque de la Communauté économique européenne, la Grèce, le Portugal et l'Espagne ont tardé à voir leur demande d'adhésion acceptée. Ces pays n'ont été admis au sein de la Communauté qu'après la chute des gouvernements dictatoriaux au cours des années 1970[1246].

Entretemps, le Conseil européen a déclaré que la démocratie représentative des droits de l'homme dans chacun des États membres constituait un élément essentiel de l'appartenance aux Communautés européennes[1247]. Un avertissement clair pour ces pays, dont le régime démocratique demeurait encore vacillant.

La Communauté économique européenne s'est élargie vers le sud en 1981 avec l'intégration de la Grèce et en 1986 avec l'entrée du Portugal et de l'Espagne, pays qui ont fait preuve d'une volonté de changement politique. Dans les actes relatifs à ces adhésions, la Commission européenne a étayé son avis sur « les principes de démocratie pluraliste » en tant qu'élément essentiel d'appartenance aux Communautés européennes[1248].

[1245] À l'instar des Accords de complémentation économique avec le Chili (ACE 35) du 25 juin 1996, avec la Bolivie (ACE 36) du 17 décembre 1996, avec l'Équateur et le Venezuela (ACE 59) du 18 octobre 2004 et avec le Pérou (ACE 58) du 30 novembre 2005.

[1246] En Grèce, le régime des colonels prend fin en 1974. Cette la même année SALAZAR est renversé au Portugal, tandis que la mort de FRANCO en Espagne intervient en 1975.

[1247] Déclaration sur la démocratie du Conseil européen, adoptée à Copenhague le 8 avril 1978.

[1248] Avis de la Commission relatif à la demande d'adhésion de la République Hellénique aux Communautés européennes, du 23 mai 1979 et Avis de la Commission relatif à la demande d'adhésion du royaume d'Espagne et de la République portugaise, du 31 mai 1985.

Durant les années 1990, au moment de la transition de la Communauté économique européenne vers l'Union européenne, et après le Traité de Maastricht de 1992, le groupe se prépare à un nouvel élargissement. Suite aux changements géographiques survenus au centre de l'Europe, les pays de cette zone et de l'Est européen se portent candidats pour intégrer l'Union européenne. Dès ce moment, ces pays sont obligés d'être plus explicites concernant le respect de la démocratie. Ainsi, en 1993, lors du Conseil européen de Copenhague les critères d'adhésion des nouveaux membres à l'Union européenne sont formellement énoncés[1249]. Parmi eux, le critère politique implique clairement qu'il y ait, au sein des États, la présence d'institutions stables qui garantiront la démocratie[1250].

Ces différentes entreprises des deux côtés de l'Atlantique ont été les précédents pour l'affirmation explicite du principe démocratique au sein de l'Union européenne[1251] et dans le Mercosur.

B. La proclamation de la conditionnalité démocratique

266. La démocratie, selon les juristes DROMI, RIVERA, et Miguel-Angel EKMEKDJIAN, est la condition politique de l'existence d'une communauté.

[1249] Le professeur STANGOS pense que l'ouverture des perspectives d'adhésion des pays issus de la dissolution de l'Empire soviétique et de l'URSS elle-même, mais également des pays méditerranéens (Malte, Chypre, Turquie) au système communautaire a fait que les acteurs communautaires ont défini la conditionnalité politique de l'adhésion de ces pays: Conseil de Copenhague 1993. Stangos (Petros), « La conditionnalité politique, en termes de protection des droits de l'homme et d'État de droit, des relations extérieures de la Communauté et de l'Union européenne », *in* Ruiz Fabri (Hélène) *et al.* (dir), *L'effectivité des organisations internationales: mécanismes de suivi et de contrôle*, Athènes, Ant. N. Sakkoulas ; Paris, A. Pedone, 2000, p. 288.

[1250] Le Conseil européen de Copenhague de 1993 a établi trois conditions préalables qui donnent aux pays d'Europe centrale et orientale le droit d'adhérer à l'Union européenne: 1) les conditions politiques: des institutions stables garantissant la démocratie, la primauté du droit, les droits de l'homme et le respect des minorités; 2) les conditions économiques: économie de marché viable, et 3) la reprise des acquis communautaires: souscrire aux diverses finalités politiques, économiques et monétaires de l'Union européenne. Candela Soriano (Mercedes), *op. cit.*, p. 876.

[1251] Sur le principe démocratique de l'Union européenne voir Castor (Catherine), *Le principe démocratique dans le droit de l'Union européenne*, Bruxelles, Bruylant, 2011. Et aussi Delcourt (Christine), « Récentes évolutions de la constitutionnalisation de l'Union européenne : la dimension démocratique », *in* Flaesch-Mougin (Catherine) et Lebullenger (Joël) (ed.), *Regards croisés sur les intégrations régionales: Europe, Amériques, Afrique*, Bruxelles, Bruylant, 2010.

Ceci parce qu'il n'y a pas de droit communautaire *autocratique*[1252]. Pour qu'il existe une communauté de peuples intégrée dans un projet commun, fût-il économique, il faut qu'elle soit représentative et qu'elle fasse participer le peuple au sein de structures supra étatiques démocratiques, reflet de celles présentes dans chaque État membre.

267. Le Traité d'Amsterdam de 1997, qui a procédé à la révision du traité constitutif de l'Union européenne, a proclamé pour la première fois dans un instrument contraignant la démocratie comme l'un des principes fondateurs de l'Union européenne, avec la liberté et le respect des droits de l'homme et des libertés fondamentales et de l'État de droit[1253]. En outre, le traité indique que l'État qui souhaite devenir membre de l'Union européenne doit respecter ses principes fondateurs[1254]. À compter de cette date, le respect de cette forme de régime politique est donc devenu une condition d'appartenance à l'Union européenne. Les États qui ne respectent pas les principes fondateurs peuvent d'ailleurs voir leurs droits suspendus[1255].

Dix ans plus tard, le Traité de Lisbonne de 2007, qui a également révisé le traité constitutif, est venu réaffirmer la position de la démocratie en tant que valeur de l'Union. À compter de ce traité, cet énoncé apparaît dans les premiers articles de l'instrument, une place vraisemblablement jugée privilégiée. Ainsi, l'article 2 du Traité de Lisbonne, énonce que : « L'Union est fondée sur les valeurs de respect de la dignité humaine, de liberté, de démocratie, d'égalité, de l'État de droit, ainsi que de respect des droits de l'homme, y compris des droits des personnes appartenant à des minorités (…)[1256] ».

268. De l'autre côté de l'Atlantique, le Mercosur décide de formaliser le principe démocratique du groupe dans un instrument de caractère contraignant en juillet 1998. Le Protocole d'Ushuaia relatif à l'engagement

---

1252 Dromi (Roberto), Ekmekdjian (Miguel-Angel) et Rivera (Julio C.), *op. cit.*, p. 49.

1253 Traité d'Amsterdam, art. 49 :« Tout État européen qui respecte les principes énoncés à l'article 6, paragraphe 1, peut demander à devenir membre de l'Union (…) ».

1254 Traité d'Amsterdam, du 2 octobre 1997, entré en vigueur le 1er mai 1999, art. 6 § 1 : « L'Union est fondée sur les principes de la liberté, de la démocratie, du respect des droits de l'homme et des libertés fondamentales, ainsi que de l'État de droit, principes qui sont communs aux États membres ».

1255 Pour plus d'information sur l'adhésion des nouveaux pays à l'Union européenne, voir Nowak (Manfred), « La conditionnalité relative aux droits de l'homme en ce qui concerne l'adhésion et la pleine participation à l'Union européenne », *in* Alston (Philip) (dir.), *L'Union européenne et les droits de l'homme*, Bruxelles, Bruylant, 2001, p. 718 et s.

1256 Traité de Lisbonne, du 13 décembre 2007, entré en vigueur le 1er décembre 2009.

démocratique dans le Mercosur, la République de Bolivie et la République du Chili est le texte majeur imposant une clause démocratique dans le Mercosur[1257]. Comme il s'agit d'un protocole au Traité d'Asunción, il devient source de droit primaire du Mercosur. Selon ce protocole, en cas de rupture de l'ordre démocratique dans l'un des États membres, les autres États engagent des consultations et appliquent des mesures contre l'État concerné[1258]. Ces mesures peuvent aller de la suspension du droit de participer aux organes issus du Mercosur jusqu'à la suspension de ses droits et obligations[1259].

[1257] *Protocole de Ushuaia sobre el compromiso democrático en el Mercosur, la República de Bolivia y la República de Chile*. Nous utiliserons désormais notre traduction en français de l'instrument : Protocole d'Ushuaia sur l'engagement démocratique dans le Mercosur, adopté le 24 juillet 1998, à Ushuaia, Argentine.

Comme le rappelle le professeur OLIVAR JIMENEZ, le Protocole d'Ushuaia s'est inspiré de la Résolution 1080 de l'OEA, du 5 juin 1991, et du Protocole de réformes de la Charte de l'OEA (A-56) (Protocole d'Washington), du 17 décembre 1992, entré en vigueur le 25 septembre de 1997. Olivar Jimenez (Martha Lucia), « El perfeccionamiento del Mercosur como condición esencial de la relación con la Unión Europea », *RDM*, 2006-3, p. 11.

[1258] Protocole d'Ushuaia sur l'engagement démocratique dans le Mercosur, art. 2 : « *Este Protocolo se aplicará a las relaciones que resulten de los respectivos Acuerdos de integración vigentes entre los Estados partes del presente Protocolo, en caso de ruptura del orden democrático en alguno de ellos* » — taduction libre.

Le professeur MORALES ANTONIAZZI analyse l'expression « rupture de l'ordre démocratique » utilisée dans le protocole. Selon elle, il est absolument admis qu'il y a violation de l'ordre démocratique quand se produit un coup d'État qui renverse un gouvernement démocratiquement élu. Mais la situation se complique quand l'on a affaire à une autre sorte de violation à l'ordre démocratique, telles le manque de séparation et d'indépendance des pouvoirs publics ou les violations des droits de l'homme. Morales Antoniazzi (Mariela), « ¿La cláusula democrática del Mercosur en la encrucijada? Algunas reflexiones sobre el ingreso de Venezuela », *Revista de derecho público*, Fundación de derecho público, Caracas, Ed. Jurídica Venezoelana, n° 128, oct-dec. 2011, p. 23.

Le professeur RIBERIO HOFFMANN se pose également la question de savoir si la rupture démocratique n'intervient que quand un gouvernement démocratiquement élu est renversé par un coup d'État ou s'il peut s'agir de formes moins tranchées de rupture, comme des mesures d'extension du pouvoir exécutif sur le judiciaire ou le législatif, ou des mesures contraires à la liberté de la presse. Ribeiro Hoffmann (Andrea), *op. cit.*, 2009, p. 352.

[1259] Un nouvel instrument est signé par les États membres le 20 décembre 2011, mais n'est pas encore entré en vigueur : le Protocole de Montevideo relatif à l'engagement pour la démocratie dans le Mercosur — Ushuaia II. Cet instrument est beaucoup plus complet que le précédent. Son application repose sur le cas de rupture de l'ordre démocratique – comme l'Ushuaia I – mais aussi sur la menace de rupture, la violation de l'ordre constitutionnel et toute situation qui menacerait l'exercice du pouvoir et les valeurs et principes démocratiques (art. 1). Les mesures appliquées sont beaucoup plus dures : il y a toujours la suspension de la participation aux organes, mais également la fermeture des frontières et des sanctions politiques et diplomatiques additionnelles (art. 6).

Le professeur PASTORINO rappelle que l'adoption de ce protocole a suscité une grande polémique au sein des milieux académiques et politiques des pays membres et associés, car l'on ajoute l'idée de menace à celle de rupture d'ordre démocratique. Quelques sanctions n'ont pas fait l'unanimité non plus. En fait, le nouveau protocole autorise qu'on ferme les

Ce protocole revêt une grande importance pour le Mercosur d'autant plus que le respect de la démocratie est devenu une véritable clause d'appartenance au groupe d'intégration[1260], même pour des nouveaux pays associés au groupe, et une clause de coopération avec des pays tiers, selon les professeurs DREYZIN DE KLOR et MORALES ANTONIAZZI[1261], d'après une interprétation large de l'article 9 du Protocole d'Ushuaia[1262]. Ceci est la conséquence de l'adoption d'une décision relative au régime de participation des États associés au Mercosur qui oblige le pays intéressé à signer un tel protocole[1263].

La « crise d'avril », à laquelle nous avons fait référence, ne sera pas la seule à mettre en péril la démocratie au Paraguay et l'effectivité de la clause de conditionnalité dans le Mercosur. Cela a failli se produire en deux autres

---

frontières, qu'on suspende ou limite le commerce, le trafic aérien et maritime, les communications, l'énergie. Pastorino (Ana Maria), *op. cit.*, p. 89.

Voir §1, section II, chapitre I, titre II de la seconde partie.

[1260] Le chercheur BIZZOZERO REVELEZ soutient qu'il y a un « avant et un après » le Protocole d'Ushuaia. En fait, avant le Protocole, la démocratie était considérée comme un critère essentiel implicite pour dans le processus d'intégration et avait de fait valeur de promotion de ce processus. Le Protocole d'Ushuaia marque une inflexion dans l'évolution régionale sur la démocratie et les processus d'intégration régionaux. Bizzozero Revelez (Lincoln), « Democracia y regionalismo en el Mercosur, ¿Cómo se sigue ahora con Paraguay? », *Vadenuevo Revista Digital, Política Economía Sociedad y Cultura,* Año 5, n° 50, 7 de noviembre de 2012, Montevideo.

[1261] Dreyzin de Klor (Adriana) et Morales Antoniazzi (Mariela), *Ampliación del Mercosur: el caso Venezuela*, Buenos Aires, Zavalía, 2009, p. 109.

[1262] Protocole d'Ushuaia, art. 9: « *El presente Protocolo se aplicará a los Acuerdos de integración que en el futuro se celebren entre el Mercosur y Bolivia, el Mercosur y Chile y entre los seis Estados Partes de este Protocolo, de lo que deberá dejarse constancia expresa en dichos instrumentos* ». (Le présent protocole s'applique aux Accords d'intégration qui seront conclus à l'avenir entre le Mercosur et la Bolivie, entre le Mercosur et le Chili, et entre les six États parties au présent protocole, lesdits accords devant le préciser expressément - traduction selon version en français déposée aux Nations unies).

[1263] Décision du CMC n° 18/04 sur le Régime de participation des États associés au Mercosur. Art. 2 : « *Os países interessados em adquirir a condição de Estado Associado ao MERCOSUL deverão (...) aderir ao Protocolo de Ushuaia sobre Compromisso Democrático no Mercosul, a República da Bolívia e a República do Chile e aderir igualmente à "Declaração Presidencial sobre Compromisso Democrático no MERCOSUL", celebrado em 25 de junho de 1996 em Potrero de Funes, Pcia. de San Luis, República Argentina, o qual já tem sido aderido pela República da Bolívia e a República do Chile* ». (Les pays intéressés à acquérir la condition d'État associé au Mercosur devront adhérer au Protocole d'Ushuaia relatif à l'engagement démocratique dans le Mercosur, la République de Bolivie et la République du Chili, et adhérer également à la Déclaration présidentielle sur l'engagement démocratique au Mercosur, célébré le 25 juin 1996 à Potrero de Funes, Pcia. de San Luis, République Argentine, auquel ont déjà adhéré la République de Bolivie et la République du Chili – traduction libre).

occasions. En mars 1999, une nouvelle menace prend forme à la suite de l'assassinat du vice-président Luis Maria ARGAÑA. Le Général OVIEDO est soupçonné d'être l'instigateur de l'assassinat destiné à déclencher un nouveau coup d'État. Malgré l'évocation de la clause démocratique de deux instruments normatifs, une fois encore seule la pression diplomatique a fait échouer le coup d'État[1264]. Ceci parce qu'aucun texte ne pouvait être en réalité appliqué : la Déclaration présidentielle sur l'engagement démocratique n'a en effet pas de valeur contraignante, et le Protocole d'Ushuaia n'était pas encore entré en vigueur. D'ailleurs, comble de l'ironie, le seul pays à avoir ratifié le Protocole était le Paraguay[1265].

La plus récente occasion remonte à juin 2012. Suite à la destitution du président LUGO, les présidents du Brésil, d'Argentine et d'Uruguay, réunis au Sommet de Mendoza[1266], ont considéré que le fait d'accorder un délai inférieur à vingt-quatre heures pour sa défense constituait une violation du droit de la défense et partant, une rupture de l'ordre démocratique. Ainsi, le

---

[1264] Les présidents du Mercosur ont fait une nouvelle Déclaration présidentielle sur l'engagement démocratique le 15 juin 1999.

[1265] Sur le régime démocratique au Paraguay, voir Corporación Latinobarómetro, *Informe flash Paraguay - 1995-2012*, Santiago de Chile, juin 2012. Disponible sur: www.latinobarometro.org, consulté le 4 juin 2013.

[1266] *Decisión sobre la suspensión del Paraguay en el Mercosur en aplicación del Protocolo de Ushuaia sobre Compromiso Democrático*, lors du Sommet de Mendoza le 29 juin 2012.
À propos de la suspension du Paraguay du Mercosur, voir aussi:
Communiqué commun des présidents des États membres du Mercosur, du 7 décembre 2012, à Brasilia, §16: « *Diante da ruptura da ordem constitucional na República do Paraguai, expressaram o firme desejo de que o processo eleitoral atualmente em curso naquele país conduza à plena normalização de sua vida institucional. Salientaram, nesse sentido, que a democracia constitui um requisito imprescindível ao processo de integração regional e reiteraram o firme compromisso de agir contra qualquer ruptura da ordem democrática na região* ». (Devant la rupture de l'ordre constitutionnel dans la République du Paraguay [les présidents] ont exprimé le ferme espoir que le processus électoral actuellement en cours dans ce pays conduise à une normalisation complète de sa vie institutionnelle. Ils (les présidents) ont souligné, dans ce sens, que la démocratie est une condition préalable au processus d'intégration régionale et ont réitéré l'engagement ferme d'agir contre toute rupture de l'ordre démocratique dans la région – traduction libre).
Salas (Graciela), « La defensa de la democracia, el sistema interamericano y Mercosur », *Anuario hispano-luso-americano de derecho internacional*, n° 21, 2013/14, p. 438 à 440.
Bizzozero Revelez (Lincoln), *op. cit.* 2012.
Peña (Félix), *L'Avenir du Mercosur après le sommet de Mendoza*, Septembre 2012. Disponible sur :
http://www.felixpena.com.ar/index.php?contenido=wpapers&wpagno=documentos/2012-09-lavenir-du-mercosur-apres-le-sommet-de-mendoza, consulté le 23 novembre 2012.

López Acosta (Antonio Félix), « Análisis de las clausulas democráticas de la UNASUR y el Mercosur y el fortalecimiento de la seguridad sudamericana », *Revista Jurídica*, Universidad Americana Facultad de Derecho, Ciencias Políticas y Sociales, Asunción, Paraguay 2012, p. 297 à 300.

Mercosur a décidé la suspension de la participation du Paraguay aux organes et aux délibérations de l'organisation jusqu'à ce que l'ordre démocratique soit rétabli[1267]. Cette fois-ci, la décision est prise sur la base du Protocole d'Ushuaia, lequel était enfin en vigueur[1268], contrairement à l'épisode précédent.

En décembre 2015, le président argentin, Mauricio MACRI, a annoncé son intention de proposer à ses pairs lors du Sommet des présidents du Mercosur l'application de la clause démocratique contre le Venezuela en raison des persécutions menées à l'encontre des opposants politiques et du manque de liberté d'expression qui règne dans le pays et en particulier sous le gouvernement de Nicolas MADURO. Si sa position s'est faite plus discrète lors du sommet, il n'y en a pas moins eu une crispation avec l'homologue vénézuélien.

Six mois après, en mai 2016, c'est le Paraguay qui a demandé que la situation de crise sociale et politique vénézuélienne soit analysée lors d'une réunion de chanceliers dans le cadre du Protocole d'Ushuaia. Cette réunion a eu lieu le 11 juillet, et s'est soldée par un échec.

Le chanceler brésilien, José SERRA, n'a pas tardé non plus à se prononcer. Il a clairement dit que le Venezuela n'a pas respecté certaines conditions essentielles du Mercosur, mettant en cause le régime démocratique et citant le Protocole d'Ushuaia.

Malgré cette concertation, ce n'est pas le mécanisme du Protocole d'Ushuaia qui a été choisi pour écarter le Venezuela. D'ailleurs, le Venezuela n'a jamais signé ni ratifié cet instrument. Le 13 septembre 2016, les quatre présidents mercosuriens ont rédigé une déclaration commune dénonçant le fait que le pays n'avait pas respecté son obligation d'internaliser les normes du Mercosur dans son ordre législatif[1269].

[1267] Les chefs de gouvernement des États membres du Mercosur, à l'occasion de la XVème session ordinaire du Conseil du marché commun, tenue le 12 juillet 2013 à Montevideo, ont décidé que l'on procéderait à sa suspension dès le 15 août 2013, lorsque le nouveau président, M. CARTES, prendrait ses fonctions. En effet, le Conseil du marché commun considérera que les exigences prévues à l'art. 7 du Protocole d'Ushuaia ont été satisfaites. Décision sur la cessation de la suspension du Paraguay dans le Mercosur en application du Protocole d'Ushuaia sur l'engagement démocratique, XVème Session ordinaire du Conseil du marché commun, du 12 juillet 2013, à Montevideo.

[1268] Protocole d'Ushuaia, entré en vigueur le 17 janvier 2002.

[1269] Déclaration relative au fonctionnement du Mercosur et au Protocole d'adhésion du Venezuela au Mercosur, *op. cit.*

269. Ces tribulations prouvent que la condition démocratique est devenue un principe des deux groupes d'intégration régionale, expressément établi et avec valeur contraignante. De fait, le professeur RIBEIRO HOFFMANN cite également ce « principe de la conditionnalité démocratique », lorsqu'elle analyse les organisations régionales d'intégration[1270]. Tant le Mercosur que l'Union européenne demeuraient vigilants et soucieux d'un éventuel retour des régimes autoritaires dans leurs pays membres et associés.

Aujourd'hui, des structures et de nouveaux instruments se sont développés dans le dessein de promouvoir le principe démocratique, non seulement dans leur sein, à l'instar du Protocole d'Ushuaia II et des Parlements de Strasbourg et d'Asunción – sujets qui seront développés postérieurement[1271] —, mais aussi dans chacun des pays membres — il en va ainsi de l'Observatoire pour la démocratie du Mercosur[1272]ou des missions d'observation électorale de l'Union.

La démocratie constituerait ainsi, théoriquement, la pierre angulaire pour la fondation d'une voie politique dans le Mercosur. Cette conclusion se révèle encore théorique, car il semble que le Mercosur ne la considère comme telle que quand celle-ci lui convient. La récente approbation, « controversée », comme le remarque le professeur MORALES ANTONIAZZI[1273], de l'adhésion du Venezuela au sein du groupe a permis par exemple une réflexion sur la vraie valeur que le Mercosur accorde au respect de la démocratie[1274]. Il semblerait plutôt que, cherchant à renforcer sa puissance économique[1275] (surtout devant les États-Unis[1276]), le Mercosur a

---

[1270] Ribeiro Hoffmann (Andrea), « Avaliando a influência das organizações regionais de integração sobre o carater democratico dos regimes de seus Estados-partes: o caso do Mercosul e o Paraguai », *Cena Internacional*, Ano 7, Número 2, 2005, p. 83.

[1271] Voir section II, chapitre I, titre II de la seconde partie.

[1272] Décision du CMC n° 05/07, du 18 janvier 2007.

[1273]Le professeur MORALES ANTONIAZZI dit que le Mercosur n'échappe pas au phénomène pendulaire latino-américain, puisqu'il a avancé dans le renforcement de la démocratie, mais donne des signes négatifs lorsqu'il n'applique pas la conditionnalité démocratique de *jure* au sens strict pour son adhésion au groupe. Morales Antoniazzi (Mariela), *op. cit.*, 2011, p. 9.

[1274] Sur le respect à la démocratie et aux droits de l'homme au Venezuela, voir Commission IDH, Rapport Democracia y derechos humanos en Venezuela, OEA/Ser.L/V/II,Doc. 54, du 30 décembre 2009. Voir aussi Morales Antoniazzi (Mariela), *op. cit.*, 2011, p. 25 à 34. Et également l'analyse *de facto* et *de iuri* qui réalisent les professeurs DREYZIN DE KLOR et MORALES ANTONIAZZI sur la conditionnalité démocratique et l'entrée du Venezuela au Mercosur. Dreyzin de Klor (Adriana) et Morales Antoniazzi (Mariela), *op. cit.*, p. 110 à 121.

[1275]Le chercheur ARNAUDO rappelle que le Venezuela assume dans la scène géopolitique sud-américaine un rôle protagoniste absous, en raison de son importance stratégique en tant que détenteur d'une importante réserve de pétrole. Son adhésion au Mercosur, outre le fait de faire bénéficier le groupe d'une continuité territoriale significative tout du long de l'Amérique

fermé les yeux sur le respect de valeurs pour lesquelles il s'est pourtant battu pendant des années.

À côté de la clause démocratique, certains libertés et droits configurent également des éléments annonciateurs des droits de l'homme au sein du Mercosur.

latine et représenter un élément majeur pour la politique énergétique commune, a donné un fort signal au nouvel élan du processus d'intégration du Mercosur. Arnaudo (Luca), « Mercosur: progressi e prospettive », *La comunità internazionale*, 2010, n° 3, vol. 65, p. 431.

Le professeur MELLADO fait un bilan intéressant de la signification économique de l'adhésion du Venezuela au Mercosur. Mellado (Noemi), « Incorporación de la República Bolivariana de Venezuela al Mercosur y su Impacto Subregional », *in* Hummer (Waldemar) (ed.), *Mercosur y Unión Europea,* Cordoba, Lerner, 2008, p. 167 à 172.

[1276] Le professeur JAEGER JUNIOR juge que l'entrée du Venezuela au Mercosur constituerait un frein à la proposition nord-américaine de création d'une zone de libre-échange des Amériques et représenterait une alternative pour faire davantage progresser l'Amérique du Sud dans le monde. Jaeger Junior (Augusto), « Fundamentos y recientes desarrollos del Mercosur », *in* Von Bogdandy (Armin) (ed.), *¿Integración suramericana a través del derecho?*, Max-Planck-Institut für Ausländisches Öffentliches Recht und Völkerrecht, Centro de Estudios Políticos y Constitucionales, Madrid, Heidelberg, 2009, p. 502.

Section II : De l'objectif économique à la protection des droits et libertés

270. Le chemin qui mène de l'objectif économique de l'intégration régionale vers les droits de l'homme n'est pas tracé de façon bien nette. Cette voie se verra finalement rétrécir avec la prise en compte des libertés économiques (§1) et la naissance de certains droits (§2).

§1 Les libertés économiques comme moyen de l'intégration économique

271. Présentes dans les traités constitutifs du Mercosur et de la Communauté économique européenne, les libertés composent le but majeur des processus d'intégration économique régionale. Cependant, bien qu'ayant pour objectif le développement économique, ces libertés peuvent représenter un premier pas et un premier indice relativement à un quelconque intérêt des blocs d'intégration économique régionale pour les droits de l'homme. C'est grâce au principe de la non-discrimination (A) que ces libertés vont trouver leur place dans les traités constitutifs des groupes (B).

A. Un principe fondamental : la non-discrimination

272. La construction d'une communauté économique ne peut se concrétiser que si les états à tout le moins abolissent leurs pratiques protectionnistes. Il faut, pour ce faire, respecter le principe de la non-discrimination, plus spécifiquement de la non-discrimination du fait de la

nationalité, car elle entraverait les échanges de tous ordres entre les États volontairement regroupés.

Or, les pères fondateurs de l'Union européenne avaient déjà à l'esprit la nécessité absolue de ce critère, comme l'observe le professeur ILIOPOULOU[1277]. Dès le Traité de Rome, des dispositions citaient déjà le principe de la non-discrimination fondée sur la nationalité comme[1278] un outil communautaire, autrement dit un instrument destiné à la réalisation des objectifs économiques communautaires.

Le principe de la non-discrimination a des rapports avec celui de l'égalité. La non-discrimination peut se concevoir en tant que critère pour atteindre l'égalité ou même de synonyme de cette dernière. D'ailleurs, c'est l'acception que retient la Cour de justice de l'Union européenne[1279].

En plus de servir de fondement philosophique au droit communautaire, le principe de l'égalité fait également partie des principes généraux du droit communautaire[1280]. Puisqu'ils sont à l'origine de la nature de l'ordre juridique de la communauté, ils prennent place dans les traités fondamentaux et deviennent ainsi les objectifs mêmes de la communauté et de ses organes.

La non-discrimination revêt de l'importance pour éviter le protectionnisme parmi les États membres d'un groupe d'intégration économique, mais cela va encore au-delà. La non-discrimination fondée sur la nationalité permet aux ressortissants de tout pays membre d'une communauté économique d'être traités pareillement aux nationaux. Ce traitement égalitaire touche bien évidemment les droits et les restrictions. Ainsi, ce principe accorde une véritable légitimité aux libertés prévues dans les traités constitutifs. Il s'agit surtout de la libre circulation des ressortissants des pays membres vers d'autres pays de la communauté.

[1277] Iliopoulou (Anastasia), *Libre circulation et non-discrimination, éléments du statut de citoyen de l'Union*, Bruxelles, Bruylant, 2007, p. 41.

[1278] Traité de Rome, art. 7 : « Dans le domaine d'application du présent traité, et sans préjudice des dispositions particulières qu'il prévoit, est interdite toute discrimination exercée en raison de la nationalité ».

[1279] TJCE, Sandro Forcheri et Marisa Marino, épouse Forcheri, c. Belgique et Asbl Institut supérieur de sciences humaines appliquées - École ouvrière supérieure, du 13 juillet 1983, A. 152/82, § 7 et TJCE, Françoise Gravier c. Ville de Liège, du 13 février 1985, A. 293/83, §15.

[1280] Dromi (Roberto), Ekmekdjian (Miguel-Angel) et Rivera (Julio C.), *op. cit.*, p. 55.

Si le principe de la non-discrimination est l'un des piliers du droit communautaire, l'égalité l'est aussi pour assurer la réalisation et la protection de la liberté de circulation. Les professeurs VILLATORE et ROCHA SAMPAIO se montrent du même avis lorsqu'ils affirment qu'il « n'existera pas de libre circulation des travailleurs si persiste un chauvinisme exacerbé qui tiendrait à des protections de marché[1281] ».

Dans l'ouvrage collectif des juristes DROMI, RIVERA et Miguel-Angel EKMEKDJIAN, les auteurs parlent de l'égalité de traitement des travailleurs et de leurs familles qui se déplacent à travers les différents pays de la communauté[1282]. Ainsi, ils estiment que lorsqu'une communauté commence à approfondir la question de l'égalité de traitement des travailleurs, le principe de la non-discrimination ne se réduit pas à n'être qu'un outil économique et devient un outil éthique[1283].

273. Concernant l'intégration européenne, le principe de la non-discrimination se situait au cœur même de sa construction, mais il n'y avait qu'une approche marchande. Les dispositions dans le traité constitutif « ne cherchaient pas à promouvoir les valeurs de tolérance, de diversité et de multiculturalisme[1284] ».

Or, la Communauté elle-même a évolué et ce principe est devenu un indice de son état d'avancement économique et social[1285]. Ce principe prend par conséquent la forme de l'énonciation d'une valeur, de la reconnaissance

---

[1281] Villatore (Marco Antonio César) et Silveira da Rocha Sampaio (Romulo), « A livre circulação de trabalhadores na Comunidade Européia e no Mercosul », *in* Menezes(Wagner) (org.), *O direito internacional e o direito brasileiro : homenagem a José Francisco Rezek*, Ijui, Unijui, 2004, p. 442.

[1282] Dromi (Roberto), Ekmekdjian (Miguel-Angel) et Rivera (Julio C.), *op. cit.*, p. 169.

[1283] Celso ALBUQUERQUE MELLO était du même avis sur l'importance de l'égalité : « uma sociedade é integrada quando todos os membros são tratados igualmente e gozam de iguais oportunidades » (une société est intégrée lorsque tous les membres sont traités de façon égalitaire et jouissent des mêmes opportunités – traduction libre). Albuquerque Mello (Celso), *Direito Internacional de Integração*, Rio de Janeiro, Renovar, 1996, p. 117.

[1284] Barbou des Places (Ségolène), « Signification et fonction du principe de non-discrimination en Droit communautaire », *in* Potvin-Solis (Laurence) (dir.), *Le principe de non-discrimination face aux inégalités de traitement entre les personnes dans l'Union européenne — Septièmes journées d'étude du Pôle européen Jean Monnet, 27, 28 et 29 novembre 2006* ; organisées par le Pôle européen Jean Monnet de Nancy-Université ; l'Institut Droit et économie des dynamiques en Europe (ID2) et la Faculté Droit-Economie-Administration de Metz, Bruxelles, Bruylant, 2010, p. 72.

[1285] Barbou des Places (Ségolène), *op. cit.*, p. 66.

d'un droit fondamental à l'égalité et de la lutte contre les discriminations elles-mêmes.

Enfin, le principe de la non-discrimination est devenu le principe qui a introduit les droits de l'homme en droit communautaire et la possibilité « d'édification d'une citoyenneté ». Une citoyenneté qui permet de réduire les discriminations fondées sur la nationalité en vue d'une circulation réellement libre.

274. Dans le droit du Mercosur, malgré l'absence de dispositions expresses sur le principe de la non-discrimination dans son traité constitutif[1286], il existe aussi des traces de la présence de ce principe, liées à l'article 1er du traité constitutif du Mercosur dans lequel elles sont énoncées. Ces dispositions pourraient emmener à une compréhension tacite du respect de ce principe par le groupe d'intégration économique, car bien que le Mercosur ne soit pas réglementé par le Droit communautaire, le Droit d'intégration, selon des juristes DROMI, RIVERA, et Miguel-Angel EKMEKDJIAN, exige également l'égalité[1287] comme fondement des libertés.

En tout état de cause, l'une des caractéristiques du droit communautaire (qui pourrait s'appliquer également au droit d'intégration) concerne la progressivité. Cela signifie que la communauté est toujours en évolution. En outre le traité constitutif du Mercosur possède une certaine malléabilité qui lui permet de s'adapter aux situations en sorte de promouvoir l'évolution du groupe. Ainsi, l'absence de disposition directe sur le principe de la non-discrimination dans le Traité d'Asunción ne signifie pas qu'un instrument ne puisse le complémenter postérieurement, comme l'ont fait les protocoles additionnels.

[1286]Le premier instrument à porter des dispositions sur le principe de la non-discrimination a été la Déclaration « sociolaborale » du Mercosur, de 1998. Voir §2, section II, chapitre I, titre II de la première partie, susénoncée.

[1287] Pour les juristes DROMI, EKMEKDJIAN et. RIVERA, l'égalité et la non-discrimination sont des principes synonymes. Dromi (Roberto), Ekmekdjian (Miguel-Angel) et Rivera (Julio C.), *op. cit.*, p. 169.

B. *Les libertés établies par les premiers traités*

275. Comme le disent les juristes DROMI, RIVERA et Miguel-Angel EKMEKDJIAN, les États lorsqu'ils s'associent dans le cadre d'un groupe d'intégration économique, le font de leur propre gré. Cette idée de marché commun suppose que les pays concernés lèvent leurs barrières frontalières afin de libéraliser les facteurs productifs (travail, service et capital). Ainsi les quatre libertés fondamentales d'une intégration économique seront celles des biens, des personnes, des services et des capitaux. Le « droit communautaire, ou d'intégration, sera donc présent, pour orienter, limiter et protéger ces libertés[1288] ».

276. Les libertés forment la base de l'intégration économique, et elles sont énoncées dès les traités constitutifs de l'ancienne Communauté économique européenne dans le Traité de Rome et également du Mercosur, dans le Traité d'Asunción. Cependant, plusieurs différences sont à noter.

Tout d'abord, la façon dont les libertés sont intégrées à ces instruments. Les rédacteurs sud-américains se sont montrés beaucoup plus directs (ou laconiques) que les rédacteurs européens. Les premiers se limitent à citer les libertés[1289] alors que les Européens les présentent[1290] et les expliquent[1291]. Les Européens font preuve d'une véritable diligence dans l'annonce de ces libertés.

Deuxièmement, la place que chaque liberté occupe dans ces instruments. Les rédacteurs du traité mercosurien n'ont fait mention de ces derniers que dans un seul article alors que les rédacteurs européens les ont développés au

[1288] *Ibid.*,p. 170.

[1289] Traité d'Asunción, art. 1er: « *Este Mercado Común implica: la libre circulación de bienes, servicios y factores productivos entre los países, a través, entre otros, de la eliminación de los derechos aduaneros y restricciones no arancelarias a la circulación de mercaderías y de cualquier otra medida equivalente* » (Ce marché Commun signifie : la libre circulation des biens, des services et des facteurs de production entre les pays, à travers, entre autres, la suppression des droits de douane et des barrières non tarifaires à la circulation des marchandises, ainsi que toute autre mesure d'effet équivalent – traduction selon la version française déposée aux Nations unies).

[1290] Traité de Rome, art. 3 § c: « Aux fins énoncées à l'article précédent, l'action de la Communauté comporte, dans les conditions et selon les rythmes prévus par le présent traité : (...) l'abolition, entre les États membres, des obstacles à la libre circulation des personnes, des services et des capitaux ».

[1291] Traité de Rome, art. 9 à 73.

cours de plusieurs dispositions. Il est vrai cependant que dans le Traité d'Asunción les libertés ne sont pas énoncées n'importe où. Elles ont été privilégiées déjà dans le tout premier article, ce qui démontre leur importance dans la base même du groupe d'intégration économique.

Enfin, le Traité d'Asunción restreint les libertés protégées. Il n'en compte que trois: la libre circulation des biens, des services et des facteurs productifs. Par contre, le Traité de Rome prévoit quatre libertés : la libre circulation des marchandises, des travailleurs, d'établissement et de prestation des services. Cela ne devrait pas poser problème, si le traité mercosurien ne laissait pas planer de doute sur chacune de ces libertés.

277. Ces différences sont peut-être la conséquence des différents états évolutifs de chaque groupe d'intégration. L'Union européenne, comme son nom l'indique, a déjà atteint le statut d'une union monétaire, tandis que le Mercosur demeure toujours une union douanière et non pas un marché commun ainsi que le sous-entend son nom et parfois le trahit. Néanmoins, comme le dit le préambule du Traité d'Asunción, cet instrument n'est pas une œuvre achevée, mais flexible et ouverte à de futures adaptations progressives et équilibrées. Ce qui permet, selon les juristes ALMEIDA PORTUGAL et SILVA REIS, l'harmonisation de plusieurs normes[1292].

Plus précisément sur certaines libertés, le lecteur du Traité d'Asunción pourrait à première vue se demander la raison de l'absence de l'énonciation des libertés de circulation des travailleurs et d'établissement des ressortissants des pays membres. Effectivement, l'article premier n'en fait pas mention. Cependant, le travail humain considéré en tant que facteur productif[1293], la liberté de circulation des travailleurs et d'établissement des ressortissants des pays membres se trouveraient par conséquent également visés. L'objectif de la libre circulation de personnes se veut implicite au concept même du marché commun accueilli dans le Traité d'Asunción[1294].

[1292]Almeida Portugal (Heloisa Helena) et Silva Reis (Arlete Francisca),« A dignidade da pessoa humana e a liberdade de estabelecimento no Mercosul : conjugando dois princípios », *in* Ribeiro (Maria de Fatima) *et al.* (dir.), *Direito internacional dos direitos humanos : estudos em homenagem à Professora Flávia Piovesan,* Curitiba, Juruá, 2004, p. 194.

[1293] Corti Varela (Justo), *op. cit.*, p. 145.

[1294] Cardesa Salzmann (Antonio), « El contenido jurídico de la libre circulación de personas en el Mercosur: balance y perspectivas », *in* Goizueta Vértiz (Juana), *et al.* (dir.), *La libre circulación de personas en los sistemas de integración económica*, Navarra, Cizur Menor, Aranzadi, 2012, p. 174.

278. La thématique concernant la liberté de circulation et d'installation au sein du Mercosur commence à prendre forme, et ceci depuis la première année d'activités du Mercosur[1295]. Cependant jusqu'en 2000, ce sujet était plutôt lié aux questions de sécurité qu'à celles des droits de l'homme.

Quelques mois après la signature du Traité d'Asunción, par exemple, le Conseil du marché commun adopte la Décision 12/91 qui établit des accueils différenciés pour les ressortissants des États membres du Mercosur dans les ports et aéroports de ces pays. C'est la première mesure prise par le Mercosur pour faciliter l'accès de ses ressortissants aux pays du groupe. Depuis, plusieurs normes ont été adoptées.

La résolution du Groupe du marché commun qui a établi des caractéristiques communes pour les documents d'identité servant à la circulation des personnes à travers les États membres[1296] était absolument nécessaire dans cette période où les ressortissants pouvaient commencer à circuler à travers les États membres sous la protection de certaines normes édictées par le Mercosur. Cependant, des obstacles n'ont pas tardé à surgir. Ainsi, chaque pays considère différemment la nature du document d'identité. L'Argentine acceptait la carte professionnelle des avocats en tant que carte d'identité, ce qui n'était pas le cas dans les autres États. Cette situation a été réglée avec la Décision 18/08 du Conseil du marché commun « Accord sur les documents de voyage des États membres du Mercosur et des États associés » qui liste tous les documents acceptés par chaque pays.

L'exemption de visas pour certaines catégories professionnelles pour un séjour d'une durée maximale de quatre-vingt-dix jours (renouvelables une fois) valable à l'intérieur des États membres[1297] a été accordée à l'occasion d'une Réunion des ministres de l'Intérieur en 2000. Deux questions sautent aux yeux. Premièrement, l'on se demande pourquoi une telle décision relative à la liberté de circulation a tardé si longtemps à être prise. Deuxièmement, pour quelle raison les ministres ont-ils préféré restreindre les catégories professionnelles ? Selon l'accord, seuls les artistes, les professeurs, les scientifiques, les sportifs, les journalistes et les professionnels spécialisés pourraient jouir de cette exemption. Et par

[1295] Pour des informations sur la question du passage de la libre circulation des travailleurs à la libre circulation des personnes dans le contexte européen, voir Michel (Valérie), *op. cit*, 2012, p. 68.

[1296] Résolution du GMC n°112/94.

[1297] Accord 25/00 de la Réunion des ministres de l'Intérieur. Approuvé par la Décision du CMC n° 48/00, du 29 juin 2000.

ailleurs, qu'entendaient-ils par professionnels spécialisés ? Et que devenait le statut des travailleurs autonomes ou des employés rémunérés dans la monnaie du pays d'accueil ?

279. Le sujet de la libre circulation des personnes est au cœur du débat principalement au sein de certains organismes du Mercosur, à l'exemple de la Réunion des ministres de l'Intérieur depuis 1998[1298]. Cependant, à partir de 2000, l'orientation des échanges se trouve modifiée : à compter de cette date, l'individu accède à un certain degré de protection du Mercosur au détriment des questions de sécurité des États membres. Des thématiques telles les droits des réfugiés[1299] et la traite des personnes[1300] commençaient à prendre de l'ampleur.

L'année 2002 a, sans doute, été une année fructueuse pour ce qui concerne le développement normatif sur les questions de migration et de résidence au Mercosur. D'importants accords[1301] ont été adoptés pendant la Réunion des ministres de l'Intérieur tenue à Brasilia au mois de décembre[1302]. Parmi ceux-ci : les accords sur la régularisation migratoire interne des ressortissants des États membres du Mercosur, mais aussi du Chili et de la Bolivie[1303], et les accords sur la résidence des nationaux des

[1298] Lors de la Réunion des ministres de l'Intérieur, du 27 janvier 1998 à Buenos Aires, la Recommandation n° 1/98 a été adoptée. Parmi les thématiques abordées : échange d'informations sur les avantages accordés ou refusés aux étrangers originaires de pays tiers, sur leur territoire respectif ; contrôles réalisés dans la région des trois frontières ; apposé sur les passeports des étrangers avec des visas refusés et croisement de données entre les consulats des États membres et associés, situés dans des pays tiers, et recensement des ressortissants étrangers, des ressortissants de pays tiers, installés dans les régions frontalières.

[1299] *Declaración de Río de Janeiro sobre la Institución del Refugio, Adoptada por los Ministros del Interior del Mercosur, Bolivia y Chile*. Nous utiliserons désormais notre traduction en français de l'instrument : Déclaration ministérielle sur l'institution de l'asile, énoncée lors de la Réunion des ministres de l'Intérieur, les 8 et 9 novembre 2000, à Rio de Janeiro. *Declaración especial de los Estados Partes y Estados Asociados del Mercosur sobre la Crisis Humanitaria de Gestión de Movimientos Migratorios*, adopté le 21 décembre 2015 à Asunción.

[1300] *Declaración de Asunción en materia de tráfico de personas y tráfico ilícito de inmigrantes*. Nous utiliserons désormais notre traduction en français de l'instrument : Déclaration d'Asunción en matière de traite des personnes et traite illicite d'immigrants, énoncée lors de la XI Réunion des ministres de l'Intérieur, le 8 juin 2001, à Asunción.

[1301] Postérieurement approuvés par la Décision du CMC n° 28/02, du 6 décembre 2002.

[1302] Pour des informations approfondies sur les accords, voir Cerdeira (Juan José), « Una mirada regional para el ejercicio de los derechos individuales desde la perspectiva del Mercosur y sus estados asociados »,*Revista Derecho Público*, año I, n° 2, Buenos Aires, Ediciones Infojus, 2012, p. 222.

[1303] Accords 11/02 et 12/02 de la Réunion des ministres de l'Intérieur.

États membres du Mercosur et aussi de la Bolivie et du Chili[1304]. Ces quatre accords ne poseraient pas de limitations par rapport à l'activité professionnelle des demandeurs, différemment de l'accord de l'année 2000.

En outre, les accords relatifs à la résidence offrent aux demandeurs, qu'ils l'acceptent ou non, la possibilité de concession de résidence permanente. Enfin, ils octroient les mêmes droits civils, économiques, sociaux et culturels aux ressortissants *mercosuriens* qu'aux nationaux du pays d'accueil. Ils portent également sur le regroupement familial et l'égalité par rapport aux nationaux. D'ailleurs, le chercheur CARDESA SALZMANN estime que jusqu'en 2002, les dispositions normatives adoptées par le Mercosur formaient un ensemble fragmenté destiné à faciliter la circulation des personnes dans leur condition de facteur productif et ne traitaient pas encore d'une question consubstantielle liée à la véritable liberté de circulation dans le cadre d'un processus d'intégration économique, à savoir, le droit de résidence des ressortissants des États membres sur le territoire d'un autre État membre de nationalité différente[1305]. C'est cet accord, selon le chercheur, qui aurait rendu possible l'approfondissement de l'intégration avec un plan d'action visant la rédaction d'un statut relatif à la citoyenneté mercosurienne[1306] en 2010[1307].

Cela ne sera qu'en 2003 que le Conseil du marché commun[1308] se prononcera sur la question des visas, saisie par les ministres de l'Intérieur. Sa décision ne s'est pas faite dans le sens de l'exemption des visas, tel l'accord de 2000, mais dans celui de l'adoption du « Visa Mercosur », à savoir une autorisation de séjour de deux ans (renouvelable une fois) pour les mêmes catégories de professionnels auxquelles se destinait l'accord précédent, y compris des personnes occupant des fonctions de cadres dans les entreprises[1309].

Le changement d'approche des organismes du Mercosur sur la question de sécurité et de droits de l'homme va se concrétiser avec l'adoption de la Déclaration de Santiago sur les principes migratoires[1310]. Cette déclaration

---

1304 Accords 13/02 et 14/02 de la Réunion des ministres de l'Intérieur.

1305 Cardesa Salzmann (Antonio), *op. cit.*, p. 164.

1306 *Ibid.*, p. 165.

1307 Voir § 2, section I, chapitre I, titre II de la seconde partie.

1308 Décision du CMC n° 16/03, du 15 décembre 2003.

1309 Voir aussi Cardesa Salzmann (Antonio), *op. cit.*, p. 172.

1310 *Declaración de Santiago sobre principios migratorios (Declaración de Santiago)*. Nous utiliserons désormais notre traduction en français de l'instrument : Déclaration des Santiago

définit une position commune sur la migration, elle vise à donner un fort signal d'intégration, de respect des droits de l'homme des migrants et la reconnaissance de leur contribution passée et présente au développement économique, social et culturel des pays.

Malgré les difficultés dues aux limitations juridiques et institutionnelles, le processus d'intégration a développé progressivement des normes de *soft law* qui tendent à faciliter la libre circulation des personnes.

Assurer les libertés économiques n'est pas une tâche facile. Malgré leur intérêt pour le renforcement de l'intégration, les États membres du Mercosur doivent se montrer plus souples dans leurs législations internes au profit d'une construction plus harmonisée. Ainsi le conflit des législations reste-t-il toujours un obstacle pour la libre circulation. L'on peut constater les avancées du Mercosur au vu de plusieurs droits révélés grâce au principe de la non-discrimination, conformément à l'actuelle situation dans l'Union européenne.

§2 La mise en évidence de droits fondamentaux subjectifs protégés par le Mercosur

280. À la base même de l'intégration économique, le principe de la non-discrimination a permis la mise en évidence de certains droits désormais protégés au sein du Mercosur. Ainsi, de la dimension sociale du groupe a connu un fort développement (A) qui s'oppose à la difficile évolution de l'accès à la justice et du droit des consommateurs (B).

---

sur les principes migratoires (Déclaration de Santiago), adoptée lors de la Réunion extraordinaire des ministres de l'Intérieur, à Santiago, le 17 mai 2004.

A. La dimension sociale du Mercosur : un développement permanent

281. Ce que l'on appelle le « Mercosur Social » est sans doute l'une des dimensions non économiques dont la discussion remonte le plus loin et la plus dynamique. Elle représente par ailleurs un important précédent pour la construction de la compréhension quant aux droits de l'homme au sein du groupe d'intégration économique sud-américain.

L'ancienneté de la discussion portant sur les droits sociaux au Mercosur date peu ou prou de l'époque de son traité constitutif. Un mois après sa signature, les ministres du Travail se sont rencontrés et ont rédigé la Déclaration de Montevideo[1311], « acte baptismal », selon le professeur VON POTOBSKY, des domaines sociaux et liés au travail au sein du Mercosur[1312]. Ensuite, le Groupe du marché commun a adopté un groupe de travail responsable de ces questions : le Sous-groupe de travail n° 11 — Affaires du Travail[1313].

Son dynamisme vient du fait que pendant quasi toutes ces dernières années, les droits sociaux se trouvaient régulièrement à l'ordre du jour des organes du Mercosur. La promotion et la protection des droits dont il s'agit témoignent de la nature économique de ce processus d'intégration. L'enseignant GALY pense que si les textes se réfèrent à certains principes essentiels pris dans leur généralité, dans les faits, les droits qui en découlent sont étroitement liés aux impératifs du marché. En outre, certaines dispositions révèlent une prise en compte évidente de certains droits de la seconde génération, à l'instar des droits des travailleurs[1314]. Ainsi, ils ont su

[1311] Réunion des ministres du Travail et de la Sécurité sociale, les 8 et 9 mai 1991 à Montevideo.

[1312] Von Potobsky (Geraldo), « La Déclaration sociale du Mercosur », *in* Daugareilh (Isabelle) (éd.), *Mondialisation, travail et droits fondamentaux*, Bruxelles, Bruylant ; Paris, LGDJ, 2005, p. 99.

[1313] Résolution du GMC n° 11/91. Rebaptisé en 1992 par la Mercosur / GMC /RESC No 11/92 « Relations de travail, emploi et sécurité sociale » et en 1995, Mercosur / GMC /RESC No 20/95 le Sous-groupe n° 11 devient Sous-groupe n° 10 « Affaires du Travail, emploi et sécurité sociale ».

[1314] En d'autres termes, la promotion et la protection des droits fondamentaux sont abordées sous l'angle de thématiques sectorielles spécifiques, traduisant une prise en compte ciblée. Galy (Karine), « L'imprégnation des dispositifs d'intégration régionale par la promotion et la protection des droits fondamentaux »*in* Jos (Emmanuel) *et al* (dir.), *Les nouvelles tendances*

donner une place intéressante aux droits sociaux au sein du groupe[1315], par le biais des instruments, certes non contraignants, et des institutions spécialisées.

282. Enfin, la dimension sociale s'avère un précédent important à la formation d'une compréhension des droits de l'homme, car pour la première fois l'idée d'une charte des droits fondamentaux a été lancée. La discussion sur une charte des droits sociaux s'annonçait depuis la première réunion des ministres de 1991, cependant, elle avait été repoussée par les milieux syndicaux[1316] et académiques de tous les pays membres du Mercosur[1317]. Le projet d'un instrument a été cité à plusieurs reprises, à la Réunion présidentielle de Las Leñas de 1992 et lors du Protocole d'Ouro Preto de 1994, mais jamais vraiment pris au sérieux par le Sous-groupe de travail n° 10 en raison des pressions exercées par les gouvernements et les patronats. Ce n'est que lors de la présentation de son plan d'action 1995-2000 que le Conseil du marché commun prend conscience que « l'évolution du processus d'intégration demande l'examen d'accords sur les droits du travail et sociaux »[1318]. À compter de ce moment, une discussion plus concrète débute. Parmi les mesures, le remplacement du Sous-groupe de travail n° 11 par le n° 10, la création d'un groupe *ad hoc* sur la dimension sociale du Mercosur qui avait pour but de fixer les caractéristiques de la charte des droits sociaux et enfin, la décision des ministres du Travail en 1998 de donner à la charte la forme d'une déclaration et non d'un protocole. Bien sûr, cette décision a été une vraie déception pour beaucoup – principalement les syndicats – qui attendaient un instrument doté de force contraignante.

---

de la coopération et de l'intégration régionales dans l'espace Amérique-Caraïbes, Actes du colloque, Paris, Cujas, 2011, p. 188.

[1315] Le chercheur BIZZOZERO REVELEZ soutient que l'harmonisation des politiques sociales des États membres d'un groupe d'intégration est une question significative pour l'évolution de ce groupe. D'ailleurs, il présente des données très intéressantes sur le pourcentage du PIB de chaque État membre du Mercosur qui est utilisé à des fins de politiques sociales, telles celles pour l'éducation et pour la santé. Bizzozero Revelez (Lincoln), « Los veinte años del Mercosur en mirada sistémico-estructural - Tendencias y debates que surgen de la región », *Vadenuevo Revista Digital, Política Economía Sociedad y Cultura,* año 3, n° 36, 7 de septiembre de 2011, Montevideo.

[1316] Pour plus d'informations sur les propositions syndicales et les politiques liées au droit social et au droit du travail du Mercosul, voir Walsh (Elizabeth), *Régionalisme et convergence des politiques : L'influence d'un réseau syndical dans l'élaboration des politiques du travail par le Mercosul,* mémoire de recherche soutenu à l'Institut Québécois des Hautes Études Internationales, Université de Laval, Québec, en 2008.

[1317] Von Potobsky (Geraldo), *op. cit.*, p. 100.

[1318] Décision du CMC n° 8/95, du 5 août 1995, « *Programa de acción del Mercosur hasta el año 2000* ».

283. Désagréments mis à part, la Déclaration « *sociolaborale* » du Mercosur a finalement vu le jour le 10 décembre 1998 à Rio de Janeiro et a été révisée le 17 juillet 2015. Elle est considérée comme l'une des plus complètes en termes de droits sociaux émanant des plus hautes autorités politiques du processus d'intégration[1319]. Le texte original était organisé en trois parties portant sur des principes et droits substantiels : les droits individuels (non-discrimination, promotion de l'égalité, travailleurs migrants et frontaliers, élimination du travail forcé, élimination du travail des enfants et des mineurs, droits des employeurs), les droits collectifs (liberté d'association, liberté syndicale, négociation collective, grève, résolution de conflits, dialogue social), et les droits sociaux (promotion de l'emploi, protection des chômeurs, formations professionnelles, santé et sécurité dans le travail, inspection du travail, sécurité sociale).

Le professeur BARRETO GHIONE rappelle que plusieurs droits fondamentaux n'ont pas trouvé place dans la Déclaration originale faute d'accord au sein du Sous-groupe de travail n° 10. Certaines dispositions pourraient être énoncées à l'exemple de la durée du travail, du salaire minimum, et des causes et procédures en cas de rupture de la relation de travail[1320]. Apparemment ces remarques ont été entendues et les Présidents des États membres ont élargi le contenu de la déclaration lors de sa révision en 2015. Au nombre des nouveautés, se trouvent des objectifs visant le travail décent, des entreprises respectant l'environnement durable, la non-discrimination à l'encontre des travailleurs handicapés, la protection du travail des adolescents, les journées de travail, les jours de repos et congés payés.

La Déclaration prévoit également un mécanisme d'application et de suivi, qui lui confère une caractéristique remarquable. L'article 20 de la déclaration de 1998 disposait dans sa recommandation d'établir une Commission « *sociolaborale* ». Cette commission a vu le jour un an plus tard sur décision du Groupe du marché commun[1321]. Ainsi, cette Commission serait un organe tripartite attaché au Groupe du marché commun et avec des instances nationales et régionales. Elle aurait pour rôle la promotion et l'application de

---

[1319]Santestevan (Ana Maria), *op. cit.*, p. 64.

[1320]Barretto Ghione (Hugo), « Consecuencias de la Declaración Sociolaboral del Mercosur en la interpretación y aplicación de las normal laborales en los ordenamientos nacionales », *Gaceta Laboral*, septiembre-diciembre, año/vol. 08, número 003, Universidad de Zulia, Maracaibo, Venezuela, 2002, p. 367.

[1321] Résolution du GMC n° 15/99, 9 mars 1999.

la Déclaration « *sociolaborale*[1322] », mais ne prévoit pas de sanction en cas de non-application[1323].

Comme le souligne le professeur LIMONGI GASPARINI, la Déclaration ne prétend pas à une unification du droit du travail parmi les États membres du Mercosur. Elle cherche une harmonisation des normes sociales et du droit du travail, qui permette « la manutention de certains points différentiels entre les législations nationales des États membres[1324] ». Même s'il s'agit d'un instrument de *soft law*, cette déclaration a été utilisée par la Cour suprême argentine comme faisant partie du droit du Mercosur dans l'affaire *Aquino*, du 21 septembre 2004[1325].

284. Tout en renforçant le caractère social (mais non lié au droit du travail), les Présidents des États membres et États associés du Mercosur ont approuvé en 2000 la Charte de Buenos Aires sur l'engagement social au Mercosur. Dans ce document, les chefs d'État reconnaissent leur responsabilité dans la création de politiques destinées à combattre la pauvreté et d'autres fléaux sociaux[1326] et déterminent l'institutionnalisation d'une Réunion de ministres et d'autres autorités qui travaillent dans le domaine du développement social[1327].

[1322] Elle doit notamment élaborer des rapports ou des 'mémoires' sur le niveau de développement de chacun des droits contenus dans la Déclaration. La procédure suivie dans le Mercosur est inspirée du système utilisé par l'OIT pour déterminer le degré de conformité par rapport aux normes internationales du travail.

[1323] Résolution du GMC n° 85/00, 7 décembre 2000: Règlement de la Commission « *sociolaborale* » du Mercosur.

[1324] Limongi Gasperini (Carlos Augusto), « Efetivação dos Direitos Sociais dos Trabalhadores mediante a aplicação do Pacto Sociolaboral do Mercosul », *Cadernos de Pós-Graduação em Direito Político e Econômico,* São Paulo, v. 4, n. 1, 2004, p. 15-16.

[1325] CSJN, Aquino, Isacio c. Cargo Servicios Industriales S.A., du 21 septembre 2004, Sup.Especial La Ley 2004 (septiembre), 39, DJ2004-3, 339. Sur cette question, voir aussi Dreyzin de Klor (Adriana), « Los Tribunales Supremos de los Estados Partes del Mercosur ante la Integración Regional », *in* Vidal-Beneyto (José) et Garcia (Ricardo Alonso) (org.), *Hacia una Corte de Justicia Latinoamericana*, Valencia, Amela, 2009, p. 237. Et aussi: Perotti (Alejandro Daniel), « El fallo 'Aquino' de la Corte Suprema: una introducción a la aplicación judicial de la Declaración Sociolaboral del Mercosur », *Revista de Derecho Privado y Comunitario*, 2005, n° 3, Rubinzal-Culzoni, Santa Fe, p. 607 à 633.

[1326] Charte de Buenos Aires sur l'engagement social au Mercosur, considérant n° 6 : « *Convencidos de que el crecimiento económico es una condición necesaria pero no suficiente para alcanzar una mejor calidad de vida, erradicar la pobreza y eliminar la discriminación y la exclusión social* » (Convaincus que la croissance économique est une condition nécessaire, mais pas suffisante pour atteindre une meilleure qualité de vie, éradiquer la pauvreté et éliminer la discrimination et l'exclusion sociale – traduction libre).

[1327] Réunion des ministres et autorités en développement social (RMADS). Voir §2, section II, chapitre II, titre II de la première partie, susénoncé.

285. Sur une initiative également des chefs d'États membres, la Déclaration présidentielle sur l'élimination du travail des enfants est approuvée en 2002[1328]. Parmi les considérants, elle prend en compte la Déclaration « *sociolaborale* » de 1998, la Convention relative aux droits de l'enfant de l'ONU et les conventions 138 et 182 de l'OIT. Cet instrument de valeur non contraignante propose une douzaine d'objectifs adressés aux pays membres du Mercosur, tels : l'harmonisation normative internationale ; la mise à jour des informations et données statistiques ; la sensibilisation sociale, et le renforcement des systèmes d'inspection du travail des enfants, et de leur insertion scolaire.

Cette déclaration a été un bel exemple du changement des mentalités des gouvernements des États membres dans ce début des années 2000 après les crises financières et institutionnelles qui les ont touchés. Bien que les droits sociaux figurent au centre des intérêts, une certaine humanisation commence à être perçue, laissant de côté l'intérêt purement économique pour les nouveaux droits. Cette humanisation verra un espoir de concrétisation avec l'adoption du Programme de travail 2004-2006.

286. L'organisation institutionnelle du Mercosur touchant des sujets de droit social a connu elle aussi un fort développement tout au long des années 1990.

Le Protocole d'Ouro Preto a fait d'importants progrès en remplaçant le Sous-groupe de travail n° 11 (Relations de travail, emploi et sécurité sociale) par le Sous-groupe de travail n° 10 (Affaires du travail, emploi et sécurité sociale) et en établissant le Forum consultatif économique et social.

Pour clore la décennie, la Charte de Buenos Aires a déterminé que le Forum de consultation et de concertation politique établirait une instance qui aurait pour attribution la proposition des recommandations sur les politiques et le développement d'actions visant au développement social des États membres[1329]. Cette instance serait appelée Réunion de ministres et autorités de développement social (ci-après *RMADS*).

[1328] *Declaración presidencial sobre la erradicación del trabajo infantil*. Nous utiliserons désormais notre traduction en français de l'instrument : Déclaration présidentielle sur l'éradication du travail des enfants, adoptée à Buenos Aires, en juillet 2002.

[1329] Décision du CMC n° 61/00, 14 décembre 2000. Art. 1: « *Cria-se a Reunião de Ministros e Autoridades de Desenvolvimento Social do MERCOSUL, que terá como função proporao*

La décennie suivante a été encore plus fructueuse : deux institutions voient le jour. En 2004 le Conseil du marché commun institue le Groupe de Haut niveau d'emploi avec pour mission de créer la « Stratégie Mercosur de croissance et d'emploi[1330] », tout en offrant un support de développement aux micros, petites et moyennes entreprises, de coopératives de production et de l'agriculture familiale et de l'économie solidaire. En 2007, l'Institut social du Mercosur[1331] a été instauré pour renforcer le concept « Mercosur Social[1332] ».

B. L'accès à la justice et les droits des consommateurs : un développement difficile

287. De façon concomitante à cette prise de conscience des organes du Mercosur relative au principe de la non-discrimination, quelques droits ont pris place à l'ordre du jour en vue de leur promotion. Ainsi, un voile s'est levé non seulement pour ce qui concerne les droits sociaux, mais aussi pour d'autres droits récents comme l'accès à la justice et le droit des consommateurs.

288. Le Protocole de Las Leñas – Protocole de coopération et assistance juridictionnelle en matière civile, commerciale, du droit du travail et administratif de 1992[1333] – est le premier instrument du Mercosur à avoir des dispositions sur l'égalité d'accès à la justice[1334]. Il s'agit de l'égalité de

---

referido CMC *por meio do* GMC, *medidas tendentes à coordenação de políticas e o desenvolvimento de ações conjuntas voltadas para o desenvolvimento social dos Estados Partes* ». (La Réunion de ministres et autorités de développement social est créée, avec pour fonction de proposer au CMC, par le biais du GMC, des mesures visant la coordination de politiques et le développement social des États membres – traduction libre).

[1330] Décision du CMC n° 46/04, 16 décembre 2004.

[1331] Décision du CMC n° 03/07, 18 janvier 2007. Voir §1, section I, chapitre II, titre I de la seconde partie.

[1332] Le concept « Mercosur Social » a été créé en 2001 lors de la Première Réunion de ministres et autorités de développement social du Mercosur (RAMDS).

[1333] Décision du CMC n° 05/92, 27 juin 1992.

[1334] Pour plus d'informations sur le Protocole de Las Leñas, voir Battello (Silvio Javier), « Reconocimiento de sentencias extranjeras en el derecho brasileño: los cambios producidos por el Mercosur », *in* Dreyzin de Klor (Adriana) et Fernandez Arroyo (Diego) (dir.), *Litigio judicial internacional,* Buenos Aires, Zavalia, 2006, p. 507 et s.

traitement entre les citoyens et les résidents permanents d'un État membre du Mercosur dans la procédure civile, commerciale et administrative[1335]. Le Protocole supprime l'exigence de caution de garantie pour les requérants et de la traduction des documents provenant des pays de langues différentes que celle du pays où la requête est déposée[1336].

289. Le droit des consommateurs a été à l'ordre du jour des organes du Mercosur très tôt également. C'est le Protocole d'Ouro Preto de 1994 qui a donné des compétences au Sous-groupe de travail n° 10 pour réfléchir à un ensemble de normes de base pour la protection des consommateurs. En effet, au moment de la rédaction du Traité d'Asunción, la législation nationale la plus avancée en droit des consommateurs s'avérait la Brésilienne[1337]. Cela posait problème aux quatre pays, car les produits brésiliens de mauvaise qualité pouvaient entrer sur les marchés argentin, paraguayen et uruguayen, mais les leurs ne pouvaient pas pénétrer le marché brésilien. Il y aurait donc eu, comme le rappelle le Professeur CARVALHO RAMOS, une dénaturation de la libre-concurrence du fait de la différence des coûts de production dans les États membres[1338].

Entre 1994 et 2000, quelques décisions ont vu le jour et la compétence des débats a été transférée à un Comité de la Commission de commerce du Mercosur (le Comité technique n° 7). Ainsi, durant la période où n'existait aucune réglementation approuvée, le Groupe du marché commun a établi la règle de la « loi du marché de destination[1339] ».

[1335] Certains auteurs, comme le professeur JAEGER JUNIOR, analyse le Protocole de Las Leñas sous le prisme d'un « droit procédural civil international du Mercosur ». Jaeger Junior (Augusto), « Mercosul », *in*, Souza Del'Olmo (Florisbal de) (org.), *Curso de Direito Internacional Privado,* 8e éd., Rio de Janeiro, Forense, 2010, p. 270.

[1336] Protocole de Las Leñas, 1992, art. 4 : « *Ninguna caución o depósito, cualquiera sea su denominación, podrá ser impuesta en razón de la calidad de ciudadano o residente permanente de otro Estado Parte* » (Aucune caution ni aucun dépôt, quelle que soit leur dénomination, ne peut être imposé en raison de la qualité de citoyen ou résident permanent d'un autre État partie). Art. 25: « *Los instrumentos públicos emanados de un Estado Parte tendrán en el otro la misma fuerza probatoria que sus propios instrumentos públicos* » (Les instruments publics émis par un État Partie possèdent la même valeur probante que ses propres instruments publics — traduction libre).

[1337] Le Code du Droit du Consommateur, Loi n° 8.078/90.

[1338] Carvalho Ramos (André), 2008, *op. cit.*, p. 332.

[1339] Résolution du GMC n° 126/94, du 16 décembre 1994.

Puis, le Conseil du marché commun a approuvé son Programme de Travail 1995-2000[1340] où il définit la défense du consommateur comme axe principal. Ainsi, cette protection servirait à la consolidation et au perfectionnement de l'union douanière. Pour parvenir à ses fins, le Conseil du marché commun décide de la mise en œuvre d'un futur règlement commun pour la défense des consommateurs au Mercosur.

Suite à cette décision, le Comité technique n° 7 a élaboré un projet de Protocole de défense du consommateur basé sur la législation, au détriment de la législation brésilienne. Cette dernière détenant des normes bien plus protectrices, des voix parmi les milieux juridiques et académiques brésiliens se sont élevées contre ce projet qui n'a finalement pas été adopté[1341].

Ainsi, pressé par la nécessité de remédier, même temporairement, à cette situation sans issue, le Groupe du marché commun a établi des normes sur des certificats de garantie des contrats[1342]. La garantie sur les produits et services demeurait sous les auspices des États membres et aucune disposition plus concrète sur le règlement n'y figurait.

En 2000, le règlement attendu n'a pas été approuvé, toutefois les présidents des États membres ont procédé à une déclaration dans laquelle ils ont préféré traiter le droit du consommateur en tant que droit fondamental[1343] et non comme barrière non tarifaire au commerce[1344].

[1340] Décision du CMC n° 09/95, de 1995 (sans date précise).

[1341] Voir Manifestação do BRASILCON sobre o Projeto de Protocolo de 7 de dezembro de 1997 in *Revista de Direito do Consumidor*, RT, 1997.

[1342] Résolution du GMC n°126/96, 13 décembre 1996 et Résolution du GMC n° 42/98, 18 décembre 1998.

[1343] Les avocats HERRERA TAPIAS et BARRAZA ACOSTA affirment le caractère de droits de l'homme du droit des consommateurs: « *los derechos del consumidor forman parte de los derechos humanos o son derivados de los mismos, por lo que no deben ser formulados ni protegidos por separado, ya que estos forman un conglomerado de derechos que deben ser consagrados en un solo bloque constitucional* ». (Le droit du consommateur fait partie des droits de l'homme ou en est dérivé, il ne doit donc pas être formulé ou protégé séparément puisqu'il forme un ensemble de droits qui doivent être consacrés dans un seul bloc constitutionnel - traduction libre). Herrera Tapias (Beliña) et Barraza Acosta (Adriana), « El derecho de los consumidores a la información », *Advocatus*, Edición especial nº 13, 2009, Universidad Libre Seccional Barranquilla, p.143 - 156.

[1344] Déclaration présidentielle des droits fondamentaux des consommateurs du Mercosur, approuvée à la XLX Réunion du CMC, Florianópolis, le 15 décembre 2000.

Pour plus d'information sur le droit des consommateurs au Mercosur, voir Graeff Chagas Pinto (Bibiana) et Pereira (Wellerson), « Initiatives d'harmonisation régionale du droit de la consommation : les exemples du Mercosur et de l'OEA », *in* Queézel-Ambrunaz (Christophe)

***

290. Au début des années 2000, le Mercosur montrait déjà des signes de sa volonté de sortir de sa dimension économique pour en prendre une plus politique. Plusieurs actions entreprises en témoignent. La création d'organes destinés à la mise en œuvre de principes tel le maintien de la paix ; de l'adoption des clauses d'appartenance non économiques telles les clauses démocratiques et de respect aux droits de l'homme ; de l'édification d'un *corpus* normatif au bénéfice de la promotion des droits sociaux et des consommateurs, des libertés, de la non-discrimination et de l'accès à la justice, en représentent quelques exemples.

Cependant, la grande crise institutionnelle du Mercosur des années 2000, qui aurait pu freiner la dynamique du progrès accompli entre la fin des années 1990 et le tout début des années 2000, a servi au contraire de force motrice pour le grand développement d'un Mercosur politique, davantage engagé dans la promotion des droits de l'homme. Pour l'accomplissement des objectifs de ce Mercosur politique, une nouvelle structure institutionnelle dans le Mercosur a dû accompagner ces changements.

(Org.), *Les défis de l'harmonisation européenne du droit des contrats*. Chambéry, Université de Savoie, 2012, p. 25 et s.

Conclusion du Chapitre I

291 Il ressort de ce chapitre, au terme d'une analyse approfondie, la présence d'éléments, présents d'ailleurs dès les origines du Mercosur, qui laissent à penser que le groupe peut avoir des ambitions qui vont au-delà d'une intégration économique, pour aller vers des prétentions plus politiques.

Il s'agit d'instruments, dans la plupart des cas, de caractère non contraignant, mais qui fondent un raisonnement juridique sur l'importance des droits de l'homme et, par conséquent, deviennent un précédent non négligeable, pour le débat sur leur promotion et une éventuelle protection de ces droits dans le Mercosur. Ainsi, certains sujets peuvent être étudiés, en tant qu'éléments annonciateurs des droits de l'homme. Il s'agit notamment du principe de non-discrimination, qui permet la protection des libertés, même si, dans un premier temps, ce sont des libertés économiques, ainsi de la liberté de circulation des personnes, qui serviront à l'affermir. En outre, la dimension sociale apparaît comme l'un des premiers sujets débattus au sein du Mercosur et ouvre à la discussion sur les droits économiques et sociaux. L'accès à la justice a fait également l'objet de plusieurs normes au sein du Mercosur. Enfin, les droits des consommateurs, même s'il faut rappeler la difficulté à les faire aboutir, restent toujours un sujet de débats que l'on peut qualifier d'exaltés.

292. Un autre élément, celui de la démocratie retrouvée représente sans doute un important précédent pour la question des droits de l'homme. Il a trouvé progressivement sa place au sein des structures institutionnelles des États membres, jusqu'à devenir un instrument contraignant et, mieux encore, une clause de conditionnalité de l'appartenance au Mercosur. Le professeur CARVALHO RAMOS estime que malgré le manque d'information spécifique sur la protection des droits de l'homme dans le Traité d'Asunción et le Protocole d'Ouro Preto, considérés par lui comme la colonne vertébrale du Mercosur, et l'absence d'un catalogue des droits comme en dispose l'Union européenne, il y a eu une nette évolution en ce qui concerne la détermination des droits dans le cadre du Mercosur. Surtout par rapport à l'admission et à la permanence d'un État au sein du groupe[1345].

[1345] Carvalho Ramos (André), *op. cit.*, 2015, p. 57.

Cependant, en dépit de l'apparente perfection du Protocole d'Ushuaia, son efficacité est mise en question. La prise de position du Mercosur par rapport à la suspension du Paraguay du groupe et à l'accueil du Venezuela en tant qu'État membre, en 2012, démontre que les éléments politiques prennent encore souvent le pas sur les arguments juridiques, au détriment parfois de la protection de la démocratie.

Chapitre II : Le développement de l'action des organismes du Mercosur en matière de droits de l'homme

293. Un « renforcement institutionnel » du Mercosur était prévu dans son Programme de travail de l'année 2003. L'objectif de ce programme n'était pas de proposer un changement dans la base structurelle du groupe d'intégration ; il n'envisageait pas de toucher aux institutions créées par le Traité d'Asunción et son Protocole d'Ouro Preto. Ce qu'il visait était l'enrichissement de son architecture, par le biais de la création de nouveaux organismes — toujours dépendants des institutions originelles (Section I) ce qui a également favorisé le développement d'une nouvelle structure spécialisée dans la thématique des droits de l'homme (Section II). Cette nouvelle étape de reconstruction institutionnelle du Mercosur répond à l'idée développée par le docteur en droit KASMI sur le pragmatisme du Mercosur. En fait il pense que « le but recherché par les États membres était principalement de parvenir à des résultats concrets plutôt que de créer des structures rigides et bureaucratiques ». En outre, il considère que « le processus d'institutionnalisation du Mercosur est la conséquence et non la cause de la dynamique intégrationniste »[1346], raison pour laquelle le Mercosur se crée au fur et à mesure des besoins.

[1346] Kasmi (Jamel), 2010, *op. cit.*, p. 92.

Section I : Des organismes contribuant au renforcement de la base institutionnelle du Mercosur

294. Le renforcement des institutions de nature purement économique n'était plus suffisant pour un Mercosur du XXIe siècle. La solution a consisté à marier deux objectifs phares pour ce nouveau modèle d'intégration : le Mercosur social et le Mercosur institutionnel. Le Programme de travail 2004-2006 a donc servi de catalyseur pour consolider l'architecture institutionnelle de ce nouveau Mercosur. Par le biais de ce document, le Conseil du marché commun a proposé un développement institutionnel plus politique (§1) tout en permettant de faire les premiers pas vers l'institutionnalisation des droits de l'homme au Mercosur (§2).

§1 Une architecture politiquement plus solide pour le Mercosur

295. C'est dans le Programme de travail de 2003 que le Conseil du marché commun énonce pour la première fois le caractère « politique » souhaité pour le Mercosur : « un agenda politique qui nécessite un suivi plus strict du processus de négociation, l'approbation et l'incorporation des normes relatives au Mercosur citoyen, l'intégration éducative, sociale et culturelle[1347] ». Ainsi, une architecture institutionnelle plus attentive aux volets politique (A), social (B) et citoyen (C) du Mercosur est mise en place.

[1347] Programme de travail 2004-2006, § 2.4: « *(...) una agenda política que requiere un seguimiento más estricto del proceso de negociación, aprobación e incorporación de las normas relacionadas con el Mercosur ciudadano, la integración educativa, social y cultural* » (traduction libre).

A. Une approche politique du Mercosur

296. Afin d'apporter une stabilité dans l'action du Mercosur, le Conseil du marché commun restructure son réseau institutionnel, tout en développant des organismes de représentation du groupe avec des caractères plus politiques, sans pour autant renoncer à la nature intergouvernementale de son ordre juridique. Deux organismes verront le jour au cours des années 2000 : la Commission des représentants permanents du Mercosur (1), et le Haut représentant général du Mercosur (2).

1. Des représentants permanents pour le Mercosur

297. En 2003, afin de renforcer la structure institutionnelle du Mercosur, le Conseil du marché commun a décidé de créer la Commission des représentants permanents du Mercosur (ci-après *CRPM*)[1348]. Ceci lui conférera une dimension plus politique et dotera les États membres d'une représentation en la personne du représentant permanent.

Au regard de sa composition, il comprend un représentant gouvernemental permanent par État membre[1349] et du fait que celui-ci a un siège permanent à Montevideo[1350], la CRPM peut développer un travail continu et garder cette mémoire institutionnelle si importante pour le renforcement de la cohérence des politiques développées par l'organisation régionale. Sa mission est essentiellement d'aider le Conseil du marché

[1348] Décision du CMC n° 11/03 adoptée à Montevideo le 6 octobre 2003.

[1349] Jusqu'à 2010, la CRPM était composée de quatre représentants gouvernementaux (un par pays) et d'un président qui coordonnait ses activités (Décision CMC 11/03, art. 2 : « *La CRPM estará integrada por los Representantes Permanentes de cada Estado Parte para el Mercosur y por un Presidente* »– traduction libre). Le président était toujours une personnalité connue art. 2: « (…) *Se desempeñará como Presidente una personalidad política destacada, de nacionalidad de uno de los Estados Partes* » – traduction libre). Ainsi, furent présidents de la CRPM : l'ancien président argentin Eduardo DUHALDE (2003-2005) et l'ancien vice-président argentin *CHACHO* ALVAREZ (2005-2009). À partir de 2010, la présence d'un président à la Commission a été supprimée. Désormais, c'est le représentant gouvernemental de la Présidence *pro tempore* en exercice qui assume ces fonctions de coordination (Décision CMC 33/09, adoptée à Montevideo, le 7 décembre 2009, art. 2).

[1350] Décision du CMC n° 11/03, art. 8: « *La CRPM funcionará de modo permanente en la ciudad de Montevideo y contará con el apoyo y colaboración de la Secretaría del Mercosur* ».

commun et la Présidence *pro tempore* à travers la présentation de projets en rapport avec le processus d'intégration, les négociations externes et la construction d'un marché commun, mais aussi de renforcer les rapports entre les institutions du Mercosur[1351]. Depuis 2010, le Conseil du marché commun a attribué à la CRPM des fonctions liées à la gestion du Fonds de convergence structurelle et de renforcement institutionnel du Mercosur (ci-après le *FOCEM*)[1352]. Ce fonds a pour but de réduire les asymétries économiques, de renforcer la compétitivité et la cohésion sociale parmi les États membres du Mercosur. Le chercheur ARNAUDO soutient que le fonds est une sorte de banque d'investissement sur le modèle de la Banque européenne d'investissement de l'Union européenne[1353]. C'est la CRPM qui reçoit les projets, décide de leur éligibilité, évalue l'exécution des activités du Fonds et élabore des normes ainsi que le projet de budget du Fonds[1354].

[1351] Décision du CMC n° 11/03, art. 4: « *La CRPM tendrá las siguientes competencias (...) afianzar las relaciones económicas, sociales y parlamentarias en el Mercosur, estableciendo vínculos con la Comisión Parlamentaria Conjunta y el Foro Consultivo Económico y Social, así como con las Reuniones Especializadas del Mercosur* ». (La CRPM aura les responsabilités suivantes (...) renforcer les relations économique, social et parlementaire au Mercosur, établir des liens avec la Commission parlementaire conjointe et le Forum consultatif économique et social ainsi qu'avec les Réunions spécialisées du Mercosur – traduction libre).

[1352] Le FOCEM a été établi par la Décision du CMC 45/04, adoptée à Belo Horizonte le 16 décembre 2004.

[1353] Arnaudo (Luca), « Mercosur: progressi e prospettive », *La comunità internazionale*, 2010, n° 3, vol. 65, p. 428.

[1354] Décision du CMC n° 01/10, adoptée à San Juan le 2 août 2010, art. 19 : « *A CRPM terá as seguintes funções relativas à gestão e supervisão do funcionamento do* FOCEM*: avaliar a execução das atividades desenvolvidas no âmbito do* FOCEM*; receber os projetos apresentados e dar início imediato aos procedimentos para sua consideração; decidir sobre a elegibilidade dos projetos; decidir sobre o cumprimento dos requisitos de apresentação dos projetos; encaminhar à análise técnica da UTF os projetos que sejam considerados elegíveis e que cumpram os requisitos de apresentação; elevar ao* GMC *os relatórios sobre os projetos, nos termos do Art. 52 do presente Regulamento; aprovar os relatórios semestrais mencionados no Art. 75 do presente Regulamento; aprovar os relatórios de inspeção previstos no Art. 73 do presente Regulamento; aprovar os resultados das auditorias externas, contábeis, de gestão e de execução, elevadas pela UTF; elaborar e aprovar normas procedimentais relativas ao funcionamento do* FOCEM*, a partir de propostas dos Estados Partes ou da UTF; receber, avaliar e elevar ao* GMC *o anteprojeto de orçamento do* FOCEM*; propor ao órgão decisório correspondente emendas a normas relativas a pessoal, orçamento, funcionamento e administração do* FOCEM*; resolver consultas apresentadas por um Estado Parte ou pela UTF sobre aplicação e interpretação do presente Regulamento; solicitar à UTF relatórios ou esclarecimentos relativos a qualquer aspecto relacionado a suas atividades, incluída a administração dos recursos do* FOCEM*, e apresentar ao Conselho de Administração um relatório semestral sobre o funcionamento do* FOCEM ». (traduction libre).

2. Un représentant général pour le Mercosur

298. Pour équilibrer la structure institutionnelle du Mercosur et renforcer ses capacités à proposer des politiques régionales et des politiques de gestion communautaire dans plusieurs thématiques fondamentales, une fonction intégrant le Mercosur politique a été créée en 2010[1355]. Il s'agit du *HRGM*[1356], Haut représentant général du Mercosur, qui ne remplace pas pour autant la CRPM[1357].

Ce Haut représentant est une personnalité politique reconnue, issue de l'un des pays membres du Mercosur, et très expérimentée en matière d'intégration[1358]. Outre cette caractéristique qui va dans le même sens que l'exigence faite à l'ancien président de la Commission des représentants permanents du Mercosur, le HRGM conserve quatre points communs avec la CRPM.

[1355] Décision du CMC n° 63/10, adoptée à Foz do Iguaçu le 16 décembre 2010, Considérants n° 1 et 2 : « *Considarando que, no Protocolo de Ouro Preto, ressaltaram a natureza dinâmica de todo processo de integração e a consequente necessidade de adaptar a estrutura institucional do Mercosul às mudanças ocorridas; que, para responder a tais necessidades, os Estados Partes reconhecem a importância de contar com um órgão que contribua para o desenvolvimento e funcionamento do processo de integração, a partir do fortalecimento das capacidades de produção de propostas de políticas regionais e de gestão comunitária em diversos temas fundamentais* » (Alors que dans le Protocole d'Ouro Preto, on a souligné la nature dynamique de tout le processus d'intégration et donc la nécessité d'adapter la structure institutionnelle du Mercosur aux changements, que pour répondre à ces besoins,les États parties reconnaissent l'importance d'avoir un organisme qui contribue au développement et au fonctionnement du processus d'intégration, fondé sur le renforcement des capacités de production de propositions de politiques régionales et la gestion communautaire sur plusieurs questions clés - traduction libre).

[1356] En espagnol: *Alto representant general del Mercosur* (ARGM), (traduction libre).

[1357] Le professeur CABALLERO SANTOS date d'ailleurs de l'année 2010 le début d'une nouvelle phase du Mercosur, la quatrième, grâce aux accords conclus aux sommets de Foz do Iguazu et de San Juan, où des avancées d'ordre économique-commercial, mais aussi politique-institutionnel ont été réalisées, dont le Parlement du Mercosur et la figure du Haut représentant général du Mercosur. Caballero Santos (Sergio), *op. cit.*, 2012, p. 66.

[1358] Le HRGM a un mandat de trois ans renouvelable. Il est désigné par le CMC et la procédure de désignation respecte le système de rotation nationale. Décision du CMC n° 63/10, art. 2 et 3.

Le premier Haut représentant général du Mercosur a été l'ambassadeur brésilien Samuel Pinheiro Guimarães Neto (2011-2012). Suite à sa démission lors de la XLIII Réunion ordinaire du CMC, l'ancien Vice-ministre de l'Industrie, du Développement et du Commerce extérieur du Brésil Ivan Ramalho a été désigné pour la fonction de façon transitoire jusqu'en 2014.

Tout d'abord, on peut rappeler que la motivation de la création des deux organismes est commune. Elle consiste en l'adaptation de la structure institutionnelle du Mercosur et au développement de son volet politique. Ensuite, le siège de ces deux organes est basé à Montevideo, ce qui favorise leur travail du fait de leur proximité avec le Secrétariat du Mercosur.

En troisième lieu, pareillement à la CRPM, le Haut représentant entretient un dialogue avec d'autres organismes du Mercosur, tels que le Parlement, le Forum de consultation et de concertation politique, le Forum consultatif économique et social et le Forum consultatif des municipalités, États fédérés, provinces et départements[1359]. Cela démontre encore une fois l'effort de ces nouvelles institutions, en faveur d'un travail réfléchi, discuté et exécuté par l'ensemble des organismes, de façon à éviter les doubles emplois, mais aussi de concevoir les thématiques intéressant le Mercosur dans leur intégralité.

Enfin, cette institution unipersonnelle est également au service du CMC. Cependant, à la différence de la CRPM, ses attributions sont beaucoup plus spécifiques. Il présente des propositions au CMC dans des domaines à caractère social[1360], de coopération pour le développement, de citoyenneté[1361], de promotion de l'identité culturelle, de promotion commerciale du Mercosur. Il a aussi des missions d'observation électorale[1362]. L'intention des organismes décisionnels du Mercosur d'enrichir son volet social se révèle ici remarquable.

[1359] Décision du CMC n° 63/10, art. 8, h: « *São atribuições do Alto Representante-Geral do* Mercosul *: Manter diálogo com outros órgãos do* Mercosul, *como o Parlamento, o Foro de Consulta e Concertação Política, o Foro Consultivo Econômico-Social e o Foro Consultivo de Municípios, Estados Federados, Províncias e Departamentos do* Mercosur*l em temas relacionados com suas atribuições* ». (Les pouvoirs du Haut représentant général du Mercosur: Maintenir le dialogue avec les organismes membres du Mercosur comme le Parlement, le Forum de consultation politique et de la coordination, le Forum consultatif économique et social et le Forum consultatif des municipalités, des États fédérés, les provinces et les départements de Mercosur dans les domaines liés à leurs missions – traduction libre)

[1360] Santé, éducation, justice, culture, emploi, sécurité sociale, logement, développement urbain, agriculture familiale, genre, lutte contre la pauvreté et contre l'inégalité. Décision du CMC n° 63/10, art. 8, a.

[1361] En outre, le HRGM coordonne les travaux relatifs au Plan pour le Statut de la Citoyenneté du Mercosur. Décision du CMC n° 63/10, art. 8, c: « *São atribuições do Alto Representante-Geral do* Mercosul*: Coordenar os trabalhos relativos ao Plano de Ação para o Estatuto da Cidadania do* Mercosul ». (Les pouvoirs du Haut représentant général du Mercosur: coordonner le travail sur le Plan d'action pour le statut de la Citoyenneté Mercosur – traduction libre).

[1362] Décision du CMC n° 63/10, art. 8, a : « *São atribuições do Alto Representante-Geral do* Mercosul *: Apresentar ao* CMC *e ao* GMC, *conforme o caso, propostas vinculadas ao processo de integração do* Mercosul : *incluindo os Estados Associados, relacionadas com as*

B. L'approche sociale du Mercosur renforcée

299. Le concept d'un Mercosur social était envisagé depuis 2003, dans le Programme de travail 2004-2006[1363]. À cette période, plusieurs volets étaient concernés, tels que la participation de la société civile, l'idée d'une citoyenneté mercosurienne, l'intégration éducative, les droits de l'homme, la circulation des travailleurs et, il va de soi, les thématiques sociales. Au fur et à mesure que des actions pour remplir ces objectifs ont été mises en œuvre, chacun de ces domaines a été conçu de façon individuelle.

Ainsi à ce jour, le Mercosur social peut être reconnu comme la thématique phare de la Réunion des ministres et des autorités de développement social[1364], d'où sont issus l'Institut social du Mercosur (1) et l'Unité d'appui de participation sociale (2).

1. Le développement des politiques sociales

300. L'Institut social du Mercosur (ci-après ISM) est un organisme du Conseil du marché commun qui travaille de façon coordonnée avec la RMADS. Il a été créé en 2007, dans le but de contribuer à la consolidation de la dimension sociale, en tant qu'organisme technique pour l'élaboration de

---

seguintesáreas: promoção da identidade cultural do Mercosul *nos Estados Partes, em terceiros países e em grupos de países; promoção comercial conjunta dos Estados Partes do* Mercosul *tendo em conta a complementaridade de suas economías, e missões de observação eleitoral* ». (Les pouvoirs du Haut représentant général du Mercosur: soumettre à CMC et GMC, le cas échéant, des propositions relatives au processus d'intégration du Mercosur, y compris les États associés, liés aux domaines suivants: la promotion de l'identité culturelle dans les États parties au Mercosur, dans les pays tiers et groupes de pays; promotion commerciale commune des États membres du Mercosur, en tenant compte de la complémentarité de leurs économies, et des missions d'observation des élections – traduction libre).

[1363] Programme de travail du Mercosur 2004-2006, § 2.

[1364] Voir §2, section II, chapitre II, titre II de la première partie, susénoncé.

politiques sociales régionales[1365], axe considéré comme fondamental dans le développement du Mercosur[1366].

En vue d'atteindre ces objectifs, l'ISM se charge: de fournir une collaboration technique dans la conception et la planification de projets sociaux ; d'informer et soumettre à la RMADS des modalités de financement disponibles pour l'exécution des projets ; de promouvoir la recherche afin de soutenir la prise de décision dans l'élaboration et la mise en place des politiques et des programmes sociaux par les États membres du Mercosur, et de promouvoir la mise en œuvre de rencontres internationales, régionales et nationales ayant pour objet des questions sociales[1367].

Il s'agit d'un organisme permanent dont le siège se situe à Asunción[1368]. Sa composition est avant tout de nature intergouvernementale. Il est en effet composé de cinq représentants gouvernementaux (un de chaque État membre) qui sont désignés par la RMADS. Le travail est coordonné par un directeur exécutif proposé par la RMADS, mais désigné par le Conseil du

---

[1365] Secretaria-Geral da Presidência da República, *Mercosul Social e Participativo : Construindo o Mercosul dos povos com democracia e cidadania*, Brasilia, Ibraes, 2007, p. 26.

[1366] Et aussi à surmonter des asymétries ; à contribuer techniquement à l'élaboration des politiques sociales régionales ; à systématiser et à faire la mise à jour des indicateurs sociaux régionaux ; à rassembler et à échanger les bonnes pratiques dans le domaine social ; à promouvoir des mécanismes de coopération horizontale, et à identifier des sources de financement. Décision du CMC n° 03/07, adoptée à Rio de Janeiro le 18 janvier 2007, art. 2 « *O ISM terá os seguintes objetivos gerais: 1.- Contribuir para a consolidação da dimensão social como um eixo fundamental no desenvolvimento do* Mercosul*; 2.- Contribuir para superar as assimetrias; 3.- Colaborar tecnicamente na elaboração de políticas sociais regionais; 4.- Sistematizar e atualizar indicadores sociais regionais; 5.- Recompilar e intercambiar boas práticas em matéria social; 6.- Promover mecanismos de cooperação horizontal; 7.— Identificar fontes de financiamento* » (traduction libre).

L'ISM s'ajoute aux efforts visant la consolidation du processus d'intégration, par le biais d'initiatives qui contribuent à la réduction des asymétries sociales entre les États membres et la promotion du développement humain intégral. Informations disponibles sur le site de l'ISM : http://ismercosur.org/web/institucion/, consulté le 20 novembre 2012.

[1367] Décision du CMC n° 03/07, art. 3 « *O ISM terá as seguintes funções: 1.- Prestar colaboração técnica na elaboração e planificação de projetos sociais; 2.- Indagar e apresentar à RMADS linhas e modalidades de financiamento disponíveis para a execução dos projetos; 3.- Promover a investigação com a finalidade de apoiar a tomada de Decisões na elaboração e posta em funcionamento de políticas e programas sociais; 4.- Promover a realização de encontros internacionais, regionais e nacionais sobre temas sociais; 5.- Sistematizar e difundir as melhores experiências e práticas em matéria social do* Mercosul *do continente e extracontinentais; 6.-.Recompilar informação sobre o andamento da situação social na região; 7.- Apresentar um relatório em cada ano das suas atividades à RMADS, et 8.- Consultar o* FCES *sobre aqueles aspectos da sua competência e receber os Projetos que este possa apresentar* » (traduction libre).

[1368] Décision du CMC n° 28/07, adoptée à Asunción le 28 juin 2007.

marché commun, dont le mandat est de deux ans. L'intergouvernementalisme de l'organisme est nuancé par la présence d'une équipe permanente d'experts nationaux et, au lors des réunions, par la présence de coordinateurs nationaux du FCES, agissant en qualité d'observateurs[1369].

Vu ses objectifs, l'ISM travaille de façon coordonnée avec l'Institut de politiques publiques en droits de l'homme du Mercosur[1370]. Ce qui les rapproche également a trait à leurs structures. Leur organisation est sous-divisée en départements et démontre que le deuxième institut s'est fortement inspiré de l'ISM, en particulier pour ce qui concerne le département de recherche et gestion de l'information et le département de promotion et d'échanges de politiques sociales régionales.

2. Le renforcement de la participation sociale

301. Afin d'approfondir davantage cette dimension sociale et en parallèle à l'établissement du Haut représentant général du Mercosur, le Conseil du marché commun a créé en 2010 l'Unité d'appui à la participation sociale (ci-après *UPS*) pour développer les domaines de caractère social et, plus spécifiquement, la participation sociale[1371].

Une instance de débat sur les thématiques de citoyenneté (sociales, culturelles, politiques) entre la société civile et les États membres existait déjà depuis 2005, grâce à l'initiative de la Présidence *pro tempore* uruguayenne intitulée: *Somos Mercosur*[1372]. Cette instance regroupe des

---

1369 Décision du CMC n° 03/07, art. 4: « *O ISM estará integrado por um representante governamental de cada um dos Estados Partes designado a tal fim pela RMADS, os quais definirão as pautas estratégicas e programáticas junto com o Diretor. A coordenação do ISM estará a cargo de um Diretor designado pelo* CMC *a proposta da RMADS, que se desempenhará em forma rotativa por um período de dois anos. Para o desempenho desta função será assistido pela CRPM. Ademais, contará com um* staff mínimo e permanente composto paritariamente por técnicos nacionais de cada um dos Estados Partes. Os Coordenadores Nacionais do FCES participarão como observadores no ISM » (traduction libre). Voir aussi la Décision du CMC n° 37/08 adoptée à Salvador le 15 décembre 2008 et la Décision du CMC n° 47/10 adoptée à Foz do Iguaçu le 16 décembre 2010 sur la structure de l'ISM.

1370 Voir dans le paragraphe suivant.

1371 Décision du CMC n° 65/10, adoptée à Foz do Iguaçu le 16 décembre 2010.

1372 « Nous sommes Mercosur » (traduction libre) est une initiative de la Présidence *pro tempore* uruguayenne de 2005 qui envisage redécouvrir la dimension sociale, politique et

représentants gouvernementaux de chaque État membre. Cependant, il fallait institutionnaliser la coordination de ce groupe et le débat lui-même.

L'UPS a donc été créée en tant que première structure liée au Haut représentant général du Mercosur. Elle reste cependant indépendante de celui-ci. Par le biais du Haut représentant, l'UPS travaille de façon coordonnée avec la RMADS, l'ISM, la Commission de coordination des ministres des affaires sociales[1373] et, bien sûr, le *Somos Mercosur*[1374].

Cette unité qui siège à Montevideo est composée d'un coordinateur et de deux collaborateurs. Elle joue, entre autres, le « rôle de canal de communication entre le Mercosur et les mouvements sociaux de la société ; elle met à jour une base de données des organisations et de ces mouvements sociaux et elle sert de support à *Somos Mercosur* pour l'organisation du Sommet social du Mercosur[1375] ».

Outre le concept de Mercosur social, le Programme de travail 2004-2006 envisageait le renforcement institutionnel du Mercosur qui, compte tenu des nouveaux organismes créés, a abouti à la construction d'un nouveau concept : le Mercosur citoyen.

---

culturelle du Mercosur et promouvoir un espace de débat entre la société civile et les gouvernements locaux. Pour plus d'informations, voir

http://www.somosmercosur.net/seccion/somos-mercosur, consulté le 31 octobre 2012.

1373 Décision du CMC n° 65/10, art. 1er et 2. Art. 1er: « *Criar a Unidade de Apoio à Participação Social (*UPS*), no âmbito do Alto Representante-Geral do Mercosul*». (Créer une unité d'appui à la participation sociale (UPS), sous le Haut représentant général du Mercosur – traduction libre). Art. 2 : « *A* UPS *trabalhará em coordenação com as instâncias do Mercosul na área social, em particular com a Reunião de Ministros e Altas Autoridades de Desenvolvimento Social, com o Instituto Social do Mercosul e com a Comissão de Coordenação de Ministros de Assuntos Sociais por meio do Alto Representante-Geral do Mercosul* ». (L'UPS fonctionnera en coordination avec les organismes du Mercosur dans le domaine social, en particulier avec la Réunion des ministres et hautes autorités chargées du développement social, avec l'Institut social du Mercosur et avec la Commission de coordination des ministres des Affaires sociales par l'intermédiaire du Haut représentant général du Mercosur – traduction libre).

1374 Décision du CMC n° 65/10, art. 3 « *A* UPS *trabalhará em coordenação com os pontos focais do programa "Somos Mercosul" no desempenho de suas atividades* ». (l'UPS travaillera en coordination avec les responsables du programme 'Somos Mercosur' dans l'exercice de leurs activités – traduction libre).

1375 Décision du CMC n° 65/10, 4: « *A* UPS *terá as seguintes funções : atuar como um canal institucional de diálogo do Mercosul com a sociedade e com os movimentos sociais; apoiar a organização da Cúpula Social do Mercosul ; manter um cadastro de organizações e movimentos sociais dos Estados Partes* » (traduction libre).

C. Le développement d'une approche citoyenne du Mercosur

302. Même si le Programme de travail 2004-2006 annonçait l'objectif de la création d'un Mercosur citoyen, celui-ci a été construit au fil de temps, tout en dépassant finalement l'objectif de 2003 et en s'alignant sur le renforcement institutionnel également prévu par ce programme de travail.

En fait, le concept d'un Mercosur citoyen[1376] ne projetait que le renforcement du Forum de consultation et de concertation politique et la systématisation des informations en matière de coopération judiciaire. Par ailleurs, le Programme de travail souhaitait le renforcement institutionnel du Mercosur[1377], et ceci par le biais de l'établissement d'un parlement et d'un organisme de promotion de l'État de droit pour le Mercosur.

L'idée d'une citoyenneté au Mercosur se développe de façon progressive grâce à la création, d'un centre de promotion de l'État de droit (1), puis d'un parlement (3) et, enfin, d'un observatoire pour la démocratie (2).

1. La promotion de l'État de droit

303. Dans le but majeur d'analyser et de renforcer le développement de l'État de droit et la gouvernance démocratique, le Conseil du marché commun a créé le Centre Mercosur de promotion de l'État de droit (ci-après *CMPED*)[1378]. À cette date, le Conseil du marché commun a considéré que l'État de droit était une exigence indispensable pour le développement intégral, juste et équitable de la région[1379].

[1376]Programme de travail du Mercosur 2004-2006, § 2.4.

[1377]Programme de travail du Mercosur 2004-2006, § 3.

[1378] Décision du CMC n° 24/04, adoptée à Puerto Iguazu le 7 juillet 2004, art. 1: « *Criar o Centro Mercosul de Promoção do Estado de Direito, com a finalidade de analisar e reforçar o desenvolvimento do Estado, a governabilidade democrática e todos os aspectos vinculados aos processos de integração regional, com especial ênfase no Mercosul* ». (Créer le Centre pour la promotion de l'État de droit du Mercosur, dans le but d'analyser et d'améliorer le développement de l'État, la gouvernance démocratique et de tous les aspects liés aux processus d'intégration régionale, avec un accent particulier dans le Mercosur – traduction libre).

[1379] Décision du CMC n° 24/04, Considérant n° 2: « *Que a vigência de um efetivo estado de direito no Mercosul, que se fundamente na democracia, no respeito aos direitos humanos e nas liberdades fundamentais é requisito indispensável para um desenvolvimento integral,*

Il dépend techniquement du Secrétariat du Tribunal Permanent de Révision (ci-après *TPR*), raison pour laquelle il a son siège permanent en son sein, à Asunción. Il est composé d'un représentant gouvernemental de chaque État membre[1380]. Ces fonctionnaires malheureusement n'y travaillent pas de façon permanente.

Le Centre était censé d'après ses documents constitutifs d'organiser et de réaliser des actions en matière de recherche académique, de formation et de diffusion sur des thématiques liées au processus d'intégration régionale[1381]. Les actions de promotion de l'État de droit prévues initialement concernaient la recherche scientifique, la réalisation de conférences, de formations, des publications d'ouvrages, l'organisation des réunions avec le milieu universitaire, les représentants gouvernementaux et la société civile, l'organisation de programmes d'échanges universitaires ainsi que le maintien d'un site Internet et d'une bibliothèque virtuelle[1382].

---

justo e equitativo da subregião ». (Que l'existence d'un véritable État de droit au sein du Mercosur, qui est fondé sur la démocratie, le respect des droits de l'homme et des libertés fondamentales, est une condition essentielle pour un développement intégral, sous-région juste et équitable – traduction libre).

[1380] Décision du CMC n° 24/04, art. 4 et Résolution du GMC n° 61/05, adoptée à Montevideo le 25 novembre 2005, art. 2: « *O CMPED será dirigido por um Comitê de Direção que será integrado por um representante governamental designado por cada Estado Parte. A coordenação do Comitê será exercida anualmente, em rotação, por um de seus integrantes* ». (Le CMPED sera dirigé par un comité directeur qui se compose d'un gouvernement représentant désigné par chaque État partie. Comité de coordination se tient chaque année à tour de rôle par l'un de ses membres – traduction libre).

[1381] Résolution du GMC n° 61/05, Considérant n° 2 : « *Que é necesario dotar essa entidade de pautas para seu funcionamento, com o objetivo de assegurar o fiel cumprimento de seu mandato* ». (Qu'il est nécessaire doter cet organisme de directives pour son fonctionnement, afin de garantir l'exécution fidèle de son mandat – traduction libre).

[1382] Décision du CMC n° 24/04, art. 2 : « *As tarefas e atividades que desenvolverá o Centro Mercosul do Promoção de Estado de Direito, sem prejuízo de outras que se estimem de interesse para o cumprimento dos objetivos previstos no artigo 1, são: trabalhos de pesquisa; difusões através da realização de conferências, seminários, foros, publicações; reuniões de acadêmicos, representantes governamentais e representantes da sociedade civil; cursos de capacitação; programas de intercâmbio, oferta de bolsas de estudo destinadas a profissionais e criação e manutenção de uma página web, assim como de uma biblioteca física e virtual especializada* ». (Les tâches et activités qui se développeront le Centre du Mercosur de la promotion de l'État de droit, sans préjudice de tous autres jugés pertinents à la réalisation des objectifs énoncés à l'article 1, sont : travaux de recherche, diffusion à travers des conférences, séminaires, forums, publications, réunions d'universitaires, de représentants du gouvernement et des représentants de la société civile, des formations, des programmes d'échange, offre des bourses d'études pour les professionnels et la création et l'entretien d'un site Internet, ainsi que d'une bibliothèque physique et virtuelle spécialisée – traduction libre).

304. L'idée était très bonne, mais peut-être trop optimiste.

Il semble que le déroulement des activités du CMPED n'a pas été très productif. D'ailleurs, même le démarrage de ses activités semble avoir été difficile, car la première réunion, qui a formalisé la constitution du CMPED, n'a eu lieu que le 21 mai 2010, soit six ans après la décision de sa création par le Conseil du marché commun. À ce jour, le Centre n'a tenu que trois réunions[1383] et n'a réalisé que certaines des missions : la production des plans de travail 2010 et 2012 (dont les projets n'ont jamais vu le jour) et sa collaboration à l'organisation d'une conférence sur « L'importance des droits de l'homme dans le processus d'intégration du Mercosur » en juin 2011[1384].

Officiellement, le CMPED existe toujours, cependant depuis le 9 juin 2011 ses activités ne sont pas régulières[1385]. La raison en reviendrait au fait que ses représentants ne travaillent pas exclusivement pour le CMPED, car ils exercent toujours leurs fonctions auprès de leurs gouvernements. Ainsi, même si le CMPED a été conçu comme un organisme, le fait qu'il ne possède pas de structure bureaucratique autonome, favorise l'inertie de ses activités.

De surcroît, avec la suspension du Paraguay du Mercosur en juillet 2012, plusieurs organismes dont les sièges se trouvent à Asunción ont vu leurs activités fléchir.

2. L'observation du respect de la démocratie

305. Dans le même esprit de renforcement d'un volet citoyen du Mercosur, il a été créé l'Observatoire pour la démocratie du Mercosur (ci-après *ODM*) en 2007. Son projet de création a été initié par le CMPED, à qui l'Observatoire est lié[1386]. Dans la décision de création, le Conseil du marché

[1383] La première réunion, qui formalise la constitution du CMPED, n'a eu lieu qu'au 21 mai 2010, puis il y a eu deux autres réunions ordinaires : le 27 septembre 2010 et le 9 juin 2011.

[1384] Exposé réalisé par Madame DE CARLOTTO, responsable de l'Association *Abuelas de la Plaza de Mayo*, lors de la Journée des Droits de l'Homme à Asunción, le 27 juin 2011, organisée par l' ISM, le TPR, l'IPPDH, et le CMPED.

[1385] La dernière réunion du CMPED date du 9 juin 2011.

[1386] Décision du CMC n° 05/07, adoptée à Rio de Janeiro, 18 janvier 2007, art. 1: « *Criar o Observatório da Democracia do Mercosul (ODM) associado ao Centro Mercosul de Promoção de Estado de Direito (CEMPED)* (…) ». (Créer l'Observatoire pour la démocratie

commun rappelle une exigence essentielle pour le développement du processus d'intégration du Mercosur : les institutions démocratiques. Cette action, selon le Conseil du marché commun, n'est qu'une conséquence des objectifs du Protocole d'Ushuaia de 1998 : la consolidation de la démocratie dans la région[1387].

Pour atteindre ces objectifs, l'ODM a pour activité principale la réalisation du suivi des processus électoraux dans les États membres du Mercosur. Ces missions d'observation électorale sont effectuées de façon complémentaire aux mêmes missions pour lesquelles le Haut représentant général du Mercosur a compétence[1388]. En outre, l'Observatoire exécute des études sur des indicateurs et statistiques et mène des activités visant à la consolidation de la démocratie dans ces États[1389].

Enfin, l'Observatoire pour la démocratie du Mercosur est coordonné par le CMPED et par la CRPM et siège dans les locaux de cette dernière, à Montevideo[1390].

---

du Mercosur(ODM) associé au Centre Mercosur pour la promotion de l'État de droit (CEMPED) – traduction libre).

[1387] Décision du CMC n° 05/07, Considérants.

[1388] Information donnée par l'Ambassadeur GONZALO RODRIGUEZ GIGENA, Chef de cabinet du Haut représentant général du Mercosur, par le biais des messages électroniques échangés au cours de l'année 2012.

[1389] Décision du CMC n° 05/07, art. 2.d: « *O ODM desempenhar-se-á de acordo com os seguintes objetivos: realizar atividades e estudos vinculados à consolidação da democracia na região* ». (L'OMD aura les objectifs suivants: participer à des activités et études liées à la consolidation de la démocratie dans la région) ; art. 3.b : « *Para o cumprimento de seus objetivos, o ODM terá as seguintes funções: Elaborar e avaliar os indicadores e estatísticas que forem necessários para a realização de seus estudos e atividades* ». (Pour atteindre ses objectifs, l'OMD a les fonctions suivantes: élaborer et évaluer les indicateurs et les statistiques qui sont nécessaires pour mener à bien leurs études et activités). Traductions libres.

[1390] Décision du CMC n° 05/07, art. 1 « *(...) O ODM será coordenado conjuntamente pelo CEMPED e pela Comissão de Representantes Permanentes do Mercosul (CRPM) e desenvolverá suas atividades de acordo aos objetivos e funções estabelecidos na presente Decisão* » (L'OMD sera coordonné conjointement par CEMPED et la Commission des représentants permanents du Mercosur (CRPM) ; il développe ses activités en fonction des objectifs et des fonctions énoncées dans la présente décision). Art. 5 : « *Em suas atividades, o ODM será apoiado pela Presidência da CRPM e celebrará suas reuniões na sede da mesma* » (Dans ses activités, les OMD seront pris en charge par le président de la CRPM et concluront leurs réunions au siège même). Traductions libres.

3. La démocratisation du Mercosur

306. La démocratisation du Mercosur est liée au remplacement définitif de la Commission parlementaire conjointe[1391] par le Parlement du Mercosur (ci-après Parlasur)[1392] en 2007[1393]. C'est l'une des conséquences du Programme de travail 2004-2006[1394], qui avait pour but de donner plus de légitimité et de représentativité démocratiques au Mercosur.

1391 Voir §1, section II, chapitre II, titre I de la première partie, susénoncé. La Commission parlementaire conjointe a connu ces derniers jours de nombreuses difficultés à trouver un budget et même à se réunir. Cependant, elle a eu son importance pour le Mercosur, d'autant plus que l'Union européenne y portait une grande attention et commençait à développer une forme de collaboration (à l'instar des formations techniques octroyées aux membres, la création d'un secrétariat administratif parlementaire permanent, la réalisation des études sur les faiblesses institutionnelles, la suggestion d'adoption d'un mécanisme de consultation parlementaire du CMC à la CPC). Drummond (Maria Claudia), « Parlamento do Mercosul : consolidação e desenvolvimento de suas competências », *in* Caetano (Gerardo) (coord.), *op. cit.*, 2011, p. 105.

Ainsi, la CPC a été le déclencheur de la création du Parlasur comme étant le grand défenseur de son institution. Álvarez Macías (Maria Victoria), « Origen y evolución de los parlamentos en los procesos de integración regional. Los casos del Parlamento Europeo y el Parlamento del Mercosur », *Colombia Internacional 74,* julio a diciembre de 2011, p. 221.

1392 *Protocolo constitutivo del Parlamento del Mercosur*. Nous utiliserons désormais la traduction en français de l'instrument : « Protocole portant création du Parlement du Mercosur ». Adoptée par Décision du CMC 23/05, à Montevideo le 9 décembre 2005 et entrée en vigueur le 24 février 2007. Protocole portant sur la création du Parlement du Mercosur, disponible en langue française sur Nations Unies, *Recueil des Traités, vol.* 2444, 2007, A-37341, New York, 2011, p. 210. Le Parlasur siège à Montevideo et se réunit en sessions ordinaires au minimum une fois par mois.

1393 Pour plus d'informations sur la transition de la CPC vers le Parlement, voir Farinella (Favio), *La evolución institucional del Mercado Común del Sur en perspectiva*, mars 2008. Disponible sur :

http://www.infojus.gov.ar/index.php?kk_seccion=documento&registro=DOCTRINA&docid=CF080016, consulté le 2 décembre 2012. Et aussi, Farinella (Favio), « Las instituciones del Mercosur », *Revista de derecho internacional y del Mercosur*, año 10, 2006, n° 1, p. 69 à 77.

1394 Décision du CMC n° 26/03, § 3.1 : « Considerar, en el año 2004, la propuesta que elabore la CPC relativa al establecimiento del Parlamento Mercosur, de acuerdo a la solicitud realizada por los Presidentes de los Estados Partes del Mercosur, tomando en cuenta, como una primera etapa, el Acuerdo Interinstitucional suscripto por el CMC y la CPC ». (Considérer, en 2004, la proposition de la CPC de créer le Parlement du Mercosur, conformément à la demande formulée par les présidents des États membres du Mercosur, en tenant compte, dans un premier temps, de l'accord-interinstitutionnel signé parle CMC et la CPC - traduction libre).

Après le Secrétariat du Mercosur et le Forum consultatif économique et social, il s'agit du troisième organisme de composition non intergouvernementale dans l'architecture institutionnelle du Mercosur[1395].

Premièrement, le Parlement du Mercosur a pour objet d'accroître la légitimité du Mercosur[1396], parce qu'il fallait renforcer le cadre institutionnel de coopération entre les Parlements nationaux des États membres du Mercosur afin d'atteindre les objectifs d'harmonisation des législations nationales, mais aussi de faire avancer l'incorporation des normes produites par le Mercosur dans les ordres juridiques internes.

Deuxièmement, le Parlement du Mercosur a pour objectif la représentativité démocratique, parce que l'équilibre institutionnel du Mercosur en dépend. Cette représentation passe par un espace commun qui reflète le pluralisme et la diversité de la région. Elle contribue également à la démocratie, à la participation, à la représentativité, à la transparence et à la légitimité sociales dans le développement du processus d'intégration et de ses normes[1397].

Cette représentation démocratique est issue, d'une part, de l'élection des parlementaires par le suffrage universel, direct et secret[1398], selon la

---

[1395] C. Dri, La construction du Parlement du Mercosur, Régionalisme et démocratie en Amérique du Sud, Promoculture Larcier, 2014, 317 p.

[1396] Protocole portant création du Parlement du Mercosur , Considérant n° 5 : « *Conscientes de que a instalação do Parlamento do MERCOSUL, com uma adequada representação dos interesses dos cidadãos dos Estados Partes, significará uma contribuição à qualidade e equilíbrio institucional do Mercosul (...)* ». (Conscients du fait que l'installation du Parlement du Mercosur, avec une représentation adéquate des intérêts des citoyens des États membres a valeur de contribution à la qualité et à l'équilibre institutionnel du Mercosur (…) – traduction libre).

[1397] Protocole constitutif du Parlement du Mercosur, Considérant n° 5 : « (…) *criando um espaço comum que reflita o pluralismo e as diversidades da região, e que contribua para a democracia, a participação, a representatividade, a transparência e a legitimidade social no desenvolvimento do processo de integração e de suas normas* » (la création d'un espace commun qui reflète le pluralisme et la diversité de la région, et contribue à la démocratie, la participation, la représentativité, la transparence et la légitimité dans le développement social du processus d'intégration et de ses règles – traduction libre).

[1398] Protocole constitutif du Parlement du Mercosur, art. 1 : « (…) *O Parlamento estará integrado por representantes eleitos por sufrágio universal, direto e secreto, conforme a legislação interna de cada Estado Parte e as disposições do presente Protocolo* ». (Le Parlement est composé de représentants élus au suffrage universel, direct et secret, selon la législation interne de chaque État Partie et les dispositions du présent Protocole– traduction libre).

Ces exigences doivent être respectées au cours de la seconde étape de transition établie par le Protocole de création du Parlement du Mercosur : du 1er janvier 2011 au 31 décembre 2014. À

législation interne de chaque État membre du Mercosur[1399]. D'autre part, elle tient à ses activités qui, contrairement à ce à quoi l'on pourrait s'attendre, ne sont pas législatives au sens restreint du terme[1400].

En fait, le Parlement du Mercosur, pas plus que ne le pouvait l'ancienne Commission parlementaire conjointe, ne produit pas de lois[1401]. Il peut « proposer des normes au Conseil du marché commun »[1402], mais il n'a pas de compétences pour aller au-delà de ces propositions. Ainsi, il continue à être un outil de pression sur les parlements nationaux pour l'harmonisation des législations et l'adoption des normes produites par les organismes décisionnels du Mercosur[1403]. Bien évidemment, le Parlasur a tout de même des attributions différentes de celles qu'avait l'ancienne Commission parlementaire conjointe.

---

l'heure actuelle, le Parlement a interrompu ses activités, comble de l'ironie, pour faute de parlementaires. En fait, le Brésil n'a été représenté au Parlasur qu'entre le 1er janvier et mai 2011, période qui va de la fin du mandat des anciens députés à la désignation des nouveaux; l'Argentine n'a désigné ses représentants qu'en juin 2012, et, pour aggraver la situation, suite à la suspension du Paraguay du Mercosur, des membres du Parlasur ne veulent pas que les parlementaires paraguayens participent au Parlement. Ce qui est insensé. Selon l'ancien consultant juridique du Secrétariat du Mercosur et professeur PEROTTI, ce sont les représentants du gouvernement paraguayen qui sont suspendus du Mercosur ; les parlementaires paraguayens ayant été élus directement par le peuple n'auraient pas dû être concernés.

1399 Ces 197 représentants (désignés selon un critère de proportionnalité : 75 parlementaires pour le Brésil, 43 pour l'Argentine et également pour le Venezuela, 18 pour l'Uruguay et 18 pour le Paraguay) jouissent d'un mandat de quatre ans avec possibilité de réélection. CMC /Déc. 23/05, art. 1er.

1400 Conséquence de la nature intergouvernementale du Mercosur. À l'époque de la signature du Protocole constitutif du Parlement du Mercosur, l'on attendait que cette barrière (la nature intergouvernementale du système) soit franchie pour l'instauration d'un véritable Parlement doté de pouvoirs législatifs avec application directe au sein des ordres nationaux. « Hélas ! il ne fut octroyé au Parlement du Mercosur aucune initiative digne de ce nom du moins sur le plan de l'effet direct sinon celles d'émettre des déclarations et recommandations ; l'inanité du Parlement du Mercosur était patente ». Mazet (Guy), *op. cit.*, 2011, p. 244.

1401 Comme soutient le professeur JAEGER JUNIOR, ce qui est curieux, c'est que parmi les 18 verbes qui définissent les compétences du Parlement, l'on ne fait jamais mention du verbe *légiférer* Jaeger Junior (Augusto), *op. cit.*, 2009, p. 506.

1402 Protocole portant création du Parlement du Mercosur , art. 4§ 13 : « *O Parlamento terá as seguintes competências : (...) § 13: Propor projetos de normas do Mercosul para consideração pelo Conselho do Mercado Comum, que deverá informar semestralmente sobre seu tratamento* » — traduction libre.

1403 Le Parlement peut être « un allié important dans le processus de convergence des législations nationales dans la mesure où il lui incombe de développer des actions et des travaux communs avec les parlements des États de façon non seulement à hâter l'approbation des décisions et à assurer le respect des objectifs de ce marché commun, mais aussi à bâtir un dialogue interculturel, fondé sur des méthodologies comparatives, capable d'élargir les possibilités de solution juridique pour faire face aux défis institutionnels qui s'y présentent ». Menezes de Carvalho (Evandro), *op. cit.*, p. 204.

Le Parlement du Mercosur est compétent pour faire des recommandations et rédiger des rapports sur des questions liées au développement du processus d'intégration, de sa propre initiative ou sur saisine d'un autre organisme du Mercosur[1404]. En outre, afin d'accélérer les processus d'internalisation des normes, le Parlement rédige des avis sur l'ensemble des projets de loi du Mercosur[1405]. Il peut également élaborer des études et des projets de normes nationales, visant l'harmonisation des législations nationales[1406].

307. Enfin, le Parlement du Mercosur élabore un rapport annuel sur la situation des droits de l'homme dans les pays membres du Mercosur, tout en prenant en compte les principes et les normes du groupe[1407]. Cette compétence est *per se* très intéressante et importante pour l'établissement d'un système de promotion des droits de l'homme dans le Mercosur.

Ainsi, le Parlasur compte sur quatre compétences pour affirmer son poids dans le processus décisionnel du Mercosur : représentative, législative, délibérative et de contrôle. Même s'il y a un énorme déséquilibre entre elles[1408], l'espoir que le Parlasur fasse plus que l'ancienne Commission parlementaire conjointe perdure, mais est souvent remis en question[1409].

[1404] Protocole portant création du Parlement du Mercosur , art. 4.§11 : « *O Parlamento terá as seguintes competências : (...) § 11: Emitir declarações, recomendações e relatórios sobre questões vinculadas ao desenvolvimento do processo de integração, por iniciativa própria ou por solicitação de outros órgãos do Mercosul* » — traduction libre.

[1405] Protocole portant création du Parlement du Mercosur , art. 4 § 12 : « *Com o objetivo de acelerar os correspondentes procedimentos internos para a entrada em vigor das normas nos Estados Partes, o Parlamento elaborará pareceres sobre todos os projetos de normas do Mercosul que requeiram aprovação legislativa em um ou vários Estados Partes* ».

Cette compétence pourrait représenter, pour le professeur GARDINI, un mécanisme de codécision, ce que lui donnerait beaucoup de pouvoir auprès du CMC. Gardini (Gian Luca), *op. cit.*, 2011, p. 695.

[1406] Protocole portant création du Parlement du Mercosur , art. 4§14 : « *O Parlamento terá as seguintes competências : (...) § 14: Elaborar estudos e anteprojetos de normas nacionais, orientados à harmonização das legislações nacionais dos Estados Partes, os quais serão comunicados aos Parlamentos nacionais com vistas a sua eventual consideração* » — traduction libre.

[1407] Protocole portant création du Parlement du Mercosur , 4 §3 : « *O Parlamento terá as seguintes competências : (...) § 3: Elaborar e publicar anualmente um relatório sobre a situação dos direitos humanos nos Estados Partes, levando em conta os princípios e as normas do Mercosul* » — traduction libre.

[1408] Les compétences représentative et délibérative favorisent des espaces d'action inédits au sein du Mercosur. Cependant, pour ce qui concerne les compétences législatives et de contrôle, elles semblent être en deçà des besoins démocratiques du groupe. Franzoi Dri

308. Afin d'enrichir davantage l'importance que le Parlasur peut octroyer à ce système de promotion et protection des droits de l'homme, il compte encore, dans son organisation structurelle, une Commission permanente de citoyenneté et droits de l'homme[1410].

Cette Commission est censée discuter avec le Parlement plénier et l'informer par écrit sur des sujets tels que la citoyenneté et les droits de l'homme, bien évidemment, mais aussi sur des questions concernant l'ethnie, l'enfance, la jeunesse, les personnes âgées, le genre, les minorités, la liberté d'expression et religieuse et les droits des consommateurs[1411].

(Clarissa), « A construção da democracia na União Européia e no Mercosul : qual papel para os parlamentos regionais ? », *Revista de derecho privado y comunitario,*3, 2010, Rubinzal-Culzoni, Buenos Aires, p. 585.

[1409] Le Parlasur est parfois considéré comme un organisme sans importance : « Le manque de compétences significatives et le conséquent rôle relégué dans le processus régional de prise de décision font du Parlement un organe sans importance dans le groupe, qui garde un ordre institutionnel strictement intergouvernemental ». (traduction libre). Álvarez Macías (Maria Victoria), *op. cit.*, p. 225.

Le Parlasur risquerait de n'avoir qu'une fonction ornementale: « Il devra s'insérer dans une réforme globale posant les bases d'un authentique processus législatif, faute de quoi il risque de se cantonner à une fonction ornementale ». Dabène (Olivier), « La relance du Mercosur. Ouro Preto II ou le temps des réformes politiques », *Critique internationale,* n° 26, 2005, p. 43.

[1410] Le Parlement a une commission directive (composée d'un président, d'un vice-président de chacun des États membres, et assistée de deux secrétaires, un parlementaire et l'autre administratif), des commissions permanentes et des commissions temporaires. CMC /Déc. 23/05, art. 16§5: « *O Parlamento constituirá comissões, permanentes e temporárias, que contemplem a representação dos Estados Partes, cuja organização e funcionamento serão estabelecidos no Regimento Interno* ». (Le Parlement constituera des commissions permanentes et temporaires qui contemplent la représentation des États parties dont l'organisation et fonctionnement seront établis dans le Règlement intérieur – traduction libre). Disposition du Parlement du Mercosur 06/2007, du 6 août 2007, Montevideo, Règlement intérieur du Parlement du Mercosur, art. 69 : « *Las comisiones permanentes son las siguientes: g. Ciudadanía y Derechos Humanos* » (Les commissions permanentes sont les suivantes : g. Citoyenneté et droits de l'homme — traduction libre.

[1411] Disposition du Parlement du Mercosur 06/2007, Règlement intérieur du Parlement du Mercosur, art. 76: « *A la Comisión de Ciudadanía y Derechos Humanos le compete discutir e informar por escrito al Plenario sobre los siguientes temas a modo indicativo: Derechos Humanos; Elaboración del informe anual previsto en el Protocolo Constitutivo del Parlamento del Mercosur; Cuestiones de etnia, ciudadanía, niñez, juventud, tercera edad, género y minorías; Peticiones de ciudadanos dirigidas al Parlamento; Libertad de expresión y de culto religioso; Instrumentos de democracia participativa; Colaboración con entidades no gubernamentales que actúen en la defensa de los derechos humanos; Defensa del consumidor* ».

Elle est chargée de recueillir les requêtes des citoyens qui sont adressées au Parlement et qui concernent les actes ou omissions de tout organisme ou institution du Mercosur[1412]. Cette fonction pourrait se comparer à celle d'un *Ombudsman* au niveau du Mercosur. Cependant, faute de compétences d'un véritable *Ombudsman*, il semble que le Parlasur ait raté l'occasion de développer, par ce biais, une voie de contrôle du respect des droits de l'homme au sein du Mercosur.

La commission est également compétente pour promouvoir des instruments de démocratie participative, c'est-à-dire, produire des mécanismes qui accroissent la participation des peuples du Mercosur au processus de formulation de décisions dans l'espace régional[1413]. Par ailleurs, la commission peut travailler en collaboration avec des organisations non gouvernementales, actives dans la défense des droits de l'homme[1414].

Enfin, vu la spécificité des rapports annuels que le Parlasur doit rédiger, il revient bien à la commission de citoyenneté et droits de l'homme de s'en charger[1415]. Cependant, après six ans d'activités du Parlasur, la Commission n'a apparemment rédigé qu'un seul rapport, en 2009[1416].

[1412] Protocole portant création du Parlement du Mercosur , art. 4 § 10 : « *O Parlamento terá as seguintes competências : Receber, examinar e si for o caso encaminhar aos órgãos decisórios, petições de qualquer particular, sejam pessoas físicas ou jurídicas, dos Estados Partes, relacionadas com atos ou omissões dos órgãos do Mercosul* ». (Le Parlement aura les compétences suivantes: recevoir, examiner et transmettre aux instances décisionnelles appropriées, des requêtes de toute personne, qu'il s'agisse de particuliers ou de sociétés ou des États parties, relatives à des actes ou omissions des organismes du Mercosur – traduction libre).

[1413] Protocole portant création du Parlement du Mercosur , art. 4 § 18 : « *Fomentar o desenvolvimento de instrumentos de democracia representativa e participativa no Mercosul* ». Explication apportée par le Rapport sur l'élaboration du projet de Protocole constitutif du Parlement du Mercosur, adopté à Asunción, le 18 juin 2005, Justification de l'art. 4. 18 (Mercosur/CPC/Dis. N° 07/2005).

[1414] Règlement intérieur du Parlement du Mercosur, art 83: « *Cada comisión podrá realizar reuniones públicas con organizaciones de la sociedad civil, sectores productivos, organizaciones no gubernamentales y movimientos sociales para tratar asuntos concernientes a su área de actuación, mediante propuesta de cualquier miembro o a solicitud de una entidad o sector interesado* » (Chaque commission pourra organiser des réunions publiques avec les organisations de la société civile, les secteurs productifs, des organisations non gouvernementales et des mouvements sociaux pour aborder des sujets ayant trait à leur domaine d'action, sur proposition de tout membre ou sur demande d'une institution ou d'un secteur intéressé – traduction libre).

[1415] Règlement intérieur du Parlement du Mercosur, art. 76. b: « *A la Comisión de Ciudadanía y Derechos Humanos le compete discutire informar por escrito al Plenario sobre los siguientes temas a modo indicativo: elaboración del informe anual previsto en el Protocolo Constitutivo del Parlamento del Mercosur* ». (La Commission de droits de l'homme et citoyenneté est compétente pour discuter et fournir par écrit à la séance plénière sur les

Le travail des commissions du Parlasur se voit sans doute légitimé par la possibilité de la participation de la société civile lors des réunions publiques[1417]. Cela signifierait encore une voie pour l'expression des citoyens[1418] et l'avancée des questions de promotion et protection de droits de l'homme.

309. Le travail développé par les commissions du Parlement européen (ci-après *PE*) pourrait représenter dans une certaine mesure, un modèle intéressant pour le Parlasur. Cette nuance trouve son explication dans le fait que les compétences du PE sont beaucoup plus larges et effectives que celles du Parlasur. Contrairement au Mercosur, l'institution parlementaire européenne est réellement compétente pour co-légiférer. Lorsque les parlementaires européens se réunissent, ils le font en présence de deux commissions et d'une sous-commission qui se penchent sur des thématiques qui nous intéressent[1419].

---

thèmes indicatifs: élaboration du rapport annuel prévu au Protocole constitutif du Parlement du Mercosur - traduction libre).

[1416] Information donnée par l'ancien secrétaire de la Commission parlementaire conjointe, Monsieur CASAL, par le biais des messages électroniques échangés au cours de l'année 2012.

Il est très difficile d'avoir accès aux informations sur la rédaction de ce rapport. Sur le site web du Parlasur, une petite mention sur la Commission et le rapport est faite. Voir: Secretaria de Comunicación Social del Parlamento del Mercosur y Unidad de Enlace con el Parlamento del Mercosur de la HCDN, Segunda Audiencia Pública sobre Derechos Humanos fue realizada en Argentina. Disponible sur:

http://www.parlamentodelmercosur.org/parlasur/VentanaImprimir.jsp?contentid=4649, consulté le 20 décembre 2012.

Il ne reste que des sites de journaux électroniques pour trouver quelques pistes sur l'existence de la Commission et de son projet de rédaction d'un rapport sur les droits de l'homme. Voir: ABC Color de Paraguay, *Parlasur organizará una audiencia pública sobre derechos humanos*, article paru le 23 août 2008. Disponible sur: http://archivo.abc.com.py/2008-08-23/articulos/444159/parlasur-organizara-una-audiencia-publica-sobre-derechos-humanos, consulté le 20 décembre 2012.

[1417] Règlement intérieur du Parlement du Mercosur, art. 83 et s.

[1418] « La qualité du lien que le Parlasur établit avec la société civile sera centrale pour avancer vers une culture politique et institutionnelle favorable à un processus d'intégration qualitativement différent ». R. GENEYRO et M. VÁZQUEZ, « La ampliación de la agenda política y social para el Mercosur actual », *Aldea Mundo,* Universidad de los Andes, Año/vol. 11, n° 20, 2006, p. 14.

[1419] Toutes les informations sur le Parlement européen qui figurent dans les paragraphes suivants sont disponibles sur son site institutionnel :

http://www.europarl.europa.eu/aboutparliament/fr/00b3f21266/At-your-service.html, consulté le 18 juin 2013.

La première est la Sous-commission « droits de l'homme », liée à la Commission des affaires étrangères. Elle travaille sur les thématiques des droits de l'homme en général, des minorités nationales, et de la démocratie dans les pays tiers.

La deuxième est la Commission « libertés, justice et affaires intérieures ». Elle a un large domaine d'action : la protection des droits des citoyens, des droits de l'homme et des droits fondamentaux sur le territoire de l'Union européenne ; la lutte contre toutes formes de discrimination autres que celles fondées sur le sexe, ou celles se produisant sur le lieu de travail et le marché de l'emploi ; la protection des personnes physiques à l'égard du traitement des données à caractère personnel ; la politique d'asile et de migration, et, enfin, les questions ayant trait à l'Observatoire européen des drogues et des toxicomanies et à l'Agence des droits fondamentaux de l'Union européenne, à Europol, à Eurojust, et au Collège européen de police.

Enfin, la troisième est la Commission « droits de femmes et égalité de genre ». Elle est compétente pour la promotion et la défense des droits de la femme dans l'Union européenne, et la promotion des droits de la femme dans les pays tiers. Elle traite des politiques d'égalité des chances concernant le marché de l'emploi et le traitement dans le travail ainsi que la mise en œuvre et la poursuite de l'intégration de la dimension de l'égalité des chances dans tous les secteurs. Elle travaille sur l'élimination de toutes formes de discrimination fondées sur le sexe, y compris le suivi et la mise en œuvre des accords et des conventions internationales touchant aux droits de la femme et, enfin, la politique d'information concernant les femmes.

310. Le Parlasur pourrait s'inspirer de cette organisation et surtout de ses méthodes de travail, pour réorganiser la Commission permanente de citoyenneté et des droits de l'homme. Au moins pour ce qui concerne les commissions du Parlement européen, car par rapport à la compétence législative, ce pouvoir ne pourrait pas être transposé au Parlasur. Celui-ci pourrait ainsi générer autant de résultats fructueux que celui du Parlement européen, même si les débats qui ont pu avoir lieu n'ont jusqu'à présent abouti qu'à la rédaction d'avis consultatifs, rapports, recommandations, déclarations, dispositions et projets de loi[1420].

[1420] Règlement intérieur du Parlement du Mercosur, art. 90 : « *Son actos del Parlamento: dictámenes; proyectos de normas; anteproyectos de normas; declaraciones; recomendaciones; informes; y disposiciones* » (traduction libre).

311. Le professeur CARVALHO RAMOS considère que les organismes tels le Parlasur, le FCES, le CMPED et l'Observatoire pour la démocratie ressemblent à des réunions intergouvernementales et non à des organismes d'un processus d'intégration, situation aggravée par l'inexistence de force contraignante liée à leurs décisions[1421].

312. Le paysage institutionnel du Mercosur a donc bien été complété au fur et à mesure de la prise en compte de la thématique des droits de l'homme dans le processus d'intégration. Cette institutionnalisation des droits de l'homme au Mercosur se voit assurée par des organismes de nature bien moins économique que ceux qui existaient à la naissance du Mercosur, mais dont l'efficacité reste encore discutée, du fait qu'ils restent majoritairement intergouvernementaux. Le Programme de travail 2004-2006 tente de remédier à cet état de fait.

Le paysage fondamental pour l'institutionnalisation des droits de l'homme au Mercosur a été celui d'une architecture institutionnelle comprenant des organismes de nature beaucoup moins économique que ceux qui existaient à la naissance du Mercosur et qui possédaient une orientation politique, sociale et citoyenne.

§2 Les premiers pas vers l'institutionnalisation des droits de l'homme dans le Mercosur

313. Suite au Programme de travail 2004-2006, la question des droits de l'homme a commencé à être regardée de façon différente. À compter de ce programme de travail, il y avait un véritable intérêt pour la thématique des droits de l'homme et une réelle appétence pour la concrétisation des projets dans ce domaine. Dans le but d'approfondir l'échange d'informations, la promotion et le respect des droits de l'homme[1422], trois organismes spécialisés en droits de l'homme ont enchaîné leurs travaux entre 2003 et 2009. Tout d'abord, le Groupe *ad hoc* en matière de droits de l'homme, lié au Forum de consultation et de concertation politique a été institutionnalisé, puis a disparu au profit de la Réunion des hautes autorités en droits de

---

[1421] Carvalho Ramos (André), *op. cit.*, 2008, p. 254.

[1422] Décision du CMC n° 26/03, Programme de travail 2004-2006, § 2.7: « *Profundizar el intercambio de información y la promoción y el respeto a los derechos humanos en la región* » (traduction libre).

l'homme (A), laquelle a aussi obtenu des résultats quant à la constitution de l'Institut de politiques publiques en droits de l'homme (B).

A. *Une Réunion des hautes autorités visant le renforcement de l'institutionnalisation des droits de l'homme*

314. Depuis 2004, le Mercosur retrouve, dans son architecture institutionnelle la Réunion des hautes autorités en droits de l'homme, organisme qui trouve ses origines au sein du Groupe *ad hoc* en matière de droits de l'homme (1) et se veut un espace de dialogues et de coordinations en matière de droits de l'homme (2).

1. De l'institutionnalisation d'un groupe *ad hoc* en matière de droits de l'homme à l'établissement d'une réunion de hautes autorités

315. Entre 2000 et 2004, au sein du Forum de consultation et de concertation politique existait un organisme qui servait de lieu de rencontre aux délégations des États membres pour échanger des informations et initiatives sur les droits de l'homme dans leurs pays[1423]. Il s'agissait du Groupe *ad hoc* en matière de droits de l'homme. Même s'il n'était pas un organisme permanent, son importance s'avère indéniable, car il a survécu à la plus grande crise institutionnelle du Mercosur et a été le premier forum de discussion sur les droits de l'homme de l'organisation. Son institutionnalisation s'est concrétisée avec le feu vert donné par le Programme de travail 2004-2006 et grâce au règlement intérieur du Forum de consultation et de concertation politique qui énonçait enfin, parmi ses attributions, la création des groupes *ad hoc* de travail[1424].

[1423] Bizzozero Revelez (Lincoln), *Derechos Humanos y Dimensión social en los regionalismos del siglo XXI. Construcción y perspectivas desde el espacio del Mercosur*, p. 52. Disponible sur le site du Observatorio de políticas públicas del Mercosur:

http://www.observatoriomercosur.org.uy/libro/derechos_humanos_y_dimension_social_en_los_regionalismos_del_siglo_XXI_4.php, consulté le 7 avril 2010.

[1424] Décision du CMC n° 23/03, Règlement intérieur du Forum de consultation et concertation politique, adopté à Montevideo, le 15 décembre 2003, art. 3.h.

Durant son existence, le Groupe *ad hoc* ne s'est réuni que cinq fois et il n'existe que très peu d'informations sur son activité. Ce n'est que grâce à l'unique compte rendu de l'une des réunions, accessible au grand public qu'il est possible d'avoir une idée de la qualité des débats développés par le groupe. Des sujets tels que l'évaluation de l'adoption d'une charte des droits de l'homme pour le Mercosur, l'étude sur des disparitions forcées, sur des droits économiques, sociaux et culturels, et sur la lutte contre le racisme, composaient son ordre du jour[1425]. En outre, il s'agissait également d'un moment d'échanges sur les thèmes discutés au sein des Nations Unies et de l'OEA et l'occasion d'échanger des informations sur l'application interne des instruments de ces deux organisations internationales.

316. Enfin, le Groupe *ad hoc* en matière de droits de l'homme a servi de déclencheur à la naissance d'un organisme autrement plus important : la Réunion des hautes autorités compétentes en droits de l'homme et chancelleries du Mercosur et des États associés (ci-après *RAADH ou Réunion des hautes autorités en droits de l'homme*).

En 2004, le Conseil du marché commun décide de substituer au Groupe *ad hoc* la réunion de hautes autorités, spécialisées, dépendantes du CMC et dont le suivi est soumis au Forum de consultation et de concertation politique[1426]. Les réunions se tiennent, à compter de cette date, régulièrement et se composent d'experts nationaux des gouvernements, compétentes en la matière de droits de l'homme des États membres et associés[1427]. D'autres autorités étatiques et des représentants d'autres organismes et institutions du Mercosur, ainsi que des représentants de la société civile sont également les bienvenus en tant qu'observateurs lors des sessions de la RAADH[1428]. En

[1425] Compte rendu de la IV réunion du Groupe *ad hoc* en matière des droits de l'homme, les 29 et 30 septembre 2003 à Montevideo.

[1426] Décision du CMC n° 40/04, adoptée à Belo Horizonte, le 16 décembre 2004.

[1427] Règlement intérieur de la RAADH, approuvé par la RAADH lors de sa IVe session extraordinaire, du 28 au 30 novembre 2012, art. 2: « *La RAADDHH está integrada por los titulares de los Ministerios, Secretarías, Direcciones o áreas gubernamentales equivalentes con principal competencia en materia de derechos humanos y por los titulares de las direcciones de derechos humanos o equivalentes de las Cancillerías de los Estados Parte y Asociados. Cada Estado designará un agente titular y uno alterno, así como a los funcionarios que integrarán la delegación de cada reunión* » (La RAADH est composée des chefs des ministères, services, directions ayant comme principale compétence les droits de l'homme et par les titulaires des directions des droits de l'homme ou leurs homologues des Chancelleries des États membres et les États associés. Chaque État nommera un membre du personnel et un suppléant, ainsi que les fonctionnaires qui accompagnent la délégation à chaque réunion - traduction libre).

outre, depuis 2012, l'Institut de politiques publiques en droits de l'homme peut participer et prêter son support technique à la RAADH[1429].

2. Un espace de dialogue et de coordination en matière de droits de l'homme

317. Dans les considérants de la décision de création de la RAADH, le Conseil affirme que « la protection et la promotion des droits des citoyens des États membres et associés du Mercosur sont *les objectifs essentiels du processus* d'intégration en Amérique du Sud »[1430]. Cette affirmation ne laisse plus planer aucun doute sur la place que l'organisation accorde aux droits de l'homme depuis le Programme de travail 2004-2006.

Dans ce dessein, la RAADH travaille à la consolidation des droits de l'homme, en tant qu'axe fondamental du processus d'intégration politique et sociale du Mercosur. Elle élabore à cet effet des stratégies, des politiques et des actions communes en matière de droits de l'homme et génère des échanges d'expériences et de bonnes pratiques dans la conception, la mise en œuvre et le suivi des politiques publiques en matière de droits de l'homme. Elle a aussi pour tâches de promouvoir des actions communes et des débats qui favorisent la mise en œuvre interne des normes internationales des droits de l'homme, d'encourager la coordination des positions communes du Mercosur dans les forums internationaux, d'organiser des conférences publiques sur des questions des droits de l'homme, et de promouvoir la coordination et les activités communes avec d'autres forums et réunions

[1428] Règlement intérieur de la RAADH, art. 4 : « *La RAADDHH puede invitar a participar a otras autoridades estatales y a representantes de otros Foros y Reuniones Especializadas del Mercosur. También puede invitar como observadores a representantes de organismos internacionales y regionales, organizaciones sociales, y a expertos en temáticas vinculadas con derechos humanos* » (La RAADH peut inviter des représentants d'autres États et des représentants d'autres forums et réunions spécialisés du Mercosur. Elle peut également inviter comme observateurs des représentants d'organisations internationales et régionales, des organisations sociales et des experts sur des sujets liés aux droits de l'homme – traduction libre)

[1429] Règlement intérieur de la RAADH, art. 3 : « (…) *La RAADDHH cuenta a su vez con la participación y el apoyo técnico del Instituto de Políticas Públicas en Derechos Humanos del Mercosur* ». (La RAADH compte sur le soutien technique et la participation de l'Institut de politiques publiques en matière de droits de l'homme du Mercosur – traduction libre).

[1430] Décision du CMC n° 40/04, Considérant n° 2 : « *Que a proteção e a promoção dos direitos dos cidadãos dos Estados Partes do Mercosul e dos Estados Associados são objetivos essenciais do processo de integração na América do Sul* » (traduction libre et mise en relief par l'auteur).

spécialisés du Mercosur, ainsi que les organisations internationales et régionales qui traitent des questions liées aux droits de l'homme. Elle est enfin compétente pour développer les tâches assignées par la décision 14/09 à l'Institut de politiques publiques en droits de l'homme[1431].

318. Les compétences qui sont octroyées à la RAADH sont aussi nombreuses que ses fonctions : débattre et approuver les projets d'accords préparés par les comités permanents et les groupes de travail ou par l'assemblée plénière elle-même ; créer et dissoudre des comités permanents et des groupes de travail chargés d'examiner des questions spécifiques ; proposer au Conseil du marché commun des accords, des projets de décisions et formuler des recommandations sur des sujets liés aux droits de l'homme ; rédiger avec le Forum de consultation et de concertation politique des communiqués présidentiels sur les droits de l'homme ; aider à la préparation des ordres du jour des réunions du Forum de consultation et de concertation politique et des réunions préparatoires du Conseil du marché commun, et le cas échéant, pour le traitement des questions liées aux droits de l'homme; assurer le suivi régulier des forums et des réunions spécialisés du Mercosur portant sur des questions liées aux droits de l'homme[1432].

[1431] Règlement intérieur de la RAADH, art. 5 : « *La RAADDHH tiene las siguientes funciones: a) Contribuir a la consolidación de los derechos humanos como un eje fundamental del proceso de integración política y social del Mercosur; b) Promover estrategias, políticas y acciones comunes en materia de derechos humanos; c) Intercambiar experiencias y buenas prácticas en el diseño, implementación y seguimiento de políticas públicas en derechos humanos; d) Impulsar acciones comunes y debates que promuevan la implementación interna de estándares internacionales de derechos humanos; e) Favorecer la coordinación de posiciones comunes del bloque en foros internacionales y regionales sobre temáticas vinculadas con derechos humanos; f) Realizar conferencias públicas sobre temas específicos de derechos humanos; g) Promover la articulación y realización de actividades conjuntas con otros Foros y Reuniones Especializadas del Mercosur, así como con organismos internacionales y regionales que abordan temas vinculados con derechos humanos; h) Cumplir con las funciones que le asigna la Decisión CMC 14/09 en relación con el IPPDH* » (traduction libre).

[1432] Règlement intérieur de la RAADH, art. 6 : « *La reunión plenaria de la RAADDHH tiene las siguientes atribuciones: a) Discutir y aprobar proyectos de Acuerdos elaborados por las Comisiones Permanentes y Grupos de Trabajo o por la propia reunión plenaria; b) Crear y disolver Comisiones Permanentes y Grupos de Trabajo para abordar temas específicos, conforme lo establecido en el artículo 16 de este Reglamento; c) Elevar al CMC Acuerdos y proyectos de Decisiones y de Recomendaciones en cuestiones vinculadas con derechos humanos; colaborar con el FCCP en la elaboración de los proyectos de Comunicados Conjuntos de los Presidentes de los Estados Partes del Mercosur y Estados Asociados en materia de derechos humanos; colaborar en la preparación de agendas de reuniones del FCCP y de reuniones preparatorias del CMC, cuando corresponda, para el tratamiento de temas relacionados a los derechos humanos; hacer un seguimiento periódico de los foros y Reuniones Especializadas del Mercosur que abordan temas vinculados con los derechos humanos; y realizar otras actividades que le sean encomendadas por el CMC o el FCCP* » (traduction libre).

Ainsi, la RAADH est considérée comme un lieu d'échange de bonnes pratiques et de mise à jour des informations sur les droits de l'homme par les États. D'ailleurs le délégué pour le Chili, lors de la VIIIe réunion de la RAADH, a affirmé : « la Réunion des hautes autorités compétentes en droits de l'homme et chancelleries du Mercosur et des États associés est un espace de dialogue informel de coordination entre les délégations[1433] ».

319. Informel, certes, mais pas sans résultats pratiques. Si l'activité de la RAADH n'a pas subi de modification, les sujets de débat se sont beaucoup diversifiés et approfondis au fil du temps. Durant les premières réunions, l'on observe un clair attachement aux sujets débattus durant les réunions de l'ancien Groupe *ad hoc*. Cependant, la RAADH va au-delà des tâches non accomplies par le Groupe *ad hoc*. Dès sa première réunion préparatoire, une proposition de clause sur les droits de l'homme est ainsi présentée. Les discussions vont se suivre et un instrument contraignant sera ultérieurement adopté[1434] ; le deuxième objectif du Programme de travail 2004-2006 concernant les droits de l'homme s'avère donc atteint[1435].

Pour atteindre ces objectifs et après presque une décennie d'existence, la RAADH s'est dotée de deux règlements intérieurs[1436] et de trois plans de travail bisannuels.

320. La coordination de la RAADH revient à la Présidence *pro tempore* du Mercosur. Ses réunions ordinaires ont lieu tous les semestres dans l'État du coordinateur. Des réunions extraordinaires sont aussi envisageables à la demande de la Présidence *pro tempore* ou de tout État membre ou associé[1437]. Cette régularité des réunions est un point distinctif de la RAADH

[1433] VIIIe RAADH, du 21 juin 2007 à Asunción.

[1434] Le Protocole d'Asunción, du 19 juin 2005, voir session suivante.

[1435] Programme de travail 2004-2006, Décision CMC 26/03, § 2.7. (Promouvoir l'évaluation et la discussion de la convenance d'adopter une Charte des droits de l'homme du Mercosur - traduction libre).

[1436] Le 1er règlement intérieur date du 9 juin 2006 et le 2e règlement date du 28 au 30 novembre 2012.

[1437] Règlement intérieur de la RAADH, art. 7: « *La RAADDHH se reúne en forma ordinaria o extraordinaria. Las reuniones ordinarias se realizan una vez por semestre en el Estado Parte que tiene la Presidencia Pro Témpore del Mercosur. Las reuniones extraordinarias pueden ser convocadas por la Presidencia Pro Témpore en cualquier momento o por decisión de la RAADDHH, cuando fuera solicitado por un Estado Parte o Asociado* » (La RAADH se réunit en sessions ordinaires ou extraordinaires. Des réunions ordinaires ont lieu une fois par semestre dans l'État membre qui a la présidence *pro tempore* du Mercosur. Des réunions

par rapport à l'ancien Groupe *ad hoc*. Comme toute institution du Mercosur, c'est la Présidence *pro Tempore* qui se trouve en charge de la préparation de l'ordre du jour des réunions, ainsi que de la rédaction et diffusion des comptes rendus[1438]. La RAADH n'ayant pas son propre secrétariat, les équipes nationales ont toujours été très impliquées, même avec le support de l'Institut de politiques publiques en droits de l'homme à partir de 2012[1439]. On peut constater que cette faiblesse structurelle ne plaide pas en faveur d'une efficacité très accrue de la RAADH. Cette dernière cherche à pallier ce manque d'expertise technique propre en développant les contacts avec d'autres organes, y compris à l'extérieur du Mercosur.

321. Dans le but d'une concertation d'informations et de travail réalisé par les différentes institutions qui composent le Mercosur, la RAADH garde un contact très proche avec les organismes qui touchent à des sujets liés aux droits de l'homme. Dans ce cadre, la Réunion spécialisée de la femme du Mercosur (REM) a participé maintes fois aux réunions[1440].

Mais cet esprit d'agir « en équipe » de la RAADH dépasse les frontières des institutions mercosuriennes voisines et prône également des échanges avec des acteurs « non-étatiques »[1441]. Ainsi, à plusieurs reprises, elle a pu dialoguer avec les parlementaires des États membres et associés du

---

extraordinaires peuvent être convoquées par le président *pro tempore* à tout moment ou par décision de la RAADDHH, à la demande d'un État membre ou associé – traduction libre).

[1438] Règlement intérieur de la RAADH, art. 9 : « *Corresponde a la Presidencia Pro Tempore elaborar una propuesta preliminar de la agenda, que procure dar continuidad a los temas abordados y Acuerdos aprobados en las reuniones anteriores (...)* » (Il revient à la présidence *pro tempore d'*élaborer une proposition préliminaire de l'ordre du jour, qui vise à assurer la continuité des thèmes abordés et les résolutions adoptées lors des réunions précédentes – traduction libre). Art. 14 : « *Corresponde a la Presidencia Pro Témpore elaborar un acta que dé cuenta de los temas de agenda abordados, las discusiones y los Acuerdos adoptados (...)* » (Il revient à la présidence *pro tempore* de rédiger les comptes rendus sur les sujets à l'ordre du jour, les débats et les accords adoptés – traduction libre).

[1439] Règlement intérieur de la RAADH, art. 28 : « *La RAADDHH, y en particular la Presidencia pro Tempore, cuenta con el apoyo técnico del IPPDH, para la organización de las reuniones ordinarias y extraordinarias* » (La RAADH, et en particulier la Présidence *pro tempore*, compte sur l'assistance technique de l'IPPDH, pour l'organisation des réunions ordinaires et extraordinaires – traduction libre).

[1440] IX RAADH, du 9 et 10 août 2007, à Montevideo, et à la X RAADH, du 29 et 30 novembre 2007, à Montevideo.

[1441] Expression utilisée par la RAADH lors de sa première session, du 4 au 6 mai 2005, à Asunción. Elle a déclaré que cela démontre l'intérêt des États à approfondir le processus d'intégration et de consolidation des espaces de participation démocratique au sein de ce processus.

Mercosur[1442] et mener de fructueux échanges avec des organisations internationales[1443].

À cet égard, on peut mentionner que, lors de la cinquième session de la RAADH, les parlementaires invités ont manifesté leur intérêt pour la création d'une commission des droits de l'homme au sein du Parlement du Mercosur[1444]. Cette démarche se révèle importante pour la réception de la thématique des droits de l'homme auprès de cette nouvelle institution du Mercosur.

Les échanges avec les organisations internationales ont été, après de riches débats sur le système interaméricain de protection des droits de l'homme, optimisés par le Secrétaire exécutif de la Cour interaméricaine des droits de l'homme, Monsieur SAAVEDRA ALESSANDRI[1445]. Par ailleurs, la RAADH a également accueilli le rapporteur de la liberté d'expression de la Commission interaméricaine des droits de l'homme, Monsieur COTERO, et le représentant régional du Haut-Commissariat des Nations Unies pour les droits de l'homme, Monsieur INCALCATERRA qui a présenté le nouveau bureau régional à Santiago du Chili[1446].

Ces échanges sont, en quelque sorte, une conséquence naturelle des attributions de la RAADH. Compte tenu de sa compétence à promouvoir des actions communes et des discussions qui favorisent la mise en œuvre interne

---

1442 Pareillement au dialogue tenu avec les parlementaires présidents des commissions des droits de l'homme des chambres de députés lors de la Ve RAADH, du 30 août 2006, à Brasilia ; de la VIIIe RAADH, le 21 juin 2007 à Asunción ; la Xe RAADH, les 29 et 30 novembre 2007, à Montevideo ; la XIe RAADH, les 26 et 27 mars à Buenos Aires ;

1443 Règlement intérieur de la RAADH, art. 5 alinéa g : « *La RAADDHH tiene las siguientes funciones: Promover la articulación y realización de actividades conjuntas con otros Foros y Reuniones Especializadas del Mercosur, así como con organismos internacionales y regionales que abordan temas vinculados con derechos humanos* ». (La RAADH a les fonctions suivantes: promouvoir la coordination et la réalisation des activités conjointes avec d'autres forums et réunions spécialisés du Mercosur, ainsi qu'avec des organisations internationales et régionales qui traitent des questions liées aux droits de l'homme - traduction libre).

1444 V RAADH, les 29 et 30 août 2006, à Brasilia.

1445 Lors de la XIIe RAADH, les 4 et 5 juin 2008, à Buenos Aires.

1446 Lors de la IIe session extraordinaire de la RAADH, le 17 novembre 2009, à Montevideo. D'autres acteurs internationaux s'ajoutent comme observateurs ponctuels lors des sessions de la RAADH également, comme l'Institut interaméricain de droits de l'homme, le bureau régional du Haut-Commissariat aux droits de l'homme des Nations Unies et le Comité international de la Croix-Rouge (XIIIe RAADH, du 11 au 13 juin 2013, à Montevideo).

des normes internationales des droits de l'homme[1447], la RAADH donne l'occasion les États membres et associés du Mercosur de clarifier l'adoption des instruments de protection des droits de l'homme. Pour cette raison, le représentant brésilien, par exemple, explique, lors de la quatorzième session de la RAADH, où on en est pour l'adoption du *Protocole facultatif* se rapportant à la Convention contre la torture et autres peines ou traitements cruels, inhumains ou dégradants dans l'État brésilien[1448].

322. La RAADH est aussi devenue un forum informatif à l'occasion de sa XXIe session dans laquelle l'on a abordé les projets de la Convention interaméricaine pour la promotion et la protection des droits des personnes âgées et de la convention interaméricaine contre le racisme et la discrimination sur la base de la race[1449].

323. Parmi ses attributions, comme nous l'avons déjà mentionné, la RAADH peut élaborer des recommandations et des projets de dispositions pour être présentés au Conseil du marché commun[1450]. Aussi, les décisions au sein de la RAADH doivent-elles être adoptées par consensus et en présence de l'ensemble des États de la session[1451].

B. Les axes thématiques intéressant cette Réunion

1447 Règlement intérieur de la RAADH, art. 5 alinéa d : « *La RAADDHH tiene las siguientes funciones: impulsar acciones comunes y debates que promuevan la implementación interna de estándares internacionales de derechos humanos* ». (La RAADH a les fonctions suivantes: promouvoir des actions communes et des débats visant à promouvoir la mise en œuvre interne de normes internationales des droits de l'homme - traduction libre).

1448 XIVe session ordinaire de la RAADH, les 11 et 12 novembre 2008, à Brasilia.

1449 XXIe réunion de la RAADH, du 26 au 29 mars 2012 à Buenos Aires.

1450 Règlement intérieur de la RAADH, art. 6 alinéa c: « *La reunión plenaria de la RAADDHH tiene las siguientes atribuciones: Elevar al* CMC *Acuerdos y proyectos de Decisiones y de Recomendaciones en cuestiones vinculadas con derechos humanos* ». (La session plénière de la RAADH a les pouvoirs suivants: soumettre au CMC des accords et des projets de décisions et de recommandations sur les questions liées aux droits de l'homme – traduction libre).

1451 Règlement intérieur de la RAADH, art. 3 : « *La RAADDHH sesiona con representantes de los Estados Parte y Asociados, y adopta decisiones por consenso de los Estados Parte* » (La RAADH siège avec les représentants des États membres et des États associés, elle adopte les décisions par consensus des États membres – traduction libre).

324. Dans la pratique, ce sont des forums thématiques qui permettent le travail de la RAADH. Initialement présentés comme des « initiatives »[1452] ou des « échanges d'information et coopération »[1453], ces forums ont été organisés et ont changé à plusieurs reprises de dénomination au gré des règlements intérieurs de la RAADH. Dans un premier temps, dans le règlement intérieur de 2006, ils s'appelaient « groupes de travail » et « groupes *ad hoc* »[1454]. Dans un second temps, en application du nouveau règlement de 2012, les axes thématiques se regroupent en deux sous-groupes : les « commissions permanentes » et les « groupes de travail »[1455].

Ces importants lieux de concertation ont déclenché le débat sur plusieurs thématiques se rapportant aux droits de l'homme et les ont fait concrètement progresser au sein du Mercosur[1456].

Depuis sa première réunion, en 2004, la RAADH a abordé diverses thématiques. Certaines revenaient dans le débat à chaque rencontre et d'autres n'ont pas été aussi régulièrement inscrites dans les différents ordres du jour[1457]. À l'heure actuelle, en fonction de la dernière modification du règlement de 2012, les axes thématiques se regroupent en deux sous-groupes : les commissions permanentes (1) et les groupes de travail (2).

1452 À l'exemple de l'Initiative Niñ@sur pour la promotion et protection des droits de l'enfance et de l'adolescence, qui s'appelait ainsi jusqu'à la IIIe réunion de la RAADH, du 23 mars 2006, à Buenos Aires.

1453 Tel l'Échange d'information et de coopération pour la prévention et la lutte contre la traite des êtres humains ; l'Échange d'information sur les Plans nationaux d'éducation en droits de l'homme et coordination d'une initiative pour mettre en avant ces Plans comme organismes multilatéraux. Ils se sont ainsi dénommés jusqu'à la IIIe RAADH, du 23 mars 2006, à Buenos Aires.

1454 Règlement intérieur de la RAADH, du 9 juin 2006, art. 14 au 16.

1455 Règlement intérieur de la RAADH, art. 16 à 24.

1456 Le professeur DE CARVALHO RAMOS critique l'ordre du jour de la RAADH. Selon lui, il serait trop large et n'établirait pas de liens avec la création d'un marché commun. Cette absence de rapports transformerait la RAADH en un forum de débats sur les droits de l'homme des États de l'Amérique du Sud à la place d'un organisme du Mercosur. Carvalho Ramos (André), *op. cit.*, 2008, p. 253.

1457 À l'instar des sujets tels la traite des êtres humains, migrations, le droit des réfugiés (inscrits dans les ordres du jour jusqu'à la XIe RAADH, des 9 et 10 août 2007, à Montevideo).

1. Des sujets abordés en permanence

325. Les commissions permanentes accueillent des thématiques spécifiques et de grande importance pour les pays du Mercosur. Ce sont des sujets qui nécessitent d'être traités sur le long terme. Pour la création d'une commission ou la transformation d'un groupe de travail en commission, il convient de présenter un plan de travail et l'échéancier des activités[1458]. À l'heure actuelle, la RAADH compte six commissions permanentes : droits des enfants et des adolescents ; mémoire, vérité et justice ; éducation et culture en droits de l'homme ; droits des personnes âgées ; discrimination, racisme et xénophobie, et promotion et protection des droits des personnes handicapées.

326. Le sujet des enfants et des adolescents a toujours été au cœur de la RAADH. Depuis les premières sessions, les hautes autorités en droits de l'homme de chaque pays membre et associé du Mercosur ont compris que la protection et la promotion des droits de ce groupe vulnérable méritaient une grande attention[1459].

Baptisée initialement Initiative *Niñ@sur*, cette commission permanente (ci-après *CP — Niñ@sur*) a, dès la première session de la RAADH, défini ses objectifs et son plan d'action[1460]. Trois objectifs animaient cette commission : articuler les efforts de chaque État membre ou associé pour respecter la Convention relative aux droits de l'enfant des Nations unies, mais aussi d'autres instruments des droits de l'homme internationaux et régionaux ; adapter leur législation interne à ces instruments tout en préservant l'intérêt supérieur de l'enfant quel que soit sa nationalité et stimuler le dialogue et la coopération entre les États. Ces trois objectifs se

---

1458 Règlement intérieur de la RAADH, art. 17 : « *Es facultad de la RAADDHH otorgar, cuando proceda, carácter de Comisión Permanente a aquellos Grupos de Trabajo que lo soliciten, de acuerdo con los siguientes requisitos: 1) fundamentación de la necesidad de dar mayor estabilidad al tratamiento de la temática en el marco de la RAADDHH; 2) desarrollo de la labor del Grupo de Trabajo hasta el momento; 3) presentación de un plan de trabajo y un cronograma de actividades futuras* » (traduction libre).

1459 D'ailleurs, Niñ@sur est la seule commission permanente à avoir un site Internet propre : http://niniosur.com/, consulté le 26 octobre 2012.

1460 I RAADH, du 4 à 6 mai 2005, à Asunción.

basaient sur l'accomplissement des Objectifs du millénaire pour le développement des Nations unies[1461].

Pour ce faire, son plan d'action se montrait bien étoffé. D'une part, il était prôné des actions au niveau international, comme la réalisation d'une étude d'un protocole à la Convention relative aux droits de l'enfant, pour créer un système de communications individuelles en cas de violation des droits consacrés à cet instrument. D'autre part, il importait de développer des pratiques au niveau national pour promouvoir la protection des enfants, ainsi du renforcement des institutions spécialisées visant une meilleure mise en œuvre des traités internationaux ; de la promotion de l'éducation en droits de l'homme et de la coordination des thématiques entre les États telles l'exploitation sexuelle, de la traite des enfants, de la pornographie enfantine, du travail des enfants et des travailleurs migrants et leurs familles.

Plus avancée dans sa démarche, la CP — *Niñ@sur* a redéfini en 2008 son plan de travail, qui comporterait désormais deux axes. Dans le premier, les sphères nationales et internationales trouvent leur place. Ainsi, cette commission vise la diffusion, l'adaptation normative, et le renforcement des plans nationaux d'action et l'intensification du dialogue avec les organismes internationaux. Dans le second, plutôt thématique, la CP-*Niñ@sur* aborde l'exploitation sexuelle, la vente des enfants, la traite des personnes, la justice pénale des mineurs et l'accès au droit des enfants migrants[1462].

Ces actions ne sont pas restées lettre morte et beaucoup d'entre elles se sont concrétisées ou sont en plein développement. De ce fait, pour agir au plan national, cette commission a organisé en 2003 le Séminaire sur l'harmonisation et l'adaptation législative pour les enfants et les adolescents[1463]. Au plan régional, elle a rédigé en 2011 avec l'Institut de politiques publiques en droits de l'homme du Mercosur, une demande d'avis consultatif à la Cour interaméricaine des droits de l'homme sur les enfants migrants[1464]. Au plan international, la CP-*Niñ@sur* a avancé dans l'étude du protocole à la Convention relative aux droits de l'enfant. Et enfin, au niveau du Mercosur, cette commission a adopté la Déclaration sur la promotion et la

---

[1461] Objectifs du millénaire pour le développement des Nations unies, adoptés lors du Sommet du Millénaire qui s'est déroulé du 6 au 8 septembre 2000, au siège des Nations Unies à New York.

[1462] XI RAADH, du 26 et 27 mars 2008, à Buenos Aires.

[1463] Résultats disponibles du compte rendu de la VIIe RAADH, du 29 et 30 mars 2007, à Asunción, annexe V.

[1464] Voir §2, section II, chapitre II, titre I de la seconde partie.

protection des droits de l'homme de l'enfant du Mercosur[1465], la Déclaration sur la Justice pénale des mineurs[1466] et l'Accord régional pour la lutte contre la traite d'enfants et adolescents pour exploitation sexuelle dans les zones frontalières du Mercosur[1467].

327. Les personnes âgées ont aussi été considérées comme un groupe vulnérable au sein du Mercosur et la RAADH a décidé la création d'un groupe de travail, puis d'une commission permanente (ci-après *CP-Personnes âgées*[1468]). Cette commission est née, à l'initiative de la commission permanente contre la discrimination, le racisme et la xénophobie, avec pour objectif d'étudier la législation internationale en matière de droits de l'homme des personnes âgées en vue de la création d'un poste de rapporteur spécial et l'élaboration d'une convention interaméricaine[1469]. Entretemps, la délégation paraguayenne a proposé la création d'un secrétariat permanent pour les personnes âgées au sein du Mercosur. Si, les deux premières actions ne se sont pas encore concrétisées, la proposition paraguayenne a été débattue en 2011[1470].

328. Si l'un les points du plan d'action de la CP-*Niñ@sur* portaient sur la promotion de l'éducation en droits de l'homme, il semble que cette compétence ait été confiée à la nouvelle commission permanente sur l'éducation et la culture en droits de l'homme (ci-après *CP-Education et culture en droits de l'homme*). Depuis la IIe session de la RAADH, on discute de la situation de ce volet des droits de l'homme dans la région[1471], mais ce n'est que lors de la quatrième session que germe l'idée d'établir des

---

1465 *Declaración sobre compromiso con la promoción y protección de los derechos humanos de los niños, niñas y adolescentes en el Mercosur y estados asociados, adoptée à Buenos Aires en 2006.*

1466 *Déclaration sur la Justice pénale des mineurs, du 29 juin 2007.*

1467 *Accord régional pour la lutte contre la traite d'enfants et adolescents pour d'exploitation sexuelle en zones frontalières du Mercosur,* présenté lors de la XVIIIe session de la RAADH, du 19 et 20 octobre 2010, soumis à la RAADH lors de la VIe session extraordinaire, du 28 au 30 novembre 2012.

1468 En espagnol « *Adultos mayores* ».

1469 XIXe RAADH, du 25 à 27 avril 2011, à Asunción.

1470 XXe RAADH, du 30 novembre au 2 décembre 2011, à Montevideo, Annexe XXII. Le sujet a été ensuite pris en charge par l'IPPDH, voir paragraphe 355.

1471 La RAADH a d'ailleurs demandé à l'Institut interaméricain des droits de l'homme un rapport sur la situation de l'éducation en droits de l'homme dans la région du Mercosur. IIE RAADH, du 27 septembre 2005, à Montevideo.

contenus minimaux sur les droits de l'homme dans les curriculums des établissements scolaires des États membres et associés du Mercosur[1472].

Grâce au plan de travail 2008-2009 de la CP-Education et culture en droits de l'homme, les objectifs se sont fait plus précis et comprennent l'adoption des plans nationaux de travail d'éducation en droits de l'homme, la création d'un mécanisme d'échange de documents comme, par exemple, une bibliothèque numérique, et la création d'un institut international pour l'éducation en droits de l'homme[1473]. Au fil de ces dernières années, la CP-Education et culture en droits de l'homme a élaboré et publié des méthodes didactiques, notamment un ouvrage sur le droit à la mémoire et à la vérité[1474] et a rédigé la Résolution sur l'établissement des relations de complémentarité, de coopération et d'assistance réciproque, dans le cadre du Réseau interuniversitaire en droits de l'homme du Mercosur[1475]. Cette commission a su également s'appuyer sur les compétences techniques de l'Institut des politiques publiques du Mercosur pour lui demander en 2013 une étude sur l'existence des politiques publiques en éducation sur les droits de l'homme dans les pays du groupe[1476].

329. La période des dictatures militaires de la deuxième moitié du 20e siècle demeure un sujet très discuté et toujours délicat dans les pays membres et associés du Mercosur. À la suite d'un ample mouvement visant à redécouvrir le passé, les nouvelles sociétés démocratiques ont révélé les faits réels de cette période. Ainsi, la RAADH a également voulu porter cette thématique à l'ordre du jour et, pour ce faire, a créé une commission permanente sur le droit à la vérité, à la mémoire et à la justice (ci-après *CP-Vérité, mémoire et justice*)[1477].

Les objectifs de cette commission étaient, depuis le début, très optimistes. Il s'agissait d'un forum visant l'échange d'expériences, d'informations et de coopération - au niveau national et onusien également – parmi les États membres et associés sur cette thématique. Par exemple, la commission souhaite motiver l'échange d'expériences sur la création et le

[1472] IVe RAADH, du 9 juin 2006, à Buenos Aires, annexe VI.

[1473] XIe RAADH, du 26 et 27 mars 2008, à Buenos Aires, Annexe VII.

[1474] XIIIe RAADH, du 2 et 3 septembre 2008, à Porto Alegre.

[1475] XXe RAADH, du 30 novembre au 2 décembre 2011, à Montevideo, Annexe XVIII.

[1476] XXIIIe RAADH de juin 2013. L'étude a été réalisée en 2014 avec le soutien de l'Institut interaméricain des droits de l'homme du Costa Rica et l'Institut de développement de droits de l'homme du Brésil.

[1477] XE RAADH, du 29 et 30 novembre 2007, à Montevideo.

fonctionnement des mécanismes judiciaires et extrajudiciaires spécifiques pour enquêter sur les violations des droits de l'homme et du droit humanitaire. Elle suggère même que les commissions de la vérité puissent constituer des mécanismes extrajudiciaires — tout en mettant en avant ces institutions. Ainsi, la CP-Vérité, mémoire et justice agit par ricochet en tant qu'organisme protecteur des droits de l'homme. En outre, elle fait également un travail de promotion, quand elle favorise l'échange d'informations aux fins de la préservation des archives qui renferment des informations sur les violations des droits de l'homme. Enfin, la commission envisage également la coopération technique si un État membre ou associé souhaite établir des commissions de la vérité et une coopération internationale lorsqu'elle s'engage à contribuer au rapport sur le droit à la vérité du Haut-commissariat aux droits de l'homme.

La CP-Vérité, mémoire et justice a déjà mis maintes fois en pratique ses attributions. Par exemple, elle a sollicité la RAADH pour l'ouverture d'un groupe technique –au sein de la commission - visant la collecte des données, des informations et les sondages des archives des anciens services répresseurs du Cône sud, plus spécifiquement ceux impliqués dans l'Opération Condor[1478]. Le but de ce groupe technique est d'organiser, de systématiser et d'échanger des informations archivées sur la répression durant les dictatures latino-américaines et également de servir de support aux

---

[1478] L'Opération Condor est expliquée par la Cour IDH dans son arrêt Gelman c. Uruguay (fond et réparations), du 24 février 2011, Série C, n° 221, § 51: « *En los años setenta los servicios de inteligencia de los países del Cono Sur constituyeron una alianza represiva sustentada ideológicamente en la Doctrina de Seguridad Nacional e ideada con el objeto de combatir a quienes consideraban "subversivos", término amplio, susceptible de incluir a una multiplicidad de sujetos definidos como enemigos ideológicos. En esta línea, en el documento fundacional de la alianza se enfatiza la necesidad de "enfrentar la guerra psicopolítica" con "una coordinación eficaz que permita (el) intercambio de informaciones y experiencias" entre los países de la región. Para materializar sus objetivos, se crearon estructuras militares clandestinas dirigidas por las cúpulas castrenses pero que funcionaban con relativa autonomía, a la vez que se implementó un sistema paralelo de prisiones clandestinas y centros de tortura con el propósito de recibir a los prisioneros extranjeros detenidos en el marco de esta Operación* ».(Dans les années soixante-dix les services de renseignement des pays du Cône Sud ont formé une alliance répressive soutenue idéologiquement par la Doctrine de Sécurité Nationale et conçue afin de lutter contre ceux qui étaient considérés comme « subversifs », terme général, susceptible d'inclure une multiplicité de sujets définis comme des ennemis idéologiques. C'est pourquoi, dans le document fondateur de l'alliance, l'accent est mis sur la nécessité de « lutter contre la guerre psycho politique» avec« une coordination efficace qui permette l'échange d'informations et d'expériences » entre les pays de la région. Pour atteindre ses objectifs, des structures militaires clandestines dirigées par de hautes autorités militaires ont été créées. Elles fonctionnaient avec une relative autonomie, tandis qu'un système parallèle de prisons secrètes et de centres de torture a été mis en place afin d'incarcérer des prisonniers étrangers détenus dans le cadre de cette opération - traduction libre).

procès judiciaires en cours et à venir[1479]. En outre, la CP-Vérité, mémoire et justice a également travaillé en collaboration avec l'Institut de politiques publiques du Mercosur. Grâce à cette proximité, un document sur la préservation des sites historiques - en matière de violation des droits de l'homme pendant les dictatures militaires – a été rédigé[1480].

Son action la plus visible pour le grand public concerne sans nul doute la décision de construire à Porto Alegre, au Brésil, un mémorial dédié aux victimes de l'Opération Condor[1481]. D'ailleurs, la RAADH a encouragé tous les États à bâtir des espaces semblables dans d'autres villes sur leurs territoires. Cette initiative symbolique contribue sans doute à rapprocher le citoyen mercosurien du groupe d'intégration et à favoriser sa prise de conscience des actions et des intérêts du groupe.

330. La cinquième commission permanente qui compose la RAADH s'occupe des questions relatives à la discrimination, au racisme et à la xénophobie (ci-après *CP Discrimination, racisme et xénophobie*). Dans le but de la promotion de l'égalité raciale, cette commission envisageait le développement des politiques publiques et l'articulation avec la société civile sur la tolérance envers les descendants de souche africaine et les peuples indigènes[1482]. Dans le cadre de la CP Discrimination, racisme et xénophobie, la RAADH a approuvé une action visant le projet d'une convention interaméricaine en matière de discrimination[1483].

331. Enfin, la dernière commission permanente à constituer la RAADH intéresse celle relative à la promotion et protection des droits des personnes handicapées (ci-après CP *Promotion et protection des droits des personnes*

[1479] Selon le secrétaire exécutif de l'Institut de politiques publiques en droits de l'homme, Abramovich, « l'idée de ce groupe est d'améliorer les échanges d'information y compris avant la création formelle du Plan Condor. Comme il s'agit d'un forum technique intégré par les gouvernements, il envisage d'améliorer aussi l'information sur les procès judiciaires qui se développent sur ce sujet dans les différents pays du Mercosur pour rendre plus facile l'action de la justice » (traduction libre). Abramovich (Victor), « Volver irreversibles ciertos derechos sociales », *Brecha*, Uruguay, article paru le 27 juillet 2012.

[1480] Principes fondamentaux pour les politiques publiques en matière des *sites de mémoire*. Voir §2, section II, chapitre II, titre I de la seconde partie.

[1481] Le projet d'un Mémorial de la démocratie et des droits de l'homme du Mercosur a été présenté par le directeur du Mémorial du Rio Grande do Sul, Monsieur TAVARES DOS SANTOS, lors de la XXIIIe RAADH. Le document descriptif du projet peut être accédé sur :

http://www.ippdh.mercosur.int/Documento/Details/60117, consulté le 31 juillet 2013.

[1482] IIIe RAADH, du 22 et 23 mars 2006, à Buenos Aires.

[1483] XIe RAADH, du 26 et 27 mars 2008, à Buenos Aires.

handicapées[1484]). Cette commission a été créée en 2011 en tant que groupe de travail et modifiée à la fin de cette même année en commission permanente[1485]. Sa création s'est faite dans l'objectif de donner des opportunités identiques à toute personne handicapée ou non dans l'exercice de tout type d'activités[1486]. En outre, la commission a une mission de sensibilisation, puisqu'elle envisage la diffusion de la Convention relative aux droits des personnes handicapées. Enfin, la CP *Promotion et protection des droits des personnes handicapées* met l'accent sur l'accessibilité conçue tout à la fois comme un principe et un droit ainsi que comme sujet transversal dans toutes les actions des gouvernements.

332. La RAADH s'intéresse également à d'autres groupes vulnérables dont les intérêts sont étudiés par les groupes de travail. Il s'agit notamment des personnes handicapées, des femmes, des gays, des lesbiennes ainsi que des bi et transsexuels.

2. Des sujets abordés de façon ponctuelle

333. La RAADH a établi des « groupes de travail » pour des thématiques également spécifiques et très importantes pour la région, mais qui ne nécessitent pas d'être accueillies de façon pérenne. Actuellement la RAADH accueille deux groupes de travail : Genre, identité et diversité (LGBT) et Genre et droits de l'homme des femmes.

334. Le groupe de travail sur le genre et les droits des femmes (ci-après *GT-Genre et droits humains des femmes*) est l'un des plus récents groupes de la RAADH. Il a pour but le suivi des instruments internationaux et régionaux des droits de l'homme spécifiques aux femmes et tient à ce que la thématique soit abordée de façon transversale par tous les autres groupes de travail et commissions permanentes de la RAADH. Lors de sa création, ce groupe a défini quatre axes prioritaires[1487]. En premier, il s'agit de l'autonomie économique. Le deuxième concerne l'autonomie physique, en particulier ce qui touche à la santé sexuelle et reproductive et à la prévention de toute forme de violence à l'égard des femmes, surtout en cas de

---

[1484] En espagnol « *Personas con discapacidad* ».

[1485] XXe RAADH, du 30 novembre au 2 décembre 2011, à Montevideo.

[1486] XIXe RAADH, du 25 à 27 avril 2011, à Asunción.

[1487] XXe RAADH, du 30 novembre au 2 décembre 2011, à Montevideo.

féminicide [1488]et fœticide[1489]. En troisième lieu sont visées les politiques de soins et de coresponsabilité. Enfin, le quatrième axe porte sur la parité de genre dans toute instance et tout espace de décision.

335. Le deuxième groupe de travail existant jusqu'à présent travaille sur les droits des gays, lesbiennes, et des bi et transsexuels : le groupe de travail genre, identité et diversité *(*ci-après *GT-Genre, identité et diversité ou GT — LGBT).* Ce groupe de travail était tout d'abord un sous-groupe de la commission permanente contre la discrimination, le racisme et la xénophobie. Ce n'est qu'à partir de 2009 que ce sous-groupe gagne son indépendance et devient un groupe de travail[1490].

Parmi ses plans d'action et ses projets en cours, le GT-LGBT développe un inventaire des lois nationales sur le thème. Il prépare une campagne d'information (comprenant des documents bilingues) sur la lutte contre la discrimination basée sur l'orientation sexuelle et l'identité de genre[1491]. Enfin, il mène des projets en partenariat avec la CP Education et culture en droits de l'homme[1492].

En fonction de leur nature, certains groupes de travail ont été dissous ou modifiés par la RAADH[1493].

336. C'était le cas du groupe de travail sur les *i*ndicateurs des droits économiques, sociaux et culturels (ci-après le *GT-DESC*). L'un des plus anciens, ce groupe de travail a été établi pour construire un système d'indicateurs avec des concepts choisis de façon consensuelle par les membres du groupe. Ce système d'indicateurs permettait également d'évaluer le progrès et le recul des droits[1494].

[1488] Féminicide signifie le meurtre d'une femme.

[1489] Foeticide signifie l'avortement provoqué.

[1490]Ire session extraordinaire de la RAADH, du 5 juin 2009 à Asunción.

[1491]XIVe session de la RAADH, du 11 et 12 novembre 2008 à Brasilia.

[1492]XIIIe session de la RAADH, du 2 et 3 septembre 2008 à Porto Alegre.

[1493] Règlement intérieur de la RAADH, art. 16: « *La RAADDHH puede crear y disolver por decisión fundada Comisiones Permanentes y Grupos de Trabajo para abordar temas específicos* » (traduction libre).

[1494] Idées développées lors des IIIe et XIe sessions de la RAADH, du 22 et 23 mars 2006, à Buenos Aires et du 26 et 27 mars 2008, à Buenos Aires.

Lors de la XIIe session de la RAADH, les thématiques sur lesquelles le groupe travaillait ont été définies : le travail de qualité et en quantité suffisante ; les revenus adéquats ; la non-discrimination et l'égalité au travail ; le travail des enfants ; le travail forcé ; la protection sociale ; la sécurité sociale et la santé au travail, et le tripartisme et le dialogue social. Comme d'autres groupes et commissions, le GT-DESC s'est aussi rapproché de l'Institut des politiques publiques en droits de l'homme du Mercosur pour la réalisation de projets en commun. C'est à cet institut que le GT a délégué ses tâches quand, à l'issue de sa XIXe réunion, la RAADH a pris la décision de mettre fin aux activités du groupe en 2012[1495].

337. Le groupe de travail sur la création d'un institut de droits de l'homme au sein du Mercosur, proposé par la Présidence *pro tempore* argentine lors de la IIIe session de la RAADH et approuvé lors de la cinquième session, en 2006, a également été modifié. Ce groupe, chargé de la conception et de la mise en œuvre de l'institut, naît peu de temps après de la structure de la RAADH. Dénommé Institut de politiques publiques en droits de l'homme du Mercosur il devient l'*organisme* le plus engagé et compétent sur les questions liées aux droits de l'homme du Mercosur.

338. À l'heure actuelle, la Réunion des hautes autorités en droits de l'homme est toujours un lieu d'échange d'informations, de bonnes pratiques, d'expériences et également un lieu qui permet de faire pression sur les États afin qu'ils améliorent leur propre situation quant au respect des droits de l'homme. Dans toutes les sessions, par exemple, il y a un point sur l'état de ratification des traités internationaux et régionaux, moment où les délégations donnent en quelque sorte des explications, le cas échéant, sur la non-adoption des instruments. Il peut arriver aussi que la RAADH contribue au contrôle de l'exécution des arrêts prononcés par la Cour interaméricaine des droits de l'homme. L'on pourrait y voir s'amorcer une fonction discrète de contrôle externalisé de l'exécution des arrêts de la Cour.

La RAADH pourrait donc actuellement être considérée comme l'équivalent de la Commission interaméricaine des droits de l'homme au début de son action quand elle n'avait qu'un rôle de promotion des droits de l'homme et opérait des investigations sur la situation générale des droits de l'homme dans les États de l'OEA. Par le biais de ses groupes de travail et des commissions permanentes, la RAADH fait des études, rend des rapports sur la situation des droits de l'homme dans les États mercosuriens.

[1495] IVe session extraordinaire de la RAADH, du 28 au 30 novembre 2012, à Brasilia.

Certes, les membres qui composent les équipes de travail ne sont pas indépendants. Malgré le fait qu'ils soient spécialisés dans la matière, ils restent des fonctionnaires nationaux. Ce qui équilibre d'une certaine façon cette approche intergouvernementale de la RAADH tient à la présence constante et engagée de la société civile organisée durant les sessions plénières, les commissions permanentes et les équipes de travail. Si la société civile n'est pas autorisée à se prononcer au moment des prises de décision, au moins a-t-elle toujours la possibilité de se faire entendre et son avis reste toujours exprimé dans les comptes rendus des sessions[1496].

Au paragraphe 2.7 du Programme de travail 2004-2006, le Conseil du marché commun a établi trois objectifs concernant les droits de l'homme dans le Mercosur. Le premier consiste à approfondir l'échange d'informations et la promotion des droits de l'homme et de leur respect dans la région. Le deuxième a trait à l'établissement d'un groupe *ad hoc* sur la matière des droits de l'homme. Le troisième vise à évaluer et à débattre de l'adoption d'une charte des droits de l'homme du Mercosur. Il est certain que le Mercosur a atteint au moins les deux premiers objectifs grâce à l'action de la RAADH. En outre, même avant la fin de la période de ce Programme de travail, des débats sur les moyens à prendre pour faire évoluer la thématique des droits de l'homme se mettaient en place et un institut spécialisé sur le sujet voyait le jour, en prévision des années à venir.

[1496] La participation de la société civile est d'ailleurs beaucoup mieux encadrée dans les sessions de la RAADH depuis son 2e règlement intérieur. Désormais, les organisations doivent s'inscrire préalablement pour participer aux réunions. Ainsi, la RAADH développe une base de données mise à disposition sur son futur site Internet. La présence des organisations aux réunions peut se faire de façon présentielle ou à distance. Elles prendront le rôle d'observateurs dans les réunions qui ne se tiennent pas à huis clos. Elles peuvent prendre la parole dans les réunions des commissions permanentes et des groupes de travail suite à la fin de l'ordre du jour. La prise de parole est possible également lors des réunions plénières de la RAADH si le sujet n'est pas à l'ordre du jour des commissions permanentes et des groupes de travail. Et enfin, elles peuvent aussi se manifester lors des conférences publiques. Afin d'enrichir leur apport et rendre possible leur participation, les organisations peuvent envoyer avant les réunions des documents de travail et la RAADH s'engage à chercher des moyens financiers pour leur participation (Règlement intérieur de la RAADH, art. 30 à 34). Pour plus d'information sur le rôle de la société civile aux RAADH, voir XXIe session de la RAADH, du 26 et 29 mars 2012, à Buenos Aires, annexe XIV. Pour plus d'information sur la participation de la société civile à la RAADH, voir §2, section II, chapitre I, titre I de la seconde partie.

Section II : Un organisme spécifique pour la promotion des droits de l'homme

339. Avec l'approfondissement de la question des droits de l'homme dans le Mercosur, un institut spécialisé dans la thématique est accueilli au sein du groupe en 2009. Ayant pour vocation de concevoir les politiques publiques en droits de l'homme (§1), ce nouvel organisme du Mercosur développe rapidement des activités déterminantes dans la concrétisation de sa mission (§2).

§1 Un Institut de développement de politiques publiques de soutien des droits de l'homme

340. En prenant un peu de recul après les premières sessions de la RAADH, l'apparition de l'Institut de politiques publiques en droits de l'homme du Mercosur s'avérait évidente, naturelle, et enfin, nécessaire. Tôt ou tard un organisme plus autonome, avec des compétences spécifiques en droits de l'homme devait naître au sein du Mercosur.

La première mention de la création d'un organisme régional de droits de l'homme a été faite lors de la IIIe session de la RAADH en 2006[1497] à l'initiative de la Présidence *pro Tempore* argentine. Ce projet a été institutionnalisé dans un premier temps en tant que groupe de travail, au sein de la RAADH[1498].

[1497] IIIe session de la RAADH, du 22 et 23 mars 2006, à Buenos Aires.

[1498] Le professeur BAZAN est d'avis que l'origine de l'IPPDH est à chercher du côté de l'Observatoire de politiques publiques de droits de l'homme du Mercosur. Il s'agit d'un collectif d'organisations non gouvernementales d'Argentine, Brésil, Paraguay et Uruguay fondé en 2004. Bazán (Victor), « Mercosur y derechos humanos », in Von Bogdandy

Durant trois ans, ce groupe a œuvré pour créer et mettre en place un futur organisme spécialisé en droits de l'homme au sein du Mercosur. Cette période a revêtu de l'importance, car elle a permis de solidifier les bases d'une future structure spécialisée, grâce à une relation de confiance établie non seulement avec la RAADH, mais aussi avec d'autres groupes de travail et commissions permanentes par le biais de projets développés en coopération[1499].

Grâce à une forte volonté politique, en 2009, le Conseil du marché commun annonce sa décision de créer l'Institut des politiques publiques en droits de l'homme du Mercosur (ci-après *IPPDH* ou *Institut*)[1500]. Il s'agit d'un institut dont le but est très ciblé et consiste à encourager les politiques publiques en droits de l'homme (A). Entre le moment de sa création et son établissement, les démarches s'effectuent à grands pas, et depuis, l'IPPDH développe un travail de qualité, tout en se présentant comme une structure apte à atteindre ses objectifs (B)[1501].

A. Encourager le développement des politiques publiques en matière de droits de l'homme

341. Le Conseil du marché commun a autorisé la création de l'IPPDH avec un objectif très spécifique. Il ne s'agit pas simplement d'un institut en droits de l'homme, ce qui pourrait mener à la généralisation des thématiques travaillées, mais d'un institut de politiques publiques en droits de l'homme (1). Rapidement, ce nouvel organisme du Mercosur va développer des outils pour encourager les États membres du groupe d'intégration à mener des politiques publiques en droits de l'homme (2).

(Armin)(éd.), *Direitos humanos, democracia, e integração jurídica*, Rio de Janeiro, Lumen Juris, 2011, p. 508.

[1499] À l'instar du projet de convention sur les droits de personnes âgées, la demande d'avis consultatif à la Cour IDH, et les guides méthodologiques sur la torture et les institutions nationales en droits de l'homme.

[1500] CMC Décision 14/09, sur l'Institut des politiques publiques de droits de l'homme, du 24 juillet 2009.

[1501] Dans cette décision de 2009, le Conseil du marché commun exprime très clairement l'objectif et les fonctions de l'IPPDH. D'autres décisions du CMC et résolutions du GMC ont défini l'emplacement de l'Institut, désigné son secrétaire exécutif et sa structure organique.

1. La notion de *politiques publiques* en droits de l'homme

342. Le fait de ne pas être un institut de droits de l'homme, mais un institut de politiques publiques en droits de l'homme, ne fait pas l'IPPDH une instance de contrôle ou surveillance de l'action des États membres du Mercosur, elle est toutefois considérée comme un support technique par les gouvernements dans leurs processus de définition et mise en œuvre des politiques publiques[1502].

L'Institut comprend par *politiques publiques* les normes, décisions et pratiques mises en œuvre par plusieurs acteurs sociaux qui souhaitent solutionner des problèmes politiquement définis comme étant de caractère social[1503]. Et, plus spécifiquement, il entend par politiques publiques *en droits de l'homme* le domaine qui doit prendre en compte les obligations que des États ont contractées dans le droit international des droits de l'homme et qui limitent le contenu de ces politiques. Ainsi, les droits de l'homme posent une limite légale à l'exercice des pouvoirs de l'État[1504] et deviennent de ce fait une plateforme pour l'action et la transformation sociale[1505].

Comme le remarque le professeur BENOIT-ROHMER, la protection des droits fondamentaux dans l'Union européenne « ne réside pas seulement dans la garantie juridictionnelle des actes de l'Union, mais elle relève aussi d'actions positives définies dans les politiques de l'Union ». Le professeur

[1502] Abramovich (Victor), « Volver irreversibles ciertos derechos sociales », *op. cit.*, 2012.

[1503] Le professeur LUJAN comprend les politiques publiques comme « les règlements et programmes gouvernementaux considérés individuellement ou dans leur ensemble ; c'est-à-dire, le produit des décisions de l'autorité dans un système politique. Il peut s'agir de lois, d'ordonnances, d'arrêts administratifs » (traduction libre). Luján (Carlos), « Una reflexión sobre los soportes institucionales para viabilizar políticas públicas regionales », Caetano (Gerardo) (coord.), *op. cit.*, 2011, p. 183.

[1504] L'ancien secrétaire exécutif de l'IPPDH, ABRAMOVICH, rappelle que la conception de l'État change : il ne suffit plus d'avoir des États qui respectent les droits, ils doivent être également des garants de ces droits. Pour les garantir, il faut avoir des institutions publiques qui définissent des politiques, des stratégies, de l'intervention publique, capables techniquement et politiquement de les faire avancer. Abramovich (Victor), « Los derechos humanos en el marco del proceso de integración regional en el cono sur - Sobre la creación del Instituto de políticas en derechos humanos del Mercosur », *Revista Derecho Público*, año I, nº 2, Buenos Aires, Infojus, 2012, p.189.

[1505] IPPDH, *Principes fondamentaux pour les politiques publiques sur les sites de mémoire*, 2012, p. 4.

rappelle également que « la Commission développe des nombreuses stratégies destinées à combattre les discriminations et à garantir et promouvoir les droits de l'homme dans des domaines spécifiques »[1506]. Le Mercosur adopte la même stratégie de promotion des droits de l'homme.

2. Les moyens d'encourager les politiques publiques en droits de l'homme

343. Lié institutionnellement à la Réunion des hautes autorités en droits de l'homme, l'IPPDH est, lui, une sorte d'instance de soutien technique — un secrétariat technique[1507]. L'idée d'origine consistait dans l'existence d'une institution permanente qui pourrait gérer dans la continuité l'agenda et les sujets de discussion du Mercosur, sans se limiter aux réunions périodiques[1508].

344. Formellement, l'IPPDH poursuit deux objectifs : l'un touche la sphère interne des États membres et l'autre le Mercosur lui-même. Le premier est le renforcement de l'État de droit et pour ce faire, l'Institut se sert du développement et du suivi des politiques publiques en droits de l'homme. Le second objectif vise à la consolidation des droits de l'homme « en tant qu'axe fondamental de l'identité et du développement du Mercosur »[1509]. Axe qui a d'ailleurs été rappelé dans le document célébrant les cinq ans de l'IPPDH ; les droits de l'homme constitueraient un axe de l'intégration économique régionale[1510].

[1506] Benoît-Rohmer (Florence), « L'Union européenne et les droits fondamentaux depuis l'entrée en vigueur du Traité de Lisbonne », *RTDE*, 2011, n° 1, p. 147.

[1507] Le chercheur NOVAK soutient que l'Institut doit fonctionner comme un secrétariat technique de la RAADH, et non pas administratif, mais visant l'organisation, l'alimentation des agendas, pour donner suite aux réunions et aux accords signés. Novak (Valeria), « Los derechos humanos en la agenda del Mercosur: un análisis sobre la creación del IPPDH del Mercosur », *Densidades*, n° 10 — septembre 2012, p. 102.

[1508] Abramovich (Victor), « Volver irreversibles ciertos derechos sociales », *op. cit.*, 2012.

[1509] CMC Décision 14/09, art. 1 et 2 : « *Criar o Instituto de Políticas Públicas de Direitos Humanos (IPPDH), no âmbito da Reunião de Altas Autoridades na Área de Direitos Humanos e Chancelarias do Mercosul (*RAADH*) (...); O objetivo do IPPDHé contribuir para o fortalecimento do Estado de Direito nos Estados Partes, mediante o desenho e o seguimento de políticas públicas em Direitos Humanos, e contribuir com a consolidação dos Direitos Humanos como eixo fundamental da identidade e desenvolvimento do Mercosul* » (Traduction libre).

[1510] IPPDH, *Memoria institucional 2009-2014*, 6 juin 2015, p. 6.

Avec l'insertion des droits de l'homme comme élément central de l'identité et du développement du Mercosur, cette matière affirme sa place dans le groupe d'intégration et ambitionne d'être toujours présente, même de façon transversale, dans toutes les sphères des politiques du Mercosur[1511].

Concrètement, pour atteindre ces deux grands objectifs, l'IPPDH dispose de cinq attributions qui se traduisent en une collaboration étroite avec les États membres, la société civile et la RAADH.

Plus spécifiquement, l'IPPDH réalise des études et des recherches sollicitées par la RAADH. Il propose aussi un espace de dialogue et réflexion entre les fonctionnaires des États membres impliqués dans les questions relatives aux droits de l'homme et les organisations de la société civile sur les politiques publiques. Et enfin, dans le cadre de la coopération avec les États, l'IPPDH peut contribuer, dès qu'il est sollicité, à la création des politiques publiques en droits de l'homme, à la mise en œuvre des moyens qui permettent la promotion et protection des droits de l'homme et à l'adoption des instruments internationaux et régionaux. En outre, l'Institut contribue à l'harmonisation normative entre les États membres en la matière et peut donner une assistance technique dans le cadre des formations en promotion et protection des droits de l'homme aux fonctionnaires des institutions nationales de droits de l'homme[1512].

[1511] D'ailleurs, depuis le début, la création de l'IPPDH devait permettre qu'il mène des sujets en parallèle avec l'Institut social du Mercosur. Abramovich (Victor), « Volver irreversibles ciertos derechos sociales », *op. cit.*, 2012.

[1512] CMC Décision 14/09, art. 3 : « *As funções do* IPPDH, *são: a. Cooperar, quando for expressamente solicitado pelos Estados Partes, entre outras atividades: 1. no desenho de políticas públicas na matéria e sua posterior consecução; 2. na implementação dos meios que permitam uma proteção mais efetiva e eficaz e promoção dos Direitos Humanos reconhecidos nas respectivas Constituições Nacionais e nos instrumentos internacionais de Direitos Humanos; e 3. na adoção dos padrões internacionais plasmados nos instrumentos de Direitos Humanos dos sistemas interamericano e das Nações Unidas; b. Contribuir para a harmonização normativa entre os Estados Partes em matéria de promoção e proteção dos Direitos Humanos; c.Prestar assistência técnica para o desenvolvimento de atividades de capacitação na promoção e proteção dos Direitos Humanos para funcionários das instituições de Direitos Humanos dos Estados Partes; d. Oferecer um espaço permanente de reflexão e diálogo entre funcionários/as do poder público e organizações da sociedade civil sobre políticas públicas; e - Realizar estudos e investigações sobre temas vinculados à promoção e a proteção dos Direitos Humanos que sejam solicitados pela Reunião de Altas Autoridades na Área de Direitos Humanos e Chancelarias do Mercosul* » (traduction libre).

B. Une structure susceptible d'atteindre cet objectif dans le cadre de la nature intergouvernementale du Mercosur

345. Même si la décision du Conseil du marché commun en 2009 avait rapidement annoncé la composition de l'IPPDH, soit un représentant de chaque État membre, un secrétaire exécutif et une équipe[1513], c'est une décision de 2010 qui détaille la structure organisationnelle de l'Institut[1514]. Par conséquent, l'IPPDH est composé d'un Conseil de représentants gouvernementaux, d'un Secrétaire exécutif et de quatre départements de travail, ce qui dénote la forte présence de la nature intergouvernementale dans sa structure (1), mais qui laisse aussi place à des fonctionnaires indépendants (2).

1. Un organisme intergouvernemental

346. L'organisme de direction de l'IPPDH est le Conseil des représentants gouvernementaux (ci-après *CRG*). Avec le Secrétaire exécutif, il est responsable de la définition des orientations stratégiques et des programmes de l'Institut[1515]. Mais c'est le CRG qui présente à la Réunion des hautes autorités en droits de l'homme les plans de travail et le rapport sur leur exécution, définis avec le Secrétaire exécutif. En outre, le Conseil des représentants gouvernementaux contrôle l'élaboration du budget de l'IPPDH, qui est ensuite adressé à la Réunion des hautes autorités en droits de l'homme en vue d'approbation par le Conseil du marché commun[1516].

[1513] CMC Décision 14/09, art. 4 : « *O IPPDH, será integrado por um representante governamental de cada um dos Estados Partes, designado para esse fim pela RAADH, os quais definirão as diretrizes estratégicas e programáticas conjuntamente com o Secretário. A coordenação do IPPDH será exercida por um Secretário Executivo designado pelo* GMC *sob proposta da RAADH, por um período de dois anos, sem possibilidade de reeleição. O Secretário Executivo será nacional de um dos Estados Partes, iniciando-se pela República Argentina e levando em conta o critério de rotatividade de nacionalidades em ordem alfabética. Da mesma forma, o IPPDH contará com um quadro mínimo e permanente integrado paritariamente por técnicos nacionais de cada um dos Estados Partes* » (traduction libre).

[1514] CMC Décision 12/10, sur la structure de l'IPPDH, du 2 août 2010.

[1515] CMC Décision 14/09, art. 4 susénoncée.

[1516] CMC Décision 12/10, annexe.

Le CRG est un organisme de nature entièrement intergouvernementale, mais il revient à la RAADH de désigner les deux fonctionnaires de chaque État membre, un titulaire et un suppléant, qui le composent. Ces représentants sont issus surtout des ministères des Affaires étrangères, de la Justice, des droits de l'homme ou encore de l'Éducation et de la Culture. Dans ces organismes, ils occupent principalement des postes de cadre : vice-ministres, directeurs généraux, coordinateurs ou sous-secrétaires de ces instances nationales spécialisées en droits de l'homme[1517].

Ces représentants gouvernementaux se réunissent chaque trimestre au siège de l'IPPDH. Ces réunions sont convoquées et coordonnées par le représentant de l'État membre en exercice de la Présidence *pro tempore*. Mais des réunions extraordinaires peuvent également avoir lieu, et ceci sur la sollicitation de la Réunion des hautes autorités en droits de l'homme ou du représentant de l'État membre en exercice de la Présidence *pro tempore*.

347. Cependant, l'IPPDH n'a pas une composition totalement intergouvernementale. Il compte aujourd'hui sur un Secrétaire exécutif, désigné par le Groupe du marché commun, et une équipe de travail, choisie quant à elle sur concours public.

2. Un essai d'autonomisation par rapport aux États membres

348. Le Secrétaire exécutif de l'IPPDH provient de l'un des États membres du Mercosur et est désigné par le Groupe du marché commun, sur proposition de la RAADH. À l'instar des systèmes de coordination d'autres institutions du Mercosur, cette désignation doit respecter un ordre tournant de nationalités, par ordre alphabétique. Ainsi, le premier Secrétaire exécutif de l'IPPDH, Victor ABRAMOVICH[1518], était un Argentin, professeur en droits de l'homme, ancien Vice-Président et Rapporteur sur les droits des femmes et des peuples indigènes de la Commission IDH. Après avoir rempli son mandat de deux ans (sans possibilité de reconduction) au sein de l'IPPDH, M. ABRAMOVICH, a cédé sa place en 2015 au Brésilien Paulo ABRÃO qui a occupé auparavant les postes de président du Comité national pour les réfugiés, de la Commission de l'amnistie, du Comité national de lutte contre la traite des personnes et auprès du Secrétariat national de justice. Suite à sa démission pour assumer le poste de Secrétaire exécutif de la Commission

---

[1517] Site de l'IPPDH : http://www.mercosur.int/ippdh/, consulté le 18 juin 2013.

[1518] Résolution du GMC n° 05/10, du 9 avril 2010.

interaméricaine des droits de l'homme, c'est le Brésilien José Augusto LINDGREN ALVES, juriste et diplomate de profession, qui a été désigné jusqu'au mois de février 2018[1519].

Selon la décision du Conseil du marché commun créant l'IPPDH de 2009, « la coordination de l'Institut »[1520] était à la charge du Secrétaire exécutif. Un an après, lors de la décision approuvant la structure de l'IPPDH, le rôle du Secrétaire a été changé. À compter de cette date, il est « responsable du juste accomplissement de l'ensemble des tâches attribuées à l'IPPDH et par sa gestion technique, administrative, financière et patrimoniale »[1521].

Plus spécifiquement, le Secrétaire exécutif de l'IPPDH propose au CRG le programme de travail de l'IPPDH, selon les orientations stratégiques de la RAADH ; il élabore l'avant-projet budgétaire de l'IPPDH et élabore son budget. En outre, le Secrétaire exécutif encadre les chefs de départements de travail. Certes, le Secrétaire exécutif de l'IPPDH a toujours un rôle très important, mais il a apparemment perdu des compétences au profit du Conseil des représentants gouvernementaux, ce qui explique la différence des compétences énoncées dans les décisions 14/09 et 12/10 du CMC.

349. Les projets et activités prévus par les plans de travail proposés par le CRG et le Secrétaire exécutif sont exécutés par une équipe de travail, organisée en quatre départements. Trois départements sont destinés au support de la gestion institutionnelle: le département de conseil technique ; d'assistance technique, et d'administration, de communication et du développement institutionnel, tandis qu'un quatrième département est une instance de support direct aux autres organismes de l'IPPDH, à savoir le département d'études et de recherches.

De façon plus détaillée, ces départements ont de grandes compétences et, grâce à eux, dans ses trois premières années d'existence, l'IPPDH a pu faire des progrès significatifs.

Le département de conseil technique soutient la RAADH en réalisant des études techniques et en collectant des informations sur le thème des droits de l'homme prévus à l'agenda du Mercosur. Ainsi, ce département a travaillé

[1519] Décision du CMC n° 09/16, du 4 décembre 2016.

[1520] CMC Décision 14/09, art. 4 susénoncée.

[1521] CMC Décision 12/10, annexe.

jusqu'à présent sur des études sur l'enfance et les migrations, les personnes âgées, la violence institutionnelle et la sécurité citoyenne, les politiques de mémoire et justice et a pu proposer un projet de renforcement de la RAADH.

Le département d'assistance technique œuvre quant à lui dans deux directions. Il assure la formation en matière de promotion et protection des droits de l'homme pour des fonctionnaires des institutions nationales des États membres. Dès qu'il est sollicité par les États membres, le département peut encore les assister dans la mise en forme et la mise en œuvre des politiques publiques selon les instruments internationaux des droits de l'homme. Dans le cadre de ces compétences, le département d'assistance technique a formé des fonctionnaires chiliens sur le droit international des droits de l'homme et a répondu positivement à plusieurs sollicitations nationales. Tel fut le cas du projet « *Avanzar en derechos* [1522]» du gouvernement argentin visant le suivi des politiques publiques au niveau national et de chaque région. Le gouvernement paraguayen a également demandé le concours du département pour l'élaboration d'un protocole d'attention aux victimes de terrorisme d'État. Enfin, le Brésil a sollicité le département pour la préparation des propositions concernant l'Opération Condor, parmi lesquelles : la coordination des unités de recherche des archives et documents relatifs à cette opération[1523] et la production de supports audiovisuels et éducatifs sur le sujet.

Le département d'administration, de communication et de développement institutionnel travaille pour sa part auprès du Secrétaire exécutif de l'IPPDH dans les activités de gestion budgétaire, financière, patrimoniale et des ressources humaines et dans la mise en forme et l'exécution de la stratégie de communication institutionnelle. Dans ce sens, ce département a connu une intense charge de travail depuis le début des activités de l'IPPDH qui vont de l'achat des fournitures à l'ouverture des comptes bancaires, l'organisation des concours publics, ou le suivi des travaux de restauration et d'aménagement des locaux pour le siège de l'Institut.

Enfin, le quatrième département sert de support à toutes les instances de l'IPPDH. Il s'agit du département d'études et de recherches. Comme son nom l'indique, il réalise des études et des recherches pour étayer la prise de décision dans les politiques, les programmes et les projets régionaux. Il

---

1522 Avancer en droits (traduction libre).

1523 Lors de la XXIIIe RAADH, l'IPPDH a présenté le « Guía de archivos sobre graves violaciones a los derechos humanos cometidas por las coordinaciones represivas del Cono Sur ». Acte de la XXIIIe RAADH, § 11.

œuvre également pour l'identification des indicateurs régionaux et contribue à l'harmonisation législative des États membres en matière de promotion et de protection des droits de l'homme. Par exemple, ce département a réalisé des recherches sur les personnes âgées, les politiques de prévention de la violence institutionnelle et de sécurité citoyenne dans les États membres du Mercosur.

Ce sont des techniciens nationaux des États membres, choisis sur concours public, qui composent ces départements et chacun d'entre eux est coordonné par un chef de département qui a pour supérieur hiérarchique le Secrétaire exécutif de l'IPPDH.

350. Enfin, il est important de signaler que la structure de l'IPPDH n'est pas statique. Selon la décision portant sur son organisation structurelle, l'IPPDH peut changer d'architecture selon ses besoins, ses objectifs et ses projets, mais après approbation par le Conseil du marché commun et sur proposition de la RAADH[1524].

351. À l'heure actuelle, l'IPPDH siège à Buenos Aires de façon permanente. Ses bureaux sont situés dans l'ancien bâtiment de l'ESMA (École supérieure de mécanique de l'armée), où se trouvait, à l'époque de la dictature argentine, un centre clandestin de détention et de torture. Cet emplacement, où les prisonniers étaient détenus avant d'être exécutés de façon arbitraire ou de subir des disparitions forcées, est hautement symbolique. Actuellement, l'ensemble des bâtiments de ce complexe est utilisé comme site de mémoire, ce qui explique l'affectation de l'un de ces bâtiments par le gouvernement argentin à l'IPPDH[1525].

352. Cette « autonomie » de l'IPPDH a été mise en cause par la RAADH. De fait, lors de la session ordinaire de juin 2013, les hautes autorités en droits de l'homme des États membres du Mercosur se sont interrogées sur le caractère technique ou politique des documents produits par l'Institut et sur la question de savoir s'il fallait qu'un organe hiérarchiquement supérieur, tel que le Conseil de représentants gouvernementaux, autorise l'Institut à entamer de nouveaux projets à l'instigation des États[1526]. Cette suggestion est tombée à l'eau et n'a jamais plus été remise à l'ordre du jour des réunions

[1524]CMC Décision 12/10, annexe.

[1525]CMC Décision 32/09, Accord de siège entre la République Argentine et le Mercosur pour le fonctionnement de l'IPPDH, du 7 décembre 2009.

[1526]XXIIIe RAADH, du 11 au 13 juin 2013, à Montevideo, §3.5.

ultérieures. D'ailleurs, le rapport de l'IPPDH publié en 2015 qui décrit les premières cinq années d'existence de l'Institut témoigne de son autonomie.

§2 La concrétisation de la mission de l'IPPDH

353. L'IPPDH a très vite fait la preuve de sa compétence. Immédiatement après son premier plan stratégique en 2010, il a développé bon nombre d'études, de projets et d'instruments sur les thématiques visées dans ses lignes directrices (A). Le fait d'avoir été assimilé à l'Agence des droits fondamentaux de l'Union européenne au tout début de son fonctionnement commande de faire le parallèle entre les caractéristiques de ces deux organismes (B).

A. Les thématiques traitées en priorité

354. En 2010, l'IPPDH a présenté à la RAADH ses Lignes directrices pour le plan stratégique 2010 - 2012[1527]. Dans ce document, le travail que l'Institut souhaitait réaliser devenait plus clair et son rôle par rapport à la RAADH plus concret. À cette occasion, l'Institut a présenté quatre axes thématiques prioritaires qui orientent jusqu'à présent ses actions[1528]: les politiques de prévention de la violence institutionnelle et de la sécurité citoyenne ; les politiques de mémoire, de justice et de réparation des violations graves des droits de l'homme ; les politiques d'égalité et de non-discrimination et, enfin, l'infrastructure institutionnelle en droits de l'homme[1529].

D'après les derniers rapports d'activités, nous constatons que l'IPPDH a su mener à bien ces thématiques prioritaires[1530]. De nombreuses manifestations

---

[1527] IIIE RAADH Extraordinaire, du 16 décembre 2010 à Foz do Iguaçu.

[1528] IPPDH, *Memoria institucional 2009-2014*, *op. cit.*, p. 11.

[1529] Pour plus d'informations sur les quatre axes, voir Abramovich (Victor), « Los derechos humanos en el marco del proceso de integración regional en el cono sur (...) », *op. cit.*, 2012.

[1530] IPPDH, *Informe de actividades 2010-2011*, du 7 octobre 2011; IPPDH, *Informe de actividades* 2012, du 10 novembre 2013, IPPDH, *Informe de actividades* 2013, du 8

ont eu lieu au cours de ces huit premières années. Il s'agit notamment de l'organisation ou de la co-organisation d'évènements, de la coordination des politiques publiques en droits de l'homme[1531], de la coopération technique[1532], ou de la recherche et la publication de plusieurs documents[1533].

À part ces quatre axes thématiques prioritaires, l'IPPDH organise son agenda selon quatre domaines d'activité: la coordination de politiques publiques en droits de l'homme à niveau régional ; la coopération technique pour le développement des politiques publiques en droits de l'homme ; la recherche appliquée visant la production d'études et de l'information technique, et la formation des fonctionnaires. Ce qui explique le choix de l'Institut pour le développement de certains sujets, en réponse aux situations de violations des droits de l'homme dans le quotidien des sociétés mercosuriennes(1) et à l'objectif de renforcement de l'infrastructure institutionnelle du Mercosur (2).

1. Les thématiques liées aux sociétés mercosuriennes

355. Jusqu'à ce jour l'IPPDH s'est penché de façon plus précise sur cinq thématiques qui touchent profondément l'ensemble de ses pays membres : les droits des migrants ; les droits des personnes âgées ; la question de la conservation de la mémoire de leur passé autoritaire ; les mécanismes nationaux de prévention de la torture, et les politiques de prévention de la violence en milieu carcéral.

L'Institut a ainsi élaboré plusieurs études qui concernent : la demande d'avis consultatif présentée à la Cour IDH portant sur les droits des enfants

---

novembre 2013 et IPPDH, *Memoria institucional 2009-2014*, *op. cit*, *Informe anual 2015*, du 15 janvier 2016.

[1531] Notamment du suivi de l'application des mécanismes nationaux de prévention de la torture et les politiques de prévention de la violence institutionnelle et de sécurité citoyenne.

[1532] Le projet *Avanzar en Derechos* o *Aceso a derechos de las personas migrantes en la Provincia de Buenos Aires*.

[1533] À l'instar de la coédition avec l'HCR et l'Université de Lanús de l'ouvrage sur le droit international des réfugiés, orienté sur cette matière vers le Cône Sud et de l'ouvrage en format électronique « *El principio de igualdad y no discriminación en la protección de los derechos de las personas adultas mayores: Aportes para la discusión de una Convención Internacional* » (Le principe de l'égalité et non-discrimination en matière de protection des droits des personnes âgées. Contributions au débat sur une convention internationale – traduction libre), en 2011.

migrants ;la situation des personnes migrantes dans des grandes villes des pays mercosuriens ; les principes fondamentaux pour les politiques publiques des sites de mémoire ; la production et la gestion d'information et la connaissance dans le domaine de la sécurité citoyenne, et enfin des contributions à la mise en œuvre des mécanismes nationaux de prévention de la torture. La recherche sur les politiques de prévention de la violence dans le milieu carcéral demeure encore en cours d'élaboration[1534].

356. Dans le cadre des politiques d'égalité et de non-discrimination, la demande d'avis consultatif à la Cour IDH portant sur les droits des enfants migrants[1535] est considérée jusqu'à présent comme le plus important document développé par l'IPPDH. Elle a pour but de déterminer de façon très précise les obligations des États par rapport aux mesures devant être adoptées au sujet des enfants ou de leurs parents en situation de migration. Ces obligations sont prises à la lumière de la CADH, de la DADDH et de la Convention interaméricaine pour la prévention et la répression de la torture. Selon l'IPPDH, cette détermination détaillée se révélerait importante pour approfondir les normes et les principes du système interaméricain des droits de l'homme et ainsi, contribuer d'une part, à fixer un seuil minimum de droits fondamentaux reconnus par les États et, d'autre part, à élaborer un cadre conceptuel pour adapter et réviser les lois et les politiques publiques sur l'enfance en condition migratoire.

En prévision de cette définition des normes juridiques, l'IPPDH a proposé une dizaine de points prioritaires de réflexion tels que les procédures destinées à déterminer les besoins des enfants et adolescents migrants, le système de garanties des procédures migratoires, les mesures conservatoires et de protection, les obligations des États, le droit à un procès équitable, les procédures destinées aux enfants de demandeurs d'asile ou de réfugiés, le droit à la vie familiale des enfants, et enfin, le principe du non-refoulement[1536].

[1534] Information mise à jour en février 2016.

[1535]IPPDH, *Solicitud de opinión consultiva sobre niñez migrante ante la Corte Interamericana de Derechos Humanos*. Nous utiliserons désormais la traduction en français de l'instrument : Demande d'avis consultatif à la Cour interaméricaine de droits de l'homme portant sur les enfants migrants, présenté à la Cour IDH le 7 juillet 2011.

[1536] Demande d'avis consultatif, I. 1 Objet de la demande : « En vertu de ce qui a été dit, nous estimons que toutes les conditions sont réunies pour que l'honorable Cour interaméricaine puisse se prononcer sur la définition de standards juridiques portant sur les sujets suivants: 1 Les procédures destinées à déterminer les besoins en termes de protection internationale et des mesures de protection spéciale des enfants et adolescents migrants; 2. Le système de garanties qui devraient s'appliquer aux procédures migratoires qui impliquent des enfants et des adolescents migrants; 3. Les standards d'application de mesures conservatoires dans une

L'IPPDH ne s'est pas limité à justifier sa demande d'avis consultatif par une description de la situation des enfants migrants sur le continent américain et dans le contexte institutionnel. Il s'est même avancé à présenter sa position sur la presque totalité des thèmes énoncés dans la demande[1537].

Cette demande d'avis consultatif est le fruit d'une forte volonté politique et du travail de coordination d'une grande équipe. Son élaboration a été très rapide.

En fait, lors du séminaire « Dialogue avec les systèmes interaméricain et universel de protection des droits de l'homme depuis l'Initiative Niñ@sur », de juillet 2010, dans le cadre de la discussion sur la viabilité d'une demande d'avis consultatif à la Cour IDH, l'IPPDH a été sollicité pour faire un exposé sur la question. L'Institut a donc présenté les antécédents sur les droits des migrants et les droits des enfants dans le système interaméricain. Il a ensuite expliqué les démarches en vue de la présentation d'une demande d'avis consultatif à la Cour IDH. Et enfin, l'IPPDH a défini sur quels instruments internationaux l'avis pourrait se baser.

La participation de l'IPPDH à ce séminaire s'est révélée si fructueuse que quelques mois plus tard, la RAADH lui a octroyé un mandat pour élaborer un texte d'avis consultatif à la Cour IDH sur l'enfance et les migrations[1538]. Ensuite, les démarches ont été assez rapides. Une version préliminaire a été présentée à la RAADH en décembre 2010 et la version finale en avril 2011. Enfin, en juillet 2011, l'IPPDH, au nom des États membres du Mercosur, a

procédure migratoire fondés sur le principe de la non-détention des enfants migrants; 4. Les mesures de protection des droits qui devraient s'établir de manière prioritaire et qui n'impliquent pas de restrictions à la liberté personnelle; 5. Les obligations étatiques en cas de garde des enfants pour des motifs migratoires; 6. Garanties d'un procès équitable face à des mesures qui impliquent des restrictions à la liberté personnelle des enfants dans le contexte de procédures migratoires; 7. Le principe de non-refoulement concernant les enfants migrants; 8. Les procédures destinées à l'identification et au traitement des enfants qui solliciteraient éventuellement l'asile ou le refuge; 9. Droit à la vie familiale des enfants dans le cas de l'expulsion des parents pour des motifs migratoires ».

[1537] Demande d'avis consultatif, II: « Dans la formulation de cette demande d'avis consultatif, nous, les signataires, avons décidé de mettre de l'avant notre position sur certains aspects qui de notre avis devraient intégrer l'analyse de la Cour, et à l'occasion nous avons aussi indiqué nos points de vue au sujet de la portée que devraient avoir les normes de la Convention quant aux sujets proposés ».

[1538] Lors de la XVIIIe RAADH, du 19 au 20 octobre 2010, à Brasilia.

déposé la demande d'avis consultatif à la Cour IDH, qui a déclaré la demande admissible en octobre 2011[1539].

L'impulsion de l'élaboration et de la présentation d'un avis consultatif a donc été donnée par la commission permanente Niñ@sur de la RAADH, mais l'élaboration du texte en revient à l'IPPDH. La réalisation de cette demande s'insère dans le cadre du dialogue des gouvernements avec le système universel et le système interaméricain des droits de l'homme, mais également dans un contexte de travail plus large et une plus grande articulation régionale parmi les pays signataires[1540].

La demande d'avis consultatif de l'IPPDH a revêtu une importance particulièrement grande, car elle a atteint un autre objectif de caractère politique. L'ancien secrétaire exécutif de l'IPPDH Victor ABRAMOVICH et Laura Carmen SALDIVIA expliquaient que c'était la première fois qu'un bloc d'intégration économique subrégional [1541]avec quatre États membres du Mercosur – à l'époque, ni le Venezuela ni la Bolivie n'avaient signé le Traité d'Asunción - réalisait une telle demande à la Cour IDH[1542]. Cela démontre un effort impressionnant de coordination de politiques extérieures des droits de l'homme au sein du Mercosur et de réaffirmation des liens avec le système interaméricain.

En outre, cette demande d'avis consultatif a fait également preuve de pertinence dans la mesure où elle a consolidé le Mercosur en tant qu'un processus d'intégration non seulement économique et commerciale, mais encore sociale et politique. Elle représenterait « un vecteur de l'affirmation des droits de l'homme en tant que sujet d'identité commune du groupe d'intégration ». Enfin, Victor ABRAMOVICH et Laura SALDIVIA estimaient que cette demande présentait le Mercosur comme « le cadre de coordination des politiques et positions communes pour les thématiques touchant les droits de l'homme, des migrants, des réfugiés, des enfants et la politique

---

[1539] La présentation de la demande d'avis consultatif a été faite plus précisément le 6 juillet 2011 et la Cour a déclaré sa recevabilité le 12 octobre 2011.

[1540] Abramovich (Victor) et Saldivia (Laura), « El Mercosur como espacio de coordinación de políticas en derechos humanos. Antecedentes de la solicitud de opinión consultiva ante la Corte Interamericana de Derechos Humanos sobre derechos de la niñez migrante », *in* Lettieri (Martin) (ed), *Protección Internacional de Refugiados en el Sur de Sudamérica*, ACNUR, IPPDH, UNLa., Buenos Aires, Ediciones de la UNLa., 2012, p. 262.

[1541] Abramovich (Victor) et Saldivia (Laura), *op. cit.*, p. 270.

[1542] Entretien avec l'ancien secrétaire exécutif de l'IPPDH ABRAMOVICH, réalisé le 1er juillet 2011 à l'IPPDH, Buenos Aires, en annexe.

extérieure »[1543]. Cette initiative a constitué sans doute un précédent significatif pour d'autres projets de coordination entre les gouvernements du Mercosur, les systèmes interaméricain et onusien à venir[1544]. Le professeur MORALES ANTONIAZZI rappelle que cette demande est une première initiative de dialogue de l'IPPDH avec le système interaméricain dans une sphère de droits garantis[1545].

Les démarches entreprises entre le moment de l'admissibilité de la demande par la Cour IDH et l'exposition de son avis consultatif proprement dit se manifestent elles aussi d'un très grand intérêt. Nous attirons l'attention sur le fait qu'un grand nombre de pays, d'organismes internationaux, d'organismes étatiques, d'associations internationales et nationales, d'institutions universitaires et d'individus de la société civile ont présenté des observations sur cette affaire, preuve de sa grande importance pour tout le continent[1546].

La Cour aurait dû rendre son avis consultatif lors de sa session ordinaire du 26 et 27 juin 2012. Cependant, à cause de la suspension du Paraguay du Mercosur le 24 juin de l'année en question, la Haute juridiction a été sollicitée par les quatre autres pays membres du groupe d'intégration afin de reporter les audiences prévues[1547]. La situation du Paraguay devenant régulière au sein du Mercosur, ces audiences ont eu lieu au dernier trimestre de 2013[1548] et la Cour n'a rendu son avis qu'en août 2014 sous le nom « Droits et garanties des garçons et filles dans le contexte de migration et/ou de besoin de protection internationale[1549] ».

Dans cet avis consultatif, la Cour fixe des normes, obligations, principes et procédures majeurs pour que les États d'origine, de transit et de destination respectent et protègent les droits des enfants dans des situations de migration. Non seulement cet avis consultatif a eu de l'importance

---

[1543] Abramovich (Victor) et Saldivia (Laura), *op. cit.*, p. 271.

[1544] Pour cette demande d'avis consultatif, l'IPPDH a compté notamment sur le support de l'ACNUR et de l'UNICEF.

[1545] Morales Antoniazzi (Mariela), *op. cit.*, 2011, p. 15.

[1546] Observations relatives à la Demande d'avis consultatif. Disponible sur : http://www.corteidh.or.cr/soloc.cfm, consulté le 18 juin 2013.

[1547] Cour IDH, Communiqué de presse, n° 12/12, du 25 juin 2012.

[1548] Information fournie par l'IPPDH lors de la XXIIIE RAADH, §5.

[1549] Cour IDH, OC – 21/14, *Derechos y garantías de niñas y niños en el contexto de la migración y/o en necesidad de protección internacional*, rendue le 14 août 2014.

politiquement ; il en a eu aussi juridiquement, car il est de valeur contraignante vis-à-vis des États membres du Mercosur[1550].

Outre le fait de se projeter en dehors de ses frontières, à l'échelle du système interaméricain, l'IPPDH a su également porter son regard à l'intérieur du Mercosur relativement aux politiques publiques envers les enfants migrants. Ainsi, en 2012, l'Institut a réalisé un diagnostic de l'état de mise en œuvre de l'Accord sur la Résidence pour les nationaux des États membres du Mercosur, Bolivie et Chili, signé en 2002, entré seulement en vigueur en 2009[1551]. D'après ce diagnostic, l'IPPDH a conclu que cette norme - qui pose les bases d'une politique régionale de libre circulation des personnes au sein du Mercosur – rencontre des obstacles pour sa mise en œuvre et, par conséquent, place les droits des enfants migrants en situation de vulnérabilité.

Ces obstacles tiendraient à l'absence d'articulation entre le système migratoire et les systèmes de protection des droits des enfants; à la difficulté d'accès aux droits sociaux ; à l'absence de formation des fonctionnaires et d'information aux personnes migrantes ; aux difficultés pour obtenir des papiers, et à la très difficile situation des enfants demandeurs d'asile et leurs liens avec le délit de traite des personnes. Au vu de ces constats, l'IPPDH a présenté en 2012 à l'Initiative Niñ@Sur le Programme d'actions et activités pour garantir les droits des enfants et adolescents migrants et de leurs proches, dans le cadre du Plan stratégique de l'action sociale du Mercosur (PEAS). Parmi les actions proposées, il y a notamment l'élaboration d'un guide régional d'identification et attention aux enfants et adolescents migrants en situation de vulnérabilité[1552].

Dans le cadre du même axe thématique, l'IPPDH s'est intéressé plus profondément au sujet de la traite des personnes. Depuis 2015, le projet « Coopération humanitaire internationale pour des migrants, apatrides, réfugiés et victimes de la traite des personnes » est mis en œuvre avec le soutien financier du gouvernement brésilien. Ce projet prévoit plusieurs

---

[1550] Suite à la demande d'avis consultatif, l'IPPDH a élaboré le document *La implementación de los acuerdos del Mercosur relativos a la protección de los derechos de los niños, niñas y adolescentes migrantes: diagnósticos y lineamientos para la acción* (Étude sur la mise en œuvre des accords du Mercosur relatifs à la protection des droits des enfants et adolescents migrants), en juillet 2012

[1551] L'Accord sur la Résidence pour les nationaux des États membres du Mercosur, Bolivie et Chili, signé à Brasilia le 6 décembre 2002, mais entré en vigueur seulement le 2 octobre 2009.

[1552] *Programa para garantizar derechos de niños, niñas y adolescentes migrantes y familiares*, présenté le 28 mars lors de la XXIe RAADH.

actions, comme des études transversales sur le sujet de la sécurité alimentaire, la migration haïtienne, des échanges d'expériences et a été à l'origine du document « Recensement des outils en matière de traite des personnes du Mercosur »[1553], publié en 2016, et de la formation des travailleurs sociaux sur la thématique.

Dans ce même sens, l'IPPDH s'est penché sur la question migratoire en général. Ainsi, il a travaillé en partenariat avec d'autres organismes sur la question de l'accès aux droits sociaux des personnes en situation de migration régionale dans des grandes villes du sous-continent. Par migrants régionaux, l'Institut entend les personnes issues des pays sud-américains. Plus précisément, en 2016, il a travaillé avec l'OIM sur les migrants régionaux dans la ville de São Paulo[1554] et aussi avec l'*Instituto Nacional contra la Discriminación, la Xenofobia y el Racismo*(INADI) sur ceux de Buenos Aires[1555]. Il poursuit un double but, d'un côté celui d'informer les fonctionnaires en charge de la mise en place des politiques publiques de promotion et protection des droits de l'homme et de l'autre, celui de prévenir et d'éradiquer des situations de discriminations et de négation de droits.

Encore dans le cadre de l'axe thématique prioritaire sur les politiques d'égalité et de non-discrimination, l'IPPDH a donné suite aux discussions entamées lors des réunions de la RAADH en 2011 sur les droits des personnes âgées. En partenariat technique avec le HCR et l'Université de Lanús, l'Institut a publié l'ouvrage sous format électronique « *El principio de igualdad y no discriminación en la protección de los derechos de las personas adultas mayores: Aportes para la discusión de una Convención Internacional* »[1556], en 2011.

Cette publication était destinée à contribuer à la discussion sur un instrument international visant trois axes relatifs au principe de non-discrimination basée sur l'âge : la notion d'égalité formelle devant la loi et l'inclusion de l'âge en tant que catégorie en vue d'éviter les différences de traitements ; le concept d'égalité structurelle ou matérielle et ses

[1553] IPPDH, *Relevamiento de instrumentos Mercosur en materia de trata de personas*, Buenos Aires, juillet 2016, 64 p.

[1554] IPPDH et OIM, *Migrantes regionales en la ciudad de San Pablo, derechos sociales y políticas públicas*, 1er janvier 2017, 160 p.

[1555] IPPDH et INADI, *La situación de las personas migrantes regionales en la Ciudad de Buenos Aires: acceso a derechos sociales*, 2016, 116 p.

[1556] Le principe de l'égalité et non-discrimination dans la protection des droits des personnes âgées. Contributions à la discussion d'une convention internationale – traduction libre), op. cit.

conséquences sur les obligations positives de l'État, particulièrement dans le cadre des politiques et services sociaux, et l'obligation de protection de l'État fondée sur le principe de diligence par rapport à plusieurs formes de violence qui touchent les personnes âgées.

L'instrument international en question était la convention interaméricaine sur les droits de l'homme des personnes âgées dont les premières discussions remontent à 2011. L'IPPDH avec la CEPAL et l'Organisation panaméricaine de la santé ont apporté leur support technique dans la rédaction du projet de ladite convention. Le dernier projet date du 5 juin 2015 et se trouve toujours à l'ordre du jour du Groupe de travail sur la protection des droits de l'homme des personnes âgées de l'OEA[1557].

En vue de contribuer à la diffusion de cette Convention et élargir l'information sur les récentes évolutions en matière de protection des droits de l'homme des personnes âgées dans les pays du Mercosur, l'IPPDH a coordonné l'étude « Personnes âgées : jusqu'à un agenda régional de droits »[1558]. C'est la Commission permanente sur les personnes âgées de la RAADH qui est à l'initiative du projet qui a compté sur des experts désignés par les États membres.

Encore dans le cadre de son axe thématique sur l'égalité des droits et la non-discrimination, l'IPPDH a publié deux études en 2014 : « *Ganar derechos : lineamentos para la formulación de políticas públicas basadas en derechos*[1559] » et « *Aceso igualitario a derechos sociales : indicadores y sistemas de información en el Mercosur*[1560] ».

357. L'autre thématique qui a mérité une étude approfondie compte tenu de sa prégnance dans les sociétés des pays *mercosuriens* concerne celle des sites de mémoire et le passé autoritaire. Deux projets ont été élaborés par l'IPPDH dans ce sens.

1557 Sur les démarches entreprises pour la rédaction de cette convention, voir http://www.oas.org/consejo/sp/cajp/Personas%20Mayores.asp

1558 IPPDH, RAADH, *Personas mayores: hacia una agenda regional de derechos*, 2016, 200 p.

1559 Gagner des droits : des lignes directrices pour la formulation des politiques publiques basées sur des droits — traduction libre.

1560 Accès égalitaire aux droits sociaux : des indicateurs et des systèmes d'information dans le Mercosur — traduction libre.

Tout d'abord, il s'agit des droits à la vérité, à la mémoire et à la justice, sujets en débat depuis 2007 au sein de la RAADH[1561]. Grâce aux Lignes directrices du plan stratégique 2010-2012 de l'IPPDH, il a été défini comme l'un des quatre axes thématiques prioritaires des politiques de mémoire, de justice et de réparation de graves violations des droits de l'homme. Ainsi, en 2011, l'IPPDH travailla en partenariat avec la CP — Vérité, mémoire et justice de la RAADH pour concevoir une longue et riche étude sur les sites de mémoire intitulée « Principes fondamentaux pour les politiques publiques sur les sites de mémoire »[1562].

L'Institut a été chargé de réaliser une étude destinée dans ses grandes lignes à la promotion du développement des politiques publiques susceptibles de stimuler la construction et l'approfondissement des mémoires et des identités du Mercosur. Cela, par le biais de trois volets. Le premier recouvre la systématisation des normes générales de droit international des droits de l'homme relatives aux sites de mémoire. Le deuxième prend en compte des débats existants. Et enfin, le troisième prévoit de rédiger une proposition des principes qui vont orienter les politiques gouvernementales.

Les « sites de mémoire », pour l'IPPDH, désignent des lieux où se sont déroulées de graves violations de droits de l'homme pendant les dictatures militaires du Cône sud ou qui se trouvent liés à ces événements. L'enjeu consiste à récupérer ces espaces pour transmettre certains faits traumatiques du passé, qui peuvent ensuite servir de propagateurs de la mémoire collective[1563].

[1561] Voir §2, section I, chapitre II, titre I de la seconde partie, susénoncé.

[1562] IPPDH, *Principios fundamentales para las políticas públicas en materia de sitios de memoria*. Nous utiliserons désormais notre traduction en français de l'instrument : Principes fondamentaux pour les politiques publiques sur les sites de mémoire, de septembre 2012.

Le document a été commandé par la RAADH à l'IPPDH lors de la XIXe RAADH. Une version préliminaire a été présentée lors de la XXIe RAADH et, après une période de six mois de consultation publique (pendant laquelle des commentaires et des observations ont été ajoutés), la version finale est présentée lors de la XXIIe RAADH, le 6 septembre 2012.

[1563] L'ancien secrétaire exécutif de l'IPPDH ABRAMOVICH, lors d'une interview à la revue brésilienne Carta Maior dit que ces lieux ont acquis une valeur éducative exceptionnelle en aidant à transmettre des informations et des connaissances aux nouvelles générations, et en permettant des débats publics sur les conditions sociales et politiques qui ont favorisé ces processus historiques. Dans de nombreux cas d'ailleurs, la mise en œuvre de ces espaces fait partie des projets qui cherchent à établir des distinctions, des ponts et des relations entre passés autoritaires et problèmes de droits de l'homme dans nos démocraties, comme la violence policière et la torture dans les prisons. Abramovich (Victor), « O Mercosul e os lugares de memória dos crimes das ditaduras », *Carta Maior*, Brésil, article paru le 28 septembre 2012.

L'idée d'élaborer des principes sur des politiques publiques en matière de mémoire sur ces graves violations suppose enfin, pour l'IPPDH, d'établir des paramètres pour la conception et la mise en œuvre de mesures efficaces pour assurer le droit des peuples à la mémoire liée à un passé marqué par la violence d'État, la répression et la soumission systématique de la dignité humaine.

Pour parvenir à l'élaboration de tels principes, l'IPPDH a mené des recherches sur le terrain. Tout d'abord, il a distribué des questionnaires à des acteurs impliqués dans les tâches d'identification, de signalisation, de création, de préservation, de conception du contenu et de gestion des sites de mémoire. Ensuite, des membres de l'IPPDH se sont déplacés sur certains sites de mémoire et ont réalisé des entretiens et des réunions avec des fonctionnaires, des experts et des organisations sociales qui travaillent sur le sujet. Ils ont également procédé à la collecte de données normatives des pays du Mercosur. À l'issue d'une période de six mois, un document préliminaire a été soumis à un processus de consultation publique où les gouvernements et plusieurs acteurs sociaux ont présenté des observations et commentaires qui ont été incorporés à la version finale du document.

Ces échanges ont servi pour que l'IPPDH puisse construire un cadre conceptuel à partir des expériences de chaque pays. Ainsi, parmi ses conclusions, l'IPPDH vérifie que les sites de mémoire soient reconnus comme des lieux manifestes de violations des droits de l'homme ; ils deviennent dès lors facteurs de reconnaissance des événements et gardiens de la mémoire collective et peuvent servir de vecteur pour le début d'une réparation symbolique et de garantie de non-répétition[1564].

Le but de l'étude parvient enfin à son terme avec l'édification des principes fondamentaux pour les politiques publiques sur les sites de mémoire. Il s'agit de 29 principes, organisés en quatre catégories : des principes généraux ; des principes sur la préservation des sites ; des principes sur l'identification, la signalisation et la détermination du contenu des sites,

[1564]En ce sens, les sites de mémoire peuvent fournir des informations précieuses pour reconstituer la vérité de ce qui s'est passé autour de ces violations, et servir de preuve dans une procédure judiciaire en cours ou qui peut être ouverte dans le futur par rapport à ces faits. De plus, ces espaces sont des outils adéquats pour la construction de mémoires associées à des crimes d'État commis dans le passé, afin de fournir une réparation symbolique aux victimes et à fournir des garanties de non-répétition à la société. La Mula, *Mercosur adoptó principios fundamentales para las políticas públicas sobre sitios de memoria*, Pérou, article paru le 17 septembre 2012.

et des principes sur la conception institutionnelle des sites de mémoire. Il s'agit presque d'un projet d'une charte de devoirs pour que les politiques publiques sur les sites de mémoire soient efficaces.

Cette pseudo-charte érige des principes visant deux objectifs. D'une part, rappeler les obligations des États, lesquelles sont dérivées du droit international des droits de l'homme[1565]. D'autre part, définir le seuil minimum de toute politique publique, provenant des incitations étatiques ou même des institutions sociales ou des familiers des victimes.

Il s'agit d'une « presque » ou « pseudo » charte, car le document n'a aucune valeur contraignante, la RAADH étant à l'origine de la décision. Cependant, sa force vient du fait qu'elle a été adoptée, dans le cadre de la RAADH, par consensus des États membres du Mercosur. Ce consensus a été renforcé par la Déclaration des Présidents des États du Mercosur, lors du Sommet présidentiel tenu à Brasilia, les 6 et 7 décembre 2012. Dans cette déclaration, les présidents indiquent que « ce document va fonctionner comme un guide d'orientation des politiques publiques des gouvernements du Mercosur en la matière[1566] ». C'est sans doute une preuve de leur engagement symbolique en faveur des droits de l'homme.

Encore dans le cadre de son action liée à la mémoire et au passé autoritaire des États membres et associés du Mercosur, l'IPPDH a présenté en septembre 2013 son *Acervo Documental Condor*, une base de données en ligne[1567] regroupant des ressources de plus de 219 fonds documentaires des pays de la région impliqués dans l'Opération Condor[1568].

[1565] La revue argentine Rosario/12 souligne qu'il faut déduire de ces principes que l'État a un rôle de définition des politiques publiques et que l'on ne doit pas laisser l'initiative des sites de mémoires, exclusivement, dans les mains des victimes. Rosario/12, *Maneras de ejercer la memoria*, Argentina, article paru le 29 juillet 2012.

[1566] Déclaration Présidentielle au Sommet des Présidents du Mercosur, à Brasilia, les 6 et 7 décembre 2012, § 32: « *este documento funcionará como una guía orientadora de las políticas públicas de los gobiernos del Mercosur en la materia* ».

[1567] Acervo Documental Condor (ADOC), finalisé en septembre 2013 et disponible sur http://adoc.ippdh.mercosur.int/ArchivoCondor, consulté le 16 février 2016.

[1568] Ce projet est né du travail développé par la Commission Permanente Vérité, mémoire et justice de la RAADH visant la collecte des données, des informations et les sondages des archives de l'Opération Condor ainsi que de la sollicitation du Brésil lors de la XXIIIe RAADH au département d'assistance technique de l' IPPDH pour coordonner des unités de recherche des archives et documents relatifs à cette opération.

Ce projet vise à collaborer avec les procès de vérité et justice qui se développent en Amérique du Sud dans le sens où il propose la collecte, l'organisation et la mise à disposition des informations relatives au patrimoine archiviste qui documente de graves violations des droits de l'homme survenues pendant la période répressive du XXe siècle au Cône sud. Ces informations, qui datent du début des années 1970 jusqu'à l'heure actuelle, peuvent servir de preuves à des procès judiciaires. Elles étaient détenues exclusivement par l'Administration, des archives publiques, des associations et universités.

358. Dans le cadre de l'axe thématique prioritaire « prévention de la violence institutionnelle et politiques de sécurité citoyenne », l'IPPDH a publié en 2012et en 2016 deux études qui visaient à vérifier la mise en œuvre des mécanismes nationaux de prévention de la torture[1569]. Avec le support du Haut-commissariat aux droits de l'homme (OHCHR) des Nations Unies et le Programme des Nations Unies pour le développement (PNUD), l'IPPDH a mené entre 2011 et 2012 une étude sur l'état de mise en œuvre des mécanismes nationaux de prévention de la torture. Il s'agit de l'observation de la mise en œuvre par les États membres et associés[1570] du Mercosur des mécanismes formalisés par le Protocole facultatif à la Convention contre la torture et autres peines ou traitements cruels, inhumains ou dégradants. Le but de l'étude était de permettre le débat régional et de contribuer à concevoir des propositions pour la mise en œuvre des mécanismes dudit Protocole.

Le document conclut que, malgré le fait qu'aucun État n'ait mis en œuvre son Mécanisme de prévention de la torture, il existe tout de même une avancée dans les politiques publiques pour la prévention de cette pratique[1571]. L'IPPDH se met à la disposition des États membres et associés du Mercosur pour les assister et contribuer à sa mise en œuvre[1572]. Afin de donner suite à cette recherche, un projet sur les politiques efficaces pour prévenir et lutter contre la torture a été réalisé depuis le deuxième semestre

---

[1569]IPPDH, *Aportes para la implementación de los Mecanismos Nacionales de Prevención de la Tortura en los Países del Mercosur.* Nous utiliserons désormais notre traduction en français de l'instrument : Contributions à la mise en œuvre du mécanisme national de prévention de la torture dans les pays du Mercosur, juin 2012.

[1570] Les deux seuls pays qui n'ont pas ratifié le Protocole facultatif à la Convention contre la torture et autres peines cruelles ou traitements cruels, inhumains ou dégradants sont le Venezuela et la Colombie.

[1571]IPPDH, *Contributions à la mise en œuvre du mécanisme national de prévention de la torture dans les pays du Mercosur*, p. 1.

[1572]IPPDH, *Contributions à la mise en œuvre du mécanisme national de prévention de la torture dans les pays du Mercosur*, p. 42.

de 2012 et au cours de 2013 avec le soutien du Haut-commissaire pour les droits de l'homme en Amérique latine. Cette étude a présenté les politiques publiques menées en Argentine, au Brésil et en Uruguay. Récemment, basée sur la recherche réalisée entre 2012 et 2015, avec le soutien des mêmes organismes, l'IPPDH a publié l'étude Avancées dans la prévention y sanction de la torture dans les pays du Mercosur[1573].

359. S'agissant encore du même axe thématique prioritaire, une étude relative à la production et gestion d'informations et de connaissances dans le domaine de la sécurité citoyenne a été présentée en 2013[1574]. Il s'agit d'une recherche en partenariat avec les bureaux régionaux pour l'Amérique du sud de l'OHCHR et du PNUD qui visait à cartographier, identifier et décrire les types de systèmes d'information qui existent dans les ministères de la Justice, de l'Intérieur et de la Sécurité des États membres du Mercosur, en matière de violence et de criminalité. On prévoit que cette étude contribuera à identifier les principaux obstacles dans la production et la gestion de l'information et de la connaissance sur la sécurité et la violence, à faciliter les discussions et les réformes institutionnelles nécessaires et, finalement, à faire progresser et à consolider les politiques publiques de sécurité qui respectent les droits de l'homme.

360. Enfin, la cinquième étude développée par l'IPPDH et qui s'insère également dans l'axe thématique « prévention de la violence institutionnelle et les politiques de sécurité citoyenne » est le projet de recherche régionale sur les politiques de prévention de la violence dans le milieu carcéral, qui est en cours d'élaboration[1575].

[1573] IPPDH, *Avances en la prevención y sanción de la tortura en los países del Mercosur*, Buenos Aires, 2016, 100 p.

[1574] IPPDH, *Producción y gestión de información y conocimiento en el campo de la seguridad ciudadana: los casos de Argentina, Brasil, Paraguay y Uruguay*, la version finale a été présentée en avril 2013. Nous utiliserons désormais notre traduction en français de l'instrument : Production et gestion d'information et connaissance dans le domaine de la sécurité citoyenne. Disponible sur :
http://www.ippdh.mercosur.int/Documento/Details/30087, consulté le 15 avril 2013.

[1575] Information mise à jour en février 2016.

2. Les thématiques visant le renforcement de l'infrastructure institutionnelle

361. Dans le cadre de l'axe thématique prioritaire sur l'infrastructure institutionnelle en droits de l'homme prévu au Plan de travail 2010-2012, l'IPPDH a été mandaté par la RAADH pour rédiger une proposition pour le renforcement de la participation de la société civile à la RAADH et une autre qui serait un projet de règlement intérieur de la RAADH[1576].

Ces deux missions marquent le caractère technique du secrétariat de l'IPPDH auprès de la RAADH[1577]. Et l'Institut va mener à bien son mandat avec la rédaction des deux documents au cours de l'année 2012.

362. Le document « Propositions pour le renforcement de la RAADH : améliorations de ses procédures et mécanismes de participation sociale »[1578] avait pour but initial le renforcement de la Réunion, en tant qu'institution jouant le rôle d'espace d'échanges d'expériences, de discussions, d'articulations avec d'autres agences gouvernementales et organismes internationaux de droits de l'homme et de prises de décisions qui reflètent des consensus politiques et stratégiques. Il s'agissait pour parvenir à cet objectif de compter sur une plus grande participation de la société civile.

Certes, le but initial a été atteint, mais l'IPPDH a détecté d'autres faiblesses de la RAADH et s'est permis de faire d'autres propositions, en allant même au-delà de son mandat d'origine. De ce fait, le document contient une série de suggestions visant une meilleure visibilité de la RAADH

[1576] L'IPPDH a été mandaté par la RAADH pour la rédaction des propositions pour le renforcement de la RAADH lors de sa XIXe session, du 25 au 27 avril 2011, à Asunción, et pour la rédaction du projet du règlement intérieur de la RAADH lors de la XXIe ème session, du 26 au 29 mars 2012, à Buenos Aires.

[1577] Le chercheur NOVAK rappelle que l'IPPDH soutient la RAADH pour donner suite aux réunions et aux accords signés et ainsi faciliter les agendas. Novak (Valeria), *op. cit.*, p. 102.

[1578] *Propuestas para el fortalecimiento de la RAADDHH: Mejoras en sus procedimientos y mecanismos de participación social*, la version finale a été présentée à la RAADH lors de sa XXe session, du 30 novembre au 2 décembre 2011 à Montevideo. Nous utiliserons désormais notre traduction en français de l'instrument : Propositions pour le renforcement de la RAADH : améliorations de ses procédures et mécanismes de participation sociale. Disponible sur :

http://www.ippdh.mercosur.int/backend/Uploads/Propuestas%20fortalecimiento%20RAADDHH.pdf, consulté le 31 octobre 2012.

et des modalités d'échanges plus efficaces avec la société civile, les organismes internationaux et régionaux de droits de l'homme et même avec les autres réunions spécialisées du Mercosur.

Ces propositions semblent être très simples, voire banales. On se demande comment de telles idées n'ont jamais été envisagées au sein d'un organisme de l'envergure de la RAADH, surtout quand on la compare avec d'autres institutions de même importance. Peut-être parce que la RAADH a eu besoin de presque dix ans pour parvenir à une certaine maturité et parce qu'elle avait besoin d'un organisme tel que l'IPPDH à ses côtés pour, d'une certaine façon, mettre un peu d'ordre dans son organisation.

Concrètement, l'IPPDH fait des propositions à trois niveaux. Le premier concerne la visibilité, car l'Institut considère que la RAADH est une instance mal connue par les agences gouvernementales, les organisations internationales et régionales des droits de l'homme, les citoyens des États membres et associés du Mercosur, voire même les organismes du Mercosur. Ainsi, l'Institut propose le remplacement de l'actuelle plateforme virtuelle d'accès restreint par un site internet public où figureraient des informations sur la composition des groupes de travail, des commissions permanentes, leurs agendas, les sujets de discussion et les résolutions. Ce site internet pourrait également contenir les documents produits par la RAADH, tels des comptes rendus des réunions, les règlements intérieurs, les plans de travail et mettre à disposition la transmission des réunions plénières en direct.

Le deuxième groupe de propositions touche à l'organisation des sessions de la RAADH. Pour que ces rencontres soient plus efficaces, l'IPPDH propose l'établissement préalable d'un agenda de travail, avec les délais, les sujets à aborder et la diffusion des documents de travail. En outre, l'Institut propose un débat, lors de toutes les sessions publiques abordant un grand sujet sur les droits de l'homme dans la région.

Enfin, au troisième niveau, l'IPPDH se penche sur la participation d'autres acteurs que ceux qui composent formellement les groupes de travail et les commissions permanentes aux sessions de la RAADH. Le groupe cible, depuis le début de cette étude, est la société civile[1579].

[1579] Cette thématique figure à la cinquième ligne d'action établie lors du Plan de Travail 2010-2012 qui propose de faciliter la relation entre les États et la société civile.

Pour renforcer sa participation, l'IPPDH propose que les organisations aient un accès plus important aux documents produits et débattus au sein de la RAADH ; cela pourrait être aisément solutionné avec la mise en ligne d'un site Internet. Elles pourront être informées en temps utile des dates des réunions afin de pouvoir s'organiser ; il suffit d'établir au préalable des plannings de réunions.

Cependant, faute de budget, les organisations non gouvernementales ne peuvent pas toujours se rendre aux sessions de la RAADH. L'Institut propose donc de trouver des moyens de « sponsoriser » la participation des organisations. Ces organisations pourraient aussi suivre les sessions, grâce à une retransmission sur le site Internet de la RAADH. Cela serait plutôt un palliatif qu'une solution, car les organisations ne pourraient pas y participer, mais uniquement se tenir informées du contenu des débats.

D'autres acteurs sont aussi visés pour l'amélioration du dialogue. L'IPPDH met l'accent sur la nécessité d'inviter aux sessions de la RAADH, d'autres réunions spécialisées du Mercosur, comme la Réunion des ministres de Sécurité, le Forum spécialisé migratoire et la Réunion spécialisée de la femme et des organismes internationaux de protection des droits de l'homme, tels que le *Haut-Commissariat* des Nations Unies aux *droits de l'homme*[1580], *le* Fonds des Nations Unies pour l'enfance, et des organismes régionaux, comme la Cour IDH.

363. Tout en s'appuyant sur les suggestions contenues dans le document « Propositions pour le renforcement de la RAADH : améliorations de ses procédures et mécanismes de participation sociale », l'IPPDH a pu proposer le nouveau règlement intérieur de la RAADH. Ce document, approuvé lors de la IVe session extraordinaire de la RAADH, du 28 au 30 novembre 2012, est le fruit d'un travail détaillé de l'Institut et de la confiance que la RAADH et le Conseil du marché commun ont su lui porter[1581]. Outre le fait de mieux

---

[1580] Un exemple du partenariat entre l'IPPDH et l'HCDH est l'appel d'offres de juin 2012 pour deux postes de consultants pour un projet sur la prévention de la torture et les autres peines ou *traitements* cruels, inhumains ou dégradants dans la région (des pays membres et associés du Mercosur).

[1581] Ce règlement a comme apport un encadrement plus profond de la RAADH. A part les chapitres concernant des sujets prévus dans un règlement intérieur d'un organisme (nature et composition, fonctions, réunions plénières, commissions permanentes et groupes de travail et conférences publiques), trois chapitres attirent spécialement l'attention. Tout d'abord, comme déjà énoncé dans la section précédente et résultat du document « Propositions pour le renforcement de la RAADH : améliorations de ses procédures et mécanismes de participation sociale », la participation de la société civile trouve formellement sa place dans la RAADH. Également et en raison du même document sur les propositions pour le renforcement de la

encadrer la RAADH, son nouveau règlement définit le rôle de l'IPPDH auprès d'elle : « la RAADH, et plus particulièrement la Présidence *pro tempore,* compte sur le support technique de l'IPPDH pour l'organisation des réunions ordinaires et extraordinaires ; la RAADH peut inviter l'IPPDH à réaliser des présentations lors des réunions plénières, des commissions permanentes et des groupes de travail, et des conférences publiques, et en même temps elle peut lui donner des mandats spécifiques[1582] ».

364. Le travail très actif et entreprenant de l'Institut ne s'arrête pas à ces promesses. Pour honorer sa proposition de trouver des moyens de sponsoriser la participation des organisations, l'IPPDH sollicite les hautes instances du Mercosur. Une convention de financement entre l'IPPDH et le Fonds pour la convergence structurelle du Mercosur (FOCEM) a été signée le 14 janvier 2013[1583]. Cette convention vise le financement du projet « Bâtissant une infrastructure pour la protection et la promotion des droits de l'homme dans le Mercosur ». Le but de ce projet est d'accroître l'efficacité, la pertinence et la portée des politiques visant à assurer la pleine jouissance des droits de l'homme dans les pays du Mercosur. Ainsi, l'objectif est de renforcer le cadre institutionnel de la RAADH et de l'IPPDH, tout comme ses instruments pour le développement des politiques de droits de l'homme intégrées.

Dans ce sens, les objectifs du Projet IPPDH-FOCEM ont été concrétisés par le biais de trois dispositifs : un portail sur les droits de l'homme, un campus virtuel et un système d'information sur le volet institutionnel des droits de l'homme dans le Mercosur[1584], tous en ligne depuis 2014 sur le site internet de l'IPPDH.

RAADH, l'usage des nouvelles technologies en vue de rendre plus facile la coordination et gestion des réunions, la diffusion de l'information et la participation sociale est formalisé.

[1582] Règlement intérieur de la RAADH, art. 28 et 29 : « *La RAADDHH puede invitar al IPPDH a realizar presentaciones en las Reuniones Plenarias, Comisiones Permanentes, Grupo de Trabajo, y conferencias públicas, a la vez que puede darle mandatos específicos* ». (Le RAADH peut inviter l'*IPPDH* à faire des présentations lors des séances plénières, des comités permanents, des groupes de travail et des conférences publiques et lui donner des mandats spécifiques – traduction libre).

[1583] IPPDH, *Construyendo una Infraestructura para la Protección y Promoción de los Derechos Humanos en el Mercosur*. Nous utiliserons désormais notre traduction en français de l'instrument : bâtissant une infrastructure pour la protection et la promotion des droits de l'homme dans le Mercosur, approuvé par la Décision CMC 44/12, du 6 décembre 2012, adaptée à Brasilia.

[1584] *Portal Mercosur Derechos Humanos*, le *Campus Virtual del IPPDH* et le *SISUR - Sistema de Información sobre Institucionalidad en Derechos Humanos del Mercosur*.

Aucun mot n'est utilisé gratuitement dans un acte juridique et pour cette raison, l'expression « protection et promotion des droits de l'homme » ne doit pas passer inaperçue. S'agirait-il de l'annonce d'un nouveau champ dont l'IPPDH aimerait s'occuper ? La chose certaine c'est que l'Institut ne s'est jamais autorisé à utiliser ces deux mots « protection » et « promotion » des droits de l'homme pour identifier son activité. Jusqu'à cette convention financière avec le FOCEM, tout indiquait qu'il avait un simple rôle de promotion des droits de l'homme, même s'il insistait sur le fait d'être un organisme de support technique à la RAADH aux politiques publiques en droits de l'homme. Cette vocation de promotion se révélait de plus en plus claire au fur et à mesure qu'il adoptait des tâches et thématiques qui auparavant appartenaient à la RAADH qui, déjà à l'époque, ressemblait grandement à la Commission IDH au début de ses activités, de par son rôle purement promotionnel en regard des droits de l'homme.

B. Des ressemblances avec l'Agence des droits fondamentaux de l'Union européenne

365. Dans le contexte de l'Union européenne, il existe, depuis 2007, une instance qui a pour finalité principale de contribuer à garantir le plein respect des droits fondamentaux dans l'ensemble de l'Union européenne[1585]: l'Agence des droits fondamentaux de l'Union européenne (ci-après *FRA ou Agence*)[1586]. Cet organisme spécialisé va devoir fournir des informations et des données sur les droits fondamentaux aux institutions et aux États membres de l'Union[1587].

[1585]Pour plus d'informations sur l'Agence des droits fondamentaux de l'Union européenne, voir Benoît-Rohmer (Florence), « L'Agence des droits fondamentaux de l'Union européenne, une boussole pour l'Union européenne », EdL, 2011, n° 34, p. 2-11.

[1586] L'Agence des droits fondamentaux de l'Union européenne a succédé à l'ancien Observatoire européen des phénomènes racistes et xénophobes (créé par le règlement (CE) no 1035/97, du 10 juin 1997), qui a réalisé des activités entre 1997 et 2007. Une première mention sur la création de la FRA a été faite par le Conseil européen le 13 décembre 2003. La FRA a son siège à Vienne.

[1587]Règlement (CE) No 168/2007 du Conseil, du 15 février 2007 portant sur la création d'une Agence des droits fondamentaux de l'Union européenne, Considérant n. 4 : Le plein respect des droits fondamentaux passe par une meilleure connaissance et une prise de conscience accrue, dans l'Union, des questions relatives aux droits fondamentaux. La création d'une agence communautaire qui aurait pour tâches de fournir des informations et des données sur les droits fondamentaux contribuerait à cet objectif.

366. Dans une certaine mesure, l'IPPDH et la FRA se ressemblent fortement. Elles partagent des points communs dans leurs *modus operandi*, leurs axes thématiques, leur composition. La volonté de présenter l'une et l'autre instance ne signifie pas pour autant vouloir ériger la FRA en modèle pour l'IPPDH. Pour autant, il s'avère manifeste que les deux instances essaient d'établir des liens ; la FRA a été l'un des premiers organismes internationaux que l'Institut a contacté au début de son fonctionnement[1588]. Si l'IPPDH et la FRA prennent exemple du lien tissé entre les cours européenne et interaméricaine, leur coopération se traduira par d'excellents résultats.

1. La raison d'être d'une agence et d'un institut de droits de l'homme

367. Concrètement, pour parvenir aux résultats escomptés, la FRA développe ses activités en trois volets. En premier, elle recueille des informations et des données afin de fournir des indicateurs utiles aux États membres et aux institutions européennes. Ainsi, elle identifie les défis en matière de droits fondamentaux et les bonnes pratiques dans chacun de ces pays, en conservant toujours une approche comparative. Son objectif n'est pas de surveiller les États ou de critiquer leurs pratiques, mais plutôt de contribuer à ce qu'ils atteignent un certain niveau de respect concernant les droits fondamentaux des individus.

En deuxième lieu, elle met à disposition son assistance et ses compétences spécialisées dans les droits fondamentaux. Elle répond donc aux demandes des États membres et des institutions européennes lorsqu'ils ont des doutes concernant, par exemple, l'analyse juridique d'une législation sous l'angle des droits fondamentaux, ou intervient pour améliorer la législation interne d'un État dans les domaines de compétences de l'Union européenne. La FRA diffuse également des rapports portant sur les recherches réalisées auprès des États membres où figurent ses avis et conclusions, toujours afin d'améliorer la situation des droits fondamentaux au niveau national. Elle joue aussi le rôle d'antenne pour recueillir les bonnes pratiques des États membres et les partager avec les autres. En outre, l'Agence élabore des documents destinés à la formation sur les droits fondamentaux.

[1588]IPPDH, *Rapport d'activités 2010 – 2011*, p. 30.

Enfin, le troisième point, la FRA s'appuie sur la sensibilisation aux droits fondamentaux du grand public et, bien évidemment, des professionnels dont le métier exige des connaissances en droits fondamentaux, tel que les forces de police, les enseignants, les journalistes et les praticiens du droit.

368. Certes, de nombreuses activités pourraient être empruntées à l'IPPDH pour améliorer encore son action actuelle. On peut penser, par exemple, aux rapports portant sur les recherches réalisées auprès des États membres. Il est à constater que ces deux instances vont pourtant dans la même direction par des voies qui ne sont pas si différentes.

2. Les bénéficiaires de ces deux instances

369. Les instances à qui s'adressent l'IPPDH et la FRA configurent un deuxième point en commun entre les deux organismes. Sans doute, s'agit-il de parvenir à protéger le plus efficacement possible les personnes résidant dans l'Union européenne et le Mercosur, mais, pour qu'elles soient informées de l'existence d'autres acteurs, elles doivent avoir conscience de l'importance que revêt la garantie de leurs droits fondamentaux. Tant l'Agence que l'IPPDH ont ainsi pour cible les États membres et les institutions d'intégration. La FRA a été créée pour fournir des conseils aux institutions européennes et aux États membres. L'IPPDH aide au développement et au suivi des politiques publiques en droits de l'homme dans les États (membres et associés, ce qui constitue un spectre plus large de destinataires) et envisage de développer une infrastructure institutionnelle en droits de l'homme dans le Mercosur. À l'heure actuelle, un travail beaucoup plus étroit avec la RAADH est vérifié. Cela pourrait signifier une ouverture à d'autres organismes du Mercosur afin qu'ils s'intéressent aux services de l'IPPDH en vue d'une protection transversale des droits de l'homme.

370. Les ressemblances ne s'arrêtent pas là. Ces deux instances ont appris qu'il n'est pas possible de travailler de façon isolée. Ainsi, à l'image du dialogue et du partenariat maintenu entre l'IPPDH et d'autres acteurs, l'Agence des droits fondamentaux de l'Union européenne entretient des liens avec certaines institutions voisines (comme la Commission, le Parlement et le Conseil de l'Union européenne), des organisations internationales (l'OSCE, l'ONU et le Conseil de l'Europe), les gouvernements, des institutions nationales des droits de l'homme, des organisations non gouvernementales, des universités, etc.

Ce qui distingue l'IPPDH d'autres instances du Mercosur concerne ses relatives indépendance et autonomie de travail, parce que sa composition n'est pas complètement intergouvernementale. La FRA possède cette même caractéristique et elle n'est pourtant pas en totalité un organisme supranational.

371. L'Agence est composée d'un conseil d'Administration[1589] qui ressemblerait au Conseil de représentants gouvernementaux de l'IPPDH. Elle dispose également d'une équipe d'une centaine de personnes qui exécutent le travail des cinq départements et peuvent être organisées en groupes thématiques. Cette équipe est dirigée par un directeur qui remplit des tâches semblables à celles du secrétaire exécutif de l'IPPDH[1590]. Enfin, deux organismes de la FRA ne trouvent pas d'équivalent dans l'IPPDH : un bureau exécutif[1591], tout en considérant qu'à l'IPPDH cette fonction est assurée par la figure unipersonnelle du secrétaire exécutif, et un comité scientifique[1592].

La composition de la FRA démontre une forte imbrication dans l'Union européenne, des approches intergouvernementales et supranationales, même s'il ne s'agit pas ici d'un organisme de prise de décision.

372. Enfin, la FRA et l'IPPDH semblent fonctionner dans la même direction en ce qui concerne leurs sujets d'étude. La FRA a défini quatre grands axes thématiques lors de l'élaboration de son Cadre pluriannuel

---

[1589] Le conseil d'administration est composé d'un représentant de chaque État membre, issu du secteur public ou privé, un membre désigné par le Conseil de l'Europe et de deux membres désignés par la Commission européenne. C'est un organisme de programmation et de surveillance : il veille à ce que l'Agence s'acquitte de ses tâches (Règlement (CE) n° 168/2007, art. 12).

[1590] Le directeur est désigné par le conseil d'administration après une procédure de concertation. Il est chargé de la préparation et de la publication des documents en coopération avec le comité scientifique, de la préparation et de la mise en œuvre du programme de travail annuel de l'Agence, des questions de personnel et de gestion courante, de l'exécution du budget de l'Agence, de la mise en œuvre de procédures efficaces de suivi et d'évaluation des résultats obtenus par l'Agence et de la coopération avec les agents de liaison nationaux et avec la société civile (Règlement (CE) n° 168/2007, art. 15).

[1591] Le bureau exécutif est composé de certains membres du conseil d'administration : le président et le vice-président, un membre désigné par la Commission européenne et de deux autres membres sans caractéristique particulière. Le membre désigné par le Conseil de l'Europe peut observer les réunions. Le bureau a pour but d'assister le conseil d'administration (Règlement (CE) n° 168/2007, art. 13).

[1592] Le comité scientifique est composé de 11 experts en droits de l'homme, indépendants, désignés par une procédure d'appel à candidatures et de sélection. Il assure la qualité scientifique des travaux de l'Agence et oriente les recherches (Règlement (CE) n° 168/2007, art. 14).

2007-2012 : les libertés, l'égalité, les droits des citoyens et l'accès à la justice[1593]. Parmi les domaines thématiques développés par l'Agence des droits fondamentaux de l'Union européenne, certains se retrouvent aussi en étude auprès de l'IPPDH, telle que l'accès à la justice avec les politiques de mémoire, de justice et de réparation ; le domaine sur l'égalité et la non-discrimination, avec les recherches sur les personnes âgées, et enfin la thématique sur les libertés avec la demande d'avis consultatif sur le droit de migration et les droits de l'enfant à la Cour IDH.

373. Cette similitude des thématiques résulte vraisemblablement de la présence de problèmes identiques dans les sociétés des pays membres des deux groupes d'intégration, le Mercosur et l'Union européenne. De ce fait des atteintes similaires aux droits de l'homme par les pays membres des deux groupes d'intégration pourraient être constatées et donc devenir l'objet d'étude des deux instances spécialisées en droits de l'homme que sont l'Agence des droits fondamentaux de l'Union européenne et l'Institut des politiques publiques en droits de l'homme du Mercosur.

Le rapprochement du point de vue des caractéristiques et activités des deux organismes ne se borne pas aux constatations. En effet des contacts avec la FRA ont été pris par l'IPPDH en vue d'envisager des projets de coopération entre ces deux organismes[1594].

[1593] Dans l'axe des libertés, les domaines thématiques développés sont : le droit d'asile, l'immigration et l'intégration des immigrés ; les visas et les contrôles aux frontières, la société de l'information et, en particulier, le respect de la vie privée et la protection des données à caractère personnel. Dans l'axe de l'égalité, les domaines thématiques développés sont : le racisme, la xénophobie et l'intolérance qui y est associée ; les discriminations fondées sur le sexe, la race ou l'origine ethnique, la religion ou les convictions, le handicap, l'âge, l'orientation sexuelle ou l'appartenance à une minorité et toute combinaison de ces motifs (discrimination multiple), et les droits de l'enfant, y compris la protection des enfants. Dans l'axe des droits des citoyens, le domaine thématique développé est la participation des citoyens de l'Union au fonctionnement démocratique de celle-ci. Enfin, dans l'axe de l'accès à la justice, les domaines thématiques développés sont : l'indemnisation des victimes, et l'accès à une justice efficace et indépendante. Décision du Conseil, du 28 février 2008 portant application du règlement (CE) n° 168/2007 en ce qui concerne l'adoption d'un cadre pluriannuel de l'Agence des droits fondamentaux de l'Union européenne pour la période 2007-2012, art. 2. Lors de son dernier cadre pluriannuel (2013-2017), adopté par le Conseil le 11 mars 2013, il y a une extension de la compréhension des victimes de la criminalité (y compris leur indemnisation) ; de la société d'information et notamment, le respect de la vie privée et la protection des données personnelles, et des discriminations. Il y a aussi des nouveautés concernant l'intégration des Roms et la coopération judiciaire. Enfin, une fusion dans le traitement des sujets comme l'immigration, l'intégration des migrants, les visas, les contrôles des frontières et l'asile.

Une proposition relative à au nouveau cadre pluriannuel 2018-2022 est en préparation à la Commission européenne et devrait bientôt être adoptée.

[1594] IPPDH, *Rapport d'activités 2010 – 2011*, p. 30.

***

374. L'enrichissement du système du Mercosur, marqué par l'identification des éléments relatifs aux droits de l'homme dans ses normes au cours des années 1990 et par l'adaptation de sa structure institutionnelle, ne sera en définitive abouti qu'avec le renforcement du contrôle du respect de ses normes fondamentales.

Conclusion du Chapitre II

375. La crise économique à laquelle sont confrontés les États membres du Mercosur et la crise institutionnelle que le groupe d'intégration a vécu à la fin des années 1990 a failli mettre fin à ses jours. Pour pallier cette difficulté, un changement radical dans la perception de cette intégration a dû s'opérer.

Un volet politique, qui s'annonçait insensiblement depuis quelques années, prend officiellement forme avec l'adoption du Programme de travail 2004-2006. Ce nouvel agenda considère les droits de l'homme comme l'un des axes prioritaires de travail et, tout en demandant une nouvelle architecture institutionnelle au Mercosur, permet le passage de leur promotion à leur protection au sein du groupe.

L'on assiste ainsi depuis la moitié des années 2000 à une explosion de nouveaux organismes. Ils se distinguent notamment par la possibilité qu'ils ont de s'occuper des questions politiques du groupe, à l'image de la Commission des représentants permanents du Mercosur et du Haut représentant général du Mercosur. Ces questions se trouvent liées à la dimension sociale de l'intégration, prise en charge par l'Institut social du Mercosur et l'Unité d'appui à la participation sociale. Enfin, le Mercosur se préoccupe d'acquérir une proximité plus grande avec la population du groupe d'intégration tout en commençant à développer une idée de citoyenneté, avec la création d'organes comme le Parlement du Mercosur, qui a remplacé l'ancienne Commission parlementaire conjointe, ou le Centre Mercosur de promotion de l'État de droit et l'Observatoire pour la démocratie.

376. À côté de ces nouveaux organismes et grâce à ce Programme de travail également, une architecture institutionnelle projetant l'approfondissement de la promotion et du respect des droits de l'homme a été construite. Ainsi, le Mercosur commence à affirmer ses ambitions dans ce champ encore si sensible pour ses États membres. D'un simple groupe *ad hoc*, une réunion de hautes autorités dans la matière a vu le jour. Pour approfondir et faire avancer de façon durable cette thématique, un institut de politiques publiques en droits de l'homme a été instauré.

377. Malgré sa limitation dans la promotion des droits de l'homme (il ne semble pas que le Mercosur veuille s'aventurer, par exemple, dans l'approfondissement de la question de la protection et il ne le pourrait peut-être même pas, vu son caractère intergouvernemental), l'IPPDH a fait preuve de son efficience, à la différence d'autres organismes et progresse à grands pas dans sa mission. Tous les projets qu'il a développés jusqu'à présent, les documents publiés, les manifestations organisées, et surtout, le contact qu'il commence à tisser avec le système interaméricain de protection de droits de l'homme, à l'exemple de sa très importante demande d'avis consultatif sur les enfants migrants, démontrent qu'il veut vraiment aller de l'avant sur le thème des droits de l'homme dans le Mercosur. L'une des raisons de son succès tient probablement à sa relative autonomie. *Relative* parce que, nous le répétons, il est soumis au caractère intergouvernemental du Mercosur. Cette autonomie est garantie par des collaborateurs indépendants, recrutés sur la base de concours, et par le caractère à la fois déterminé et diplomatique de son secrétaire exécutif.

Ces enrichissements normatifs et institutionnels mettent les droits de l'homme au cœur du processus d'intégration dans le Mercosur et posent immanquablement la question du renforcement de leur protection, afin qu'ils ne demeurent pas qu'un vœu pieux des États membres.

Titre II : Le renforcement du système du Mercosur

378. Dans l'audacieux Programme de travail 2004-2006, de nouvelles institutions ont été prévues, à l'exemple du Tribunal permanent de révision[1595], et il a été envisagé d'adopter de nouveaux instruments pour définir un Mercosur plus politique. Les rédacteurs du document se sont montrés bien conscients qu'il faudrait « adopter et incorporer des normes relatives au Mercosur citoyen, à l'intégration éducative, sociale et culturelle », « consolider dans un seul document les différents accords déjà adoptés ou en cours de négociation sur la circulation des ressortissants des États membres » et, enfin, « adopter une charte des droits de l'homme du Mercosur »[1596]. Quasiment tous les objectifs du Programme de travail ont été atteints : de nouveaux instruments juridiques visant la promotion et la protection des droits de l'homme ont été adoptés (Chapitre I).

379. Mais la simple adoption d'instruments juridiques dans un système n'a aucune valeur sans l'existence d'un contrôle complet des actes des institutions et des États membres. La professeure BERROD estime que « la transformation progressive de la Communauté vers une union sans cesse plus étroite entre les États membres nécessite une évolution constante des voies de droit pour qu'elles assurent un contrôle de légalité complet et une protection adéquate des intérêts des États, des institutions et de la Communauté dans son entier »[1597]. Dans ce sens, le Mercosur s'est doté d'un système de contrôle dont l'effectivité, clé du renforcement du système du Mercosur lui-même, est interrogée (Chapitre II).

1595 Programme de travail du Mercosur 2004-2006, § 3.2.

1596 Programme de travail du Mercosur 2004-2006, § 2.4 ; 2.5, et 2.7.

1597 Berrod (Frédérique), *op. cit.*, p. 28.

Chapitre I : Le renforcement des normes fondamentales

380. Dans le Programme de travail 2004-2006, il a été envisagé d'adopter de nouveaux instruments pour définir un Mercosur plus politique. La réflexion sur ces instruments qui occuperaient une place prioritaire dans cette nouvelle étape du Mercosur avait pour lignes directrices des thèmes qui évoquaient les droits sociaux, culturels et à l'éducation et les migrants. Le programme de travail ne comportait cependant pas de dispositions se rapportant aux spécificités des nouveaux instruments envisagés. Il s'est montré par contre très clair sur sa disposition concernant l'adoption d'une charte des droits de l'homme pour le Mercosur. Cette charte n'a pas vu le jour, toutefois ce Programme de travail a donné une opportunité au débat sur l'adoption des instruments relatifs à la promotion des droits de l'homme qui va *crescendo* depuis cette date (Section I) et des instruments visant la protection de ces droits par le biais des clauses de conditionnalité (Section II).

Section I : Des instruments pour la promotion des droits de l'homme

381. Au cours de la dernière décennie, des instruments promouvant des droits de l'homme ont été adoptés au sein du Mercosur. Il s'agit surtout d'actes non contraignants, tels les déclarations et communiqués présidentiels et bien d'autres actes dénommés accords, plans et initiatives issus des organismes du Mercosur. Bien qu'ils n'aient pas toujours de caractère obligatoire, ces documents se distinguent pour avoir été adoptés avec le consentement des États membres du groupe d'intégration et sont donc porteurs d'un effet moral notable. L'observation de tous les instruments adoptés ces dernières années montre que les organismes du Mercosur et les Présidents des États membres ont porté une attention particulière aux groupes en situation de vulnérabilité (§ 1) et à la question de l'existence d'une citoyenneté du Mercosur (§ 2).

§1 Promouvoir les droits de l'homme des personnes en situation de vulnérabilité

382. Se rendre compte de l'existence de groupes de personnes en situation de vulnérabilité au Mercosur équivaut à identifier une des thématiques des droits de l'homme qui constitue un défi important pour ce groupe d'intégration économique. Si l'on observe le développement des débats et de l'adoption des instruments normatifs, il semble que les sujets ont été traités de façon anarchique. Peut-être cela tient-il aux liens très forts qui unissent les sujets : les migrants et les enfants (A), dans le contexte des cas relatifs aux droits économiques et sociaux (B).

A. *La promotion des droits des enfants et des migrants dans le Mercosur*

383. Le sujet de la circulation des personnes est depuis 1998[1598] en débat au sein de certains organismes du Mercosur, ainsi de la Réunion des ministres de l'Intérieur. Cependant, jusqu'en 2000, ce sujet se trouvait plutôt lié aux questions de sécurité des États membres du Mercosur qu'aux droits de l'homme de leurs ressortissants. Ce changement d'approche a un rapport avec le Programme de travail 2004-2006 qui, dans la sous-partie sur la circulation des travailleurs et la promotion de leurs droits, propose de consolider les différents accords sur la circulation des citoyens dans un unique document. Il paraît donc possible d'envisager que la promotion des droits de l'homme proposée aille au-delà de la sphère des travailleurs pour gagner celles de tous les ressortissants des pays membres du Mercosur.

L'objectif de promouvoir le respect des droits des ressortissants est, pour une bonne partie, atteint avec les Accords contre la traite illicite des migrants de 2004[1599]. Il a été proposé au Conseil par la Réunion des ministres de l'Intérieur et n'est entré en vigueur qu'à la fin de l'année 2012, en raison d'une ratification tardive du Brésil. Cet instrument a pour but la prévention et la lutte contre la facilitation de l'entrée illégale d'une personne qui n'est ni ressortissante ni résidente dans un État partie à l'accord[1600]. D'une part, il se rapporte à la coopération, à l'investigation des faits et à la protection des droits des migrants qui ont été victimes de faits illicites[1601]. D'autre part, il

---

[1598] Voir §1, section II, chapitre I, titre I de la seconde partie, susénoncé.

[1599] *Acordo contra o Tráfico Ilícito de Migrantes, entre os Estados Partes do Mercosul et Acordo contra o Tráfico Ilícito de Migrantes, entre os Estados Partes do Mercosul, a República da Bolívia e a República do Chile.* Nous utiliserons désormais notre traduction en français de l'instrument : Accords contre la traite illicite des migrants, Décision CMC n° 37/04, adopté le 16 décembre 2004 à Belo Horizonte, entrée en vigueur le 10 octobre 2012.

[1600] Accords contre la traite illicite des migrants, art. 1 : « *O propósito do presente Acordo é prevenir e combater o tráfico ilícito de migrantes, bem como promover a cooperação e intercâmbio de informação entre seus Estados partes com esse fim* » (Le but de cet accord est de prévenir et combattre la traite illicite de migrants, et promouvoir la coopération et l'échange d'informations entre ses États parties à cette fin – traduction libre), et art. 2§1: « *"Tráfico ilícito de migrantes": a facilitação da entrada ilegal de uma pessoa num Estado parte do presente Acordo do qual não seja nacional ou residente com o fim de obter, direta ou indiretamente, algum benefício financeiro ou material* » ('la traite de migrants': faciliter l'entrée illégale d'une personne dans un État partie en vertu du présent Accord qui n'est ni un ressortissant ni résident en vue d'obtenir, directement ou indirectement, un avantage financier ou un autre - traduction libre).

[1601] Accords contre la traite illicite des migrants, art. 3 : *« O presente Acordo se aplicará à cooperação, prevenção e investigação dos ilícitos penais tipificados (...) quando os mesmos*

incite les États parties à donner des formations spécialisées aux fonctionnaires des départements de migration. Ces formations instruisent les fonctionnaires sur la finalité première de l'accord et les forment pour que leur conduite et le traitement dispensé aux migrants victimes de la traite illicite demeurent en adéquation avec le droit interne et le droit international[1602]. L'accord confère des circonstances aggravantes à l'infraction criminelle dont sont victimes les migrants : l'abus de la situation de nécessité de la victime, la mise en danger de sa vie, de sa santé, de son intégrité et le fait que la victime soit mineure[1603].

La position des ministres de l'Intérieur des États membres et associés du Mercosur par rapport à la traite des êtres humains a été réaffirmée un an après, dans une déclaration lors de la Réunion des autorités nationales compétentes en matière de traite des personnes de l'OEA. Parmi les dispositions, les ministres ont adopté un engagement concernant l'incrimination pénale spécifique du crime de« traite des êtres humains » dans les législations nationales des États parties à la déclaration. Et également leur intention d'élaborer des programmes de renforcement institutionnel en vue d'améliorer l'efficience des structures organisationnelles dédiées au contrôle de l'immigration, à la prévention, à l'assistance aux

---

sejam de caráter transnacional, bem como à proteção dos direitos dos migrantes que tenham sido objeto de tais ilícitos » (Le présent accord s'applique à la coopération, la prévention et l'investigation des infractions pénales typifiées (...) quand elles sont de nature transnationale, ainsi que la protection des droits des migrants qui ont fait l'objet d'une telle illicite - traduction libre).

1602 Accords contre la traite illicite des migrants, art. 8 : « 1. *Os Estados partes do presente Acordo brindarão aos funcionários de Migração e a outros funcionários pertinentes, capacitação especializada na prevenção e erradicação das condutas que serão tipificadas de conformidade ao enunciado no artigo 4 e no tratamento humanitário dos migrantes objeto dessas condutas, respeitando ao mesmo tempo seus direitos reconhecidos conforme o direito nacional e internacional. 2. A capacitação incluirá, entre outras coisas (...)o tratamento humano dos migrantes afetados e a proteção de seus direitos reconhecidos conforme o direito internacional* » (1. Les États parties au présent Accord octroieront aux employés des services de migration et autres personnels concernés, une formation spécialisée dans la prévention et l'éradication des comportements qui se caractérisent en conformité aux dispositions de l'article 4 et au traitement humanitaire des migrants objet de tels comportements, tout en respectant leurs droits reconnus selon le droit national et international. 2. La formation comprendra, entre autres choses (...) le traitement humain des migrants concernés et la protection de leurs droits reconnus par le droit international - traduction libre).

1603 Accords contre la traite illicite des migrants, art. 4§2 : « b. *Constituirão circunstâncias agravantes da responsabilidade penal: (...) quando na comissão do ilícito penal houvesse abusado de uma situação de necessidade da vítima, se houvesse colocado em perigo sua vida, sua saúde ou sua integridade pessoal; c. quando a vítima for menor de idade* » (b. Constituent des circonstances aggravantes de la responsabilité pénale: (...) lorsqu'à la perpétration d'une infraction criminelle on a abusé de la situation de nécessité de la victime, si on a mis sa vie en danger, sa santé ou son intégrité personnelle ; c. Lorsque la victime est mineur - traduction libre).

victimes et à la lutte contre les réseaux qui tirent profit de l'exploitation des personnes[1604].

Le professeur SANTESTEVAN observe que ces accords sont basés sur la volonté des États de renforcer et d'approfondir le processus d'intégration et les liens fraternels au sein de la communauté régionale. Elle souligne également l'importance de tels accords pour la lutte contre la traite des êtres humains aux fins d'exploitation du travail et des situations impliquant la dégradation de la dignité humaine[1605].

384. La thématique des migrations eu égard aux enfants et aux adolescents a été également débattue au sein de la Réunion des hautes autorités en droits de l'homme. Il en a résulté la demande d'avis consultatif présentée par les États membres du Mercosur à la Cour IDH en 2011. Cette demande, rédigée par l'Institut de politiques publiques en droits de l'homme, démontre que certains sujets en droits de l'homme ne peuvent être traités de façon isolée : ce qui constitue un exemple significatif de la transversalité des droits de l'homme dans le Mercosur.

Les enfants composent ainsi un deuxième groupe de personnes vulnérables au sein du Mercosur. Cet intérêt n'est pas récent. Comme toute thématique liée aux droits sociaux au sein du Mercosur, le travail des enfants a déjà été l'objet de l'attention du groupe, lors de la Déclaration « *sociolaborale* » de 1998[1606]. Bien que dans ce document les Présidents des États membres du Mercosur mettent l'accent sur les législations nationales pour la protection des enfants (âge minimum d'admission au travail, durée

---

[1604] *Declaración de Montevideo contra la trata de personas en el Mercosur y Estados asociados*. Nous utiliserons désormais notre traduction en français de l'instrument : Déclaration de Montevideo contre la traite des personnes dans le Mercosur et pays associés, du 18 novembre 2005 : III « *Su compromiso en impulsar la tipificación penal específica del delito de trata de personas en las legislaciones de los Estados que suscriben la presente Declaración* » (Leur engagement à promouvoir une typification spécifique de l'infraction pénale du crime de traite des êtres humains dans les législations des États qui ont signé la présente Déclaration – traduction libre) et VI « *Su intención de desarrollar programas de fortalecimiento institucional, a fin de mejorar la eficiencia y eficacia de las estructuras organizativas dedicadas al control migratorio, prevención, asistencia a las víctimas y combate a las redes que lucran con la explotación de personas* » (Leur intention d'élaborer des programmes de renforcement institutionnel en vue d'améliorer l'efficience et l'efficacité des structures organisationnelles dédiées au contrôle migratoire, à la prévention, à l'assistance aux victimes et à la lutte contre les réseaux qui tirent profit de l'exploitation des personnes - traduction libre).

[1605] Santestevan (Ana Maria), *op. cit.*, p. 66.

[1606] Déclaration « *sociolaborale* » du Mercosur.

de la journée de travail), ils tentent d'établir un socle minimum de droits pour la protection des enfants[1607] : l'âge minimum ne doit pas être inférieur à 18 ans et à celle de la fin de la scolarité obligatoire ; les mineurs qui accèdent exceptionnellement au marché de travail bénéficient d'une protection particulière, ils ne peuvent pas réaliser des heures supplémentaires ni de travail de nuit et ne doivent pas travailler dans un environnement insalubre, dangereux ou immoral, qui pourrait affecter le développement de leur santé physique, mentale et morale[1608].

Quatre ans après la Déclaration « *sociolaborale*», le regard des présidents des États membres du Mercosur semble avoir changé. Lors de leur Déclaration sur l'élimination du travail des enfants[1609], ils mettent toujours en valeur les législations nationales, mais poussent les États à renforcer leurs systèmes juridiques et institutionnels dans la lutte contre le travail des enfants. Parmi les dispositions de la déclaration, ils rappellent la

---

[1607] Sur le travail des enfants dans le droit interne des États membres du Mercosur, voir Araberla Coninck (Jorge) et Villatore (Marco Antonio Cesar), « Erradicação do trabalho infantil no Mercosul et nos seus Etados partes », *Revista de Derecho Internacional y del Mercosur*, n° 4, 2006, p. 23 à 34.

[1608] Déclaration « *sociolaborale* » du Mercosur, art. 6 : *« La edad mínima de admisión en el trabajo será aquella establecida conforme a las legislaciones nacionales de los Estados Partes, no pudiendo ser inferior a aquella en que cesa la escolaridad obligatoria. Los Estados Partes se comprometen a adoptar políticas y acciones que conduzcan a la abolición del trabajo infantil y la elevación progresiva de la edad mínima para ingresar al mercado de trabajo. El trabajo de los menores será objeto de protección especial por los Estados Partes, especialmente en lo que concierne a la edad mínima para el ingreso en el mercado de trabajo y otras medidas que posibiliten su pleno desarrollo físico, intelectual, profesional y moral. La jornada de trabajo para esos menores, limitada conforme a las legislaciones nacionales, no admitirá su extensión mediante la realización de horas extras ni en horarios nocturnos. El trabajo de los menores no deberá realizarse en un ambiente insalubre, peligroso o inmoral, que pueda afectar pleno desarrollo de sus facultades físicas, mentales y morales. La edad de admisión a un trabajo con alguna de las características antes señaladas no podrá ser interior a 18 años* » (L'âge minimum d'entrée sur le marché du travail sera établi conformément aux législations nationales des États parties, étant entendu que celui-ci ne peut être inférieur à celui où s'achève la scolarité obligatoire. Les États parties s'engagent à adopter des politiques et des mesures en vue de l'abolition du travail des enfants et de l'élévation progressive de l'âge minimum pour entrer sur le marché du travail. Le travail des mineurs fera l'objet d'une protection spéciale par les États parties, en particulier en ce qui concerne l'âge minimum pour entrer sur le marché du travail et d'autres mesures pour permettre leur plein épanouissement physique, intellectuel, moral et professionnel. La journée de travail de ces enfants dont la limitation est établie par les législations nationales ne souffrira pas d'extension moyennant la réalisation d'heures supplémentaires ou de nuit. Le travail des mineurs n'aura pas lieu dans un environnement malsain, dangereux ou immoral, qui peut affecter le développement complet de leur santé physique, mentale et morale. L'âge d'admission au travail avec l'une des caractéristiques mentionnées ci-dessus ne peut pas être inférieur à 18 ans - traduction libre).

[1609]*Declaración Presidencial sobre Erradicación del Trabajo Infantil.* Nous utiliserons désormais notre traduction en français de l'instrument : Déclaration présidentielle sur l'élimination du travail des enfants, adoptée à Buenos Aires, en juin 2002.

nécessité d'uniformiser leur droit interne selon les Conventions 138 sur l'âge minimum et 182 sur les pires formes de travail de l'OIT[1610] ; ils mettent aussi l'accent sur l'importance de la coordination des actions entre tous les acteurs sociaux et l'importance de l'éducation et de la santé en tant que moyens pour l'élimination du travail des enfants[1611].

[1610]Convention concernant l'âge minimum d'admission à l'emploi de 1973, entrée en vigueur le 19 juin 1976 ; et Convention concernant l'interdiction des pires formes de travail des enfants et l'action immédiate en vue de leur élimination de 1999 entrée en vigueur le 19 novembre 2000.

[1611] *Déclaration présidentielle sur l'élimination du travail des enfants: « a) La armonización normativa en relación con los Convenios 138 y 182 de la OIT. b) La articulación y consecuente coordinación de acciones y esfuerzos de todos los actores sociales; c) La activa participación de las organizaciones gubernamentales con las organizaciones de trabajadores y empleadores; d) La educación, la salud y la protección integral de los derechos de la infancia como objetivos esenciales de la erradicación del trabajo infantil; e) La constante actualización de información, a través de encuestas, levamientos, mapeos, que permitan periódicas y efectivas tareas de diagnóstico; f) La permanente sensibilización y concientización social. g) El fortalecimiento de las redes sociales y la inmediata capacidad de respuesta a los requerimientos que la erradicación demande en cada caso concreto; h) El fortalecimiento de los sistemas de monitoreo e inspección en el trabajo infantil i) La articulación de las políticas para la erradicación del trabajo infantil con el sistema educativo de modo de garantizar la inserción escolar de las niñas y niños y su mantenimiento, j) La garantía de que todas las políticas, programas y acciones que se implementen en materia de erradicación del trabajo infantil, cuenten con mecanismos de evaluación de impacto y resultados, a fin de posibilitar reformas o ajustes y optimizar sus resultados; k) La incorporación de mecanismos adecuados para el logro de información vinculada al nivel de acatamiento de las normas y disposiciones en materia de trabajo infantil a efectos de contar con los insumos necesarios para optimizar la eficacia de las políticas de prevención y erradicación del trabajo infantil; l) La adopción de mecanismos e instrumentos estadísticos homogéneos de recolección de datos sobre trabajo infantil entre los Estados Partes, que faciliten el análisis comparado de esta problemática, a los fines del diseño e implementación de políticas conjuntas* » (L'harmonisation normative en ce qui concerne les conventions 138 et 182. b) L'articulation et conséquente coordination des actions et des efforts de tous les acteurs sociaux; c) La participation active des organisations gouvernementales avec les organisations de travailleurs et d'employeurs; d) L'éducation, la santé et la protection complète des droits des enfants comme des objectifs clés de l'éradication du travail des enfants) La mise à jour constante des informations, par le biais d'enquêtes, cartographies, qui permettent le diagnostic régulier et efficace; f) La sensibilisation continue et la prise de conscience sociale. g) Le renforcement des réseaux sociaux et la réactivité immédiate aux requêtes sur l'éradication dans le cas concret ; h) Le renforcement du contrôle et des systèmes d'inspection du travail des enfants i) L'articulation des politiques pour l'éradication du travail des enfants avec le système éducatif afin d'assurer l'inclusion scolaire des enfants et de leur entretien, j) La garantie à ce que toutes les politiques, programmes et actions mis en œuvre en matière d'éradication du travail des enfants, comptent sur des mécanismes d'évaluation de l'impact et des résultats, afin de permettre des réformes ou des ajustements et d'optimiser leurs résultats; k) L'incorporation de mécanismes appropriés pour atteindre les informations liées au degré de conformité avec les règles et les dispositions en matière de travail des enfants afin d'avoir les éléments nécessaires pour optimiser l'efficacité des politiques de prévention et élimination du travail des enfants; l) L'adoption de mécanismes et d'instruments statistiques homogènes de collecte de données sur le travail des enfants entre les États parties, pour faciliter l'analyse comparative de cette question, aux fins de la conception et de la mise en œuvre de politiques communes – traduction libre).

Cette déclaration a permis l'adoption de nouveaux instruments destinés à la promotion des droits des enfants par le Groupe du marché commun. Il s'agit notamment d'une résolution qui, certes, n'a pas de valeur contraignante, mais prouve l'engagement des États membres dans l'élimination du travail des enfants dans le Mercosur. D'après cette résolution, l'institution exécutive du Mercosur adopte le Plan régional pour la prévention et l'élimination du travail des enfants dans le Mercosur[1612]. Cet instrument propose trois objectifs spécifiques : « uniformiser la Déclaration« *sociolaborale* »du Mercosur avec les normes internationales, assumées par les États membres, qui garantissent les droits des enfants, ainsi que des mécanismes de surveillance, de contrôle et de suivi de cette norme[1613] », « connaître de façon irréfutable la dimension, la portée et la diversité de la problématique du travail des enfants dans la région[1614] », et enfin « renforcer les mécanismes institutionnels de coopération horizontale pour se conformer aux réglementations nationales et régionales pour la prévention et l'éradication du travail des enfants[1615] ».

Le travail des enfants est évoqué sous l'appellation « problématique spécifique » dans la résolution du Groupe du marché commun sur le Plan régional de l'inspection du travail. D'après cet instrument, « la formation des inspecteurs du travail dans le cadre régional doit être axée sur les aspects techniques et méthodologiques de l'activité de contrôle, avec une attention particulière au traitement des questions spécifiques telles que le travail des enfants[1616] ».

[1612] *Plan Regional para la Prevención y Erradicación del Trabajo Infantil en el Mercosur*. Nous utiliserons désormais notre traduction en français de l'instrument : Plan régional pour la prévention et élimination du travail des enfants dans le Mercosur, Résolution du GMC n° 36/06, du 18 juillet 2006, adoptée à Cordoba.

[1613] Plan régional pour la prévention et élimination du travail des enfants dans le Mercosur, objectif spécifique n° 1 : « *Armonizar la Declaración Sociolaboral del Mercosur con las normas internacionales, asumidas por los Estados Parte, que garantizan los derechos de la niñez, así como generar los mecanismos de supervisión, control y seguimiento de dicha normativa* » (traduction libre).

[1614] Plan régional pour la prévention et élimination du travail des enfants dans le Mercosur, objectif spécifique n° 2: « *Conocer de manera fehaciente la dimensión, alcance y diversidad de la problemática del trabajo infantil en la región* » (traduction libre).

[1615] Plan régional pour la prévention et élimination du travail des enfants dans le Mercosur, objectif spécifique n° 2: « Fortalecer mecanismos institucionales de cooperación horizontal para dar cumplimiento a la normativa nacional y regional para la prevención y erradicación del trabajo infantil » (traduction libre).

[1616] Plan régional d'inspection du travail, Résolution du GMC n° 22/09, du 2 juillet 2009, adoptée à Asunción. Art. 6.b : « *A formação e a capacitação dos inspetores do trabalho no âmbito regional devem estar enfocadas nos aspectos técnicos e metodológicos da atividade*

Un instrument a été plus récemment adopté en 2012, il s'agit de la Deuxième déclaration présidentielle sur l'élimination du travail des enfants. Apparemment peu satisfaits de l'effet des résultats sur leurs territoires après l'adoption des deux plans régionaux, les Présidents mercosuriens décident de relancer le débat en apportant, entre autres suggestions, l'uniformisation de « l'âge minimum d'admission à l'emploi et au travail selon la Convention 138 de l'OIT » et l'intensification du « dialogue et l'engagement entre les acteurs gouvernementaux, employeurs, organisations des travailleurs, et de la société civile pour mettre en œuvre des actions communes[1617] ».

Les deux plans régionaux démontrent clairement l'importance des déclarations présidentielles des États membres du Mercosur ; celles-ci sont à l'origine de l'évolution des valeurs développées par le Mercosur qui se concrétisent par de nouveaux instruments. D'un simple rappel des obligations des États énoncé dans la Déclaration de 1998, le Mercosur est passé désormais à l'obtention des engagements régionaux pour la promotion des droits des enfants.

Il n'en reste pas moins la question de savoir pourquoi le Mercosur n'a pas adopté les deux plans régionaux en tant que décision du Conseil du marché commun, soumis à la ratification des États membres, et donc obligatoires, comme d'ailleurs l'Accord contre la traite illicite des migrants. Cela ne tiendrait-il pas à son historique lié aux questions de sécurité des États membres ? Il va de soi qu'une déclaration ou un communiqué présidentiel seraient les bienvenus lorsqu'une question nouvelle est débattue, pour souligner l'intérêt des États membres et rendre possible l'évolution de l'appréhension du sujet par le Mercosur. Toutefois, l'adoption de tels textes ne se justifie pas, quand la question s'avère déjà bien traitée dans le groupe et équivaudrait à un retour en arrière. Le Mercosur devrait adopter des instruments contraignants à ce point précis du débat.

---

fiscalizadora, com especial atenção à abordagem de problemáticas específicas (como a do trabalho infantil (…) » (traduction libre).

[1617]*Segunda declaración presidencial sobre prevención y erradicación del trabajo infantil en el Mercosur*. Nous utiliserons désormais notre traduction en français de l'instrument : Deuxième déclaration présidentielle sur l'élimination du travail des enfants, adoptée à Mendoza, le 29 juin 2012, a : « *Intensificar el dialogo y el compromiso entre los actores gubernamentales, empleadores, organizaciones de trabajadores y actores de la sociedad civil para implementar acciones* conjuntas » et j: « *promover la homogenización de la edad mínima de la admisión al empleo y/o trabajo en el Mercosur en el marco del Convenio 138 de OIT* » (traduction libre).

La transversalité qui peut porter le sujet des droits des enfants ne s'arrête pas à la question des droits sociaux. Dans le Mercosur, les droits de l'homme rencontrent ceux des enfants au sein de la RAADH. En 2007, la réunion des hautes autorités a dû se prononcer sur le risque de l'abaissement de l'âge pénal dans les États membres du Mercosur. Après avoir rappelé les principes directeurs issus du droit international des droits de l'homme, et, tout particulièrement la Convention internationale des droits des enfants, la RAADH a évoqué le risque que cette situation peut entraîner au regard des droits de l'homme du Mercosur : « nous affirmons que toute tentative de réduire l'âge pénal et d'appliquer le régime pénal des adultes aux adolescents, serait un retour en arrière très important pour la protection des droits de l'homme pour notre région[1618] ».

385. Le Mercosur n'est pas un cas isolé parmi les groupes d'intégration économique régionale qui vise à protéger les droits de certaines catégories spécifiques de personnes. Les rédacteurs de la Charte des droits fondamentaux de l'Union européenne se sont également attachés à prendre en compte des groupes de personnes qui méritent, selon le professeur LAGRANGE, une « protection renforcée » en raison de leur état particulièrement vulnérable[1619]. La Charte de l'Union européenne vise ainsi des groupes de personnes vulnérables, principalement dans le chapitre concernant l'égalité, où elle cite l'égalité entre hommes et femmes, les droits des enfants, des personnes âgées et des personnes handicapées, et subsidiairement dans le chapitre sur la solidarité, où sont définis les droits des travailleurs et la protection des consommateurs[1620].

386. Un autre exemple concerne celui de la Charte andine pour la promotion et la protection des droits de l'homme, de la Communauté andine des nations[1621]. Dans sa neuvième partie, la charte énonce les *Droits des groupes soumis à une protection spéciale* qui comprennent les droits des femmes ; des enfants ; des personnes âgées ; des personnes handicapées ; des déplacés internes ; des réfugiés ; des apatrides ; des personnes privées de

---

[1618] Déclaration de la RAADH sur l'âge pénal, adoptée lors de sa VIIIe session ordinaire, les 31 mai et 1er juin 2007: « *afirmamos que cualquier intento de disminuir la edad penal y aplicar el régimen de adultos a los adolescentes, implicaría, de concretarse, un muy preocupante retroceso en materia de protección de derechos humanos para nuestra región* » (traduction libre).

[1619] Lagrange (Philippe), « Les personnes vulnérables », *in* Burgorgue-Larsen (Laurence) (dir), *La France face à la Charte des droits fondamentaux de l'Union*, Bruxelles, Bruylant, 2005, p. 223.

[1620] Charte des droits fondamentaux de l'Union européenne, art. 23 à 38.

[1621] Charte andine pour la promotion et la protection des droits de l'homme de la Communauté andine des nations, adoptée le 26 juillet 2002, à Guayaquil.

liberté, et enfin des personnes ayant une option sexuelle différente[1622]. Cette diversification des personnes protégées par les chartes régionales des droits de l'homme va de pair avec une diversification des droits protégés, en assurant la promotion de droits économiques et sociaux.

B. La promotion des droits économiques et sociaux dans le Mercosur

387. Une série de nouveaux documents sur les droits économiques et sociaux ont été adoptés ces dernières années, suite aux objectifs proposés par le Programme de travail 2004-2006 : « concevoir et développer, en 2004, des structures de coordination des centres de recherche sociale des quatre États membres afin de mener des réflexions sur les questions sociales, y compris celles liées à la pauvreté, à l'échange d'expériences nationales fructueuses dans des programmes et projets sociaux et au développement des indicateurs sociaux harmonisés qui peuvent servir de base pour définir les objectifs de la politique sociale dans les pays du Mercosur[1623] ».

Il a fallu que les Présidents et les ministres du Développement social et de la Santé des États membres du Mercosur se prononcent à deux reprises pour qu'un instrument très complet, mais sans valeur contraignante (le Plan stratégique d'action sociale) voie le jour en 2011. Les Présidents ont exprimé leurs hésitations par rapport aux droits économiques et sociaux, sans pour autant énoncer cette classification, en 2005 et en 2009.

La première manifestation est l'Initiative d'Asunción sur la lutte contre la pauvreté extrême. Ce texte prend la forme de déclaration où les Présidents des États membres du Mercosur affirment certaines valeurs du Mercosur telle la démocratie, au travers de l'égalité sociale ; l'exercice effectif des institutions républicaines, des libertés et de la primauté du droit ; le respect des droits de l'homme ; la promotion de l'égalité et de la justice sociale, et le

---

[1622] Charte andine pour la promotion et protection des droits de l'homme, partie IX.

[1623] Programme de travail 2004-2006, sous partie 2.2 : *« Diseñar y desarrollar, durante 2004, estructuras de articulación de los centros de investigación social de los cuatro Estados Partes para la conducción de reflexiones sobre los temas sociales, entre otros aquellos referidos a la pobreza, intercambio de experiencias nacionales exitosas en programas y proyectos sociales y desarrollo de indicadores sociales armonizados que puedan servir de base para el establecimiento de metas para la política social de los países del Mercosur »* (traduction libre).

respect du principe de la non-discrimination pour raison de race, couleur, religion, opinion politique, nationalité ou origine sociale[1624]. Cette déclaration va bien au-delà de ce qui peut être attendu d'une déclaration qui envisage les droits sociaux et économiques. En mettant en valeur les principes de non-discrimination, d'égalité, de respect des droits de l'homme, elle ne fait qu'illustrer que ces droits sont par nature transversaux et ne peuvent pas être traités séparément.

La deuxième manifestation concerne la « Déclaration sur les mécanismes de coordination des problèmes communs en matière de développement social et de santé » adoptée par le Conseil du marché commun réuni avec les ministres du Développement social et de la Santé des États membres. Elle met l'accent sur l'aspect social, l'un des axes fondamentaux du processus d'intégration régional qui se doit d'être renforcé. En outre, les rédacteurs de la déclaration s'accordent sur le fait que les politiques de développement social et de santé sont multidimensionnelles et intersectorielles. Enfin, ils considèrent qu'il s'avère nécessaire de développer des actions en vue d'atteindre la réalisation d'un concept de travail digne en tenant compte de l'égalité de genre[1625].

Suite à ces déclarations, le Conseil du marché commun a pu adopter un Plan stratégique d'action sociale du Mercosur[1626]. Cet instrument a pour but la coordination d'actions spécifiques pour consolider la dimension sociale dans l'ensemble des institutions et organismes de façon intersectorielle au sein du groupe d'intégration. Ce plan d'action a permis aux Réunions des ministres et aux Réunions spécialisées sur les sujets sociaux de présenter une proposition de plan pluriannuel (2012-2017) avec des actions et des délais. Afin que les États parties fassent aboutir ce projet, ce Plan stratégique propose des axes, lignes directrices et objectifs. Parmi les dix axes définis, certains interpellent par leur contenu très audacieux : éliminer la faim, la pauvreté et lutter contre les inégalités sociales ; assurer les droits de

---

[1624] *Iniciativa de Asunción sobre la lucha contra la pobreza extrema.* Nous utiliserons désormais notre traduction en français de l'instrument : Initiative d'Asunción sur la lutte contre la pauvreté extrême, adoptée le 20 juin 2005 à Asunción.

[1625] *Declaración sobre los mecanismos de coordinación dos problemas comunes en materia de desarrollo social y salud.* Nous utiliserons désormais notre traduction en français de l'instrument : Déclaration sur les mécanismes de coordination des problèmes communs en matière de développement social et de santé, adoptée lors de la XXXVII réunion ordinaire du Conseil du marché commun, le 23 juillet 2009 à Asunción.

[1626] *Plan estratégico de acción social del Mercosur (PEAS).* Nous utiliserons désormais notre traduction en français de l'instrument : Plan stratégique d'action sociale du Mercosur, Décision du Conseil du marché commun n° 12/11, adoptée lors de la XLI réunion ordinaire du Conseil du marché commun, le 28 juin 2011 à Asunción.

l'homme[1627], l'assistance humanitaire et l'égalité ethnique, raciale et de genre ; assurer l'accès universel aux services publics de santé ; assurer l'accès universel à l'éducation et éliminer l'analphabétisme et enfin, promouvoir un environnement durable. Les axes qui inspirent les propositions se révèlent probablement très complets et riches. Ils sont pourtant restés lettre morte et l'audace de leur contenu s'est confirmée, car aucun plan pluriannuel avec une quelconque action sociale au sein du Mercosur n'a été présenté à ce jour[1628].

Les droits civils et politiques semblent aussi être couverts par de nouveaux instruments apparus à la suite du Programme de travail 2004-2006. Quelques énoncés concernant une citoyenneté du Mercosur commencent à figurer dans ce corpus juridique.

§2 Promouvoir les droits de l'homme par la création d'une citoyenneté du Mercosur

388. En 2010, le Mercosur a progressé en direction de la promotion des droits des ressortissants des États membres. Une idée de citoyenneté régionale a fleuri au sein du groupe d'intégration économique et, à compter de ce moment, ses ressortissants prennent l'appellation de « citoyens du Mercosur ».

[1627] L'ancien secrétaire exécutif de l' IPPDH, ABRAMOVICH, rappelle que l'axe sur la garantie des droits de l'homme a suscité l'espoir de l'Institut des politiques publiques en droits de l'homme du Mercosur de travailler en partenariat avec l'Institut social du Mercosur, pour la mise en œuvre du Plan stratégique : « *El tercer eje de trabajo del IPPDH son las políticas de igualdad y no discriminación destinadas tanto a pensar políticas que en sí mismas favorezcan mejores condiciones de igualdad como a recuperar el enfoque de derechos en las políticas y los servicios sociales del Estado. Como expresión de las políticas de igualdad consideramos especialmente aquellas destinadas a garantizar inclusión social, y acceso a derechos económicos, sociales y culturales. En este sentido, se busca trabajar coordinadamente con el Instituto Social del Mercosur y con el proceso de implementación del PEAS (Plan Estratégico de Acción Social del Mercosul). Hay un nuevo modelo de políticas sociales en los países del Cono Sur, que de alguna manera recoge la idea de los derechos y de la ciudadanía* ». Abramovich (Victor), « Los derechos humanos en el marco del proceso de integración regional en el cono sur – (...) », *op. cit.*, 2012, p. 199.

[1628] Sur l'approche sociale du Mercosur, voir le récent ouvrage publié par l'ISM : Instituto Social del Mercosur, *La dimensión social del Mercosur, Marco conceptual*, Asunción, 2013.

Cette citoyenneté mercosurienne s'explique par le sentiment d'appartenance à un espace commun[1629] ou par l'idée de partager un objectif commun[1630]. Pareillement à la citoyenneté de l'Union européenne[1631], elle est liée à la nationalité des États membres du Mercosur et va de pair avec le principe de non-discrimination. Résultat logique des récents développements de la promotion de certains droits, comme les droits économiques et sociaux, à côté des piliers économique-commercial et social, la citoyenneté est devenue l'un des piliers du Mercosur[1632].

Cette étape importante, même si l'on ne constate pas encore de résultats pratiques, se concrétise par l'adoption du Plan d'action pour le Statut de la citoyenneté du Mercosur par le Conseil du marché commun (A) qui peut susciter beaucoup de réactions contradictoires (B).

[1629] Rodríguez (Graciela), *exposé dans le Colloque Diálogo Social: Mercosul em Debate - Estatuto da Cidadania Desafios para sua Implementação*, Brasilia, le 8 novembre 2012.

[1630] Mais l'idée d'une identité mercosurienne n'est pas encore unanime. Le professeur ZAMUDIO soutient que « *The resurgence of the individual identities within each Member State demonstrates that a mercosurian identity cannot be considered universal. This would mean a denial of the differences, which, at the end, would help to reinforce them. It is obvious that it is not a simple problem. A common identity will depend on the capacity to preserve the cultural diversity without losing the sense of what must be the Mercosurian citizenship: a common objective* ». (La résurgence des identités individuelles au sein de chaque État membre démontre que l'identité mercosurienne ne peut pas être considérée comme universelle. Cela signifierait la négation des différences, qui, à la fin, contribuerait à les renforcer. Il est évident que ce n'est pas un problème simple. Une identité commune dépendra de la capacité à préserver la diversité culturelle sans perdre le sens de ce que doit être la citoyenneté mercosurienne: un objectif commun – traduction libre). Zamudio (Teodora), « Mercosur: general ideas », *International Journal of Legal Information*, Winter, 2004, p. 637.

[1631] TUE, art. 9 : « (…) Est citoyen de l'Union toute personne ayant la nationalité d'un État membre (…) ».

[1632]Les Présidents des États membres du Mercosur ont réaffirmé l'importance du Plan d'action pour la conformation d'un Statut de la citoyenneté du Mercosur, qui, avec les piliers économique-commercial et social, complète le processus d'intégration lorsqu'il construit le pilier de la citoyenneté, en faveur des demandes des citoyens des régions. Ils ont noté que lorsqu'il sera pleinement opérationnel le Statut construira un réseau de droits et garanties fondamentaux qui permettront d'améliorer la qualité de vie des citoyens dans la région. (« *Reafirmaram a importância do Plano de Ação para a conformação de um Estatuto da Cidadania do Mercosul, que, em conjunto com os pilares econômico- comercial e social, completa o processo de integração ao constituir o pilar da cidadania, em benefício das demandas dos cidadãos da região. Destacaram que, quando inteiramente implementado, o Estatuto conformará uma rede de direitos e garantias fundamentais que permitirá melhorar a qualidade de vida dos cidadãos da região* ». (Ils ont réaffirmé l'importance du Plan d'action pour la conformation d'un statut de citoyenneté du Mercosur, qui avec les piliers économiques commerciaux et sociaux complète le processus d'intégration au moment qu'il construit le pilier de la citoyenneté en faveur des demandes des citoyens de la région.- traduction libre). Communiqué commun des présidents des États membres du Mercosur, Brasília, 7 décembre 2012, lors de la XLIV Réunion ordinaire du Conseil du marché commun.

A. *Le Plan d'action pour le Statut de la citoyenneté du Mercosur*

389. Le Plan d'action pour le Statut de la citoyenneté du Mercosur[1633] consiste à adopter jusqu'en 2021 (année du 30e anniversaire du Mercosur) un statut comportant des droits fondamentaux et des avantages[1634] pour les citoyens du groupe d'intégration. Ces droits constitueraient le noyau dur des droits reconnus à tous les ressortissants du Mercosur[1635] et se fonderaient en particulier sur le droit à la libre circulation et la non-discrimination[1636].

Enfin, le but de ce statut est qu'un individu ressortissant d'un État membre du Mercosur puisse voir ses droits reconnus dans n'importe quel pays membre du Mercosur. Ce qui signifie que, dès que celui-ci se trouvera dans un pays différent du sien, il jouira des mêmes droits que les citoyens de cet État d'accueil. De quels droits les citoyens jouiront concrètement, le Plan d'action pour ce statut ne les définit pas encore. Il faudra peut-être attendre 2021. Par contre il ressort de l'un des considérants du Plan d'action Statut qu'il met clairement l'accent sur ce que le Conseil du marché commun attend de ce futur instrument: « que les instruments adoptés au sein du Mercosur assurent aux ressortissants des États membres et à leurs familles la

[1633] *Plano de ação - Estatuto da Cidadania do Mercosul.* Nous utiliserons désormais notre traduction en français de l'instrument : Plan d'action pour le Statut de la citoyenneté du Mercosur, Décision du CMC n° 64/10, XL CMC, adopté le 16 décembre 2010 à Foz do Iguaçu.

[1634] Plan d'action pour le Statut de la citoyenneté du Mercosur, art. 2: « *O Estatuto da Cidadania do Mercosul estará integrado por um conjunto de direitos fundamentais e benefícios para os nacionais dos Estados Partes do Mercosul (...)* ». (Le Statut de citoyenneté du Mercosur est composé d'un ensemble de droits fondamentaux et d'avantages pour les ressortissants des États membres du Mercosur (...) – traduction libre).

[1635] Entretien avec l'ancien secrétaire exécutif de l'IPPDH ABRAMOVICH, réalisé le 1er juillet 2011 à l'IPPDH, Buenos Aires, en annexe.

[1636] Le statut envisage trois grands objectifs : la mise en œuvre d'une politique de libre circulation des personnes dans le Mercosur ; l'égalité des droits et libertés civils, sociaux, culturels et économiques pour les ressortissants des États membres du Mercosur, et l'égalité des conditions d'accès au travail, à la santé et à l'éducation. D'après eux, la place privilégiée accordée au droit à la libre circulation et à la non-discrimination dans cet instrument apparaît évidente. Plan d'action pour le Statut de la citoyenneté du Mercosur, art. 2: « (...) *implementação de uma política de livre circulação de pessoas na região, igualdade de direitos e liberdades civis, sociais, culturais e econômicas para os nacionais dos Estados Partes do Mercosul, igualdade de condições para acesso ao trabalho, saúde e educação* » — traduction libre.

jouissance des mêmes droits et libertés civils, sociaux, culturels et économiques, en conformité avec les lois en régissant l'exercice[1637]».

Au premier regard, il semble que ce statut ne bénéficiera qu'aux migrants. Cependant, vu qu'il postule une convergence de certains droits entre tous les États membres du Mercosur, les pays qui ont un niveau plus faible de protection de certains droits devront en principe se mettre en phase avec les autres, si l'on prend en compte l'objectif de libre circulation. Ainsi, leurs citoyens bénéficieront par ricochet de ce nouvel instrument[1638].

390. Pour parvenir à ces trois grands objectifs du statut, le plan d'action propose 11 thématiques. Chaque thématique se voit accompagnée des objectifs à remplir et avec les organismes qui s'en chargent d'y parvenir. Les thématiques portent sur : la circulation des personnes ; les frontières ; l'identification ; la coopération consulaire ; le travail et l'emploi ; la sécurité sociale ; l'éducation ; le transport ; les communications ; la défense des consommateurs, et les droits politiques. Toutes ces thématiques revêtent de l'importance en raison du développement politique du Mercosur. Mais certaines retiennent davantage l'attention.

La thématique sur le travail et l'emploi (dont les objectifs proposés se révèlent les plus développés d'entre toutes les thématiques) suggère la réforme de la Déclaration « *sociolaborale* » et le développement des directives sur l'emploi, ainsi que des plans régionaux en matière de travail des enfants et d'inspection du travail[1639]. Il s'agit peut-être d'un coup de

---

1637 Plan d'action pour le Statut de la citoyenneté du Mercosur, *Considerando* 4 : « *Que os instrumentos adotados no Mercosul garantem aos nacionais dos Estados Partes e as suas famílias o gozo dos mesmos direitos e liberdades civis, sociais, culturais e econômicas, de acordo com as leis que regulamentam o seu exercício* » — traduction libre.

1638 Le professeur CERIANI CERNADAS est du même avis: « *la implementación de este plan de acción puede representar una base fundamental para elevar el nivel de protección de los derechos humanos en la región, y para instalar un enfoque integral en las políticas migratorias, cuyo sostén sean los principios y estándares de derechos humanos* ». (La mise en œuvre de ce plan d'action peut constituer une base fondamentale pour élever le niveau de protection des droits de l'homme dans la région, et permettre de mettre en place une approche globale des politiques migratoires, qui aurait pour socle les principes et les normes des droits de l'homme – traduction libre). Ceriani Cernadas (Pablo), « Apuntes críticos sobre derechos humanos, migraciones y libre circulación de personas en el Mercosul », *in* Zaffaroni (Eugenio) (coord.), *Derechos Humanos. Reflexiones desde el Sur*, Buenos Aires, Infojus, 2012, p. 83.

1639 Plan d'action pour le Statut de la citoyenneté du Mercosur, art. 3 § 5 : « *com vistas a alcançar os objetivos gerais indicados no artigo 2, o plano de ação será integrado pelos seguintes elementos, os quais serão tratados nos âmbitos indicados a seguir (...)Trabalho e Emprego : revisão da Declaração Sociolaboral do Mercosul (...); desenvolvimento de*

pouce pour des projets initiés depuis longtemps, mais qui peinent à trouver une concrétisation.

Le sujet des droits des consommateurs, oublié depuis 2000, a été également remis en avant par le plan d'action. Des propositions très intéressantes et novatrices sont prévues : la création d'un système d'information de défense des consommateurs et d'un établissement de formation sur les droits des consommateurs, ainsi que l'adoption d'une norme applicable aux contrats internationaux de consommation[1640].

Enfin, l'une des plus grandes surprises de ce plan d'action concerne la thématique des droits politiques. Car le Conseil du marché commun n'a pas hésité à utiliser l'expression « droits politiques » qui généralement relève du tabou pour ce qui touche aux droits des étrangers. Le Conseil propose d'« évaluer les conditions pour avancer progressivement dans l'établissement des droits politiques, selon les législations nationales, en faveur des citoyens des États membres du Mercosur qui ont une résidence dans un autre État membre, y compris la possibilité d'élire les parlementaires du Mercosur[1641] ». Les droits politiques occupent une place centrale dans le catalogue des droits de la citoyenneté, ce qui n'a rien d'étonnant. Le professeur BLUMANN rappelle que, dans le Traité de Rome, « la citoyenneté de l'Union reste très centrée sur les droits politiques ». La plupart des droits

---

diretrizes sobre emprego; desenvolvimento de plano regional em matéria de trabalho infantil; desenvolvimento de plano regional em matéria de inspeção de trabalho; desenvolvimento de plano regional em matéria de facilitação da circulação de trabalhadores » (Afin d'atteindre les objectifs généraux énoncés à l'article 2, le plan d'action sera intégré par les éléments suivants, qui seront traités dans les cadres ci-dessous (...)Travail et emploi : révision de la Déclaration « *sociolaborale* » du Mercosur, développement des lignes directrices sur l'emploi, développement du plan régional relatif au travail des enfants, développement du plan régional relatif à l'inspection du travail; développement du plan régional relatif à la facilitation de la circulation des travailleurs - traduction libre).

[1640]Plan d'action pour le Statut de la citoyenneté du Mercosur, art. 3 § 10 : « (...) *Criação de um Sistema Mercosul de Defesa do Consumidor, composto por: Sistema Mercosul de Informações de Defesa do Consumidor; Ação regional de capacitação – Escola Mercosul de Defesa do Consumidor; Norma Mercosul aplicável a contratos internacionais de consumo* » (Création d'un système Mercosur de défense de la consommation, composé du Système Mercosur d'Information de protection des consommateurs ; Action régional de formation — École Mercosur de la protection des consommateurs; Norme Mercosur applicable aux contrats internationaux de consommation — traduction libre).

[1641]Plan d'action pour le Statut de la citoyenneté du Mercosur, art. 3 § 11: « *Avaliar as condições para avançar progressivamente no estabelecimento de direitos políticos, de acordo com as legislações nacionais que regulamentem seu exercício, em favor dos cidadãos de um dos Estados Partes do Mercosul que residam em outro Estado Parte de que não sejam nacionais, incluindo a possibilidade de eleger parlamentares do Mercosul* » (traduction libre).

de citoyenneté gravitent autour de la vie politique, ce qui situe la citoyenneté « dans un mouvement de réduction du déficit démocratique de l'Union[1642] ».

Cependant, il y a certains détails dans ce Plan d'action qui enthousiasment, d'autres qui intriguent.

B. Des réactions mitigées à l'égard du Plan d'action pour le Statut de la citoyenneté du Mercosur

391. Le Plan d'action pour le Statut de la citoyenneté du Conseil du marché commun provoque l'enthousiasme parce qu'il confie la surveillance du développement du Plan d'action à une seule personne, le Haut représentant général du Mercosur, tout récent « organisme unipersonnel ». Pour réaliser sa mission, le Haut représentant peut solliciter des informations auprès des organismes chargés des thématiques, leur faire des suggestions et présenter des rapports sur l'avancement du Plan d'action, lors des réunions ordinaires du Conseil du Marché commun[1643]. Cette décision suscite une grande adhésion, car c'est la première fois qu'un projet d'une telle ampleur n'est pas délégué à l'ensemble d'une institution ou organisme du Mercosur. Ce qui assure une meilleure visibilité, mais aussi une plus grande efficacité dans la poursuite des travaux ainsi que dans la réalisation des objectifs du Plan d'action.

392. Cependant, le plan d'action peut également interroger. Car il envisage que « les instruments adoptés par le Mercosur assurent aux ressortissants des États membres et à leurs familles la jouissance des mêmes

[1642]Blumann (Claude), « Citoyenneté européenne et droits fondamentaux en droit de l'Union européenne », *in Libertés, justice, tolérance – Mélanges en hommage au Doyen Gérard Cohen-Jonathan*, Bruxelles, Bruylant, 2004, p. 269.

[1643]Plan d'action pour le Statut de la citoyenneté du Mercosur, art. 5: « *O Alto Representante-Geral do Mercosul acompanhará o desenvolvimento do Plano de Ação e apresentará relatório de avanços nas Reuniões Ordinárias do Conselho do Mercado Comum. Para tanto, o Alto Representante-Geral do Mercosul poderá solicitar informação e/ou fazer sugestões aos foros do Mercosul mencionados no Artigo 3* ». (Le Haut Représentant général du Mercosur suit l'évolution du Plan d'action et présente un rapport sur l'état d'avancement lors des réunions ordinaires du Conseil du marché commun. Par conséquent, le Haut Représentant général du Mercosur peut demander des informations et /ou faire des suggestions aux forums du Mercosur mentionnés à l'article 3 - traduction libre).

droits et libertés civils, sociaux, culturels et économiques, en conformité avec les lois qui en régissant l'exercice[1644] ». Quel sera le sort des ressortissants des États non membres (y compris des États associés et des États tiers du Mercosur) résidant dans les pays membres du Mercosur[1645] ? À l'instar des centaines de Boliviens qui travaillent et habitent dans de très mauvaises conditions dans des usines textiles à São Paulo, préfigurant une nouvelle classe de travailleurs : les esclaves en milieu urbain. Ne devraient-ils pas bénéficier également d'un même socle minimum de protection de leurs droits? L'idée de la reconnaissance des droits qui ne serait accordée qu'aux seuls citoyens du Mercosur porterait, sous cet angle, atteinte au principe de l'universalité des droits de l'homme[1646].

[1644]Plan d'action pour le Statut de la citoyenneté du Mercosur, Considérant 4 : « *Que os instrumentos adotados no Mercosul garantem aos nacionais dos Estados Partes e as suas famílias o gozo dos mesmos direitos e liberdades civis, sociais, culturais e econômicas, de acordo com as leis que regulamentam o seu exercício* » (traduction libre).

[1645] Le professeur CERIANI CERNADAS s'interroge également sur ce critère de nationalité. Il pense qu'il faut mener une réflexion sur la notion de citoyenneté sur deux points précis. D'une part, sur sa relation avec la nationalité, à savoir l'approche restrictive qui suppose de ne considérer citoyens et citoyennes que les seules personnes qui ont une certaine nationalité (ou quelques). Et d'autre part, sur l'attribution des droits de l'homme qui se ferait non pas en raison de ce statut, mais du fait que les personnes sont les ressortissants d'un État. En outre, le professeur CERIANI CERNADAS soutient que, la façon dont on a proposé le processus d'extension des droits et des libertés, pourrait créer l'effet inverse. Il se réfère à la possibilité que le Statut de la citoyenneté du Mercosur ne devienne pas un mécanisme d'exclusion et de restriction, au détriment des droits de certaines catégories de migrants qui résident dans l'un des pays de la région ou qui tentent d'y entrer. (« *Es preciso hacer una reflexión en torno a la noción de ciudadanía, especialmente en dos sentidos. Por un lado, sobre su vinculación con la nacionalidad, es decir, la concepción restrictiva que supone considerar ciudadanos y ciudadanas únicamente a quienes poseen una determinada nacionalidad (o algunas). Y por el otro, la atribución de derechos humanos, ya no en razón de tal condición sino por el hecho de ser nacionales de un determinado Estado, la forma en que se ha propuesto el proceso de extensión de derechos y libertades, podría generar el efecto contrario. Nos referimos, y esto constituye uno de los objetivos centrales de este trabajo, a la posibilidad que el llamado "Estatuto de Ciudadanía del Mercosur" se transforme en un mecanismo excluyente y restrictivo, en perjuicio de los derechos de algunas categorías de migrantes que habiten o intenten ingresar a uno de los países de la región* » – traduction libre). Ceriani Cernadas (Pablo), *op. cit.*, p. 84-85.

[1646] Le professeur BLUMANN s'est posé la même question par rapport à la citoyenneté européenne : « La citoyenneté n'a pas en effet pour seul objet d'apporter des droits et libertés à ses destinataires. Elle a une ambition politique, identifier les individus membres du corps politique qu'entend former l'Union. La citoyenneté participe donc d'un projet collectif qui est celui de l'affirmation de l'identité européenne tans vis-à-vis de ses États membres que vis-à-vis de l'extérieur. Dans ce contexte, l'apparition très rapide de la problématique sur les droits fondamentaux, laquelle se situe à l'opposé dans une perspective universaliste conduit à se demander si l'Union européenne n'abandonne pas la proie pour l'ombre ». Blumann (Claude), 2004, *op. cit.*, p. 267.

393. Pour ce qui concerne l'Union européenne, le professeur PERALDI-LENEUF observe que le terme citoyenneté utilisé dans le Traité de Maastricht a connu un énorme succès, car l'objectif, à l'époque, était de rapprocher l'Europe des citoyens moyennant l'attribution des droits liés à la libre circulation des travailleurs et la possibilité de continuer à exercer leurs droits civiques aux élections locales et européennes. Le terme a recueilli une considérable adhésion, car l'on considérait qu'il s'agissait d'un pas en avant vers une Europe plus politique et moins économique. La Cour de justice de l'Union a fortement contribué à donner une substance sociale à la citoyenneté de l'Union, par le développement de droits matériels, par l'utilisation combinée des dispositions sur la libre circulation des citoyens et du principe de non-discrimination[1647]. Mais on peut souligner aussi que la démarche était biaisée, puisque le manque de réflexion sur le terme a conduit à appauvrir la portée des droits, en réservant aux citoyens des droits dont le bénéfice n'a aucune raison d'être refusé à d'autres[1648]. Il s'agit donc d'une citoyenneté « d'appartenance », comme l'explique le même professeur, celle qui repose sur le lien de nationalité[1649] lorsque l'on se réfère à la citoyenneté de l'Union européenne.

Madame KAUFF-GAZIN s'exprime dans le même sens pour ce qui touche à la manière dont le Traité établissant une Constitution pour l'Union européenne souhaitait aborder la citoyenneté dans l'Union européenne : « le Traité constitutionnel continue à enserrer la citoyenneté de l'Union dans un corset national et rate l'occasion de franchir le cap d'une véritable citoyenneté européenne[1650] ». Le professeur RIDEAU critique, pour sa part, le contenu de la citoyenneté européenne présenté dans le Traité sur l'Union européenne et le Traité sur le fonctionnement de l'Union européenne[1651]. Selon lui, la citoyenneté serait « tournée vers l'intérieur de l'Union européenne et reste [rait] limitée dans les droits qu'elle confère[1652] ».

[1647] Ce mouvement est très perceptible depuis l'arrêt *Garcia Avello c. Belgique.* CJCE, Arrêtdu 2 octobre 2003, *Garcia Avello c. Belgique*, n° C-148/02, Rec. p. I — 11613.

[1648] Péraldi-Leneuf (Fabienne), « La citoyenneté ou le paradoxe démocratique », *in* Burgorgue-Larsen (Laurence) (dir), *La France face à la Charte des droits fondamentaux de l'Union*, Bruxelles, Bruylant, 2005, p. 690.

[1649] Péraldi-Leneuf (Fabienne), *op. cit.*, p. 698.

[1650]Kauff-Gazin(Fabienne), « La citoyenneté de l'Union européenne dans le Traité établissant une Constitution pour l'Europe », *in* Constantinesco (Vlad) ; Gautier (Yves) ; Michel (Valérie) (dir), *op. cit.*, p. 347.

[1651] TFUE, art. 20 à 25.

[1652] Rideau (Joël), *Droit institutionnel de l'Union européenne*, 6e éd., Paris, LGDJ, 2010, p. 405.

D'une vision plus optimiste, le professeur JACQUE dit que la citoyenneté n'est pas seulement un statut symbolique, mais confère effectivement des droits à ses titulaires. Selon lui, elle est encore « embryonnaire[1653] », car elle se trouve en plein développement grâce à la jurisprudence de la CJUE. Il rappelle que son contenu de caractère est en substance « évolutif[1654] » et qu'il peut être à loisir complété par le Conseil statuant à l'unanimité, sur proposition de la Commission et après consultation du Parlement[1655].

394. Pour revenir au Plan d'action, il est précisé que la totalité de la mise en œuvre du Statut est prévue pour 2021, ce qui permet une mise en place progressive des actions prévues par le plan. Ainsi, le document initial propose-t-il à des organismes chargés du développement des thématiques de rédiger des agendas de travail pouvant s'étaler sur dix ans[1656]. Cela signifie que ces derniers pourront travailler sur des échéanciers très courts - par exemple de six mois, équivalant à la durée d'une Présidence *pro tempore* – ou extrêmement longs.

Les deux possibilités peuvent présenter des risques pour l'évolution du travail et le succès de la mise en œuvre du Statut. Si ces organismes travaillent sur des projets avec de courts délais, ils courent le risque d'arriver au terme sans connaître de résultats probants. En outre, ils deviendraient plus vulnérables aux changements administratifs, par exemple le remplacement du personnel. Si, au contraire, ils travaillent sur des projets avec des délais plus longs, ils s'exposent à ne pas se montrer assez prévoyants pour imaginer des actions concrètes sur une longue période. Cependant, cela rend les projets indépendants, tout en les protégeant des circonstances extérieures.

[1653] Jacqué (Jean-Paul), *op. cit.*, p. 134.

[1654] *Ibid.*, p. 135.

[1655] TFUE, art. 25 : « Sur cette base, et sans préjudice des autres dispositions des traités, le Conseil, statuant à l'unanimité conformément à une procédure législative spéciale, et après approbation du Parlement européen, peut arrêter des dispositions tendant à compléter les droits énumérés à l'article 20, paragraphe 2. Ces dispositions entrent en vigueur après leur approbation par les États membres, conformément à leurs règles constitutionnelles respectives ».

[1656] Plan d'action pour le Statut de la citoyenneté du Mercosur, art. 6 : *« Os foros do Mercosul mencionados no Artigo 3 elaborarão um cronograma de trabalho, de até 10 anos, para a implementação progressiva dos elementos que integram o Plano de Ação, tendo em conta os objetivos indicados no Artigo 2 »*. (Les forums du Mercosur mentionnés à l'article 3 établissent un calendrier de travail, jusqu'à 10 ans pour la mise en œuvre progressive des éléments qui composent le Plan d'action, en tenant compte des objectifs énoncés à l'article 2– traduction libre).

395. Enfin, le cinquième considérant du Plan d'action indique qu'« il est nécessaire de consolider un ensemble de droits fondamentaux et d'avantages en faveur des ressortissants des États membres du Mercosur et d'établir un plan d'action pour la conformation progressive d'un statut de citoyenneté du Mercosur, en vue de sa mise en œuvre complète lors du trentième anniversaire de la signature du Traité d'Asunción[1657] ». Toutefois, dans ce document, il n'est fait nulle mention d'actions à la charge de la RAADH ou de l'IPPDH, qui, pourtant, représentent les organismes les plus compétents pour les questions relatives aux droits de l'homme dans le Mercosur.

Cette situation peut évoluer dans la mesure où le Plan d'action n'est pas figé et que des suggestions peuvent être élaborées en complément par des organismes chargés des thématiques, mais aussi par le Haut représentant général du Mercosur. Enfin, le Conseil du marché commun peut mettre à jour ou élargir les thématiques phares de ce programme[1658].

Cependant, il serait regrettable que ce futur Statut de citoyenneté ne soit pas enrichi de plus d'énoncés visant la protection des droits de l'homme des ressortissants des États membres du Mercosur. Car le Statut de la citoyenneté ambitionne d'intégrer les sources de droit originaire du Mercosur : « Le statut de citoyenneté du Mercosur peut devenir un instrument par le biais de la signature d'un protocole international qui intègre le concept de 'citoyen du Mercosur' et devient partie intégrante du Traité d'Asunción[1659] ».Cet avant-dernier énoncé du Plan d'action confirme l'importance capitale de ce futur Statut de la citoyenneté pour le Mercosur.

[1657]Plan d'action pour le Statut de la citoyenneté du Mercosur, Considérant 5: *« Que é necessário consolidar um conjunto de direitos fundamentais e benefícios em favor dos nacionais dos Estados Partes do Mercosul e estabelecer um Plano de Ação para a conformação progressiva de um Estatuto da Cidadania do Mercosul, com vistas a sua plena implementação no trigésimo aniversário da assinatura do Tratado de Assunção »* (traduction libre).

[1658] Plan d'action pour le Statut de la citoyenneté du Mercosur, art. 4: « *O Conselho do Mercado Comum poderá atualizar e/ou ampliar o Plano de Ação com base nas recomendações dos âmbitos mencionados no Artigo 3 e do Alto Representante Geral do Mercosul. A primeira revisão da implementação do Plano de Ação se efetuará na LVI Reunião Ordinária do Conselho do Mercado Comum* » (Le Conseil du marché commun peut mettre à jour et/ou développer le plan d'action sur la base des recommandations des organismes mentionnés à l'article 3 et du Haut Représentant général du Mercosur - traduction libre).

[1659]Plan d'action pour le Statut de la citoyenneté du Mercosur, art. 7 : « *O Plano de Ação deverá estar integralmente implementado no 30° aniversário do Mercosul. O Estatuto da Cidadania do Mercosul poderá ser instrumentalizado por meio da assinatura de um protocolo internacional que incorpore o conceito de 'Cidadão do Mercosul' e forme parte do Tratado de Assunção* » (Le Plan d'action sera pleinement mis en œuvre pour le 30e anniversaire du Mercosur. Le Statut de la Citoyenneté Mercosur pourra devenir un instrument

Pour certains, celui-ci est porteur d'espoir pour la protection des droits des individus. Il est par ailleurs considéré comme d'importance particulière par le secrétaire exécutif de l'IPPDH. Cependant, selon lui, cet instrument ne porte pas sur la protection des droits de l'homme, mais sur celle des droits de la citoyenneté régionale des ressortissants du Mercosur, à l'instar du droit de circulation, de travailler, de bénéficier de la sécurité sociale, de jouir des droits politiques[1660]. Cela pourrait donc expliquer la raison pour laquelle le futur Statut ne concernera pas toutes les personnes résidant dans les États membres du Mercosur (par exemple les ressortissants des États associés du Mercosur ou ceux des pays tiers).

Pour d'autres personnes, le futur Statut est encore loin d'être porteur de droits au profit des individus à l'intérieur du Mercosur. Le ministre brésilien CARVALHO rappelle qu'une « intégration ne se fait pas seulement de souhaits, mots et discours, mais lorsqu'on conquiert des droits effectifs pour les citoyens. Il y a encore beaucoup à avancer pour que les droits comme l'accès au travail, à la santé et à la libre circulation soient effectivement consolidés[1661] ».

396. Enfin, il ne semble pas que le Mercosur considère aujourd'hui les *droits liés à la citoyenneté* comme des *droits de l'homme de ses ressortissants*. Au contraire, il semblerait que les droits de l'homme soient une composante de ces droits du citoyen. En témoigne l'énoncé qui porte sur les « droits fondamentaux » du Plan d'action[1662] et dans le « Guide du citoyen du Mercosur », publié en 2010 par la Commission des représentants

juridique par le biais de la signature d'un protocole international qui intègre la notion de 'citoyen du Mercosur 'et qui fait partie intégrante du Traité d'Asunción - traduction libre).

1660 Entretien avec l'ancien secrétaire exécutif de l'IPPDH, ABRAMOVICH, réalisé le 1er juillet 2011 à l'IPPDH, Buenos Aires, en annexe.

1661 « *Uma integração não se faz apenas por desejos, palavras e discursos, mas sim quando conquistamos direitos efetivos para os cidadãos. Há muito o que avançar para que direitos como o acesso ao trabalho, à saúde e à livre circulação sejam de fato consolidados* » (traduction libre). Gilberto CARVALHO, lors de son exposé au Colloque Diálogo Social: Mercosul em Debate - Estatuto da Cidadania: Desafios para sua Implementação, Brasilia, le 8 novembre 2012.

1662 Plan d'action pour le Statut de la citoyenneté du Mercosur, art. 2 : « *O Estatuto da Cidadania do Mercosul estará integrado por um conjunto de direitos fundamentais e benefícios para os nacionais dos Estados Partes do Mercosul* » (Le Statut de citoyenneté du Mercosur est composé d'un ensemble de droits fondamentaux et d'avantages pour les ressortissants des États membres du Mercosur – traduction libre).

permanents du Mercosur[1663]. Dans ce recueil de normes qui se réfèrent aux citoyens du Mercosur, l'un des dix chapitres est spécifiquement consacré aux droits de l'homme.

Le professeur BLUMANN propose un autre avis, par rapport à la citoyenneté dans l'Union européenne. Il pense que la citoyenneté de l'Union tend à conforter la création d'un espace politique européen. En revanche, les droits fondamentaux sont conçus dans une optique universaliste qui ne saurait pas s'arrêter aux frontières de l'Union et toute personne placée sous la juridiction de l'Union ou toute personne ayant un lien avec celle-ci devrait pouvoir en bénéficier[1664].

397. Néanmoins, l'idée des droits de la citoyenneté marque une avancée dans la reconnaissance des droits de l'homme au Mercosur. Elle peut amener à la promotion et à la protection des droits de l'homme au moins pour ses ressortissants, si le Plan d'action incorpore d'autres thématiques, plus proches de celles des droits de l'homme et déconnectées de la seule logique du marché commun, au cours de la période de préparation pour la mise en œuvre du Statut de la citoyenneté. C'est ce que l'on peut observer dans la conception des clauses de conditionnalité liées au respect des droits de l'homme dans le Mercosur.

[1663] Comisión de representantes permanentes del Mercosur, *Cartilla del ciudadano del Mercosur – compilación de normativa relacionada con el ciudadano del Mercosur*, 2010.

[1664] Blumann (Claude), 2004, *op. cit.*, p. 269.

Section II : Des instruments pour la protection des droits de l'homme, issus des clauses de conditionnalité

398. Le professeur DELMAS-MARTY a ouvert un débat sur la difficulté de cohabitation des valeurs marchandes (celles liées aux quatre libertés économiques) et des valeurs non marchandes (celles liées aux protections des personnes) dans l'espace international. Elle constate que les valeurs marchandes semblent être en constante évolution alors que les dispositifs d'encadrement juridique ne sont pas adaptés aux valeurs non marchandes. Selon ce professeur, les organisations régionales n'excluent pas totalement les valeurs non marchandes, mais elles finissent par être l'objet d'interprétations strictes et occupent une position d'arrière-plan dans la hiérarchie des normes[1665]. Cela pourrait expliquer la difficulté d'élever au niveau du droit originaire de nombreuses normes du Mercosur. Cependant, le groupe d'intégration a réussi timidement à franchir ce cap et a transformé les droits de l'homme en clause de conditionnalité du Mercosur (§ 1) et il se sert de cette même valeur non marchande pour permettre la réalisation des accords avec des pays tiers (§ 2).

§1 Le respect des droits de l'homme : condition d'appartenance au Mercosur

399. Depuis 2002, date de l'entrée en vigueur du Protocole d'Ushuaia relatif à l'engagement démocratique dans le Mercosur, la République de Bolivie et la République du Chili (ci-après *Protocole d'Ushuaia*)[1666], le

---

[1665] Delmas-Marty (Mireille), *Les forces imaginantes du droit. Le relatif et l'universel*, Paris, Seuil, 2004, p. 149.

[1666] *Protocolo de Ushuaia Sobre Compromiso Democrático en el Mercosur, la Republica de Bolivia y la República de Chile*. Nous utiliserons désormais notre traduction en français de

groupe d'intégration régionale accepte des clauses non économiques comme condition du développement du processus d'intégration et comme élément fondamental de l'identité de l'organisation[1667]. Ces clauses non économiques, pour l'enseignante CANDELA SORIANO, représentent le lien entre l'établissement des relations contractuelles, l'octroi des préférences commerciales et l'aide communautaire, mais aussi le respect des droits de l'homme, la démocratie et l'État de droit[1668]. Pour cette raison, elles sont appelées « clauses de conditionnalité politique ». Elles subordonnent la participation à une organisation internationale (adhésion, suspension, exclusion) ainsi qu'à l'établissement ou la poursuite d'une coopération à des conditions politiques[1669]. Elles sont *politiques* puisqu'elles rassemblent des conditions qui relèvent du respect de l'ordre démocratique, de l'État de droit et des droits de l'homme par les États.

Cette nouvelle approche de la valorisation de caractéristiques moins commerciales (et plus politiques) du Mercosur a permis l'adoption de deux autres instruments, enrichissant ainsi les sources de droit originaire du Mercosur[1670]. Il s'agit du Protocole d'Asunción (A) et du Protocole d'Ushuaia II (B).

A. La clause d'appartenance proposée par le Protocole d'Asunción

---

l'instrument : Protocole d'Ushuaia relatif à l'engagement démocratique dans le Mercosur, la République de Bolivie et la République du Chili[1666], signé à Ushuaia le 24 juillet 1998, et entré en vigueur le 17 janvier 2002.

[1667] Intervention de la délégation brésilienne au nom du Mercosur, de la Bolivie et du Chili lors de la 55e session de l'Assemblée générale de l'ONU, le 26 octobre 2000 à New York (Intervención de la Delegación brasileña en nombre de Mercosur, Bolivia y Chile, 55 Sesión de la Asamblea General, Tercera Comisión – Punto 114-b).

[1668] Candela Soriano (Mercedes), « L'Union européenne et la protection des droits de l'homme dans la coopération au développement: le rôle de la conditionnalité politique », *RTDH*, 2002, n° 52, Bruxelles, Némésis, p. 875.

[1669] Schneider (Catherine) et Tucny (Edwige), « Réflexions sur la conditionnalité politique appliquée à l'élargissement de l'Union européenne aux pays d'Europe centrale et orientale », *Revue d'études comparatives est-ouest*, 2002, vol. 33, n° 3, p. 11.

[1670] L'enseignante GALY soutient qu'il s'agit d'une reconnaissance intrinsèquement liée à la réussite de l'intégration. « Si antérieurement les valeurs communes qui caractérisent l'unité du continent étaient posées comme des éléments devant accompagner l'intégration, dans les processus des années 1990, ils deviennent la composante incontournable de l'intégration. L'adoption des normes confirmant l'importance des droits de la personne humaine et le respect de la démocratie, résulte d'une prise de conscience de l'interdépendance des problèmes économiques, techniques, de maintien de la paix ». Galy (Karine), *op. cit.*, p. 185.

400. Si le Protocole d'Ushuaia de 1998 limitait les clauses de conditionnalité au respect de la démocratie, en énonçant que « le bon fonctionnement des institutions démocratiques est la condition essentielle du développement du processus d'intégration entre les États parties au présent protocole »[1671], les instruments ultérieurs, résultat des grands discours politiques[1672], ont enfin reconnu le respect des droits de l'homme, comme condition d'appartenance au Mercosur.

Ainsi, le Protocole d'Asunción relatif à l'engagement de la promotion et la protection des droits de l'homme dans le Mercosur, entré en vigueur en 2010[1673] (ci-après *Protocole d'Asunción*), a directement ciblé la question, sans la séparer de la question démocratique[1674], en affirmant que « l'existence de l'ordre démocratique constitue une garantie essentielle pour l'exercice des droits de l'homme et des libertés fondamentales, et que toute rupture ou menace du développement normal du processus démocratique dans l'une des parties met en péril la mise en œuvre effective des droits de

[1671] Protocole d'Ushuaia, art. 1: « *La plena vigencia de las instituciones democráticas es condición esencial para el desarrollo de los procesos de integración entre los Estados Partes del presente Protocolo* » (Le bon fonctionnement des institutions démocratiques est la condition essentielle du développement des processus d'intégration entre les États parties au présent protocole - traduction selon la version française déposée aux Nations unies).

[1672] Des déclarations et des communiqués présidentiels, dépourvus d'effet contraignant, ont joué un rôle essentiel dans l'adoption des Protocoles. Voir notamment la Déclaration présidentielle de Puerto Iguazu du 8 juillet 2004 ; la Déclaration sur les droits de l'homme des Présidents du Mercosur et des États associés, du 9 décembre 2005, et le Communiqué conjoint des Présidents des États membres du Mercosur, du 7 décembre 2012.

Sur l'évolution des textes non contraignants vers des instruments obligatoires, l'enseignante GALY soutient que « la place accordée aux droits de l'homme par les dispositifs d'intégration ne se contente plus de grandes déclarations, mais s'accompagne formellement de la mise en place de véritables mécanismes de garantie. Une 'institutionnalisation' des droits de l'homme qui s'opère par une approche normative et une approche contentieuse dynamique ». Galy (Karine), *op. cit.*, p. 194.

[1673] *Protocolo de Asunción sobre Compromiso con la Promoción y Protección de los Derechos Humanos del Mercosur*. Nous utiliserons désormais notre traduction en français de l'instrument : Protocole d'Asunción relatif à l'engagement pour la promotion et la protection des droits de l'homme dans le Mercosur, signé à Asunción le 20 juin 2005, et entré en vigueur le 30 avril 2010.

[1674] Le Protocole d'Asunción cite à diverses reprises la démocratie dans ses énoncés, ce qui démontre le fort lien entre les questions sur la démocratie et le respect des droits de l'homme dans l'actuel niveau de développement politique du Mercosur. Les considérants n° 3, 4, 5, 6, 7 et 8 rappellent la Déclaration Présidentielle de Las Leñas de 1992, sur les institutions démocratiques ; la Déclaration Présidentielle sur l'engagement démocratique au Mercosur ; le Protocole d'Ushuaia, et la Charte démocratique interaméricaine.

l'homme[1675] » et que « l'existence des institutions démocratiques et le respect des droits de l'homme et des libertés fondamentales sont des conditions indispensables à l'existence et à l'évolution du processus d'intégration entre les Parties[1676]».

L'interdépendance de la démocratie et des droits de l'homme comme condition même de vie du Mercosur a été mise en avant grâce au Protocole d'Ushuaia II. Dès qu'il sera entré en vigueur, les États parties au protocole devront respecter, outre l'ordre démocratique et les droits de l'homme, l'État de droit et les institutions qui les garantissent: « réitérant l'engagement de la promotion, de la défense et de la protection de l'ordre démocratique, de l'État de droit et de ses institutions, des droits de l'homme et des libertés fondamentales, comme condition essentielle et indispensable pour le développement du processus d'intégration et de participation [1677]dans le Mercosur[1678] ».

[1675] Protocole d'Asunción, considérant n° 11 « *Reafirmando que la vigencia del orden democrático constituye una garantía indispensable para el ejercicio efectivo de los derechos humanos y libertades fundamentales, y que toda ruptura o amenaza del normal desarrollo del proceso democrático en una de las Partes pone en riesgo el goce efectivo de los derechos humanos* » (traduction libre).

[1676] Protocole d'Asunción, art. 1: « *La plena vigencia de las instituciones democráticas y el respeto de los derechos humanos y de las libertades fundamentales son condiciones esenciales para la vigencia y evolución del proceso de integración entre las Partes* » (traduction libre).

[1677] Le professeur WACHSMANN rappelle la différence entre les conditions d'adhésion des nouveaux États à l'Union européenne et les conditions de participation plénière à l'Union. Les conditions d'adhésion sont énoncées dans l'article 49 mise en rapport avec l'article 2 du TUE: « Tout État européen qui respecte les valeurs visées à l'article 2 et s'engage à les promouvoir peut demander à devenir membre de l'Union » (art. 49) et « L'Union est fondée sur les valeurs de respect de la dignité humaine, de liberté, de démocratie, d'égalité, de l'État de droit, ainsi que de respect des droits de l'homme, y compris des droits des personnes appartenant à des minorités. Ces valeurs sont communes aux États membres dans une société caractérisée par le pluralisme, la non-discrimination, la tolérance, la justice, la solidarité et l'égalité entre les femmes et les hommes » (art. 2). Les conditions de participation plénière à l'Union sont énoncées dans l'article 7.1 mise en rapport avec l'article 2 du TUE: « (…) le Conseil, statuant à la majorité des quatre cinquièmes de ses membres après approbation du Parlement européen, peut constater qu'il existe un risque clair de violation grave par un État membre des valeurs visées à l'article 2 ». Wachsmann (Patrick), « La lente, progressive et inexorable montée en puissance des droits de l'homme dans le système de la Communauté et de l'Union », *RTDE*, 1997, n° 4, p. 894.

[1678] Protocole d'Ushuaia II, considérant n° 2: « *Reiterando el compromiso con la promoción, defensa y protección del orden democrático, del estado de derecho y sus instituciones, de los derechos humanos y las libertades fundamentales, como condiciones esenciales e indispensables para el desarrollo del proceso de integración y para la participación en el Mercosur* » (traduction libre).

401. Après l'examen de ces trois instruments, tous de caractère contraignant[1679], il paraît intéressant d'observer la manière dont le Protocole d'Asunción présente cette conditionnalité politique.

Tout d'abord, il convient de rappeler que le Protocole d'Asunción est le résultat du débat sur l'adoption d'une Charte des droits de l'homme du Mercosur, envisagée dans le Programme de travail 2004-2006 du groupe d'intégration[1680]. Au début du mandat de la Présidence *pro tempore* paraguayenne de 2005, sa délégation a présenté à la RAADH le projet d'une clause de droits de l'homme du Mercosur, qui tout de suite a été reconnue comme projet d'un protocole sur l'engagement de la promotion et de la protection des droits de l'homme. L'objectif de ce document était d'établir, en tant que condition essentielle de l'engagement dans le Mercosur, la démocratie et le respect des droits de l'homme et des libertés fondamentales pour le développement et le processus d'intégration. Selon la Présidence paraguayenne, la démocratie et les droits de l'homme (y compris les libertés fondamentales) sont « des valeurs interdépendantes et se renforcent mutuellement[1681] ».

Grâce à l'interprétation sur la place des droits de l'homme et des libertés fondamentales réalisée par les rédacteurs du protocole, l'objet du Protocole d'Asunción (la promotion et la protection des droits de l'homme) est cité de façon non uniforme dans le texte. Ainsi, les expressions « droits de l'homme », « droits fondamentaux » et « libertés fondamentales » sont repérables de façon indistincte dans les considérants de la décision du Conseil du marché commun qui adopte le Protocole[1682] et dans la première disposition de cet instrument[1683]. Cette non-uniformité des termes ne signifie

---

[1679] Le Protocole d'Ushuaia et le Protocole d'Asunción sont déjà obligatoires, mais le Protocole d'Ushuaia II, faute des ratifications, n'est pas encore entré en vigueur et ses dispositions ne peuvent donc pas encore être exigées de la part des États membres et associés du Mercosur.

[1680] Programme de travail du Mercosur 2004-2006, § 2.7.

[1681] Compte rendu de la session préparatoire de la RAADH qui s'est tenue à Asunción, les 7 et 8 mars 2005, § 6 « Présentation de l'initiative de la clause de droits de l'homme du Mercosur ».

[1682] Décision CMC n° 17/05, considérant n° 1 : « *Que es fundamental asegurar la protección, promoción y garantia de los Derechos Humanos y las libertades fundamentales de todos las personas* » (Il est fondamental d'assurer la protection, la promotion et la garantie des droits de l'homme et des libertés fondamentales à toutes les personnes – traduction libre) et considérant n° 2: « *Que el goce efectivo de los derechos fundamentales es condición indispensable para la consolidación del proceso de integración* » (La jouissance des droits fondamentaux est une condition indispensable pour la consolidation du processus d'intégration – traduction libre).

[1683] Protocole d'Asunción, art. 1: « *La plena vigencia de las instituciones democráticas y el respeto de los derechos humanos y de las libertades fundamentales son condiciones*

pas que la RAADH l'a fait sciemment et a voulu attribuer différentes définitions à chaque concept. L'intitulé du Protocole utilise clairement l'expression « droits de l'homme ». La RAADH emploie par conséquent les trois expressions soit comme des synonymes, soit comme si les libertés fondamentales appartenaient à la même catégorie générique des droits de l'homme. Cette non-uniformité aurait été corrigée lors de la Déclaration présidentielle célébrant les dix ans de la signature du Protocole et adoptée à Asunción en décembre 2015. Le choix de l'expression « droits de l'homme » est clair et incontestable[1684].

402. De surcroît, les droits de l'homme sont pris dans leur universalité, leur indivisibilité, leur interdépendance et leurs interrelations par le Protocole d'Asunción. Ainsi, l'instrument juridique affirme les liens entre les droits économiques, sociaux culturels, civils et politiques en tant que droits de l'homme[1685].

Il en ressort que le Protocole d'Asunción propose un engagement de chaque État membre du Mercosur par rapport au respect des droits de l'homme et des libertés fondamentales[1686], ainsi que la coopération mutuelle des États membres pour la promotion et la protection de ces droits et libertés[1687].

Ainsi, l'engagement individuel de chaque État conditionne l'existence du Mercosur en tant que processus d'intégration. Et la coopération de l'ensemble des États membres marque l'étape suivante, en cas de non-respect de cet engagement.

---

esenciales para la vigencia y evolución del proceso de integración entre las Partes. » (Le plein respect des institutions démocratiques et des droits de l'homme et des libertés fondamentales sont les conditions indispensables à l'existence et à l'évolution du processus d'intégration entre les Parties - traduction libre).

1684 *Declaración especial sobre el Protocolo de Asunción sobre Compromiso con la Promoción y Protección de los Derechos Humanos del Mercosur*, adoptée à Asunción le 21 décembre 2015.

1685 Protocole d'Asunción, considérant n° 9: « *Reconociendo la universalidad, la indivisibilidad, la interdependencia e interrelación de todos los derechos humanos, sean derechos económicos, sociales, culturales, civiles o político* » – traduction libre).

1686 Protocole d'Asunción, art. 1.

1687 Protocole d'Asunción, art. 2: « *As Partes cooperarán mutuamente para la promoción y protección efectiva de los derechos humanos y libertades fundamentales a través de los mecanismos institucionales establecidos en el Mercosur* ». (Les Parties coopèrent mutuellement pour la promotion et la protection efficaces des droits de l'homme et des libertés fondamentales à travers les mécanismes institutionnels établis au sein du Mercosur – traduction libre).

403. Le Protocole d'Asunción sera appliqué si de graves et systématiques violations de droits de l'homme et de libertés fondamentales sont constatées dans un État membre du Mercosur, lors d'une crise institutionnelle ou de la déclaration de l'état d'urgence[1688]. Trois critères sont nécessaires pour que le Mercosur applique les mesures prévues dans ce protocole. En premier lieu, la violation doit être clairement établie ; une simple menace de violation n'est pas suffisante pour son application[1689]. En deuxième lieu, cette atteinte doit être grave et systématique ; et ces deux caractéristiques doivent être conjointes. Enfin, en troisième lieu, l'État membre doit faire face à une situation exceptionnelle, à savoir une crise institutionnelle ou un état d'urgence. Ces critères posent question : qui se prononcera sur l'existence de la violation ? Pourquoi faut-il attendre que la violation se produise pour que le Mercosur se manifeste contre de telles pratiques ? Quels sont les critères pour définir si la violation est grave ? Où se trouve l'objectif du protocole, à savoir, l'engagement des États membres non seulement envers la protection, mais aussi vis-à-vis de la promotion des droits de l'homme? L'État aurait dû être visé par ce protocole s'il ne promeut pas correctement les droits de l'homme. Pourquoi l'État doit-il se trouver dans une situation institutionnelle et constitutionnelle exceptionnelle pour que les violations soient comprises dans le champ d'application de ce protocole ? Que faire des États membres qui portent de graves et systématiques atteintes aux droits de l'homme et aux libertés fondamentales dans des situations normales de leur parcours institutionnel et constitutionnel ?

La procédure d'application proposée par ce protocole est en tout point identique à celle du Protocole d'Ushuaia ; d'ailleurs, les rédacteurs du texte le plus récent n'ont même pas eu à changer les énoncés des articles. Ainsi, si

---

[1688] Protocole d'Asunción, art. 3: « *El presente Protocolo se aplicará en caso de que se registren graves y sistemáticas violaciones de los derechos humanos y libertades fundamentales en una de las Partes en situaciones de crisis institucional o durante la vigencia de estados de excepción previstos en los ordenamientos constitucionales respectivos (...)* ». (Le présent protocole s'applique à tous les cas de violations graves et systématiques des droits de l'homme et des libertés fondamentales dans l'une des Parties en situation de crise institutionnelle ou pendant la durée de l'état d'urgence prévue dans les ordres constitutionnels respectifs – traduction libre).

[1689] Ce qui n'est pas le cas dans l'Union européenne, où le risque d'une violation aux valeurs de l'Union peut être constaté et sanctionné, comme s'il s'agissait d'un outil de prévention. TUE, art. 7: « 1. Sur proposition motivée d'un tiers des États membres, du Parlement européen ou de la Commission européenne, le Conseil, statuant à la majorité des quatre cinquièmes de ses membres après approbation du Parlement européen, peut constater qu'il existe un risque clair de violation grave par un État membre des valeurs visées à l'article 2 (...) ».

les violations des droits de l'homme sont constatées, deux solutions sont proposées.

La première est une réunion entre les États membres du Mercosur, où le gouvernement de l'État en question sera interrogé sur la situation en cours[1690]. Si cette étape de consultation n'aboutit pas, une deuxième solution est envisagée. Les États membres décideront par consensus, sans la présence de l'État concerné, des mesures à son encontre. Il pourra, selon la gravité de la violation, voir son droit de participation aux institutions et organismes suspendu, puis être éventuellement suspendu de ses droits et obligations qui sont acquis avec son droit de participation aux institutions et organismes[1691]. Ce mécanisme suscite un autre questionnement : si pour son application, les violations doivent être graves et systématiques, comment les États membres pourront-ils graduer la sanction en fonction de la « gravité de la situation existante » ?

La mise en œuvre de ces mesures débute dès le moment où les États membres communiquent la décision prise à l'État défaillant concerné[1692] ; celles-ci cessent de prendre effet de façon semblable lorsque les États membres constatent que les décisions prises par l'État défaillant ont permis la fin de ces violations[1693].

[1690] Protocole d'Asunción, art. 2: « (...) *las demás Partes promoverán las consultas pertinentes entre sí y con la Parte afectada* ». (Les autres Parties doivent promouvoir des consultations appropriées entre eux et la Partie concernée - traduction libre).

[1691] Protocole d'Asunción, art. 4: « *Cuando las consultas mencionadas en el artículo anterior resultaren infructuosas, las demás Partes considerarán la naturaleza y el alcance de las medidas a aplicar, teniendo en cuenta la gravedad de la situación existente. Dichas medidas abarcarán desde la suspensión del derecho a participar en los distintos órganos del proceso de integración, hasta la suspensión de los derechos y obligaciones emergentes del mismo* ». (Lorsque les consultations visées à l'article précédent échouent, les autres Parties examineront la nature et la portée des mesures à appliquer, en fonction de la gravité de la situation. Ces mesures vont de la suspension du droit de participer aux différents organes du processus d'intégration, jusqu'à la suspension des droits et obligations découlant de la même - traduction libre).

[1692] Protocole d'Asunción, art. 5: « *Las medidas previstas en el artículo 4 serán adoptadas por consenso por las Partes, y comunicadas a la Parte afectada, la cual no participará en el proceso decisorio pertinente. Esas medidas entrarán en vigencia en la fecha en que se realice la comunicación respectiva a la Parte afectada* ». (Les mesures prévues à l'article 4 sont adoptées par consensus par les Parties, et communiquées à la Partie concernée, laquelle ne participera pas au processus de prise de décision pertinent. Ces mesures entreront en vigueur à la date de cette communication à la Partie concernée - traduction libre).

[1693] Protocole d'Asunción, art. 6: « *Las medidas a que se refiere el artículo 4 aplicadas a la Parte afectada, cesarán a partir de la fecha de la comunicación a dicha Parte de que las causas que las motivaron fueron subsanadas. Dicha comunicación será transmitida por las Partes que adoptaron tales medidas* ». (Les mesures visées à l'article 4 appliquées à la Partie

404. Les interrogations posées amènent aisément à conclure que le Protocole d'Asunción présente les mêmes faiblesses et lacunes que le Protocole d'Ushuaia. Il paraît regrettable que sept ans après le premier Protocole, les rédacteurs de celui d'Asunción n'en aient pas tiré profit pour rédiger un instrument plus efficace et attentif à toutes les situations pouvant porter atteinte aux droits de l'homme du fait des États membres.

En tout état de cause, ce Protocole constitue un instrument de pression sur les États membres du Mercosur qui pourraient violer de façon grave et systématique les droits de l'homme lors de situations qui ne connaissaient auparavant aucune limitation.

405. Cependant, deux problèmes se posent. Le premier est que l'État n'est pas suspendu de son appartenance au Mercosur. Le second problème vient de ce que cet instrument n'est adressé qu'aux seuls États membres du Mercosur. De fait, les États associés, différemment ce qui se produit avec d'autres normes, ne sont pas concernés, au contraire du Protocole d'Ushuaia, par exemple, qui a été ratifié par la Bolivie, le Chili, la Colombie, l'Équateur et le Pérou.

Cet instrument n'est donc pas une clause d'appartenance au Mercosur, mais juste une condition pour que les pays qui en font déjà partie en tant qu'États membres puissent participer activement à ses organismes et institutions, assurant ainsi l'évolution du travail du groupe d'intégration. De sorte que le respect des droits de l'homme ne devient donc toujours pas une condition pour l'adhésion des pays en tant qu'États associés ou en tant que nouveaux États membres du Mercosur.

B. La clause d'appartenance proposée par le Protocole d'Ushuaia II

406. Il faudra encore attendre quelques années, pour que le tout nouveau Protocole de Montevideo relatif à l'engagement pour la démocratie dans le

concernée cesseront à partir de la date de la communication à la partie concernée de ce que les causes les ayant motivées ont été corrigées. Cette communication sera transmise par les Parties qui ont adopté de telles mesures - traduction libre).

Mercosur[1694] (ci-après *Protocole d'Ushuaia II*) entre en vigueur et élève les droits de l'homme au rang des clauses d'appartenance des États du Mercosur[1695].

Malgré son intitulé, le champ d'action du Protocole d' Ushuaia II pourrait être utilisé dans des situations qui vont au-delà de la rupture de l'ordre démocratique[1696]. En fait, il propose des mesures contre les États qui portent atteinte à l'une des cinq situations suivantes : rupture de l'ordre démocratique ; menace de rupture de l'ordre démocratique ; violation de l'ordre constitutionnel ; ou toute situation qui met en péril l'exercice légitime du pouvoir ; et enfin, toute situation qui met en péril les valeurs et principes démocratiques[1697].

407. Certes, certaines violations des droits de l'homme ne sont pas prévues parmi les situations citées. Cependant, la situation qui porte atteinte aux valeurs et principes démocratiques représente vraisemblablement la notion clé pour appliquer le Protocole au cas de violations des droits de l'homme[1698].

[1694]*Protocolo de Montevideo sobre le compromiso con la democracia en el Mercosur (Ushuaia II)*. Nous utiliserons désormais notre traduction en français de l'instrument : Protocole de Montevideo relatif à l'engagement pour la démocratie dans le Mercosur (Ushuaia II), signé à Montevideo le 19 décembre 2011, et non encore entré en vigueur.

[1695] Lors de l'entrée en vigueur du Protocole de Montevideo, il remplacera le Protocole d'Ushuaia de 1998. (Protocole d'Ushuaia II, art. 11 § 6 : « *Una vez que todos los Estados signatarios y adherentes del Protocolo de Ushuaia sobre Compromiso Democrático en el Mercosur, el Estado Plurinacional de Bolivia y la República de Chile, hayan ratificado el presente Protocolo, el primero quedará terminado a todos sus efectos* ». (Une fois que tous les États signataires et adhérents du Protocole d'Ushuaia sur l'engagement démocratique dans le Mercosur, l'État plurinational de Bolivie et la République du Chili, ont ratifié ce Protocole, le premier sera terminé dans tous ses effets - traduction libre).

[1696] Le Protocole réaffirme dans ses considérants l'importance pour le Mercosur de l'engagement pour la promotion, la défense et la protection de l'ordre démocratique, de l'État de droit et de ses institutions, des droits de l'homme et des libertés fondamentales (Protocole d'Ushuaia II, considérant n° 2).

[1697] Protocole d'Ushuaia II, art. 1: « *El presente Protocolo se aplicará en caso de ruptura o amenaza de ruptura del orden democrático, de una violación del orden constitucional o de cualquier situación que ponga en riesgo el legítimo ejercicio del poder y la vigencia de los valores y principios democráticos* ». (Le présent Protocole s'applique en cas de rupture ou de menace de rupture de l'ordre démocratique, d'une violation de l'ordre constitutionnel ou de toute situation qui compromet l'exercice légitime du pouvoir et de l'existence des valeurs et principes démocratiques - traduction libre).

[1698]Le professeur ARELLANO soutient que les protocoles d'Ushuaia pourraient représenter des instruments qui bénéficient de l'institutionnalisation démocratique et des droits de l'homme. Arellano (Felix Gerardo), *La entrada de Venezuela al Mercado Común del Sur (Mercosur): Implicaciones políticas y económica*, Caracas, ILDIS, Fundación Friedrich Ebert, mai 2013, p. 12.

La lecture du considérant n° 11 du Protocole d'Asunción permet d'en déduire que les droits de l'homme y sont perçus en tant que valeur et principe démocratique: « toute rupture ou menace du développement normal du processus démocratique au sein d'une des parties compromet la jouissance effective des droits de l'homme[1699] ». Si l'ordre démocratique est brisé, les droits de l'homme se trouvent dès lors en péril et deviennent objet de l'application de ce nouveau Protocole.

408. L'intérêt d'appliquer le Protocole d'Ushuaia II pour des cas de violations de droits de l'homme en substitution au Protocole d'Asunción vient de ce que son champ d'application est beaucoup plus large. Il peut être appliqué en cas de menace de violation, et pas seulement lorsque la violation s'est déjà produite. En outre les mesures utilisées contre l'État défaillant se révèlent bien plus importantes.

En fait, la procédure de prise de décision est presque identique à celle des Protocoles précédents, à ceci près que désormais elle devient plus claire. Lors de l'observation de l'une des cinq situations citées précédemment, l'un des États membres ou même l'État qui subit la circonstance[1700] peuvent solliciter une session extraordinaire du Conseil du marché commun en présence des Présidents ou des ministres des Affaires étrangères des États membres[1701].

[1699] Protocole d'Asunción, considérant n° 11: « *Toda ruptura o amenaza del normal desarrollo del proceso democrático en una de las Partes pone en riesgo el goce efectivo de los derechos humanos* ». (Traduction libre).

[1700] La possibilité pour l'État où se produit l'une de ces situations de pouvoir solliciter l'assistance des États Parties est chose nouvelle. Le Protocole affirme que cette collaboration vise « le renforcement et la préservation des institutions démocratiques ». (Protocole d'Ushuaia II, art. 4: « *Cuando el gobierno constitucional de una Parte considere que está ocurriendo en su jurisdicción, alguna de las situaciones indicadas en el artículo 1 podrá solicitar a los Presidentes de las Partes o, en su defecto, a los Ministros de Relaciones Exteriores en sesión ampliada del Consejo del Mercado Común, a través de la Presidencia Pro Tempore, colaboración para el fortalecimiento y preservación de la institucionalidad democrática* » - traduction libre).

[1701] Protocole d'Ushuaia II, art. 2: « *Cuando se produzca alguna de las situaciones indicadas en el artículo anterior, los Presidentes de las Partes o, en su defecto, los Ministros de Relaciones Exteriores se reunirán en sesión extraordinaria ampliada del Consejo del Mercado Común, a solicitud de la Parte afectada o de cualquier otra Parte (...)* » (En cas de survenance de l'une des situations citées à l'article précédent, les Présidents des États parties ou, à défaut, les ministres des Affaires étrangères se réunissent en session extraordinaire du Conseil du marché commun, à la demande de l'intéressé ou d'un autre État partie - traduction libre).

Suite à cette réunion, les autorités constitutionnelles du pays en question seront consultées. Des bons offices et des mesures diplomatiques seront proposés par les Présidents ou les ministres des Affaires étrangères des autres États[1702]. Enfin, si l'État en question y consent, les Présidents ou les ministres des Affaires étrangères des États membres pourront être assistés de commissions spécialisées et de commissions ouvertes, composées d'acteurs politiques, sociaux et économiques du pays en question[1703]. Peuvent être adjoints à ces deux commissions, des membres du Parlement du Mercosur, du Parlement de la Communauté andine des nations, le Haut représentant général du Mercosur et des représentants gouvernementaux désignés par les États membres[1704].

Si ces premières démarches échouent, les Présidents ou les ministres des Affaires étrangères des États membres peuvent appliquer des sanctions à l'encontre de l'État visé. Le Protocole propose cinq sanctions.

[1702]Protocole d'Ushuaia II, art. 3: « *Los Presidentes de las Partes o, en su defecto, los Ministros de Relaciones Exteriores en sesión ampliada del Consejo del Mercado Común promoverán, a través de la Presidencia Pro Tempore, consultas inmediatas con las autoridades constitucionales de la Parte afectada, interpondrán sus buenos oficios y realizarán gestiones diplomáticas para promover el restablecimiento de la democracia en el país afectado* ». (Les Présidents des États membres ou à défaut, les ministres des Affaires étrangères réunis en session extraordinaire du Conseil du marché commun, entameront, à travers la Présidence *pro tempore*, des consultations immédiates avec les autorités constitutionnelles de la Partie concernée, prêteront leurs bons offices et déploieront des efforts diplomatiques pour favoriser le rétablissement de la démocratie dans le pays concerné - traduction libre).

[1703] Protocole d'Ushuaia II, art. 5, § 1: « *En base a los requerimientos del Gobierno constitucional de la Parte afectada y con su consentimiento, los Presidentes de las Partes o, en su defecto, los Ministros de Relaciones Exteriores en sesión ampliada del Consejo del Mercado Común podrán disponer, entre otras, la constitución de: a. Comisiones de apoyo, cooperación y asistencia técnica y especializada a la Parte afectada; b.- Comisiones abiertas para acompañar los trabajos de mesas de diálogo entre los actores políticos, sociales y económicos de la Parte afectada* ». (Sur la demande du gouvernement constitutionnel de la Partie concernée et avec son consentement, les Présidents des États membres ou, à défaut, les ministres des Affaires étrangères réunis en session extraordinaire du Conseil du marché commun peuvent proposer, entre autres, la mise en place de : a. Des omissions d'aide, de coopération et d'assistance technique et spécialisée à la Partie concernée ; b. Des commissions ouvertes pour accompagner le travail des tables rondes entre les acteurs politiques, sociaux et économiques de la Partie concernée - traduction libre).

[1704] Protocole d'Ushuaia II, art. 5, § 2: « *En las comisiones mencionadas (...) podrán participar, entre otros, miembros del Parlamento del Mercosur, del Parlamento Andino, de los Parlamentos Nacionales, el Alto Representante General del Mercosur y representantes gubernamentales designados por las Partes a tal efecto* ». (Dans les commissions mentionnées (...), les membres du Parlement du Mercosur, du Parlement andin, des parlements nationaux, le Haut représentant général du Mercosur et des fonctionnaires nommés par les Parties à cet effet, entre autres, peuvent y participer - traduction libre).

La première était déjà utilisée depuis le Protocole d'Ushuaia de 1998 : « suspendre le droit de participer aux différents organismes de la structure institutionnelle du Mercosur[1705] ».

La deuxième, « fermer de façon entière ou partielle les frontières terrestres ; suspendre ou restreindre le commerce, le trafic aérien et maritime, les communications et les approvisionnements en énergie, services et fournitures diverses »[1706]. Il s'agit d'une sanction très controversée, surtout par le Paraguay qui n'a pas de frontières maritimes. Il deviendrait, sur le plan juridique, un véritable embargo mercosurien.

La troisième sanction est peut-être la plus importante pour ce qui concerne le rôle de l'État en question au sein du Mercosur : « suspendre l'État de la jouissance de ses droits et avantages découlant du Traité d'Asunción et de ses Protocoles, et aussi des accords d'intégration conclus entre les parties[1707] ». D'après cet énoncé, l'État serait suspendu du groupe d'intégration, car il n'aurait absolument aucun droit découlant des traités constitutifs : soit du Traité d'Asunción qui l'investit du rôle d'État membre du Mercosur ou, si c'est le cas, du protocole d'adhésion, qui lui donne le droit d'être considéré comme un État associé.

La quatrième sanction, également controversée, concerne la possibilité de « promouvoir la suspension de l'État en question des organisations régionales et internationales » et de « promouvoir devant des pays tiers ou de

[1705] Protocole d'Ushuaia II, art. 6, alinéa a: « *En caso de ruptura o amenaza de ruptura del orden democrático en una Parte del presente Protocolo, los Presidentes de las demás Partes - o en su defecto sus Ministros de Relaciones Exteriores en sesión ampliada del Consejo del Mercado Común-, podrán establecer, entre otras, las medidas que se detallan a continuación: suspender el derecho a participar en los distintos órganos de la estructura institucional del Mercosur* ». (En cas de rupture ou de menace de rupture de l'ordre démocratique dans une Partie du présent protocole, les présidents des autres Parties-ou à défaut leurs ministres des Affaires étrangères, réunis au Conseil marché commun élargi, peuvent établir, entre autres, des mesures énumérées ci-dessous: suspendre le droit de participer aux différents organes de la structure institutionnelle du Mercosur - traduction libre).

[1706] Protocole d'Ushuaia II, art. 6, alinéa b: « *Cerrar de forma total o parcial las fronteras terrestres. Suspender o limitar el comercio, tráfico aéreo y marítimo, las comunicaciones y la provisión de energía, servicios y suministros* » (traduction libre).

[1707] Protocole d'Ushuaia II, art. 6, alinéa c : « *Suspender a la Parte afectada del goce de los derechos y beneficios emergentes del Tratado de Asunción y sus Protocolos, y de los Acuerdos de integración celebrados entre las Partes, según corresponda* » (traduction libre).

groupes de pays la suspension des droits et/ou des avantages, de l'État en question, découlant des accords de coopération dont il est partie[1708] ».

Enfin, d'autres « sanctions politiques et diplomatiques additionnelles » peuvent être adoptées[1709]. Ce qui signifie que les présidents ou les ministres des Affaires étrangères des États membres, réunis dans le cadre du Conseil du marché commun, peuvent se montrer très indulgents et choisir toute autre sanction, même plus légère que la suspension de l'État à la participation aux organismes du Mercosur. Ou encore, ils peuvent être beaucoup plus rigoureux en adoptant des sanctions plus dures que celles proposées par le Protocole. Ce qui démontre qu'ils jouissent d'un large pouvoir discrétionnaire[1710].

Quoi qu'il en soit, malgré la sévérité que les sanctions peuvent revêtir il semble que les Présidents ou les ministres des Affaires étrangères des États membres, réunis dans le cadre du Conseil du marché commun, manifestent toujours leur volonté d'aider l'État en difficulté. Ils se disent prêts à « soutenir les efforts régionaux et internationaux, en particulier dans le cadre des Nations unies, afin de résoudre et de trouver une solution pacifique et démocratique à la situation qui s'est produite dans l'État en question »[1711].

409. Le deuxième intérêt d'utiliser le Protocole d'Ushuaia II pour des cas de violations de droits de l'homme, en substitution au Protocole d'Asunción, réside dans les parties visées par ledit instrument. Contrairement au

---

1708 Protocole d'Ushuaia II, art. 6, alinéa d: « *Promover la suspensión de la Parte afectada en el ámbito de otras organizaciones regionales e internacionales. Promover ante terceros países o grupos de países la suspensión a la Parte afectada de derechos y/o beneficios derivados de los acuerdos de cooperación de los que fuera parte* » (traduction libre).

1709 Protocole d'Ushuaia II, art. 6, alinéa f: « *Adoptar sanciones políticas y diplomáticas adicionales* » (traduction libre).

1710 Même si le Protocole rappelle que les mesures doivent être proportionnelles à la gravité de la situation, elles ne doivent pas mettre en péril le bien-être de la population et la jouissance des droits de l'homme et des libertés fondamentales de l'État en question. En outre, ces mesures respectent la souveraineté et l'intégrité territoriale, la situation des pays sans littoral maritime et les traités en vigueur. (« *Las medidas guardarán la debida proporcionalidad con la gravedad de la situación existente; no deberán poner en riesgo el bienestar de la población y el goce efectivo de los derechos humanos y libertades fundamentales en la Parte afectada; respetarán la soberanía e integridad territorial de la Parte afectada, la situación de los países sin litoral marítimo y los tratados vigentes* » (traduction libre).

1711 Protocole d'Ushuaia II, art. 6, alinéa e: « *Respaldar los esfuerzos regionales e internacionales, en particular en el marco de las Naciones Unidas, encaminados a resolver y a encontrar una solución pacífica y democrática a la situación acaecida en la Parte afectada* » (traduction libre).

Protocole d'Asunción qui permet la ratification de cet instrument par les seuls États membres du Mercosur, le Protocole d'Ushuaia II considère aussi les États associés du Mercosur comme des parties à l'instrument international. Ainsi, la pression que le Mercosur exercera sur les pays visant la protection des droits de l'homme aura une portée géographique beaucoup plus conséquente. En outre, si les États associés souhaitent adhérer au Mercosur en tant qu'États membres, ils devront respecter cette clause d'appartenance.

410. Dans l'Union européenne, le respect des droits de l'homme fait également partie d'une clause d'appartenance à l'organisation. L'article 2 du Traité sur l'Union européenne précise que « l'Union est fondée sur les valeurs de respect de la dignité humaine, de liberté, de démocratie, d'égalité, de l'État de droit, ainsi que de respect des droits de l'homme, y compris des droits des personnes appartenant à des minorités »[1712]. S'il existe un risque clair ou l'existence d'une violation grave et persistante à l'une de ces valeurs, les institutions de l'Union réalisent un contrôle politique *a priori* ou *a posteriori* dans le but de sanctionner l'État qui porte atteinte à semblables valeurs[1713].

Ces clauses de conditionnalité font partie d'un débat nettement politique, qui peut avoir cours à l'intérieur du Mercosur ou se projeter à l'extérieur, vers des pays tiers, mais associés au processus d'intégration, configurant donc un « dialogue intra et extra Mercosur »[1714].

1712 TUE, art. 2.

1713 TUE, art. 7: « 1. Sur proposition motivée d'un tiers des États membres, du Parlement européen ou de la Commission européenne, le Conseil, statuant à la majorité des quatre cinquièmes de ses membres après approbation du Parlement européen, peut constater qu'il existe un risque clair de violation grave par un État membre des valeurs visées à l'article 2. Avant de procéder à cette constatation, le Conseil entend l'État membre en question et peut lui adresser des recommandations, en statuant selon la même procédure. Le Conseil vérifie régulièrement si les motifs qui ont conduit à une telle constatation restent valables. 2. Le Conseil européen, statuant à l'unanimité sur proposition d'un tiers des États membres ou de la Commission européenne et après approbation du Parlement européen, peut constater l'existence d'une violation grave et persistante par un État membre des valeurs visées à l'article 2, après avoir invité cet État membre à présenter toute observation en la matière. 3. Lorsque la constatation visée au paragraphe 2 a été faite, le Conseil, statuant à la majorité qualifiée, peut décider de suspendre certains des droits découlant de l'application des traités à l'État membre en question, y compris les droits de vote du représentant du gouvernement de cet État membre au sein du Conseil. Ce faisant, le Conseil tient compte des conséquences éventuelles d'une telle suspension sur les droits et obligations des personnes physiques et morales (…) ». Voir §2, section I, chapitre I, titre I de la seconde partie, susénoncé.

1714 Ueltschi (Maria Cristina), *op. cit.*, p. 23.

§2 La clause « droits de l'homme »dans les accords avec des pays tiers

411. L'idée d'une clause qui fait du respect des droits de l'homme un élément essentiel de la relation entre un groupe d'intégration économique régionale et un pays tiers est présente au sein de l'Union européenne depuis les années 1980[1715] (A) et de façon indirecte, en tant que sujet d'un dialogue politique, au sein du Mercosur[1716] (B).

A. Une véritable clause de respect des droits de l'homme

412. L'Union européenne, selon le professeur MICHEL, mobilise des « dispositions économiques au service de la protection des droits fondamentaux »[1717]. Plus spécifiquement, elle adopte un « droit dérivé protecteur »[1718] dans ses relations extérieures et cela depuis l'époque des Communautés. Cette conception conduit les institutions de l'Union à inclure une clause de droits de l'homme dans les accords qu'elle a conclus. Cela permet de considérer que, si l'une des parties commet une violation des droits de l'homme, l'exécution de l'accord peut être suspendue.

[1715] Quatrième Convention de Lomé, signée le 15 décembre 1989 et entrée en vigueur le 1er mars 1990, art. 5 : « 1. La coopération vise un développement centré sur l'homme, son acteur et bénéficiaire principal, et qui postule donc le respect et la promotion de l'ensemble des droits de celui-ci. Les actions de coopération s'inscrivent dans cette perspective positive, où le respect des droits de l'homme est reconnu comme un facteur fondamental d'un véritable développement et où la coopération elle — même est conçue comme une contribution à la promotion de ces droits. Dans une telle perspective, la politique de développement et la coopération sont étroitement liées au respect et à la jouissance des droits et libertés fondamentales de l'homme. (...). 2. En conséquence, les parties réitèrent leur profond attachement à la dignité et aux droits de l'homme, qui constituent des aspirations légitimes des individus et des peuples. Les droits ainsi visés sont l'ensemble des droits de l'homme, les diverses catégories de ceux-ci étant indivisibles et interdépendantes, chacune ayant sa propre légitimité: un traitement non discriminatoire; les droits fondamentaux de la personne; les droits civils et politiques; les droits économiques, sociaux et culturels ».

[1716] Pour plus d'informations sur le dialogue « droits de l'homme » de l'Union européenne, voir Govaere (Inge) et Van Boossuyt (Anneleen), « Le commerce à visage de plus en plus humain ? Les droits de l'homme dans la politique commerciale commune », *in* Candela Soriano (Mercedes) (dir.), *Les droits de l'homme dans les politiques de l'Union européenne*, Bruxelles, Larcier, 2006, p. 232.

[1717]Michel (Valérie), *op. cit.*, 2012, p. 68.

[1718]*Ibid.*, p. 70.

L'un des premiers traités à définir les droits de l'homme comme élément essentiel de l'accord entre l'Union européenne et un pays tiers a été l'Accord-cadre de coopération entre la Communauté économique européenne et le Brésil de 1992 où le respect des droits de l'homme est affirmé comme fondement de la coopération : « les relations de coopération entre la Communauté et le Brésil, de même que toutes les dispositions du présent accord, se fondent sur le respect des principes démocratiques et des droits de l'homme qui inspirent les politiques internes et internationales tant de la Communauté que du Brésil et qui constituent un élément essentiel du présent accord[1719] ».

Peu longtemps après, l'Union européenne et le Mercosur ont conclu un accord-cadre interrégional de coopération visant le dialogue politique, en 1995[1720], où la conditionnalité du respect des droits de l'homme en tant qu'élément essentiel[1721] de l'accord est réaffirmée sur le modèle de l'Accord avec le Brésil[1722].

Au fil du temps, l'Union a réussi à placer la clause de conditionnalité non seulement dans les accords de coopération, mais également dans ceux

---

[1719] Accord-cadre de coopération entre la Communauté économique européenne et la République fédérative du Brésil - Échange de lettres entre la Communauté économique européenne et la République fédérative du Brésil concernant les transports maritimes, publié au Journal officiel n° L 262 du 01/11/1995, p. 0054 – 0065, art. 1er.

[1720] Sur les relations entre l'Union européenne et le Mercosur, voir Molina del Pozo (Carlos Francisco), « Las relaciones UE — Mercosur: un trayecto largo y complicado que habrá de tener un final feliz », *Revista Europea de Estudios Latino Americanos*, 2013, No. 1, Vol. 1, Instituto de Estudios Latino Americanos, Bucarest, p. 77 et s.

[1721] Pour plus d'informations sur les clauses « droits de l'homme » de l'Union européenne, voir Hoffmeister (Franck), « Les politiques de coopération au développement et d'assistance économique technique et financière et les droits de l'homme », *in* Candela Soriano (Mercedes) (dir.), *Les droits de l'homme dans les politiques de l'Union européenne*, Bruxelles, Larcier, 2006, p. 264. Niedrist (Gerhard), « Las clausulas de los derechos humanos en la Unión Europea. Reflexiones en torno a los nuevos instrumentos para la recuperación », *Anuario mexicano de derecho internacional*, vol. 11, 2011, p. 463-485.

[1722] Accord-cadre interrégional de coopération entre la Communauté européenne et ses États membres, d'une part, et le Marché commun du Sud et ses États parties, d'autre part - Déclaration commune sur le dialogue politique entre l'Union européenne et le Mercosur, signé à Madrid, le 15 décembre 1995, et publié au Journal officiel n° L 069 du 19/03/1996 p. 0004 - 0022. Art. 1er : « Le respect des principes démocratiques et des droits fondamentaux de l'homme, tel qu'ils sont énoncés dans la Déclaration universelle des droits de l'homme, inspire les politiques intérieures et internationales des parties et constitue un élément essentiel du présent accord ».

d'association[1723] et les accords commerciaux[1724]. Actuellement, cette clause est énoncée dans l'article 21 du Traité sur l'Union européenne : « 1. L'action de l'Union sur la scène internationale repose sur les principes qui ont présidé à sa création, à son développement et à son élargissement et qu'elle vise à promouvoir dans le reste du monde: la démocratie, l'État de droit, l'universalité et l'indivisibilité des *droits de l'homme et des libertés fondamentales*, le respect de la dignité humaine, les principes d'égalité et de solidarité et le respect des principes de la charte des Nations Unies et du droit international. L'Union s'efforce de développer des relations et de construire des partenariats avec les pays tiers et avec les organisations internationales, régionales ou mondiales qui partagent les principes visés au premier alinéa. (…). 2. L'Union définit et mène des politiques communes et des actions et œuvre pour assurer un haut degré de coopération dans tous les domaines des relations internationales afin : b) de consolider et de soutenir la démocratie, l'État de droit, *les droits de l'homme* et les principes du droit international (…)[1725] ».

B. Les droits de l'homme comme objet de dialogue politique

413. Le Mercosur, à son tour, fait ses premiers pas en rappelant l'importance de la promotion et de la protection des droits de l'homme dans les accords avec les pays tiers au début des années 2000. Cependant jusqu'à présent, il ne s'agit pas encore à proprement parler d'une clause de conditionnalité des droits de l'homme, mais d'une thématique susceptible de faire l'objet de débats lors d'un dialogue politique[1726].

[1723] À l'instar de l'Accord euro-méditerranéen établissant une association entre la République Algérienne Démocratique et Populaire et la Communauté européenne et ses États membres, adopté à Valencia, le 22 avril 2002 et publié au *Journal officiel n° L 265 du 10/10/2005, p. 002 – 0228.* Art. 2: Le respect des principes démocratiques et des droits fondamentaux de l'Homme, tel qu'énoncé dans la Déclaration universelle des droits de l'homme, inspire les politiques internes et internationales des parties et constitue un élément essentiel du présent accord. Article 74, § 2, alinéa j : Afin de consolider la coopération dans le domaine social entre les parties, des actions et programmes portant sur tout thème d'intérêt pour elles seront mis en place. Les actions suivantes revêtent à ce sujet un caractère prioritaire : la promotion du respect des droits de l'homme dans le cadre socioprofessionnel.

[1724] Traité commercial entre l'Union européenne et la Colombie et le Pérou, signé à Bruxelles, le 26 juin 2012, non encore publié. Art. 1er : « Le respect des principes démocratiques et des droits fondamentaux de l'Homme, tel qu'énoncé dans la Déclaration universelle des droits de l'homme, et le principe de la primauté du droit, inspirent les politiques internes et internationales des parties et constituent un élément essentiel du présent accord ».

[1725] TUE, art. 21 (notre mise en relief).

[1726] L'enseignante CANDELA SORIANO pense que « la mise en œuvre de la clause de conditionnalité doit se faire en premier lieu au travers du dialogue politique entre les parties.

Le premier accord concerne le « Dialogue politique » avec la Communauté Andine des Nations (ci-après *CAN*) en 2004[1727]. Ce document, institutionnalisé par le Conseil du marché commun, est basé sur une Déclaration ministérielle de 2001 où les ministres des Affaires étrangères des pays membres et associés du Mercosur et de la CAN réaffirment être « convaincus que la paix, la démocratie, le respect des droits de l'homme, l'intégration et la consolidation d'une identité commune sont des éléments essentiels pour le développement de leurs populations et ont décidé d'encourager la convergence entre leurs processus respectifs d'intégration » et qu'ainsi ayant comme base les « principes et engagements communs du plein respect des droits de l'homme, ont décidé de joindre leurs efforts pour les promouvoir et les protéger, et ont considéré opportun, dans une première étape, de réaliser un échange d'expériences afin d'identifier d'éventuelles actions communes[1728] ».

Certes, ce document proposant un dialogue politique avec la CAN se limite à une liste d'engagements des deux groupes d'intégration économique. Des propositions plus concrètes seront énoncées dans le cadre

Une approche positive de ce dialogue serait la possibilité de clarifier les questions prioritaires relatives à la protection des droits de l'homme et les principes démocratiques dans les États impliqués, permettant donc d'identifier les domaines prioritaires d'action de l'Union européenne (par exemple les mesures d'appui financier et technique). En outre, le dialogue politique devient un forum de débat qui tente de prévenir certaines crises ou de réduire celles déjà existantes en adoptant des mesures de réforme. Si ces situations surviennent ou des violations des droits de l'homme sont commises, l'approche négative du dialogue politique se configure, c'est-à-dire, des mesures négatives sont adoptées par l'union qui peuvent aller des simples modifications du contenu des programmes de coopération jusqu'à la suspension de la coopération avec l'État concerné ». Candela Soriano (Mercedes), « L'Union européenne et la protection des droits de l'homme dans la coopération au développement: le rôle de la conditionnalité politique », *RTDH*, 2002, n° 52, Bruxelles, Némésis, p. 891.

1727 Institutionnalisation d'un dialogue politique entre la Communauté andine des nations et le Mercosur, Décision CMC n° 21/04, du 7 juillet 2004, adoptée à Puerto Iguazu.

1728 Déclaration ministérielle de La Paz sur l'institutionnalisation d'un dialogue politique entre la Communauté andine des nations et le Mercosur et Chili, faite à La Paz, le 17 juillet 2001. Alinéa 1 : « *Reafirmaron el convencimiento de que la paz, la democracia, el respeto a los derechos humanos, la integración y la consolidación de la identidad común son elementos esenciales para el desarrollo de sus pueblos y resolvieron propiciar la convergencia entre sus respectivos procesos de integración* ». Alinéa 7 : « *Basados en los principios y compromisos compartidos de un pleno respeto a los derechos humanos, decidieron aunar esfuerzos orientados a su promoción y protección y consideraron conveniente, en una primera etapa, proceder a un intercambio de experiencias que permita identificar las posibles acciones conjuntas* » (traduction libre).

des accords de coopération visant le dialogue politique avec des pays tiers[1729] à la fin de la décennie.

414. Ainsi, plusieurs accords de coopération ont été élaborés, mais n'ont pas été adoptés[1730], et d'autres n'ont pas cité expressément les droits de l'homme comme clause de conditionnalité[1731]. Après l'accord de dialogue politique avec la CAN, un seul accord, adopté par décision du Conseil du marché commun, a fait mention de la thématique des droits de l'homme comme étant susceptible de débat entre les parties, il s'agit du Mémorandum pour la création d'un mécanisme de dialogue politique et de coopération entre les États membres et associés du Mercosur et la République de Turquie.

Cet instrument vise la réalisation de « consultations entre les parties sur des questions internationales et régionales, afin d'approfondir les liens d'amitié et de compréhension mutuelle, de favoriser le dialogue et de renforcer la coopération sur les questions d'intérêt commun dans le cadre des forums multilatéraux auxquels ils participent »[1732]. C'est parmi les questions

---

[1729] Une tentative de dialogue politique a été envisagée avec le SICA (Système d'intégration centre-américaine), et présentée par les Présidents *Pro Tempore* de chaque groupe lors de la Première rencontre des négociations Mercosur-SICA, tenue à Tegucigalpa, en Honduras, les 21 et 22 février 2005. Les présidents ont rappelé que « *las reuniones celebradas entre los Ministros de Relaciones Exteriores de Centroamérica y Mercosur realizadas en Nueva York y Río de Janeiro, el 22 de septiembre y 3 de noviembre de 2004 respectivamente, se realizó con el propósito y la voluntad de profundizar el diálogo político, económico y comercial, y ampliar los tradicionales y excelentes lazos de amistad entre ambas partes* ». (Les Réunions tenues à New York, le 22 septembre, et à Rio de Janeiro, le 3 novembre 2004, avaient pour but d'approfondir le dialogue politique, économique et commercial et d'amplifier les excellents et traditionnels liens d'amitié entre les deux parties - traduction libre).

[1730] Mémorandum pour la création d'un mécanisme de dialogue politique et de coopération entre les États membres et associés du Mercosur et la Fédération Russe, signé le 15 décembre 2006. Art. 3 :« *El diálogo político incluirá, entre otras, las siguientes cuestiones: análisis de los problemas relacionados con la defensa a la democracia y derechos humanos, paz (...)* ». (Le dialogue politique abordera, entre autres, les questions suivantes: l'analyse des problèmes liés à la défense de la démocratie et des droits de l'homme, de la paix (…) - traduction libre).

[1731] Mémorandum pour la création d'un mécanisme de dialogue politique et de coopération entre les États membres et associés du Mercosur et la République de Cuba, signé le 16 décembre 2010. Adopté par Décision du Conseil du marché commun n° 41/10. Art. 2: « *El diálogo político incluirá, entre otros, los siguientes temas (...) eliminación del hambre y la pobreza; fortalecimiento del papel de las mujeres; cooperación en el área de la educación (...)* ». (Le dialogue politique comprendra, entre autres, les questions suivantes (...) l'élimination de la faim et de la pauvreté, le renforcement du rôle des femmes, la coopération dans le domaine de l'éducation (…) - traduction libre).

[1732] Mémorandum pour la création d'un mécanisme de dialogue politique et de coopération entre les États membres et associés du Mercosur et la République de Turquie, signé le 16 décembre 2010. Adopté par Décision du Conseil du marché commun n° 42/10. Art. 1 :

internationales et régionales d'intérêt commun entre les États signataires de l'accord de coopération que figurent les droits de l'homme : « le dialogue politique et la coopération comprennent, entre autres, les sujets suivants : analyse et débat des relations à long terme entre les parties et les questions liées à la promotion et à la protection de la démocratie et des droits de l'homme (...)[1733] ».

Pour atteindre ces objectifs, outre de fréquentes consultations sur les questions d'intérêt commun, les parties concernées échangent également des informations sur leurs expériences en matière d'intégration régionale et peuvent organiser des conférences et rencontres pour débattre des questions d'intérêt commun[1734].

415. Les droits de l'homme ne sont, certes, pas encore un élément défini comme essentiel au fonctionnement des accords, y compris de coopération, entre le Mercosur et les pays tiers, mais il existe déjà la possibilité formelle et officielle d'un dialogue dans lequel ils peuvent se retrouver au cœur du débat[1735]. Ce qui pourrait signifier un premier pas vers l'introduction d'une

« *Estabelecer um Mecanismo de Diálogo Político e Cooperação, visando a realizar consultas entre as Partes em temas internacionais e regionais, para aprofundar os vínculos de amizade e entendimento mútuo, propiciar o diálogo e fortalecer a cooperação em temas de interesse comum, no âmbito dos foros multilaterais dos quais participam* » (traduction libre).

[1733] Mémorandum pour la création d'un mécanisme de dialogue politique et de coopération entre les États membres et associés du Mercosur et la République de Turquie, art. 3 : « *O diálogo político e a cooperação incluirão, entre outros, os seguintes temas: análise e discussão das relações de longo prazo entre as Partes e dos temas relacionados com a promoção e proteção da democracia e os direitos humanos (...)* » (traduction libre).

[1734] Mémorandum pour la création d'un mécanisme de dialogue politique et de coopération entre les États membres et associés du Mercosur et la République de Turquie, art. 2 : « *Visando a cumprir com os objetivos estabelecidos, as Partes desenvolverão, entre outras, as seguintes atividades: 1) Fortalecimento da prática de colaboração e cooperação no âmbito internacional por meio da celebração de consultas regulares nos assuntos de interesse mútuo, quando for adequado e em forma oportuna para as Partes; 2) Intercâmbio de experiências e informação em matéria de processos de integração regional; 3) Organização, celebração e participação em conferências, seminários e outros eventos de interesse mútuo relativos às questões indicadas no Artigo 3°* » (traduction libre).

[1735] Monsieur SIMMA et mesdames ASCHENBRENNER et SCHULTEYE estiment que « bien que ce ne soit pas le seul moyen de veiller au respect des droits de l'homme et des principes démocratiques, le dialogue politique constitue effectivement un forum nécessaire pour le débat sur les points essentiels et les échanges de vues. Néanmoins, il ne sert qu'à compléter d'autres mesures constructives et négatives dans le domaine des droits de l'homme et des valeurs démocratiques ou d'apporter des réponses efficaces à la suite de violations systématiques des droits de l'homme ou des ruptures du processus démocratique dans le cadre du seul dialogue politique ». Simma (Bruno), Aschenbrenner (Jo Beatrix) et Schulteye (Constanze), « Observations relatives aux droits de l'Homme en ce qui concerne les activités

clause de conditionnalité dans les accords de coopération, et qui sait, dans les accords commerciaux, à l'avenir.

***

416. Il est indiscutable que le droit du Mercosur comprend des normes spécifiquement consacrées aux droits de l'homme et qu'il manifeste le souhait d'approfondir son système normatif par le biais de l'adoption d'autres instruments de protection de droits de l'homme. Néanmoins ces instruments sont rarement contraignants et cela atteste d'une fragilité du Mercosur : la difficulté de s'imposer juridiquement aux États membres.

Cette difficulté n'est que la conséquence de son choix en faveur d'un modèle intergouvernemental qui lui confère, par ailleurs, un certain pragmatisme, car, en cas de besoin, les États approuvent par consensus une norme. Le docteur en droit KASMI affirme dans ce sens le primat d'un « 'Mercosur pompier' qui affirme son efficacité en s'efforçant de répondre aux premières urgences[1736] ».

de coopération au développement de la Communauté européenne », *in* Alston (Philip) (dir.), *L'Union européenne et les droits de l'Homme*, Bruxelles, Bruylant, 2001, p. 636.

[1736] Kasmi (Jamel), 2010, *op. cit.*, p. 92.

Conclusion chapitre I

417. Le Programme de travail 2004-2006 a été jusqu'à envisager un approfondissement de normes, définitivement plus politiques, dans l'ordre juridique du Mercosur, en particulier l'élaboration d'une charte de droits de l'homme. Ce projet s'avère à ce jour inaccompli, mais n'a pas empêché le développement d'autres voies.

Ainsi, le Mercosur a adopté, au cours des années 2000, plusieurs instruments, tantôt contraignants, tantôt non, parfois envisageant de l'être dans le futur. Ce sont des instruments qui ciblent certains groupes de personnes vulnérables, à l'exemple des enfants et des migrants, et certaines thématiques, tels les droits économiques et sociaux ; le développement d'une idée de citoyenneté du Mercosur, et, enfin la protection des droits de l'homme.

418. Les droits de l'homme ne font pas l'objet, comme cela était souhaité dans le Programme de travail, d'une charte, mais apparaissent enfin comme l'objet des dialogues politiques avec des pays tiers et également d'une clause d'appartenance des États membres au Mercosur. Cette clause, si saluée, a été inscrite dans le Protocole d'Asunción et s'est ajoutée à la clause démocratique. Ensemble, elles se sont affirmées comme « un symbole de la consolidation d'un constitutionnalisme régional[1737] ».

Ce protocole souffre encore, cependant, de nombreuses insuffisances et il faudra attendre qu'un nouvel instrument exige le respect des droits de l'homme, tant par les États associés que par les institutions du Mercosur[1738]. En outre, la question de la menace d'une violation n'est pas énoncée dans ce protocole et l'entrée en vigueur du Protocole d'Ushuaia II pourrait, au prix d'une interprétation un tant soit peu constructive, répondre à ce manque. Aux insuffisances de ce protocole s'ajoute son inefficacité. Les récents changements dans la constellation des États membres du Mercosur mettent en question la valeur de l'instrument négocié : une procédure qui n'a pas été vraiment respectée lors de la suspension du Paraguay en 2012 ni choisie

[1737] Dreyzin de Klor (Adriana) et Morales Antoniazzi (Mariela), *op. cit.*, p. 121.

[1738] Sur l'introduction des droits de l'homme au sein du Mersosur voir Toscano Franca Filho (Marcilio), « Protection of fundamental rights in Latin American FTAs and Mercosur », *European law journal*, vol. 20, n° 6, 2014, p. 811 à 823.

pour mettre l'adhésion du Venezuela en question en 2016. D'ailleurs, lors même de l'adhésion de ce dernier en 2012 comme État membre, il semble que le GMC a négligé la situation (au demeurant discutable) démocratique du Venezuela. Pays qui, d'ailleurs, n'a toujours pas ratifié le Protocole, bloquant ainsi son entrée en vigueur.

Enfin, les affaires liées à ce protocole viennent en réaction à la position prise par les États membres du Mercosur par rapport à l'adoption des instruments normatifs. Dans un souci de ne pas abdiquer leur souveraineté pour le développement d'un projet commun régional, les États n'adoptent que des déclarations, des engagements, des statuts sans aucun caractère obligatoire, preuve concrète de leur dialogue vide de réelles ambitions intégrationnistes. Lorsque ces pays nécessitent l'application d'un instrument contraignant, dont l'adoption a fait par ailleurs l'objet d'un consensus, il semble que la méfiance s'installe et qu'ils usent de stratégies pour signifier leur incompréhension du texte : les États préfèrent l'interpréter à leur guise ou, tout simplement, en ignorer l'existence.

419. Ces deux aspects du droit du Mercosur intriguent les Européens. Le goût pour la rhétorique des instruments qui ne s'engagent à rien[1739] s'oppose au conventionnalisme du droit de l'Union européenne. Par ailleurs, ce manque de sécurité juridique peut aboutir à ôter tout le crédit que le jeune groupe d'intégration économique sud-américain commençait à acquérir auprès de la communauté internationale.

[1739]Le professeur CABALLERO explique la naissance des frustrations par le gap existant entre la rhétorique des déclarations et la réalité des mises en œuvre. Caballero (Sergio), *op. cit.*, p. 19. L'historien VAYSSIERE, se rapportant au constitutionnalisme latino-américain, affirme qu'« entre la lettre de la loi et son application, la discordance était souvent caricaturale, comme si les constitutions n'étaient que de belles façades, faites pour impressionner des étrangers ». Vayssière (Pierre), *op. cit.*, p. 43.

Chapitre II : Un système de contrôle en formation

420. Il serait vain de disposer des instruments juridiques visant la promotion et le respect des droits de l'homme au sein du Mercosur s'il n'y avait pas de sanction dans le cas d'atteinte à ces droits. En effet, comme le disait Rodolf von JHERING, « L'épée sans la balance serait la force brutale, la balance sans l'épée serait l'impuissance du droit. L'une ne peut aller sans l'autre, et il n'y a d'ordre juridique parfait que là où l'énergie avec laquelle la justice porte l'épée est égale à l'habileté avec laquelle elle manie la balance[1740] ».

Le Mercosur depuis ses deux décennies d'existence a adopté des systèmes de résolution des différends dont certains ont déjà eu pour objet la protection des droits de l'homme (Section I). Ainsi, la présence dans le droit du Mercosur de la question des droits de l'homme, et des institutions nécessaires à sa consécration effective devient de plus en plus manifeste. Les États membres du Mercosur font également partie du système interaméricain de protection de droits de l'homme établi par l'Organisation des États américains. En conséquence, lorsque ces deux systèmes seront en contact, des enjeux relatifs à leur coexistence pourront se présenter (Section II).

[1740] Von Jhering (Rudolf), *La lutte pour le droit, Présentation d'Olivier Jouanjan*, Paris, Dalloz, 2006, p. 2.

Section I : Le système actuel de résolution de conflits au sein du Mercosur

421. Le Mercosur s'appuie actuellement sur un système général de résolution des différends par voie d'arbitrage, fondé sur le Protocole d'Olivos de 2002 (§1), mais également sur d'autres mécanismes qui ont pour vocation de promouvoir et de protéger des matières très spécifiques et non commerciales (§2), comme celles du droit du travail et du droit social, mais aussi celles liées au respect de l'ordre démocratique et des droits de l'homme. Cette prolifération de systèmes de contrôle est due à l'absence d'un organe juridictionnel unique qui aurait pour compétence l'appréciation de l'ensemble de ces questions.

§1 Le contrôle par voie d'arbitrage pour trancher des questions autres que commerciales

422. Le système actuellement établi pour résoudre des différends au sein du Mercosur est le résultat d'une longue évolution qui s'est construite sur la base de plusieurs instruments juridiques. Des procédures très hétérogènes sont proposées dans le cadre du système actuel (A), ce qui a permis une certaine tolérance des organismes composant ce système pour trancher des questions autres que commerciales (B).

A. Du cadre diplomatique au cadre arbitral : l'hétérogénéité des éléments du système de résolution de différends au sein du Mercosur

423. À l'heure actuelle, lorsque les États membres du Mercosur ont des avis différents sur l'interprétation, l'application ou le non-accomplissement des instruments de droit originaire du Mercosur et de certains actes de droit dérivé[1741], c'est le système de règlement des différends établi par le Protocole d'Olivos qui est mis en œuvre. Ce système traduit l'évolution qui a débuté après la signature du traité constitutif d'Asunción de 1991[1742].

La première disposition sur le règlement des différends dans le Mercosur est énoncée à l'annexe III du Traité d'Asunción qui proposait un système diplomatique[1743], intergouvernemental et provisoire de règlement de différends. Ce système a été utilisé lorsque deux États membres du Mercosur se trouvaient face à un différend suite à l'application dudit traité[1744].

Il s'agissait d'un système très diplomatique[1745], car il proposait, comme première étape, des négociations directes entre les États concernés. Si de telles négociations restaient infructueuses, deux autres étapes confirmaient le caractère intergouvernemental du Mercosur et pouvaient être mises en place. Tout d'abord, l'appréciation du différend était effectuée par le Groupe du marché commun, puis, si aucun résultat n'était obtenu, il fallait saisir le Conseil du marché commun en vue de la résolution du litige[1746].

[1741] Protocole d'Olivos, art. 1er : « *Las controversias que surjan entre los Estados Partes sobre la interpretación, aplicación o incumplimiento del Tratado de Asunción, del Protocolo de Ouro Preto, de los protocolos y acuerdos celebrados en el marco del Tratado de Asunción, de las Decisiones del Consejo del Mercado Común, de las Resoluciones del Grupo Mercado Común y de las Directivas de la Comisión de Comercio del Mercosur serán sometidas a los procedimientos establecidos en el presente Protocolo* » (traduction libre).

[1742] Sur le système de résolution des différends dans le Mercosur, voir Susani (Nadine), 2008, *op. cit.*

[1743] Le professeur PUÑAL considère que l'annexe III a consacré des mécanismes simples d'application graduelle qui n'excèdent pas le cadre de procédures diplomatiques classiques, tout en privilégiant les négociations directes. Martínez Puñal (Antonio), *op. cit.*, p. 303.

[1744] Traité d'Asunción, Anexe III, art. 1er: « *Las controversias que pudieren surgir entre los Estados Partes como consecuencia de la aplicación del Tratado serán resueltas mediante negociaciones directas (...)* ». (Les différends qui pourraient surgir entre les États parties du fait de l'application du présent Traité sont réglés par voie de négociation directe - traduction selon la version française déposée aux Nations unies).

[1745] Le Professeur BELOLO CARABOT utilise la même expression pour désigner la phase diplomatique qui précède la phase juridictionnelle devant les tribunaux arbitraux. Benlolo Carabot (Myriam), *op. cit.*, 2014, p . 212.

[1746] Traité d'Asunción, Annexe III, art. 1er : « *(...) En caso de no lograr una solución dichos Estados Partes someterán la controversia a consideración del Grupo Mercado Común, el que luego de evaluar la situación formulará en el lapso de sesenta días las recomendaciones pertinentes a las Partes para la solución del diferendo. A tal efecto, el Grupo Mercado*

Cependant, le système proposé par l'annexe III du Traité d'Asunción était provisoire depuis sa conception. Ses dernières dispositions portaient sur la nécessité d'adopter deux autres systèmes de résolution des différends. Le premier devait entrer en vigueur dans les cent-vingt jours après l'adoption du traité constitutif[1747], ce qui a été assuré par le Protocole de Brasilia. Et le second était un système définitif adopté lors de la fin de la période transitoire du Mercosur lui-même, en 1994[1748], lequel n'est toujours pas entré en vigueur.

424. C'est le Protocole de Brasilia de 1991[1749] qui a inauguré une deuxième étape dans l'évolution du système de règlement des différends dans le Mercosur. Il a entériné la proposition envisagée par l'annexe III du traité constitutif, tout en étendant le champ d'application de la procédure. Ainsi, pouvaient être mis en cause les accords conclus dans le cadre du traité constitutif, les décisions du Conseil du marché commun et les résolutions du Groupe du marché commun[1750].

Común podrá establecer o convocar paneles de expertos o grupos de peritos con el objeto de contar con asesoramiento técnico. Si en el ámbito del Grupo Mercado Común tampoco se alcanzara una solución, se elevará la controversia al Consejo del Mercado Común para que adopte sus recomendaciones pertinentes ». (S'ils ne parviennent pas à un règlement, les États parties soumettent le différend au Groupe du Marché commun qui, après avoir examiné la situation. formule aux parties, dans un délai de soixante jours les recommandations voulues en vue du règlement du différend. À cet effet, le Groupe du Marché commun peut créer ou convoquer des réunions d'experts ou des groupes de spécialistes pour lui apporter une assistance technique. Si aucune solution n'est trouvée dans le cadre du Groupe du Marché commun, le différend est soumis au Conseil du Marché commun pour qu'il adopte les recommandations voulues — traduction selon la version française déposée aux Nations unies.).

[1747] Traité d'Asunción, Annexe III, art. 2 « *Dentro de los ciento veinte días de la entrada en vigor del Tratado, el Grupo Mercado Común elevará a los Gobiernos de los Estados Partes una propuesta de Sistema de Solución de Controversias que regirá durante el período de transición* ». (Dans un délai de cent vingt jours à compter de l'entrée en vigueur du Traité, le Groupe du Marché commun proposera aux gouvernements des États parties un système de règlement des différends qui sera applicable pendant la période de transition - traduction selon version en français déposée aux Nations unies).

[1748] Traité d'Asunción, Annexe III, art. 3 « *Antes del 31 de diciembre de 1994, los Estados Partes adoptarán un sistema Permanente de Solución de Controversias para el Mercado Común* ». (Avant le 31 décembre 1994, les États participants adopteront un système permanent de règlement des différends applicable dans le cadre du Marché commun - traduction selon la version française déposée aux Nations unies).

[1749] Protocole de Brasilia, du 17 décembre 1991, abrogé par le Traité d'Olivos.

[1750] Protocole de Brasilia, art. 1er : « *Las controversias que surjan entre los Estados Partes sobre la interpretación, aplicación o incumplimiento de las disposiciones contenidas en el Tratado de Asunción, de los acuerdos celebrados en el marco del mismo, así como de las del Consejo del Mercado Común y de las Resoluciones del Grupo Mercado Común, serán sometidas a los procedimientos de solución establecidos en el presente Protocolo* ». (Les

La nouveauté principale résidait dans la procédure adoptée. Bien que les étapes diplomatiques de négociations directes et intergouvernementales de recours au Groupe du marché commun étaient maintenues (le Conseil du marché commun cependant n'y figure plus), le Protocole de Brasilia proposait, à la suite de l'étape politique, une procédure proprement arbitrale[1751].

C'est-à-dire que l'un des États concernés dans le différend, et qui ne trouvait pas de solution lors des négociations directes ou dans la résolution du Groupe du marché commun, pouvait solliciter auprès du Secrétariat du Mercosur la formation d'un tribunal arbitral *ad hoc*[1752]. Ce tribunal était composé de trois arbitres[1753]. Chaque pays concerné par le différend nommait un arbitre, et le troisième était choisi d'un commun accord par les deux parties, mais devait avoir la nationalité d'un pays tiers au litige[1754]. Les sentences arbitrales prononcées dans le cadre de cette procédure ne pouvaient pas faire l'objet de recours et étaient obligatoires[1755].

---

différends qui pourraient s'élever entre les États Parties quant à l'interprétation, l'application ou l'inexécution des dispositions du Traité d'Asunción, des accords conclus dans le cadre du Traité, ainsi que des décisions du Conseil du Marché commun et des résolutions du Groupe du Marché commun sont soumis aux procédures de règlement établies dans le présent Protocole - traduction selon la version française déposée aux Nations unies).

1751 Protocole de Brasilia, art. 7 à 24.

1752 Protocole de Brasilia, art. 7§1 : « *Cuando la controversia no hubiera podido solucionarse mediante la aplicación de los procedimientos referidos en los capítulos* II *y* III, *cualquiera de los Estados Partes en la controversia podrá comunicar a la Secretaría Administrativa su intención de recurrir al procedimiento arbitral que se establece en el presente Protocolo* ». (Si le différend ne peut être réglé en recourant aux procédures dont il est question aux chapitres II et III, l'un ou l'autre des États parties au différend peut notifier au Secrétariat administratif son intention de recourir à la procédure arbitrale prévue dans le présent Protocole - traduction selon la version française déposée aux Nations unies). Voir aussi Décision CMC 30/04 sur les règles de procédure pour les tribunaux arbitraux ad hoc du Mercosur, adoptée le 16 décembre 2004 à Belo Horizonte.

1753 Sur la désignation des arbitres aux tribunaux ad hoc, voir notamment Deluca (Santiago), « Metodologia para la Seleccion de Árbitros del Sistema de Controversias del Mercosur (Ad Hoc y TPR) », *in* Hernández Ramos (Mario) (org.), *Tribunales en organizaciones de integración: Mercosur, Comunidad Andina y Unión Europea*, Cizur Menor, Navarra, Thomson Reuters-Aranzadi, 2012, p. 43 et 44.

1754 Protocole de Brasilia, art. 9.2.i: « *Cada Estado parte en la controversia designará un (1) árbitro. El tercer árbitro, que no podrá ser nacional de los Estados Partes en la controversia, será designado de común acuerdo por ellos y presidirá el Tribunal Arbitral* ». (Chaque État partie au différend désigne un arbitre. Le troisième arbitre, qui ne peut avoir la nationalité d'aucun des États parties au différend, est désigné d'un commun accord desdits États et préside le Tribunal arbitral - traduction selon la version française déposée aux Nations unies).

1755 Protocole de Brasilia, art. 21§1: « *Los laudos del Tribunal Arbitral son inapelables, obligatorios para los Estados partes en la controversia a partir de la recepción de la*

425. Le Protocole d'Ouro Preto de 1994, troisième instrument à construire le système de règlements de différends dans le Mercosur, outre qu'il a validé et maintenu cette procédure, a proposé deux apports, en rapport avec la Commission de commerce, institution créée par ce même protocole. Le champ d'application de la procédure de règlements des différends s'étendait ainsi aux directives dictées par la Commission de commerce[1756], laquelle bénéficiait de la compétence de connaître des recours formulés par les États membres ou les particuliers pour des matières relevant de sa compétence[1757].

Malgré les apports de ce nouveau système et les dix sentences arbitrales prononcées par les tribunaux arbitraux *ad hoc*[1758], le Protocole d'Ouro Preto n'a pas complètement répondu au projet des rédacteurs du Traité d'Asunción, qui visait l'établissement d'un système définitif de règlement de

---

respectiva notificación y tendrán respecto de ello fuerza de cosa juzgada ». (Les sentences du Tribunal arbitral sont sans appel, elles sont exécutoires à l'égard des États parties au différend dès réception de la notification correspondante et elles sont à leur endroit force de chose jugée - traduction selon la version française déposée aux Nations unies).

[1756] Protocole d'Ouro Preto, art. 43: « *Las controversias que surgieran entre los Estados Partes sobre la interpretación, aplicación o incumplimiento de las disposiciones contenidas en el Tratado de Asunción, de los acuerdos celebrados en el marco del mismo, así como de las Decisiones del Consejo del Mercado Común, de las Resoluciones del Grupo Mercado Común y de las Directivas de la Comisión de Comercio del Mercosur serán sometidas a los procedimientos de solución establecidos en el Protocolo de Brasilia, del 17 de diciembre de 1991* ». (Les différends qui pourraient s'élever entre les États Parties quant à l'interprétation, l'application ou l'inexécution des dispositions du Traité d'Asunción, des accords conclus dans le cadre du Traité, ainsi que des décisions du Conseil du Marché commun, des résolutions du Groupe du Marché commun et des directives de la Commission du commerce du Mercosur, sont soumis aux procédures de règlement établies dans le Protocole de Brasilia, du 17 décembre 1991 — traduction selon la version française déposée aux Nations unies).

[1757] Protocole d'Ouro Preto, art. 21: « *Además de las funciones y atribuciones establecidas en los artículos 16 y 19 del presente Protocolo corresponderá a la Comisión de Comercio del Mercosur la consideración de las reclamaciones presentadas por las Secciones Nacionales de la Comisión de Comercio del Mercosur, originadas por los Estados Partes o en demandas de particulares - personas físicas o jurídicas -, relacionadas con las situaciones previstas en los artículos 1 o 25 del Protocolo de Brasilia, cuando estuvieran dentro de su área de competencia* ». (Outre les fonctions et attributions que lui confèrent les articles 16 et 19 du présent Protocole, la Commission du commerce du Mercosur connaît des recours présentés par ses sections nationales et formulées par les États Parties ou par des particuliers (personnes physiques ou morales), concernant les situations prévues aux articles premier ou 25 du Protocole de Brasilia, si elles relèvent de son domaine de compétence - traduction selon la version française déposée aux Nations unies).

[1758] Voir site du Tribunal permanent de révision :

http://www.tprmercosur.org/es/sol_contr_laudos_br.htm, consulté le 19 février 2013.

différends dans le Mercosur[1759]. Dans son article 44, il repousse de nouveau ce système définitif dans le temps : « avant que n'aboutisse le processus d'unification du tarif extérieur commun, les États parties doivent procéder à la révision du système actuel de règlement des différends du Mercosur en vue d'adopter le système permanent dont il est question au paragraphe 3 de l'annexe III du Traité d'Asunción et à l'article 34 du Protocole de Brasilia »[1760].

426. L'actuel système de règlement des différends du Mercosur a été mis en place par le Protocole d'Olivos de 2002[1761]. Néanmoins, malgré ses dix années d'existence, il s'agit encore une fois d'un système provisoire. Les rédacteurs ont pris pour base de travail la disposition de l'article 44 du Protocole d'Ouro Preto pour retarder l'adoption définitive d'un système de résolution des différends[1762]. Ce qui pourrait s'expliquer par le besoin naturel d'adapter régulièrement un tel système dans un groupe d'intégration[1763]. En ce sens, le système de résolution des différends devenait de plus en plus efficace, au fur et à mesure de l'avancée de l'intégration vers une union douanière complète.

[1759] Le professeur WOJCIKIEWICZ ALMEIDA affirme que le Protocole d'Ouro Preto « s'est avéré une déception, car on s'attendait à une véritable évolution du système de règlement des différends vers l'adoption d'un système définitif, conformément à la prévision de l'annexe III du Traité d'Asunción ». Wojcikiewicz Almeida (Paula), *op. cit.*, p. 207.

[1760] Protocole d'Ouro Preto, art. 44: « *Antes de culminar el proceso de convergencia del Arancel Externo Común, los Estados Partes efectuarán una revisión del actual sistema de solución de controversias del Mercosur con miras a la adopción del sistema permanente a que se refieren el item 3 del Anexo* III *del Tratado de Asunción, y el artículo 34 del Protocolo de Brasilia* » (Traduction selon la version française déposée aux Nations unies).

[1761] Protocole d'Olivos, du 18 février 2002, entré en vigueur le 1er janvier 2004.

[1762] Protocole d'Olivos, art. 53 : « *Antes de finalizar el proceso de convergencia del arancel externo común, los Estados Partes efectuarán una revisión del actual sistema de solución de controversias, a fin de adoptar el Sistema Permanente de Solución de Controversias para el Mercado Común a que se refiere el numeral 3 del Anexo* III *del Tratado de Asunción* ». (Avant la fin du processus de convergence du tarif extérieur commun, les États parties devront examiner le système courant de révision afin d'adopter un système permanent de règlement des différends pour le Marché commun mentionné à l'annexe II du traité d'Asunción - traduction selon la version française déposée aux Nations unies).

[1763] Le professeur SAMTLEBEN considère que le futur de l'intégration est lié à l'aspect juridique et spécialement aux problèmes juridictionnels. Le système de résolution des différends, dans des groupes d'intégration, doit être adapté régulièrement au niveau atteint par les forces politiques et d'intégration, en même temps qu'il facilite le développement ultérieur du processus intégrateur. Samtleben (Jürgen), « La solución de controversias en la Unión Europea y en el Mercosur », *in Liber amicorum en homenaje al profesor Dr. Didier Opertti Badán*, Montevideo, Fundación de Cultura Universitaria, 2005, p. 961.

L'innovation apportée par ce nouveau système s'est traduite par la création d'une instance juridictionnelle : le Tribunal permanent de révision (ci-après *TPR*) qui a vu le jour le 13 août 2004 et siège à Asunción[1764]. Il s'agit d'un « organe hybride[1765] », car de par ses caractéristiques, il se situerait entre un tribunal permanent et une instance arbitrale. Une instance *arbitrale* puisqu'il est composé de cinq arbitres désignés par les États membres du Mercosur[1766]. Et un tribunal *permanent* parce que les arbitres sont désignés pour une période de deux ans pendant laquelle ils doivent être disponibles pour se consacrer à leur tâche d'arbitre[1767].

Ainsi, le Tribunal permanent de révision n'est pas une cour de justice composée de juges, pas plus qu'il ne siège de façon permanente, comme son intitulé pourrait d'ailleurs le laisser entendre. Il s'agit toutefois d'une institution dont les arbitres[1768] restent les mêmes et sont soumis à une disponibilité permanente pendant deux ans. Ainsi que le remarque le professeur DREYZIN DE KLOR, « plutôt que devant une institution permanente, nous sommes devant un tribunal disponible»[1769].

1764 Protocole d'Olivos, art. 38: « *La Sede del Tribunal Permanente de Revisión será la ciudad de Asunción* ». (Traduction selon la version française déposée aux Nations unies).

1765 Benlolo Carabot (Myriam), Susani (Nadine) et Vaurs-Chaumette (Anne-Laure), *op. cit.*, p. 252.

1766 Protocole d'Olivos, art. 18: « *1. El Tribunal Permanente de Revisión estará integrado por cinco árbitros. 2. Cada Estado Parte del Mercosur designará un árbitro y su suplente por un período de dos años, renovable por no más de dos períodos consecutivos. 3. El quinto árbitro, que será designado por un período de tres años no renovable salvo acuerdo en contrario de los Estados Partes, será elegido por unanimidad de los Estados Partes (...)* ». (1.La Cour permanente de révision doit comprendre cinq arbitres ; 2.Chacun des États parties au Mercosur doit nommer un arbitre et son suppléant pour une période deux ans renouvelables pour deux périodes consécutives ; 3. Le cinquième arbitre, nommé pour une période de trois ans non-renouvelable à moins qu'il n'en soit décidé autrement, sera choisi à l'unanimité par les États parties (…) - traduction selon la version française déposée aux Nations unies). Sur la désignation des arbitres aux tribunaux ad hoc, voir notamment Deluca (Santiago), op. cit., 2012, p. 44 à 46.

1767 Protocole d'Olivos, art. 19 : « *Los integrantes del Tribunal Permanente de Revisión, una vez que acepten su designación, deberán estar disponibles de modo permanente para actuar cuando se los convoque* ». (Une fois qu'ils ont accepté leur nomination, les membres de la Cour permanente de révision devront être disponibles de façon permanente pour examiner les cas qui leur sont soumis - traduction selon la version française déposée aux Nations unies).

1768 Le docteur en droit KASMI soutient que les arbitres du Mercosur peuvent être appelés « juges mercosuriens », car le système de règlement des différends du Mercosur repose essentiellement sur l'arbitrage qui est considéré comme une justice, et de ce fait, l'arbitre exerce une fonction juridictionnelle. Kasmi (Jamel), *op. cit.*, 2010, p. 91.

1769 Dreyzin de Klor (Adriana), « El Protocolo de Olivos », *Revista de Derecho Privado y Comunitario*, 2003-1, Santa Fé, Rubinzal-Culzoni, p. 38.

427. Le Tribunal permanent de révision assume quatre fonctions. Comme son nom l'indique, il est compétent pour réviser des questions de droit soulevées dans les sentences des tribunaux *ad hoc*[1770], il est donc un organe de seconde et dernière instance. Il peut aussi être saisi par les parties qui renoncent à la compétence *ad hoc* pour se présenter directement devant le TPR, une fois achevée l'étape préalable de la négociation directe[1771]. En ce sens, il est aussi un organe de première et de dernière instance. En outre, il peut être sollicité pour des mesures exceptionnelles d'urgence[1772], ce qui en fait alors un organe d'instance unique. Et enfin, le TPR peut émettre des avis consultatifs[1773] lorsqu'il est saisi par les États membres, les organes

---

[1770] Protocole d'Olivos, art. 21§1: « *La otra parte en la controversia tendrá derecho a contestar el recurso de revisión interpuesto, dentro del plazo de quince días de notificada de la presentación de dicho recurso* ». (L'autre partie au différend doit avoir le droit de répondre à la motion de révision 15 jours à partir de la date de sa notification - traduction selon la version française déposée aux Nations unies). Voir aussi la Décision CMC 37/03, sur le Règlement du protocole d'Olivos pour le règlement de différends dans le Mercosur, adopté à Montevideo, le 15 décembre 2003, art. 31, et la Décision CMC 30/05 CMC, sur les Règles de procédure du Tribunal permanent de révision, adoptée le 8 décembre 2005 à Montevideo.

[1771] Protocole d'Olivos, art. 23§1 : « *Las partes en una controversia, culminado el procedimiento establecido en los artículos 4 y 5 de este Protocolo, podrán acordar expresamente someterse directamente y en única instancia al Tribunal Permanente de Revisión (...)* ». (À l'issue des procédures décrites aux articles 4 et 5 du présent Protocole, les parties peuvent décider de façon expresse de soumettre directement le différend à la cour permanente de révision en tant qu'instance unique (…) - traduction selon la version française déposée aux Nations unies). Voir aussi art. 39 du Règlement du protocole d'Olivos pour le règlement de différends dans le Mercosur.

[1772] Protocole d'Olivos, art. 24 : « *El Consejo del Mercado Común podrá establecer procedimientos especiales para atender casos excepcionales de urgencia, que pudieran ocasionar daños irreparables a las Partes* ». (Le Conseil du marché commun peut créer des procédures exceptionnelles pour examiner les cas urgents exceptionnels pouvant causer des dommages irréparables aux parties - traduction selon la version française déposée aux Nations unies). Décision v 23/04, sur les mesures d'exception d'urgence, adoptée le 7 juillet 2004 à Puerto Iguazu.

[1773] Protocole d'Olivos, art. 3 : « *El Consejo del Mercado Común podrá establecer mecanismos relativos a la solicitud de opiniones consultivas al Tribunal Permanente de Revisión definiendo su alcance y sus procedimientos* ». (Le Conseil du marché commun peut établir des mécanismes liés aux demandes d'opinions consultatives présentées à la Cour permanente de révision contre une décision et définir leur portée et leurs procédures - traduction selon la version française déposée aux Nations unies). Règlement du Protocole d'Olivos pour le règlement de différends dans le Mercosur, art. 2: « *Podrán solicitar opiniones consultivas al Tribunal Permanente de Revisión, todos los Estados Partes del Mercosur actuando conjuntamente, los órganos con capacidad decisoria del Mercosur y los Tribunales Superiores de los Estados Partes con jurisdicción nacional, en las condiciones que se establecen para cada caso* » (traduction libre). Voir aussi la Décision CMC 02/07, sur le Règlement de la procédure de sollicitation d'avis consultatif au Tribunal permanent de révision par les tribunaux supérieurs de justice des États membres du Mercosur, adoptée le 18 janvier 2007 à Rio de Janeiro.

Les professeurs ESPOSITO et DONADIO rappellent les avantages du Protocole d'Olivos : d'un côté il simplifie la procédure des tribunaux et de l'autre, par rapport à la structure juridictionnelle, il établit le TPR avec compétence contentieuse et consultative. Espósito

décisionnels (Conseil du marché commun, Groupe du marché commun et Commission de commerce du Mercosur), le Parlasur ou les tribunaux supérieurs des États membres[1774]. Sans aller jusqu'à une procédure de question préjudicielle, cette compétence d'avis lui permet de façonner l'interprétation du droit du Mercosur, si tant est qu'il soit saisi de telles questions[1775].

428. Malgré l'identification de ces quatre fonctions du TPR, le Protocole d'Olivos n'est pas à l'abri de la critique et peut être considéré comme une avancée en trompe-l'œil dans ce sens où il n'existe pas de classification sommaire des différents actions et recours qui peuvent être présentés au TPR, comme cela existe au sein de la Communauté andine des nations et l'Union européenne[1776].

Ainsi, il n'est pas nécessaire d'insister sur le fait que le système de règlement des différends adopté par le Protocole d'Olivos maintient les

---

(Carlos) et Donadio (Luciano), « Inter-jurisdictional co-operation in the Mercosur: the First Request for an Advisory Opinion of the Mercosur's Permanent Review Tribunal by Argentina's Supreme Court of Justice », *The law & practice of international courts and tribunals*, 2011, vol. 10, n° 2, p. 273.

[1774] Sur les avis consultatifs du TPR, voir Campos de Carvalho (Mariana), « A aplicação dos mecanismos do direito da União europeia diante da imperfeição das opiniões consultativas do Mercosul », *Revista do Programa de Direito da União Europeia: revista do módulo europeu do Programa Jean Monnet da FVG Direito Rio*, 2012, n° 2, Rio de Janeiro, p. 55 et s. Le Professeur WOJCIKIEWICZ ALMEIDA soutient l'idée d'un dialogue vertical entre les juges du Mercosur et ceux des tribunaux nationaux. Wojcikiewicz Almeida (Paula), « The challenges of judicial dialogue in Mercosur », *The law and practice of international courts and tribunals*, Brill Nijhoff, n°14, 2015, p. 395.

[1775] Manuel Cienfuegos Mateo a développé longuement ces questions: « La colaboración entre los jueces de los paises del Mercosur y el Tribunal Permanente de Revisión mediante el procedimiento de opiniones consultativas », *in* Hernández Ramos (Mario) (org.), *Tribunales en organizaciones de integración: Mercosur, Comunidad Andina y Unión Europea*, Cizur Menor, Navarra, Thomson Reuters-Aranzadi, 2012, p. 151 à 213. Et le Professeur a développé notamment une étude comparative entre les avis consultatifs du Mercosur et les questions préjudicielles à la Cour de justice de l'Union européenne : Cienfuegos Mateo (Manuel), « Opiniones consultivas en el Mercosur y cuestiones prejudiciales en la Unión Europea », *Revista de derecho comunitario europeo*, n° 42, 2012, 433-476 p.

[1776] L'ancien arbitre FERNANDEZ DE BRIX du TRP rappelle que le Tribunal de la CAN et la CJUE peuvent être saisis en différentes situations. La CJUE : le renvoi préjudiciel ; le recours en manquement ; le recours en annulation ; le recours en carence ; le pourvoir, et le réexamen. Le Tribunal de justice de la Communauté andine: *Acción de Nulidad; Acción de Incumplimiento; Interpretación Prejudicial; Recurso por Omisión o Inactividad*, et *Acción Laboral*. Fernandez de Brix (Wilfrido), « La experiencia del Tribunal permanente de revisión del Mercosur : su aportación a la consolidación del bloque regional y el futuro de la arquitectura jurisdiccional mercosureña », in Vidal-Beneyto (José) et Garcia (Ricardo Alonso), *Hacia una Corte de Justicia Latinoamericana*, Valencia, Amela, 2009, p. 215.

procédures établies par les systèmes du Protocole de Brasilia et d'Ouro Preto. Il conserve donc le cadre diplomatique des négociations directes ; le cadre institutionnel de résolutions du Groupe du marché commun, et enfin, le cadre arbitral des tribunaux *ad hoc*.

429. Outre la nouveauté de l'établissement d'un tribunal de révision, le système établi par le Protocole d'Olivos possède d'autres caractéristiques intéressantes.

Les États concernés par un différend ne sont plus obligés de le soumettre au système du Mercosur. Ils disposent de l' « option du forum[1777] », c'est-à-dire qu'ils peuvent choisir une autre organisation pour régler leur différend, par exemple l'Organisation mondiale du commerce. Cette disposition fait la preuve de la flexibilité du Protocole d'Olivos, mais peut aussi entraîner son affaiblissement[1778]. Elle permet en effet aux États de réaliser un *forum shopping*, selon le chercheur ARNAUDO, susceptible de porter atteinte à la solution la plus efficace du différend[1779] et de manquer des opportunités d'interpréter le droit du Mercosur.

L'étape des négociations directes est toujours utilisée, cependant la procédure devant le Groupe du marché commun est devenue optionnelle[1780].

1777 Protocole d'Olivos, art. 1 §2: « *Las controversias comprendidas en el ámbito de aplicación del presente Protocolo que puedan también ser sometidas al sistema de solución de controversias de la Organización Mundial del Comercio o de otros esquemas preferenciales de comercio de que sean parte individualmente los Estados Partes del Mercosur, podrán someterse a uno u otro foro a elección de la parte demandante. Sin perjuicio de ello, las partes en la controversia podrán, de común acuerdo, convenir el foro* ». (Les différends tombant dans le champ d'application du présent protocole qui peuvent également être soumis au système de règlement de l'Organisation mondiale du commerce ou à tout autre système de commerce préférentiel dont pourraient être membres les États parties du Mercosur, peuvent à la demande de la partie requérante être référés à n'importe lequel de ces forums, à condition que les parties au différend se mettent conjointement d'accord sur un forum - traduction selon la version française déposée aux Nations unies).Voir aussi art. 1er du Règlement du protocole d'Olivos pour le règlement de différends dans le Mercosur.

1778 Le professeur MAZET soutient que la faculté des tribunaux du Mercosur de pouvoir saisir d'autres juridictions internationales, et donc n'ayant pas le monopole de la justice communautaire, « affaiblit l'avènement d'une jurisprudence locale, propre au Mercosur ». Mazet (Guy), *op. cit.*, 2011, p. 248. Le professeur WOJCIKIEWICZ ALMEIDA pense également que « l'application uniforme du droit du Mercosur par le biais de la formation d'une base jurisprudentielle » est rendue difficile à cause de l'effet *inter partes* de la sentence arbitrale. Wojcikiewicz Almeida (Paula), 2013, *op. cit.*, p. 210.

1779 Arnaudo (Luca), « Mercosur: progressi e prospettive », *La comunità internazionale*, 2010, n° 3, vol. 65, p. 426.

1780 Protocole d'Olivos, art. 6 §2: « *(...) los Estados partes en la controversia podrán, de común acuerdo, someterla a consideración del Grupo Mercado Común* ». (En plus de la

Ce qui n'est pas le cas si la requête est déposée par un particulier (personne physique ou morale), car ce dernier sera encore obligé, comme lors de la procédure du Protocole de Brasilia, de se soumettre à plusieurs étapes[1781]. On reconnaît ici la prépondérance de la logique intergouvernementale du Mercosur. Il faut aussi souligner que cette reconnaissance de l'individu comme sujet du droit du Mercosur est un élément qui rapproche le droit du Mercosur du droit de l'Union et de la jurisprudence *Van Gend en Loos*. Si des barrières procédurales existent encore dans le droit du Mercosur, celui-ci porte en germe les caractéristiques d'un droit de l'intégration.

430. Le manque de flexibilité par rapport aux requêtes présentées par des particuliers ne représente pas la seule lacune du Protocole d'Olivos. Selon les conditions de recevabilité de la requête, le particulier doit toujours être lié à l'État membre dans lequel il réside ou dans lequel se trouve le siège de son entreprise, l'individu doit donc relever de la juridiction d'un État membre du fait de sa résidence ou du siège de son entreprise, allant au-delà de la stricte nationalité[1782]. De surcroît, le particulier doit établir conjointement la violation du droit et le préjudice qu'il subit ; la seule violation de la norme n'est pas suffisante pour présenter le recours[1783]. En outre, les requêtes déposées par des particuliers sont soumises à une triple sélection : tout d'abord de la section nationale du Groupe du marché commun, puis du Groupe du marché commun lui-même, et enfin, du groupe d'experts du Groupe du marché commun[1784].

---

disposition figurant dans le paragraphe précédent, les États parties au différend peuvent décider de le porter à l'examen du Groupe du marché commun - traduction selon la version française déposée aux Nations unies).

1781 Protocole d'Olivos, art. 40 à 44 et du Règlement du protocole d'Olivos pour le règlement de différends dans le Mercosur, art. 46 à 55.

1782 Protocole d'Olivos, art. 40 §1: « *Los particulares afectados formalizarán los reclamos ante la Sección Nacional del Grupo Mercado Común del Estado Parte donde tengan su residencia habitual o la sede de sus negocios* ». (Les particuliers concernés forment leur recours auprès de la section nationale du groupe du marché commun de l'État partie où ils ont leur résidence habituelle ou le siège de leurs affaires - traduction selon la version française déposée aux Nations unies).

1783 Protocole d'Olivos, art. 40 §2 : « *Los particulares deberán aportar elementos que permitan determinar la verosimilitud de la violación y la existencia o amenaza de un perjuicio, para que el reclamo sea admitido por la Sección Nacional y para que sea evaluado por el Grupo Mercado Común y por el grupo de expertos, si se lo convoca* ». (Les particuliers doivent fournir des éléments qui permettent à ladite section nationale de déterminer la vraisemblance de la violation alléguée et l'existence ou la menace d'un préjudice afin que le recours puisse être pris en considération par la section nationale, être évalué par le Groupe du marché commun et par le groupe des experts, s'il est appelé à intervenir - traduction selon la version française déposée aux Nations unies).

1784 Protocole d'Olivos, art. 41 à 43.

Ainsi, comme le remarque le professeur PUÑAL, les possibilités réelles pour qu'une personne physique ou morale voie sa requête accueillie dépendent de la capacité de pression de ce dernier ou des questions politiques conjecturales, ce qui met en péril la sécurité juridique du Mercosur[1785].

431. Le système de règlement de différends proposé par le Protocole d'Olivos est donc clairement à destination des États membres[1786]. Les particuliers avec beaucoup de persévérance peuvent, à la limite, franchir les étapes et déposer des requêtes. À l'inverse, les institutions du Mercosur de nature décisionnelle, les tribunaux nationaux des États membres et le Parlasur ne peuvent que solliciter des avis consultatifs, qui n'ont aucune valeur contraignante. Que dire d'autres organismes du Mercosur, comme les Observatoires, les Réunions spécialisées et les Instituts ? Ils n'ont aucun accès direct à ce système établi par le Protocole d'Olivos. La solution consisterait peut-être à faire passer leurs requêtes par les institutions auxquelles ils sont liés comme le Conseil et le Groupe du marché commun ; solution qui n'aurait pourtant rien d'idéal.

432. Enfin, si l'objectif premier d'un tribunal d'une organisation d'intégration est de veiller au respect du droit généré par cette dernière[1787], l'actuelle procédure n'a vraiment pas vocation à contrôler les institutions du Mercosur ni les États membres.

433. D'autres critiques du système établi par le Protocole d'Olivos sont formulées par la doctrine, par le Secrétariat du Mercosur et même par ses arbitres[1788]. Par exemple, le choix des membres du TPR ne semble pas être approuvé, à commencer par les caractéristiques des arbitres, qui ne relèvent pas des critères exigés par le Protocole d'Olivos, mais seulement du pouvoir exécutif des États membres du Mercosur[1789]. Par conséquent, les membres

---

[1785] Martínez Puñal (Antonio), *op. cit.*, p. 380.

[1786] KURLAT AIMAR soutient que « l'absence de participation active du particulier renforce son caractère strictement interétatique ». Kurlat Aimar (Jose Sebastian), *op. cit.*, p. 293.

[1787] Benlolo Carabot (Myriam), Susani (Nadine) et Vaurs-Chaumette (Anne-Laure), *op. cit.*, p. 534.

[1788] En 2009, l'ancien arbitre du TPR, M FERNANDEZ DE BRIX, a établi une liste des problèmes qui empêchent son développement : le manque d'institutionnalisme du Mercosur ; le manque de volonté politique ; le manque d'une infrastructure correcte pour le fonctionnement du TPR; l'absence de respect au regard des sentences arbitrales; l'inexistence d'un budget propre, etc. Fernandez de Brix (Wilfrido),*op. cit.*, p. 219 à 221.

[1789] Protocole d'Olivos, art. 10§2.i : « *Cada Estado parte en la controversia designará un (1) árbitro titular de la lista prevista en el Artículo 11.1 (...)* ». (Chaque État partie au différend

du TPR ne sont pas nécessairement des juristes[1790]. En outre, ils n'ont pas la même indépendance que s'ils étaient choisis suivant une modalité autre que directement par les gouvernements des États[1791]. Ainsi, le processus de choix des membres manquerait de transparence et une consultation auprès des universités, des associations de magistrats, des barreaux, par exemple, pourrait être sinon souhaitable, du moins présenter plus de garanties d'efficacité[1792]. Enfin, le Secrétariat lui-même a mis en question le système du Protocole d'Olivos. Il considère que ce système se montre incapable d'éviter une pluralité de droits applicables ce qui pourrait entraîner une application minimaliste du droit du Mercosur ; il critique la clause permettant le choix du for et les conditions de recevabilité des demandes des particuliers, et enfin, le caractère non obligatoire des opinions consultatives[1793]. Le juriste KURLAT AIMAR considère d'ailleurs que « les opinions purement consultatives du TPR jouent le rôle d'une sorte de déclaration de bonnes intentions »[1794].

---

désigne un arbitre à partir de la liste prévue à l'article 11§1 — traduction selon la version française déposée aux Nations unies). Protocole d'Olivos, art. 11§1 : « *Cada Estado Parte designará doce árbitros, que integrarán una lista que quedará registrada en la Secretaría Administrativa del Mercosur (...)* ». (Chaque État doit désigner 12 arbitres qui seront inclus sur la liste déposée auprès du secrétariat administratif du Mercosur — traduction selon la version française déposée aux Nations unies).

[1790] Le professeur PUÑAL rappelle que le Mercosur ne dispose pas d'un organe judiciaire permanent, composé d'experts en Droit. Martínez Puñal (Antonio), *op. cit.*, p. 382.

[1791] Le professeur ESTOUP soutient que le Mercosur a besoin d'une justice indépendante des pouvoirs exécutifs, qui puisse rendre des décisions applicables de manière impartiale, avec une totale abstraction des transactions au niveau du tribunal *ad-hoc*. Estoup (Luis Alejandro), Solutions des controverses et Société. L'originalité du Tribunal permanent de révision du Mercosur in *Droit et société : revue internationale de théorie du droit et de sociologie juridique*, n°59, LGDJ, 2005, p. 81. Le professeur PEROTTI propose que, pour régler ce manque d'autonomie, le choix des membres du TPR soit fait par les pouvoirs judiciaires des États membres. Perotti (Alejandro Daniel), *Tribunal Permanente de revisión y estado de derecho en el Mercosur*, Buenos Aires, Marcial Pons de Argentina, 2008, p. 158.

La discussion sur le choix des arbitres atteint même celle de la nature intergouvernementale ou supranationale du TPR. La différence reposerait dans l'idée d'indication et de non-représentativité des arbitres. Une partie de la doctrine soutient que le TPR est caractérisé par l'intergouvernamentalité, car les arbitres sont désignés par les États membres du Mercosur (Olmos Giuponni (Maria Balén), *op. cit.*, 2012, p. 713). Une autre partie soutient que malgré le fait d'être indiqués par les États membres, les arbitres ne les représentent pas, et cela serait donc un trait de supranationalité (Perotti (Alejandro Daniel), « Estructura institucional y derecho en el Mercosur », *RDM,* 2002, n° 1, p. 66) et ils doivent exercer leurs fonctions de décision avec une indépendance fonctionnelle (Carvalho Ramos (André), *op. cit.*, 2008, p. 221).

[1792] Perotti (Alejandro Daniel), *op. cit.*, 2008, p. 158.

[1793] Secrétariat du Mercosur, *Primer informe semestral de la Secretaría del Mercosur: Un foco para el progreso de la integración regional*, Montevideo, juillet 2004, p. 40 à 55.

[1794] Kurlat Aimar (Jose Sebastian), *op. cit.*, p. 292.

434. Malgré ces handicaps, le système de règlement des différends adopté par le Protocole d'Ouro Preto est salué pour avoir permis l'émergence d'un mécanisme judiciaire au cœur des institutions du Mercosur[1795]. Ceci met en évidence un phénomène nouveau dans la nature du Mercosur ; l'approche judiciaire se retrouve aux côtés des approches politique et économique[1796]. Ainsi, le TPR se place comme étant une institution plus stable pour la justice du Mercosur[1797] et contribue à unifier sa jurisprudence[1798]. Enfin, le recours à un juge ou à un arbitre dans le système d'intégration est « révélateur d'une plus grande institutionnalisation des relations interétatiques et d'une solidarité croissante »[1799].

Jusqu'à présent, le système adopté par le Protocole d'Olivos a permis au Tribunal permanent de révision de prononcer six sentences arbitrales, trois avis consultatifs[1800] et aux tribunaux arbitraux *ad hoc* de rendre deux sentences arbitrales[1801]. Parmi cette petite activité jurisprudentielle, deux tribunaux arbitraux *ad hoc* et le TPR ont pu juger des affaires dont l'origine non commerciale a été remise en question. Ce sont ces affaires que nous allons développer.

[1795]Benlolo Carabot (Myriam), Susani (Nadine) et Vaurs-Chaumette (Anne-Laure), *op. cit.*, p. 252.

[1796] Mazet (Guy), *op. cit.*, 2011, p. 247.

[1797] Estoup (Luis Alejandro), *op. cit.*, p. 80.

[1798] Martínez Puñal (Antonio), *op. cit.*, p. 362

[1799] Philip (Christian) et Cara (Jean-Yves), « Nature et évolution de la juridiction internationale », *in La Juridiction internationale permanente (Actes du XX Colloque de Lyon de la Société française pour le droit international*, Université Jean Moulin Lyon III, 29-31 mai 1986), Paris, Pedone, 1987, p. 6.

[1800] Le professeur DREYSIN DE KLOR suggère des réponses à la question du très faible usage du mécanisme des avis consultatifs par le TPR. Dreyzin de Klor (Adriana), « Las opiniones consultivas en Mercosur », *in II Encuentro de Magistrados de la Comunidad Andina y del Mercosur*, Tribunal de Justicia de la Comunidad Andina, Cartagena de Indias, 2010, p. 57 à 72.

[1801] Tribunal permanent de révision.

Disponible sur : http://www.tprmercosur.org/es/sol_controversias.htm, consulté le 14 mars 2016.

B. *L'affirmation d'une nouvelle compétence ratione materiae du système de résolution des différends dans le Mercosur*

435. Face au silence du Protocole d'Olivos et même de son Règlement intérieur concernant une délimitation matérielle spécifique de l'objet des différends[1802], un assez riche raisonnement sur la compétence *ratione materiae* s'est développé au sein des instances visant la résolution des différends du Mercosur. Au cours de ce débat, les questions de nature non économique ont été placées au centre des débats. Ainsi, le système de résolution des différends proposé par le Protocole d'Olivos a été utilisé à trois reprises afin de se prononcer sur des droits de telle nature.

436. La première occasion concerne l'affaire des « pneus rechapés », controverse entre l'Uruguay et l'Argentine qui a amené un Tribunal arbitral *ad hoc* dans le Mercosur à se prononcer sur les limites de la libre circulation à l'égard des droits qui ne sont pas à l'origine purement économiques, comme le droit à la vie, à la santé et de l'environnement[1803]. Dans cette affaire, l'Uruguay a accusé l'Argentine de porter atteinte au droit à la libre circulation de biens énoncé aux articles 1er et 5 du Traité d'Asunción, pour avoir interdit l'importation des pneus rechapés (dans la loi n° 25.626, du 8 août 2002). Les pneus rechapés en fin de vie étant considérés comme nocifs pour l'environnement et pour l'homme, l'Argentine a soutenu, dans sa réponse à la requête, que la protection de l'environnement et de la santé des personnes, des animaux et des plantes, en se basant directement sur l'article

---

[1802] L'art. 27 du Règlement du Protocole d'Olivos affirme seulement que l'objet du litige est constitué d'événements, d'actes, d'omissions ou de mesures prises par les parties qui les considèrent incompatibles avec les règles du Mercosur. (*El objeto de la controversia estará constituido por los hechos, actos, omisiones o medidas cuestionados por la parte demandante por considerarlos incompatibles con la normativa Mercosur (...)* – traduction libre).

Sur la délimitation matérielle de l'objet des différends au Mercosur, voir: Raizer Borges Moschen (Valesca) et Simões Martins Filho (Marcos), « A delimitação do objeto da controvérsia no sistema de solução de controvérsias do Mercosul », *in* Menezes Cordeiro (Antonio) *et al.* (org.), *Estudos em homenagem ao Professor Doutor Paulo de Pitta e Cunha*, vol 1, Coimbra, Almedina, 2010, p. 1309-1324.

[1803]TAHM, Affaire des pneus rechapés : Uruguay c. Argentine (sentence arbitrale [s/n°]), prononcée le 25 octobre 2005 à Montevideo.

(*Controversia entre la República Oriental del Uruguay y la República Argentina, « Prohibición de la importación de neumáticos remoldeados ».* – Différend entre la République orientale de l'Uruguay et la République Argentine, « Interdiction de l'importation de pneus rechapés » – traduction libre. Nous utiliserons désormais l'expression « Affaire des pneus rechapés: Uruguay c. Argentine » pour faire référence à l'affaire et la distinguer de la précedente « Affaire des pneus rechapés: Uruguay c. Brésil »).

2.b de l'Annexe I du Traité d'Asunción[1804], et indirectement sur l'article 50 du Traité de Montevideo de 1980[1805], pouvait aboutir à empêcher la libre circulation.

Dans une décision inédite, le Tribunal arbitral *ad hoc* s'est prononcé sur les limites du droit de l'intégration du Mercosur. Il a voulu confronter deux principes structurels du Mercosur[1806] : la liberté du commerce et la protection de la vie, de la santé et de l'environnement[1807], mais aussi déterminer si cette confrontation était soumise à des conditions juridiques[1808].

Conformément à sa fonction contentieuse, le Tribunal arbitral *ad hoc* a décidé, à la majorité, que la loi argentine était conforme au Traité d'Asunción. Il a rappelé que le Traité d'Asunción englobe la préservation de l'environnement, en tant que l'un des instruments du processus d'intégration

[1804] Traité d'Asunción, Annexe I, art. 2.b: « *A los efectos dispuestos en el artículo anterior, se entenderá: b. por "restricciones", cualquier medida de carácter administrativo, financiero, cambiario o de cualquier naturaleza, mediante la cual un Estado Parte impida o dificulte, por decisión unilateral, el comercio recíproco. No quedan comprendidos en dicho concepto las medias adoptadas en virtud de las situaciones previstas en el Artículo 50 del Tratado de Montevideo de 1980* ». (Aux fins énoncées à l'article précédent, on comprendra: b. par "Restrictions", toute mesure de nature administrative, financière, liée au taux de change ou de toute autre nature, par laquelle un État partie empêche ou entrave, par décision unilatérale, le commerce réciproque. Ne relèvent pas de cette notion les mesures prises dans les conditions prévues à l'article 50 du Traité de Montevideo 1980 – traduction libre).

[1805] Traité de Montevideo, adopté le 12 août 1980 à Montevideo. Art. 50.d: « *Ninguna disposición del presente Tratado será interpretada como impedimento para la adopción y el cumplimiento de medidas destinadas a la: (d) Protección de la vida y salud de las personas, los animales y los vegetales* ». (Aucune disposition du présent Traité ne sera interprétée comme étant un obstacle à l'adoption et à l'exécution des mesures relatives à: (d) La protection de la vie et de la santé des personnes, des animaux et des végétaux– traduction libre).

[1806] Sur les principes du droit du Mercosur, dégagés par les tribunaux mercosuriens, voir Kasmi (Jamel), *op. cit.*, 2010, p. 98 à 109.

[1807] TAHM, Affaire des pneus rechapés: Uruguay c. Argentine, (sentence arbitrale [s/n°]), § 55: « *De este modo, el Tribunal se confronta con argumentos de las Partes que implican un verdadero confronte entre principios estructurales del Mercosur: el libre comercio y la protección del medio ambiente, definiendo la prevalencia de uno sobre el otro* » – traduction libre).

[1808] TAHM, Affaire des pneus rechapés: Uruguay c. Argentine, (sentence arbitrale [s/n°]), § 56: « *Habiendo las Partes ratificado su convencimiento en cuanto a la legalidad de la aplicación del principio de la libre circulación de bienes en la región, así como admitiendo el hecho de que determinada Ley interna Argentina prohibió la importación de productos que venían siendo exportados por el Uruguay, cabe a este Tribunal definir si la excepción presentada por Argentina, es decir – en términos generales –, si la protección de la salud y la vida de las personas y animales y la preservación del medio ambiente, tiene condiciones jurídicas para oponerse al principio de libre comercio, en determinadas condiciones y/o circunstancias* » – traduction libre).

et que l'objectif du traité est l'amélioration des conditions de vie des habitants de la région[1809]. Cette décision est fondée sur l'idée que « le bien-être, en tant que concept large, implique tous les éléments qui contribuent à améliorer la qualité de vie des hommes. Dans ce cadre, le libre commerce ne peut pas jouir d'une priorité absolue, car il est l'instrument du bien-être humain, et pas une fin en soi »[1810].

Devant l'instance de révision, constituée par le Tribunal permanent de révision, l'affaire des pneus rechapés a pris une autre tournure et cette fois-ci l'Argentine a été condamnée et a dû abroger sa loi interdisant l'importation

---

[1809] TAHM, Affaire des pneus rechapés: Uruguay c. Argentine, (sentence arbitrale [s/n°]), § 58: « *El Preámbulo del Tratado de Asunción consagra como uno de los instrumentos del proceso de integración la "preservación del medio ambiente". Nótese, además, que se entiende como objetivo del Tratado el fin último de la mejoría de las condiciones de vida de los habitantes de la región* » – traduction libre).

[1810] TAHM, Affaire des pneus rechapés: Uruguay c. Argentine, (sentence arbitrale [s/n°]), *§ 66: « Fundada en el libre comercio, sin restricciones o barreras, la sistemática jurídica de la integración igualmente convive con los principios de proporcionalidad, de la limitación de reserva de soberanía, de la razonabilidad y de la previsibilidad comercial. Por cierto, la búsqueda de la integración y la consagración de su fundamento en el libre comercio sólo pueden tener sentido como instrumentos de implementación del bienestar de los seres humanos que viven en la región. Léase bienestar como un concepto amplio, que implica todos los elementos que contribuyen para mejorar la calidad de vida de los hombres. En este cuadro, el libre comercio no puede gozar de una prioridad absoluta, puesto que es instrumento del bienestar humano no un fin en sí mismo. El concepto de un mercado libre de barreras debe ser temperado con otros principios, igualmente consagrados por el Derecho, tales como la eficiencia, la cooperación entre los pueblos, la preservación del medio ambiente, la prevención, la precaución, entre otros* ». (Basée sur le libre-échange, sans restriction ou obstacle, la systématique juridique de l'intégration partage également les principes de proportionnalité, de limitation de réserve de la souveraineté, du caractère raisonnable et de la prévisibilité commerciale. En effet, la poursuite de l'intégration et de la consécration de son fondement sur le libre-échange ne peut avoir de sens que comme étant des instruments de mise en œuvre du bien-être des êtres humains vivant dans la région. Il faut comprendre le bien-être, dans un sens large impliquant tous les éléments qui contribuent à l'amélioration de la qualité de vie des hommes. Dans ce contexte, le libre-échange ne peut pas jouir d'une priorité absolue, car il est l'instrument du bien-être humain, et pas une fin en soi. Le concept d'un marché sans entraves doit être régulé par d'autres principes, également consacrés par le droit, comme l'efficacité, la coopération entre les peuples, la préservation de l'environnement, la prévention, la précaution, etc. - traduction libre).

D'ailleurs, cette affaire pourrait nous renvoyer à celle du *Vin digeste*, de la CJUE, où la santé prévaut sur les libertés professionnelles et d'entreprise. CJUE, Arrêtdu 6 septembre 2012, *Deutsches Weintor eGc. Land Rheinland-Pfalz*, n° C-544/10, non encore publié, §52 : « (...) Dès lors, l'interdiction de telles allégations peut se justifier au regard de l'exigence de garantir un niveau élevé de protection de la santé pour le consommateur ». § 54 : « S'agissant, en second lieu, des libertés professionnelles et d'entreprise, il y a lieu de rappeler que, selon la jurisprudence de la Cour, le libre exercice d'une activité professionnelle tout comme le droit de propriété n'apparaissent pas comme des prérogatives absolues, mais doivent être pris en considération par rapport à leur fonction dans la société ».

des pneus rechapés[1811]. Le TPR a en effet conclu que le Tribunal *ad hoc* avait interprété de façon erronée les principes du droit du Mercosur. Selon lui, dans le droit du Mercosur, il n'existerait pas deux principes, mais un seul : celui du libre commerce, qui peut parfois faire l'objet d'une exemption[1812].

En outre, le TPR relève une erreur juridique dans la sentence arbitrale prononcée par le Tribunal *ad hoc*. Selon lui, le Tribunal arbitral n'a pas détaillé les critères nécessaires à l'invocation des exceptions au principe du libre commerce[1813], faute de normes explicites en ce sens et d'une jurisprudence des organes juridictionnels du Mercosur. À l'inverse, le TPR formalise les quatre critères nécessaires à la mise en œuvre de l'exception au principe de la liberté du commerce : analyser si la mesure est effectivement restrictive du commerce ; évaluer le critère discriminatoire de la mesure ; vérifier si la mesure est justifiable, et enfin, s'assurer de la proportionnalité de la mesure[1814]. Cette exception est basée sur l'article 2.b de l'Annexe I du Traité d'Asunción, qui reprend l'article 50 du Traité de Montevideo de 1980, et elle ne peut porter sur le principe du libre commerce que si ces quatre critères sont remplis. Le Tribunal permanent de révision a ainsi opté pour une « perspective de droit économique international traditionnel[1815] ». Néanmoins, le Tribunal n'a pas fermé toutes les portes au débat sur la place des droits de nature non économique au sein du Mercosur; et a affirmé ultérieurement que « le sujet doit être discuté par les instances pertinentes du Mercosur dans l'avenir[1816] ».

437. La deuxième affaire traitée par les organes juridictionnels du Protocole d'Olivos concernant des droits de nature non économique, et plus

1811 TPR, Affaire des pneus rechapés (sentence arbitrale 01/2005).

1812 TPR, Affaire des pneus rechapés: Recours (sentence arbitrale 01/2005), § 9: « *Este TPR nota a primera vista de que en realidad en un esquema de integración no es que haya dos principios en conflicto o confrontación como equivocadamente en nuestra opinión sostiene el laudo en revisión en su Numeral 55. Existe un solo principio (el libre comercio), al cual se le pueden anteponer ciertas excepciones (como por ejemplo la excepción medio-ambiental aludida)* » - traduction libre).

1813 TPR, Affaire des pneus rechapés: Recours (sentence arbitrale 01/2005), § 14: « *En concreto, ante el error jurídico en cuestión del laudo arbitral de no detallar jurisprudencialmente los criterios de rigor (que no precisamente son siempre presupuestos habilitantes) para la invocación de excepciones al principio de libre comercio* » - traduction libre).

1814 TPR, Affaire des pneus rechapés: Recours (sentence arbitrale 01/2005), § 14 à 17.

1815 Olmos Giuponni (Maria Balén), *op. cit.*, 2012, p. 7019.

1816 TPR, Affaire des pneus rechapés: Affirmation de l'inachèvement de l'exécution de la sentence (sentence arbitrale 01/2008), prononcée le 25 avril 2008, à Asunción § C: « *Por otra parte, el tema sin desconocer que debe ser discutido en el futuro en las instancias pertinentes del Mercosur (...)* ». (Traduction libre).

spécifiquement des droits de l'homme, a trait aux barrages routiers installés en 2005 et 2006 sur deux ponts reliant l'Argentine à l'Uruguay. Les voies d'accès à l'Uruguay ont ainsi été bloquées par des manifestants environnementaux argentins qui protestaient contre l'installation des usines de pâte à papier sur le fleuve Uruguay — frontière naturelle entre les deux pays[1817].

Le gouvernement uruguayen a sollicité la formation d'un tribunal arbitral *ad hoc* au sein du Mercosur pour résoudre ce différend contre l'Argentine[1818] en faisant valoir que celle-ci n'avait pas adopté les mesures appropriées pour prévenir ou interdire les obstacles à la libre circulation sur les ponts situés sur le territoire argentin, portant de ce fait atteinte à l'article 1er du Traité d'Asunción.

Les arguments utilisés par les deux parties de cette affaire s'appuient sur les décisions de la Cour de justice des Communautés européennes. L'Uruguay renvoie à l'affaire *Commission c. France*[1819], laquelle concerne le blocage des routes en France par des particuliers, empêchant la libre circulation de certains produits agricoles, et donc « la liberté des échanges intracommunautaires[1820] ». Dans cette affaire, la CJCE rappelle les exceptions à la règle d'interdiction des restrictions quantitatives entre les États membres et l'Union européenne, énoncées dans l'article 36 du Traité

[1817] Voir aussi Legrand (Christine), « 'Pepe' Mujica, la 'bonne femme' et le 'borgne' », *Le Monde*, article paru à l'édition du 7 et 8 avril 2013, p. 7. D'ailleurs, la question de la protection de l'environnement dans cette affaire, communément connue sous le nom de « affaire *Papeleras* », a été envoyée à la Cour internationale de justice pour mettre en cause l'utilisation rationnelle et optimale du fleuve Uruguay selon le Statut du fleuve Uruguay de 1975. CIJ, Usines de pâte à papier sur le fleuve Uruguay (Argentine c. Uruguay), du 20 avril 2010, Recueil 2010.

[1818] TAHM, Affaire sur les ponts (sentence arbitrale [s/n°]), prononcée le 6 septembre 2006, à Montevideo.

(*Controversia presentada por la Republica Oriental de Uruguay a la República Argentina sobre « Omisión del Estado argentino en adoptar medidas apropiadas para prevenir y/o hacer cesar los impedimentos a la libre circulación derivados de los cortes en territorio argentino de vías de acceso a los puentes internacionales Gral. San Martin y Gral. Artigas que unen la República Argentina con la República Oriental del Uruguay »*. – Différend présenté par la République orientale de l'Uruguay contre la République Argentine sur « l'omission de l'État argentin à adopter des mesures appropriées pour prévenir et/ou faire cesser les entraves à la libre circulation dues aux blocages sur le territoire argentin des voies d'accès aux ponts internationaux Général San Martin y général Artigas qui relient la République Argentine à la République orientale de l'Uruguay » - traduction libre. Nous utiliserons désormais l'expression « Affaire sur les ponts » pour faire référence à l'affaire).

[1819] CJCE, Arrêtdu 9 décembre 1997, *Commission des Communautés européennes c. République française*, n° C-265/95, Rec. p. I — 06959.

[1820] CJCE, Commission des Communautés européennes c. République française, § 4.

sur le fonctionnement de l'Union européenne, qui ne « doivent constituer ni un moyen de discrimination arbitraire ni une restriction déguisée dans le commerce entre les États membres[1821] ». La Haute juridiction établit la responsabilité de l'État français pour avoir omis de rétablir la libre circulation de certains produits agricoles originaires d'autres États membres[1822].

L'Argentine, de son côté, présente sa contestation sur le fondement des droits à la liberté d'expression, de pensée et de réunion, protégés par sa constitution nationale. Ces droits justifieraient une exception à l'exercice des droits consacrés dans les traités d'intégration, sur le modèle du raisonnement adopté par la Cour de justice des Communautés européennes dans l'affaire *Schmidberger*[1823], où la Cour s'est trouvée en présence d'un conflit entre une liberté fondamentale (libre circulation des marchandises ou libre prestation de service) et un droit fondamental[1824]. Ce qui, pour la première fois, a mis en question la compétence juridictionnelle du Tribunal arbitral *ad hoc* pour apprécier des matières relatives aux droits de l'homme.

Cette compétence est confirmée par le Tribunal arbitral, dans le premier paragraphe de la section de sa décision : « Le Tribunal, par unanimité, décide qu'il détient la compétence pour connaître et décider de l'objet du

---

[1821] TFUE, art. 36 : « Les dispositions des articles 34 et 35 ne font pas obstacle aux interdictions ou restrictions d'importation, d'exportation ou de transit, justifiées par des raisons de moralité publique, d'ordre public, de sécurité publique, de protection de la santé et de la vie des personnes et des animaux ou de préservation des végétaux, de protection des trésors nationaux ayant une valeur artistique, historique ou archéologique ou de protection de la propriété industrielle et commerciale. Toutefois, ces interd-ictions ou restrictions ne doivent constituer ni un moyen de discrimination arbitraire ni une restriction déguisée dans le commerce entre les États membres ».

[1822] CJCE, Commission des Communautés européennes c. République française, § 31 : « En effet, le fait pour un État membre de s'abstenir d'agir ou, le cas échéant, de rester en défaut d'adopter les mesures suffisantes pour empêcher des obstacles à la libre circulation des marchandises, créés notamment par des actions de particuliers sur son territoire à l'encontre de produits originaires d'autres États membres, est de nature à entraver les échanges intracommunautaires tout autant qu'un acte positif ».

[1823] CJCE, Arrêt du 12 juin 2003, *Eugen Schmidberger Internationale Transporte und Planzüge c. Autriche*, n° C-112/00, Rec. p. I — 05659.

[1824] Jacqué (Jean-Paul), « Jurisprudence de la Cour de justice des Communautés européennes », *EdL*, 2003, n° 12, p. 46.

Le professeur MEJIA HERRERA propose une analyse de la jurisprudence des tribunaux arbitraux du Mercosur à la lumière de la jurisprudence européenne. Mejia Herrera (Orlando), « La influencia de la jurisprudencia comunitaria europea en los principales tribunales de los sistemas de integración latinoamericano », *Anuario hispano-luso-americano de derecho internacional*, 2011, n° 20, p. 161-171.

litige[1825] ». Aucun doute ne subsiste et, de fait, le système adopté par le Protocole d'Olivos permet aux instances arbitrales d'apprécier des questions liées aux droits de l'homme.

Ensuite, le tribunal arbitral aborde le conflit entre la liberté de commerce et les droits fondamentaux. Il en conclut une nouvelle fois que les droits ne sont pas absolus, suivant en cela les enseignements de la Sentence arbitrale du tribunal arbitral *ad hoc* sur l'affaire des pneus rechapés : Uruguay c. Argentine de 2005. Dans l'affaire des ponts, c'est cette fois-ci la liberté de circulation qui triomphe. Pour affirmer que les droits de l'homme, en l'occurrence le droit à la liberté d'expression de la pensée et de réunion, ne sont pas absolus[1826], le tribunal arbitral rappelle des dispositions de plusieurs instruments internationaux qui l'affirment, telle la Déclaration américaine des droits de l'homme, la Déclaration universelle des droits de l'homme et la Convention américaine relative aux droits de l'homme, tous reconnus par la Constitution argentine comme ayant une hiérarchie supralégale[1827].

[1825] TAHM, Affaire sur les ponts (sentence arbitrale [s/n°]), § 1er de la décision: « *Que tiene jurisdicción para entender y resolver sobre el objeto de la controversia planteada* » — traduction libre.

[1826] Pour cette affaire, voir aussi: Lixinski (Lucas), « Human Rights in Mercosur », *in* Toscano Franca Filho (Marcilio) *et al.*(coord.), *op. cit.*, p. 351 et s. et aussi Lixinski (Lucas), « Limiting Freedom of Assembly Based on Harms to Third Parties: The Balancing of Economic Freedoms and Fundamental Rights in the European Union and Mercosur », *in* Sajo (Andras) (éd.), *Free to Protest: constituent power and street demonstration*, Eleven Publishing, 2008, p. 127 et s. Pavon Piscitello (Daniel) et Andrés (Gabriel Eugenio), « The conflict between Argentina and Uruguay concerning the installation and commissioning of pulp mills before the International Court of Justice and Mercosur », *Zeitschrift für ausländisches öffentliches Recht und Völkerrecht*, 2007, n° 1, vol. 67, p. 172 à 180.

[1827] TAHM, Affaire sur les ponts (sentence arbitrale [s/n°]), § 178: « *La política de tolerancia del Gobierno de la Parte Reclamada en relación con los cortes de ruta protagonizados por los vecinos de la ribera argentina del río Uruguay cuyas consecuencias son objeto de esta controversia, encontraría su explicación y significado, según lo expresa la Parte Reclamada en su escrito de respuesta, en los derechos humanos, especialmente los de expresión y reunión, amparados por la Constitución Argentina, la cual incorpora en su articulado diversos Tratados Internacionales que los consagran. No obstante, tanto la Constitución de la Nación Argentina como los propios Tratados Internacionales invocados reconocen que esos derechos no son absolutos y que su ejercicio es susceptible de limitaciones en cuanto afectare los derechos subjetivos de los demás, pues el mismo no puede exceder el margen de lo razonable, destruyendo o alterando el derecho de otros integrantes de la sociedad* ». (La politique de tolérance du gouvernement de la partie mise en cause concernant les barrages routiers mis en place par les habitants de la rive argentine du fleuve Uruguay dont les conséquences font l'objet de ce différend, trouverait son explication et sa signification, telle qu'elle est exprimée par la partie mise en cause dans sa réponse écrite, dans les droits de l'homme, en particulier ceux de la liberté d'expression et de réunion, protégés par la Constitution argentine, laquelle intègre à son dispositif divers traités internationaux qui les consacrent. Toutefois, tant la Constitution de l'Argentine que les traités internationaux invoqués reconnaissent que ces droits ne sont pas absolus et que leur exercice est soumis à des limitations lorsqu'ils affectent les droits subjectifs des autres, car il ne peut pas dépasser la

Ainsi, le Tribunal arbitral *ad hoc* a suivi, dans une certaine mesure, la jurisprudence de son homologue de 2005, lorsqu'il a préféré un droit à l'autre[1828] et n'a pas essayé de trouver, comme l'a fait l'ancienne CJCE dans l'affaire *Schmidberger*, une conciliation entre les deux libertés[1829]. Mais, encore une fois, les arbitres ont choisi de laisser la porte ouverte à la possibilité que les droits de l'homme puissent représenter dans le futur une limite à la liberté de commerce, en application du principe de la proportionnalité. Le chercheur OLMOS GIUPONNI rappelle que, pour la première fois, un tribunal du Mercosur a fait référence à des instruments de protection des droits de l'homme en tant que limite à la liberté de commerce et de circulation de personnes et de produits[1830]. Selon la sentence arbitrale : « La restriction de la circulation qui, comme nous l'avons vu, conduit à une restriction à la libre circulation économique dans les espaces intégrés, peut être tolérée à condition que les précautions nécessaires soient prises afin de minimiser la gêne occasionnée et soient adoptées lors de courtes périodes, qui ne gênent ni ne causent des dommages graves ou continus[1831] ».

---

limite du raisonnable, détruisant ou altérant les droits des autres composantes de la société - traduction libre).

[1828] Le magistrat SAVARESE soutient que « l'intention réelle de cette décision était de bien faire comprendre à tous les États membres du Mercosur que les droits de l'homme individuels, civils et politiques, ne peuvent pas justifier une *compression* absolue et durable des libertés commerciales garanties par le *Tratado de Asunción*, et qu'il incombe à l'État, avec les moyens qu'il juge les plus appropriés, pourvu qu'ils soient raisonnables et prévisibles pour les opérateurs économiques, de garantir la coexistence des uns et des autres ». (Mise en italique par le magistrat). Savarese (Eduardo), « Chronique de droit international public », *Revue de l'arbitrage*, 2006, n° 4, p. 1076.

[1829] CJCE, Arrêtdu 12 juin 2003, *Eugen Schmidberger Internationale Transporte und Planzüge c. Autriche*, n° C-112/00, Rec. p. I — 05659, § 77 : « La présente affaire soulève ainsi la question de la conciliation nécessaire des exigences de la protection des droits fondamentaux dans la Communauté avec celles découlant d'une liberté fondamentale consacrée par le traité et, plus particulièrement, la question de la portée respective des libertés d'expression et de réunion, garanties par les articles 10 et 11 de la CEDH, et de la libre circulation des marchandises, lorsque les premières sont invoquées en tant que justification d'une restriction à la seconde » ; § 81 : « Dans ces conditions, il convient de mettre en balance les intérêts en présence et de déterminer, eu égard à l'ensemble des circonstances de chaque cas d'espèce, si un juste équilibre a été respecté entre ces intérêts. » ; § 82 : « À cet égard, les autorités compétentes disposent d'un large pouvoir d'appréciation. Il y a néanmoins lieu de vérifier si les restrictions apportées aux échanges intracommunautaires sont proportionnées au regard du but légitime poursuivi, à savoir en l'espèce la protection des droits fondamentaux » ; § 93 « En conséquence, les autorités nationales, compte tenu du large pouvoir d'appréciation qui doit leur être reconnu en la matière, ont raisonnablement pu considérer que l'objectif légitimement poursuivi par ledit rassemblement ne pouvait pas en l'occurrence être atteint par des mesures moins restrictives des échanges intracommunautaires ».

[1830] Olmos Giuponni (Maria Balén), *op. cit.*, 2012, p. 730.

[1831] TAHM, Affaire sur les ponts (sentence arbitrale [s/n°]), § 134: « *La restricción del tránsito que, como hemos visto, desemboca en una restricción a la libre circulación*

438. Enfin, la plus récente affaire connue par le système de résolution des différends dans le Mercosur concernant des questions non commerciales a été la procédure exceptionnelle d'urgence présentée par le Paraguay en 2012, suite à la suspension des institutions du groupe[1832].

Le Paraguay a saisi le Tribunal permanent de révision pour qu'il déclare inapplicables les décisions adoptées au Sommet des Présidents, à Mendoza le 29 juin 2012, entérinant sa suspension et celle qui, à l'inverse, vise l'adhésion du Venezuela au Mercosur. Il basait sa requête, tout d'abord, sur le fait que les chefs de gouvernement des États membres, réunis au Sommet présidentiel, n'auraient pas de légitimité pour prendre la décision de suspendre un État membre. Ensuite, il a mis en cause l'absence de consultations prévues dans l'article 4 du Protocole d'Ushuaia en cas de rupture de l'ordre démocratique. Et enfin, concernant l'accueil du Venezuela comme État membre du Mercosur, le Paraguay soutenait que le fait de ne pas avoir participé à la prise de décision concernant l'adhésion du Venezuela a faussé le principe d'unanimité énoncé dans l'article 20 du Traité d'Asunción. Par ailleurs, le Paraguay prétendait que le principe d'entrée en vigueur simultanée du droit du Mercosur dans les droits internes, énoncé dans l'article 40 du Protocole d'Ouro Preto, n'avait pas été respecté puisque le Sénat paraguayen n'avait pas approuvé la demande d'adhésion du Venezuela comme membre du groupe.

L'Argentine, le Brésil et l'Uruguay ont contesté conjointement la requête. Tout d'abord, ils ont présenté deux exceptions préliminaires. En premier lieu, ils ont mis en question la compétence *ratione materiae* du TPR en arguant que le système de résolution des différends du Protocole d'Olivos avait été créé pour résoudre des conflits purement commerciaux. La suspension du Paraguay étant une matière strictement politique, « si le TPR

---

económica en los espacios integrados, puede llegar a ser tolerada siempre que fueran tomados los recaudos necesarios para aminorar los inconvenientes que causaren y que sea adoptado en períodos cortos que no entorpezcan ni causen daños graves o continuados » (traduction libre).

[1832] TPR, Procédure exceptionnelle d'urgence sollicitée par le Paraguay (sentence arbitrale 01/2012), prononcée le 21 juillet 2012, à Asunción.

(*Procedimiento Excepcional de Urgencia solicitado por la República del Paraguay en relación con la suspensión de su participación en los Órganos del Mercado Común del Sur (Mercosur) y la incorporación de Venezuela como Miembro Pleno* - Procédure exceptionnelle d'urgence présentée par le Paraguay relative à la suspension de sa participation aux institutions du Mercosur et à l'adhésion du Venezuela comme État membre - traduction libre). Nous utiliserons désormais l'expression « Procédure exceptionnelle d'urgence sollicitée par le Paraguay » pour faire référence à l'affaire).

tranche la question, il pourrait envahir la sphère exclusive de compétence des États membres pour interpréter ce qui doit être compris par rupture de l'ordre démocratique »[1833]. En second lieu, ils ont affirmé que la procédure exceptionnelle d'urgence représentait une voie inadéquate dans la présente affaire, car elle avait été prévue pour des cas de nature commerciale et son emploi dépendait de la réunion des conditions cumulatives énoncées dans l'article 24 du Protocole d'Olivos.

Sur le fond, concernant la question de la suspension du Paraguay des institutions du Mercosur, les défendeurs affirmaient que le Protocole d'Ushuaia ne comprenait aucune procédure solennelle pour l'application de son article 5 et, de la même manière, qu'il ne disposait d'aucun texte sur l'absence de compétence des chefs d'État pour prononcer une décision de suspension d'un État. En outre, la nature de la décision étant politique, il ne serait pas nécessaire que la procédure respecte le principe du contradictoire. Enfin, les trois États défendeurs alléguaient que le procès de destitution du Président Lugo n'avait pas respecté les garanties d'un procès équitable, ce qui aurait généré, en substance, la rupture de l'ordre démocratique.

Sur la question de la légalité de la déclaration de l'adhésion du Venezuela, les défendeurs ont utilisé un étrange raisonnement. Ils soutenaient l'existence de deux actes: l'approbation de la sollicitation d'adhésion et la déclaration de l'adhésion. Pour le premier, l'unanimité serait requise, mais non pour le deuxième qui n'aurait qu'un caractère déclaratoire. Enfin, dans la mesure où le Paraguay était devenu État membre suspendu, alors, automatiquement, son acte d'approbation concernant l'adhésion du Venezuela comme État membre ne pouvait plus être nécessaire.

Le Tribunal permanent de révision a mené un débat très sérieux pour trancher les questions de la requête ce dont témoignent le raisonnement juridique particulièrement charpenté et le manque d'unanimité dans la prise de décision. Malheureusement il s'est contenté de statuer uniquement sur les questions relatives aux exceptions préliminaires, ce qui lui a évité de prendre parti sur les questions de fond les plus délicates, et juridiquement et politiquement.

[1833]TPR, Procédure exceptionnelle d'urgence sollicitée par le Paraguay (sentence arbitrale 01/2012), § 32.c: « *Si el TPR decidiera sobre la cuestión planteada, podría invadir la esfera exclusiva de jurisdicción de los Estados Parte para interpretar lo que se debe entender por ruptura del orden democrático* » — traduction libre.

Tout d'abord, le TPR a affirmé sa compétence *ratione materiae* : la compétence des organes du système de résolution des différends du Mercosur s'étend à l'examen de la légalité de l'application du Protocole d'Ushuaia, car, en premier lieu, le TPR n'approuve pas l'idée que le système n'ait pas vocation à solutionner des différends dont les matières vont au-delà de la sphère commerciale. Il rappelle que le Protocole d'Olivos n'exclut l'analyse d'aucun type de différend dans le cadre normatif du Mercosur ce qui permet de comprendre que « la légitimité du système se fonde en la contribution de la stabilité, dans la mesure où le processus d'intégration avance dans ses différentes sphères »[1834]. En deuxième lieu, le TPR rappelle que le Protocole d'Ushuaia ne contient pas de disposition sur le forum pour la résolution d'éventuels différends et, comme ce protocole fait partie du Traité d'Asunción, le TPR conclut que « l'observation de la légalité des procédures énoncées dans le Protocole d'Ushuaia est susceptible de révision dans le cadre du système de solution de différends du Mercosur. Le même constat s'applique aux questions relatives à l'application et à l'interprétation de ce protocole, dans la mesure où le fait concret, par sa nature, demande un examen de légalité[1835] ».

Puis, le TPR a analysé la question de la présentation de la requête sous forme de procédure exceptionnelle d'urgence, laquelle est réglementée par la Décision n° 23/2004 du Conseil du marché commun. Pour cela, il lui a fallu déterminer si les critères de recevabilité de la requête énoncés dans l'article 2 de la décision devaient être considérés comme indépendants ou comme commutatifs[1836]. Le TPR a fini par admettre que tous les critères doivent être

---

[1834]TPR, Procédure exceptionnelle d'urgence sollicitée par le Paraguay (sentence arbitrale 01/2012), § 37: « *Desde esta óptica, no se puede hablar de "falta de vocación" del sistema para solucionar controversias más allá de la esfera comercial. La legitimidad del sistema se fundamenta en la contribución a la estabilidad, en la medida en que avanza el proceso de integración, en sus diversas esferas. Esta legitimidad debe ser apreciada conforme al texto acordado en el PO por los Estados Parte, el cual no excluye a priori el análisis de cualquier tipo de controversia en el marco normativo del Mercosur* » — traduction libre.

[1835]TPR, Procédure exceptionnelle d'urgence sollicitée par le Paraguay (sentence arbitrale 01/2012), § 43: « *A la luz de estas consideraciones, concluye este Tribunal que la observancia de la legalidad de los procedimientos previstos en el PU son susceptibles de revisión en el marco del sistema de solución de controversias del Mercosur. Lo mismo se aplica a cuestionamientos relacionados con la aplicación e interpretación de dicho Protocolo, en la medida en que el hecho concreto, por su naturaleza, demande un examen de legalidad* » — traduction libre.

[1836]Décision CMC 23/2004, Procédure pour répondre aux cas exceptionnels d'urgence art. 24 du Protocole d'Olivos pour la résolution des différends dans le Mercosur, art. 2 : « *Cualquier Estado Parte podrá recurrir ante el Tribunal Permanente de Revisión (TPR) bajo el procedimiento establecido en la presente Decisión siempre que se cumplan los siguientes requisitos: a. que se trate de bienes perecederos, estacionales, o que por su naturaleza y características propias perdieran sus propiedades, utilidad y/o valor comercial en un breve período de tiempo, si fueran retenidos injustificadamente en el territorio del país demandado;*

présents cumulativement pour qu'une procédure exceptionnelle d'urgence soit recevable. Par conséquent, comme la requête en occurrence ne répondait pas aux critères prévus à l'alinéa *a* de ladite décision, la requête du Paraguay n'était pas recevable.

Par la suite, la question de l'accès direct au Tribunal permanent de révision a dû être tranchée et ce n'est qu'à la majorité des arbitres que la requête a été jugée irrecevable. Le TPR a conclu qu'il n'y a pas eu de consentement exprès des autres États membres du Mercosur pour que le Paraguay présente une telle procédure, « condition fondamentale pour l'exercice de la légitimité juridictionnelle du TPR, à la différence du processus ordinaire »[1837]. En outre, le Paraguay n'a pas essayé d'entamer des négociations directes avec les autres États membres du Mercosur, avant d'engager la procédure exceptionnelle d'urgence, situation qui aurait pu changer la configuration du litige, selon le TPR[1838]. Le manque d'unanimité dans la décision du TPR touche précisément à cette question. L'opinion minoritaire soutient que « si les États membres ont adopté une décision qui exclut le Paraguay de participer aux institutions du Mercosur et si l'État concerné ne peut pas entamer les procédures auprès d'une instance préalable au TPR, il est admissible de considérer qu'il serait autorisé à faire appel

---

o de bienes que estuviesen destinados a atender demandas originadas en situaciones de crisis en el Estado Parte importador; b. que la situación se origine en acciones o medidas adoptadas por un Estado Parte, en violación o incumplimiento de la normativa Mercosur vigente; c. que el mantenimiento de esas acciones o medidas puedan producir daños graves e irreparables; d. que las acciones o medidas cuestionadas no estén siendo objeto de una controversia en curso entre las partes involucradas ». (Tout État partie peut proposer un recours devant le Tribunal permanent de révision (TPR) en vertu de la procédure prévue dans la présente décision pourvu que les conditions suivantes sont présentes : a. qu'il s'agisse de biens périssables, saisonniers, ou qu'en raison de leur nature et caractéristique propres, ils perdent leurs propriétés, utilité et/ou la valeur commerciale dans un court laps de temps, s'ils ont été indûment retenus sur le territoire de la partie demandée ; ou de biens qui ont été conçus pour répondre aux demandes issues de situations de crise dans l'État partie importateur ; b. que la situation résulte d'actions ou mesures prises par un État partie, en violation ou inaccomplissement des règlements du Mercosur en vigueur; c. que le maintien de telles mesures ou actions peut causer des dommages graves et irréparables ; d. qu'aucune action ou mesure en question ne soient l'objet d'un différend en cours entre les parties - traduction libre).

[1837] TPR, Procédure exceptionnelle d'urgence sollicitée par le Paraguay (sentence arbitrale 01/2012), § 58: « *El consentimiento de las partes configura condición fundamental para el ejercicio de la legitimidad jurisdiccional del* TPR, *al contrario del proceso ordinario* » — traduction libre.

[1838] TPR, Procédure exceptionnelle d'urgence sollicitée par le Paraguay (sentence arbitrale 01/2012), § 60: « *Si hubiera Paraguay solicitado negociaciones, de haber sido rechazadas, tendríamos una situación distinta. Pero no hay demostración, en autos. de que Paraguay haya buscado efectivizar las negociaciones directas exigidas por la norma* » — traduction libre.

directement et pas nécessairement par voie de la Décision n° 23/2004 lors de situations exceptionnelles d'urgence[1839] ».

Enfin, le Tribunal permanent de révision décide à l'unanimité de ne pas se prononcer sur la question de fond de la requête[1840].

Dans cette affaire, qui est sans doute très délicate compte tenu du caractère politique qui l'a motivée, le Tribunal permanent de révision a clairement pris position, faisant preuve d'un manque d'indépendance. À terme, même s'il a avancé dans le développement de sa jurisprudence, il n'a pas saisi l'occasion de trancher nombre de questions importantes pour le développement du droit du Mercosur.

439. Grâce à leur « jurisprudence » naissante, les organismes composant le système de résolution des différends dans le Mercosur sont compétents pour apprécier des questions liées aux droits de l'homme. Outre la protection de droits de l'homme par la voie juridictionnelle, le contrôle du respect de ces droits est assuré aussi par d'autres mécanismes.

§2 Des mécanismes spécialisés dans le contrôle de questions non commerciales

440. Des voies autres que juridictionnelles sont également envisageables pour assurer le contrôle du respect de l'ordre démocratique et de droits de l'homme dans le Mercosur. Il s'agit de mécanismes spécialisés de cadre

---

[1839] TPR, Procédure exceptionnelle d'urgence sollicitée par le Paraguay (sentence arbitrale 01/2012), § 63: « *En esta opinión, se sostiene que si los Estados Parte demandados a través de sus Jefes de Estado, interpretando el PU han adoptado una decisión que excluye a Paraguay de participar en los órganos del Mercosur, y si el Estado afectado no puede iniciar los procedimientos para una instancia previa al* TPR, *resulta admisible considerar que estaría habilitado a recurrir de forma directa y no necesariamente por la vía de la Decisión 23/04 en situaciones excepcionales de urgencia* » — traduction libre.

[1840] TPR, Procédure exceptionnelle d'urgence sollicitée par le Paraguay (sentence arbitrale 01/2012), § 4 de la décision: « *Por unanimidad, al adoptar esta decisión, sin ingresar al análisis de fondo de la demanda, el Tribunal Permanente de Revisión no se pronuncia sobre el cumplimiento o la violación de la normativa Mercosur en relación con la demanda planteada en este procedimiento* » — traduction libre.

intergouvernemental (A) et institutionnel (B) qui enrichissent le droit du Mercosur.

A. Le cadre intergouvernemental du contrôle de l'ordre démocratique et du respect des droits de l'homme

441. Les mécanismes institués par le Protocole d'Ushuaia et par le Protocole d'Asunción sont les dispositifs les plus clairement associés au contrôle du respect des droits de l'homme et de l'ordre démocratique dans le Mercosur.

Reflet de la nature intergouvernementale du Mercosur, ces mécanismes, en l'occurrence identiques, proposent qu'en cas de rupture de l'ordre démocratique ou de violations graves et systématiques des droits de l'homme et des libertés fondamentales[1841] dans les États membres du Mercosur, la situation de l'État concerné soit analysée par les autres États composant le groupe.

Comme déjà expliquées précédemment[1842], lorsque la rupture de l'ordre démocratique ou des violations des droits de l'homme sont constatées, deux solutions sont proposées. La première est une réunion entre les États membres du Mercosur, lors de laquelle le gouvernement de l'État en question sera interrogé sur la situation en cours. Si cette étape de consultation n'aboutit pas, une deuxième solution est prévue. Les États membres décideront par consensus, en l'absence de l'État concerné, des mesures à prendre à son encontre.

La première étape de la procédure de contrôle politique du Mercosur ressemble beaucoup à celle proposée par le Protocole d'Olivos, de caractère nettement diplomatique, développée lors des négociations directes. Jusqu'à présent, le Mercosur n'a utilisé qu'une seule fois la procédure proposée par le Protocole d'Asunción, lors de l'affaire controversée de la suspension du Paraguay des institutions du groupe à la fin du mois de juin 2012.Cette

[1841] Protocole d'Ushuaia sur l'engagement démocratique dans le Mercosur, art. 2 et Protocole d'Asunción relatif à l'engagement pour la promotion et la protection des droits de l'homme dans le Mercosur, art. 2.

[1842] Voir section II, chapitre I, titre II de la seconde partie, susénoncé.

procédure de type politique peut être efficace, même si elle s'éloigne d'un règlement en droit des litiges mettant en cause la protection des droits de l'homme. À cet égard, elle se rapproche du mécanisme de contrôle des valeurs de l'Union par ses États membres.

442. Dans l'Union européenne, un contrôle politique est en effet prévu, dans l'article 7 du Traité sur l'Union européenne, de façon préventive (sous forme d'un contrôle *a priori*) et dans le but de sanctionner l'État qui porte atteinte aux valeurs telles la dignité humaine, la liberté, la démocratie, l'égalité, l'État de droit et le respect des droits de l'homme (sous forme d'un contrôle *a posteriori*)[1843]. Ce dernier, dont l'objectif est de pénaliser l'État, comme dans le Mercosur, présente cependant des différences par rapport aux contrôles établis par le Protocole d'Ushuaia ou celui d'Asunción.

Tout d'abord, sont légitimes pour porter à la connaissance du Conseil un risque clair de violation des droits de l'homme, soit un tiers des États membres soit la Commission européenne. Ensuite, le Parlement européen doit approuver cette information. Puis, la procédure se fait en deux étapes. La première échoit au Conseil européen qui constate la violation et qui, après avoir invité l'État concerné à présenter des observations sur l'allégation de violation, décidera à l'unanimité de l'existence d'une violation grave et persistante des droits de l'homme. La deuxième est liée à la décision à la majorité qualifiée du Conseil des sanctions à adopter contre l'État concerné. Ainsi, l'État peut voir certains de ses droits, découlant de l'application des traités, suspendus. Même le droit de vote du représentant de l'État au sein du

---

[1843] TUE, art. 7: « 1. Sur proposition motivée d'un tiers des États membres, du Parlement européen ou de la Commission européenne, le Conseil, statuant à la majorité des quatre cinquièmes de ses membres après approbation du Parlement européen, peut constater qu'il existe un risque clair de violation grave par un État membre des valeurs visées à l'article 2. Avant de procéder à cette constatation, le Conseil entend l'État membre en question et peut lui adresser des recommandations, en statuant selon la même procédure. Le Conseil vérifie régulièrement si les motifs qui ont conduit à une telle constatation restent valables. 2. Le Conseil européen, statuant à l'unanimité sur proposition d'un tiers des États membres ou de la Commission européenne et après approbation du Parlement européen, peut constater l'existence d'une violation grave et persistante par un État membre des valeurs visées à l'article 2, après avoir invité cet État membre à présenter toute observation en la matière. 3. Lorsque la constatation visée au paragraphe 2 a été faite, le Conseil, statuant à la majorité qualifiée, peut décider de suspendre certains des droits découlant de l'application des traités à l'État membre en question, y compris les droits de vote du représentant du gouvernement de cet État membre au sein du Conseil. Ce faisant, le Conseil tient compte des conséquences éventuelles d'une telle suspension sur les droits et obligations des personnes physiques et morales (...) ».

Conseil peut l'être, mais, comme le rappelle le professeur MICHEL, « ces sanctions n'incluent pas la possibilité d'expulsion de l'État défaillant[1844] ».

Le contrôle de l'ordre diplomatique et du respect des droits de l'homme n'est pas tenu de se restreindre aux mécanismes proposés par ces deux protocoles spécialisés. Des organismes appartenant au Mercosur peuvent aussi, tout en se servant de leurs attributions d'origine, servir d'outils de renforcement de l'effectivité du respect des droits de l'homme dans le Mercosur.

B. Les mécanismes institutionnels de compensation des lacunes du contrôle juridictionnel

443. Au premier regard, il semble difficile d'imaginer que la Commission « *sociolaborale* » et le Parlement du Mercosur puissent contribuer au contrôle du respect des droits de l'homme dans le Mercosur. Cependant, ces organismes n'auraient pas besoin de faire preuve de beaucoup d'imagination et d'effort pour utiliser leurs propres attributions afin de signaler, aux institutions décisionnelles du Mercosur, des situations d'atteinte aux droits de l'homme.

444. Le Parlement du Mercosur, par le biais de la Commission permanente de citoyenneté et des droits de l'homme et grâce à sa compétence de contrôle, est apte à élaborer des rapports annuels sur la situation des droits de l'homme dans les pays membres du Mercosur. Dans ces rapports, la Commission doit tenir compte de l'ensemble des principes et des normes du groupe[1845].

Outre la rédaction des rapports, la Commission permanente de citoyenneté et des droits de l'homme reçoit les requêtes des citoyens qui sont adressées au Parlement. C'est par ces requêtes que les particuliers peuvent

---

[1844] Michel (Valérie), *op. cit.*, 2012, p. 73.

[1845] Protocole portant création du Parlement du Mercosur , 4 § 3 : « *O Parlamento terá as seguintes competências : (...) § 3: Elaborar e publicar anualmente um relatório sobre a situação dos direitos humanos nos Estados Partes, levando em conta os princípios e as normas do Mercosul* » — traduction libre.

dénoncer les actes ou omissions de tout organisme ou institution du Mercosur[1846].

Suivant ces deux compétences, le Parlasur pourrait se configurer comme une instance de contrôle politique du respect des droits de l'homme dans le Mercosur. Il viendrait en quelque sorte combler certaines lacunes du système de solution de différends adopté par le Protocole d'Olivos.

Tout d'abord, en ce qui concerne le champ d'application matériel de ce contrôle, et étant donné que le Protocole d'Olivos ne spécifie pas les matières de la compétence des tribunaux arbitraux *ad hoc* et du Tribunal permanent de révision, ils restent libres de se considérer compétents ou pas pour apprécier des différends fondés sur les matières relatives aux droits de l'homme. À l'inverse, le Protocole de création du Parlasur et son règlement intérieur indiquent clairement que l'une de ses compétences concerne les matières liées aux droits de l'homme[1847].

Puis, pour ce qui a trait au champ d'application personnel de ce contrôle, les requêtes portées à la connaissance des tribunaux le sont légalement toujours à l'encontre d'un État (en application du Protocole d'Olivos). De ce fait, une immunité totale va bénéficier à une série d'acteurs du Mercosur relativement à ce contrôle, ce qui pose le problème de la justiciabilité des droits de l'homme dans le système juridique du Mercosur. Ainsi, hormis la compétence de signaler des atteintes contre les droits de l'homme de la part des États membres (dans le cadre de ses rapports annuels), le Parlement peut également dénoncer des violations de droits de l'homme commises du fait de l'activité des institutions et organismes du Mercosur (dans le cas des requêtes formulées par les particuliers).

Enfin, par rapport aux conditions de recevabilité des demandes formulées par les particuliers, le Parlasur pourrait combler les lacunes évidentes du contrôle juridictionnel. On peut rappeler à cet effet que le Protocole d'Olivos

---

1846 Protocole portant création du Parlement du Mercosur , art. 4 §10 : « *O Parlamento terá as seguintes competências : (...)§10: Receber, examinar e si for o caso encaminhar aos órgãos decisórios, petições de qualquer particular, sejam pessoas físicas ou jurídicas, dos Estados Partes, relacionadas com atos ou omissões dos órgãos do Mercosul* ». (Le Parlement aura les compétences suivantes: Recevoir, examiner et transmettre aux instances décisionnelles appropriées, des requêtes de toute personne, qu'il s'agisse de particuliers ou de sociétés, des États parties relatives à des actes ou omissions des organismes du Mercosur – traduction libre).

1847 Protocole de création du Parlement du Mercosur, art. 4§3 et Règlement intérieur du Parlement du Mercosur, art. 69 g.

accorde, certes, aux particuliers le droit de déposer des requêtes, mais que, compte tenu des conditions de recevabilité particulièrement strictes, une requête individuelle arrive rarement à son terme judiciaire. À l'opposé, et étant donné les compétences du Parlasur, un individu pourrait voir sa requête, dans laquelle il dénonce les actes ou omissions de tout organisme ou institution du Mercosur, parvenir à l'institution compétente[1848].

Certes, le Parlement n'a pas la compétence de juger une violation de droits de l'homme. Cependant, il peut faire remonter ces informations à des instances supérieures de deux façons. La première possibilité consiste à informer le Conseil du marché commun par le biais des rapports, au titre de sa compétence d'« émettre des déclarations, recommandations et rapports sur des questions relatives au développement du processus d'intégration par sa propre initiative ou sur la demande d'autres institutions du Mercosur »[1849]. Ainsi, le Conseil du marché commun pourra solliciter le Tribunal permanent de révision pour se prononcer sur la violation par le biais des avis consultatifs[1850]. La seconde possibilité est que le Parlement lui-même, grâce à sa compétence de solliciter des avis consultatifs au Tribunal permanent de révision[1851], le fasse pour que ce dernier se prononce sur la violation aux droits de l'homme en question.

[1848] Le professeur BIACCHI GOMES est du même avis sur la possibilité de l'accès des particuliers au système de solution de différends, au moins pour ce qui concerne les questions de nature consultative, car « comme le Parlasur représente les intérêts des citoyens, ils pourront saisir le Parlement pour qu'il envoie au TPR des requêtes sur les avis consultatifs relatifs à certaines matières ». Biacchi Gomes (Eduardo), « Parlamento do Mercosul, Viabilidade para a Democratização do Bloco Econômico? », *in* Merlin (Clemerson Cleve), (coord.), *Direitos Humanos e Democracia*, Rio de Janeiro, Forense, 2007, p. 230.

[1849] Protocole constitutif du Parlement du Mercosur, art. 4§11: « *emitir declaraciones, recomendaciones e informes sobre cuestiones vinculadas al desarrollo del proceso de integración, por su propia iniciativa o a solicitud de otros órganos del Mercosur* » — traduction libre.

[1850] Protocole d'Olivos, art. 3: « *El Consejo del Mercado Común podrá establecer mecanismos relativos a la solicitud de opiniones consultivas al Tribunal Permanente de Revisión definiendo su alcance y sus procedimientos* ». (Le Conseil du marché commun peut établir des mécanismes liés aux demandes d'opinions consultatives présentées à la Cour permanente de révision contre une décision et définir leur portée et leurs procédures - traduction selon la version française déposée aux Nations unies).

[1851] Règlement du Protocole d'Olivos pour le règlement de différends dans le Mercosur, art. 2: « *Podrán solicitar opiniones consultivas al Tribunal Permanente de Revisión, todos los Estados Partes del Mercosur actuando conjuntamente, los órganos con capacidad decisoria del Mercosur y los Tribunales Superiores de los Estados Partes con jurisdicción nacional, en las condiciones que se establecen para cada caso* » (traduction libre). Voir aussi la Décision CMC 02/07, sur le Règlement de la procédure de sollicitation d'avis consultatif au Tribunal permanent de révision par les tribunaux supérieurs de justice des États membres du Mercosur, adoptée le 18 janvier 2007 à Rio de Janeiro.

Bien que ces solutions ne comblent pas définitivement les lacunes du système juridictionnel proposé par le Protocole d'Olivos, à savoir que les questions relatives aux atteintes de droits de l'homme ne sont pas tranchées de façon judiciaire, l'on peut considérer que les avis consultatifs constituent déjà un bon outil de débat et de construction « jurisprudentielle[1852] », malgré leur absence de caractère contraignant et de suivi de leur exécution.

445. La Commission « *sociolaborale* », en tant qu'organisme, pourrait également servir à faire remonter les demandes d'avis consultatifs au Tribunal permanent de révision. Conceptualisée par la Déclaration « *sociolaborale* » de 1998 et instituée en 1999[1853], cette Commission a pour but l'application et le suivi de ladite Déclaration, toutefois dans le cadre de la stricte promotion des droits fondamentaux inscrits dans cet instrument et donc sans finalité de sanction[1854]. Cependant, c'est grâce à sa compétence d'élaboration des comptes rendus, rapports, documents ou recommandations adressés au Groupe du marché commun[1855], lequel peut être analysé comme une instance juridictionnelle de contrôle des violations des droits de l'homme, et plus spécifiquement des droits sociaux, au bénéfice des individus des États membres du Mercosur. Lorsque les informations sur d'éventuelles atteintes aux droits de l'homme sont portées à la connaissance du Groupe du marché commun, il peut, en tant qu'organe décisionnel du Mercosur[1856], déposer une demande d'avis consultatif au TPR.

1852 Le chercheur MAZET partage le même avis : « la possibilité pour le Tribunal permanent de révision d'émettre des opinions consultatives pourrait constituer un facteur de progression de la formation d'une jurisprudence communautaire ». Mazet (Guy), *op. cit.*, 2011, p. 249.

1853 Résolution du GMC n° 15/99, Création de la Commission « *sociolaborale* » du Mercosur, adoptée à Asunción, le 9 mars 1999.

1854 Déclaration « *sociolaborale* », art. 20: « *Los Estados Partes se comprometen a respetar los derechos fundamentales inscritos en esta Declaración y a promover su aplicación en conformidad con la legislación y las prácticas nacionales y los convenios y acuerdos colectivos. Para esto, recomiendan instituir, como parte integrante de esta Declaración, una Comisión Socio-Laboral, órgano tripartito, auxiliar del Grupo Mercado Común, que tendrá carácter promocional y no sancionador, dotado de instancias nacionales y regional, con el objetivo de fomentar y acompañar la aplicación del instrumento* ». (Les États parties s'engagent à respecter les droits fondamentaux consacrés dans la présente Déclaration et à promouvoir son application conformément à la législation et aux pratiques nationales ainsi qu'aux conventions et accords collectifs. Pour ce faire, ils recommandent d'instituer, dans le cadre de la présente Déclaration, une Commission *sociolaborale*, organe tripartite, auxiliaire du Groupe du marché commun, avec un pouvoir de promotion et non de sanction et dotée d'instances nationales et régionales, afin d'encourager et de soutenir l'application de l'instrument – traduction libre).

1855 Résolution du GMC n° 12/00, Règlement intérieur de la Commission sociolaborale du Mercosur, adopté à Buenos Aires, le 5 avril 2000, art. 6. d : « *Compete a la Coordinación de la Comisión: d) Elaborar y canalizar al* GMC *y a la SAM las actas, informes, documentos o recomendaciones adoptados por la Comisión* » — traduction libre.

1856 Règlement du Protocole d'Olivos pour le règlement de différends dans le Mercosur, art. 2.

Enfin, il semble que le système de résolution des différends établi dans le Mercosur, malgré sa faible antériorité et vu son fonctionnement très spécifique, soit déjà prêt pour aborder des questions relatives à la protection des droits de l'homme. Si ce système continue à se développer dans ce sens, des enjeux au regard du système interaméricain de droits de l'homme vont probablement apparaître à terme.

Section II : Les enjeux à l'égard du système interaméricain de protection des droits de l'homme

446. Assurer que, dans le contexte de l'effectivité des contrôles au sein du Mercosur, peuvent exister des enjeux à l'égard du système interaméricain de protection des droits de l'homme, c'est tout d'abord soutenir l'interaction entre le Mercosur et l'Organisation des États américains en ce qui concerne la protection des droits de l'homme (§1). Si ce parallélisme existe ou tout du moins s'il existe des similitudes dans le rôle de chaque organisation, il importe de savoir en quoi consisterait l'avenir de cette relation (§2).

§1 La relation entre le système interaméricain et le système de protection de droits de l'homme du Mercosur

447. L'affirmation de l'existence d'une relation entre le système interaméricain de droits de l'homme et le Mercosur, et surtout l'identification de la nature de cette relation (B), postule en premier lieu l'existence même d'un système de protection de droits de l'homme dans le Mercosur (A).

A. *L'existence d'un système de protection de droits de l'homme dans le Mercosur*

448. Soutenir que le Mercosur possède un système de protection des droits de l'homme peut paraître une affirmation étonnante. Il est incontestable cependant que, dans le Mercosur, existent des instruments, des institutions et des mécanismes de contrôle en cas de violation aux droits de l'homme. Ce qui configurerait, théoriquement, sinon de manière effective, un système de protection desdits droits[1857].

Les instruments contraignants ne sont, certes, pas nombreux. Les seuls en vigueur à l'heure actuelle concernent le Protocole d'Asunción relatif à l'engagement de la promotion et de la protection des droits de l'homme et le Protocole d'Ushuaia sur l'engagement démocratique. Pourraient venir encore renforcer la liste, en 2020, le Statut de la citoyenneté du Mercosur qui énoncera des dispositions relatives aux droits de l'homme et le Protocole de Montevideo, relatif à l'engagement pour la démocratie dans le Mercosur, qui attend son entrée en vigueur.

Le système de résolution des différends adopté par le Protocole d'Olivos propose un mécanisme internalisé de contrôle des normes du Mercosur. Ainsi, les tribunaux établis par ce Protocole sont compétents pour connaître les désaccords sur l'interprétation, l'application ou la violation des instruments qui composent l'architecture normative du Mercosur et, par conséquent, les Protocoles d'Asunción et d'Ushuaia.

Cette conclusion a été déjà établie par certains tribunaux *ad hoc* et le Tribunal permanent de révision, qui ont dû arrêter des décisions impliquant, à un titre ou un autre, la question des droits de l'homme, à l'exemple de l'environnement, de la santé, de la démocratie, et de la liberté d'expression, dans les affaires sur les *Pneus rechapés*, les *Ponts* et la *Procédure exceptionnelle d'urgence présentée par le Paraguay*.

[1857] Nous empruntons ici l'idée de système juridique expliquée par les professeurs DUBOUT et TOUZE qui considèrent qu'un « système juridique » est un ensemble institutionnel comprenant un ensemble normatif structuré. Cet ensemble normatif structuré serait ce qu'ils appellent un « ordre juridique ». Dubout (Édouard) et Touzé (Sébastien), *op. cit.*, p. 14.

449. Ce système se révèle cependant déficitaire en ce qui concerne, d'un côté, la légitimité active (dans son rôle de requérant) et de l'autre côté, la légitimité passive (dans son rôle de défendeur).

Par rapport à la légitimité passive, apparemment la plus grande déficience du système, les requêtes ne peuvent être présentées que contre les États, et uniquement s'ils les autorisent. Les institutions et organismes du Mercosur ne peuvent jamais être les parties défenderesses devant les tribunaux du Mercosur comme s'ils ne pouvaient jamais commettre de violations des droits de l'homme lors de leur interprétation ou de leur application des instruments juridiques.

Relativement à la légitimité active, le problème tient en ce que certains acteurs ont la légitimité pour saisir les tribunaux dans leurs fonctions contentieuses, mais non dans leur fonction consultative, et vice-versa. En outre, l'accès de l'individu n'est absolument pas facilité et les particuliers peinent à franchir les obstacles imposés par le Protocole d'Olivos à la recevabilité de leur requête. Enfin, nombre d'organismes du Mercosur n'ont aucun accès à ce mécanisme, ce qui porte préjudice à des structures qui travaillent sur les droits de l'homme, comme la Commission « *sociolaborale* », l'Observatoire pour la démocratie et le Centre Mercosur de promotion de l'État de droit, et crée avant tout une lacune empêchant ces organismes de proposer des requêtes aux tribunaux.

Ceci étant, deux systèmes de protection de droits de l'homme sont présents aujourd'hui dans le sous-continent américain : le système interaméricain de droits de l'homme et le système de résolution des différends du Mercosur.

B. La nature de la relation entre le système interaméricain et le système de protection de droits de l'homme du Mercosur

450. La coexistence du système interaméricain de droits de l'homme et du système de résolution des différends du Mercosur peut entraîner deux relations de nature, au moins occasionnellement, divergente.

451. Il semble d'ailleurs assez logique qu'il existe un parallèle entre ces deux systèmes. Tout d'abord, il faut rappeler que la plupart des États membres du Mercosur font également partie de la Convention américaine

relative aux droits de l'homme. La *plupart*, car les cinq États membres du Mercosur ne sont pas tous des élèves très assidus quant à leur participation au système régional de protection de droits de l'homme. Cette défaillance s'avère particulièrement évidente, suite à la dénonciation par le Venezuela de la Convention américaine relative aux droits de l'homme en septembre 2012. Cette procédure a exclu le Venezuela de la compétence de la Cour IDH en septembre 2013[1858].

Ensuite, le parallèle entre les deux systèmes existe parce qu'il y a un dialogue constant et ininterrompu, depuis 2005[1859], entre les institutions du Mercosur et celles de l'OEA. Plus précisément, des échanges entre les institutions ont débuté à l'initiative de la Réunion des hautes autorités en droits de l'homme qui anime le débat, pendant ses sessions, sur les moyens de consolider le système interaméricain de droits de l'homme. Dans ce sens, les débats sur la mise en œuvre des recommandations, et des arrêts de la Commission et de la Cour interaméricaines de droits de l'homme, dans le droit interne des États membres et associés du Mercosur, et sur l'état de ratification des instruments interaméricains par les États mercosuriens[1860] sont présents dans la majorité des sessions[1861]. La RAADH justifie la présence de ce thème dans son ordre du jour par la possibilité d'« échanger des expériences sur les difficultés dans la réalisation des recommandations et des arrêts et pour rattacher la perspective de la société civile »[1862]. Les sessions de la RAADH ont été également les occasions pour débattre de la réforme de la Commission IDH en vue du renforcement du système interaméricain, sujet mis en discussion par le Conseil permanent de l'OEA en 2011[1863]. Enfin, la

---

1858 Cependant, le Venezuela pourra la ratifier encore une fois. Une telle démarche a été faite par l'État péruvien, en 1999 lors de la dénonciation à la clause de reconnaissance de la Cour IDH. En 2000, l'une des premières actions du nouveau gouvernement a été de réincorporer la clause. Pour plus d'information sur la dénonciation du Pérou, voir Ventura Robles (Manuel E.), « La Corte Interamericana de Derechos Humanos: Camino hacia un tribunal permanente », in Cançado Trindade (Antônio Augusto) et Ventura Robles (Manuel E.) (coord.), *El futuro de la Corte Interamericana de Derechos Humanos*, San José, C.R., Corte Interamericana de Derechos Humanos, Alto Comisionado de Naciones Unidas para los Refugiados, 2003 p. 139 à 141.

1859 Ire session de la RAADH, à Asunción, du 4 au 6 mai 2005.

1860 Voir spécialement la XIVe session de la RAADH, à Brasilia, les 11 et 12 novembre 2008.

1861 Notamment au cours des IRe, IIe, IVe, VIIe, VIIIe, XIe, XIe, XIIe, XVIe, XVIIe, XVIIIe, XIXe et XXIe sessions de la RAADH.

1862 XIe session de la RAADH, à Buenos Aires, les 26 et 27 mars 2008.

1863 Le 29 juin 2011, le Conseil permanent de l'OEA a créé un Groupe de travail spécial de réflexion sur le fonctionnement de la Commission interaméricaine de droits de l'homme pour le renforcement du système interaméricain de droits de l'homme. Sur le processus de réforme voir :

http://www.oas.org/es/cidh/fortalecimiento/consulta.asp, consulté le 13 mai 2013.

RAADH a accueilli maintes fois des collaborateurs des organes du système interaméricain, à l'exemple du secrétaire exécutif de la Cour IDH, Monsieur SAAVEDRA ALESSANDRI[1864] et du rapporteur spécial pour la liberté d'expression de la Commission IDH, Madame BOTERO[1865].

De surcroît, les liens entre les systèmes du Mercosur et l'interaméricain se sont intensifiés davantage avec la demande d'avis consultatif de l'Institut de politiques publiques en droits de l'homme à la Cour interaméricaine sur les enfants migrants. Cette demande d'avis porte sur une thématique sans doute très sensible pour les pays du groupe d'intégration, et revêt également une valeur symbolique sans précédent. Elle configure le premier contact formel de l'IPPDH à la Cour IDH, dans la fonction consultative de la Haute juridiction. Ce qui serait, pour le professeur MORALES ANTONIAZZI, un signe d'interaction entre les deux ordres normatifs[1866].

Enfin, les échanges entre le Mercosur et l'OEA sont observés également dans les hautes instances des organisations. Déjà en 2007, le Secrétaire général de l'OEA, Monsieur INSULZA, manifestait son intérêt de promouvoir le renforcement du Mercosur en tant qu'outil pour favoriser le développement social des pays mercosuriens[1867]. Et en 2011 le Secrétaire général participait à la XIIe réunion du Conseil du marché commun et du sommet des présidents à Montevideo[1868].

452. La relation entre le système établi au sein du Mercosur et le système interaméricain de droits de l'homme peut aussi conduire à un paradoxe. Les activités juridictionnelles et non juridictionnelles des deux systèmes pouvant se chevaucher, une contradiction pourra en effet naître.

Dans le Mercosur, comme il a été montré précédemment, plusieurs organismes ont des compétences directement ou indirectement liées à des questions relatives aux droits de l'homme, identiques aux attributions

---

[1864] XIIe session de la RAADH, à Buenos Aires, les 4 et 5 juin 2008.

[1865] XIVe session de la RAADH, à Montevideo, les 17 et 18 septembre 2009.

[1866] Et révèlerait un constitutionnalisme « *multinivel* » (à plusieurs niveaux). Morales Antoniazzi (Mariela), *op. cit.*, 2013, p. 214.

[1867] OEA, *Communiqué de presse C-174*, du 17 juillet 2007: « El Secretario General de la Organización de los Estados Americanos (OEA), José Miguel Insulza, manifestó en Buenos Aires su interés de promover el fortalecimiento del Mercado Común del Sur como una herramienta válida para alcanzar el desarrollo económico y social de los países que integran dicho proceso de integración regional » (traduction libre).

[1868] OEA, *Communiqué de presse FNC-7885*, du 19 décembre 2011.

exercées par les organes du système interaméricain. Ainsi, la RAADH, par le biais de ses commissions permanentes et ses groupes de travail, élabore des études et des rapports sur des questions qui sont aussi les thèmes des rapporteurs spéciaux de la Commission IDH, tels que les droits des femmes, des migrants, des enfants, des lesbiennes, gays, bisexuels et transsexuels, ainsi que les droits économiques, sociaux et culturels. L'IPPDH, pareillement à la Commission IDH, réalise des études, publie des rapports, organise des formations et des manifestations informatives sur les droits de l'homme. Et, enfin, le Parlasur est compétent également dans la publication des rapports annuels sur la situation des droits de l'homme dans les pays membres du Mercosur.

En tout état de cause, le chevauchement de ces activités ne constitue pas nécessairement un problème dans la relation entre les deux systèmes, car elles visent toutes la promotion des droits de l'homme. On pourrait penser naïvement que plus il y a de promotion de droits de l'homme, plus les systèmes normatifs y gagnent en effectivité. Le problème se situe plutôt dans le domaine des activités juridictionnelles des deux systèmes. Si le système de résolution des différends établi au sein du Mercosur a les mêmes fonctions et porte sur le fond sur les mêmes matières que le système de protection des droits de l'homme établi par l'OEA, les États membres du Mercosur sont soumis à deux juridictions différentes avec, d'un côté, une compétence contentieuse et de l'autre une compétence consultative pour des violations des droits de l'homme. C'est ici que le paradoxe de la relation peut se matérialiser.

§2 Un avenir potentiellement conflictuel

453. À un moment ou à un autre le rapport entre le Mercosur et le système interaméricain concernant la protection de droits de l'homme va poser question. Le paradoxe de leur interconnexion amènera les deux organisations à des questionnements sur toutes les possibilités envisagées, par exemple, la concurrence (A) ou bien la coopération entre les deux systèmes (B).

A. Le risque d'une concurrence entre les deux systèmes

454. Laisser le système de protection de droits de l'homme du Mercosur suivre son cours tout en tranchant des questions qui sont aussi de la compétence du système interaméricain équivaut à prévoir la naissance d'une concurrence entre les deux. Cette possibilité permettrait de garantir que les États membres du Mercosur ne seraient pas touchés par les faiblesses actuelles du système interaméricain puisque le système du Mercosur le remplacerait.

Parmi les faiblesses du système interaméricain, nous pouvons en citer quelques-unes. Depuis ses origines, le système interaméricain autorise qu'un État dénonce sa plus importante convention, la Convention américaine relative aux droits de l'homme[1869]. Il permet qu'un État ne reconnaisse ni la compétence de l'organe juridictionnel ni la possibilité de requêtes interétatiques. Il autorise également que seuls deux droits sociaux (celui à l'éducation et à la liberté syndicale) soient justiciables ; aucun autre droit civil, économique ou social, s'il est violé, ne peut en effet faire l'objet d'une pétition devant la Commission IDH, selon le Protocole de San Salvador[1870]. Enfin, c'est un système dont l'efficacité de l'exécution des arrêts[1871] dépend de la pression politique, pas toujours souhaitée[1872]. Aujourd'hui, les États mettent en question la méthode de recevabilité des requêtes par la Commission IDH et l'indépendance de leurs membres. En outre, la durée de la procédure contentieuse devant la Cour IDH se montre très longue, supérieure à deux ans[1873].

[1869] Le professeur PASQUALUCCI cite le « manque d'universalité dans la ratification de la CADH ». Pasqualucci (Jo M.), *op. cit.*, p. 223.

[1870] Protocole additionnel à la Convention américaine relative aux droits de l'homme traitant des droits économiques, sociaux et culturels (Protocole de San Salvador), art. 19. 6 : « Au cas où les droits établis au paragraphe a de l'article 8 et à l'article 13 ont été violés par une action imputable directement à un État partie au présent Protocole, cette situation peut donner lieu par le recours à la Commission interaméricaine des droits de l'homme et, le cas échéant, à la Cour interaméricaine des droits de l'homme, à l'application du système de requêtes individuelles prévu aux articles 44 à 51 et 61 à 69 de la Convention américaine relative aux droits de l'homme ».

[1871] Sur l'exécution des arrêts par la Cour IDH, voir : Burgorgue-Larsen (Laurence), Úbeda de Torres (Amaya), *op. cit.*, 2008, p. 207.

[1872] Pasqualucci (Jo M.), *op. cit.*, p. 222.

[1873] Au cours de l'année 2015, la moyenne de la durée de la procédure contentieuse devant la Cour a été de 22,2 mois. Cour interaméricaine des droits de l'homme, *Rapport annuel 2015*. Disponible sur : http://www.corteidh.or.cr/tablas/informe2015/, consulté le 14 mars 2016.

455. Cependant, la solution de remplacement de ce système par celui du Mercosur ne semble pas être la plus convaincante, car celui-ci révèle aussi plusieurs faiblesses. Pour être en mesure de concurrencer le système interaméricain, le Mercosur devrait renforcer son propre système. Dans cette perspective, il serait souhaitable d'effectuer la révision de son droit matériel et procédural. Les instruments relatifs aux droits de l'homme devraient, par exemple, être contraignants, et il conviendrait de réfléchir à la réforme du TPR pour qu'il soit vraiment permanent afin que la procédure de choix de ses membres lui assure plus d'autonomie et d'indépendance[1874]. Il faudrait probablement, dans cette perspective, penser à s'éloigner du modèle purement intergouvernemental[1875].

Quand bien même ces avancées se révéleraient significatives, il n'est pas pour autant certain que cela empêcherait qu'une rupture avec le système interaméricain ne se produit et que l'un ou l'autre système ne s'affaiblit, mettant en péril, non seulement l'efficacité des organisations, mais principalement la protection des droits de l'homme. Enfin, cette solution de remplacement du système interaméricain par le système du Mercosur ne résoudrait pas le problème de la légitimité passive des institutions et organismes du Mercosur[1876]. En outre, pour ce qui concerne l'accès des individus au Tribunal permanent de révision, il semble difficilement pensable qu'en l'état, les individus choisissent d'entreprendre des démarches quasi insurmontables pour présenter une requête au TPR plutôt que de saisir directement la Cour IDH.

456. Ceci étant, il ne paraît pas cohérent d'envisager dans le Mercosur un système qui touche des questions des droits de l'homme, au moins pour ce

[1874] Le professeur PASQUALUCCI critique le manque de transparence dans l'élection des commissaires et des juges, à l'exemple des nominations du début des années 1990 où les élus n'étaient pas vraiment des sujets qualifiés, mais plutôt des nominations politiques. Pasqualucci propose que les élections soient publiques, transparentes, avec la participation de la société civile, comme au Mexique, et l'OEA devrait avoir une procédure de veto identique à celle du Conseil de l'Europe. Pasqualucci (Jo M.), *op. cit.*, p. 227 à 229.

[1875] Le professeur WOJCIKIEWICZ ALMEIDA défend l'idée de l'orientation du Mercosur vers l'assouplissement du caractère intergouvernemental. D'après le professeur, « de nombreuses initiatives de réforme ont été prises concrètement par les Cours suprêmes des États membres, ainsi que par les organes décisionnels mercosuriens, notamment le Parlement du Mercosur. Elles consistent en l'adoption d'un mécanisme plus contraignant sur la création d'un tribunal permanent pour le Mercosur ». Wojcikiewicz Almeida (Paula), 2013, *op. cit.*, p. 219.

[1876] Le professeur Bazán remarque que les institutions du Mercosur ont l'obligation de respecter les droits énoncés à la CADH et sont aussi liées aux interprétations réalisées par la Cour IDH. Bazán (Victor), « Mercosur y derechos humanos », in Von Bogdandy (Armin) (éd.), *Direitos humanos, democracia, e integração jurídica*, Rio de Janeiro, Lumen Juris, 2011, p. 525.

qui est des questions très générales — les mêmes que celles tranchées par le système interaméricain. Ce qui n'exclut pas d'envisager de mieux délimiter la compétence du Mercosur pour des affaires qui touchent aux questions des droits de l'homme liées à des questions économiques et commerciales. Ainsi, il n'en résulterait pas nécessairement une concurrence, mais davantage la nécessité d'une collaboration des systèmes de protection des droits de l'homme.

B. La possibilité d'une conciliation des systèmes

457. Comprendre l'interaction des systèmes interaméricain et du Mercosur de protection des droits de l'homme comme s'il n'existait pas d'antagonismes entre eux peut représenter une solution pour leur avenir. L'objectif d'une telle démarche serait de voir cette interaction dans le sens de l'approfondissement du dialogue vers une coopération entre les deux systèmes, où l'un peut être utile à l'autre, garantissant donc leur coexistence dans le plein respect des droits de l'homme[1877].

L'interaction de deux systèmes ne ferait pas figure de nouveauté. Les systèmes de protection régionale et universelle font déjà l'objet d'une interprétation de façon complémentaire et non antagoniste[1878], une bonne illustration d'une coexistence[1879].

458. Cependant, il convient, pour ce faire, de clarifier les rôles de chaque système. Ainsi, quatre situations peuvent être envisagées aux fins de préciser le rôle de chacun des systèmes de protection des droits de l'homme : pour des questions de violations de droits de l'homme commises par les États membres ; pour des questions de violations de droits de l'homme particulièrement liées à des questions commerciales et économiques commises par les États membres et le même type de violations commises cette fois-ci par les institutions ou organismes du Mercosur, et enfin, pour l'appréciation du respect des clauses de conditionnalité énoncées dans les Protocoles d'Ushuaia et d'Asunción.

[1877] Les professeurs DUBOUT et TOUZE pensent que les droits fondamentaux peuvent servir de vecteurs de communication et de facteurs d'articulation entre des systèmes et ordres juridiques. Dubout (Édouard) et Touzé (Sébastien), *op. cit.*, p. 16.

[1878] Morales Antoniazzi (Mariela), *op. cit.*, 2013, p. 211.

[1879] Piovesan (Flavia), *Direitos humanos e justiça internacional*, *op. cit.*, 2012, p. 91.

Dans le premier cas de figure, où l'un des États membres du Mercosur commet des violations des droits de l'homme (n'ayant pas de liens avec des questions à l'origine commerciales ou économiques), le système interaméricain serait en principe compétent pour l'affaire, comme tel est le cas aujourd'hui. Cette solution souffrirait juste d'un bémol, lorsque l'un des États membres du Mercosur ne serait pas partie à la CADH et que, par conséquent, il ne relèverait pas de la compétence de la Cour IDH s'il commettait des violations des droits de l'homme. Ces violations ne seront jamais appréciées par une instance internationale. D'ailleurs, c'est le cas du Venezuela depuis septembre 2013[1880]. Il se présente dès lors une vraie lacune dans la protection des droits de l'homme, que les instances du Mercosur ne pourraient, en l'état du droit, combler de manière satisfaisante.

Dans la deuxième situation, où l'un des États membres du Mercosur commet des violations de droits de l'homme liées à des questions à l'origine commerciales ou économiques (suivant l'exemple des affaires *Pneus rechapés* ou *Ponts*), c'est le système de résolution des différends du Mercosur qui est alors compétent, aussi conviendrait-il de clarifier la nature des instruments juridiques du Mercosur. La même situation se présente dans le cas de violations commises par des institutions ou organismes du Mercosur. Cela permettrait de résoudre la lacune relative à la légitimité passive, qui existe actuellement dans ce système du Protocole d'Olivos.

Enfin, dans la dernière situation, où les États membres du Mercosur sont mis en cause pour ne pas respecter les clauses de conditionnalité des droits de l'homme ou de la démocratie, énoncées dans les Protocoles d'Ushuaia et d'Asunción, un important changement institutionnel et normatif s'imposerait. Aujourd'hui ce sont les États membres du Mercosur qui décident, de façon assez arbitraire (comme l'a démontré l'affaire sur la suspension du Paraguay en juillet 2012) si un État respecte ou non telles clauses de conditionnalité. Une proposition consisterait à soumettre cette appréciation à la compétence du TPR. Cela impliquerait certainement d'autres modifications ou évolutions. Tout d'abord, une fois que cette compétence serait transférée des États membres à un tribunal, même de nature simplement arbitrale, le degré d'intergouvernementalisme du Mercosur diminuerait au profit d'un caractère supranational. Ensuite, le TPR pourrait, dans cette hypothèse, travailler en coopération avec les organes du

---

[1880] Dans ce cas, la situation actuelle du Venezuela ne changerait pas. L'État vénézuélien ayant dénoncé la Convention américaine relative aux droits de l'homme, il plus aucun organisme international ne peut être saisi en cas de violation de droits de l'homme par ce pays.

système interaméricain de protection des droits de l'homme. Il s'agirait de dialoguer, d'une façon plus ou moins formelle, avec la Commission IDH et la Cour IDH. Cette coopération pourrait se matérialiser par des échanges avec les rapporteurs spéciaux de la Commission et par des demandes d'avis consultatifs à la Cour IDH sur la situation du pays en question. De façon moins formelle, le TPR pourrait s'adresser à ces organes au nom des États membres, comme l'a fait l'IPPDH dans sa demande d'avis consultatif sur les enfants migrants. Et de façon plus formelle, on pourrait imaginer que le Mercosur décide d'adhérer à la CADH[1881].

459. L'adhésion du Mercosur à la CADH ne semble cependant pas être pour le moment une solution envisageable, ce qui tend à prouver qu'une transplantation de modèle juridique ne s'avère pas toujours la solution la plus adéquate. Si, l'Union européenne peut envisager d'adhérer à la CEDH, c'est dans un contexte particulier, produit de contacts anciens, de projets reportés et de dialogue informel entre les juges de l'Union et de la Cour EDH. Il paraît improbable de considérer que le Mercosur, en toute hypothèse, se doit d'évoluer selon le modèle d'intégration de l'Union. Le contexte économique, politique et historique empêche toute greffe du modèle de l'Union ou toute transplantation inconditionnelle de mécanismes éprouvés dans le cadre de l'Union pour assurer une protection réelle et effective des droits fondamentaux dans le Mercosur. En outre, une « construction juridique bipolaire[1882] » n'est possible que si tous les États membres sont parties à la CADH, ce qui n'est plus le cas du Venezuela. La coopération du Mercosur avec le système interaméricain connaît, certes, des limites, mais devrait pouvoir se réaliser par d'autres moyens que l'adhésion d'un système d'intégration économique régional à un système de protection régionale des droits de l'homme.

460. Par exemple, afin de mieux garantir les droits de l'homme dans ses États membres, le système du Mercosur pourrait se servir de ses propres

---

[1881]D'ailleurs, la CADH, à l'exemple d'autres instruments internationaux de protection de droits de l'homme qui composent le *corpus juris* de base dans la matière, devrait, pour le professeur BAZAN, avoir une valeur contraignante pour les institutions du Mercosur, soit dans l'actuel état intergouvernemental, soit dans un éventuel état supranational. Bazán (Victor), « Mercosur y derechos humanos », in Von Bogdandy (Armin)(éd.), *Direitos humanos, democracia, e integração jurídica*, Rio de Janeiro, Lumen Juris, 2011, p. 527.

Le professeur BAZÁN soutient plus clairement l'adhésion du Mercosur à la CADH dans son article: « Hacia la pervivencia del Mercosur: nivelación constitucional, establecimiento de instituciones supranacionales y efectiva protección de los derechos humanos », in Bidart Campos (German) et Gil Dominguez (Andres) (coord.), *El derecho constitucional del siglo XXI: diagnósticos y perspectivas*, Buenos Aires, Ediar, 2000, p. 299.

[1882] Delmas-Marty (Mireille), *op. cit.*, 2004/2005, p. 486.

armes pour contraindre les États à les respecter. Il s'agit en premier lieu de faire usage du Protocole d'Asunción qui renforce les « principes et normes de la Déclaration américaine des droits et devoirs de l'homme, de la Convention américaine relative aux droits de l'homme, de la Charte démocratique interaméricaine et d'autres instruments régionaux de droits de l'homme[1883] », en exigeant de ses pays membres leur participation à ces instruments. Et en second lieu, le système du Mercosur doit pouvoir exercer des pressions politiques, qui peuvent aller jusqu'à des sanctions susceptibles d'impacter des intérêts économiques des pays composant le groupe. Enfin, on pourrait concevoir le système du Mercosur comme une sorte de « justice de proximité », plus efficace pour le respect des droits de l'homme, en lieu et place du système interaméricain[1884]. Cette subsidiarité « juridictionnelle » comblerait la lacune actuelle du système interaméricain par rapport à la non-participation du Venezuela.

De surcroît, cette coopération pourrait être également institutionnelle. L'union des forces de deux systèmes permettrait au Mercosur de collaborer avec la Commission et la Cour interaméricaines là où ces dernières présentent des insuffisances. C'est-à-dire que le Mercosur pourrait encourager les États membres à mieux mettre en œuvre les recommandations de la Commission et à exécuter les arrêts de la Cour ; ou encore les encourager à accepter la compétence contentieuse de la Cour et sa compétence des affaires interétatiques, etc. Cette pression, comme dans la situation de la concurrence entre les deux systèmes, serait aussi politique, mais avec une force contraignante économique beaucoup plus efficace, susceptible de sanctions prononcées par le Conseil du marché commun. En outre, les organismes du Mercosur pourraient devenir des partenaires de la Commission IDH pour ce qui concerne les études, les rapports,

[1883] Protocole d'Asunción, 6e considérant : « *Reafirmando los principios y normas contenidas en la Declaración Americana de Derechos y Deberes del Hombre, en la Convención Americana sobre Derechos Humanos y otros instrumentos regionales de derechos humanos, así como en la Carta Democrática Interamericana* » (traduction libre).

[1884] L'ancien secrétaire exécutif de l'IPPDH, Monsieur Abramovich ne partage pas ce même avis sur l'idée de proximité. Il considère que: « *Algunos dan el argumento de la cercanía. Son argumentos de que un tribunal sub-regional tendría más conocimiento de las realidades nacionales, de las tradiciones culturales, de las realidades políticas y que por lo tanto eso sería una ventaja comparativa con el sistema interamericano. Eso no lo veo. La independencia de las tradiciones institucionales, del esfuerzo en la construcción de la institucionalidad, que no hay que perder, me parece el argumento más fuerte* » (Certains utilisent l'argument de la proximité. Ils se basent sur le fait qu'un tribunal sous régional aurait une meilleure connaissance des réalités nationales, des traditions culturelles, des réalités politiques et que, par conséquent, ce serait un avantage comparativement au système interaméricain. Ce n'est pas ce que je vois. L'indépendance quant aux traditions institutionnelles, aux efforts visant à renforcer les institutions, qu'il ne faut pas perdre, me semble un argument plus puissant – traduction libre).

l'organisation de manifestations sur des sujets d'intérêt commun entre les organisations. Enfin, il s'agirait de trouver des façons d'éviter le double travail.

La proposition d'approfondir un dialogue sur l'exécution des arrêts, parmi les États membres d'un groupe d'intégration, a été faite par le président de la Cour IDH, Monsieur GARCIA SAYAN, lors de la deuxième rencontre des magistrats de la Communauté andine des nations et du Mercosur. À cette occasion, il a fait référence à un rapport annuel qui pourrait être rédigé par les États membres de la CAN[1885]. Une proposition semblable a été faite par le Commissaire GONZALEZ, de la Commission IDH, devant laquelle les défenseurs de droits de l'homme pourraient produire des rapports sur l'exécution des arrêts[1886]. Mais cela pourrait se révéler fort intéressant également dans le cadre du Mercosur, en particulier pour légitimer un travail déjà développé au sein de la RAADH.

Cette complémentarité des organisations[1887] a été déjà relevée par l'ancien Secrétaire exécutif de l'IPPDH, Monsieur ABRAMOVICH, lors de sa

[1885] Garcia Sayan (Diego), « La Corte Interamericana de Derechos Humanos », *in II Encuentro de Magistrados de la Comunidad Andina y del Mercosur*, Tribunal de Justicia de la Comunidad Andina, Cartagena de Indias, 2010, p. 191. « Podría ser interesante, sin embargo, que los países andinos decidieran dar seguimiento dentro de su proprio ámbito, que es la Carta Andina, a como los países de la región, los cuatro integrantes de la Comunidad Andina, están dando o no cumplimiento a las sentencias de la Corte Interamericana. Y que, por ejemplo, presenten dentro de la Comunidad Andina una suerte de "informe anual". No para un curso de "fiscalización" sino con el específico fin de que se conozca qué es lo que están haciendo los países en el cumplimiento de acuerdos subregionales. Esto – que no es una "propuesta" de la Corte Interamericana sino simplemente una idea para reflexionar – seria de extraordinaria riqueza. Porque se están haciendo cosas muy interesantes en la subregión en la medida en que prevalece en propósito de ver como se hace para efectivamente cumplir, por ejemplo, con las sentencias del tribunal interamericano. Dar ese paso ayudaría a fortalecer un dialogo que en esta materia no se está produciendo. [...] Y al revés, qué dificultades hay, qué problemas encuentran en otro país y como eso puede ser incorporado en el debate de cada uno de nuestros países ».

[1886] Gonzales (Felipe), exposé dans le Coloquio Iberoamericano « El "fortalecimiento" del Sistema Interamericano de Derechos Humanos: Cuestiones claves, perspectivas y desafíos », organisé par Max Planck Institute for Comparative public Law and international Law, Heidelberg, le 27 juin 2013.

[1887] Le professeur BAZAN va plus loin et propose que cette coopération ne s'établisse pas seulement entre ces deux sphères, celle du système interaméricain et celle du Mercosur. Mais elle doit se penser comme une relation multilatérale dynamique autour de la protection des droits de l'homme. Dans la mesure où les organes supérieurs de la justice constitutionnelle des États membres, les institutions mercosuriennes et la Cour IDH se rencontrent en faveur des droits de l'homme et établissent ainsi un dialogue interjuridictionnel. Bazán (Victor), « Mercosur y derechos humanos », in Von Bogdandy (Armin) (éd.), *Direitos humanos, democracia, e integração jurídica*, Rio de Janeiro, Lumen Juris, 2011, p. 529.

visite à la Commission IDH en 2011 dans le cadre d'un dialogue sur les lignes de coopération pour travailler de façon commune et en coordination : « nous considérons que les lignes de travail de l'IPPDH du Mercosur et de la Commission sont complémentaires. L'idée des États membres du Mercosur est de considérer les instruments du système interaméricain comme un seuil minimum en matière de droits de l'homme[1888] ».

Cette complémentarité existe également, selon le professeur MORALES ANTONIAZZI, dans le cadre normatif des systèmes interaméricain et mercosurien. Les traités fondant les deux systèmes, représentés par la CADH, le Protocole d'Ushuaia et d'Asunción, ont en effet permis l'universalisation[1889] des droits de l'homme, plus spécifiquement, du droit à la non-discrimination[1890].

C'est la même complémentarité que le professeur CASAL a caractérisée dans le développement de la protection des droits de l'homme dans la Communauté andine des nations. Car « cette protection offerte par les organes juridictionnels communautaires n'a pas l'intention de remplacer celle des organismes internationaux compétents conformément aux traités internationaux de droits de l'homme[1891] ». Intention dont témoigne la Charte andine pour la promotion et la protection des droits de l'homme de la

[1888] Commission IDH, *Communiqué de presse 109/11*, du 21 octobre 2011: « *Consideramos que las líneas de trabajo del IPPDH, del Mercosur y de la CIDH son complementarias. La idea de los países parte del Mercosur es considerar los estándares del sistema interamericano como un piso mínimo en materia de derechos humanos* » (traduction libre).

[1889] L'ancien juge de la Cour interaméricaine Héctor GROS ESPIELL soutenait que « l'universalisme et le régionalisme en matière de protection des droits de l'homme ne sont pas des procédures antithétiques qui s'excluent. Au contraire, ce sont des procédures complémentaires qui doivent s'intégrer et se suppléer. Par conséquent, non seulement m'existence d'un système universel est compatible avec les systèmes régionaux, mais lesdits systèmes régionaux peuvent contribuer à rendre plus efficace et meilleure la protection internationale. En fait, la similitude de systèmes juridiques des États d'une région, la communauté des idées et coutumes, l'analogie des formes politiques, sociales et économiques des pays de la zone sont des facteurs qui peuvent faire agir plus efficacement et mieux le système régional international de protection des droits de l'homme et lui faire accentuer les garanties du système universel ». Gros Espiell (Hector), *op. cit.*, 1975, p. 9 à 10.

[1890] Morales Antoniazzi (Mariela), *op. cit.*, 2013, p. 210.

[1891] « *Complementario porque la tutela ofrecida por esos órganos jurisdiccionales comunitarios no pretende remplazar a la encomendada a los organismos internacionales competencias conforme a los tratados internacionales sobre derechos humanos*» (traduction libre). Casal (José Maria), « Los derechos humanos en los procesos de integración », *Estudios constitucionales : revista semestral del Centro de Estudios Constitucionales*, Universidad de Talca, Santiago, Chile, 2005, Año 3, n° 2, Santiago, Librotecnica, p. 273.

CAN[1892]. Plutôt que de se trouver en position de rivalité, elle vise à renforcer l'engagement du groupe d'intégration par rapport aux droits de l'homme déjà reconnus par les États membres et par les conventions régionales ou universelles de protection[1893].

461. Dans le même sens, l'Union européenne a décidé de nouer des relations avec le système européen des droits de l'homme de Strasbourg. Le professeur BURGORGUE-LARSEN met en évidence cette rencontre : « Les deux Europe, l'une des droits de l'homme et l'autre du marché qui, avançant longtemps en s'ignorant, ont fini par se regarder et s'écouter tant par le jeu du dialogue des juges que par celui de la diplomatie judiciaire[1894] ». La future adhésion de l'Union européenne à la CEDH permettra, si l'on se réfère au traité de Lisbonne, une protection plus cohérente des droits fondamentaux des citoyens européens[1895]. Cette cohérence est espérée : en effet, outre le fait que l'Union devra respecter la CEDH, ce qu'elle fait déjà en incorporant ses dispositions dans les principes généraux du droit de l'Union, elle sera placée sous le contrôle de la Cour EDH. Les citoyens jouiront ainsi d'une protection contre l'action de l'Union semblable à celle dont ils jouissent contre l'action des États membres[1896]. De plus, il s'agit de « garantir la cohérence entre les visions du Conseil de l'Europe et de l'Union européenne [sur les droits de l'homme] », selon le Secrétaire général du Conseil de l'Europe, Monsieur JAGLAND, et la Vice-présidente de la Commission européenne, Madame REDING, réunis à Strasbourg en juillet 2010 pour marquer l'ouverture de ce processus d'adhésion[1897]. Ce contrôle extérieur du droit de l'Union est le principal apport de l'adhésion et constitue, on le voit bien dans les négociations, le principal point de

---

[1892] *Carta Andina para la Promoción y Protección de los Derechos Humanos.* Nous utiliserons désormais notre traduction en français de l'instrument : Charte andine pour la promotion et la protection des droits de l'homme, adoptée le 26 juillet 2002, à Guayaquil.

[1893] Olmos Giuponni (Maria Balén), *Derechos humanos e integración en América Latina y el Caribe*, Valencia, PUV, Tirant lo Blanch, 2006, p. 258.

[1894] Burgorgue-Larsen (Laurence), *op. cit.*, 2010, p. 392.

[1895] Le projet d'accord d'adhésion de l'Union européenne à la CEDH a été finalisé le 5 avril 2013 par le Comité directeur pour les droits de l'Homme, à Strasbourg.

[1896] Conseil de l'Europe, Division du droit et de la politique des droits de l'homme, *Adhésion de l'Union européenne à la Convention européenne des droits de l'homme*, article apparu sur le site du CoE le 5 avril 2013.

Disponible sur : http://www.coe.int/t/dghl/standardsetting/hrpolicy/accession/default_fr.asp, consulté le 18 juin 2013.

[1897] Conseil de l'Europe, Communiqué de presse n° 545(2010), *La Commission européenne et le Conseil de l'Europe lancent des pourparlers sur l'adhésion de l'UE à la Convention des droits de l'homme*. Disponible sur :

http://www.coe.int/t/der/brusselsoffice/articles/restarticles/2010/jagland_reding_070710_FR.asp?, consulté le 26 avril 2013.

crispation politique de la part des institutions de l'Union, au premier rang desquelles la Cour de justice de l'Union.

***

462. À l'évidence, ce que l'Union européenne, le Conseil de l'Europe, ainsi que la Communauté andine des nations cherchent est un moyen de faire progresser, plus profondément, plus rapidement et de façon plus cohérente, la protection des droits de l'homme pour leurs citoyens. Le Mercosur ne devrait pas tarder à rendre plus claires ces mêmes intentions.

Conclusion Chapitre II

463. Ce dernier chapitre a permis une incursion dans le système de résolution des différends existant actuellement dans le Mercosur. Ce système a débuté en abordant des thématiques commerciales, conformément à l'objet originel du Mercosur, et s'est développé pour permettre une discussion sur la validité des actes commis par les États membres sur des questions qui dépassent les aspects purement économiques.

En fait, l'intégration économique induit des questions qui vont inéluctablement impacter les droits des individus. C'était bien la signification de l'effet direct dès la célèbre jurisprudence *Van Gend en Loos* de la Cour de justice de l'Union européenne. Plus les États qui ont conçu le groupe d'intégration essaient d'éloigner et d'ignorer la question de la protection des droits de l'homme dans cette nouvelle enceinte d'exercices du pouvoir politique, plus ces questions finissent par émerger risquant de perturber les systèmes, voire de les mettre brutalement en concurrence. Ainsi, les instances qui relèvent du système de différend mis en place par le Protocole d'Olivos, les tribunaux arbitraux *ad hoc* et le Tribunal permanent de révision, ont fini par reconnaître leur compétence pour apprécier des questions relevant des domaines du droit de l'environnement, des droits de l'homme et de la démocratie. Mais malgré ce réel progrès, le système de résolution des différends du Mercosur est encore loin d'offrir une protection complète des droits de l'homme.

464. Quoiqu'il soit, bon ou mauvais, il s'agit déjà d'un système de protection et il faut malgré tout considérer que les États membres du Mercosur se trouvent en conséquence soumis à un double système de protection de droits de l'homme, celui du Protocole d'Olivos et celui de l'OEA — sans parler du système onusien. Ce chapitre a tenté en particulier de mettre en avant la relation entre ces deux systèmes et de présager de ce qui peut arriver si celui du Mercosur continue à apprécier des questions relatives aux droits de l'homme. Partant, deux chemins sont envisageables : soit une concurrence entre les deux, soit une coopération réciproque.

La deuxième option nous semble la plus cohérente et salutaire pour les deux systèmes. Mais la simple constatation d'une possible coopération n'est pas suffisante ; il faudra que les règles du jeu soient mieux définies au sein de chaque système, pour que la coopération devienne effective.

Conclusion générale

465. L'étude de la place qu'occupent les droits de l'homme dans le Mercosur aura permis de confirmer qu'un groupe, dont l'intérêt originaire est une intégration économique, peut et doit aussi faire du respect des droits de l'homme une condition essentielle pour l'existence et l'évolution du processus d'intégration. Le Mercosur se trouve sur la voie de réussir à inverser ses valeurs en faveur des droits de l'homme, comme d'autres groupes d'intégration économique l'ont déjà fait. Plus précisément, si au début de sa création le Mercosur avait pour objectif premier l'économie, cette dernière désormais ne représente plus qu'un moyen pour satisfaire un intérêt général de nature politique. Cette transformation s'est amorcée grâce au Programme de travail 2004-2006. Il ressort de cette première constatation de bonnes perspectives pour la promotion et la protection des droits de l'homme au sein du Mercosur.

Pour que les bonnes perspectives deviennent cependant des circonstances réelles, le Mercosur devrait transformer son espace en un ordre normatif, jouissant d'une stabilisation normative et institutionnelle[1898]. Pour ce faire, il faudrait que les États membres décident d'abandonner une partie de leur souveraineté pour donner au groupe plus de liberté d'action, d'autonomie et d'indépendance. Cela serait la clef pour atteindre son objectif de modèle d'intégration basé sur un marché commun et l'un de ses plus grands défis, car les chauvinismes sont encore très présents dans toute l'Amérique latine et notamment dans les États membres du Mercosur.

466. Le droit du Mercosur actuel possède des instruments, une architecture institutionnelle et des mécanismes de contrôle qui intéressent la promotion et la protection des droits de l'homme, mais il doit encore compter avec de nombreuses lacunes dans l'effectivité de ces processus.

L'une de plus importantes déficiences de l'espace normatif du Mercosur réside dans le défaut d'application immédiate et directe du droit originaire dans les droits internes des États membres. Cela contraint à réceptionner les

[1898] Delmas-Marty (Mireille), *Leçon inaugurale (...), op. cit.*, 2004/2005, p. 480.

normes mercosuriennes dans les ordres juridiques internes, ce qui dépend du bon vouloir de chaque État membre. Le manque de transparence vis-à-vis de la société sur l'état d'incorporation de ces normes corrobore d'ailleurs le sentiment d'inaccomplissement des engagements d'intégration[1899]. Et là, nous ne parlons que des normes en général, dont la plupart touchent à des questions économiques, qui intéressent assurément nombre de ces pays. Que dire des normes dont le sujet porte sur le respect des droits de l'homme, la démocratie ou l'État de droit, et qui constituent parfois le talon d'Achille de ces pays ? Les instruments peu nombreux sur les droits de l'homme adoptés par le Mercosur sont, pour la plupart des instruments de *soft law*. Il s'agit de déclarations, d'engagements, de recommandations ou de plans d'action qui exemplifient ce goût mercosurien et latino-américain pour la rhétorique[1900]. À l'heure actuelle, le seul instrument contraignant qui existe est le Protocole d'Asunción. D'autres doivent voir le jour prochainement, comme le Protocole d'Ushuaia II et le Statut de la citoyenneté, mais ils ne porteront pas spécifiquement sur le respect des droits de l'homme. Le problème actuel n'est pas l'existence d'un seul instrument, mais le fait que cet instrument soit en réalité très limité. Il ne peut en effet être utilisé en réalité que contre les États membres ; les institutions et organismes du Mercosur et ses États associés restent donc en dehors de son champ d'application. Les conditions de son application sont aussi très spécifiques : il ne se déclenche que lors de graves et systématiques violations des droits de l'homme et des libertés fondamentales et pendant une crise institutionnelle ou la déclaration de l'état d'urgence. Une menace de la violation n'est donc pas suffisante pour son application. Il n'est définitivement pas un outil de prévention comme dans l'Union européenne, mais uniquement de sanction de violations des droits de l'homme de particulière gravité.

467. Son architecture institutionnelle, malgré son amélioration vers une « politisation » dans les dernières années, est également encore loin de permettre le passage de cette actuelle union douanière imparfaite à l'établissement d'un marché commun[1901]. Deux institutions pourraient devoir changer leurs bases : le Parlasur et les tribunaux arbitraux.

[1899] Arellano (Felix Gerardo), *op. cit.*, p. 4.

[1900] Le chercheur MALAMUD soutient que « *Latin American integration has a long history according to conventional political rhetoric but a poor record when it comes to concrete accomplishments* » (L'intégration latino-américaine a une longue histoire en fonction de la rhétorique politique classique, mais un bilan mauvais en termes de réalisations concrètes — traduction libre. Malamud (Andres), « Mercosur Turns 15: Between Rising Rhetoric and Declining Achievement », *Cambridge Review of International Affairs*, 2005, n° 18, 3, p. 421.

[1901] KURLAT AIMAR est du même avis, il estime que « si le Mercosur est un projet politique dépassant le cadre de l'union douanière, le moment est venu de revoir son architecture institutionnelle ». Kurlat Aimar (Jose Sebastian), *op. cit.*, p. 293.

Lorsque nous expliquons que le Parlasur n'a pas de compétences législatives, une expression d'étonnement se lit sur le visage de notre interlocuteur, d'autant plus s'il est Européen. En effet, tant que le Parlement n'a pas de compétences législatives, on peut difficilement parler d'un Mercosur citoyen. De surcroît, si le Parlasur pouvait profiter du peu de compétences qui lui sont accordées, telle la production de rapports annuels sur la situation des droits de l'homme dans les États membres, le groupe régional d'intégration en tirerait déjà un grand avantage pour la promotion de ces droits.

Le système de résolution des différends proposé par le Protocole d'Olivos, qui établit les tribunaux arbitraux *ad hoc* et le Tribunal permanent de révision, est aussi mis en question. Il apparaît difficile de concevoir une instance de contrôle qui se dit compétente pour apprécier des questions relatives aux droits de l'homme, quand elle est dans un contexte d'arbitrage, comme le sont les tribunaux *ad hoc* et le TPR[1902]. L'arbitrage n'a pas pour vocation la protection de l'intérêt général, mais celle d'intérêts privés, de nature commerciale. Pour défendre l'intérêt général, il faut concevoir un juge et non un arbitre[1903]. La nécessité perdure de continuer à développer l'actuel système, qui est, on le rappelle, un système provisoire[1904], vers un organe obligatoire de résolution des litiges, qui soit permanent et composé de membres indépendants, siégeant de façon permanente. Cela permettrait le renforcement et l'uniformisation de l'interprétation du droit du Mercosur[1905] et de lui procurer un moyen d'imposer son autorité sur les droits nationaux[1906]. Il ne s'agit pas là d'une idée nouvelle, plusieurs propositions ont déjà été faites pour l'établissement d'une Cour de justice au Mercosur.

1902 Le professeur WOJCIKIEWICZ ALMEIDA considère que le système de règlement des différends du Mercosur n'est pas cohérent avec l'évolution de l'intégration mercosurienne. Elle soutient que « si l'objectif des États membres était limité à la création d'une simple union douanière au Mercosur, il serait suffisant de contracter des engagements réciproques par le biais d'un simple traité de commerce ». Wojcikiewicz Almeida (Paula), 2013, *op. cit.*, p. 227.

1903 Le professeur DREYZIN DE KLOR soutient qu'il ne vaut de rien avoir un tribunal intégré par des arbitres qui se réunissent devant une affaire et qui ne jouissent pas des caractéristiques propres à une cour de justice dans l'exercice des fonctions dont ils sont compétents. Dreyzin de Klor (Adriana), « Mercosur ¿ En movimiento? », in Dreyzin de Klor (Adriana) (coord.), *El derecho en movimiento*, Buenos Aires, Rubinzal, Culzoni Ed., 2007, p. 278.

1904 Le professeur ARELLANO rappelle que le système a été modifié à plusieurs reprises de façon discrétionnaire et cette situation aurait pour conséquences de porter préjudice aux pays plus faibles. Arellano (Felix Gerardo), *op. cit.*, p. 4.

1905 Olmos Giuponni (Maria Balén), *op. cit.*, 2012, n° 3, p. 716.

1906 Le professeur BURGORGUE-LARSEN considère que « le phénomène communautaire, celui de l'intégration économique, s'est internationalisé dans le sens où il s'est démultiplié dans d'autres régions du monde que la Région-Europe. Du coup, les droits communautaires sont

468. La première est issue de la 6e Rencontre des Cours suprêmes du Mercosur[1907], où une déclaration portant sur la recommandation de la création d'un tribunal pour le Mercosur a été adoptée[1908]. L'année suivante, lors de la 7e Rencontre des Cours suprêmes du Mercosur, il a été décidé de créer une commission responsable pour la rédaction d'une proposition de création de la Cour[1909]. Étrangement, l'année suivante, la création de la Cour n'a même pas fait objet de l'ordre du jour de la 8e Rencontre des Cours suprêmes du Mercosur et une telle commission n'a jamais vu le jour[1910].

La deuxième proposition vient du Parlement du Mercosur. En 2010, suite au projet de norme établissant le « Protocole constitutif de la Cour de justice du Mercosur »[1911], le Parlasur s'est prononcé favorablement et a envoyé le projet de norme au Conseil du marché commun[1912]. Des réunions spécialisées, avec la participation des Cours suprêmes de justice, auraient dû être réunies jusqu'au deuxième semestre de 2010 pour approuver ce protocole constitutif de la Cour de justice du Mercosur. Ce délai s'est écoulé et, encore une fois, la proposition est restée lettre morte[1913].

---

apparus puissants, prévalent, imposant leur autorité sur les droits nationaux grâce à des Cours de justice communautaires disposant de compétences à tous égards hors du commun ». Burgorgue-Larsen (Laurence), *op. cit.*, 2004, p. 575.

1907 Pour plus d'informations sur les quatre premières rencontres des Cours suprêmes du Mercosur, voir : Dreyzin de Klor (Adriana), *op. cit.*, 2009, p. 262 à 267.

1908 Déclaration de la 6e Rencontre des Cours suprêmes des États membres du Mercosur et associés, tenue à Brasília, le 21 novembre 2008. Tous les documents adoptés lors de cette 6e Rencontre sont disponibles sur le site du Tribunal suprême fédéral du Brésil : www.stf.jus.br/encontro6, consulté le 10 juin 2013.

Sur cette déclaration, même le Parlement du Mercosur s'est prononcé favorablement dans la Déclaration n° 23/08, lors de la session plénière du 28 novembre 2008.

1909 Déclaration de la 7e Rencontre des Cours suprêmes des États membres du Mercosur et associés, tenue à Buenos Aires, le 2 septembre 2009. Disponible sur :

http://www.stf.jus.br/arquivo/cms/setimoEncontroConteudoTextual/anexo/Declaracion_VII_Encuentro_firmada.pdf, consulté le 10 juin 2013.

1910 8e Rencontre des Cours suprêmes des États membres du Mercosur et associés, tenue à Brasilia, le 26 novembre 2010.

1911 Projet de norme (Protocole) n°…/09, relatif au Protocole constitutif de la Cour de justice du Mercosur, présenté par les parlementaires mercosuriens A. RODRIGUEZ SA, de l'Argentine, et E. SALUM PIRES, du Paraguay, le 20 avril 2009.

1912 27e Session plénière du Parlasur, du 13 décembre 2010.

1913 Pour plus d'informations sur le Projet constitutif d'une Cour de Justice du Mercosur par le Parlement du Mercosur, voir : Wojcikiewicz Almeida (Paula), 2013, *op. cit.*, p. 222 à 227 ; Cienfuegos Mateo (Manuel), *op. cit.*, p. 205 à 206.

469. L'accueil d'une Cour de justice offrirait aussi l'occasion de clarifier les mécanismes de solution des différends spécifiquement par rapport aux droits de l'homme. Aujourd'hui, le mécanisme ne peut être appliqué que contre un État membre et uniquement quand il est d'accord ! Ce qui confère en droit une immunité aux institutions et aux organismes du groupe à l'origine d'une violation des droits de l'homme. En outre, l'accès à ce mécanisme est restreint aux États et les individus s'en trouvent *de facto* exclus. Les institutions et organismes du groupe doivent quant à eux se contenter de demander des avis consultatifs[1914].

470. Ces défaillances du Mercosur ont été davantage mises en évidence depuis la crise générée par le Sommet de Mendoza du 29 juin 2012, qui a abouti à la suspension le Paraguay et à l'accueil du Venezuela comme membre du Mercosur[1915].

En 2016 une autre crise a éclaté avec le Venezuela, à l'instigation des gouvernements de l'Argentine et du Brésil, qui ont tout d'abord mis en cause la situation qui continuait à se dégrader sur le plan de la démocratie et du respect des droits de l'homme au Venezuela. Ensuite, officiellement, le Venezuela a été accusé d'avoir manqué à son obligation d'incorporer la normative mercosurienne dans son ordre législatif interne, raison pour laquelle le Venezuela a été menacé de suspension, voire de cession de ses droits au sein du groupe d'intégration. En effet, depuis l'arrivée au pouvoir de Mauricio MACRI, ce n'était plus l'Argentine qui bloquait les négociations sur l'accord de libre-échange entre le Mercosur et l'Union européenne, mais bien le Venezuela. Quelle véritable motivation a finalement présidé à cette mise à l'écart ?

Ces crises ont certaines ressemblances et différences avec à la crise du début des années 2000 qui a obligé le Mercosur à modifier sa posture. Il ne s'agit pas de crises économiques parmi les États membres, sinon de crises proprement institutionnelles et surtout d'une crise de confiance entre leurs

---

[1914] Le professeur Jovtis soutient que « l'architecture du groupe devrait être à la hauteur des défis attendus pour une plus importante intégration, pour cette raison une révision profonde du système de solution de différends et, surtout, de l'accès des individus devait être réalisée. Par conséquent, la création d'une cour de justice serait un pas nécessaire en vue de la consolidation d'une région intégrée ». Jovtis (Ignacio), « La legitimacion activa en el sistema de solucion de diferencias del Mercosur », *in* Hernández Ramos (Mario) (org.), *Tribunales en organizaciones de integración: Mercosur, Comunidad Andina y Unión Europea*, Cizur Menor, Navarra, Thomson Reuters-Aranzadi, 2012, p. 99.

[1915] Peña (Félix), *L'avenir du Mercosur après le sommet de Mendoza : un débat nécessaire*, article paru en septembre 2012. Disponible sur :

http://www.felixpena.com.ar/index.php?contenido=wpapers&wpagno=documentos/2012-09-lavenir-du-mercosur-apres-le-sommet-de-mendoza, consulté le 10 juin 2013.

membres[1916] qui génèrent une véritable crise idéologique du groupe. Il semblerait que le Mercosur a, en quelque sorte, perdu le nord, situation due à la présence de différents désaccords parmi ses États membres, comme le soutient le professeur ARELLANO[1917].

L'on peut observer qu'actuellement, et depuis l'arrivée au pouvoir de gouvernements plus libéraux, le Brésil et l'Argentine se partagent les rôles de leaders régionaux. Sur la même longueur d'onde, ils marchent du même pas[1918].

Durant les mandats de l'ancien président LULA, le Mercosur a paru préférer jouer le rôle de *global player*[1919], dans d'autres groupes tels les BRICS, l'OMC, le G20, avec son projet d'intégrer le Conseil de sécurité de l'ONU et aussi de s'approcher du continent africain[1920], et ne se tournait vers le Mercosur que lorsque la situation économique mondiale touchait ses intérêts productifs et commerciaux[1921]. Déjà à l'époque du gouvernement de Dilma ROUSSEFF, le Brésil a redéfini sa politique extérieure [1922]et par conséquent sa posture de leader régional dans le Mercosur[1923]. Elle n'a pas

---

[1916] Le professeur PEÑA affirme que la confiance mutuelle est une condition essentielle pour une gouvernance régionale. Peña (Félix), « Mercosur as a regional and global protagonist », *RSCAS Policy Papers 2012/01*, Robert Schuman Centre for Advanced Studies, Global Governance Programme, European University Institute, San Domenico di Fiesole, European University Press, janvier 2012, p. 13.

[1917]Arellano (Felix Gerardo), *op. cit.*, p. 6 à 9.

[1918] Palacio do Planalto, Présidência da Republica, « Brasil e Argentina buscam formalizar acordo entre Mercosul e UE, diz Temer », publié le 3 octobre 2016. Disponible sur: http://www2.planalto.gov.br/acompanhe-planalto/noticias/2016/10/brasil-e-argentina-buscam-formalizar-acordo-entre-mercosul-e-ue-diz-temer, consulté le 25 janvier 2017.

[1919] Piovesan (Flavia), *Brazil, Democracy And Human Rights*, Conférence présentée lors du Workshop: Rising Brazil – Trends, Directions, and Challenges, à l'University of Oxford, le 5 novembre 2011.

[1920] Gomes Saraiva (Miriam) et Valença (Marcelo), « A Politica Externa Brasileira e sua Projeção Internacional: um projeto caracterizdo pela continuidade », *CEBRI Artigos*, vol. 1, ano VII, 2012, p. 24.

[1921] Sur la position de Lula, voir de Almeida Medeiros (Marcelo) et Franzoi Dri (Clarissa), « Which Brazilian policy for regionalism? », *Estudios internacionales*, 2013, n° 175, p. 41 à 61.

[1922] Sorj (Bernardo) et Fausto (Sergio), « O papel do Brasil na governança regional », in Sorj (Bernardo) et Fausto (Sergio) (org.), *O Brasil e a Governança da América Latina: Que Tipo de Liderança é Possivel?*, Rio de Janeiro, Centro Edelstein de Pesquisa Sociais; São Paulo, Fundação Instituto Fernando Henrique Cardoso (iFHC), 2013, p. 7 à 66.

[1923] L'ancien président uruguayen TABARE VAZQUEZ a demandé au Brésil d'assumer la position de leader dans l'Amérique du Sud du fait de son statut de plus grand pays d'Amérique latine, doté d'économie et de population les plus importantes. Vázquez (Tabaré), dans son exposé lors du débat organisé par la Fondation iFHC, *Brasil e América Latina: que liderança é possível?*, le 18 avril 2013. Disponible sur: http://www.ifhc.org.br/galeria-video/1087/, consulté le 21 juin 2013.

voulu lâcher le Mercosur[1924]. Et son successeur par intérim, Michel TEMER, n'a pas l'intention de vouloir le lâcher non plus.

L'Argentine des KIRCHNER a assumé des postures très chauvinistes en entreprenant des démarches antilibérales. À l'époque, en outre, la crise avec l'Uruguay sur les usines à pâte à papier a fait croître les tensions entre les deux pays. Cependant, l'Argentine libérale de MACRI suit une autre voie par rapport au Mercosur. Le Professeur PEÑA estime que MACRI a été clair sur l'importance qu'il donne à la construction du Mercosur comme axe d'une stratégie plus large d'insertion active du pays dans l'Amérique latine et partout le monde[1925].

Le Paraguay, même si actuellement plus aligné avec la politique libérale des deux géants du groupe, souffre d'un traitement peu équilibré de la part des autres États membres du Mercosur. De surcroît, il a subi un traitement clairement discriminatoire dans son processus de suspension en juillet 2012 qui lui a coûté une année de mise à l'écart du Mercosur[1926].

Ainsi, à l'instar du Paraguay, l'Uruguay se montre l'un des pays le plus pessimistes par rapport au futur du Mercosur. Les derniers temps, il ne se trouvait pas forcément aligné sur politiques des autres membres. Au début de son mandat, Tabaré VAZQUEZ s'est rapproché des États-Unis, envisageant la négociation d'un accord de libre commerce, ce qui mettait en péril sa participation effective dans le Mercosur. Actuellement, il n'est toujours pas en phase avec l'Argentine et le Brésil sur la question du Venezuela.

Enfin, le dernier État à avoir rejoint le Mercosur et dont l'adhésion a provoqué et provoque toujours une polémique sans précédent concerne le Venezuela. Un énorme imbroglio, car la protection des valeurs

[1924] La présidente préfère nuancer sa décision sur le rôle qu'elle espère donner au Brésil en tant que leader global ou régional, en renforçant l'idée d'un *multilatéralisme*. Discours de la présidente de la République Brésilienne, Dilma ROUSSEFF, lors de la cérémonie de remise des diplômes de la promotion 2011/2013 de l'Institut Rio Branco, le 17 juin 2013 au Palácio Itamaraty, à Brasilia. Disponible sur :

http://www2.planalto.gov.br/imprensa/discursos/discurso-da-presidenta-da-republica-dilma-rousseff-durante-cerimonia-de-formatura-da-turma-2011-2013-do-instituto-rio-branco-e-de-condecoracao-da-ordem-de-rio-branco, consulté le 21 juin 2013.

[1925] Peña (Félix), « ¿Una nueva etapa del Mercosur y su relación con la UE? Los requerimientos de liderazgo y de inteligencia metodológica que se plantean », février 2016.

[1926] Décision sur la cessation de la suspension du Paraguay dans le Mercosur en application du Protocole d'Ushuaia sur l'engagement démocratique, XLV Session ordinaire du Conseil du marché commun, du 12 juillet 2013, à Montevideo.

démocratiques et le respect des droits de l'homme par ce pays font l'objet d'une réelle mise en cause par la communauté internationale. Au moment de la signature de l'adhésion, en 2012, le Mercosur semble avoir fermé les yeux pour ce « petit détail », et aussi pour ce qui touche à la clause de respect des droits de l'homme du Protocole d'Asunción, en accueillant le pays comme son cinquième État membre. La plus forte pression en faveur de cette adhésion est venue, sans nul doute, à l'époque, du gouvernement brésilien. De fait, avec l'arrivée au pouvoir d'Hugo CHAVEZ, les deux pays sont devenus très proches commercialement ; le commerce entre les deux pays a été multiplié par huit depuis 1999[1927]. Enfin, l'imbroglio perdure à l'heure actuelle où l'on discute de la permanence du pays dans le groupe, dans la mesure où le nouvel arrivant n'a pas respecté ses obligations d'État membre.

Néanmoins certains voient dans l'adhésion du Venezuela une opportunité d'amélioration des points faibles du pays, à l'image de la protection des droits de l'homme[1928]. Ainsi, il apparaît que le progrès dans le Mercosur se fait davantage du côté politique que juridique[1929] et, encore, pas au même rythme.

471. Il ressort de cette recherche que le Mercosur peut, à l'exemple de sa réaction en 2003, se servir de cette crise comme tremplin pour pallier ses insuffisances institutionnelles et normatives. Mais pour rebondir, il doit revoir la direction qu'il veut désormais prendre et surtout sa position par rapport au Venezuela pour que le respect des droits de l'homme ne soit pas purement de façade ni relégué au second plan. Il importe aussi de préciser les enjeux du Mercosur vis-à-vis de pays moins développés comme l'Uruguay et le Paraguay et de futurs États membres (le prochain sera la Bolivie). Si le Mercosur ne réagit pas assez vite, il risque de rester dans l'ombre de l'émergente UNASUR, ce qui pourrait être le projet caché du Brésil[1930]. Certes, les deux groupes partagent des projets politiques similaires, mais l'effacement du Mercosur pourrait signifier un retour de plus de vingt ans en arrière, par rapport à tout ce qu'il a déjà construit relativement aux droits de l'homme. Le Mercosur et l'UNASUR doivent travailler de façon complémentaire et cela demande un *leadership* collectif,

---

[1927] Lambert (Renaud), *Le Brésil s'empare du rêve de Bolivar*, Le Monde diplomatique, article paru dans l'édition mensuelle de juin 2013, n° 711, p. 5.

[1928] Le professeur ARELLANO soutient que l'adhésion du Venezuela peut entraîner un renforcement des droits individuels des citoyens, le mouvement syndical, la liberté d'expression. Arellano (Felix Gerardo), *op. cit.*, p. 11.

[1929] Corti Varela (Justo), *op. cit.*, p. 158.

[1930] Dans la presse internationale, quand on parle de l'intégration économique régionale sud-américaine, on ne parle plus du Mercosur, mais plutôt de l'UNASUR. Lambert (Renaud), *op. cit.*, p. 4 et 5.

où tous les acteurs impliqués valorisent un environnement de paix, de stabilité politique, de respect de la démocratie et des droits de l'homme[1931].

472. Ce même esprit de coopération devrait être développé avec le système interaméricain de protection des droits de l'homme. Le TPR ayant déjà affirmé sa compétence sur des questions relatives aux droits de l'homme, tôt ou tard le système de résolution de différends qui prend de l'ampleur au Mercosur va concurrencer le système interaméricain. Il vaut donc mieux mettre les rôles de chaque organisation au clair pour éviter cette concurrence au profit d'une fructueuse coopération. L'adhésion du Mercosur à la CADH ne semble pas constituer pour le moment une solution envisageable, ce qui tend à prouver qu'un *legal transplant* du modèle de l'Union européenne n'est pas toujours la solution[1932]. En fait, une « construction juridique bipolaire »[1933] n'est possible que si tous les États membres sont parties à la CADH, ce qui n'est plus le cas du Venezuela. Si le Mercosur veut vraiment s'engager dans la promotion et la protection des droits de l'homme, il faudra qu'il développe davantage son propre ordre juridique, sa propre architecture institutionnelle et ses propres méthodes de contrôle.

473. De ce fait et en concluant cette recherche, six propositions concrètes visant une promotion effective et une véritable protection des droits de l'homme dans le Mercosur peuvent être énoncées. Il convient d'accorder au Parlement du Mercosur une vraie compétence législative. Il faudrait ensuite définir les lignes directrices de la coopération avec le système interaméricain de protection des droits de l'homme. Il conviendrait de tenir en compte le fait que les droits de l'homme ne sont pas couverts par la protection du système de l'OEA dans tous les États membres du Mercosur et que cette lacune de protection au sein du Mercosur doit être comblée. Cette proposition concerne donc l'adoption d'un instrument contraignant qui énonce les droits qui, d'un côté, doivent être protégés non seulement par les États membres, mais également par les institutions du Mercosur, et d'un autre côté, ne soient garantis pas uniquement aux citoyens du Mercosur, mais à tous les individus se trouvant sous la juridiction des États membres. En quatrième lieu, il faudrait adopter un mécanisme de contrôle du respect

---

[1931] Peña (Félix), *op. cit.*, 2012, p. 10. Ils travaillent déjà ensemble sur certains projets, à l'exemple de celui d'Haïti, mené entre 2013 et 2014 visant la systématisation et l'analyse des liens de coopération en droits de l'homme parmi les États parties du Mercosur et l'UNASUR avec la République d'Haïti. Le résultat est l'étude « *Mercosur, UNASUR y Haïti – Cooperacion regional en derechos humanos* ».

[1932] Par rapport à l'adhésion envisagée de l'Union européenne à la CEDH.

[1933] Delmas-Marty (Mireille), *Leçon inaugurale (...), op. cit.*, 2004/2005, p. 486.

de ce nouvel instrument qui garantisse la légitimité active pour que les particuliers puissent introduire des requêtes, à l'instar des institutions mercosuriennes et des États, sans plus la moindre ambiguïté. En cinquième lieu, il faudrait proposer de donner au TPR compétence pour l'appréciation des violations des clauses de conditionnalité des droits de l'homme ou du respect de la démocratie, énoncées dans les Protocoles d'Ushuaia et d'Asunción. Enfin, il serait judicieux d'adopter un organe juridictionnel capable d'interpréter effectivement le droit du Mercosur et de construire une jurisprudence au plein sens du terme. Un ambitieux programme pour faire du Mercosur un instrument de protection des droits de l'homme dans la région sud-américaine.

Tables de la jurisprudence

Mercosur

Les sentences arbitrales et avis des tribunaux arbitraux *ad hoc* et du Tribunal permanent de révision du Mercosur sont accessibles en ligne

(http://www.tprmercosur.org/es/sol_controversias.htm)

Tribunaux arbitraux *ad hoc*

Décision sur les Communiqués n° 37, du 17 décembre 1997 et n° 7 du 20 février 1998 (sentence arbitrale 01), prononcée le 28 avril 1999 à Montevideo.

Application de mesures de sauvegarde sur les produits textiles (clarifications sur la sentence arbitrale 03), prononcée le 7 avril 2000 à Colonia.

Application des droits antidumping à l'exportation de poulets entiers en provenance du Brésil (sentence arbitrale 04), prononcée le 21 mai 2001 à Montevideo.

Affaire des bicyclettes d'origine uruguayenne (sentence arbitrale 05), prononcée le 29 septembre 2001 à Asunción,

Affaire des pneus rechapés : Uruguay c. Brésil (sentence arbitrale 06), prononcée le 9 janvier 2002, à Montevideo.

Affaire des pneus rechapés : Uruguay c. Argentine (sentence arbitrale [s/n°]), prononcée le 25 octobre 2005 à Montevideo.

Affaire sur les ponts (sentence arbitrale [s/n°]), prononcée le 6 septembre 2006, à Montevideo.

Tribunal permanent de révision

Fonction consultative

Schnek et autres (avis consultatif n° 01/08), du 24 avril 2009, BOM n° 42, 2008.

Norte/Laboratorios Northia, (avis consultatif OC n° 01/07), du 3 avril 2007, BOM n° 40, 2007.

Frigorifico Centenario et autres (avis consultatif OC n° 01/09), du 15 juin 2009, BOM n° 43, 2009.

Fonction contentieuse

Affaire des pneus rechapés : Recours (sentence arbitrale 01/2005), prononcé le 20 décembre 2005, à Asunción.

Affaire des pneus rechapés: Demande de clarifications (sentence arbitrale 01/2006), prononcée le 13 janvier 2006, à Asunción.

Affaire des pneus rechapés: Demande d'avis sur l'excès des mesures (sentence arbitrale 01/2007), prononcée le 8 juin 2007, à Asunción.

Affaire des pneus rechapés: Affirmation de l'inachèvement de l'exécution de la sentence (sentence arbitrale 01/2008), prononcée le 25 avril 2008, à Asunción.

Procédure exceptionnelle d'urgence sollicitée par le Paraguay (sentence arbitrale 01/2012), prononcée le 21 juillet 2012, à Asunción.

Organisation des États américains

Commission IDH

Les décisions de la Commission interaméricaine des droits de l'homme sont accessibles en ligne (http://www.oas.org/es/cidh/decisiones/demandas.asp)

42° Distrito Policial, Parque São Lucas, São Paulo c. Brésil, du 8 octobre 2003, Affaire n° 12.431, Rapport n° 40/03.

Horacio Verbitsky c. Argentine, du 20 septembre 1994, Affaire n° 11.012, Rapport n° 22/94.

Affaire n° 11.205 et autres c. Argentine, du 11 mars 1997, Rapport n° 2/97.

Maria da Penha Maia Fernandes c. Brésil, du 16 avril 2001, Affaire n° 12.051, Rapport 54/01.

Carlos Alberto Mojoli Vargas c. Paraguay, du 23 octobre 2010, Affaire n° 12.431, Rapport n° 121/10.

Cour IDH

Les arrêts et avis de la Commission interaméricaine des droits de l'homme sont accessibles en ligne (http://www.corteidh.or.cr/index.php/jurisprudencia)

Fonction consultative

La Colegiación Obligatoria de Periodistas (articles 13 et 29 de la Convention américaine relative aux droits de l'homme), 13 novembre 1985, Avis consultatif OC-5/85, Série A, n° 5.

Fonction contentieuse

Blanco Romero et autres c. Venezuela (fond, réparations, frais et dépens), 28 novembre 2005, Série C, n° 138.

Blanco Romero et autres c. Venezuela (résolution sur l'exécution des arrêts), 18 mai 2009.

Blanco Romero et autres c. Venezuela (résolution sur l'exécution des arrêts), du 7 juillet 2009.

Blanco Romero et autres c. Venezuela (résolution sur l'exécution des arrêts), 22 novembre 2011.

Blanco Romero et autres c. Venezuela (résolution sur l'exécution des arrêts), 20 novembre 2015.

Bulacio c. Argentine (fond, réparations, frais et dépens), 18 septembre 2003, Série C, n° 100.

Bulacio c. Argentine (résolution sur l'exécution des arrêts), du 26 novembre 2008.

Comunidad Indígena Sawhoyamaxa c. Paraguay (fond, réparations, frais et dépens), 29 mars 2006, Série C, n° 146.

Comunidad Indígena Yakye Axa c. Paraguay (fond, réparations, frais et dépens) 17 juin 2005, Série C, n° 125.

Comunidad Indígena Xákmok Kásek, c. Paraguay (fond, réparations, frais et dépens), 24 août 2010, Série C No. 214.

Gelmán c. Uruguay (fonds et réparations), 24 février 2011, Série C n° 221.

Gelman c. Uruguay (résolution sur l'exécution des arrêts), 20 mars 2013.

Goibirú et autres c. Paraguay (fond, réparations, frais et dépens), 22 septembre 2006, Série C, n° 153.

Goibirú et autres c. Paraguay (résolution sur l'exécution des arrêts), 7 août 2009.

Goibirú et autres c. Paraguay (résolution sur l'exécution des arrêts), 19 novembre 2009.

Gomes Lund et autres (Guerrilha do Araguaia) c. Brésil (exceptions préliminaires, fond, réparations frais et dépens), 24 novembre 2010, Série C, n° 219.

Kimel c. Argentine (fond, réparations, frais et dépens), 2 mai 2008.

Kimel c. Argentine (résolution sur l'exécution des arrêts), 18 mai 2010.

Kimel c. Argentine (résolution sur l'exécution des arrêts), 5 février 2013.

Loayza Tamayo c. Pérou (réparations), 27 novembre 1998, Série C, n° 42.

Montero Aranguren et autres (Retén de Catia) c. Venezuela (exceptions préliminaires, fond, réparations, frais et dépens), 5 juillet 2006, Série C, n° 150.

Montero Aranguren et autres (Retén de Catia) c. Venezuela (résolution sur l'exécution des arrêts), 4 août 2009.

Montero Aranguren et autres (Retén de Catia) c. Venezuela (résolution sur l'exécution des arrêts), du 17 novembre 2009.

Montero Aranguren et autres (Retén de Catia) c. Venezuela (résolution sur l'exécution des arrêts), 30 août 2011.

Montero Aranguren et autres (Retén de Catia) c. Venezuela (résolution sur l'exécution des arrêts), 20 novembre 2015.

Tribunal Constitucional c. Pérou (compétence), 24 septembre 1999, Série C, n°. 55.

Vargas Areco c. Paraguay (fond, réparations, frais et dépens), 26 septembre 2006, Série C, n° 155.

Vargas Areco c. Paraguay (résolution sur l'exécution des arrêts), 30 octobre 2008.

Vargas Areco c. Paraguay (résolution sur l'exécution des arrêts), du 20 juillet 2010.

Vargas Areco c. Paraguay (résolution sur l'exécution des arrêts), du 4 septembre 2012

Velásquez Rodríguez c. Honduras (interprétation de l'arrêt, frais et dépens), 17 juin 1990, Série C, n° 9.

Conseil de l'Europe

Cour EDH

Les décisions et arrêts de la Cour européenne des droits de l'homme sont accessibles en ligne sur la base de données HUDOC (*hudoc.echr.coe.int/*)

Cruz Varas et autres c. Suède, n° 15576/89, 20 mars 1991.

Mamatkoulov et Askarov c. Turquie [GC], n° 46827/99 et n° 46951/99, 4 février 2005.

Union européenne

Les arrêts de l'ancienne Cour de justice des Communautés européennes et de la Cour de justice de l'Union européenne sont accessibles en ligne (*http://curia.europa.eu/*)

CJCE

Arrêt du 5 février 1963, *NV Algemene Transport — en Expeditie Onderneming van Gend en Loos c. Administration fiscale néerlandaise*, n° C-26/62, Rec. p. I —00161.

Arrêt du 15 juillet 1964, *Flaminio Costa c. ENEL*, n° C-6/64, Rec. p. I —01141.

Arrêt du 12 novembre 1969, *Erich Stauder c. Ville d'Ulm – Sozialamt*, n° C-29/69, Rec. p. I —00419.

Arrêt du 9 décembre 1997, *Commission des Communautés européennes c. République française*, n° C-265/95, Rec. p. I —06959.

Arrêt du 12 juin 2003, *Eugen Schmidberger Internationale transporte und Planzüge c. Autriche*, n° C-112/00, Rec. p. I —05659.

Arrêt du 2 octobre 2003, *Garcia Avello c. Belgique*, n° C-148/02, Rec. p. I —11613.

CJUE

Arrêt du 6 septembre 2012, *Deutsches Weintor eGc. Land Rheinland-Pfalz*, n° C-544/10, non encore publié.

Arrêt du 26 février 2013, *Åklagaren c. Åkerberg Fransson* [GC], n° C-617/10, non encore publié.

Arrêt du 26 février 2013, *Stefano Melloni c. Ministerio Fiscal* [GC], n° C-399/11, non encore publié.

Autres

Tribunal suprême fédéral (Brésil)

Les arrêts du Tribunal suprême fédéral brésilien sont accessibles en ligne(*http://www.stf.jus.br/portal/jurisprudencia/pesquisarJurisprudencia.asp)*

ADIn°1480 - DF, du 4 septembre 1997, Rapporteur Ministre Celso de Mello.

Cour de justice de la nation (Argentine)

Les arrêts de la Cour de justice de la nation argentine sont accessibles en ligne(*http://www.csjn.gov.ar/jurisprudencia.html)*

Aquino, Isacio c. Cargo Servicios Industriales S.A., du 21 septembre 2004, Sup. Especial La Ley 2004 (septembre), 39, DJ2004-3, 339.

Ekmekdjian, Miguel A. c. Sofovich, Gerardo et autres, du 7 juillet 1992, La Ley, 1992-C, 543 - DJ, 1992-2-296.

Bibliographie

Abramovich (Victor), « La incidencia del derecho internacional de los derechos humanos en la formulación de políticas públicas », in Navarrete (Margarita), (coord.), *Políticas Publicas de Derechos Humanos en el Mercosur: un compromiso regional*, Observatorio de Políticas públicas de Derechos Humanos en el Mercosur, Montevideo, 2004.

Abramovich (V.), « Los derechos humanos en el marco del proceso de integración regional en el cono sur - Sobre la creación del Instituto de políticas en derechos humanos del Mercosur », in *Revista Derecho Público*, año I, n° 2, Buenos Aires, Infojus, 2012, 187-208 p.

Abramovich, (Victor) et Saldivia (Laura), « El Mercosur como espacio de coordinación de políticas en derechos humanos. Antecedentes de la solicitud de opinión consultiva ante la Corte Interamericana de Derechos Humanos sobre derechos de la niñez migrante », *in* Lettieri (Martin) (ed), *Protección Internacional de Refugiados en el Sur de Sudamérica*, ACNUR, IPPDH, UNLa., Buenos Aires, Ediciones de la UNLa., 2012, 4-20 p.

Accioly (E.), « O Mercosul, a União Européia e outros modelos de integração », in *Revista de estudos europeus*, 2007, ano I, n° I, Associação interuniversitaria de estudos europeus, Instituto europeu da Faculdade de Direitos de Lisboa.

Accioly Pinto de Almeida (Elizabeth), « Mercosul: momento de reflexão », *inEstudos em homenagem ao Professor Doutor Paulo de Pitta e Cunha*, vol. 1: Asuntos europeus e integração económica, Coimbra, Almedina, 2010, 155-168 p.

Accioly Pinto de Almeida (Elizabeth), *Mercosul e União Européia. Estrutura juridico-institucional*, 2e éd., Curitiba, Jurua, 2010, 268 p.

Accioly Rodrigues da Costa (Elizabeth), *Sistema de solução de controvérsia em blocos econômicos*, Coimbra, Almedina, 2004, 298 p.

Agostinho Beneti (Sidnei), « Processo civil supra-nacional, União Européia e Mercosul », in Oliveira Mazzuoli (Valerio). (coord.), *Doutrinas Essenciais – Direito Internacional,* vol. II, Rio de Janeiro, RT, 2012.

Albuquerque Mello (Celso), *Direito Internacional de Integração*, Rio de Janeiro, Renovar, 1996, 357 p.

Alegrett (Sebastian), *El papel de las organizaciones regionales y multilaterales en la defensa y la promoción de la democracia,* Presentación en el Foro internacional « El papel de las organizaciones regionales y multilaterales en la defensa y la promoción de la democracia », organizado por la OEA, Washington D.C., 20 de febrero del 2001.

Almeida (Paulo Roberto), *Le Mercosud : un marché commun pour l'Amérique du Sud*, Paris, Montréal, L'Harmattan, 2000, 158 p.

Almeida (Paulo Roberto), *Mercosul em sua primeira década (1991-2001): uma avaliação política a partir do Brasil*, Documento de Divulgação n° 14, Série INTAL/ITD/STA, Divisão de Integração, Comércio e Assuntos Hemisféricos, Unidade de Estatística e Análise Quantitiva, INTAL-BID, Buenos Aires, 2002, 64 p.

Almeida Medeiros (M.), et Franzoi Dri (C.), « Which Brazilian policy for regionalism? », in *Estudios internacionales*, 2013, n° 175, 41-61 p.

Almeida Portugal (Heloise Helene) et Silva Reis (Arlete Francisca), « A dignidade da pessoa humana e a liberdade de estabelecimento no Mercosul : conjugando dois princípios », in Ribeiro (Maria de Fatima) *et al.* (dir.), *Direito internacional dos direitos humanos : estudos em homenagem à Professora Flávia Piovesan,* Curitiba, Juruá, 2004, 183-198 p.

Alvarez (A.), « L'internationalisation du droit pénal : l'exemple du Mercosur», in *Revue de science criminelle et de droit pénal comparé*, Dalloz 1999, vol. 54, issue 4.

Alvarez (A), « Les évolutions de la justice en Amérique latine », *L'Astrée*, 2002/1, n° 17.

Álvarez Macías (M.V.), « Origen y evolución de los parlamentos en los procesos de integración regional. Los casos del Parlamento Europeo y el Parlamento del Mercosur », in *Colombia Internacional 74,* julio a diciembre de 2011, 207-229 p.

Amilhat-Szary (Anne-Laure), « Comprendre les référents des projets d'intégration américaine – du rêve bolivarien aux contre-initiatives anti-globalisation et identitaires contemporaines », in Taglioni François et Théodat Jean-Marie, *Coopération et Intégration – Perspectives panaméricaines*, Paris, L'Harmattan, 2007.

Andréani (F.), « Du nomadisme idéologique à l'allégeance partisane : les mondes franco-vénézuéliens de la réélection de Hugo Chávez (2012) », in *Critique internationale,* 2/2013, n° 59, 119-132 p.

Araberla Coninck (J.) et Villatore (M.), « Erradicação do trabalho infantil no Mercosul et nos seus Etados partes », in *Revista de Derecho Internacional y del Mercosur*, n° 4, 2006.

Araujo (Nadia) *et al.*, « Cooperação jurídica nos litigios internacionais – Carta rogatoria no Brasil e no Protocolo de Las Leñas », in Dreysin de Klor (Adriana) et Fernandez Arroyo (Diego) (dir.), *Litigio judicial internacional*, Buenos Aires, Zavalia, 2006.

Araujo Junior (J.M.), « A regionalização do Direito Penal no Mercosul (Contribuição para a historia jurídica do Mercosul) », in *RDM*, 1997, n°1, La Ley, Buenos Aires.

Arellano Felix (Gerardo), *La entrada de Venezuela al Mercado Común del Sur (Mercosur): Implicaciones políticas y económica*, Caracas, ILDIS, Fundación Friedrich Ebert, mayo 2013, 21 p.

Ariza Rico (Julian), « La Carta de Derechos Fundamentales de la UE », *presentación en el Seminario Carta Social y Derechos humanos: un reto para la Comunidad Andina*, 2001.

Arnaud (A.-J.), « Présentation », in *Droit et société : revue internationale de théorie du droit et de sociologie juridique*, n°59, LGDJ, 2005.

Arnaud (G.), « Papeleras; la Controversia Argentino-Uruguaya », in *Archivos del Presente – Revista Latinoamericana de Temas Internacionales*, 2006, ano 10, n° 40, Ed. Fundación Foro del Sur.

Arnaud (Vicente Guillermo), *Mercosur : Unión Europea, NAFTA y los procesos de integración regional*, 2e éd., Buenos Aires, Abeledo Perrot, 1999, 789 p.

Arnaudo (L.), « Mercosur: progressi e prospettive », in *La comunità internazionale*, 2010, n° 3, vol. 65, 415-433 p.

Arrosa Soares (M.S.) *et al.* « Concentraçao, internacionalizaçao e convergência tecnologica: obstaculos à integraçao cultural no Mercosul », in *Revista Cena Internacional*, 2005, vol. 7, n° 2.

Asa Phillips (N.), « Mercosur: Venezuela's New Vehicle for Resistance to American Political and Economic Hegemony », in *Hastings International and Comparative Law Review*, vol. 38, n° 1, 2015, 169-196 p.

Asociación Argentina de Historia de las Relaciones Internacionales et Universidad Catolica de Santiago del Estero (org.), *V Jornadas Latinoamericanas de historia de las Relaciones Internacionales*, Libro de Resúmenes, DASS-UCSE, San Salvador de Jujuy, 2009.

Asociación Latinoamericana de Organizaciones de Promoción al Desarrollo (ALOP), *El Mercosur Ciudadano – Retos para una nueva institucionalidad*, Montevideo, 2009, 73 p.

Assis de Almeida (José-Gabriel), *Mercosul: Manual de Direito de Integração*, Rio de Janeiro, Lumen Juris, 2001.

Assis de Almeida (José-Gabriel), *Dez anos de Mercosul*, coll. GEDIM, Rio de Janeiro, Lumen Juris, 2004, 624 p.

Assis de Almeida (J.G.), « Le cadre normatif du Mercosur », in *Droit et société : revue internationale de théorie du droit et de sociologie juridique*, n°59, LGDJ, 2005, 39-55 p.

Assis de Almeida (José-Gabriel), *Dez anos de Mercosul*, éd. Lumen Juris, Rio de Janeiro, 2005, 624 p.

Avila Paz de Robledo (R.A.), « El futuro institucional del Mercosur con especial atinencia a la función jurisdiccional: el sistema de solución de controversia del protocolo de olivos bajo la óptica de los métodos de resolución de conflictos : algunos aspectos de procesales », in *Anuario Universidad Nacional de Córdoba*, Facultad de Derecho y Ciencias Sociales, Centro de Investigaciones Jurídicas y Sociales, Buenos Aires, La Ley, 2007.

Ayala (Carlos), *La jerarquía constitucional de los tratados relativos a derechos Humanos y sus consecuencias*, Santiago de Querétaro, Corao Editorial FUNDAp, 2003.

Ayala Corao (Carlos M.), « Las consecuencias de la jerarquía constitucional de los tratados relativos a derechos humanos », in Fernández Segado (Francisco) (coord.), La Constitución de 1978 y el constitucionalismo iberoamericano, Madrid, Centro de Estudios Políticos y Constitucionales Ministerio de la Presidencia, 2003, 851-874 p.

Balassa (Bela), The Theory of Economic Integration, London, Homewood, 1961, 324 p.

Baptista (Luis Olavo), « A solução de divergências no Mercosul », in Basso (Maristela) (coord.), *Mercosul e seus efeitos jurídicos, econômicos, políticos nos Estados membros*, 2e éd., Porto Alegre, Livraria dos Advogados, 1997.

Baptista (Luis Olavo) *et al.* (coord.), *As instituiçoes do Mercosul e as soluçoes de litigios no seu âmbito – sugestões de lege ferenda in Mercosul: das negociações à implementação*, 2e éd, Sao Paulo, LTr, 1998.

Baptista (L.O.) et Gomes (M.J.), « Le règlement des différends dans le Mercosur », in *Revue de droit des affaires internationales*, 2000, n° 2, 197-200 p.

Baptista (Luis Olavo), *L'intégration économique régionale en Amérique Latine*, Paris, Montchrestien, 2001, 295 p.

Baptista (Luis Olavo), *Le Mercosul : ses institutions et son ordonnancement juridique*, Paris, Montchrestien, 2001, 200 p.

Barbier-le Bris (M.), « Le nouveau rôle des parlements nationaux : avancée démocratique ou sursaut étatiste ? », in *Revue du Marché commun et de l'Union européenne*, 2008, n° 521, septembre, 494-498 p.

Barbou des Places (Ségolène), « Signification et fonction du principe de non-discrimination en Droit communautaire », in Potvin-Solis Laurence (dir.), *Le principe de non-discrimination face aux inégalités de traitement entre les personnes dans l'Union européenne — Septièmes journées d'étude du Pôle européen Jean Monnet, 27, 28 et 29 novembre 2006* ; organisées par le Pôle européen Jean Monnet de Nancy-Université ; l'Institut Droit et économie des dynamiques en Europe (ID2) et la Faculté Droit-Economie-Administration de Metz, Bruxelles, Bruylant, 2010, 65-89 p.

Barra (Rodolfo), *Fuentes del ordenamiento de la integración*, Buenos Aires, Editorial Abaco de Rodolfo Depalma, 1998, 258 p.

Barretto Ghione (H.), « Consecuencias de la Declaración Sociolaboral del Mercosur en la interpretación y aplicación de las normal laborales en los ordenamientos nacionales », in *Gaceta Laboral*, septembre-diciembre, año/vol. 08, número 003, Universidad de Zulia, Maracaibo, Venezuela, 2002, 355-372 p.

Barroso (Luis Roberto), *O controle de constitucionalidade de direito brasileiro*, São Paulo, Saraiva, 2012, 359 p.

Bassamagne Mougnok (C.), « Structures intersubjectives et design des engagements internationaux », in *Études internationales*, vol. 46, n° 1, 2015, 49-71 p.

Basualda (Ricardo X.), *Mercosur y Derecho de la Integración*, Buenos Aires, Abeledo-Perrot, 1999, 910 p.

Battello (Silvio Javier), « Reconocimiento de sentencias extranjeras en el derecho brasileño: los cambios producidos por el Mercosur », *in* Dreyzin de Klor (Adriana) et Fernandez Arroyo (Diego) (dir.), *Litigio judicial internacional,* Buenos Aires, Zavalia, 2006, 496-518 p.

Bazán (V.), « El Mercosur en perspectiva: la dimensión constitucional del proceso integrativo. La opción axiológica en favor de la seguridad jurídica comunitaria y de la protección de los derechos fundamentales », in *Pensamiento Constitucional,* 1999, año VI, n° 6, 305-338 p.

Bazán (Victor), « Hacia la pervivencia del Mercosur: nivelación constitucional, establecimiento de instituciones supranacionales y efectiva protección de los derechos humanos », in Bidart Campos (German) et Gil Dominguez (Andres) (coord.), *El derecho constitucional del siglo XXI: diagnósticos y perspectivas*, Buenos Aires, Ediar, 2000, 275-309 p.

Bazán (Victor), « Desafíos del Mercosur: Dimensión constitucional del proceso integrativo. La protección de los derechos humanos en el espacio integrado », *in* Ciuro Caldani (Miguel Angel) (dir.), *Integración Unión europea y Mercosur*, Mendoza, Ediciones Jurídicos Cuyo, 2001,197-244 p.

Bazán (Victor), « Mercosur y derechos humanos », in Von Bogdandy (Armin) (éd.), *Direitos humanos, democracia, e integração jurídica*, Rio de Janeiro, Lumen Juris, 2011, 473-529 p.

Belolo Carabot (M.), « La fonction du juge dans le Droit de l'intégration - Analyse comparée de l'Union européenne et du Mercosur », in *Anuário Brasileiro de Direito Internacional*, IX, janvier 2014, 206-223 p.

Benlolo Carabot (Myriam), Susani (Nadine), et Vaurs-Chaumette (Anne-Laure), « Les ordres juridiques des organisations d'intégration latino-américaines – Aspects institutionnels », chronique n° 1, in Daillier (Patrick) (coord.), « La jurisprudence des tribunaux des organisations d'intégration latino-américaines », *AFDI* LI-2005, CNRS, Paris, 633-673 p.

Benoit-Rohmer, (F.), « L'adhésion de l'Union à la Convention européenne des droits de l'homme », in *RUDH*, 2000, vol.12 n°1-2, p.57.

Benoît-Rohmer (F.), « L'Agence des droits fondamentaux de l'Union européenne, une boussole pour l'Union européenne », in *EdL*, 2011, n° 34, 2-11 p.

Benoît-Rohmer (F.), « L'Union européenne et les droits fondamentaux depuis l'entrée en vigueur du Traité de Lisbonne », in *RTDE*, 2011, n° 1, 145-172 p.

Bernal-Meza (R.), « Argentina y Brasil en la Politica Internacional: regionalismo y Mercosul (estrategias, coopération y factores de tension) », in *Revista Brasileira de Politica internacional*, 2008, vol. 51, n° 2.

Bernardo Gonçalves (F.), « A efetividade do sistema interamericano de direitos humanos nos países do Mercosul », in *RBDC*, 2006, vol. 2, fascicule 3, 88-107 p.

Berrod (Frédérique), *La systématique des voies de droit communautaire*, Paris, Dalloz, 2003, 1023 p.

Biacchi Gomes (E.), « Uniao Européia e Mercosul: supranacionalidade versus intergovernamenalidade », in *Revista Cena Internacional*, 2001, vol. 3, n° 2.

Biacchi Gomes (E.), « A supranacionalidade e os blocos econômicos », in *Revista da Faculdade de Direito da Universidade Federal do Parana*, 2003, vol. 38, 159-183 p.

Biacchi Gomes (E.), « Uniao Européia e Mercosul: supranacionalidade versus intergovernamentalidade », in *Revista Ambio Juridico*, octobre/2007, n° 46, Ano X.

Biacchi Gomes (Eduardo), « Parlamento do Mercosul, Viabilidade para a Democratização do Bloco Econômico? », *in* Merlin (Clemerson Cleve)(coord.), *Direitos Humanos e Democracia,* Rio de Janeiro, Forense, 2007, 221-235 p.

Bianchi (Andrea), « Une génération des communautaristes », in Ruiz-Fabre Hélène, Sorel Jean-Marc, Tourme-Jouann et Emmanuelle (org.), in *Regards d'une génération sur le droit international*, Paris, Pedone, 2008.

Bicudo (H.), « *Defesa dos direitos Humanos: sistemas regionais*», in *Estudos Avançados*, 2003, Universidade de São Paulo, Scielo Brasil, vol. 17 n° 47.

Bidart Campos (German), « La Interpretación de los Derechos Humanos en la Jurisdicción internacional y en la Jurisdicción Interna », *in* Navia (Rafael Nieto) (ed.), *La Corte y el Sistema Interamericanos de Derechos Humanos*, San José, Corte Interamericana de Derechos Humanos, 1994, 39-52 p.

Bidart Campos (German), « La relación entre el derecho comunitario, los derechos humanos, el derecho interno y el Mercosur », *in* Ciuro Caldani (Miguel Angel) (coord.), *Filosofía del Derecho en el Mercosur – Homenaje a Werner Goldschmidt y Carlos Cossio*, Buenos Aires, Ciudad Argentina, 1997.

Bieber (Roland) *et al.* (éd.), *Au nom des peuples européens : un catalogue des droits fondamentaux de l'Union européenne*, Baden-Baden, Nomos Verlagsgesellschaft, 1996, 395 p.

Birker (Matthieu), *La défense contentieuse des intérêts collectifs devant les commissions et cours régionales des droits de l'homme*, Thèse de doctorat soutenue à l'Université de Strasbourg le 23 juin 2012, 548 p.

Bizzozero Revelez (Lincoln), « La agenda del Mercosur y los derechos humanos. Hacia una comunidad regional? », in *Mercosul, Sociedade Civil y Derechos Humanos*, 6 avril 2005, Montevideo.

Bizzozero Revelez (L.), « Los veinte años del Mercosur en mirada sistémico-estructural - Tendencias y debates que surgen de la región », in *Vadenuevo Revista Digital, Política Economía Sociedad y Cultura,* año 3, n° 36, 7 de septiembre de 2011, Montevideo.

Bizzozero Revelez (L.), « Democracia y regionalismo en el Mercosur, ¿Cómo se sigue ahora con Paraguay? », in *Vadenuevo Revista Digital, Política Economía Sociedad y Cultura,* Año 5, n° 50, 7 de noviembre de 2012, Montevideo.

Bizzozero Revelez (Lincoln), *Derechos Humanos y Dimensión social en los regionalismos del siglo XXI. Construcción y perspectivas desde el espacio del Mercosur*, 52 p.

Blanquier (Jean-Michel), « Du panaméricanisme au transaméricanisme: la tectonique des intégrations régionales dans le continent américain », in

Amérique Latine, Études de la Documentation Française, Paris, Documentation Française, 2004.

Blumann (Claude), « Citoyenneté européenne et droits fondamentaux en droit de l'Union européenne », in *Libertés, justice, tolérance – Mélanges en hommage au Doyen Gérard Cohen-Jonathan*, Bruxelles, Bruylant, 2004, 265-281 p.

Blumann (C.), « Comité des représentants permanents (COREPER) », in *Juris-classeur Europe Traité*, Fasc. 220, 2010.

Böhlke (Marcelo), *Integração Regional e Autonomia do seu Ordenamento Juridico*, Curitiba, Juruá, 2003, 263 p.

Borba Casella (Paulo), *Contratos Internacionais de direito econômico no Mercosul apos término do periodo de transição,* São Paulo, Ltr, 1996, 805 p.

Borba Casella (Paulo), *Mercosul, Exgências e Perspectivas*, São Paulo, Ltr, 1996, 320 p.

Botto (M.), Delich (V.) et Tussie (D.), « El Nuevo escenario político regional y su impacto en la integración », *Nueva Sociedad*, 2003, n° 186.

Boulouis (Jean), *Droit institutionnel de l'Union européenne*, 6e éd., Paris, Montchrestien, 1997, 407 p.

Braum (Stephan) et Weyembergh (Anne), *Le contrôle juridictionnel dans l'espace pénal européen*, Institut d'études européennes, Université de Bruxelles, 2009, 348 p.

Brewer-Carías (Allan), *El control concentrado de la constitucionalidad de las leyes (Estudio de derecho comparado)*, Cuadernos de la Catedra Fundacional Allan R. Brewer-Carías de Derecho Público Universidad Católica del Táchira, n° 2, Caracas, Jurídica Venezolana, 1994.

Brewer-Carias (Allan), *Études de droit public comparé*, Bruxelles, Bruylant, 2001, 1182 p.

Brewer-Carías (Allan), *Mecanismos Nacionales de Protección de los Derechos Humanos (Garantías judiciales de los derechos humanos en el derecho constitucional comparado latinoamericano)*, San José de Costa Rica, Instituto Interamericano de Derechos Humanos, 2005, 300 p.

Brewer-Carías (Allan), *Constitutional protection of human rights in Latin America.* Cambridge, Cambridge Univ. Press, 2009, XV-432 p.

Briceño (Ruiz José), *Acteurs et modèles d'intégration : le cas du Mercosur*, Thèse de doctorat soutenue à l'Université Paul Cézanne, Aix-en-Provence, Bouches-du-Rhône ; Marseille, en 2010, 879 p.

Briceño Ruiz (J.), « Ejes y modelos en la etapa actual de la integración económica regional en América Latina», in *Estudios internacionales*, 2013, n° 175, 9-39 p.

Bueno Soares (Esther), *Mercosul, Desenvolvimento Historico*, São Paulo, Oliveira Mendes, 1997, 137 p.

Buergenthal (Thomas) et Kiss (Alexandre), *La protection internationale des droits de l'homme: Précis*, Engel, 1991, XVI-261 p.

Buergenthal (Thomas) et Shelton (Dinah), *Protecting Human Rights in the Americas: Cases and Materials,* International Institute of Human Rights, Kehl, Strasbourg, Arlington, Engel, 4e ed., 1995, XIX-692 p.

Burbano Herrera (Clara), *Medidas provisionales en situaciones de vida o muerte*, Mexico, Porrua, 2012.

Burgorgue-Larsen (L.), « La Charte des droits fondamentaux de l'Union européenne racontée au citoyen européen », in *Revues des Affaires européennes*, 2000-4, 398-409 p.

Burgorgue-Larsen (Laurence), « Prendre les droits communautaires au sérieux ou la force d'attraction de l'expérience européenne en Afrique et en Amérique latine », in *Les dynamiques du droit européen en début de siècle* : *Études en l'honneur du Professeur Jean-Claude Gautron*, Paris, Pedone, 2004, 563-580 p.

Burgorgue-Larsen (Laurence) et Úbeda de Torres (Amaya), *Les grandes décisions de la Cour interaméricaine des droits de l'homme*, Bruxelles, Bruylant, 2008, LXXXVIII-995 p.

Burgorgue-Larsen (Laurence), « Vers la création d'une culture commune en matière de droits fondamentaux en Amérique Latine – De la force du juge… », *in* Lamblin-Gourdin (Anne-Sophie) et Mondielli (Eric) (dir.), *Un Droit pour les Hommes Libres : Études en honneur du professeur Alain Fenet*, Paris, Litec, Lexisnexis, 2008, 11-27 p.

Burgorgue-Larsen (Laurence), « El Papel de la Corte Interamericana de Derechos Humanos en la Creacion de una Cultura Común en Materia de Derechos Fundamentales en America Latina », *in* Vidal-Beneyto (José) et Garcia (Ricardo Alonso) (org.), *Hacia una Corte de Justicia Latinoamericana*, Valencia, Amela, 2009, 139-163 p.

Burgorgue-Larsen (Laurence), « Les nouvelles tendances dans la jurisprudence de la Cour interaméricaine des droits de l'homme », in *Cursos de Derecho Internacional y Relaciones y Internacionales de Vitoria-Gasteiz* 2008, Universidad del País Vasco, Bilbao, 2009, 149-180 p.

Burgorgue-Larsen (Laurence), « Les concepts de liberté publique et de droit fondamental », in Auby (Jean-Bernard), *L'influence du droit européen sur les catégories du droit public*, Paris, Dalloz, 2010, 389-407 p.

Burgorgue-Larsen (Laurence) et Úbeda de Torres (Amaya), *The Inter-American Court of Human Rights: case law and commentary*, Oxford, New York, Auckland, Oxford university press, 2011, LIX-886 p.

Burgorgue-Larsen (Laurence), « La metamorfosis del trato de los derechos económicos y sociales en la jurisprudencia de la Corte Interamericana de Derechos Humanos. Los avances del asunto Acevedo Buendia vs. Peru », *in* Von Bogdandy (Armin) (org.), *Construcción y papel de los derechos sociales fundamentales: hacia un ius constitutionale commune en América Latina*, Universidad Nacional Autónoma de México, 2011, 107-127 p.

Burgorgue-Larsen (Laurence), « Les interventions *éclairées* devant la Cour européenne des droits de l'homme ou le rôle stratégique des *amici curiae* », *in* Titiun (Patrick) (coord.), *La conscience des droits : mélanges en honneur de Jean-Paul Costa*, Paris, Dalloz, 2011, 67-81 p.

Burgorgue-Larsen (Laurence), « Les standards : normes imposées ou consenties? », in Fatin-Rouge Stefanini (Marthe) et Scoffoni (Guy) (dir.), *Existe-t-il une exception française en matière de droits fondamentaux?*, Aix-en-Provence, PUAM, Cahiers de l'Institut Louis Favoreu, 2013, 15-30 p.

Caballero Santos (Sergio), *El proceso de integración del Mercosur a través de las teorías de la integración regional*, Documento de trabajo 012, CEFIR, 2011, 44 p.

Caballero Santos (Sergio), *Integración regional y Mercosur, Saarbrücken*, Editorial Acad. Española, 2012, 108 p.

Cabral Barreto (I.), « Os sistemas Interamericano e Europeu de proteção dos direitos Humanos », in *Anuario Brasileiro de Direito Internacional*, 2008, vol. 1, 110-132 p.

Caetano (Gerardo) (coord.), Mercosur - *Breve historia, cronología y marco institucional*, CEFIR, Montevideo, 2011, 222 p.

Caetano (Gerardo) et Perina (Ruben), « Los congresos del Mercosur en la democracia y la integración », *in* Caetano (Gerardo) et Perina (Ruben) (comp.), *Mercosur y Parlamentos*, Montevideo, CLAEH, 2000.

Caetano (Gerardo), « Reforma institucional del Mercosur. Análisis de un reto », *in* Caetano (Gerardo) (coord.), *La reforma institucional del Mercosur – Del diagnóstico a las propuestas*, CEFIR, Montevideo, 2009, 21-76 p.

Cairoli Martinez (M.), « Creación de un Tribunal de Justicia en el ámbito del Mercosur », in *El Notificador*, 1997, n° 67, Buenos Aires.

Caje Espindola (Jorge), *Importance du Mercosur dans la démocratie paraguayenne : de la crisis d'avril au Protocole d'Ushuaia,* Mémoire de master soutenu à Sciences politiques de Paris, en 2007, 123 p.

Calceglia (Ines), *Integración: el desafío de las instituciones. Reflexiones sobre el tribunal supranacional, el activismo judicial y el déficit democrático: proyecciones y aplicabilidad para* Mercosur, Buenos Aires, La Ley, 1998, 311 p.

Caldeira (Kassia), *Le Mercosud en quête d'avenir : une intégration à la lumière de l'expérience européenne ? Les acteurs du processus de construction du Mercosur. 1985-2001,* Thèse de doctorat soutenue à l'École des hautes études en sciences sociales, le 7 octobre 2003.

Caminha (M.C.P.), « A questão da soberania e da supranacionalidade na Comunidade Européia e no Mercosul », in *RDM.*, 4e année, n° 2, 2000, 105-111 p.

Campos de Carvalho (M.), « A aplicação dos mecanismos do direito da União europeia diante da imperfeição das opiniões consultativas do Mercosul », in *Revista do Programa de Direito da União Europeia: revista do módulo europeu do Programa Jean Monnet da FVG Direito Rio*, 2012, n° 2, Rio de Janeiro, 55-74 p.

Cançado Trindade (Antonio Augusto), « A evolução da proteção internacional dos direitos humanos e o papel do Brasil », Cançado Trindade

(Antonio Augusto), (éd.), *A proteçao dos direitos humanos nos planos nacional e internacional : perspectivas brasileiras* (Seminario de Brasilia de 1991), San José de Costa-Rica, Friedrich-Naumann-Stiftung-IIDH, 1992.

Cançado Trindade (Antonio Augusto), « A interação entre o direito internacional e o direito interno na proteção dos direitos humanos », Cançado Trindade (Antonio Augusto), (éd.), *A incorporacao das normas internacionais de protecao dos direitos humanos no direito brasileiro*, 2e éd., San José, IIDH; Comité Internacional da Cruz Vermelha; Alto Comissariado das Naçoaes Unidas para os Refugidos; Comissão da União Europeia; Governo da Suécia, 1996.

Cançado Trindade (Antonio Augusto), *A Incorporação de Normas Internacionais de Proteção dos Direitos Humanos no Direito Brasileiro*, 2e éd., San José, Instituto Interamericano de Direitos Humanos, 1996, 845 p.

Cançado Trindade (Antonio Augusto), *Direito das organizações internacionais*, 3e éd., Belo Horizonte, Del Rey, 2003, 990 p.

Cançado Trindade (Antonio Augusto), « Le développement du droit international des droits de l'homme à travers l'activité et la jurisprudence des Cours européenne et interaméricaine des Droits de l'Homme», in *RUDH*, 2004, vol. 16, n° 5-8, 177-180 p.

Cançado Trindade (Antonio Augusto), *El desarrollo del derecho internacional de los derechos humanos mediante el funcionamiento de la Corte Europea y la Corte Interamericana de Derechos Humanos*, San José, Corte Interamericana de Derechos Humanos, 2007.

Cançado Trindade (Antonio Augusto), *International law for humankind: towards a new jus gentium*, Amersfoort, Martinus Nijhoff Publishers, 2010, 726 p.

Cançado Trindade (Antonio Augusto), « Os individuos como sujeito de direito internacional », *Revista do Instituto Brasileiro de Direitos Humanos*, 2012, v. 12, n° 12, Fortaleza, 23-41 p.

Candela Soriano (M.), « L'Union européenne et la protection des droits de l'homme dans la coopération au développement: le rôle de la conditionnalité politique », in *RTDH*, 2002, n° 52, Bruxelles, Némésis, 875 -900 p.

Cardesa Salzmann (Antonio), « El contenido jurídico de la libre circulación de personas en el Mercosur: balance y perspectivas », *in* Goizueta Vértiz

(Juana), *et al.* (dir.), *La libre circulación de personas en los sistemas de integración económica*, Navarra, Cizur Menor, Aranzadi, 2012, 163-186 p.

Carlier (Jean-Yves) et De Schutter (Olivier) (dir.), *La Charte des droits fondamentaux de l'Union européenne : son apport à la protection des droits de l'homme en Europe*, Bruxelles, Bruylant, 2002, 304 p.

Carozza (P.G.), « From Conquest to Constitutions: Retrieving a Latin American Tradition on the idea of Human Rights», in *Human Rights Quarterly*, vol. 25, n° 2, 2003, 281-313 p.

Carozza (Paolo G.), *Exposé du président de la Commission interaméricaine des droits de l'homme au séminaire « Cinquante ans de la Cour européenne des droits de l'homme vus par les autres cours internationales »*, organisé le 30 janvier 2009 à l'occasion de l'ouverture officielle de l'année judiciaire de la Cour, Dialogue entre juges, 2009, Strasbourg.

Carreau (D.), « Droit communautaire et droits nationaux, concurrence ou primauté ? in La contribution de l'arrêt Simmenthal », in *RTDE*, 1978, 381-418 p.

Carta Winter (Luis Alexandre) et Biacchi Gomes (Eduarado), « Democracia, o presidencialismo e o parlamento do Mercosul », *in* Von Bogdandy (Armin)(ed.), *Direitos humanos, democracia, e integração jurídica*, Rio de Janeiro, Lumen Juris, 2011, 345-370 p.

Carvalho (Gilberto), *Exposé au Colloque Diálogo Social: Mercosul em Debate - Estatuto da Cidadania: Desafios para sua Implementação*, Brasilia, le 8 novembre 2012.

Carvalho Ramos (André), « Direitos Humanos e o Mercosul », *in* Borba Casella (Paulo) (coord.), *Mercosul: integração regional e globalização,* Rio de Janeiro, Renovar, 2000, 867-897 p.

Carvalho Ramos (André), *Direitos Humanos na Integração Econômica*, Rio de Janeiro, Renovar, 2008, 414 p.

Carvalho Ramos (A.), « Derechos humanos y el mecanismo híbrido del Mercosur: ¿Cómo controlar la aplicación de la cláusula democrática? », in *RSTPR,* année 3, n° 6, 2015, 48-68 p.

Casal (J.M.), « Los derechos humanos en los procesos de integración », in *Estudios constitucionales: revista semestral del Centro de Estudios*

Constitucionales, Universidad de Talca, Santiago, Chile, 2005, Año 3, n° 2, Santiago, Librotecnica, 249-275 p.

Casal (J.M.), « Desafíos de los Procesos de integración en materia de derechos humanos », in *Cuadernos de integración andina*, Consejo consultivo laboral andino, n° 15, abril 2006, Lima.

Cassese (Antonio) et Delmas-Marty (Mireille) (dir.), *Juridictions nationales et crimes internationaux*, Paris, PUF, 2002, VI-673 p.

Castor (Catherine), *Le principe démocratique dans le droit de l'Union européenne*, Bruxelles: Bruylant, 2011, 552 p.

Cerdeira (J.J.), « Una mirada regional para el ejercicio de los derechos individuales desde la perspectiva del Mercosur y sus estados asociados », in *Revista Derecho Público*, año I, n° 2, Buenos Aires, Ediciones Infojus, 2012, 209-228 p.

Ceriani Cernadas (Pablo), « Apuntes críticos sobre derechos humanos, migraciones y libre circulación de personas en el Mercosul », *in* Zaffaroni (Eugenio) (coord.), *Derechos Humanos. Reflexiones desde el Sur*, Buenos Aires, Infojus, 2012, 83-106 p.

Cerna (Christina), « The Inter-American Commission on Human Rights: its Organization and Examination of Petitions and Communications *in* Harris (David J.) et Livingstone (Stephen) (ed.), *The inter-American system of human rights*, Oxford, Clarendon Press ; New York, Oxford University Press, 2004, 65-113 p.

Chacón de Albuquerque (R.), « Democracia representativa y económica de mercado en el Mercosur », in Revista de derecho público, Caracas, Editorial jurídica venezolana, n° 118, 2009, 7-19 p.

Chacón de Albuquerque (R.), « Hay un derecho del Mercosur? », in *Revista de derecho público*, Editorial jurídica venezolana, n° 123, 2010, 7-15 p.

Chaloult (Yves) et Almeida (Paulo Roberto), *Mercosul, Nafta e Alca: a dimensão social*, São Paulo, LTR, 1999, 271 p.

Chuecca (Angel), *Los derechos fundamentales en la Unión europea*, Bosch, Barcelona, 2e éd, 1999, 314 p.

Ciampi (A), « L'Union européenne et le respect des droits de l'homme dans la mise en œuvre des sanctions devant la Cour européenne des droits de l'homme », in *RGDIP,* 2006.

Cienfuegos Mateo (M.), « Opiniones consultivas en el Mercosur y cuestiones prejudiciales en la Unión Europea », in *Revista de derecho comunitario europeo*, n° 42, 2012, 433-476 p.

Cienfuegos Mateo (Manuel), « La colaboración entre los jueces de los paises del Mercosur y el Tribunal Permanente de Revisión mediante el procedimiento de opiniones consultativas », *in* Hernández Ramos (Mario) (org.), *Tribunales en organizaciones de integración : Mercosur, Comunidad Andina y Unión Europea*, Cizur Menor, Navarra, Thomson Reuters-Aranzadi, 2012, 151- 213 p.

Ciuro Caldani (Miguel Angel), « Derecho y cultura en el Mercosur », *in Desafíos del* Mercosur*: Encuentros de Especialistas en el* Mercosur, Rosario, AR 1996/11/21-23. Fundación Centro de Estudios Políticos y Administrativos de Buenos Aires, Buenos Aires, Buenos Aires, Ciudad Argentina, 1997.

Ciuro Caldani (Miguel Angel), « Bases culturales de la relación de la Unión Europea en el mundo actual, con especial referencia al Mercosur », *in* Alberti (Giorgio), *et al.* (comp.), *Instituciones, democracia e integración regional en el Mercosur*, Buenos Aires, Bononiae Libris, 2006.

Cohen-Jonathan (Gérard), *La Convention européenne des Droits de l'Homme*, Paris, Economica, 1989, 616 p.

Cohen-Jonathan (G.), « L'adhésion de la Communauté européenne à la Convention européenne des droits de l'homme », in *JTDE*, 1995, n°17.

Cohen-Jonathan (Gérard), « La protection des droits fondamentaux dans l'Union européenne », in Garbar (Christian), *Les mutations contemporaines du droit public: Mélanges en l'honneur de Benoît Jeanneau*, Paris, Dalloz, 2002.

Cohen-Jonathan (Gérard), *Aspects européens des droits fondamentaux*, Paris, Montchrestien, 3e éd., 2002, XV-261 p.

Colomer Viadel (A.), « Soberanía e integración en Iberoamérica : una perspectiva histórica y jurídica », in *Cuadernos de la Catedra Fadrique Furio Ceriol*, 1994, n° 7, 93 à 104 p.

Colominas (N.), « Un lugar en el mundo: Argentina en el Mercosur », in *América Latina Hoy*, 1995, n° 11-12, Universidad de Salamanca.

Conforti (Benedetto) (ed.), *Enforcing international human rights in domestic courts*, Série Internationalstudies in human rights, vol. 49, The Hague, Nijhoff, 1997, 484 p.

Constantinesco (Léontin-Jean), *Traité de droit comparé. La Méthode comparative*, tome II, Paris, LGDJ, 1974, 412 p.

Constantinesco (Vlad), « La primauté du droit communautaire, mythe ou réalité ? », in Lüke (Gerhard) (coord.), *Mélanges Léontin-Jean Constantinesco*, Köln, Berlin, C. Heymann, 1983, 109-123 p.

Constantinesco (Vlad), « Le principe de subsidiarité : un passage obligé vers l'Union européenne », in *L'Europe et le droit, Mélanges Boulouis*, 1991, Dalloz, p. 35 - 45.

Constantinesco (Vlad), Kovar (Robert) et Simon (Denys) (dir.), *Traité sur l'Union européenne (signé à Maastricht le 7 février 1992) – Commentaire article par article*, Paris, Economica, 1995, XXIV-1000 p.

Constantinesco (Vlad), « Le renforcement des droits fondamentaux dans le Traité d'Amsterdam », in *Traité d'Amsterdam : réalités et perspectives*. Actes du colloque, Paris, 27 et 28 février 1998, organisé par les Universités Paris I, Paris II et Bordeaux IV, Paris, Pedone, 1999, 172 p.

Constantinesco (V), « Les compétences et le principe de subsidiarité », in *RTDE*, 2005, n° 41, p. 305.

Constantinesco (Vlad) et Petculescu (Ioana), « La personnalité de l'Union », in Constantinesco (Vlad), Gautier (Yves) et Michel (Valérie) (dir.), *Le traité établissant une Constitution pour l'Europe, analyses et commentaires*, Strasbourg, PUS, 2005, 65-75 p.

Constantinesco (Vlad), « Le fédéralisme : d'un anti-étatisme à un a-étatisme? », in *L'Europe en Formation* 2010/1, n° 355, p. 41 - 62.

Constantinesco (Vlad), « Réflexions sur la Présidence de l'Union européenne », in *Estudos em homenagem ao Professor Doutor Paulo de Pitta e Cunha*, vol. 1: Asuntos europeus e integração económica, Coimbra, Almedina, 2010, 1337-1350 p.

Constantinesco (Vlad) et Pierré-Caps (Stéphane), *Droit constitutionnel*, 5e éd., Paris, PUF, 2011, XX-551 p.

Constenla (C.), « Aplicación del derecho internacional de derechos humanos por los tribunales de la República Argentina », in *Revista IIDH*, 2003, n° 38.

Coral Pey (J.R.), « Algunos alcances políticos y jurídicos del Mercosur desde una perspectiva chilena », in *Revista Austral de Ciencias Sociales*, n° 013, Universidad Austral de Chile, 2007.

Cornu (Gérard), Association Henri Capitan, *Vocabulaire juridique*, Paris, PUF, 9e éd., 2011, XXX-1095 p.

Corte Interamericana de Derechos Humanos, *La Corte Interamericana de Derechos Humanos: un cuarto de siglo: 1979-2004,* San José,Costa Rica, Corte Interamericana de Derechos Humanos, 2005, 1228 p.

Corti Varela (Justo), « Evolución de la libre circulación de personas en el Mercosur y su impacto en las políticas migratorias nacionales », *in* Goizueta Vértiz (Juana) *et al.* (dir.), *La libre circulación de personas en los sistemas de integración económica*, Navarra, Cizur Menor, Aranzadi, 2012, 143-162 p.

Costa Sousa (M.T.), « A participaçao do individuo no sistema interamericano de proteçao aos direitos humanos », in *Revista de Informaçao Legislativa*, 2001, Brasilia, a. 38, n° 151.

Costa Vaz (A.), « Vacía: la agenda social en el Mercosur y en el ALCA », in *Araucaria*, 2003, segundo semestre, año/vol. 4, n° 010, Universidad de Sevilla, España.

Coutinho Pagliarini (A.), « Democracia e direitos fundamentais: Correlações no estado nacional e na comunidade internacional », in *RDM*, 2006-4.

D'Alema (M.), « El Mercosur y la Unión Europea », in *Archivos del Presente – Revista Latinoamericana de Temas Internacionales*, 2005, año 9, n° 36, Ed. Fundación Foro del Sur.

Dabène (O.), « La relance du Mercosur. Ouro Preto II ou le temps des réformes politiques », in *Critique internationale,* n° 26, 2005, 35-43 p.

Dabène (O.), « Virage à gauche et intégration régionale en Amérique Latine », in *Transcontinentalis – sociétés, idéologies, système mondial*, 2007, n° 4, Armand Colin, Paris.

Dabène (Olivier), *L'Amérique latine à l'époque contemporaine*, 7e éd., Paris, Armand Colin, 2011, 272 p.

Dallari (Pedro), « O Mercosul perante o sistema constitucional brasileiro », *in* Basso (Maristela) (org.), *Mercosul: seus efeitos jurídicos, econômicos e políticos nos Estados-membros,* Porto Alegre, Livraria do Advogado, 1994, 102-116 p.

Damsky (I.A.), « La internacionalización del ordenamiento jurídico argentino », in *Diritto pubblico comparato ed europeo*, 2010, III, 924-943 p.

Daniel (Justin), « Les nouvelles dynamiques de regroupements politiques », *in* Jos (Emmanuel) *et al* (dir.), *Les nouvelles tendances de la coopération et de l'intégration régionales dans l'espace Amérique-Caraïbes, Actes du colloque*, Paris, Cujas, 2011, 19-37 p.

D'Arcy (F.), « Les perspectives politiques du Mercosur : comparaison avec l'Union européenne », in *Droit et société : revue internationale de théorie du droit et de sociologie juridique*, n°59, LGDJ, 2005, 19-37 p.

Dauses (M.-A.), « La protection des droits fondamentaux dans l'ordre juridique des Communautés européennes », in *Rev. Aff. Eur.*, 1992, n° 4.

De Schutter (Olivier), « L'adhésion de la communauté européenne à la CEDH comme élément du débat sur l'avenir de l'Union », in Dony (Marianne) et Bribosia (Emannuelle) (éd.), *L'avenir du système juridictionnel de l'Union européenne*, Bruxelles, Éd. de l'Université de Bruxelles, 2002.

Delcourt (Christine), « Récentes évolutions de la constitutionnalisation de l'Union européenne : la dimension démocratique », in Flaesch-Mougin (Catherine) et Lebullenger (Joël) (éd.), *Regards croisés sur les intégrations régionales: Europe, Amériques, Afrique*, Bruxelles, Bruylant, 2010, 213-231 p.

Delmas-Marty (Mireille), *Leçon inaugurale de son cours « Un pluralisme ordonné »*, Études juridiques comparatives et internationalisation du droit, Collège de France, 2004/2005.

Delmas-Marty (Mireille), *Les forces imaginantes du droit. Le relatif et l'universel*, Paris, Seuil, 2004, 439 p.

Deluca (S.), « La subsidiariedad y las competencias de la Unión Europea y el Mercosur», in *Revista Latinoamericana de Derecho*, año II, n° 4, julio-diciembre de 2005, 125-151 p.

Deluca (Santiago), « Metodologia para la Seleccion de Arbitros del Sistema de Controversias del Mercosur (Ad Hoc y TPR) », *in* Hernández Ramos (Mario) (org.), *Tribunales en organizaciones de integración: Mercosur, Comunidad Andina y Unión Europea*,, Cizur Menor, Navarra, Thomson Reuters-Aranzadi, 2012, 27-49 p.

Desse (René-Paul) et Dupuy (Hector), *Le Mercosur : vers la « grande Amérique latine »?*, Paris, Ellipses, 2008, 205 p.

Dewost (Jean-Louis), « Le vote majoritaire : simple modalité de gestion ou enjeu politique essentiel ? », in *Liber Amicorum Pierre Pescatore*, Baden Baden, Nomos Verlagsgesellschaft, 1987, 167-175 p.

Dhommeaux (Jean), « Les communautés autochtones et tribales dans la jurisprudence de la Cour interaméricaine de droits de l'homme », in Hennebel (Ludovic) et Tigroudja (Hélène) (dir.), *Le particularisme interaméricain des droits de l'homme : en honneur du 40e anniversaire de la Convention américaine des droits de l'homme*, Pedone, Paris, 2009, 184-205 p.

Dittmann (A.), « Le recours constitutionnel en droit allemand », Dossier : L'accès des personnes à la justice constitutionnelle », in *Cahiers du Conseil constitutionnel*, mai 2001, n° 10.

Diz Bergamaschine (J.), « El sistema de internacionalización de normas en el Mercosur: la supranacionalidad plena y la vigencia simultánea », in *Ius et Praxis*, vol. 11, n. 2, Universidad de Talca, Chile, 2005, 227-260 p.

Dreyzin de Klor (A.), « El Protocolo de Olivos », in *Revista de Derecho Privado y Comunitario*, 2003-1, Santa Fé, Rubinzal-Culzoni, 590-618 p.

Dreyzin de Klor (Adriana) *et al.*, *Solução de controvérsias OMC, União Européia e Mercosul*, éd. Konrad-Adenauer, Rio de Janeiro, 2004, 240 p.

Dreyzin de Klor (Adriana), « Derecho Internacional Público: sistema político-institucional del Mercosur », in *El derecho internacional en tiempos de globalización [libro homenaje al Carlos Febres Pobeda]*, vol. 2, Mérida, Publicaciones Vicerrectorado Académico, 2006.

Dreyzin de Klor (Adriana), « Mercosur ¿ En movimiento? », in Dreyzin de Klor (Adriana) (coord.), *El derecho en movimiento*, Buenos Aires, Rubinzal, Culzoni Ed., 2007.

Dreyzin de Klor (Adriana) et Morales Antoniazzi (Mariela), *Ampliación del Mercosur: el caso Venzuela*, Buenos Aires, Zavalía, 2009, 152 p.

Dreyzin de Klor (Adriana), « Los Tribunales Supremos de los Estados Partes del Mercosur ante la Integración Regional », *in* Vidal-Beneyto (José) et Garcia (Ricardo Alonso) (org.), *Hacia una Corte de Justicia Latinoamericana*, Valencia, Amela, 2009, 390 p.

Dreyzin de Klor (Adriana), « Las opiniones consultivas en Mercosur », *inII Encuentro de Magistrados de la Comunidad Andina y del Mercosur*, Tribunal de Justicia de la Comunidad Andina, Cartagena de Indias, 2010, 57-72 p.

Drnas de Clément (Z.), « Un análisis comparativo de distintos sistemas de solución de controversias en zonas latinoamericanas de integración: Sistema de Integración Centroamericano (SICA), Comunidad Andina (CAN) y Mercosur (MS) », in *Anuario Universidad Nacional de Córdoba*, Facultad de Derecho y Ciencias Sociales, Centro de Investigaciones Jurídicas y Sociales, 2005, vol. 9, Buenos Aires, La Ley.

Dromi (Roberto), Ekmekdjian (Miguel-Angel) et Rivera (Julio C.), *Derecho Comunitario – Régimen del Mercosur*, Buenos Aires, Ediciones Ciudad Argentina, 1995, 671 p.

Drummond (Maria Claudia), « Democracia e Direitos Humanos no Mercosul », *inOs Rumos do Direito Internacional dos Direitos Humanos – Ensaios em Homenagem ao Professor Antônio Augusto Cançado Trindade*, v. 6, Porto Alegre, Sérgio Antônio Fabris Editor, 2005, 465-480 p.

Drummond (Maria Claudia), « Parlamento do Mercosul : consolidação e desenvolvimento de suas competências », *in* Caetano (Gerardo) (coord.), *La reforma institucional del Mercosur – Del diagnostico a las propuestas*, CEFIR, Montevideo, 2009, 105-123 p.

Drummond (M.C.), « A opção intergovernamental do Mercosul e a reforma do Protocolo de Ouro Preto », in *Universidade de Relações Internacionais*, Brasília, v. 9, n. 1, jan./juin. 2011, 273-295 p.

Dubouis (Louis) (dir.), *Droit communautaire et protection des droits fondamentaux dans des États membres*, Paris, Economica, 1995, 187 p.

Dubout (Édouard) et Touzé (Sébastien), « La fonction des droits fondamentaux dans les rapports entre ordres et systèmes juridiques », in Dubout (Édouard) et Touzé (Sébastien) (dir.), *Les droits fondamentaux : charnières entre ordres et systèmes juridiques*, Paris, Pedone, 2010, 336 p.

Duhalde (E.), « Integración y Crisis Política en Sudamérica », in *Archivos del Presente – Revista Latinoamericana de Temas Internacionales*, 2005, ano 10, n° 38, Ed. Fundación Foro del Sur.

Dulitzky (A.), « 50 años del sistema interamericano de derechos humanos: una propuesta de reflexión sobre cambios estratégicos necesarios », in *Revista IIDH,* 2007, vol. 46.

Dunshee de Abranches (Carlos Alberto), *Proteção Internacional dos Direitos Humanos*, Freitas Bastos, Rio de Janeiro, São Paulo, 1964, 159 p.

Duparc (Christine), *La Communauté européenne et les droits de l'homme*, Office des publications officielles des communautés européennes, 1993, 63 p.

Dupuy (René-Jean) (dir.), *Manuel sur les organisations internationales*, 2e éd., Académie de droit international de La Haye, Dordrecht, Boston, London, Martinus Nijhoff Publishers, 1998, XXXVII-967 p.

Egaña (Carlos) *et al.* (coord.), *Mercado común del Sur,* Buenos Aires, Ciudad Argentina, 2001.

Ekmekdjian (Miguel-Angel), *Introducción al derecho comunitario latinoamericano: con especial referencia al Mercosur*, 2e éd., Buenos Aires, Deplama, 1996, XXV-702 p.

Ekmekdjian (M.Á.), « ¿Una Constitución para el Mercosur? », in *Anuario de derecho constitucional latinoamericano*, Montevideo, Konrad-Adenauer-Stiftung, 1999, 79-96 p.

Erthal (Juliana), « Discussing Regional Democracy », in Ribeiro Hoffmann (Andrea) et Van der Vleuten (Anne), (ed.), *Closing or widening the gap? : legitimacy and democracy in regional international organizations*, Ashgate, 2007.

Espósito (C.) et Donadio (L.), « Inter-jurisdictional co-operation in the Mercosur: the First Request for an Advisory Opinion of the Mercosur's Permanent Review Tribunal by Argentina's Supreme Court of Justice », in

The law & practice of international courts and tribunals, 2011, vol. 10, n° 2, 261-284 p.

Estoup (L.A.), « Solutions des controverses et Société. L'originalité du Tribunal permanent de révision du Mercosur », in *Droit et société : revue internationale de théorie du droit et de sociologie juridique*, 2005, n°59, LGDJ, 65-79 p.

Estoup (L.A.), « Solutions des controverses et Société. L'originalité du Tribunal permanent de révision du Mercosur », in *Droit et société : revue internationale de théorie du droit et de sociologie juridique*, n°59, LGDJ, 2005, p. 81

Falchetti (R.), « La Réforme institutionnelle du Mercosur : quel avenir pour le Forum consultatif économique et social du Mercosur ? », in *Droit et société : revue internationale de théorie du droit et de sociologie juridique*, n° 59, LGDJ, 2005, 83-91 p.

Farer (Tom), « The Rise of the Inter-American Human Rights Regime: No Longer a Unicorn, Not Yet an Ox », *in* Harris (David J.) et Livingstone (Stephen) (éd.), *The inter-American system of human rights*, Oxford, Clarendon Press, New York, Oxford University Press, 1998, 510-546 p.

Farinella (F.), « Las instituciones del Mercosur », in *Revista de derecho internacional y del Mercosur*, año 10, 2006, n° 1, 69-77 p. 69-77 p.

Farinella (Favio), *Las instituciones del Mercosur: la nueva secretaría administrativa. (À propósito de la transformación de la Secretaría del Mercosur)*, mars 2006.

Farinella (Favio), *La evolución institucional del Mercado Común del Sur en perspectiva*, mars 2008.

Fatin-Rouge Stefanini (Marthe) et Scoffoni (Guy) (dir.), *Existe-t-il une exception française en matière de droits fondamentaux?*, Aix-en-Provence, PUAM, Cahiers de l'Institut Louis Favoreu, 2013, 233 p.

Faundez Ledesma (Héctor), *El sistema interamericano de protección de los derechos humanos: aspectos institucionales y procesales*, 3e éd., San José, Instituto Interamericano de Derechos Humanos, 2004, réimprimé en 2009, 607 p.

Faundez Ledesma (Héctor), *The inter-American system for the protection of human rights: institutional and procedural aspects*, 3e éd. [1st ed. in English, translation of 3rd ed. in Spanish], San José, C.R., Inter-American Institute of Human Rights (IIHR), 2008, 983 p.

Favret (Jean-Marc), *Droit et pratique de l'Union européenne*, 6e éd., Paris, Lextenso, 2008, 632 p.

Feder (Berta), « El Protocolo de Olivos: Profundización Institucional y Régimen Renovado de Solucion de Controversias en el Mercosur » *inLiber amicorum en homenaje al profesor Dr. Didier Opertti Badán*, Montevideo, Fundación de Cultura Universitaria, 2005.

Fernández (Gonzalo), « El Mercosur y la regionalización del derecho penal », *in* Torres Kirmser (José Raul) (org.), *Seminario Internacional de Asunción en el ámbito del Mercosur: actas*, Instituto de Ciencias Penales, 2e éd., Asunción, 1996.

Fernandez de Brix (Wilfrido), « La experiencia del Tribunal permanente de revisión del Mercosur : su aportación a la consolidación del bloque regional y el futuro de la arquitectura jurisdiccional mercosureña », in Vidal-Beneyto (José) et Garcia (Ricardo Alonso), (org.), *Hacia una Corte de Justicia Latinoamericana*, Valencia, Amela, 2009, 390 p.

Ferreira Cruz (Claudia), Os *direitos fundamentais dos trabalhadores e a Carta Social do Mercosul*, São Paulo, LTr, 2006.

Ferro Clérico (L.), « Democracia y política exterior: Uruguay 1985-2006)», in *América Latina Hoy*, 2006, año/vol. 44, Universidad de Salamanca.

Figueroa (Ana Maria), « Los Derechos Humanos en el Mercosur », Ciuro Caldani (Miguel Angel) (coord), *La Filosofia del Derecho en el Mercosur: Homenaje a Werner Goldschmidt y Carlos Cossio*, Buenos Aires, Ciudad Argentina, 1997, 385-395 p.

Filadoro (M.J.), « Eficacia de las instituciones en el Mercosur. El caso de la Secretaria Técnica », in *Anuario de Derecho Constitucional Latinoamericano*, Instituto de Investigaciones Jurídicas de la UNAM, México, 2006, n° 1, 667-701 p.

Fisher de Paula (C.C.), « A livre circulação de pessoas no Mercosul », in *RDM*, 2006, n° 2.

Fix-Zamudio (Héctor), *Derecho de amparo*, México, Porrúa, 2011, 330 p.

Flauss (J.-F.), « L'histoire dans la jurisprudence de la Cour européenne des droits de l'homme », in *RTDH*, Némésis/Bruylant, 2006/65, 5-22 p.

Flores (R.), « Lecciones de la Unión Europea para el Mercosur », in *Archivos del Presente – Revista Latinoamericana de Temas Internacionales*, 2004, año 9, n° 34, Ed. Fundación Foro del Sur.

Fontoura (J.), « A revisão institucional do Mercosul – Ouro Preto II», in *Revista de estudos europeus*, 2007, ano I, n° I, Associação interuniversitaria de estudos europeus, Instituto europeu da Faculdade de Direitos de Lisboa.

Forjaz Rodrigues Caldas (Hélio), *Le Parlement du Mercosur : vers plus de démocratie ? Les apports de l'expérience européenne*, Mémoire de recherche en Relations internationales, Université Panthéon-Assas, soutenu en 2006-2007, 93 p.

Franzoi Dri (C.), « A construção da democracia na União Européia e no Mercosul : qual papel para os parlamentos regionais ? », in *Revista de derecho privado y comunitario,*3, 2010, Rubinzal-Culzoni, Buenos Aires, 573-594 p.

Fronzoi Dri (Clarissa), La construction du Parlement du Mercosur, Régionalisme et démocratie en Amérique du Sud, Promoculture Larcier, 2014, 317 p.

Frowein (Jochen), « La transformation du droit constitutionnel par la Convention européenne des Droits de l'Homme », in *Dialogue entre juges*, Séminaire organisé par la Cour européenne des droits de l'homme, Strasbourg Éditions du Conseil de l'Europe, 2007.

Galy (Karine), « L'imprégnation des dispositifs d'intégration régionale par la promotion et la protection des droits fondamentaux », in Jos (Emmanuel) *et al* (dir.), *Les nouvelles tendances de la coopération et de l'intégration régionales dans l'espace Amérique-Caraïbes, Actes du colloque*, Paris, Cujas, 2011, 179 – 226 p.

Gambina (J.), « UNASUR: ¿un proyecto para la emancipación? » in *Revista Derecho Público*, 2012, Año I - n° 1, Ministerio de Justicia y Derechos Humanos de la Nación, p. 121 à 156.

Garcés Duran (Mario) *et al.* (coord.), *Democracia y Ciudadanía en el Mercosur*, Santiago, Lom Ediciones, 2005, 652 p.

Garcia (F.), « The global market and human rights: trading away the human rights principle », in *Brooklyn Journal of international law*, 1999, n° 25.

García (Ricardo Alonso), *Sistema jurídico de la Unión Europea*, Madrid, Thomson, Civitas, 2007, 305 p.

García de la Rosa (Ricardo), *Régionalisme économique et Zone de Libre-échange des Amériques (ZLÉA)*, Thèse de doctorat soutenue à l'Université Jean Moulin Lyon 3, le 15 février 2003, 633 p.

Garcia Ramirez (Sergio), « Panorama de la jurisdicción Interamericana sobre Derechos Humanos », *in* Von Bogdandy (Armin) *et al.* (coord.), *La justicia constitucional y su internacionalización*, Vol. 2. México, Heidelberg, Univ. Nacional Autónoma de México, 2010, 335-401 p.

Garcia Ramirez (Sergio), « Panorama de la jurisdicción Interamericana sobre Derechos Humanos », *in* Saiz Arnaiz (Alejandro) (coord.), *Las implicaciones constitucionales de los procesos de integración en América Latina,* Oñate, Instituto Vasco de Administración Pública, 2011, 531-582.

Garcia Sayan (Diego), « La Corte Interamericana de Derechos Humanos », *in II Encuentro de Magistrados de la Comunidad Andina y del Mercosur*, Tribunal de Justicia de la Comunidad Andina, Cartagena de Indias, 2010, 185-191 p.

Gardini (G.L.), « Mercosur: What You See Is Not (Always) What You Get », in *European Law Journal,* Vol. 17, No. 5, September 2011, 683-700 p.

Gardini (Gian Luca), *The Origins of Mercosur: Democracy and Regionalization in South America*, New York, Palgrave Macmillan, 2010, 267 p.

Geneyro (R.) et Vázquez (M.), « La Ampliación de la Agenda política y social para el Mercosur actual », in *Aldea Mundo*, 2006, año/vol. 11, n° 020, Universidad de los Andes, San Cristobal, Venezuela.

Gobbi (Hugo Javier), *Démocratie et intégration dans le Mercosud : le rôle de la Commission Parlementaire conjointe*, Université Catholique de Louvain, Louvain, CIACO, 2001, 349 p.

Gomes (E.B.), « A supranacionalidade e os blocos econômicos », in *RDCI*, 2005, 13e année, n° 53, IBDC, éd. RT, 310-335 p.

Gomes Saraiva (M.), et Valença (M.), « A Politica Externa Brasileira e sua Projeção Internacional: um projeto caracterizdo pela continuidade », in *CEBRI Artigos*, vol. 1, ano VII, 2012.

Gongora Mera(Manuel Eduardo), *Inter-American Judicial Constitutionalism: On the Constitutional Rank of Human Rights Treaties in Latin America through National and Inter-American Adjudication*, Berlin, Humboldt-Univ., Diss, 2010, San José de Costa Rica, Inter-American Institute of Human Rights, 2011, 320 p.

Gonzáles Volio (L.), « The Institution of the Ombudsman. The Latin American Experience », in *Revista Instituto Interamericano de Derechos Humanos*, n° 49, enero-junio 2009, 157-202 p.

González (F.), « Nunca Mas: An Analysis of International Instruments on 'Disappearances' », in *Human Rights Quarterly*, vol. 19, n. 2, 1997, 365-405 p.

González Napolitano (S.), « *L*as relaciones entre el derecho internacional y el derecho interno a partir de la reforma constitucional de 1994 », in *RevistaPrudentia Iuris*, abril 1995, n° 37, 131-144 p.

Govaere (Inge) et Van Boossuyt (Anneleen), « Le commerce à visage de plus en plus humain ? Les droits de l'homme dans la politique commerciale commune », *in* Candela Soriano (Mercedes) (dir.), *Les droits de l'homme dans les politiques de l'Union européenne*, Bruxelles, Larcier, 2006, 225-254 p.

Graeff Chagas Pinto (Bibiana) et Pereira (Wellerson), « Initiatives d'harmonisation régionale du droit de la consommation : les exemples du Mercosur et de l'OEA », *in* Queézel-Ambrunaz (Christophe) (Org.), *Les défis de l'harmonisation européenne du droit des contrats*. Chambéry, Université de Savoie, 2012, 25-36 p.

Granillo Ocampo (Raul), *Derecho público de la integración*, Buenos Aires, Ábaco, 2007, 680 p.

Grebler (Eduardo), « The Inter-American and Mercosul Conventions », *in* Rodriguez (Suzanne) et Prell (Bertrand) (ed.), *International judicial assistance in civil matters*, New York, Transnational Publishers, 1999.

Grinspun (P.), « Democracia e integración », in *Temas de Política Exterior y relaciones internacionales*, 2009, n° 2.

Gros Espiell (Héctor), « Le système interaméricain comme régime régional de protection internationale des droits de l'homme », in *RCADI*, 1975, 2, vol. 145, 1 – 55 p.

Gros Espiell (Hector), « El Uruguay en la actual evolución constitucional democrática en Iberoamérica », *Memoria del III Congreso Iberoamericano de Derecho Constitucional*, t. I, Instituto de Investigaciones Jurídicas, Universidad Nacional Autónoma de México, Serie G. Estudios Doctrinales, n° 103, 1987, 229-246 p.

Gros Espiell (H.), « La Convention américaine et la Convention européenne des droits de l'Homme : analyse comparative », in *RCADI*, VI, 1989, vol. 218, 167 – 412 p.

Gros Espiell (H.), « El Tratado de Asunción y algunas cuestiones jurídicas que plantea », in *Revista Jurídica del Centro de Estudiantes de Derecho*, 1991, Año II, n 5, Fundación de Cultura universitaria, Montevideo.

Gros Espiell (Héctor), « La Cour interaméricaine et la Cour européenne des droits de l'homme », *in Liber Amicorum Marc-André Eissen*, Bruxelles, Bruylant, 1995, 233-246 p.

Gros Espiell (H.), « Los derechos Humanos en la Constitución uruguaya y su protección », in *Revista Latinoamericana de Estudios Constitucionales*, 2003, n° 2, São Paulo, Del Rey, 2003.

Grossman (C.), « Comment about the article of S. J. Powell, Managing the rule of law in the Americas », in *The University of Miami Inter-American law review*, Coral Gables, School of Law, vol 42, n° 2, 2011, 197 -251 p.

Gudynas (E.), « Las cumbres y la búsqueda de un nuevo marco de integración regional », in *Revista del Sur*, 2006, n° 68.

Guerrero Gomez (Mireya) (ed.), *Memoria del Primer Congreso Internacional sobre Justicia, Integracion y Derechos Humanos,* Montelimar, Nicaragua, 6, 7 y 8 de marzo de 1996, 290 p.

Gutierrez Posse (Hortensia), « Influencia de la actividad de la Comisión Interamericana y de la Corte Interamericana de Derechos Humanos en la evolución de la jurisprudencia y de derecho positivo argentino », *in Hector Gros Espiell Amicorum Liber,* v. 1, Persona humana y derecho internacional, Bruxelles, Bruylant, 1997.

Harris (David J.), « Regional Protection of Human Rights: The Inter-American Achievement », *in* Harris (David J.) et Livingstone (Stephen), *The Inter-American System of Human Rights*, Oxford, Clarendon Press, 1998, 1-29 p.

Henderson (H.), « Los tratados internacionales de derechos Humanos en el orden interno: la importancia del principio *pro homine* », in *Revista IIDH*, n° 39, Instituto Interamericano de Derechos Humanos, San José de Costa Rica, 2004, 71-99 p.

Hennebel (Ludovic), *La Convention américaine des droits de l'homme – Mécanismes de protection et étendue des droits et libertés*, Bruxelles, Bruylant, 2007, XX-737 p.

Hennebel (Ludovic), « La Cour interaméricaine des droits de l'homme : entre particularisme et universalisme », in Hennebel (Ludovic) et Tigroudja (Hélène) (dir.), *Le particularisme interaméricain des droits de l'homme : en honneur du 40e anniversaire de la Convention américaine des droits de l'homme*, Paris, Pedone, 2009, 75 -119 p.

Herrera Tapias (B.) et Barraza Acosta (A.), « El derecho de los consumidores a la información », in *Advocatus*, Edición especial n° 13, 2009, Universidad Libre Seccional Barranquilla, 143-156 p.

Hoffmeister (Franck), « Les politiques de coopération au développement et d'assistance économique technique et financière et les droits de l'homme », *in* Candela Soriano (Mercedes) (dir.), *Les droits de l'homme dans les politiques de l'Union européenne*, Bruxelles, Larcier, 2006, 255-268 p.

Hofmeister (Wilhelm), *Integración en las Américas : la III Cumbre de las Américas, el proyecto de un Area de Libre Comercio de las Américas y los procesos de integración en América Latina y el Caribe,* São Paulo, Fundación Konrad Adenauer, 2001, 58 p.

Hummer (W.), « La elaboración de una Carta de los Derechos Fundamentales del Mercosur desde una perspectiva europea », in *Anuario de Derecho Latinoamericano*, ano XV, 2009, Montevideo.

Hummer (Waldemar), *Regionaler Menschenrechtsschutz 2. Amerika, Afrika, Islamisch-Arabischer Raum, Asiatisch-Pazifischer Raum*, Baden-Baden Nomos-Verl.-Ges., 2009, 636 p.

Iliopoulou (Anastasia), *Libre circulation et non-discrimination, éléments du statut de citoyen de l'Union*, Bruxelles, Bruylant, 2007, XX-795 p.

Institut international des droits de l'homme, *Commerce mondial et protection des droits de l'homme: les droits de l'homme à l'épreuve de la globalisation des échanges économiques*, Bruxelles, Bruylant, 2001, X-270 p.

Instituto interamericano de estudios jurídicos internacionales, *Problemática jurídica e institucional de la integración de América Latina – ensayo de sistematización*, Edición provisional, Washington, 1967, p. 523 à 584.

Jacqué (Jean-Paul), « Une nouvelle étape dans la protection des droits fondamentaux dans L'Union européenne ? », in Mélanges en l'honneur *de Jean* Charpentier : *la France, l'Europe, le monde,* Paris, Pedone, 2008, 345-362 p.

Jacqué (J.-P.), « Jurisprudence de la Cour de justice des Communautés européennes », in *EdL*, 2003, n° 12.

Jacqué (Jean-Paul), *Droit institutionnel de l'Union européenne*, 7e éd., Paris, Dalloz, 2012, X-786 p.

Jaeger Junior (Augusto), *Mercosul e a Livre Circulação de Pessoas*, São Paulo, Ltr, 2000, 189 p.

Jaeger Junior (Augusto), *Temas de Direito da Integração e Comunitario*, São Paulo, Ltr, 2002, 262 p

Jaeger Junior (Augusto), « Fundamientos y recientes desarollos del Mercosur »*in* Von Bogdandy (Armin) (ed.), *¿Integración suramericana a través del derecho?*, Max-Planck-Institut für Ausländisches Öffentliches Recht und Völkerrecht, Centro de Estudios Políticos y Constitucionales, Madrid, Heidelberg, 2009, 491-514 p.

Jaeger Junior (Augusto), « Mercosul», *in*, Souza Del'Olmo (Florisbal de) (org.), *Curso de Direito Internacional Privado,* 8e éd., Rio de Janeiro, Forense, 2010, 259-278 p.

Jaeger Junior (A.), « O Mercosul frente às mudanças terminologicas da União Europeia », in *A Tirbuna Regional,* Santo Angelo, ano 44, n° 6947, du 11 mai 2011, 10-11 p.

Jaguaribe (Hélio) et Vasconcelos (Alvaro) (ed.), *The European Union, Mercosul and the New World Order*, London, Cass, 2003, XIX-247 p.

Janicot (L.), « Les tribunaux administratifs internationaux – réflexions sur la notion de juridiction internationale », in *RFDA*, 2007.

Jayme (Erik), « O Direito Intenacional Privado no novo milênio: a proteção da pessoa humana face à globalização », *in* Lima Marques (Claudia) et Araujo (Nadia) (org.) *O novo direito internacional : estudos em homenagem a Erik Jayme*, Rio de Janeiro, Renovar, 2005.

Jedlicki (Claudio), « Les processus d'intégration en Amérique du Sud et leurs institutions : Une analyse comparative du marché commun du Sud (Mercosur) et de la communauté andine des nations (CAN) », *Problèmes d'Amérique latine*, 2006, n°61-62, p. 189-206.

Jiménez de Aréchaga (Justino), *La Constitución Nacional (I)*, Montevideo, Organizacion Taquigrafica Edina, 1946.

Jobim (N.), « Derecho y democracia en el Mercosur », in *Archivos del Presente – Revista Latinoamericana de Temas Internacionales*, 2006, año 10, n° 40, Ed. Fundación Foro del Sur.

Jovtis (Ignacio), « La legitimacion activa en el sistema de solucion de diferencias del Mercosur », *in*Hernández Ramos(Mario) (org.), *Tribunales en organizaciones de integración: Mercosur, Comunidad Andina y Unión Europea*,Cizur Menor, Navarra, Thomson Reuters-Aranzadi, 2012, 87-99 p.

Justo Blanco (Augusto) et Richard (Efrain Hugo) (dir.), *Empresa y Mercosur. Integración, Sociedades y concursos*, Buenos Aires, Ad-Hoc, 1997, 480 p.

Kasmi (Jamel), « Le système de règlement de différends du Mercosur: le rôle du « juge mercosurien » dans le processus d'intégration régionale », *in* Flaesch-Mougin (Catherine) et Lebullenger (Joël) (éd.), *Regards croisés sur les intégrations régionales: Europe, Amériques, Afrique*, Bruxelles, Bruylant, 2010, 89-129 p.

Kasmi (Jamel), *La nature juridique du* Mercosur : *contribution à la théorie de l'intégration à travers l'étude d'une organisation d'intégration non communautaire*, Thèse de doctorat soutenue le 23 juin 2012, Université de Rennes I.

Kauff-Gazin (Fabienne), « La citoyenneté de l'Union européenne dans le Traité établissant une Constitution pour l'Europe », in Constantinesco (Vlad), Gautier (Yves) et Michel (Valérie) (dir.), *Le traité établissant une Constitution pour l'Europe, analyses et commentaires*, Strasbourg, PUS, 2005.

Kelsen (Hans), *Théorie Pure du Droit*, trad. française de la 2e éd. de la « Reine Rechtslehre » par Charles Eisenmann, Paris, Bruylant, LGDJ, 1999, XV-496 p.

Kovar (Robert), « La contribution de la Cour de justice à l'édification de l'ordre juridique communautaire », *in Recueil des cours,* Académie de droit européen, European University Institute, Florence, 1993, The Hague/Boston/London, Kluwer Law International/Martinus Nijhoff Publishers, vol. IV-1, 1995, 15-122 p.

Koven Levit (J.), « The Constitutionalization of Human Rights in Argentina: *Problem or Promise?* » in *Columbia Journal of Transnational Law*, 1999, vol. 37, n° 2, 281-355 p.

Kucsko-Stadlmayer (Gabriele), « Les recours individuels devant la Cour constitutionnelle en droit constitutionnel autrichien Dossier : L'accès des personnes à la justice constitutionnelle, *Cahiers du Conseil constitutionnel,* mai 2001, n° 10, 82-89 p.

Kuris(Egidijus), « L'incidence des décisions de la Cour européenne des Droits de l'Homme sur le système juridique interne du point de vue de la Cour constitutionnelle de Lituanie », *Dialogue entre juges*, Séminaire organisé par la Cour européenne des droits de l'homme, Strasbourg Éditions du Conseil de l'Europe, 2006.

Kurlat Aimar (J.S.), « L'atteinte des objectifs communautaires au sein du Mercosur : un défi face à sa structure institutionnelle », in *Revue de droit international et droit comparé*, 2014, n° 2,277-293 p.

Labayle (H.), « L'apparition massive des droits fondamentaux dans l'univers juridique de l'Union européenne », in *AJDA*, 1998.

Lagrange (Philippe), « Les personnes vulnérables », *in* Burgorgue-Larsen (Laurence) (dir), *La France face à la Charte des droits fondamentaux de l'Union*, Bruxelles, Bruylant, 2005.

Lambert (R.), « Le Brésil s'empare du rêve de Bolivar », in *Le Monde diplomatique*, article paru dans l'édition mensuelle de juin 2013, n° 711, p. 5.

Lambert Abdelgawad (Elisabeth) et Martin-Chenut (Katia) (éd.), *Réparer les violations graves et massives des droits de l'homme : la Cour interaméricaine, pionnière et modèle ?*, Collection de l'UMR de droit comparé de Paris, vol. 20, Paris, Société de législation comparée, 2010, 334 p.

Landa Arroyo (César), « La aplicación de los tratados internacionales en el derecho interno y la Corte Interamericana de Derechos Humanos », *in* Méndez Silva (Ricardo) (coord.), *Derecho internacional de los derechos humanos* - Memoria del VII Congreso Iberoamericano de Derecho Constitucional, Instituto de investigaciones jurídicas, México, 2002, 319-347 p.

Lattuca (Ada), « Las perspectivas de los derechos humanos en el sistema de integración – Protección o desamparo globalizante?», *inDesafíos del Mercosur: Encuentros de Especialistas en el Mercosur*, Rosario, AR 1996/11/21-23. Fundación Centro de Estudios Políticos y Administrativos de Buenos Aires, Buenos Aires, Buenos Aires, Ciudad Argentina, 1997.

Lattuca (Ada), *Economía globalizada y Mercosur*, Buenos Aires, Ciudad Argentina, 1998, 460 p.

Lavaud (Jean-Pierre), « Populismes et démocratie », in Rivière d'Arc (Hélène) (dir.), *L'Amérique du sud aux XIXe et XXe siècles – héritages et territoires*, Paris, Armand Colin, 1993, 35-65 p.

Lavopa (Jorge), « Organización Institucional y Derecho Comunitario en el Mercosur », *in* Algorta Pla (Juan) (org), *O Mercosul e a Comunidade européia: uma abordagem comparativa*, Porto Alegre, Universidade/UFRGS, Instituto Goethe/ICBA, 1994.

Legrand (C.), « 'Pepe' Mujica, la 'bonne femme' et le 'borgne' », *Le Monde*, article paru à l'édition du 7 et 8 avril 2013, p. 7.

Lemoalle (E.), « Bibliographie », in *Revue internationale de droit comparé*, 2010, n°1, Société de Législation Comparée, 177 p.

Lenaerts (K.), « Some reflections on the Separation of Powers in the European Community », in *Common Market Law Review*, n° 28, issue 1, 1991, 11-35 p.

Léon de Labarca (Alba Yvonne), *La integración económica y sus limitaciones en el ámbito de los países subdesarrollados*, Universidad de la Zulia, Facultad de Derecho, Maracaibo, 1979, 154 p.

Lerman Alperstein (A.), « El regionalismo abierto: Mercosur », in *Política y Cultura*, 1997, primavera, n° 008, Universidad Autónoma Metropolitana, México.

Leuprecht (Peter), « Innovations in the European System of Human Rights Protection: Is enlargement compatible with reinforcement ? » in Symposium, International Human Rights at Fifty. Transnational Law and Contemporary Problems. *Journal of the University of Iowa College of Law*, 1998, Volume 8, Number 2, 313-336 p.

Levi Coral (M.), « El dialogo político como pilar de las relaciones entre la Unión Europea y América Latina : reflexiones sobre su desarrollo y contenido », in *Oasis*, 2006/2007, n° 012, Universidad Externado de Colombia.

Limongi Gasperini (C.A.), « Efetivação dos Direitos Sociais dos Trabalhadores mediante a aplicação do Pacto Sociolaboral do Mercosul », in *Cadernos de Pós-Graduação em Direito Político e Econômico,* São Paulo, v. 4, n. 1, 2004, 9-21 p.

Lixinski (Lucas), « Limiting Freedom of Assembly Based on Harms to Third Parties: The Balancing of Economic Freedoms and Fundamental Rights in the European Union and Mercosur », *in* Sajo (Andras), (ed.), *Free to Protest: constituent power and street demonstration*, Eleven Publishing, 2008, 127-146 p.

Lixinski (Lucas), « Human Rights in Mercosur », *in* Toscano Franca Filho (Marcilio) *et al.* (coord.), *The law of Mercosur*, Oxford, Hart, 2010, 351-364 p.

Lopérfido (Dario) et Capato (Alejandro Felix), *Los derechos culturales en el Mercosur,* Buenos Aires, Del Candil, 2001, 288 p.

Lopes Saldanha (Jânia Maria), *Cooperação Jurisdicional. Reenvio prejudicial: uma mecanismo de direito processual a serviço do direito comunitário. Perspectiva para sua adoção no Mercosul.* Porto Alegre, Livraria do Advogado, 2001, 144 p.

López Acosta (A.F.), « Análisis de las clausulas democráticas de la Unasur y el Mercosur y el fortalecimiento de la seguridad sudamericana », in *Revista Jurídica*, Universidad Americana Facultad de Derecho, Ciencias Políticas y Sociales, Asunción, Paraguay 2012, 293-319 p.

Lopresti (Roberto Pedro), *Constituciones del Mercosur*, 2e éd., Buenos Aires, La Ley, 2007, 802 p.

Lorenzetti (Ricardo), « Sistema Juridico del Mercosur », *in* Lima Marques (Claudia) et Araujo (Nadia) (org.) *O novo direito internacional : estudos em homenagem a Erik Jayme*, Rio de Janeiro, Renovar, 2005.

Losano (Mario), « Uma Carta Fundamental para a União Européia : Constituição ou Tratado ? », *in* Mesquita Benevides (Maria Vitoria) *et al.* (org.), *Direitos Humanos, Democracia e Republica- Homenagem a Fabio Konder Comparato*, São Paulo, Quartier Latin do Brasil, 2009.

Luján (Carlos), « Una reflexión sobre los soportes institucionales para viabilizar políticas públicas regionales », *in* Caetano (Gaetano) (coord.), *La reforma institucional del Mercosur Del diagnóstico a las propuestas*, Montevideo, Cefir, 2009, 183-197 p.

Lupatelli Jr. (A.), et Octaviano Martins (E.M.), « Globalização e Direito: União Européia e Mercosul », in *Revista de Direito do Mercosul*, 2000, v. 4, n° 4, São Paulo, Síntese, 100-124 p.

Lyra Nascimento (C.), « O dilema da incorporaçao das normas do Mercosul no ordenamento juridico brasileiro », in *Revista de informação legislativa,* 2006, v. 43, n° 172, Brasilia, Senado Federal.

Magalhães Furlan (F.), « A Supranacionalidade no Mercosul », in *RBDC,* n° 15 – jan./jun. 2010, 91-124 p.

Maiorano (Jorge), *El Ombudsman defensor del pueblo y de las instituciones republicanas*, Buenos Aires, Ediciones Macchi, 1987, 447 p.

Malamud (A.), « Mercosur Turns 15: Between Rising Rhetoric and Declining Achievement », in *Cambridge Review of International Affairs*, 2005, n° 18, 3.

Malamud (A.) et Schmitter (P.C.), « La experiencia de integración europea y el potencial de integración del Mercosur », in *Desarrollo Económico,* 2006, n° 181, Buenos Aires, 3-31 p.

Malamud (Andres), « Theories of Regional Integration and the Origins of Mercosur », *in* Toscano Franca Filho (Marcilio) *et al.*(coord.), *The law of Mercosur*, Oxford, Hart, 2010, 9-27 p.

Malamud (Andres) et Schmitter (Philippe C.),« The Experience of European Integration and the Potential for Integration in South America », *in* Warleigh-Lack (Alex) *et al.* (ed.), *New Regionalism and the European Union. Dialogues, Comparisons and New Research Directions,* London, New York, Routledge, 2011, 135-157 p.

Manzi (A.), « La jurisprudencia de derechos humanos en la Argentina », in *Nómadas: Revista Crítica de Ciencias Sociales y Jurídicas*, n° especial: América Latina, 2012, 335-358 p.

Maraniello (P.A.), « La incorporación de Brasil a la Convención de Viena. ¿ Fortalecimiento del Mercosur ? », in *Direito Publico e Integração – Revista Juridica,* Poder Judiciario, Justiça Federal, Seção Judiciaria de Sergipe, n. 3, 2010/1.

Marconini (Mario) et Flôres (Renato) (org.), *Acordo Mercosul: União Européia,* Rio de Janeiro, Konrad Adenauer Stiftung, 2003, 269 p.

Margules (Marcos), « Introdução », *in* Arendt (Hannah), *As origens do totalitarismo – totalitarismo, o paroxismo do poder – uma analise dialética,* tradução de Roberto Raposo, Rio de Janeiro, Documentario, 1979.

Marin Ibanez (Rolando), *La 'Unión Sudamericana' : alternativa de integración regional en el contexto de la globalización*, Universidad andina Simón Bolívar, Corporación editora nacional, 2000, 147 p.

Martinez Lopez-Muñiz (J.L.), « Mercosur: balance actual y perspectivas a la luz de la experiencia de la Comunidad Europea », in *RDM,* 1999, n°4, La Ley, Buenos Aires.

Martínez Puñal (Antonio), *El sistema institucional del Mercosur: de la intergubernabilidad hacia la supranacionalidad,* Santiago de Compostela, Torculo Edicions, 2005, 586 p.

Mascolo Gil (T.), in *EdL*, 2011, n° 34, PUS, p. 88.

Masson (Antoine) et Nihoul (Paul), *Droit de l'Union européenne – Droit institutionnel et droit matériel, théorie, exercices et éléments de méthodologie*, 3e éd., Bruxelles, Larcier, 2011, 574 p.

Masujima (K.), « Is the "EU Model" relevant to other regions? » in *Kobe University law review*, n° 47, 2013, 1-13 p.

Mateo (Carlos) et Vial (Alejandro), « Los parlamentos en la democracia y la integración: consideraciones sobre el caso paraguayo »,*in* Caetano (Gerardo) (coord.), *Mercosur y parlamentos: los congresos en la democracia y la integración*, Montevideo, OEA, CLAEH, 2000, 135-64 p.

Mazet (Guy), « Le caractère marginal du cadre juridique et institutionnel du Mercosur », in Van Eeuwen (Daniel) et Duquette (Michel) (dir.), *Les nouveaux espaces d'intégration*, CREALC /IEP – Université du Québec à Montréal, Karthala, Paris, 2005, 131-140 p.

Mazet (G.), « De l'émergence d'un droit communautaire dans le Mercosur », in *Revue de la recherche juridique. Droit prospectif*, 2011, 239-254 p.

Medeiros (Marcelo), *La genèse du Mercosud : dynamisme interne, influence de l'UE et insertion internationale*, Paris, L'Harmattan, 2000, 500 p.

Meira Mattos (Adherbal), « Reflexões sobre o Mercosul », *in* Borba Casella (Paulo) *et al.* (org.) *Direito internacional, humanismo e globalidade - Guido Fernando Silva Soares amicorum discipulorum liber*, São Paulo, Atlas, 2008.

Mejia Herrera (O.), « La influencia de la jurisprudencia comunitaria europea en los principales tribunales de los sistemas de integración latinoamericano », in *Anuario hispano-luso-americano de derecho internacional*, 2011, n° 20, 157-177 p.

Mellado (Noemi), « Incorporacion de la Republica Bolivariana de Venezuela al Mercosur y su Impacto Subregional », *in* Hummer (Waldemar) (ed.), *Mercosur y Unión Europea,* Córdoba, Lerner, 2008, 163-179 p.

Menezes de Carvalho (Evandro), « Les défis de l'intégration normative du Mercosur », *in* Gaudreault-Desbiens (Jean-François)*et al.* (dir.), *Convergence, concurrence et harmonisation des systèmes juridiques : les journées Maximilien-Caron*, 2008, Montréal, Thémis, 2009, 198-211 p.

Michel (Valérie), *Recherches sur les compétences de la Communauté européenne,* Paris, L'Harmattan, 2003, 704 p.

Michel (Valérie) et de la Rica (Jean-Paul), « Les compétences dans le Traité établissant une Constitution pour l'Europe », *in* Constantinesco (Vlad), Gautier (Yves) et Michel (Valérie) (dir.), *Le traité établissant une Constitution pour l'Europe, analyses et commentaires*, Strasbourg, PUS, 2005.

Michel (V.), « Le triangle institutionnel », in *La gazette du Palais*, Gazette européenne, n° 39, 19 juin 2008, p. 5.

Michel (Valérie), « La difficile formalisation des compétences : l'exemple des politiques relatives aux contrôles aux frontières, à l'asile et à l'immigration », in Masclet (Jean-Claude) *et al.* (dir.), *L'Union européenne : Union de droit, Union des droits, Mélanges en l'honneur du Professeur Philippe Manin*, Paris, Pedone, 2010, 491-509 p.

Michel (Valérie), « Les libertés et droits fondamentaux dans l'Union européenne », *in* Cabrillac (Rémy) *et al.* (dir.), *Libertés et droits fondamentaux*, Paris, Dalloz, 18e éd., 2012, 59-84 p.

Midon (Mario), *Derecho de la integración: aspectos institucionales del Mercosur*, Buenos Aires, Rubinzal-Culzoni, 1998, 462 p.

Miguel (J.), « Gobernabilidad y Justicia en las Américas », in *Archivos del Presente – Revista Latinoamericana de Temas Internacionales*, 2005, año 10, n° 38, Ed. Fundación Foro del Sur.

Molina (F.), « Cambio político e integración en las Américas. Una mirada en el tablero del ALCA », in *Aldea Aldea Mundo*, 2004, noviembre-abril, año /vol. 8, n° 012, Universidad de los Andes, San Cristobal, Venezuela.

Molina del Pozo (C.F.), « Las relaciones UE – Mercosur: un trayecto largo y complicado que habrá de tener un final feliz », in *Revista Europea de Estudios Latinoamericanos*, 2013, No. 1, Vol. 1, Instituto de Estudios Latino Americanos, Bucarest, 77-93 p.

Mora Burbano (Ivonny Carolina), *Le principe de la primauté et l'application directe dans le Mercosur*, Mémoire de Master II en droit communautaire et européen soutenu à l'Université Montesquieu Bordeaux IV, 2009/2010, 89 p.

Morales Antoniazzi (Mariela), « Federalismo supranacional y democracia », *in* Tablante (Carlos) et Morales Antoniazzi (Mariela) (coord.), *Anuario 2008-2009, Descentralización vs. neocaudillismo*, Instituto latinoamericano de investigaciones sociales, EnCambio, 2009, 415-470 p.

Morales Antoniazzi (Mariela), « La Cláusula Democrática y el Parlamento del Mercosur. Contextualización de su alcance y dimensionalidad », *in* Von Bogdandy (Armin) *et al.* (dir.), *Direitos Humanos, Democracia e Integração Juridica na América do Sul*, Rio de Janeiro, Lumen Juris, 2010, p. 171-202.

Morales Antoniazzi (M.), « ¿La cláusula democrática del Mercosur en la encrucijada? Algunas reflexiones sobre el ingreso de Venezuela », in *Revista de derecho público*, Fundación de derecho público, Caracas, Ed. Jurídica Venezolana, n° 128, oct-dec. 2011, 7-37 p.

Morales Antoniazzi (Mariela), « La doble estabilidad abierta: interamericanizacion y mercosurizacion de las Constituciones suramericanas », *in* Von Bogdandy (Armin) (coord.), *Estudos avançados de direitos humanos*, Rio de Janeiro, Elsevier, 2013, 178-230 p.

Mukhametdinov (M.), « Mercosur and the European Union », in *Cooperation and conflict*, 2007, 42, 2, p. 207 à 228.

Nascimento (A.), « Derechos Humanos, relaciones comunitarias y el Mercosur », *in* Lima Torrado, J. (coord.), in *Derechos, estado, mercado : Europa y América latina,* Madrid, Dilex, 2009.

Niedrist (G.), « Las cláusulas de los derechos humanos en la Unión Europea. Reflexiones en torno a los nuevos instrumentos para la recuperación », in *Anuario mexicano de derecho internacional*, vol. 11, 2011, 463-485 p.

Nogueira Alcala (Humberto) (coord.), *La evolución político-constitucional de América del Sur 1976-2005*, Santiago, Librotecnica, 2009, 658 p.

Novak (V.), « Los derechos humanos en la agenda del Mercosur: un análisis sobre la creación del IPPDH del Mercosur », in *Densidades*, n° 10 - septembre 2012, 97-108 p.

Nowak (Manfred), « La conditionnalité relative aux droits de l'homme en ce qui concerne l'adhésion et la pleine participation à l'Union européenne », *in* Alston (Philip) (dir.), *L'Union européenne et les droits de l'homme*, Bruxelles, Bruylant, 2001, 715-726 p.

Observatorio Andino, *Alternativas para la Comunidad Andina frente al ALCA y al Mercosur*, Bogotá, 2004.

Oelsner (Andrea), « Articulating Mercosur's security conceptions and practices », *in* Aris (Stephen) et Wenger (Andreas) (eds), *Regional Organisations and Security: Conceptions and Practices.* Routledge, New York, 2013, 203-221 p.

Olivar Jiménez (M.L.), « El perfeccionamiento del Mercosur como condición esencial de la relación con la Unión Europea », in *RDM*, 2006-3, 7-28 p.

Olivar Jiménez (Marta Lucia), « La adhesión de nuevos miembros al Mercosur: una cuestión fundamental para la evolución de la organización », *in* Flaesch-Mougin (Catherine) et Lebullenger (Joël) (éd.), *Regards croisés sur les intégrations régionales: Europe, Amériques, Afrique*, Bruxelles, Bruylant, 2010.

Oliveira Alencar Silva (Renata Cristina), « Direitos humanos : a livre circulação de pessoas e trabalhadores e o processo deintegração no Mercosul », *in* Ribeiro (Maria de Fatima) *et al.* (dir.), *Direito internacional dos direitos humanos : estudos em homenagem à Professora Flávia Piovesan,* Curitiba, Juruá, 2004, 371-380 p.

Oliveira Mazzuoli (Valerio), *Curso de Direito Internacional Público*, 5e éd., Rio de Janeiro, RT, 2011, 1104 p.

Olson, L. M., « Réveiller le dragon qui dort ? Questions de justice transitionnelle : répression pénale ou amnistie ? », in *IRRC*, 2006, vol. 88, 275-294 p.

Olmos Giuponni (Maria Balén), *Derechos humanos e integración en América Latina y el Caribe*, Valencia, PUV, Tirant lo Blanch, 2006, 406 p.

Olmos Giuponni (Maria Balén), « Sources of Law in Mercosur », *in* Toscano Franca Filho (Marcilio) *et al.*(coord.), *The law of Mercosur*, Oxford, Hart, 2010, 57-71 p.

Olmos Giuponni (M. B.), « International law and sources of law in Mercosur », in *Leiden journal of international law*, 2012, n° 3, vol. 25, 707-737 p.

Otero Silva (M.), « Reseña de 'Las Teorías de la integración regional' de José Briceño Ruiz », in *Aldea Mundo*, 2005, año/vol. 10, n° 018, Universidad de los Andes, San Cristóbal, Venezuela.

Otto (Samira), *Une union monétaire du Mercosur? : observations prospectives à partir du modèle européen*, Thèse de doctorat soutenue à l'Université Panthéon-Sorbonne, Paris, en 2006, 553 p.

Pacheco Pacifico (A.), « Human Rights in the Constitutions of the Member States of the Common Market of South (Mercosur) », in *Humanitäres Völkerrecht : Informationsschriften*, 2005, vol. 18, fascicule 2, 124-130 p.

Paiva de Almeida (Domingos), « Intégration régionale et services publics : le cas du Mercosud », *in* Marcou (Gérard) et Moderne (Franck), in *Droit de la régulation, service public et intégration régionale*, t. 1, Comparaison et commentaires, Paris, L'Harmattan, 2005, 211-242 p.

Paixão Silva Oliveira Liziane, *Mercosur et protection de l'environnement*, Thèse de doctorat soutenue à l'Université de Aix Marseille 3, Aix-en-Provence, en 2012.

Papier (Hans-Jürgen), « L'exécution des arrêts de la Cour européenne des Droits de l'Homme dans l'ordre juridique allemand », in *Dialogue entre juges*, Séminaire organisé par la Cour européenne des droits de l'homme, Strasbourg Éditions du Conseil de l'Europe, 2006.

Parisí (A.) et Manzi (E.R.), « Firma de tratados internacionales de derechos humanos en la Argentina», in *Nómadas: Revista Crítica de Ciencias Sociales y Jurídicas*, n° especial: América Latina, 2012, 359-376 p.

Parlevliet (M.), « Considering Truth. Dealing with a Legacy of Gross Human Rights Violations », in *NQHR*, 1998, v. 16, n° 2, 141-174 p.

Pasqualucci (J.M.), « The Inter-American Human Rights system: progress made and still to be made », in *German yearbook of international law*, 2009, vol. 52, 181-229 p.

Pasqualini-Salerno (V.), « L'Union Sud-Américaine des Nations (UNASUR) », in *RIDC*, 2010, n° 4, Paris Société de Législation Comparée,

Passini (Mariano Marcelo), *A estrutura institucional do* Mercosul, São Paulo, Aduaneiras, 2000, 116 p.

Pastorino(A.M.), « Algunas reflexiones acerca de la suspensión de Paraguay y del ingreso de Venezuela al Mercosur »,in*Densidades*, n° 10 - septiembre 2012, 87-96 p.

Paulo Pereira (Ana Cristina), *Le cadre juridique des relations commerciales internationales des États membres du Mercosur*, Thèse de doctorat soutenue à l'Université Panthéon-Sorbonne, Paris, en 1996, 535 p.

Pavon Piscitello (D.) et Andrés (G.E.), « The conflict between Argentina and Uruguay concerning the installation and commissioning of pulp mills before the International Court of Justice and Mercosur », in *Zeitschrift für ausländisches öffentliches Recht und Völkerrecht*, 2007, n° 1, vol. 67, 159-183 p.

Pellegrini (Lisandro), « El Incumplimiento de las Sentencias de la Corte Interamericana de DerechosHumanos », *in* Elsner (Gisela) (coord.), Grupo Latinoamericano de Estudios sobre Derecho Penal Internacional, *Sistema interamericano de protección de los derechos humanos y derecho penal internacional,* Georg-August-Univ. Göttingen, Konrad Adenauer Stiftug, Berlin, Montevideo, 2010, 81-102 p.

Pellet (Alain), « Les fondements internationaux du droit communautaire », in *Recueil des cours (1994),* Académie de droit européen, European University Institute, Florence, Kluwer, Dordrecht, 1997, vol. V, t. 2, 193-271 p.

Peña (Félix), *Las sanciones en el sistema interamericano. La expulsión de un estado miembro de la Organización de los Estados Americanos*, soutenue à l'Universidad de Madrid, 1966, 822 p.

Peña (F.), « Dilemas del Mercosur de Cinco », in *Archivos del Presente – Revista Latinoamericana de Temas Internacionales*, 2006, año 10, n° 41, Ed. Fundación Foro del Sur.

Peña (Felix), « Mercosur as Part of South American Integration Processes », *in* Ott (Andrea) et Vos (Ellen), (ed.), *Fifty years of European Integration: foundations and perspectives*, The Hague, T.M.C. Asser Press, 2009.

Peña (Félix), « Mercosur as a regional and global protagonist », *RSCAS Policy Papers 2012/01*, Robert Schuman Centre for Advanced Studies, Global Governance Programme, European University Institute, San Domenico di Fiesole, European University Press, janvier 2012.

Peña (Félix), *L'Avenir du Mercosur après le sommet de Mendoza*, Septembre 2012.

Peña (Félix), « ¿Una nueva etapa del Mercosur y su relación con la UE? Los requerimientos de liderazgo y de inteligencia metodológica que se plantean », février 2016.

Péraldi-Leneuf (Fabienne), « La citoyenneté ou le paradoxe démocratique », *in* Burgorgue-Larsen (Laurence) (dir), *La France face à la Charte des droits fondamentaux de l'Union*, Bruxelles, Bruylant, 2005, 633-694 p.

Pereira (Ana Cristina Paulo), *Mercosul: o novo quadro juridico das relações comerciais na América Latina*, Rio de Janeiro, Lumen Juris, 1997, 208 p.

Pereira de Borja (Sérgio Augusto), *Teoria geral dos tratados - Mercosul : a luta pela União Latino-Americana*, Porto Alegre, Ricardo Lenz, 2001, 262 p.

Perez Bernardez (Carmen), *Las relaciones de la Unión Europea con organizaciones internacionales: análisis jurídico de la práctica institucional*, Madrid, Comunidad de Madrid, 2003, 670 p.

Perez Ortemin (Jorge), *El Mercado Común del Sur – Desde Asunción a Ouro Preto*, 2e éd., Montevideo, Fundación de Cultura Universitaria, 2001, 208 p.

Perotti (A.D.), « Tribunales Supranacionales. La Corte Centroamericana de Justicia », in *RDM*, 1999-6.

Perotti (A.D.), « Estructura institucional y derecho en el Mercosur », in *RDM*, 2002, n° 1, 63-137 p.

Perotti (A.D.), « El fallo 'Aquino' de la Corte Suprema: una introducción a la aplicación judicial de la Declaración Sociolaboral del Mercosur », in *Revista de Derecho Privado y Comunitario*, 2005, n° 3, Rubinzal-Culzoni, Santa Fe, 607 à 633 p.

Perotti (Alejandro Daniel), *Tribunal Permanente de revisión y estado de derecho en el Mercosur*, Buenos Aires, Marcial Pons de Argentina, 2008, 269 p.

Perotti (Alejandro Daniel), « El principio de la primacía del derecho del Mercosur en las tres primeras opiniones consultivas del Tribunal Permanente de Revisión », *in* Ulate Chacón (Enrique) (coord.), *Derecho Internacional, Derecho Comunitario y Derechos humanos – En homenaje al Profesor Dr. José Luis Molina Quesada*, San José, Costa Rica, Isolma, 2009, 291-316 p.

Perotti (Alejandro Daniel), *Habilitación constitucional para la integración comunitaria, Estudios sobre los Estados del Mercosur*, Tomo I: Brasil y Paraguay, Curitiba, Juruá, 2010, 512 p.

Perotti (Alejandro Daniel), *Habilitación constitucional para la integración comunitaria, Estudios sobre los Estados del Mercosur*, Tomo II: Argentina y Uruguay, Curitiba, Juruá, 2010, 641 p.

Pescatore (Pierre), *Le droit de l'intégration: émergence d'un phénomène nouveau dans les relations internationales selon l'expérience des communautés européennes* (Reproduction de l'éd. de Leiden : A. W. Sijthoff, 1972), Bruxelles, Bruylant, 2005, 100 p.

Pescatore (Pierre), *Fédéralisme et intégration*, republié dans *Études de droit communautaire européen 1962-2007,* Bruxelles, Bruylant, 2008, 1006 p.

Philip (Christian) et Cara (Jean-Yves), « Nature et évolution de la juridiction internationale », *in La Juridiction internationale permanente (Actes du XX Colloque de Lyon de la Société française pour le droit international,* Université Jean Moulin Lyon III, 29-31 mai 1986), Paris, Pedone, 1987.

PIDHDD, *Compilación de la legislación de derechos económicos, sociales y culturales en el Mercosur / 2004/2005; Argentina, Bolivia, Brasil, Chile, Paraguay, Uruguay*, Montevideo, PIDHDD, 2005, 288 p.

PIDHDD, *Los derechos económicos, sociales y culturales en el Mercosur - Observatorio DESC Mercosur-2003 (Argentina, Bolivia, Brasil, Chile, Paraguay, Uruguay)*, Montevideo, PIDHDD, Social Watch, 2003, 271 p.

Pierini (A.), « Derechos Humanos en El Mercosur », in *Archivos del Presente*, 2000, año 6, n° 21.

Pinard (Gustavo), *Los Derechos Humanos en las Constituciones del Mercosur*, 2e éd., Buenos Aires, Ciudad Argentina, 1998, 442 p.

Pinto (Julio), « Los valores sociales compartidos como orientadores de los procesos de integración social », *in* Alberti (Giorgio) *et al.* (comp.), *Instituciones, democracia e integración regional en el Mercosur*, Buenos Aires, Bononiae Libris, 2006.

Piovesan (Flavia), « Direito Internacional dos Direitos Humanos e o Direito Brasileiro: Hierarquia dos tratados de direitos humanos à luz da Constituição Brasileira », *in* Amaral Jr. (Alberto do) et Lyra Jubilut (Liliana) (org.), *O STF e o Direito Internacional dos Direitos Humanos*, São Paulo, Quartier Latin, 2009, 3-43 p.

Piovesan (F.), « Inter-American System for Human Rights Protection: Impact, Challenges and Perspectives », in *EdL*, 2010, n° 33, Strasbourg, PUS, 11-16 p.

Piovesan (Flavia),« Fuerza integradora y catalizadora del sistema interamericano de protección de los derechos humanos », *in*Von Bogdandy (Armin)*et al.* (coord.), *La justicia constitucional y su internacionalización*, Vol. 2. México, Heidelberg, Univ. Nacional Autonoma de Mexico, 2010, 431-448 p.

Piovesan (Flavia), « Sistema Interamericano de Proteção de Direitos Humanos : Impacto, Desafios e Perspectivas à Luz da Experiência Latino-Americana », *in* Von Bogdandy (Armin)*et al.* (dir.), *Direitos Humanos, Democracia e Integração Juridica na América do Sul*, Rio de Janeiro, Lumen Juris, 2010, 335-355 p.

Piovesan (Flavia), « Proteção dos direitos humanos », *in* Von Bogdandy (Armin) (ed .), *Direitos humanos, democracia e integração jurídica*, Rio de Janeiro, Lumen Juris, 2011, 625-662 p.

Piovesan (Flavia), *Brazil, Democracy and Human Rights*, Conférence présentée lors du Workshop: Rising Brazil – Trends, Directions, and Challenges, à l'University of Oxford, le 5 novembre 2011.

Piovesan (Flavia), *Direitos humanos e justiça internacional*, 3e éd., São Paulo, Saraiva, 2012, 346 p.

Piovesan (Flavia), *Direitos Humanos e o Direito Constitucional Internacional*, 13e éd., São Paulo, Saraiva, 2012, 693 p.

Piovesan (Flavia), *Temas de direitos humanos,* 5e éd., São Paulo, Saraiva, 2012, 510 p.

Piovesan (Flavia), « Direitos humanos e dialogo jurisdicional no contexto latino-americano », *in* Von Bogdandy (Armin), (ed.), *Estudos avançados de direitos humanos,* Rio de Janeiro, Elsevier, 2013, 388-412 p.

Pironet (O.), « L'intégration régionale, un long processus », Manière de voir, Amérique latine rebelle, *Le Monde diplomatique,* 2007, n° 90, décembre 2006-janvier 2007.

PIRZER (Christian), « Mercosur's Contribution to Democratic Consolidation », *in* Börzel (Tanja) (org.), *Roads to regionalism*, Farnham, Ashgate, 2012, 199-214 p.

Pizzolo (Calogero), *Pensar el Mercosur: constitución y derecho comunitario*, Mendoza, Ediciones Jurídicas Cuyo, 1998, 406 p.

Pizzolo (Calogero), « Los mecanismos de protección en el sistema interamericano de derechos humanos y el derecho interno de los países miembros », *in* Méndez Silva (Ricardo) (coord.), *Derecho internacional de los derechos humanos* - Memoria del VII Congreso Iberoamericano de Derecho Constitucional, Instituto de investigaciones jurídicas, México, 2002, 505-519 p.

Ponpon (Hélène), *L'Union européenne : un modèle pour le Mercosur*, Mémoire de master en Sciences politiques, soutenu à l'Université Strasbourg 3 en 2001, 105 p.

Ponthoreau (Marie-Claire), *Droit(s) constitutionnel(s) comparé(s)*, Paris, Economica, 2010, VIII-401 p.

Popovic (Dragojilub), « Aspects créatifs de l'œuvre de la Cour européenne des droits de l'homme », *in* Titiun (Patrick) (coord.), *La conscience des droits : mélanges en honneur de Jean-Paul Costa*, Paris, Dalloz, 2011, 511-518 p.

Porrata-Doria (Rafael), *Mercosur: The common market of the southern cone*, New York, Carolina Academic Press, 2005, 228 p.

Powell (S.J.), « Managing the rule of law in the Americas », in *The University of Miami Inter-American law review*, Coral Gables, School of Law, 2011, vol 42, n° 2, p. 198.

Prebisch (Raul) *et al.*, « Perspectivas para la Creación del Mercado Comun Latinoamericano », *in* Instituto para la Integracion de America Latina, La Integracion Latinoamericana : situacion y perspectivas, BID, Buenos Aires, 1965, p. 189 à 217.

Priollaud (François-Xavier) et Siritsky (David), *Le Traité de Lisbonne, texte et commentaire article par article*, Paris, La documentation française, 2008, 526 p.

Puceiro Ripoll (Roberto), « Nuevos Mecanismos institucionales del Mercosur: ¿ Desarrollos orgánicos o prótesis forzadas », *in Liber amicorum en homenaje al profesor Dr. Didier Opertti Badán*, Montevideo, Fundación de Cultura Universitaria, 2005, 907-932 p.

Quintão Soares (Mario Lucio), *Mercosul : direitos humanos, globalização e soberania*, Belo Horizonte, Inédita, 1997, 224 p.

Quiroga Lavié (Humberto), *Derecho Constitucional Latinoamericano*, Instituto de Investigaciones Jurídicas, México, Universidad Nacional Autónoma de México, 1991, Serie B: Estudios Comparativos, d) Derecho Latinoamericano, n° 28, 482 p.

Quoc Dinh (Nguyen), Dailler (Patrick), Forteau (Mathias) et Pellet (Alain), *Droit international public : formation du droit, sujets, relations diplomatiques et consulaires, responsabilité, règlement des différends, maintien de la paix, espaces internationaux, relations économiques, environnement*, 8e éd., Paris, LGDJ, 2009, 1709 p.

Racondo (Gregorio) (org.), *Mercosur: La dimensión cultural de la integración*, Buenos Aires, Circus, 1998, 324 p.

Raizer Borges Moschen (Valesca) et Simões Martins Filho (Marcos), « A delimitação do objeto da controvérsia no sistema de solução de controvérsias do Mercosul », *in* Menezes Cordeiro (Antonio) *et al.* (org.), *Estudos em homenagem ao Professor Doutor Paulo de Pitta e Cunha*, vol 1, Coimbra, Almedina, 2010, 1309-1324 p.

Ramos Queiroz, « La Reforma Constitucional en Matéria de Amparo, un paso más en su evolución histórica », *in* Cervantes Bravo (Irina), et Wong Meraz (Victor Alejandro) (coord.), *Temas de Control de Constitucionalidad y Convencionalidad en México*, Porrúa, México, 2013, 143-158 p.

Rapoport (M.), « Mercosur: la construction historique d'un espace régional », *Cahiers de l'Amérique Latine*, 1998, n° 27, IHEA.

Ratton Sanchez (M.), « É possivel pensar em sociedade civil no Mercosul? », in *Revista Cena Internacional*, 2007, vol. 9, n° 1.

Ratton Sanchez (Michelle), « Is there any Room for Input and Control Legitimacy by Civil Society in Mercosur? » *in* Ribeiro Hoffmann (Andrea) et Van der Vleuten (Anne) (ed.), *Closing or widening the gap? : legitimacy and democracy in regional international organizations*, Ashgate, Farnham, 2007.

Redor (Marie-Joëlle), « La vocation de l'Union européenne à protéger les droits fondamentaux », *in* Redor (Marie-Joëlle) *et al.* (éd.), *L'Union européenne et les droits fondamentaux*. Journée d'études organisée à Caen le 7 mai 1998 par le CRDF (Centre de recherche sur les droits fondamentaux), avec la participation de la Commission pour l'étude des Communautés européennes (CEDECE), Bruxelles, Bruylant, 1999, p. 13.

Regueiro Bello (L.M.), « Estados Unidos — Mercosul: una conveniencia conflictual », in *Aportes*, 2001, año/vol. VI, n° 017, Benemérita Universidad Autónoma de Puebla, México.

Reuter (Paul), « Vocabulaire juridique du droit international », in *Mélanges offerts à Monsieur le Doyen Louis Trotabas*, Paris, LGDJ, 1970, 3-23 p.

Rey (S.), « UNASUR: pasado, presente y futuro », in *Revista Derecho Público*, 2012, Año I - n° 1, Ministerio de Justicia y Derechos Humanos de la Nación, p. 121 à 156.

Rey Caro (Ernesto), « Los tratados internacionales sobre derechos humanos en la Constitución Argentina », *in Hector Gros Espiell Amicorum Liber*, v. 2, Persona humana y derecho internacional, Bruxelles, Bruylant, 1997.

Rey Caro (Ernesto), « Consideraciones sobre las fuentes del derecho en un marco de integración. El caso del Mercosur », *in* Bazán (Victor) (coord.), *Libro en reconocimiento al Doctor Germán Bidart Campos*, Buenos Aires, EDIAR, 2003.

Rey Caro (E.), « El Tribunal Permanente de Revisión del Mercosur Delimita su Competencia », in *Anuario Universidad Nacional de Córdoba*, Facultad de Derecho y Ciencias Sociales, Centro de Investigaciones Jurídicas y Sociales, 2006, vol. 9, Buenos Aires, La Ley, 285-289 p.

Rey Caro (Ernesto), « The Administration of a Permanent Jurisdictional Entity for the Mercosur », *in* Kohen, M. (éd.), *Promoting justice, human rights and conflict resolution through international law - Liber amicorum Lucius Caflisch*, Leiden, Nijhoff, 2007, 993-1001 p.

Riado (Pierre), *L'Amérique latine de 1870 à nos jours*, Collection un siècle d'Histoire, Paris, Masson, 1979, 253 p.

Ribeiro (Maria de Fatima), « Analise sobre os Direitos Humanos e Tributação no âmbito do Mercosul »,*in* Ribeiro (Maria de Fatima) *et al.* (dir.), *Direito internacional dos direitos humanos : estudos em homenagem à Professora Flávia Piovesan,* Curitiba, Juruá, 2004, 321-341 p.

Ribeiro Bastos (Celso) et Gandra Martins (Ives), *Comentarios à Constituição do Brasil: promulgada em 5 de outubro de 1988*, v. 1., São Paulo, Saraiva, 1988-1989.

Ribeiro de Oliveira (Michele) et Ribeiro Sampaio (Rodrigo), « Os direitos humanos, os tratados internacionais e a livre circulação depessoas no Mercosul», *in* Ribeiro (Maria de Fatima) *et al.* (dir.), *Direito internacional dos direitos humanos : estudos em homenagem à Professora Flávia Piovesan,* Curitiba, Juruá, 2004, 349-356 p.

Ribeiro Hoffmann (A.), «Avaliando a influência das organizações regionais de integração sobre o carater democratico dos regimes de seus Estados-partes: o caso do Mercosul e o Paraguai », in *Cena Internacional*, Ano 7, Número 2, 2005, 83-92 p.

Ribeiro Hoffmann (Andrea), « Polical Conditionality and Democratic Clauses in the EU and Mercosur », *in* Ribeiro Hoffmann (Andrea) et Van der Vleuten (Anne) (éd.), *Closing or widening the gap? : legitimacy and democracy in regional international organizations*, Ashgate, Farnham, 2007.

Ribeiro Hoffmann (Andrea), « Democracia e integración regional: el caso del Mercosur », *in*Von Bogdandy (Armin) (éd.), *¿Integración suramericana a través del derecho?,* Madrid, Centro de Estudios Políticos y Constitucionales, Heidelberg, Max-Planck-Institut für Ausländisches Öffentliches Recht und Völkerrecht, 2009, 339-358 p.

Rideau (J.), « La coexistence des systèmes de protection des droits fondamentaux dans les États membres des Communautés européennes », in *AIJC*, 1991, VII.

Rideau (Joël), « L'influence du droit communautaire sur la protection des droits fondamentaux dans les États membres », *in* Doubouis (Louis) (dir.), in *Droit communautaire et protection des droits fondamentaux dans des États membres*, Paris, Economica, 1995.

Rideau (J.), « Le rôle de l'Union européenne en matière de protection des droits de l'homme », in *RCADI*, 1997, t. 265, Martinus Nuhoff Publishers.

Rideau (Joël) (dir.), *Les droits fondamentaux dans l'Union européenne : dans le sillage de la Constitution européenne*, Bruxelles, Bruylant, 2009, XIV-489 p.

Rideau (Joël), *Droit institutionnel de l'Union européenne*, 6e éd., Paris, LGDJ, 2010, 1464 p.

Rinaldi (Karine), « Le droit des populations autochtones et tribales à la propriété dans le système interaméricain de protection des droits de l'homme », *in* Hennebel (Ludovic) et Tigroudja (Hélène) (dir.), *Le particularisme interaméricain des droits de l'homme : en honneur du 40e anniversaire de la Convention américaine des droits de l'homme*, Pedone, Paris, 2009, 215-250 p.

Riou (N.), « Confirmation du caractère obligatoire des mesures provisoires en vertu de l'article 34 CEDH », in *EdL*, 2005, n° 17, p. 15.

Robertson (Arthur Henry), *Travaux préparatoires*, vol. 1, The Hague, Martinus Nijhoff, 1975, 327 p.

Rocha d'Angelis (Wagner), « O Instituto da Suprenacionalidade na estructura definitiva do Mercosul », *in* Menezes(Wagner) (org.), *O direito internacional e o direito brasileiro : homenagem a José Francisco Rezek*, Ijui, Unijui, 2004, 385-421 p.

Rodrigues-Roget (Maristela), *Le système interaméricain et les principes démocratiques*, Paris, L'Harmattan, 2009, 652 p.

Rodríguez (Graciela), *exposé dans le Colloque Diálogo Social: Mercosul em Debate - Estatuto da Cidadania Desafios para sua Implementação*, Brasilia, le 8 novembre 2012.

Rodriguez-Zapata Pérez (Jorge), « L'effet dynamique e la jurisprudence de la Cour européenne des Droits de l'Homme et le rôle des cours constitutionnelles », in *Dialogue entre juges*, Séminaire organisé par la Cour européenne des droits de l'homme, Strasbourg Éditions du Conseil de l'Europe, 2007.

Rojas (R.),« Fortalecimiento del sistema interamericano de derechos humanos»,in*Revista IIDH,* 2001, n° 30/31, 81-281 p.

Rojo (Raul Enrique), « Démocratie, droits de l'homme et intégration régionale. Le Mercosur et sa clause démocratique à l'époque de Chavez », in Flaesch-Mougin (Catherine) et Lebullenger (Joël) (éd.), *Regards croisés sur les intégrations régionales: Europe, Amériques, Afrique*, Bruxelles, Bruylant, 2010.

Rosas (M.C.), « El Mercosur en la integración latinoamericana », in *Revista Mexicana de Política Exterior*, 2001, n° 64, 101-145 p.

Rousseff (Dilma), *Exposé lors de la cérémonie de remise des diplômes de la promotion 2011/2013 de l'Institut Rio Branco*, le 17 juin 2013 au Palácio Itamaraty, à Brasilia.

Ruiz Miguel (Carlos), « L'amparo constitutionnel en Espagne : droit et politique », Dossier : L'accès des personnes à la justice constitutionnelle, *Cahiers du Conseil constitutionnel*, mai 2001, n° 10.

Ruiz-Dias Labrano (Roberto Jesus), « Hacia un Tribunal de Carácter Supranacional en el Mercosur », *inDesafíos del Mercosur: Encuentros de Especialistas en el Mercosur*, Rosario, AR 1996/11/21-23. Fundación Centro de Estudios Políticos y Administrativos de Buenos Aires, Buenos Aires, Buenos Aires, Ciudad Argentina, 1997.

Ruiz-Dias Labrano (R.J.), « La integración y las constituciones nacionales de los Estados Parte del Mercosur », *Anuario de derecho constitucional latinoamericano*, Montevideo, Konrad-Adenauer-Stiftung, 1999, 65-78 p.

Ruiz-Dias Labrano (Roberto Jesus), «Supranacionalidad y Mercosur », *in* Irigoin Barrenne (Jeanette) (coord.), *Chile y el Mercosur en América Latina: VI Encuentro Internacional de Derecho en América del Sur*, vol. 1, Santiago, Editorial Juridica de Chile, 1999, 161-172 p.

Ruiz-Fabre (Hélène), Sicilianos Linos Alexandre et Sorel Jean-Marc (dir), *L'effectivité des organisations internationales : mécanismes de suivi et de contrôle*, Paris, Pedone ; Athènes, Ant. N. Sakkoulas, 2000, 338 p.

Runavot (Marie-Clotilde), « La fonction consultative de la Cour interaméricaine des droits de l'homme : splendeurs et misères de l'avis du juge interaméricain », in Hennebel (Ludovic) et Tigroudja (Hélène) (dir.), *Le particularisme interaméricain des droits de l'homme : en honneur du 40e anniversaire de la Convention américaine des droits de l'homme*, Paris, Pedone.

Saavedra-Alessandri (P.), « The Inter-American Court of Human Rights: present and future challenges », in *Netherlands quarterly of human rights*, 2006, vol. 24, no. 3, 375-378 p.

Sagües (Nestor Pedro), «Evolución institucional argentina: sistema de gobierno, poder judicial, derechos fundamentales (1975-2005) », *in* Nogueira Alcalá (Humberto) (coord.), *La evolución político-constitucional de América del Sur 1976-2005*, Santiago, Librotecnica, 2009.

Sajo (Andras), (ed.), *Free to Protest: constituent power and street demonstration*, Eleven Publishing, 2008, p. 127 et s.

Salas (G.), « Recientes Avances en el Mercosur y la Necesidad de una Reforma Integral », in *Anuario Universidad Nacional de Córdoba*, Facultad de Derecho y Ciencias Sociales, Centro de Investigaciones Jurídicas y Sociales, 2007, vol. 9, Buenos Aires, La Ley.

Salas (G.), « La defensa de la democracia, el sistema interamericano y Mercosur », in *Anuario hispano-luso-americano de derecho internacional*, n° 21, 2013/14, 421-442 p.

Salmon (Jean), (dir.), *Dictionnaire de droit international public*, Bruxelles, Bruylant/AUF, 2001, XLI-1198 p.

Salomoni(Jean-Louis), « El origen, la organización y el funcionamiento del Mercosur », *in* Cienfuegos Salgado (David)*et al.* (coord.), *Estudios en homenaje a Don Jorge Fernandez Ruiz. Derecho internacional y otros temas,* Universidad Nacional Autónoma de México, México, 2005, 345-396 p.

Saludjian (Alexis), *Pour une autre intégration sud-américaine: critiques au Mercosur néo-libéral*, Paris, L'Harmattan, 2006, 276 p.

Salvioli (Fabian Omar), « El aporte de la Declaración Americana de 1948, para la protección internacional de los derechos humanos », *in* Corte Interamericana de Derechos Humanos, *Memoria del Seminario El sistema interamericano de protección de los derechos humanos en el umbral del siglo XXI,* Vol. I.2e éd., San José, C.R., Corte Interamericana de Derechos Humanos, 2003, 679-696 p.

Samleben (J.), « Perspectivas para uma Corte do Mercosul e a Experiência Européia »,in *Revista de Informação Legislativa,* 1996, v. 33 n° 131, Brasília, Senado Federal, 261-267 p.

Samtleben (Jürgen), « La solución de controversias en la Unión Europea y en el Mercosur», *in Liber amicorum en homenaje al profesor Dr. Didier Opertti Badán*, Montevideo, Fundación de Cultura Universitaria, 2005, 947-962 p.

Sanahuja (J.A.), « La Unión Europea y el regionalismo latinoamericano: un balance », in *Investigación & desarrollo*, 2013, vol. 21, n° 1, 29-184 p.

Santander (Sebastian), *Le régionalisme sud-américain, l'Union européenne et les États-Unis*, Bruxelles, Éd. de l'Université de Bruxelles, Institut d'Études européennes, 2008, 280 p.

Santestevan (Ana Maria), « Instrumentos que consagran derechos económicos, sociales y culturales en el proceso de integración del Mercosur », *in* Vázquez (Mariana) et Santestevan (Ana Maria), *La integración regional y los DESC. Modelos de integración e instrumentos que consagran los DESC en el Mercosur*, Asunción, Coordinación Regional PIDHDD, 2010, 41-134 p.

Savarese (E.), « Chronique de droit international public », in *Revue de l'arbitrage*, 2006, n° 4.

Sberro (S.), « L'intégration régionale en Amérique latine : le mythe se Sysiphe », in *Pouvoirs*, 2001/3, n° 98, p. 49 à 61.

Schermers (H.), « La procédure devant la Commission européenne des droits de l'homme », in *RUDH,* v. 4, n° 10-11, 1992, 391-394 p.

Schmitter (P.), « Mercado, Democracia e Integración », in *Archivos del Presente – Revista Latinoamericana de Temas Internacionales*, 2004, año 9, n° 34, Ed. Fundación Foro del Sur.

Schneider (C.) et Tucny (E.), « Réflexions sur la conditionnalité politique appliquée à l'élargissement de l'Union européenne aux pays d'Europe centrale et orientale », in *Revue d'études comparatives Est-Ouest*, 2002, vol. 33, n° 3, 11-44 p.

Schumann (Robert), « Préface », in Reuter (Paul), *La Communauté européenne du charbon et de l'acier*, Paris, LGDJ, 1953, 320 p.

Schwok (René), *Théories de l'intégration européenne : Approches, concepts et débats*, Paris, Montchrestien, 2005, 154 p.

Sebesta (Lorenza), « Las instituciones de Unión Europea como objeto de comparación: algunas reflexiones metodológicas », *in* Alberti (Giorgio) *et al.* (comp.), *Instituciones, democracia e integración regional en el Mercosur*, Buenos Aires, Bononiae Libris, 2006.

Secretaria-Geral da Presidência da República, *Mercosul Social e Participativo : Construindo o Mercosul dos povos com democracia e cidadania*, Brasilia, Ibraes, 2007, 117 p.

Sedley (Stephen), « Réflexions personnelles sur la réception et l'application de la jurisprudence de la Cour », in *Dialogue entre juges*, Séminaire organisé par la Cour européenne des droits de l'homme, Strasbourg Éditions du Conseil de l'Europe, 2006.

Seminara (Letizia), *Les effets des arrêts de la Cour interaméricaine des droits de l'homme*, Droit et Justice, n° 85, Bruxelles, Bruylant, 2009, 475 p.

Shelton (Dinah), *Regional protection of human rights*, Oxford University press, 2008, XXXI-1163 p.

Silva (José Afonso da), « Direito Regional Econômico, Direitos Humanos e Direito Comunitario », *in* Piovesan (Flavia) (coord.), *Direitos humanos, globalização econômica e integração regional: desafios do direito constitucional internacional*, São Paulo, Max Limonad, 2002.

Silva (Roberto Luiz), *Direito Econômico Internacional e Direito Comunitario*, Belo Horizonte, Del Rey, 1995, 399 p.

Silva (Virgilio Afonso da), « Integração e Dialogo Constitucional na América do Sul », *in* Von Bogdandy (Armin) *et al.* (dir.), *Direitos Humanos, Democracia e Integração Juridica na América do Sul*, Rio de Janeiro, Lumen Juris, 2010, 515-530 p.

Silvero Salgueiro (Jorge), « La evolución político-constitucional de Paraguay 1976 – 2005 », *in* Nogueira Alcala (Humberto) (coord.) *La evolución político-constitucional de América del Sur 1976-2005*, Santiago, Librotecnica, 2009, 439-463 p.

Simma (Bruno), Aschenbrenner (Jo Beatrix) et Schulteye (Constanze), « Observations relatives aux droits de l'Homme en ce qui concerne les activités de coopération au développement de la Communauté européenne », in Alston (Philip) (dir.), *L'Union européenne et les droits de l'Homme*, Bruxelles, Bruylant, 2001, 591-650 p.

Simon (Denys), « Les exigences de la primauté du droit communautaire, continuité ou métamorphose ? », in *L'Europe et le droit : mélanges en hommage à Jean Boulouis*, Paris, Dalloz, 1991.

Simon (Denys), *Le système juridique communautaire*, 3e éd., Paris, PUF, 2001, 779 p.

Siskova (Nadezda), « The European Union's dimension of the human rights», *in* Best (Edward) *et al.*(dir.), *Repenser l'Union européenne: à la CIG 2000 et au-delà*, Maastricht, Institut européen d'administration publique, 2000.

Soares (Guido), « União Européia, Mercosul et a proteção de direitos humanos », *in* Piovesan (Flavia) (coord.), *Direitos humanos, globalização econômica e integração regional: desafios do direito constitucional internacional*, São Paulo, Max Limonad, 2002.

Sorj (Bernardo) et Fausto (Sergio), « O papel do Brasil na governança regional », in Sorj (Bernardo) et Fausto (Sergio)(org.), *O Brasil e a Governança da América Latina: Que Tipo de Liderança é Possivel?*, Rio de Janeiro, Centro Edelstein de Pesquisa Sociais; São Paulo, Fundação Instituto Fernando Henrique Cardoso (iFHC), 2013, p. 7 à 66.

Souto Favaretto (A.) *et al.*, « Politicas de desenvolvimento para a América Latina tomando como fundamentos os direitos Humanos e a democracia », in *RDM*, 2006-4.

Stangos (Petros), « La conditionnalité politique, en termes de protection des droits de l'homme et d'État de droit, des relations extérieures de la Communauté et de l'Union européenne », in Ruiz Fabri (Hélène) *et al.* (dir), *L'effectivité des organisations internationales: mécanismes de suivi et de contrôle*, Athènes, Ant. N. Sakkoulas ; Paris, Pedone, 2000, 273-321 p.

Stein (E.), « International Integration and Democracy: no love at the first sight », in *American Journal of International Law*, 2001, 95:3, 489-534 p.

Steiner (Henry) *et al.*, *International human rights in context: law, politics, morals : text and materials*, 3e éd., Oxford, New York, Oxford University Press, 2007, XXXIX-1492 p.

Stumpf Gonzales (Rodrigo), « Direitos Humanos na América Latina hoje: heranças e transição inconclusas », *in* Menetzeder Keil (Ivete) *et al.* (org.), *Direitos humanos: alternativas de justia social na América Latina*, Unisinos, São Leopoldo, 2002.

Sudre (F.), Le « Traité d'Amsterdam dessine une 'Charte communautaire des droits fondamentaux' », in *JCP*, 1998, I, p. 100.

Sudre (Frédéric) et Labayle (Henry) (dir.), *Réalités et perspectives du droit communautaire des droits fondamentaux*, Droit et Justice, n° 27, Bruxelles, Bruylant, 2000, 531 p.

Sudre (Frédéric) et Tinière (Romain), *Droit communautaire des droits fondamentaux: recueil de décisions de la Cour de Justice des Communautés européennes*, Droit et Justice, n° 75, 2e éd., Bruxelles, Bruylant, 2007, 337 p.

Sudre (Frédéric), « Commentaire de l'article I.9 de du traité établissant une Constitution pour l'Europe », in Burgorgue-Larsen, Levade, L.A. et Picod, F. (dir.), *Traité établissant une constitution pour l'Europe, Commentaire article par article*, Bruxelles, Bruylant, 2007.

Susani (Nadine), *Le règlement des différends dans le Mercosur : un système de droit international pour une organisation d'intégration*, Paris, l'Harmattan, 2008, III, 321 p.

Tanasescu (Elena-Simina), « Rôle des droits fondamentaux dans la constitutionnalisation de l'ordre juridique de l'Union européenne », *in La*

Cour de justice et la construction de l'Europe : Analyses et perspectives de soixante ans de jurisprudence, Springer, 2013, 207-227 p.

Texidó (E.) *et al.* (org.), « Migraciones laborales en Sudamérica: el Mercosur ampliado », *Estudios sobre Migraciones Internacionales*, vol. 63, Sector de la Protección Social, Programa de Migraciones Internacionales, Ginebra, Oficina Internacional del Trabajo, 2003.

Tigroudja (Hélène) et Panoussis (Ioannis K.), *La Cour interaméricaine des droits de l'homme : Analyse de la jurisprudence consultative et contentieuse*, Coll. Droit et Justice, n° 41, Bruxelles, Bruylant, 2003, XXV-330 p.

Tigroudja (H), « La Cour Interaméricaine des Droits de l'homme au service de 'l'humanisation du droit international public'. Propos autour des récents arrêts et avis », in *AFDI*, 2006, LII CNRS, Paris.

Tinière (Romain), *L'office du juge communautaire des droits fondamentaux*, Bruxelles, Bruylant, 2007, XVII-708 p.

Tizon (Allan Wagner), *Democracia y Seguridad: hacia una agenda de cooperación política sudamericana*. Ponencia presentada en el Seminario internacional « La Comunidad Andina y el Mercosur de cara a la integración: ventajas y desafíos », organizado por la Embajada de la República Bolivariana de Venezuela y la Fundación Foro del Sur, Buenos Aires, 2000.

Tobar-Zaldumbide (Manuel), « Facteurs d'unité et Facteurs de division », in Centre universitaire des hautes études européennes, *L'Europe et l'Amérique latine*, Strasbourg, 1965, 13-21 p.

Toledano Laredo (Armando), *Intégration et démocratie*, Bruxelles, Éditions de l'Université de Bruxelles, 1982, 192 p.

Toledano Laredo (A.), « Les relations entre l'Union européenne et le Mercosur », *Revue du marché unique européen*, 1995, vol. 4, pp. 17-30.

Torrent (Ramon), « Unaaproximación a la anatomía del Mercosur real», *in*Berlinski (Julio) *et al.* (coord.), *15añosdeMercosur: comercio, macroeconomía e inversiones extranjeras*, Montevideo, Red Mercosur, 2006, 11-77 p.

Toscano Franca Filho (M.), « Protection of fundamental rights in Latin American FTAs and Mercosur», in *European law journal*, vol. 20, n° 6, 2014, 811-823 p.

Touzé (Sébastien), « Les limites de l'indemnisation devant la Cour européenne des droits de l'homme : le constat de violation comme satisfaction équitable suffisante », in Flauss (Jean-François) et Lambert Abdelgawad (Elisabeth) (éd.), *La pratique d'indemnisation par la Cour européenne des Droits de l'Homme*, Bruxelles, Bruylant, 2011, p. 127 à 153.

Trujillo Cabrera, J., « Sicherung der Demokratie in Südamerika : vergleichende Annäherungen zur Andengemeinschaft und Mercosur mit der Europäischen Union », International Law : revista colombiana de derecho internacional, 2007, n° 9.

Ueltschi, M.C., « Mercosur político », *Revista para el Estado y la Administración Gubernamental,* Asociación de Administradores Gubernamentales, Buenos Aires, 2009, n° 22, 17-28 p.

Urruty Navatta (C.A.), « El régimen electoral uruguayo », in *Revista de derecho electoral*, Tribunal Supremo de Elecciones Costa Rica, n° 4, 2007, 1-13 p.

Vahlas (Alexis), « Appartenance à l'Union européenne », *in* Constantinesco (Vlad) ; Gautier (Yves) ; Michel (Valérie) (dir.), *Le traité établissant une Constitution pour l'Europe, analyses et commentaires*, Strasbourg, PUS, 2005.

Valega Puello (C.), « Los derechos fundamentales y su incorporación en los tratados de libre comercio», in *Revista de Derecho*, 2004, diciembre, n° 022, Universidad del Norte, Barranquilla, Colombia.

Valladares Lanza (Leo), « La Experiencia Iberoamericana »,*Seminario Internacional El Defensor Ciudadano que Queremos*, Santiago de Chile, Ministerio Secretaria General de la Presidencia, 2001.

Valverde Chaves (Jeannette), « El Mercosur: ¿área de libre comercio o unión aduanera? », *in* Tremolada Alvarez (Eric), (dir.), *Repensando la integración y las integraciones*, Bogotá, Universidad Externado de Colombia, 2013, 211-232 p.

Van der Vleuten (Anna) et Ribeiro Hoffmann (Andrea), « Explaining the enforcement of democracy by regional organizations », *Journal of common market studies*, vol. 48, 2010, n° 3, 737-758 p.

Vasak (Karel), *La protection des Droits de l'Homme sur le continent américain : la Commission interaméricaine des droits de l'homme*, Paris, LGDJ, 1968, IV-285 p.

Vasak (K.), « Intégration régionale et droits de l'homme : situation en Afrique et en Amérique », in *Synthèses*, 1969, n° 273/274, 93-96 p.

Vasquez (A.R.), « Soberanía, supranacionalidad e integración: la cuestión en los países del Mercosur », in *Anuario de Derecho Constitucional Latinoamericano*, 2001, 233-244 p.

Vayssière (Pierre), *L'Amérique latine – de 1890 à nos jours*, 3e éd., Paris, Hachette, 2006, 287 p.

Vázquez (Tabaré), dans son exposé lors du débat organisé par la Fondation iFHC, *Brasil e América Latina: que liderança é possível?*, le 18 avril 2013.

Ventura (Deisy), *A ordem juridica do Mercosul*, Porto Alegre, Livraria do Advogado, 1996, 167 p.

Ventura (D.), « Le Mercosur et la stratégie européenne pour l'Amérique latine », in *Cahiers des Amériques latines*, 1998, n° 27, éd. IHEAL, Paris, 115-133 p.

Ventura(Deisy), *Les asymétries entre le Mercosur et l'Union européenne*, Paris, L'Harmattan, 2003, 501 p.

Ventura (D.), « La gouvernance démocratique et l'intégration économique : regards croisés entre le Mercosur et l'Union européenne », in *Droit et société : revue internationale de théorie du droit et de sociologie juridique*, LGDJ, n° 59, 2005, 93-103 p.

Ventura (Deisy) et Rolim (Marcos), *Os Direitos Humanos e o Mercosul : uma agenda (urgente) para além do mercado*, in *RDM*, 2005.

Ventura Robles (Manuel E.), « La Corte Interamericana de Derechos Humanos: Camino hacia un tribunal permanente », in Cançado Trindade (Antônio Augusto) et Ventura Robles (Manuel E.) (coord.), *El futuro de la Corte Interamericana de Derechos Humanos*, San José, C.R., Corte Interamericana de Derechos Humanos, Alto Comisionado de Naciones Unidas para los Refugiados, 2003 110-162 p.

Verges (Jean), « Droits fondamentaux de la personne et principes généraux du droit communautaire », in *L'Europe et le droit : mélanges en hommage à Jean Boulouis*, Paris, Dalloz, 1991.

Vescovi (Enrique), « La jurisdicción nacional e internacional en Latinoamérica: la defensa de los derechos humanos en la región, integración jurisdiccional, derecho transnacional, derecho comunitario, papel de los jueces », *in* Liber amicorum Héctor Fix-Zamudio, vol. 2, San José, CR, Secretaría de la Corte Interamericana de Derechos Humanos, 1998.

Villagra de Biederman (Soledad), « El Paraguay frente al sistema internacional de los derechos humanos: análisis sobre la implementación de tratados y mecanismos de protección de los derechos humanos en Paraguay », in González Feldmann (Cynthia) (comp.), *El Paraguay frente al sistema internacional de los derechos humanos*, Berlin, Konrad-Adenauer-Stiftung, 2004, 141-157 p.

Villamarín (J.J.), « Las Constituciones en el Mercosur. Notas a propósito de una mayor judicialización en el ámbito regional », in *Lecciones y Ensayos*, v. 79, Facultad de Derecho de la Universidad de Buenos Aires, Buenos Aires, 2004, 69-105 p.

Villatore (Marco Antonio César) et Silveira da Rocha Sampaio (Romulo), « A livre circulação de trabalhadores na Comunidade Européia e no Mercosul», *in* Menezes(Wagner) (org.), *O direito internacional e o direito brasileiro : homenagem a José Francisco Rezek*, Ijui, Unijui, 2004, 440-468 p.

Villechenon (Florence), « Nouvelles tendances dans les relations entre l'Union européenne et le Mercosur dans les années 90. Nouveaux instruments de coopération économique », *in* Cardozo (Alejandro), *Intégration économique et management, analyse comparée Union européenne/Mercosur*, Chambre de commerce et industrie de Paris, éd. S.I., Paris, 1997, 143-150 p.

Vittini (I.), « La dimensión social y cultural el acuerdo Chile-Mercosur », in *Ius et Praxis*, 1998, Año 4, n° 2, Facultad de ciencias jurídicas y sociales, Universidad de Talca, Chile.

Viveiros (M.), « A globalização e os direitos humanos no ámbito del Mercosul: um código de direitos e uma corte de justiça », *Los procesos de integración en el nuevo milenio*, IX Encuento Internacional de Derecho de América del Sur, La Paz, 2000.

Von Jhering (Rudolf), *La lutte pour le droit, Présentation d'Olivier Jouanjan*, Paris, Dalloz, 2006, XXXIII-XXXII-113 p.

Von Potobsky (Geraldo), Jornada técnica sobre la Carta de Derechos Fundamentales en materia laboral del Mercosur. Naturaleza, contenido y eficacia de una eventual Carta Social del Mercosur in DT, 1994-A.

Von Potobsky (Gerardo), « Naturaleza, contenido y eficacia de una eventual Carta Social del Mercosur », *in* RELASUR , OIT (org.),*¿Una Carta Social del Mercosur?*, Trabajos de la Jornada Técnica sobre la Carta de Derechos Fundamentales en Materia Laboral del Mercosur, OIT/RELASUR, Montevideo, 1994.

Von Potobsky (Geraldo), « La Déclaration sociale du Mercosur », *in* Daugareilh (Isabelle) (éd.), *Mondialisation, travail et droits fondamentaux*, Bruxelles, Bruylant ; Paris, LGDJ, 2005, 99-119 p.

Wachsmann (P.), « La lente, progressive et inexorable montée en puissance des droits de l'homme dans le système de la Communauté et de l'Union », in *RTDE*, 1997.

Wachsmann (Patrick), *Les droits de l'homme*, 5e éd., Paris, Dalloz, 2008, 187 p.

Walsh (Élizabeth), *Régionalisme et convergence des politiques : L'influence d'un réseau syndical dans l'élaboration des politiques du travail par le Mercosul,* Mémoire de recherche soutenu à l'Institut Québécois des Hautes Études internationales, Université de Laval, Québec, en 2008, 468 p.

Wildhaber (Luzius), « La grande chambre de la Cour européenne des droits de l'homme », *in* Titiun (Patrick) (coord.), *La conscience des droits : Mélanges en honneur de Jean-Paul Costa*, Paris, Dalloz, 2011, 687 - 702 p.

Wojcikiewicz Almeida (Paula), *La difficile incorporation et mise en œuvre des normes du Mercosur : aspects généraux et exemple du Brésil*, *La difficile incorporation et mise en œuvre des normes du Mercosur : aspects généraux et exemple du Brésil*, Paris, LGDJ, 2013, 480 p.

Wojcikiewicz Almeida (P.), « The challenges of judicial dialogue in Mercosur », in *The law and practive of international courts and tribunals*, Brill Nijhoff, n°14, 2015, 392-406 p.

Wong Meraz (Vitor Alejandro), « Los derechos fundamentales y humanos como limite a la reforma constitucional desde una perspectiva democrática y humanista », *in* Cervantes Bravo (Irina), et Wong Meraz (Victor Alejandro) (coord.), *Temas de Control de Constitucionalidad y Convencionalidad en México*, Porrúa, México, 2013, 251-284 p.

Wyrwa (Tadeusz), *Les Républiques andines : Bolivie, Chili, Colombie, Équateur, Pérou, Venezuela*, Paris, LGDJ, 1972, 644 p.

Zamudio (T.), « Mercosur: general ideas », *International Journal of Legal Information*, Winter, 2004, 627-638 p.

Zavala (Diego), « La Cláusula Democrática del Mercosur », *in* Irigoin Barrenne (Jeanette) (coord.) *Chile y el Mercosur en América Latina*, VI Encuentro Internacional de Derecho en América del Sur, vol. 1, Santiago, Editorial Jurídica de Chile, 1999.

Articles parus dans la presse papier et électronique

Abramovich, V., « O Mercosul e os lugares de memória dos crimes das ditaduras », *Carta Maior*, Brésil, article paru le 28 septembre 2012.

Abramovich, V., « Volver irreversibles ciertos derechos sociales », *Brecha*, Uruguay, article paru le 27 juillet 2012.

Lambert, R., « Le Brésil s'empare du rêve de Bolivar », *Le Monde diplomatique*, article paru dans l'édition mensuelle de juin 2013, n° 711, p. 5.

Le Cercle de Belém, « L'Europe doit s'ouvrir au Mercosur », *La Tribune*, 17 mars 2016.

Legrand, C., « 'Pepe' Mujica, la 'bonne femme' et le 'borgne' », *Le Monde*, article paru à l'édition du 7 et 8 avril 2013.

Piovesan, F., et Morales Antoniazzi, M., « O silêncio cúmplice dos governos do Mercosul », *O Globo*, article paru le 2 mai 2013.

Pironet, O., « L'intégration régionale, un long processus », Manière de voir, Amérique latine rebelle, *Le Monde diplomatique*, 2007, n° 90, décembre 2006-janvier 2007.

« Maneras de ejercer la memoria », *Rosario/12*, Argentina, article paru le 29 juillet 2012.

« Mercosur adoptó principios fundamentales para las políticas públicas sobre sitios de memoria », *La Mula*, Pérou, article paru le 17 septembre 2012.

« Parlasur organizará una audiencia pública sobre derechos humanos », *ABC Color de Paraguay* article paru le 23 août 2008.

Rapports, études et documents

Conseil de l'Europe

Les décisions et arrêts de la Cour européenne des droits de l'homme sont accessibles en ligne sur la base de données HUDOC (*hudoc.echr.coe.int/*)

Conseil de l'Europe, « Installation de la Commission européenne des Droits de l'homme », *in Nouvelles du Conseil de l'Europe*, août 1954, n° 8, 4e année.

Conseil de l'Europe, Communiqué de presse n° 545(2010), *La Commission européenne et le Conseil de l'Europe lancent des pourparlers sur l'adhésion de l'UE à la Convention des droits de l'homme*. Disponible sur : http://www.coe.int/t/der/brusselsoffice/articles/restarticles/2010/jagland_reding_070710_FR.asp?

Conseil de l'Europe, Division du droit et de la politique des droits de l'homme, *Adhésion de l'Union européenne à la Convention européenne des droits de l'homme*, article apparu sur le site du CoE le 5 avril 2013, disponible sur : http://www.coe.int/t/dghl/standardsetting/hrpolicy/accession/default_fr.asp

Conseil de l'Europe/Cour européenne des droits de l'homme, *Guide pratique sur la recevabilité*, 2011, 94 p.

Commission de Venise, *Drafts Vademecum on the Ombudsman Institution*, 20 mars 2010. Disponible sur : http://www.venice.coe.int/site/main/texts/CDL_2010_OMBUD_e.pdf, consulté le 15 mars 2011.

Mercosur

Comisión de representantes permanentes del Mercosur, *Cartilla del ciudadano del Mercosur – compilación de normativa relacionada con el ciudadano del Mercosur*, 2010.

Consejo del Mercado Común, *Comunicado conjunto de los Presidentes de los Estados partes del Mercosur*, XLV Sesión ordinaria del Consejo del Mercado Común, 12 de julio de 2013, en Montevideo.

Consejo del Mercado Común, *Programa de Trabajo 2004-2006*, du 15 de diciembre de 2003.

IPPDH, *Solicitud de opinión consultiva sobre niñez migrante ante la Corte Interamericana de Derechos Humanos*, 7 de julio de 2011.

IPPDH, *Informe de actividades 2010-2011*, 7 de octubre de 2011.

IPPDH, *Propuestas para el fortalecimiento de la RAADDHH: Mejoras en sus procedimientos y mecanismos de participación social*, 30 de noviembre de 2011.

IPPDH, *Plan de trabajo anual 2012*, 1er de diciembre de 2011.

IPPDH, *El principio de igualdad y no discriminación en la protección de los derechos de las personas adultas mayores: Aportes para la discusión de una Convención Internacional*, 2011.

IPPDH, *Aportes para la implementación de los Mecanismos Nacionales de Prevención de la Tortura en los Países del Mercosur*, junio 2012.

IPPDH, *La implementación de los acuerdos del Mercosur relativos a la protección de los derechos de los niños, niñas y adolescentes migrantes: diagnósticos y lineamientos para la acción*, julio 2012.

IPPDH, *Principios fundamentales para las políticas públicas en materia de sitios de memoria*, septiembre 2012.

IPPDH, *Construyendo una Infraestructura para la Protección y Promoción de los Derechos Humanos en el Mercosur*, 6 diciembre 2012

IPPDH, *Plan de trabajo anual 2013*, deciembre 2012

IPPDH, *Producción y gestión de información y conocimiento en el campo de la seguridad ciudadana: los casos de Argentina, Brasil, Paraguay y Uruguay*, abril 2013

IPPDH, *Informe de actividades 2012*, noviembre 2013

IPPDH, *Informe de actividades 2013*, 8 noviembre 2013

IPPDH, *Acervo Documental Condor (ADOC)*, septembre 2013

IPPDH, *Ganar derechos: lineamentos para la formulacion de politicas públicas basadas en derechos,* 2014

IPPDH, *Aceso igualitario a derechos sociales: indicadores y sistemas de informacion en el Mercosur*, 2014

IPPDH, *Mercosur, UNASUR y Haiti – Cooperación regional en derechos humanos.*

IPPDH, *Informe anual 2015*, janvier 2016

IPPDH, *Memoria institucional 2009-2014*, 6 junio 2015

IPPDH, *Mapa Estratégico IPPDH2015-1*, septiembre 2015

IPPDH, *Relevamiento de instrumentos Mercosur en materia de trata de personas*, Buenos Aires, juillet 2016

IPPDH, RAADH, *Personas mayores: hacia una agenda regional de derechos*, 2016

IPPDH, *Avances en la prevención y sanción de la tortura en los países del Mercosur*, Buenos Aires, 2016

IPPDH, *Relevamiento de instrumentos Mercosur en materia de trata de personas*, Buenos Aires, juillet 2016, 64 p.

IPPDH et INADI, *La situación de las personas migrantes regionales en la Ciudad de Buenos Aires: acceso a derechos sociales*, 2016, 116 p.

IPPDH et OIM, *Migrantes regionales en la ciudad de San Pablo, derechos sociales y políticas públicas*, 1er janvier 2017

ISM, *La dimensión social del Mercosur, Marco conceptual*, Asunción, 2013

Parlamento del Mercosur, Secretaria de Comunicación Social del Parlamento del Mercosur y Unidad de Enlace con el Parlamento del Mercosur de la HCDN, *Segunda Audiencia Pública sobre Derechos Humanos fue realizada en Argentina.* Disponible sur:

http://www.parlamentodelmercosur.org/parlasur/VentanaImprimir.jsp?contentid=4649, consulté le 20 décembre 2012.

Secretaria del Mercosur, Fundación Konrad Adenauer, *Tercer Informe sobre la aplicación del derecho del Mercosur por los tribunales nacionales (2005)*, Konrad Adenauer Stiftung, Montevideo, 2010.

Organisation des États américains

Comisión Interamericana de Derechos Humanos, *Rapport Annuel 1992 – 1993*, Rapport 28/92, du 12 mars 1993, OEA/Scr. L/V/II.83, Doc.14.

Comisión Interamericana de Derechos Humanos, *Tercer Informe sobre la Situación de los Derechos Humanos en Paraguay*, du 9 mars 2001 (OEA/Ser./L/VII.110, doc. 52.

Comisión Interamericana de Derechos Humanos, Informe Democracia y derechos humanos en Venezuela, OEA/Ser.L/V/II,Doc. 54, du 30 décembre 2009.

Comisión Interamericana de Derechos Humanos, Comunicado de prensa, 12 de septiembre de 2012 « *CIDH lamenta decisión de Venezuela de denunciar Convención Americana sobre Derechos Humanos* ». Disponible sur : http://www.oas.org/es/cidh/prensa/comunicados/2012/117.asp, consulté le 18 juin 2013.

Corte Interamericana de Derechos Humanos, *La Corte Interamericana de derechos humanos, un cuarto de siglo: 1979-2004*, Corte Interamericana de DerechosHumanos, San José, C.R., Corte Interamericana de Derechos Humanos, 2005.

Corte Interamericana de Derechos Humanos, *Documentos básicos en materia de derechos humanos en el Sistema Interamericano*. Corte Interamericana de Derechos Humanos, San José, C.R., 2012.

Corte Interamericana de Derechos Humanos, Comunicado de prensa, n° 12/12, 25 de junio de 2012.

OEA, *Comparative Study of the United Nations Convenants on Civil and Political Rights and on Economic, Social and Cultural Rights and the Draft Inter-American Conventions on Human Rights*, OEA/Ser.L/V/II/19, Doc. 18, 24 juin 1968.

OEA, Resolución n° 2438 de 2009 de la Asembleia General.

OEA, Resolución 1080, du 5 juin 1991,

OEA, Protocolo de reformas à la Carta de l'OEA (A-56), Protocolo de Washington, de 17 de diciembre de 1992, entré en vigueur le 25 septembre de 1997.

OEA-PNUD, *Nuestra democracia*, México, FCE, PNUD, OEA, 2010.

OEA, Resolución VIII « Derechos Humanos », Parte II de la Ata final de la 5ª Reunión de Consultación de Ministros de Relaciones Exteriores, p. 11. Disponible sur : http://www.oas.org/consejo/sp/rc/Actas/Acta%205.pdf, consulté le 24 mai 2011.

Organisation des Nations unies

Comité pour les droits de l'homme des Nations unies, Compte Rendu de la 1.396e session, du 10 avril 1995 (CCPR/C/79/Add.48 CCPR/C/79/Add.48).

Programme des Nations Unies pour le développement, *Rapport sur le développement humain 2015*.

Section des traités, Traité d'Asunción, *Recueil des Traités, vol.* 2140, 2001, I-37341, New York, 2003, p. 339.

Protocole de Brasília, *Recueil des Traités, vol.* 2145, 2001, A-37341, New York, 2003, p. 290.

Section des traités, Protocole d'Ouro Preto, *Recueil des Traités, vol.* 2145, 2001, A-37341, New York, 2003, p. 360.

Section des traités, Protocole d'Ushuaia, *Recueil des Traités, vol.* 2177, A-37341, New York, 2004, p. 386.

Section des traités, Protocole d'Olivos, *Recueil des Traités, vol.* 2251, A-37341, New York, 2005, p. 304.

Section des traités, Protocole portant sur la création du Parlement du Mercosur, *Recueil des Traités, vol.* 2444, 2007, A-37341, New York, 2011, p. 210.

Union européenne

Règlement (CE) No 168/2007 du Conseil, du 15 février 2007 portant sur la création d'une Agence des droits fondamentaux de l'Union européenne.

Règlement (CE) no 1035/97, du 10 juin 1997), sur la création de l'Observatoire européen des phénomènes racistes et xénophobes

European Union Committee, The Treaty of Lisbon : an impact assessment, House of Lords, 10th Report of Session 2007-2008, vol. 1.

Commission européenne, Mercosur : Document de stratégie régionale 2007-2013 (E/2007/1640), du 2 août 2007.

Divers

Corporación Latinobarómetro, *Informe 2011*, Santiago de Chile, octubre 2012.

Corte Centroamericana de Justicia, *Memoria Ier Encuentro de Cortes Internacionales y Regionales de Justicia del Mundo*, Managua, 2007.

Harvard Law School, *Truth Commissions: a Comparative Assessment*, Human Rights Program - Harvard Law School, 1997.

House of Lords European Union Select Committee, Government response to the European Union Select Committee on The Treaty of Lisbon : an impact assessment (tenth report of session 2007-08), Great Britain, Foreign and Commonwealth Office, London, Stationery Office, 2008.

Instituto para la integración de América Latina, *El papel del derecho en un proceso de integración económica*, Banco Interamericano de Desarrollo, 1966.

Página brasileira do Mercosul, Saiba mais sobre o Mercosul. Disponible sur: http://www.mercosul.gov.br/saiba-mais-sobre-o-mercosul, consulté le 24 octobre 2016.

Reporters sans frontières, *Classement mondial de la liberté de la presse 2016*, Paris, 2016.

Secretaria de Comunicação Social da Presidência da Republica, Brasil, Informações à Imprensa, Cupula de Chefes de Estado do Mercosul e Estados Associados, Brasilia, 7 de dezembro de 2012.

The Economist Intelligence Unit Limited, *Democracy index 2014: Democracy and its discontents*, 2015, p. 3 à 8.

Transparency International, *Corruption perceptions : Index 2015*, Berlin, 2016.

Sélection des sites Internet consultés

La validité de l'ensemble des adresses citées et mentionnées en note de bas de page a été vérifiée le 14mars 2016.

États membres du Mercosur

Argentine

Defensor del Pueblo: www.dpn.gob.ar/

Secretaria de derechos humanos de Argentina: http://www.jus.gob.ar/derechoshumanos

Presidencia de la Nación: www.argentina.gov.ar/argentina

Brésil

Comissão Nacional da Verdade: www.cnv.gov.br/

Controladoria-geral da União: www.cgu.gov.br/english/default.asp

Ouvidoria nacional de direits humanos: www.direitoshumanos.gov.br/ogc

Secretaria de Direitos Humanos da Presidência da República:http://www.sdh.gov.br/

Supremo Tribunal Federal: www.stf.jus.br/

Paraguay

Defensor del Pueblo: www.defensoriadelpueblo.gov.py/

Dirección general de derechos humanos deParaguay: http://www.derechoshumanos.gov.py

Dirección general verdad, justicia y reparación: www.verdadyjusticia-dp.gov.py/index.html

Justicia Electoral de la Republica: www.tsje.gov.py

Uruguay

Defensor del Vecino:www.defensordelvecino.gub.uy/editorial.html

Dirección nacional de derechos humanos: www.mec.gub.uy/ddhh.

Institución Nacional de Derechos Humanos y Defensoría del Pueblo: http://inddhh.gub.uy/

Poder Legislativo: www.parlamento.gub.uy

Secretaria de derechos humanos: http://derechoshumanos.gub.uy/es/

Venezuela

Defensor del Pueblo:www.defensoria.gob.ve/dp/

Tribunal Supremo de Justicia de Venezuela: www.tsj.gov.ve

Mercosur

IPPDH : www.mercosur.int/ippdh

ISM: ismercosur.org/

Niñ@sur: niniosur.com/

Parlamento del Mercosur: www.parlamentodelmercosur.org/

RAADH: www.raaddhh.com/index.asp

Secretaria del Mercosur: www.mercosur.int/

Somos Mercosur: www.somosmercosur.net/

Tribunal Permanente de Revisión: www.tprmercosur.org

ORGANISATION DES ÉTATS AMERICAINS

Commission IDH : www.oas.org/es/cidh/

Cour IDH : www.corteidh.or.cr/

OEA: www.oas.org

CONSEIL DE L'EUROPE

Commission de Venise: www.venice.coe.int/

Conseil de 'Europe : hub.coe.int/

Cour EDH : www.echr.coe.int/

Hudoc : hudoc.echr.coe.int/

UNION EUROPEENNE

Curia : curia.europa.eu/

Journal officiel de l'Union européenne :
http://eur-lex.europa.eu/JOIndex.do?ihmlang=fr

Union européenne : europa.eu/index_fr.htm

Toute l'Europe : www.touteleurope.eu/fr/

DIVERS:

Corporación Latinobarómetro: http://www.latinobarometro.org/

Félix Peña: www.felixpena.com.ar

Library of Congress, USA: www.loc.gov/

Marcos Rolim: rolim.com.br/2006/index.php

Observatorio de Políticas Públicas de Derechos Humanos en el Mercosur: www.observatoriomercosur.org.uy

Palacio do Planalto, Présidência da Republica: http://www2.planalto.gov.br/

VII Encontro de Cortes Supremas do Mercosul: 2 de setembro de 2009, Buenos Aires: audios

http://www.cij.gov.ar/conferencia-cortes-mercosur.html

Table d'annexes

1. Chronologie du Mercosur intéressant cette étude
2. Organigramme du Mercosur
3. Conventions internationales signées et/ou ratifiées par les États membres du Mercosur
4. Conventions interaméricaines signées et/ou ratifiées par les États membres du Mercosur
5. Instruments juridiques du Mercosur intéressant cette étude traduits en français par l'auteur
6. Entretien avec l'ancien secrétaire exécutif de l'Institut de politiques publiques en droits de l'homme du Mercosur, M. ABRAMOVICH, réalisé le 1er juillet 2011

1 — Chronologie du Mercosur intéressant cette étude

1991	•	Traité relatif à la création d'un marché commun entre la République Argentine, la République Fédérative du Brésil, la République du Paraguay et la République orientale de l'Uruguay — Traité d'Asunción (26 mars - en vigueur depuis le 29 novembre 1991)
	•	Protocole de Brasilia pour le règlement des différends (17 décembre - abrogé par le Traité d'Olivos)
1992	•	Protocole de coopération et assistance juridictionnelle en matière civile, commerciale, du droit du travail et administratif — Protocole de Las Leñas (27 juin - en vigueur depuis le 17 mars 1996)
1994	•	Protocole additionnel au Traité d'Asunción sur la structure institutionnelle du Mercosur - Protocole d'Ouro Preto (17 décembre - en vigueur depuis le 15 décembre 1995)
1995	•	SGT n° 10 — sous-groupe de travail spécifique sur les affaires sociales, l'emploi et la sécurité sociale (13 juin)
1996	•	Déclaration présidentielle sur l'engagement démocratique au Mercosur (25 juin)
	•	Le Chili est devenu État associé au Mercosur (25 juin)
	•	La Bolivie est devenue État associé au Mercosur (17 décembre)
1998	•	Protocole d'Ushuaia sur l'engagement démocratique au Mercosur, la République de Bolivie et la République du Chili (24 juillet - en vigueur depuis le 17 janvier 2002)
	•	Déclaration « sociolaborale » du Mercosur (10 décembre)
	•	Forum de consultation et de concertation politique (10 décembre)
1999	•	Commission « sociolaborale » du Mercosur (9 mars)
2000	•	Charte de Buenos Aires sur l'engagement social au Mercosur, en Bolivie et au Chili (30 juin)
	•	Déclaration présidentielle des droits fondamentaux des consommateurs du Mercosur (15 décembre)
2001	•	Réunion de ministres et Autorités de Développement Social du Mercosur et des États associés (1er mars)

- Déclaration d'Asunción sur la traite des personnes et la traite illicite de migrants (8 juin)

2002
- Protocole d'Olivos pour la résolution des différends dans le Mercosur (18 février - en vigueur depuis le 1er janvier 2004)
- Déclaration présidentielle sur l'élimination du travail des enfants, adoptée à Buenos Aires (juin)

2003
- Commission des représentants permanents du Mercosur (6 octobre)
- Programme de Travail 2004-2006 (15 décembre)
- Le Pérou est devenu État associé au Mercosur (15 décembre)

2004
- Centre Mercosur de promotion de l'État de droit (7 juillet)
- La Colombie et l'Équateur sont devenus États associés au Mercosur (16 décembre)
- Le Venezuela est devenu État associé au Mercosur (16 décembre)
- Réunion des Hautes Autorités de droits de l'homme et Chancelleries du Mercosur et États associés (16 décembre)
- Accord contre la traite illicite des migrants (16 décembre)

2005
- Initiative d'Asunción sur la lutte contre la pauvreté extrême (20 juin)
- Protocole d'Asunción sur l'engagement avec la promotion et la protection des droits de l'homme du Mercosur (20 juin - en vigueur depuis le 30 avril 2010)
- Déclaration de Montevideo contre la traite des personnes dans le Mercosur et pays associés (18 novembre)
- Protocole portant création du Parlement du Mercosur (9 décembre 2005 - en vigueur depuis le 24 février 2007)

2006
- Plan régional pour la prévention et élimination du travail des enfants dans le Mercosur (18 juillet)

2007
- Institut social du Mercosur (18 janvier)
- Observatoire pour la démocratie du Mercosur (24 mai)
- Déclaration de la RAADH sur l'âge pénal (31 mai et 1er juin)

2009
- Déclaration sur les mécanismes de coordination des

problèmes communs en matière de développement social et de santé (23 juillet)

- Institut de politiques publiques en droits de l'homme du Mercosur (24 juillet)

2010
- Plan d'action pour le Statut de la citoyenneté du Mercosur (16 décembre)
- Haut représentant général du Mercosur (16 décembre)
- Unité d'appui à la participation sociale (16 décembre)

2011
- Plan stratégique d'action sociale du Mercosur (28 juin)
- Protocole de Montevideo relatif à l'engagement démocratique dans le Mercosur - Ushuaia II (19 décembre - non encore en vigueur)

2012
- Deuxième déclaration présidentielle sur l'élimination du travail des enfants (29 juin)
- Le Paraguay est suspendu du Mercosur (29 juin)
- Le Venezuela est devenu État membre au Mercosur (31 juillet)
- La Bolivie a entamé le processus d'adhésion comme État membre au Mercosur (7 décembre)

2015
- Déclaration « sociolaborale » du Mercosur de 2015 (17 juillet)
- Déclaration spéciale des États Parties et États associés du Mercosur sur la Crise Humanitaire de Gestion de Mouvements Migratoires (21 décembre)
- Déclaration spéciale sur le Protocole d'Asunción sur l'engagement avec la promotion et la protection des droits de l'homme du Mercosur (21 décembre)
- Déclaration présidentielle (21 décembre 2015)

2016
- Déclaration relative au fonctionnement du Mercosur et au Protocole d'adhésion du Venezuela au Mercosur (13 septembre).
- Lettre des présidents de l'Argentine, du Brésil et du Paraguay au Venezuela (5 décembre 2016).

2 — Organigramme du Mercosur*

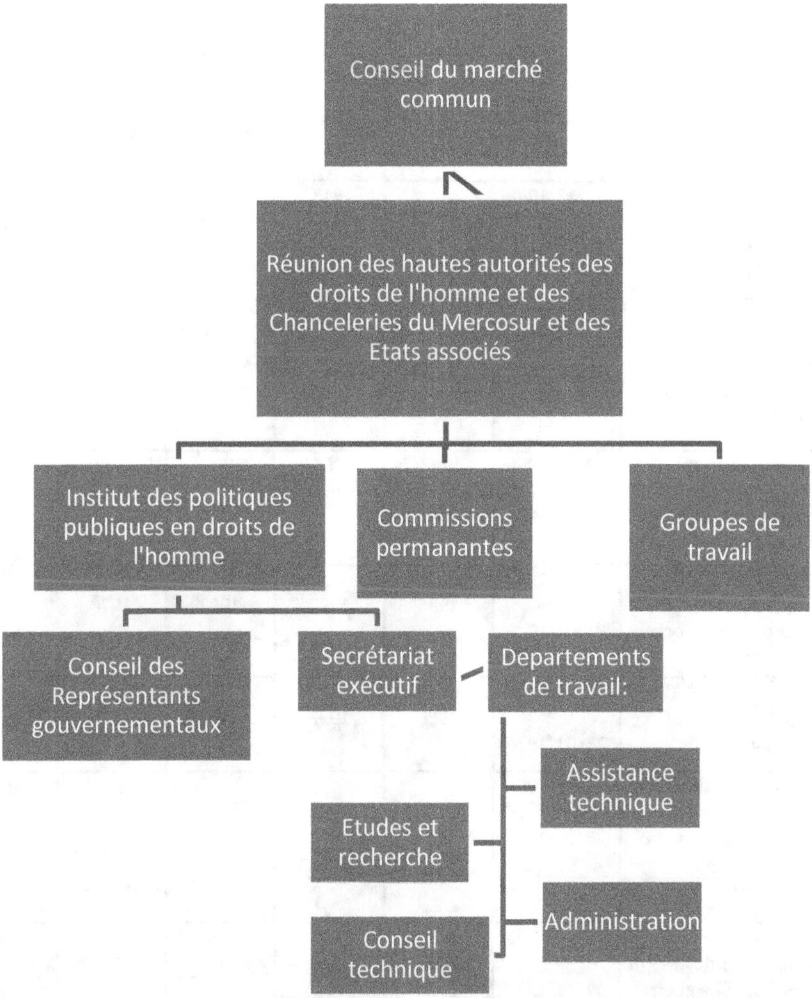

*Cet organigramme ne représente pas toute l'organisation complète du Mercosur ; les structures qui y figurent ne sont que celles qui intéressent à cette étude. Cet organigramme a été produit par l'auteur, basé sur le document disponible sur le site Internet du Secrétariat du Mercosur.

3 — Conventions internationales signées et/ou ratifiées par les États membres du Mercosur

Convention		Argentine	Brésil	Paraguay	Uruguay	Venezuela
ONU	Adoption/ Entrée en vigueur	Signature/ Ratific.	Signature/ Ratific.	Signature/ Ratific.	Signature/ Ratific.	Signature/ Ratific.
Conv. pour la prévention et la répression du crime de génocide	09/12/1948 - 12/01/1951	-/ 1956	1948/ 1952	1948/ 2001	1948/ 1967	-/ 1960
Conv. pour la répression de la traite des êtres humains et de l'exploitation de la prostitution d'autrui	21/03/1950 - 25/07/1951	-/ 1957	1958/ -	2007/ -	-/ 1968	-/ 1993
Conv. Intern. sur l'élimination de toutes les formes de discrimination raciale	07/03/1966 - 04/01/1969	1967/ 1968	1966/ 1968	2000/ 2003	1967/ 1968	1967/ 1967
Pacte intern. relatif aux droits économiques, sociaux et culturels	16/12/1966 - 03/01/1976	1968/ 1986	-/ 1992	-/ 1992	1967/ 1970	1969/ 1978
Pacte intern. relatif aux droits civils et politiques	16/12/1966 - 23/03/1976	1968/ 1986	-/ 1992	-/ 1992	1967/ 1970	1969/ 1978
Protocole facultatif se rapportant au Pacte intern. relatif aux droits civils et politiques	16/12/1966 - 23/03/1976	-/ 1986	-/ 2009	-/ 1995	1967/ 1970	1976/ 1978
Conv. sur l'imprescriptibilité des crimes de guerre et des crimes contre l'humanité	26/11/1968 - 11/11/1970	-/ 2003		-/ 2008	-/ 2001	
Conv. sur l'élimination de toutes les formes de discrimination à l'égard des femmes	18/12/1979 - 03/09/1981	1980/ 1985	1981/ 1984	-/ 1987	1981/ 1981	1980/ 1983
Conv. contre la torture et autres peines ou traitements cruels, inhumains ou dégradants	10 /12/84 - 26/06/1987	1985/ 1986	1985/ 1989	1989/ 1990	1985/ 1986	1985/ 1991

Conv.intern. contre l'apartheid dans les sports	10/12/1985 - 03/04/1988	-/ —	-/ —	-/ —	1986/ 1988	1986/ 1989
Conv. relative aux droits de l'enfant	20 /11/ 89 - 02/09/1990	1990/ 1990	1990/ 1990	1990/ 1990	1990/ 1990	1990/ 1990
Conv. Intern. sur la protection des droits de tous les travailleurs migrants et des membres de leur famille	18 /11/ 90 - 01/07/2003	2004/ 2007		2000/ 2008	-/ 2001	2011/ 2016
Conv. relative aux droits des personnes handicapées	13/12/2006 - 03/05/2008	2007/ 2008	2007/ 2008	2007/ 2008	2007/ 2009	2013/ 2013
Conv. Intern. pour la protection de toutes les personnes contre les disparitions forcées	20/12/2006 - 23/12/2010	2007/ 2007	2007/ 2010	2007/ 2010	2007/ 2009	2008/ -

4 — Conventions interaméricaines signées et/ou ratifiées par les États membres du Mercosur

Convention		Argentine	Brésil	Paraguay	Uruguay	Venezuela
OEA	**Adoption/ Entrée en vigueur**	**Signature/ Ratific.**	**Signature/ Ratific.**	**Signature/ Ratific.**	**Signature/ Ratific.**	**Signature/ Ratific.**
Conv. américaine sur la concession des droits politiques à la femme	02/05/1948 - 29/12/1954	1948/ 1957	1948/ 1950	1951/ 1963	1948/ 1968	1948/ 1993
Conv. américaine sur la concession des droits civils à la femme et celle sur les droits politiques	02/05/1948 -	1948/ 1957	1948/ 1952	1948/ 1951	1948/ 1968	1948/ 1993
Conv. américaine relative aux droits de l'homme	22/11/1969 - 18/07/1978	1984/ 1984	-/ 1992	1969/ 1989	1969/ 1985	1969/ 1977
Acceptation de la compétence contentieuse de la CourIDH		-/ 1984	-/ 1998	-/ 1993	-/ 1985	-/ 1981
Conv. Interam. pour la prévention et la répression de la torture	09/12/1985 - 28/02/1997	1986/ 1988	1986/ 1989	1989/ 1990	1985/ 1992	1985/ 1991
Protocole additionnel à la Conv. américaine relative aux droits de l'homme traitant des droits économiques, sociaux et culturels	17/11/1988 - 16/11/1999	1988/ 2003	-/ 1996	1997/ 1998	1988/ 1995	1989/ -
Protocole à la Conv. américaine relative aux droits de l'homme traitant de l'abolition de la peine de mort	08/06/1990 - 28/08/1991	2006/ 2008	1994/ 1996	1999/ 2000	1991/ 1994	1991/ 1992
Conv.interam.sur la disparition forcée de personnes	09/06/1994 - 28/03/1996	1994/ 1995	1994/ 2013	1994/ 1995	1994/ 1996	1994/ 1998
Convention interam. sur la prévention de la violence contre la femme	09/06/1994 - 05/03/1995	1994/ 1996	1994/ 1995	1995/ 1995	1994/ 1996	1994/ 1995
Conv.interam. pour l'élimination de toutes les formes de discrimination contre les personnes handicapées	07/06/1999 - 14/09/2001	1999/ 2000	1999/ 2001	1999/ 2002	1999/ 2001	1999/ 2006

Conv.interaméricaine contre le racisme, la discrimination raciale, la xénophobie et l'intolérance	05/06/2013 -	2013/ -	2013/ -		2013/ -	
Conv.interam. contre toutes les formes de discrimination et d'intolérance	05/06/2013 -	2013/ -	2013/ -		2013/ -	
Conv.interam.relative aux droits de l'homme des personnes âgées	15/06/2013 -	2015/ -	2015/ -		2015/ -	

5 — Instruments juridiques du Mercosur intéressant cette étude traduits en français — traductions libres de l'auteur

a) Protocole d'Asunción sur l'engagement avec la promotion et la protection des droits de l'homme du Mercosur ;

b) Plan d'action pour le Statut de la citoyenneté du Mercosur ;

c) Protocole de Montevideo relatif à l'engagement démocratique dans le Mercosur — Ushuaia II.

MERCOSUR/CMC/DEC. N° 17/05

PROTOCOLE D'ASUNCION RELATIF A L'ENGAGEMENT POUR LA PROMOTION ET LA PROTECTION DES DROITS DE L'HOMME DANS LE MERCOSUR

Tenant compte du Traité d'Asunción, du Protocole d'Ouro Preto et de la décision CMC N°40/04.

Considérant :

Qu'il est fondamental d'assurer la protection, la promotion et la garantie des droits de l'homme et des libertés fondamentales de toutes les personnes

Que la jouissance des droits fondamentaux est une condition indispensable à la consolidation du processus d'intégration

Le Conseil du marché commun décide :

Art. 1 : approuver la signature du Protocole d'Asunción relatif à l'engagement pour la promotion et la protection des droits de l'homme dans le Mercosur qui figure comme annexe de la présente Décision.

Art. 2 : Cette décision n'a pas besoin d'être incorporée dans l'ordre juridique des États membres, pour réglementer des aspects de l'organisation ou du fonctionnement du Mercosur.

XXVIII CMC – Asunción, 19/VI/05

PROTOCOLE D'ASUNCION RELATIF A L'ENGAGEMENT POUR LA PROMOTION ET LA PROTECTION DES DROITS DE L'HOMME DANS LE MERCOSUR

La République Argentine, la République fédérative du Brésil, la République du Paraguay et la République orientale de l'Uruguay, États membres du Mercosur, ci-après dénommé les États parties au présent protocole ;

Réaffirmant les principes et les objectifs énoncés dans le Traité d'Asunción et le Protocole d'Ouro Preto ;

En tenant compte de la Décision CMC 40/04 qui crée la Réunion des Hautes autorités des droits de l'homme et des Chancelleries du Mercosur et États associés ;

Réitérant le contenu de la Déclaration présidentielle de Las Leñas, en date du 27 juin 1992, selon laquelle le fonctionnement effectif des institutions démocratiques est la condition indispensable à l'existence et au développement du Mercosur ;

Réaffirmant le contenu de la Déclaration présidentielle relative à l'engagement démocratique dans le Mercosur ;

Ratifiant la validité du Protocole d'Ushuaia relatif à l'engagement démocratique dans le Mercosur, la République de Bolivie et la République du Chili ;

Réaffirmant les principes et les objectifs énoncés dans la Déclaration américaine des droits et devoirs de l'homme, dans la Convention américaine relative aux droits de l'homme et autres instruments régionaux des droits de l'homme, ainsi que dans la Charte démocratique interaméricaine ;

Insistant sur l'énoncé dans la Déclaration et le Programme d'action de la Conférence mondiale sur les droits de l'homme de 1993, que la démocratie, le développement et le respect des droits de l'homme et des libertés fondamentales sont des concepts interdépendants et se renforcent mutuellement ;

Soulignant l'énoncé dans plusieurs résolutions de l'Assemblée générale et de la Commission des droits de l'homme des Nations unies, que le respect aux droits de l'homme et aux libertés fondamentales est l'élément essentiel à la démocratie ;

Reconnaissant l'universalité, l'indivisibilité, l'interdépendance et l'interrelation de tous les droits de l'homme, qu'ils soient des droits économiques, sociaux, culturels ou politiques ;

Réitérant la Déclaration présidentielle de Puerto Iguazú du 8 juillet 2004 dans laquelle les présidents des États membres du Mercosur ont souligné la priorité majeure accordée à la protection, à la promotion et à la garantie des droits de l'homme et des libertés fondamentales de toutes les personnes vivant dans le Mercosur;

Réaffirmant l'existence effective de l'ordre démocratique comme garantie indispensable pour la réalisation des droits de l'homme et des libertés fondamentales, et que toute rupture ou menace au développement normal du processus démocratique dans l'une des Parties met en péril la jouissance effective des droits de l'homme.

Conviennent de ce qui suit:

Article premier

L'existence des institutions démocratiques et le respect des droits de l'homme et des libertés fondamentales sont des conditions essentielles à l'existence et à l'évolution du processus d'intégration entre les Parties.

Article 2

Les Parties coopèrent mutuellement pour la promotion et la protection efficaces des droits de l'homme et des libertés fondamentales à travers les mécanismes institutionnels établis dans le Mercosur.

Article 3

Le présent protocole s'appliquera en cas de violations graves et systématiques des droits de l'homme et des libertés fondamentales dans l'une des Parties dans des situations de crise institutionnelle ou lors de l'établissement d'états d'exception prévus par les systèmes constitutionnels respectifs. À cet effet, les autres Parties devront initier des consultations circonstanciées entre elles et avec la Partie concernée.

Article 4

Lorsque les consultations visées à l'article précédent ont échoué, les autres Parties examineront la nature et la portée des mesures à appliquer, compte tenu de la gravité de la situation.

Ces mesures peuvent aller de la suspension du droit de participer aux différents organes du processus d'intégration jusqu'à la suspension des droits et obligations découlant du même.

Article 5

Les mesures prévues à l'article 4 seront adoptées par consensus par les Parties et communiquées à la Partie concernée, qui ne participera pas au processus de la prise de décision en question. Ces mesures entreront en vigueur à la date à laquelle aura lieu la communication à la Partie concernée.

Article 6

Les mesures qui figurent à l'article 4 sera portant à la Partie concernée cesseront de s'appliquer à partir de la date de communication à la partie concernée de ce que les causes qui les ont motivées ont été résolues. Cette communication sera transmise par les Parties qui avaient pris ces mesures.

Article 7

Le présent protocole fait partie intégrante du Traité d'Asunción.

Article 8

Le présent Protocole est ouvert à l'adhésion aux États associés du Mercosur.

Article9

Le présent protocole entrera en vigueur trente (30) jours après la date de dépôt du quatrième instrument de ratification.

Article 10

La République du Paraguay sera le dépositaire du Protocole et des instruments de ratification et devra informer les autres Parties de la date de dépôt des instruments et de la date d'entrée en vigueur du Protocole, et leur communiquer des copies dûment authentifiées du présent protocole.

Fait dans la ville d'Asunción, République du Paraguay, le 19 juin 2005 en un exemplaire original en langue espagnole et en langue portugaise, qui fait également foi.

MERCOSUR/CMC/DEC. N° 64/10

STATUT DE LA CITOYENNETE DU MERCOSUR. PLAN D'ACTION

Tenant compte du Traité d'Asunción, du Protocole d'Ouro Preto et de la décision CMC N°63/10.

Considérant :

Que, dans l'esprit du Traité d'Asunción, le Mercosur doit reposer sur une union de plus en plus étroite entre leurs peuples ;

Les États membres du Mercosur ont mis en œuvre une stratégie régionale pour l'avancement progressif et une approche multidimensionnelle de l'intégration, qui comprend des actions et des mesures en matière politique, économique, commerciale, sociale, éducative, culturelle, de coopération judiciaire ainsi que sur les questions de sécurité.

Qu'il est fondamental de faire avancer, dans le cadre du vingtième anniversaire de la signature du Traité d'Asunción, l'approfondissement de la dimension sociale et citoyenne du processus d'intégration, en vue de parvenir à un développement durable intégrant justice et inclusion sociale au profit des ressortissants des États membres du Mercosur.

Que les instruments adoptés au sein du Mercosur assurent aux ressortissants des États membres et à leurs familles la jouissance des mêmes droits et libertés civils, sociaux, culturels et économiques, en conformité avec les lois régissant l'exercice.

Qu'il est nécessaire de consolider un ensemble de droits fondamentaux et d'avantages en faveur des ressortissants des États membres du Mercosur et d'établir un plan d'action pour la conformation progressive d'un statut de citoyenneté du Mercosur, en vue de sa mise en œuvre complète lors du trentième anniversaire de la signature du Traité d'Asunción.

Le Conseil du marché commun décide :

Art. 1er: Établir un plan d'action pour la constitution progressive d'un Statut de citoyenneté du Mercosur

Art 2: Le Statut de citoyenneté du Mercosur est composé d'un ensemble de droits fondamentaux et d'avantages pour les ressortissants des États membres du Mercosur et est établi sur la base d'un certain nombre d'objectifs parmi lesquels ceux énumérés dans les traités fondamentaux du Mercosur et dans les normes dérivées :

- La mise en œuvre d'une politique de libre circulation des personnes dans la région ;
- L'égalité des droits et des libertés civils, sociaux, culturels et économiques pour les ressortissants des États membres du Mercosur ;
- L'égalité des conditions d'accès à l'emploi, à la santé et à l'éducation.

Art. 3 : Afin d'atteindre les objectifs généraux énoncés à l'article 2, le plan d'action portera sur les éléments suivants, qui seront traités dans les cadres ci-dessous :

1. Circulation de personnes

1.1.1 Facilitation du transit et de la circulation dans l'espace Mercosur
1.1.2 Simplification des procédures, rationalisation des procédures de contrôle migratoire, harmonisation progressive des documents douaniers et migratoires

Cadre:
Réunion des ministres de la Justice
Réunion de ministres de l'Intérieur
Forum spécialisé migratoire
CCM – CT N° 2 « Affaires douanières »

2. Frontières

2.1.1 Mise en œuvre complète et expansion progressive des zones de contrôle intégré
2.1.2 Révision de l'Accord de Recife et des instruments connexes
2.1.3 Accord sur les villes frontalières liées

Cadre:
Réunion des ministres de l'Intérieur
Forum spécialisé migratoire
Commission de commerce du Mercosur
CCM – CT N° 2 « Affaires douanières »
Groupe du marché commun — groupe ad hoc d'intégration frontalière

3. Identification

3.1.1 Harmonisation de l'information pour la délivrance de documents d'identité dans les États membres du Mercosur
3.1.2 Insertion de l'expression « Mercosur » dans les pièces d'identité nationale

Cadre:
Réunion des ministres de la Justice
Réunion des ministres de l'Intérieur
Forum spécialisé migratoire
Forum de consultation et de concertation politique
Groupe de travail sur les affaires juridiques et consulaires

4. Documentation et coopération consulaire

4.1.1 Élargissement des cas d'exemption de traduction, légalisation de documents
4.1.2 Élargissement des mécanismes de coopération consulaire

Cadre :
Réunion des ministres de la Justice
Réunion des ministres de l'Intérieur
Forum spécialisé migratoire
Forum de consultation et de concertation politique
Groupe de travail sur les affaires juridiques et consulaires

5. Travail et emploi

5.1.1 Révision de la Déclaration « *sociolaborale* » du Mercosur
5.1.2 Renforcement du fonctionnement de la Commission « *sociolaborale* »
5.1.3 Renforcement de l'Observatoire du marché de travail
5.1.4 Développement des lignes directrices sur l'emploi
5.1.5 Développement du plan régional relatif au travail des enfants
5.1.6 Développement du plan régional relatif à l'inspection du travail
5.1.7 Développement du plan régional sur la facilitation de la circulation des travailleurs

Cadre :

Réunion des ministres du Travail
Groupe du marché commun — SGT n° 10 « Affaires du travail, emploi et sécurité sociale »

6. Sécurité sociale

6.1.1 Intégration des dossiers d'information relative à la sécurité sociale et du travail des États membres en vue de la simplification des procédures, sécurité des informations, formulation des politiques publiques et rationalisation des prestations

6.1.2 Mise en place d'un Programme d'éducation relative à la sécurité sociale du Mercosur, qui comprendrait la création d'un portail Web pour faciliter l'accès à des informations de la sécurité sociale

Cadre:
Groupe du marché commun — SGT n° 10 « Affaires du travail, emploi et sécurité sociale »

7. Education

7.1 Simplification des procédures administratives aux fins de l'équivalence des études et des diplômes de l'enseignement supérieur

7.2 Approfondissement du système ARCU-SUL en vue de la pleine équivalence des cours universitaires dans le Mercosur

7.3 Création d'un Accord-cadre sur la mobilité pour consolider un espace de mobilité (étudiants, enseignants et chercheurs) et des échanges universitaires

Cadre:
Réunion des ministres de l'Éducation

8. Transport

8.1.1 Création d'un système de consultations sur les renseignements relatifs aux véhicules accessibles aux autorités compétentes des États membres

8.1.2 Définition des caractéristiques communes qui devraient avoir le brevet Mercosur

Cadre :
Groupe du marché commun — SGT n° 5 « Transports »

9. Communications

9.1.1 Des actions visant à promouvoir la réduction des prix et des tarifs pour les communications depuis des téléphones fixes et mobiles, entre les pays du Mercosur, y compris l'itinérance

9.1.2 Des actions visant à l'extension du traitement local pour les services de télécommunications sans fil dans la zone frontalière, notamment à travers le partage des réseaux

Cadre:
Groupe du marché commun — SGT n° 1 « Communications »

10. Défense du consommateur

10.1 Création d'un système Mercosur de défense de la consommation, composé de :
10.1.1 Système Mercosur d'Information de protection des consommateurs
10.1.2 Action régionale de formation — École Mercosur de la protection des consommateurs
10.1.3 Norme Mercosur applicable aux contrats internationaux de consommation

Cadre :
Commission de commerce — groupe de contrôle CT n° 7 « Défense du consommateur »

11. Droits politiques

11.1 Évaluer les conditions pour avancer progressivement, selon les législations nationales, dans l'établissement des droits politiques - y compris celui d'élire les parlementaires du Mercosur - en faveur des citoyens des États membres du Mercosur qui résident dans un autre État membre,
Cadre:
Réunion des ministres de la Justice
Réunion des ministres de l'Intérieur

Art. 4 : Le Conseil du marché commun peut mettre à jour et/ou développer le Plan d'action sur la base des recommandations des institutions et organismes mentionnés à l'article 3 et du Haut Représentant général du Mercosur. La première révision de la mise en œuvre du Plan d'action se fera lors de la LVI Réunion du Conseil du marché commun.

Art. 5 : Le Haut Représentant général du Mercosur suit l'évolution du Plan d'action et présente un rapport sur l'état d'avancement lors des réunions ordinaires du Conseil du marché commun. Par conséquent, le Haut Représentant général du Mercosur peut demander des informations et /ou faire des suggestions aux forums du Mercosur mentionnés à l'article 3.

Art. 6 : Les forums du Mercosur mentionnés à l'article 3 établissent un calendrier de travail, s'échelonnant sur 10 ans pour la mise en œuvre progressive des éléments qui composent le Plan d'action, en tenant compte des objectifs énoncés à l'article 2.

Art. 7 : Le Plan d'action sera pleinement mis en œuvre pour le 30e anniversaire du Mercosur. Le Statut de la Citoyenneté Mercosur pourra devenir un instrument juridique par le biais de la signature d'un protocole international qui intègre la notion de 'citoyen du Mercosur 'et qui fait partie intégrante du Traité d'Asunción.

Art. 8 : Cette décision n'a pas besoin d'être incorporée dans les systèmes juridiques des États membres, puis qu'elle règlemente les aspects de l'organisation et du fonctionnement du Mercosur.

XL CMC – Foz do Iguaçu, 16/XII/10

PROTOCOLE DE MONTEVIDEO RELATIF A L'ENGAGEMENT POUR LA DEMOCRATIE DANS LE MERCOSUR (USHUAIA II)

La République Argentine, la République Fédérative du Brésil, la République du Paraguay et la République orientale de l'Uruguay, États membres du Mercosur, et l'État plurinational de Bolivie, la République du Chili, la République de Colombie, la République d'Équateur, la République du Pérou et la République Bolivarienne du Venezuela, ci-après dénommés les États parties au présent protocole ;

Considérant l'existence effective de l'ordre démocratique et le respect aux droits de l'homme et aux libertés fondamentales sont des conditions essentielles de l'existence et du développement du processus d'intégration entre les Parties ;

Réitérant l'engagement pour la promotion, la défense et la protection de l'ordre démocratique, de l'État de droit et ses institutions, des droits de l'homme et des libertés fondamentales, comme conditions essentielles et indispensables pour le développement du processus d'intégration et pour la participation dans le Mercosur ;

Conviennent de ce qui suit:

Article premier

Le présent Protocole s'appliquera en cas de rupture ou de menace de rupture de l'ordre démocratique, d'une violation de l'ordre constitutionnel ou de toute situation qui compromettra l'exercice légitime du pouvoir et l'existence des valeurs et principes démocratiques.

Article 2

En cas de survenance de l'une des situations citées à l'article précédent, les Présidents des États parties ou, à défaut, les ministres des Affaires étrangères se réuniront en session extraordinaire du Conseil du marché commun, à la demande de l'intéressé ou d'un autre État partie. Cette réunion se tiendra sur le territoire de la Partie en charge de la Présidence *pro tempore*.

Au cas où la Partie concernée exerce la présidence *pro tempore,* la réunion mentionnée ci-dessus aura lieu - en principe - sur le territoire de la Partie à qui incomberait l'exercice suivant de la Présidence *pro tempore* suivant.

Article 3

Les Présidents des États membres ou, à défaut, les ministres des Affaires étrangères réunis en session extraordinaire du Conseil du marché commun, entreprendront, à travers la Présidence *pro tempore*, des consultations immédiates avec les autorités constitutionnelles de la Partie concernée, proposeront leurs bons offices et déploieront des efforts diplomatiques pour favoriser le rétablissement de la démocratie dans le pays concerné.

Si les consultations mentionnées échouent ou si les autorités constitutionnelles de la Partie concernée sont empêchées de les mener à bien, les Présidents des autres Parties ou, à défaut, les ministres des Affaires étrangères, réunis en session extraordinaire du Conseil du marché commun, examineront la nature et la portée des mesures à appliquer, par consensus, sur la base de ce qui est établi dans l'article 6.

Article 4

Lorsque le gouvernement constitutionnel d'une Partie considère que survient dans sa juridiction une des situations mentionnées dans l'article 1 il pourra solliciter des Présidents des Parties ou, à défaut, des ministres des Affaires étrangères réunis en session extraordinaire du Conseil du marché commun, au travers de la Présidence pro Tempore, la collaboration pour le renforcement et la préservation de l'institutionnalité démocratique.

Article 5

Sur la demande du gouvernement constitutionnel de la Partie concernée et avec leur consentement, les Présidents des États membres ou, à défaut, les ministres des Affaires étrangères réunis en session extraordinaire du Conseil du marché commun, pourront disposer, entre autres, de la mise en place de :

a. Commissions d'aide, de coopération et d'assistance technique et spécialisée à la Partie concernée ;
b. Commissions ouvertes pour accompagner le travail des tables rondes entre les acteurs politiques, sociaux et économiques de la Partie concernée ;

Aux commissions mentionnées dans les alinéas a) et b), pourront y participer des membres du Parlement du Mercosur, du Parlement andin, des parlements nationaux, le Haut représentant général du Mercosur et des représentants gouvernementaux nommés par les Parties à cet effet.

Article 6

En cas de rupture ou de menace de rupture de l'ordre démocratique dans une

Partie du présent protocole, les présidents des autres Parties ou encore leurs ministres des Affaires étrangères, réunis au Conseil du marché commun élargi, pourront prendre, parmi d'autres, les mesures énumérées ci-dessous:

a. Suspendre le droit de participer aux différents organes de la structure institutionnelle du Mercosur ;

b. Fermer de façon totale ou partielle les frontières terrestres. Suspendre ou restreindre le trafic commercial, aérien et maritime, les communications et l'approvisionnement en énergie, en services et fournitures ;

c. Suspendre l'État concerné de la jouissance de ses droits et avantages découlant du Traité d'Asunción et de ses Protocoles, et aussi des accords d'intégration conclus entre les Parties, le cas échéant ;

d. Encourager la suspension de l'État en question au sein des organisations régionales et internationales. Promouvoir, devant des pays tiers ou des groupes de pays, la suspension, pour l'État en question, des droits et/ou des avantages liés aux accords de coopération dont il faisait partie ;

e. Soutenir les efforts régionaux et internationaux, en particulier dans le cadre des Nations unies, entrepris pour résoudre et trouver une solution pacifique et démocratique à la situation survenue dans l'État concerné ;

f. Adopter des sanctions politiques et diplomatiques additionnelles.

Les mesures devront être en rapport avec la gravité de la situation ; ne mettront pas en danger le bien-être de la population et la jouissance effective des droits de l'homme et des libertés fondamentales dans la Partie concernée ; respecteront la souveraineté et l'intégrité territoriale de la Partie concernée, la situation des pays sans littoral maritime et les traités existants.

Article 7

Dans l'application des mesures mentionnées dans l'article 6, les Présidents des États membres ou, à défaut, les ministres des Affaires étrangères réunis en session élargie du Conseil du marché commun, veilleront, par des moyens appropriés, à l'exécution par la Partie concernée de ses obligations en vertu des accords d'intégration conclus entre les Parties.

Article 8

Outre l'adoption des mesures prévues dans l'article 6, les Présidents des États membres ou, à défaut, les ministres des Affaires étrangères réunis en session élargie du Conseil du marché commun, proposeront leurs bons offices et déploieront des efforts diplomatiques pour favoriser le rétablissement de l'ordre démocratique et constitutionnel, l'exercice légitime du pouvoir et le plein respect des valeurs et principes démocratiques dans le pays concerné. Ces actions seront menées en coordination avec celles réalisées par d'autres instruments internationaux relatifs à la défense de la démocratie et au respect des droits de l'homme.

Article 9

Les mesures auxquelles fait référence l'article 6, appliquées à la Partie concernée, entrent en vigueur à la date où la décision correspondante est adoptée. Ces mesures cesseront à compter de la date à laquelle la partie concernée a la communication de la décision en ce sens des autres parties, dès lors que les causes qui les ont motivées ont été pleinement résolues.

Article 10

Le présent protocole fait partie intégrante du Traité d'Asunción et des Accords d'intégration conclus entre le Mercosur et ses États associés.

Article 11

Le présent Protocole restera ouvert à l'adhésion aux Parties jusqu'au 1er mars 2012.

Le présent protocole entrera en vigueur trente (30) jours après la date de dépôt de l'instrument de ratification du quatrième État membre du Mercosur. À la même date, il entrera en vigueur pour les États associés qui l'avaient ratifié précédemment.

Pour les États associés qui ne l'auraient pas ratifié avant cette date, ce protocole entrera en vigueur à la date du dépôt de son instrument de ratification.

Les droits et obligations découlant du Protocole ne s'appliquent qu'aux États qui l'ont ratifié.

Dans les matières réglementées par le présent Protocole, les relations entre les Parties qui l'ont ratifié et les États qui ne l'ont pas encore ratifié, et les relations entre eux, des États qui ne l'ont pas encore ratifié continueront d'être régis par le Protocole d'Ushuaia pour l'engagement démocratique dans le Mercosur, l'État plurinational de la Bolivie et la République du Chili.

Une fois que tous les États signataires et adhérents du Protocole d'Ushuaia sur l'engagement démocratique dans le Mercosur, l'État plurinational de la Bolivie et la République du Chili, auront ratifié le Protocole de Montevideo, les effets du Protocole d'Ushuaia seront annulés.

Article 12

La République du Paraguay sera le dépositaire du présent Protocole et des instruments respectifs de ratification et devra informer les autres Parties de la date de dépôt de ces instruments et de la date d'entrée en vigueur du Protocole, et leur communiquer des copies dûment authentifiées du présent Protocole.

Fait dans la ville de Montevideo République orientale de l'Uruguay, le 20 décembre 2011 en un exemplaire original en langue espagnole et en langue portugaise, qui font également foi.

6 — Entretien avec l'ancien secrétaire exécutif de l'Institut de politiques publiques en droits de l'homme du Mercosur, M. ABRAMOVICH, réalisé le 1er juillet 2011, aux locaux transitoires de l'IPPDH — Buenos Aires

T.M.: ¿Cuál es la relación entre el Instituto de Políticas Públicas en Derechos Humanos del Mercosur y el Sistema Interamericano de Protección de Derechos Humanos?

V.A.: El sistema interamericano tiene básicamente la idea de un órgano de monitoreo, integrado por expertos nombrados por los Estados pero independientes de los Estados. Eso es algo básico. Donde además se pueden ingresar las victimas directamente. Eso son dos elementos que son propios del sistema interamericano, que son básicos.

Y en las discusiones que se están llevando en el Mercosur o en la ONU, muchos Estados estaban planteando la idea de, bueno esto tuvo sentido, ese mecanismo cuando había dictadura y cuando había temas de violaciones de derechos civiles. Pero ahora ya el tema de derechos humanos es un tema del pasado, ahora ya no tenemos problemas, ahora somos todos democracias.

Entonces, se discutía crear un sistema de mecanismos como de monitoreo, pero entre Estados. Lo planteaban con distintas cuestiones. Por un lado hubo críticas al proprio sistema interamericano. O sea, a los Estados les gustan tener casos en el sistema, ser llevados ante la Corte. Y por otro lado había una fuerte resistencia a los informes de los Departamentos de Estado de los Estados Unidos. Entonces los informes que había sobre los derechos humanos siguen siendo, por ejemplo, el informe sobre drogas. Frente al tema de los informes sobre drogas, muchos países en la región, los más afectados pelos informes empezaron a tratar de crear mecanismos de monitoreo, de avances autónomos. Para no exponerse, lo que llamaban una distorsión de eso.

Lo mismo empezaba a se plantear en materia de derechos humanos los informes de los Estados Unidos y no sé porqué metieron en el mismo patente algo que era muy distinto, que era el sistema interamericano. Eso hace diez años.

Entonces se empezó a discutir. Y en parte también si siguió las discusiones en la ONU, sobre crear consejos en la comisión. Que básicamente los mecanismos de los consejos son el monitoreo entre Estados. Entonces la idea "¿por qué no trasladar ese modelo, como es el consejo, a América latina y sacar de esto, el sistema interamericano?". ¿Y porque no empezamos en el Mercosur?

Ahí, nosotros nos involucramos desde organizaciones de la sociedad civil y con algunos gobiernos que ya estaban preocupados con eso. Y un poco se pensó, cuando se empezó a discutir el mecanismo en Mercosur, se propuso no una comisión de derechos humanos para el Mercosur sino un instituto de coordinación de políticas públicas. Que fue lo que se creó. O sea, no es un tribunal, no hace monitoreo de derechos humanos, no hace informes y para eso está el sistema interamericano. Lo que hace es ayudar a la implementación de políticas de coordinación. La idea es de tratar hasta donde no llega el sistema interamericano. Funciona como una instancia de cooperación técnica con los gobiernos de los Estados. Acompañando también todo un proceso que se fue dando en eses países de América latina, pero fuerte en Cono sur, de creación de institucionalidad gubernamental. A nivel de la secretaria de derechos humanos, de direcciones, las cancillerías y institutos anti-discriminación y de los derechos de las mujeres. O sea, varias agencias estatales en áreas gubernamentales que empiezan a hacer políticas. Nosotros solo una, que fue el primer modelo para acompañar todo ese proceso político para qué se pudiera cooperar con los gobiernos, con los Estados, y en el mismo tiempo coordinar políticas.

T.M.: ¿En el inicio nunca se pensó en un órgano supranacional?

V. A.: Nunca se pensó como un órgano de supervisión. Porque para eso estaba el sistema interamericano. Era en el mismo tiempo la cuestión de que en el Mercosur hay un fuerte rechazo a los supranacionales, es más un mecanismo intergubernamental. Entonces eso también cerraba que no era un órgano supranacional.

El instituto tal como se creó en el Mercosur no intenta para nada desplazar a los órganos del sistema interamericano. Yo creo que esa sea una discusión salgada, parte de la discusión de dónde va el Mercosur en el tema de derechos humanos, hoy UNASUR. Hay algunos países que sieguen insistiendo en la necesidad de crear una especie de consejo de derechos humanos, que sea en el modelo de ONU. Y Brasil ha propuesto un consejo que no es modelo ONU sino es básicamente la RAADH, pero ampliada a UNASUR. O sea, es básicamente la idea de coordinación de políticas también. Y después hay algunos que plantean la idea de crear un tribunal de derechos humanos en Mercosur. Hay distintas posiciones.

Yo creo que no tiene sentido crear instancias de protección de derechos humanos en Mercosur, iguales al sistema interamericano. Bueno, para eso esta en el sistema interamericano, con la Comisión y la Corte, que puso por mucho tiempo para construir, imponerlo, generar una línea de jurisprudencia, garantizar independencia de los gobiernos. Incluso independencia de los propios órganos políticos de l'OEA, porque también hay una discusión con la secretaria general. Lograr que las asociaciones participen. Ganas enormes de la sociedad civil. Entonces yo creo que Mercosur y UNASUR deberían evitar eso y generar instancias que fortalezcan.

Ahora podría pasar el Mercosur, si se avanza en crear cierta supranacionalidad que, por ejemplo ahora se está en discusión el tema de la ciudadanía del Mercosur. Si hubiera, no estoy hablando de tratados de derechos humanos, sino tratados que reconozcan derechos de ciudadanía regionales: entradas, trabajo, acuerdos de seguridad social, derechos políticos. Alguna idea de igualdad de trato nacional.

Que hace un tribunal que recuerda ese tratado. Como hay el Tribunal de Justicia de Unión Europea que es un tribunal de libertades económicas pero también de otras libertades reconocidas a los ciudadanos de Unión Europea. Pero no son los tratados de derechos humanos del Consejo de Europa que para eso tiene el Tribunal Europeo de Derechos Humanos. Que pueden haber puntos de coordinación se propicien, pero no es de desplazar el sistema interamericano. Es tener una carta de ciudadanía regional, que no es de derechos humanos sino derechos de ciudadanía para los nacionales del bloque. Podría, debería haber un tribunal supranacional que implemente eso. Porque, si no, tener derechos de ciudadanía sin una instancia jurisdiccional es imperfecto. Por eso el mismo Tribunal Permanente del Mercosur, que hoy tiene competencia comercial, pero mismo el estatuto prevé que puede tener competencias interpretativas. Entonces se podría ampliar. Habría que ver si conviene tener un perfil de los jueces más en derecho internacional privado, más económico. Si se va a ampliar las competencias, también se podía ampliar el perfil de los jueces.

Entonces, yo creo que eso podría ser una lógica. O sea una ciudadanía regional y un tribunal para resguardar los derechos de ciudadanía regional. Pero que no implique un nuevo tribunal de derechos humanos.

T.M.: ¿Así como se pasa hoy en Europa (las cuestiones de derechos humanos de Unión Europea que quizá serán tratadas por la Corte europea), ese Tribunal de Mercosur podría también tratar de cuestiones de derechos humanos?

V.A.: Lo que pasa es que en Mercosur no hay supranacionalidad. O sea, no hay creación de derechos supranacionales. Son instituciones de coordinación de políticas. Entonces no veo cuales serían los tratados de derechos humanos que justifiquen. El Mercosur podría, se crear tratados de derechos humanos, yo creo que ahí sería interesante vincular al sistema interamericano de derechos humanos, sobre todo por la regla de *pro homine*. Creo que el único órgano que puede resguardarlo, que aplicara la regla más protectora. Porque podría ser complejo el proceso. Yo no veo el Mercosur creando tratados de derechos humanos.

T.M.: ¿Una Carta de derechos fundamentales entonces no tendría lugar en Mercosur?

V.A.: No, y para eso están los tratados de derechos humanos. Y me parece que se podría dar derechos de ciudadanía regionales, como la Declaración socio-laboral, que ahora está en revisión. O sea, derechos que los países reconocieron a los ciudadanos de los demás países del bloque. Que no es lo mismo que derechos humanos. Se genera la discusión, en qué medida no puedes incluir derechos. Pienso en la idea de un sistema que no sea excluyente de los derechos que son mínimos y universales. Pero eso lo veo de esa manera (y es una opinión personal), no hay como un consenso para crear un tribunal de derechos humanos en Mercosur. Eso sería básicamente revisitar el sistema interamericano de derechos humanos. ¿Cómo se articularía? ¿Que garantizaría que ese tribunal sea más independiente que el del sistema? O sea, un tribunal nombrado por treinta y cinco los países, es más independiente que el nombrado por los cuatro. Empezando por eso.

Bueno, algunos dan el argumento de la cercanía. Son argumentos de que un tribunal sub-regional tendría más conocimiento de las realidades nacionales, de las tradiciones culturales, de las realidades políticas y que por lo tanto eso sería una ventaja comparativa con el sistema interamericano. Eso no lo veo. la independencia de las tradiciones institucionales, del esfuerzo en la construcción de la institucionalidad, que no hay que perder, me parece el argumento más fuerte.

T.M.: En el Encuentro de cortes supremas, se habló sobre una Carta de derechos fundamentales y una Corte de Justicia para Mercosur que se ocuparía de derechos humanos.

V.A.: Creo que están diciendo estupideces, no tienen ni idea. Porque primero tiene que dar seguimiento a eso. Se reunieron porque tenían que firmar algo, pero no tienen ni idea de lo que pasa en el Mercosur, salvo algunas cortes que están más vinculadas con las instituciones regionales. Por ejemplo, tuvo una reunión con el Superior tribunal de Brasil, me parecieron absolutamente desconociendo el sistema de derechos humanos. Me asombró que un tribunal, de los países más grandes, con un absoluto desconocimiento del sistema interamericano, de la Corte interamericana, incluso sostuvieron a plantear que la Corte interamericana tendría que involucrar en las reuniones esos jueces. Y ahora y un poco más está haciendo más espacios, entonces no doy mucha importancia.

Hay un argumento básico. Lo Supremo tribunal de Brasil acaba de sacar una decisión sobre el tema de las amnistías donde no está dispuesto a reconocer la jurisprudencia de la Corte interamericana de derechos humanos. ¿Porque no ha reconocido? ¿Para qué está poniendo clara para los tribunales supranacionales si no está dispuesto a reconocer supranacionalidad? tiene treinta años de vigencia. Brasil aceptó su competencia en 1998. Que está dictando fallos, no sobre Brasil, sino aplicando la competencia que se la creo en treinta años para otros países.

La Corte suprema de Uruguay, apoyando una declaración para los tribunales supranacionales, es como un gesto populista. No me parece que han reflexionado mucho sobre eso.
Cuesta mucho esfuerzo construir institucionalidad. Cincuenta años construyendo un sistema que funciona, como el sistema interamericano, que no solo está en el papel, está ahí: funciona, que tiene una jurisprudencia, tiene reglas, tiene actores. Se puede tener ciertas disidencias que se pueden resolver. Que empiecen a abrir sus cabezas para incorporar esa supranacionalidad en derechos humanos. ¿Para qué crear otra? Otra va a llevar treinta años para imponerla. O sea, es como una forma de justificar el no saber cumplir.

Después de estar, es también el tema de la aplicación de los tratados a nivel nacional. Creo que eso también es un punto importante. Más que crear un nuevo tribunal, empezar a generar una jurisprudencia y la aplicación de los tratados en el ámbito doméstico.

Yo creo que Chile incluso está por delante de Brasil. O sea, Argentina, Chile, Perú, Colombia, Costa Rica, ahora la actual Corte suprema de El Salvador; hay mucho más adelante que Brasil y Uruguay. Antes de nuevas supranacionalidades de derechos humanos, están todos los temas recientes que son los tratados que se firmaron después de la Segunda guerra mundial, algunos tienen hasta rango constitucional. O sea, un tema pendiente para el sistema de justicia. ¿Qué valor, que autoridad podrían dar eses tribunales a una corte si no se le están dando a otra? Eso es una opinión personal mía. Pero me da la noción de que a nivel del Mercosur no veo que haya. Por varios motivos.

Quizá uno sea el motivo de la ingeniería Mercosur. Hay mucha resistencia de crear supranacionalidad. O sea veo más el Mercosur, con temas de coordinación, de políticas. Por ejemplo, ahora en el Instituto, que es interesante por lo que vos está haciendo, propuso, con los Estados, después de un año de discusiones, una Opinión Consultiva a la Corte interamericana. Y eso es muy importante porque eso es un esfuerzo de coordinación de políticas exteriores de derechos humanos, pero al mismo tiempo reafirma el vínculo del Mercosur como el sistema. Yo veo más en esa lógica.

Si hubiera una evolución en el Mercosur yo creo que lo más natural seria no un tribunal de derechos humanos sino un tribunal para aplicar los convenios de ciudadanía del Mercosur. Lo veo más en esa línea. Claro, si se llegara a firmar un tratado de derechos humanos, una carta de derechos fundamentales. ¿Pero, quien está interesado en generar esa carta? Porque debería ser para subir los estandartes internacionales, nunca para bajarlos. Y el ritmo de reabrir es complicado, porque esos tratados se firmaron la mayoría en las épocas de las transiciones de las democracias, cuando los temas de los derechos humanos tenían un peso determinado. Yo no sé si los Estados firmarían esos mismos tratados. El acuerdo político que sostiene todo eso tiene mucho que ver con las transiciones.

T.M.: ¿Cómo andan las discusiones sobre los tratados de ciudadanía?

V.A.: En Foz do Iguazú, en 2010, se aprobó lo que sea llamado el Plan de acción del estatuto de ciudadanía del Mercosur. Es un documento general, ambicioso, pero se plantea en una discusión de varios años. Eso se plantea llegar en 2015 a una suerte de homologación de derechos de ciudadanía regional. Da un mandato al nuevo Representante del Mercosur, para que trabaje en eso y también los institutos, el Instituto social en Paraguay y en Instituto trabajemos en eso, en lo que corresponda. Se planteaba ese objetivo. Primero, el tema de la revisión de la Carta socio-laboral del Mercosur, al cual se hizo materia de acceso al mercado de trabajo, de derechos laborales, de profundizar los acuerdos regionales, mejorar el sistema de acuerdo de residencias, transito, unificación de documentos, controles migratorios. Se plantea también el tema de ampliar el reconocimiento de derechos políticos a los ciudadanos del bloque, de los países en que son ingresantes.

No son derechos humanos, sino derechos de ciudadanía. Y eso podría pasar, no solo en una gran carta, sino acuerdos sobre reconocimiento de derechos de ciudadanía. Quizá eso se logre en 2015; tener algo armado sobre eso, y ahí tendría sentido pensar en un órgano supranacional que pudiera monitorear y llegar los ciudadanos para reclamar lo que los Estados no están cumpliendo. Hoy hay un Estado, o Estados que reclamen contra los otros

Estados, no sé. Pero a generar un mecanismo de derechos, sin jurisdicción, no tiene razón alguna. En realidad, generar alguno sistema de órganos supranacionales.

Pero el tema es que Mercosur no reconoce supranacionalidad. Se está creando un Parlamento del Mercosur pero no va a poder hacer leyes al Mercosur. ¿Entonces, porque van a crear un tribunal? Hay que romper varias resistencias.

T.M.: ¿Ese estatuto de ciudadanía tendrá fuerza vinculante?

V.A.: Eso no lo define. Si no hubiera un órgano supranacional, eso tampoco significaría que no es obligatorio. Por ejemplo uno podría considerar que los estados tienen la obligación de incorporar los derechos nacionales y, por ejemplo, un ciudadano de Uruguay en Argentina a quien se deniega un derecho, si (el estado) reconociera ese estatuto, podría ir a reclamar en los tribunales argentinos.
Hay dos discusiones: si va a tener fuerza vinculante y se va a generar un órgano supranacional. Yo creo que para realmente sea vinculante debería haber una instancia supranacional de controle. Pero eso significaría romper la estructura del Mercosur, que no reconoce la supranacionalidad. Porque hubo intentos cuando se empezó a relanzar el Mercosur con la relación de Lula con Kirchner, en Buenos Aires, en 2003. La casi muerte lenta en 2001 con la desvaluación del real, la crises en Argentina, la crises en Paraguay, con Cuba. Estaba casi muerto. Lacalle tratando acuerdos de libre comercio con Estados Unidos. Me parece que moría. Después llega, primero Fernando Henrique Cardoso, después con Lula, y la ascensión de Kirchner, también con Duhalde en Argentina.... Ahí empezó a reactivarlo. En alguno momento se pensó en la creación de alguna instancia supranacional, en algún momento eso se congelo. Muchos dicen que fueron sectores en las cancillerías (Itamaraty y la cancillería argentina), más resistencias a crear. En el modelo europeo, no es un modelo que se mire a Mercosur, lo que se ve con un modelo más burocrático, con excesiva de cesión de soberanía.
Entonces hay que ver como evolucionar porque la discusión sobre derechos en el Mercosur está muy atada a la discusión sobre la ingeniería del Mercosur. Eso es un tema. Por otro lado también, esta toda la discusión de que en qué medida este Mercosur más social, político, institucional, va a crecer mucho o esa dimensión se va mas en UNASUR. Eso también está bien.

T.M.: ¿Cuál es la relación entre Mercosur y UNASUR? ¿No estaría Mercosur con sus días contados?

V.A.: Mercosur tiene un componente económico que no se toca con UNASUR. Porque mucho de los países que están en UNASUR tienen un acuerdo de libre comercio con los Estados Unidos (Colombia, Perú, Chile), otros tienen acuerdos propios en la Comunidad Andina, que algunos dicen que está meriendo, pero está ahí. Entonces toda la parte económica del Mercosur va por un lado. Porque es difícil de firmar, de hacer parte de un tratado de derechos económicos con Estados Unidos e ingresar en el Mercosur. Acuérdate cuando Uruguay quiso hacer eso. Primero con Lacalle y después con Tabaré Vásquez. Brasil y Argentina se opusieron, siendo parte del Mercosur firmara. Ahora han ofrecido a Perú a ingresar a Mercosur, pero "yo tengo tratados de libre comercio y no voy a salir". Salvo si Brasil y Argentina cambian de posición y le permiten a ingresar por una cuestión política, no lo sé. Pero hay un tema económico, el Mercosur económico así esta.

El tema es de interacción política. Lo lógico sería que el UNASUR creciera más, pero yo creo que después de la muerte de Kirchner, y cuando se abrió todas las discusiones sobre la secretaria general, sobre a quién le tocaba, ahí se notó que las posibilidades de los acuerdos políticos en el UNASUR es más difícil que lo que se pensaba. Entonces, claro, crear instituciones fuertes en el UNASUR, con agenda, con plan no es tan simple como se pensó en un momento. Son países muy distintos, que tienen intereses muy distintos, que tienen alineamientos internacionales diferentes. Entonces, yo creo que ahí el Mercosur tiene una ventaja sobre el UNASUR que es una cierta afinidad entre los gobiernos en la actualidad que permite mucho más rápido. Entonces me da la impresión de que, en ese mismo momento, Brasil, pudo haber tomado la secretaria general de UNASUR. Lo que lo hizo; Marco Aurélio se quedó en la cancillería y al contrario, la Presidencia *Pro Tempore* de Brasil, promovió la creación del Alto Representante y puso un brasileño ahí, y al mismo tiempo promovió ese estatuto de ciudadanía del Mercosur. Lo que se está pensando es disolver el Mercosur e impulsar el UNASUR no tiene sentido. No tiene sentido impulsar el estatuto de ciudadanía.

Hay un Mercosur económico y hay un tipo de acuerdo de integración social y política más profunda que se va del Mercosur. Porque es muy difícil a nivel UNASUR. Y el UNASUR se piensa más como un espacio de concertación entre Presidentes para situaciones políticas urgentes. Por ejemplo lo que fue en Honduras, en Bolivia, el golpe de Estado en Ecuador. O sea, más como un espacio donde se empezó a politicar de alto nivel de presidentes y para temas muy específicos. Y también está ese tema de defensa.

El tema de defensa sí, porque hay intereses estratégicos en marcar un campo de discusiones de defensas separado de lo que hace los Estados Unidos. Él

tiene una concepción en materia de defensa que baja muy fuerte con Colombia. Entonces Brasil está muy interesado en asumir un espacio de discusión estratégico de defensa la que no participe los Estados Unidos. Y Colombia que era la que tenía las llaves de la creación del Consejo suramericano decidió entrar, en el gobierno Libere, porque consideró también que estaba un poco aislado de sus vecinos. Era una forma de tener un espacio de discusión con Brasil, con Argentina, con Chile, sobretodo porque había acabado de firmar, sin consultar a nadie, el acuerdo de uso de bases con los Estados Unidos. Estaba en una mala situación. Ahí se aprovechó y se creó el Consejo suramericano de derechos. Y yo creo que eso si va a funcionar bien en UNASUR porque es un tema estratégico de tener ese espacio por fuera de los Estados Unidos. Entonces, eso va a ser una comunicación más permanente.
Me da la impresión de que Brasil y Argentina apuestan dar una instancia más profunda de concertación política y social en el Mercosur. Los cuatro países partes y con Venezuela, cinco. Y ahí se puede avanzar en algo más concreto y más profundo. Que sería más difícil de discutir a nivel UNASUR. Por eso que el Instituto Social, el PEAS, el Estatuto de ciudadanía, eso se puede avanzar más entre ciertos países que tienen más afinidad. Y el UNASUR como un espacio de concertación entre presidentes. Porque también la Secretaria general del UNASUR, porque un año en Colombia, otro año en Venezuela. No me parece que es una fortaleza institucional. Pero en la realidad, el UNASUR es la reunión de los Presidentes.

T.M.: ¿El Instituto es como secretaria técnica de la RAADH?

V.A.: El Instituto está empezando a funcionar. Yo creo que el Instituto tiene que funcionar como una secretaria técnica de la RAADH. No secretaria técnica administrativa, para la organización, pero si para tratar de marcar las agendas, de alimentar. A la última reunión, casi todas las comisiones se discutió en base de un documento que tenía presentado el Instituto, ahí empezamos a funcionar. Funciona como instancia de apoyo técnico a la base, de manera permanente, que pueda dar seguimiento a los acuerdos.

Por ejemplo, ahora se aprobó la opinión consultiva. Se la preparó el Instituto y se la aprobaron los gobiernos. Después el Instituto fue llamando una cancillería y otra para que se firmara. La idea es que el Instituto le dé apoyo técnico, continuidad. Los acuerdos son entre gobiernos, pero el Instituto puede servir para elaborar documentos, recordar que ciertos temas tienen que estar en discusión, favorecer más circulación de información en los temas de participación de la sociedad civil. Yo creo que eso tiene que hacer ahora. No solo hacer eso, pero no limitarse a la RAADH. Por ejemplos hay algunas cuestiones que tenemos que atar vínculos, coordinando con institutos sociales, participando a la Cumbre Social, algunos temas que tienen que ver con nuestra agenda, como los temas de seguridad, donde tenemos que tratar con los Ministerios de seguridad, de Justicia.

T.M.: ¿Cómo se pasa actualmente la organización del Instituto?

V.A.: Lo primer que tenemos que hacer es el concurso para nombrar los directores. Por ahora estamos usando una especie de gabinete de la secretaria ejecutiva que cumple funciones equivalentes al director pero todavía no son directores por concurso. Entonces lo que vamos hacer es convocar concursos abiertos con los institutos sociales.

Pero para ese tenemos que tener la aprobación de la acuerdo de sede, para tener personería. Porque todavía no tenemos personería jurídica del Mercosur. Hasta que no sea aprobado el acuerdo de sede, nosotros no tenemos personería jurídica para hacer los concursos.

Hoy lo que estamos haciendo es como una transición, para hacer algo, porque yo podría haberme quedado esperando. Y si no hay voluntad política en concreto. O sea, la idea es mostrar que el Instituto tiene un sentido, y con eso general voluntad publica, política. Por ejemplo, ahora presentamos ante la Corte la Opinión Consultiva. Eso es importante, se muestra que se coordinó. Es la primera vez en la historia que cuatro países presentaron juntos una Opinión Consultiva a la Corte. Es mostrar que Mercosur se funciona como una instancia de coordinación de políticas exteriores, en temas de derechos humanos. Mostrando eso, cuando se discute temas (presupuesto, etc.) ya saben que tiene sentido, que funciona para algo. Entonces estamos igual trabajando como si tuviéramos ya funcionando plenamente pero todavía falta completar la ley y ahí pasar a los concursos.

T.M.: ¿Todas las funciones del instituto rotan?

V.A.: No, el Instituto es permanente, la secretaria ejecutiva rota, y los directores hay que fijar un tiempo de duración. Hay uno por cada país, pero no son representantes de los gobiernos, sino que por concurso técnico-político pero con un concurso técnico también. Hay que fijar el mandato que también no se queden veinte años, ya que todo en Mercosur es rotativo, pero que tengan un poco de estabilidad. Es claro que si no, con la rotación, no da para hacer nada. La rotación tiene un sentido político. Y el secretario executivo tiene que armar como institucionalidad para que se esté claro que el tema en el Instituto va seguir.

T.M.: ¿Cómo está organizado el instituto en ese momento de transición?

V.A.: El equipo que yo tengo ahora es muy chiquito (una asistente, un responsable por los temas administrativos y algunas personas que trabajan como adscritas transitoriamente del gobierno argentino). Y para investigación sobre la seguridad, que esta con fondo de la Oficina del Alto Comisionado de Naciones Unidas, contratamos dos investigadores, que se integran en las redes de investigación.

Porque pienso el Instituto no con un equipo de investigación enorme, porque aparte no hay presupuesto, pero si como un articulador de una red de investigación (en universidades, en centros de investigación).

Puede tener un bueno sistema de información, identificar donde se está produciendo. El Instituto funcionara como un articulador. No veo el Instituto con un equipo de veinte investigadores. La idea es más articular eso con la gestión pública. Funcionar como un puente entro los que producen conocimiento y los que hacen políticas. Y conocimiento y políticas en derechos humanos se está generando en dos espacios: universidades y algunas ONG's que hacen investigación.

T.M.: ¿Se están trabajando con otras instancias internacionales?

V.A.: Si, estamos trabajando con la Oficina del Alto Comisionado de Naciones Unidas con el proyecto de seguridad. Y armamos dos seminarios: uno con una red de ONG's aquí en Argentina y con la Oficina sobre seguridad; y otro seminario en Paraguay con la Oficina y el Ministerio de Justicia y Seguridad. También es un ejemplo de coordinar no solo en las RAADH's.Yen la Opinión Consultiva, trabajamos bastante con ACNUR, con UNICEF, con OEA. Para el proyecto de cooperación técnica con Argentina "Avanzar en derechos" estuvimos coordinando también para ver cómo se involucrar con la CEPAL – área de desarrollo social. Eso nos interesa, trabajar coordenadamente. Y los temas que planteamos están bastante vinculados con la agenda de Naciones Unidas. La idea es profundizar los temas, no abrir una agenda enorme.

Table des matières

Questions juridiques aux éditions L'Harmattan

Dernières parutions

EXISTE-T-IL ENCORE UN SEUL « NON BIS IN IDEM » AUJOURD'HUI ?
Sous la direction de Delphine Brach-Thiel
«Nul ne doit pouvoir être jugé et condamné deux fois à raison des mêmes faits.» Si le principe est simple, c'est précisément son interprétation par de très nombreuses juridictions - pas toujours à l'unisson - qui pose question et explique le retour de ces interrogations sur le devant de la scène aujourd'hui. L'analyse ici présentée se veut riche et féconde de la rencontre entre universitaires belges et français, entre praticiens et chercheurs, entre européanistes, internationalistes ou pénalistes.
(Coll. Comité international des pénalistes francophones, 23.50 euros, 230 p.)
ISBN : 978-2-343-11828-4, ISBN EBOOK : 978-2-14-004143-3

ESSAI SUR LA NOTION D'EXÉCUTION CONTRACTUELLE
Alvarez Isabelle
L'exécution contractuelle constitue la cause impulsive de l'établissement du contrat qui, paradoxalement, est un mécanisme trop familier pour être bien connu. Adopter une méthode d'analyse alternative permet d'esquisser une définition de cette notion juridique. Est ici proposée une approche dynamique des échanges contractualisés, orientés vers la réalisation satisfactoire de l'opération économique, démontrant que cette phase exécutoire recèle un panel étendu de perspectives. (Étude à jour de l'ordonnance n° 2016-131 du 10 février 2016 portant réforme du droit des contrats, du régime général et de la preuve des obligations).
(Coll. Logiques Juridiques, 45.00 euros, 486 p.)
ISBN : 978-2-343-12604-3, ISBN EBOOK : 978-2-14-004271-3

LES ACCORDS COLLECTIFS DE GROUPE
Théodoropoulos Alexandra - Préface de Gérard Vachet
De simple expérimentation issue de la pratique, la négociation collective de groupe est devenue un véritable niveau de négociation collective reconnue par le législateur. L'accord de groupe est désormais consacré comme une norme créatrice de droits et d'obligations entre employeurs et salariés du groupe, mais sa place dans la hiérarchie des normes n'a pas été précisée. Cette situation génère de nombreuses interrogations quant à sa portée et à ses limites.
(Coll. Logiques Juridiques, 44.00 euros, 440 p.)
ISBN : 978-2-343-12269-4, ISBN EBOOK : 978-2-14-004330-7

LA SIMPLIFICATION DU DROIT DES SOCIÉTÉS À L'AUNE DU CAS HONGKONGAIS
L'exemple des SARL et SAS
Tortellier Nathalie - Préface de Mme le professeur Catherine Barreau
Cette étude comparative puise dans les règles et mécanismes de la société fermée à risque limité hongkongaise des techniques pouvant fortement contribuer à l'assouplissement et à

la simplification du droit des sociétés. L'analyse décortique la vie des SARL et SAS et propose l'application de la méthodologie pragmatique du droit hongkongais par thèmes dans un souci d'adaptabilité du droit français. Il ressort de cette analyse comparative 80 recommandations inspirées de la société hongkongaise pour développer une société outil au service de l'entreprise, une société adaptée et adaptable aux acteurs économiques contemporains.
(Coll. Logiques Juridiques, 49.00 euros, 638 p.)
ISBN : 978-2-343-11885-7, ISBN EBOOK : 978-2-14-004220-1

LE DROIT DE L'INFORMATIQUE
4e édition (2017)
Bismuth Yves
À travers l'étude des grands thèmes du droit de l'informatique (protection des logiciels et des données, contrats informatiques, protection des libertés, gestion du risque informatique), cet ouvrage permet au lecteur d'établir lui-même un diagnostic juridique des problèmes rencontrés à l'occasion de la mise en place d'un système informatique. Il est complété par des extraits de code, une bibliographie, un index et un lexique, et est à jour des dernières lois et décrets intervenus en la matière.
(38.00 euros, 436 p.)
ISBN : 978-2-343-11527-6, ISBN EBOOK : 978-2-14-004177-8

MÉTHODE ET ASPECTS FORMELS DE LA RECHERCHE
Petit manuel à l'usage des juristes (2e édition)
Marain Gaëtan
L'ouvrage propose un apprentissage de la recherche et de son formalisme qui doit permettre aux étudiants confrontés à la rédaction d'une thèse ou d'un mémoire en droit d'aborder ce travail avec sérénité. L'auteur donne ainsi une méthode pour définir le sujet, échafauder un plan et trouver la documentation utile. Est également abordée, entre autres, la question du référencement des sources et de la citation d'auteur. Des recommandations propres à l'organisation de la soutenance et à son bon déroulement sont prodiguées. Voici un guide à même d'éclairer les premiers pas du jeune chercheur en droit.
(15.50 euros, 138 p.)
ISBN : 978-2-343-12682-1, ISBN EBOOK : 978-2-14-004300-0

LA PROCÉDURE DE LIBÉRATION CONDITIONNELLE COMME OUTIL DE GESTION DU RISQUE
Ben Gadi Amélie - Préface de Joana Falxa
La procédure d'octroi de la libération conditionnelle des longues peines témoigne d'une sévérité accrue à leur égard. En imposant une évaluation de dangerosité, le législateur a souhaité «verrouiller» la procédure. Cependant, la notion de dangerosité est très complexe à définir et ne fait l'objet d'aucune définition légale. Elle introduit la notion de gestion du risque, ouvrant le chemin vers une justice de précaution. La présente étude éclaire la problématique de la réinsertion des longues peines.
(Coll. Bibliothèques de droit, 15.00 euros, 132 p.)
ISBN : 978-2-343-11550-4, ISBN EBOOK : 978-2-14-004296-6

LETTRE À TOUS CEUX QUI PERSISTENT À VOULOIR FAIRE LEUR DROIT
Charles Thierry
Le droit court derrière la «révolution numérique». Les algorithmes nous espionnent et restreignent les libertés publiques, ils calculent les indemnités au service des compagnies d'assurances. La diminution lente et continue des services chargés de veiller à l'application du droit affaiblit et parfois anéantit l'efficacité de ces lois. L'échec de la loi Hadopi est significatif à cet égard. Le mal est en fait bien plus profond et ne date pas d'hier. Nous vivons une époque de démolition des codes établis. Si le droit est partout, en définitive il n'est nulle part...
(20.50 euros, 204 p.)
ISBN : 978-2-343-12343-1, ISBN EBOOK : 978-2-14-004306-2

FÊTE ET DROIT PUBLIC
Sous la direction d'Adrien Azarete, Elie Guerrero et Thomas Moretto
S'inscrivant dans une approche globale et élargi à tout le droit public, le présent ouvrage, issu du colloque « Fête du Droit Public », a pour objet l'étude de l'application du droit public dans la fête par les différents acteurs de cette branche du droit. De l'autorisation de la fête à sa responsabilité, en passant par son organisation, son coût et sa sécurité, le droit public est présent partout, de par l'évidente présence et implication de la puissance publique et des collectivités territoriales.
(Coll. Bibliothèques de droit, 20.00 euros, 192 p.)
ISBN : 978-2-343-11018-9, ISBN EBOOK : 978-2-14-003946-1

LA DÉMOCRATIE EN DROIT INTERNATIONAL
Étude critique sur le statut juridique de la démocratie en droit international et la légitimité de l'imposer par la force
Alshiabani Abuhamoud
En droit international, la démocratie était jusqu'à très récemment absente. Malgré les appels lancés au début du 20e siècle, celui-ci a toujours considéré la démocratie comme une idéologie dans laquelle il ne doit pas s'impliquer. Après la fin de la Guerre froide et la victoire de la démocratie libérale, la démocratie s'est renforcée au plan international. Elle a exercé une pression considérable sur le droit international pour qu'il s'adapte aux nouvelles exigences des réalités politiques. Cet ouvrage traite de ce sujet et montre le contexte dans lequel se sont développés la démocratie et le concept d'ingérence démocratique.
(Coll. Logiques Juridiques, 39.00 euros, 408 p.)
ISBN : 978-2-343-10818-6, ISBN EBOOK : 978-2-14-003833-4

LES PRINCIPES GÉNÉRAUX DANS LA JURISPRUDENCE DE L'ORGANE DE RÈGLEMENT DES DIFFÉRENDS DE L'OMC
Aydi Ghozzi Mariem - Préface de Slim Laghmani
Représentant la justice marchande, le Système de règlement des différends de l'organisation Mondiale du Commerce (OMC) est censé rendre une meilleure justice. Bien qu'il ne constitue pas une véritable juridiction, il chemine sur les traces du juge international dans la détermination et la régulation du sens du droit de cette organisation, les principes généraux devraient en constituer des instruments de moralisation et de développement. Cependant, la méthode par laquelle l'organe de règlement des différends appréhende lesdits principes mérite une attention particulière.
(Coll. Droit aujourd'hui, 37.50 euros, 368 p.)
ISBN : 978-2-343-12079-9, ISBN EBOOK : 978-2-14-004047-4

LA RESPONSABILITÉ DES ENTREPRISES MULTINATIONALES POUR LES VIOLATIONS DES DROITS DE L'HOMME EN AFRIQUE
Opportunités et défis
Belporo Christelle
La question de la responsabilité des entreprises multinationales pour les violations des droits de l'homme est d'une actualité brûlante. Alors qu'à travers le monde les scandales se multiplient, sur le continent africain, des voix s'élèvent pour dénoncer les nombreuses violations des droits internationalement protégés. Cet ouvrage évalue les réponses offertes par le droit pour l'encadrement de la responsabilité juridique des entreprises multinationales à l'aune des instruments internationaux et africains.
(Coll. Études africaines, 20.50 euros, 200 p.)
ISBN : 978-2-343-11365-4, ISBN EBOOK : 978-2-14-004005-4

CONCEPTS ET PRATIQUES PROFESSIONNELLES EN DOUANES
Origines, procédures, régimes et valeur
Bouga Boukari Dan
Ce livre explique d'abord les concepts, c'est-à-dire le vocabulaire douanier de façon à ne saisir que l'essentiel. Il expose ensuite les exigences des pratiques douanières pour tous les scénarios du

commerce international. Il procède enfin à des illustrations pour une meilleure compréhension des droits et obligations des opérateurs en douane.
(Harmattan Côte-d'Ivoire, 20.00 euros, 184 p.)
ISBN : 978-2-343-11805-5, ISBN EBOOK : 978-2-14-004075-7

LE DROIT POSTMODERNE
Une introduction
Barraud Boris
Au XIXe siècle le droit a changé d'ère passant du droit moderne au droit postmoderne. Sa principale caractéristique résiderait dans le développement d'une forme de concurrence juridique entre puissances publiques et puissances privées. La révolution copernicienne de la pensée juridique serait ainsi la rupture du lien consubstantiel entre droit et État que la modernité avait noué. La société civile serait désormais au cœur du jeu juridique. Ce livre propose quelques pistes et une grille de lecture afin de comprendre le nouveau droit que la globalisation modèle.
(Coll. Droit aujourd'hui, 32.00 euros, 320 p.)
ISBN : 978-2-343-12077-5, ISBN EBOOK : 978-2-14-003633-0

LE CONSEIL DE L'EUROPE ET LES COLLECTIVITÉS TERRITORIALES
Contribution à l'étude de l'autonomie locale
Kalimeri Vasiliki
Le Conseil de l'Europe est la première organisation internationale à avoir intégré l'acteur infra-étatique dans son action. La Charte européenne de l'autonomie locale et le Cadre de référence pour la démocratie régionale ont cristallisé la conception de la notion d'autonomie locale en Europe, élargie désormais à deux niveaux : le local et le régional. Au niveau extérieur, le traité de Maastricht intègre également les collectivités locales dans la reformulation du fonctionnement de l'Europe.
(Coll. Logiques Juridiques, 49.00 euros, 664 p.)
ISBN : 978-2-343-12019-5, ISBN EBOOK : 978-2-14-003697-2

GUIDE PRATIQUE DU CAPITAL INVESTISSEMENT ET DES AIDES PUBLIQUES
Créer, développer, transmettre son entreprise
Battini Pierre - Préface d'Olivier Millet
Cet ouvrage entend démystifier le capital investissement et répondre concrètement aux questions que se posent les entrepreneurs, leur donner les clés pour être efficaces, gagner du temps et avoir plus de chances de réussir leur projet. Beaucoup d'exemples et de cas concrets sont exposés. Ce livre traite la question des fonds d'investissements et des aides publiques sous différents angles : finance et outils financiers, juridique et montage des opérations, valorisations et accompagnement.
(30.00 euros, 292 p.)
ISBN : 978-2-343-12074-4, ISBN EBOOK : 978-2-14-003636-1

ET COMMENT VONT LES ENFANTS ?
Réflexions d'un notaire sur l'évolution de la parentalité des années 60 à nos jours
Dauptain Pierre
PMA, GPA, adoption, statut du beau-parent, familles homoparentales, ces sujets sont au cœur des débats contemporains et témoignent de l'évolution de la parentalité sur les cinquante dernières années. Avec un regard impartial, l'auteur inscrit sa réflexion dans les mouvements de la société tout entière. Fidèle à la méthode qui a fait le succès de son premier essai, il nous parle de droit en termes simples pour exposer les changements que la famille a connus en cinq décennies.
(Éditions Pepper/Harmattan, 22.50 euros, 218 p.)
ISBN : 978-2-343-12076-8, ISBN EBOOK : 978-2-14-003757-3

L'HARMATTAN ITALIA
Via Degli Artisti 15; 10124 Torino
harmattan.italia@gmail.com

L'HARMATTAN HONGRIE
Könyvesbolt ; Kossuth L. u. 14-16
1053 Budapest

L'HARMATTAN KINSHASA
185, avenue Nyangwe
Commune de Lingwala
Kinshasa, R.D. Congo
(00243) 998697603 ou (00243) 999229662

L'HARMATTAN CONGO
67, av. E. P. Lumumba
Bât. – Congo Pharmacie (Bib. Nat.)
BP2874 Brazzaville
harmattan.congo@yahoo.fr

L'HARMATTAN GUINÉE
Almamya Rue KA 028, en face
du restaurant Le Cèdre
OKB agency BP 3470 Conakry
(00224) 657 20 85 08 / 664 28 91 96
harmattanguinee@yahoo.fr

L'HARMATTAN MALI
Rue 73, Porte 536, Niamakoro,
Cité Unicef, Bamako
Tél. 00 (223) 20205724 / +(223) 76378082
poudiougopaul@yahoo.fr
pp.harmattan@gmail.com

L'HARMATTAN CAMEROUN
TSINGA/FECAFOOT
BP 11486 Yaoundé
699198028/675441949
harmattancam@yahoo.com

L'HARMATTAN CÔTE D'IVOIRE
Résidence Karl / cité des arts
Abidjan-Cocody 03 BP 1588 Abidjan 03
(00225) 05 77 87 31
etien_nda@yahoo.fr

L'HARMATTAN BURKINA
Penou Achille Some
Ouagadougou
(+226) 70 26 88 27

L'HARMATTAN SÉNÉGAL
10 VDN en face Mermoz, après le pont de Fann
BP 45034 Dakar Fann
33 825 98 58 / 33 860 9858
senharmattan@gmail.com / senlibraire@gmail.com
www.harmattansenegal.com

www.ingramcontent.com/pod-product-compliance
Lightning Source LLC
LaVergne TN
LVHW011216061026
849535LV00001BA/58
* 9 7 8 2 3 4 3 1 0 9 0 7 7 *